# 《云南政协年鉴（2013）》编纂委员会

# 云南政协年鉴

# 2013

云南出版集团
云南人民出版社

图书在版编目（CIP）数据

云南政协年鉴．2013/ 车志敏主编．—昆明：云南人民出版社，2014.11

ISBN 978－7－222－12374－8

Ⅰ.①云… Ⅱ.①车… Ⅲ.①中国人民政治协商会议—地方委员会—云南省—2013—年鉴 Ⅳ.①D628.74－54

中国版本图书馆 CIP 数据核字（2014）第 256079 号

责任编辑 陈粤梅
责任印制 洪中丽
责任校对 桂 瑗

云南政协年鉴·2013
《云南政协年鉴（2013)》编纂委员会 编

出 版 云南出版集团 云南人民出版社
发 行 云南人民出版社
社 址 昆明市环城西路 609 号
邮 编 650034
网 址 http://ynpress.yunshow.com
E－mail ynrms@sina.com
开 本 787mm×1092mm 1/16
印 张 42.5
字 数 800 千字
印 数 1～1800 册
版 次 2014 年 11 月第 1 版第 1 次印刷
印 刷 云南省地矿测绘院印刷厂
书 号 ISBN 978－7－222－12374－8
定 价 110.00 元

中国人民政治协商会议会徽

EMBLEM OF CHINESE PEOPLE' S POLITICAL CONSULTATLVE CONFERENCE

2013年1月25日，政协云南省第十一届委员会第一次会议选举产生的第十一届云南省政协主席罗正富，副主席白成亮、马开贤、曾华、罗黎辉、倪慧芳、米东生、王承才、喻顶成，秘书长车志敏在海埂会堂合影

中国人民政治协商会议云

1月19日，省政协十一届一次会议在昆明隆重开幕

## 政协云南省第十一届委员会主席、副主席、秘书长

罗正富　主席

白成亮　副主席

马开贤　副主席

曾　华　副主席

罗黎辉　副主席

顾伯平　副主席

倪慧芳　副主席

米东生　副主席

王承才　副主席

喻顶成　副主席

车志敏　秘书长

罗正富主席在省政协十一届一次会议上作常委会工作报告

白成亮常务副主席主持省政协十一届一次会议开幕大会

曾华副主席在省政协十一届一次会议上作提案工作情况报告

省政协十一届一次会议会场

省政协十一届一次会议举行界别联组会

省政协十一届一次会议举行分组讨论会

2012年12月28日，云南省2013新年茶话会在省政协礼堂举行

2月26日，省政协十一届一次会议提案交办会在省政协礼堂举行

3月23日，“滇越铁路”昆明论坛在省政协委员活动中心举行

5月14日，省政协第六届“政协好新闻奖”表彰会在省政协礼堂举行

8月2日，省政协中心学习组开展“深入贯彻党的群众路线，认真履职做好政协各项工作”专题学习

9月3日，以“惠民生、办实事、促脱贫”为主题的云南扶贫恳谈会在省政协礼堂举行

10月26日，以"打造云南旅游产业升级版"为主题的"云南省企业家论坛"恳谈会在省政协礼堂举行

11月19日，云南省人民政协理论研究会成立大会暨第一次理论研讨会在省政协礼堂举行

10月16日，罗正富主席在玉溪开展充分发挥人民政协协商民主重要渠道作用调研

4月23日，白成亮常务副主席在西双版纳州开展云南省旅游产业升级调研

4月21日，马开贤副主席在大理开展民族团结进步边疆繁荣稳定示范区建设推进情况调研

5月10日，曾华副主席在普洱市澜沧县开展加快我省绿色生态产业发展调研

6月14日，罗黎辉副主席在昆明长水机场进行云南建设民航经济强省调研

2月20日，倪慧芳副主席在瑞丽市开展“四群”工作

7月28日，米东生副主席在曲靖市富源县开展天麻、冬桃种植情况调研

4月26日，王承才副主席在文山州砚山县三七科技示范园调研

7月9日，喻顶成副主席在楚雄州姚安县开展“四群”工作

8月15日，车志敏秘书长在昆明市寻甸县开展“四群”工作

# 编 辑 说 明

《云南政协年鉴（2013）》在云南省政协领导下由云南政协年鉴编纂委员会主持编纂。年鉴记述2013年云南省政协和各州市政协所发生的重要历史事件，是反映云南省、州市两级政协历史、现状的资料性科学著述，是一部综合性资料工具书和史料文献。年鉴采用文章和条目两种体裁，以条目体为主，用规范的语体文、记述体，直陈其事，文字力求言简意赅。

《云南政协年鉴（2013）》设特载、云南省政协篇和州市政协篇3个栏目。在特载栏目中，主要收有中共云南省委领导有关政协工作的重要讲话，中共云南省委关于全局性的重要文件；在云南省政协篇中，设领导讲话文章、重要文件、重要会议、重要活动、建议案及调研视察报告、提案工作、各部门工作、组织情况、机构概况、报刊社论、2013年大事记等11个类目。其中各部门工作由各部门分别撰写，并经各部门负责人审核，其他部分选自省政协机关已印发的各种文件，有的内容请相关部门撰写、收集提供；在州市政协篇中，收有全省16个州市政协主要工作和组织机构概况等内容，由各州市政协撰写提供，并经负责人审核。

# 目　录

## 特　载



## 云南省政协篇

### 领导讲话文章

## 重要文件



## 重要会议

## 重要活动

## 建议案及调研视察报告

## 提案工作



## 各部门工作

## 组织情况

**机构概况**

## 报刊社论



## 2013 年大事记



# 州市政协篇

# 特　　载

# 广开进贤之路　广纳天下英才<br>努力开创云南人才涌流人才辈出的生动局面

——在省政协十一届一次会议界别联组会上的讲话

（2013 年 1 月 22 日）

秦光荣

各位委员、同志们：

刚才，政协各个界别的委员紧紧围绕云南奋力赶超、跨越发展、与全国同步全面建成小康社会这一主题，提出了许多有价值、有针对性、有操作性的意见和建议。对这些意见和建议，有关部门要高度重视、认真研究、充分吸纳、积极办理，并将办理落实情况及时向委员们反馈。过去的一年，全省上下认真贯彻党中央、国务院的一系列方针政策，积极落实省第九次党代会的决策部署，奋发有为、加快发展，实现了经济总量过万亿的历史性突破。这一成绩的取得，凝聚着各级政协组织和广大政协委员的智慧和汗水。借这样一个机会，我代表中共云南省委、省政府向各民主党派、工商联、人民团体以及广大政协委员表示衷心的感谢！

这里，就强化人才支撑，推进我省与全国同步建成小康社会的问题，我谈二个方面的看法。

## 一、我省与全国同步建成小康社会需要大量的人才支持

1. 党的十八大提出了全面建成小康社会的新要求。20 世纪末，我国人民生活总体上达到了小康水平。2002 年，党的十六大规划了“全面建设小康社会”的战略任务，提出国内生产总值（GDP）到 2020 年力争比 2000 年翻两番；2007 年，党的十七大在全面建设小康社会的实践基础上做出了进一步部署，提出实现人均 GDP 到 2020 年比 2000 年翻两番；党的十八大报告准确把握我国发展的阶段性特征，根据新的形势，提出了国内生产总值和城乡居民人均收入在 2010 年的基础上，到 2020 年再翻一番，对全面建成小康社会的目标赋予新的内涵。按照十八大提出的全面建成小康社会的目标要求，到 2020 年，全国生产总值将达到 80 万亿元，人均生产总值将超过 58000 元，城乡

居民收入将分别达到40000元和12000元。从近期的“五年计划”执行情况看，全国超额完成这个目标是可能的。

2. 云南要按照“翻两番、增三倍，促跨越、奔小康”的要求，与全国同步全面建成小康社会。按照十八大提出的新要求，如果云南实现翻一番的目标，要与全国同步全面建成小康社会还面临较大的压力。到2020年，我省在2010年的基础上翻一番，全省生产总值从7224亿元增加到14448亿元，人均生产总值从近15000元增加到30000元，与全国差28000多元；城镇居民收入从16065元增加到32130元，农民人均纯收入从3952元增加到7904元，与全国分别相差近8000元、4000元，差距较大。因此，云南要在2020年全面建成小康社会目标，就是要按照“翻两番、增三倍，促跨越、奔小康”的要求，争取达到全国2020年时的平均水平。“翻两番”，就是到2020年，全省生产总值翻两番，达到28896亿元，人均生产总值达到60000元左右，这需要后8年实际增长速度达到年均11%以上，名义增长速度要达到年均14%以上。“增三倍”，就是城乡居民收入增长到3倍，城乡居民收入分别达到48195元和11856元，这就要求后8年城乡居民收入的年均实际增长8%左右，年均名义增长达到11%以上。

3. 确保与全国同步全面建成小康社会需要进一步强化人才的支撑作用。建成小康社会是经济任务，也是政治任务，更是全省各族群众的热切期盼。目前，我们面临很多优势，特别是我省发展的机遇难得，发展的思路、举措有力，发展的潜力巨大，尤其是省第九次党代会对云南的经济社会发展作出很多重大部署，如果推进落实得好，发展速度会更快。但是，落实好省委、省政府关于跨越发展的一系列重大决策部署，哪一样都离不开人才来落实。特别是实施工业跨越发展行动计划，推进滇中产业新区建设，需要大量的工业经济管理人才和工业技术人才；打好园区经济、民营经济、县域经济“三大战役”，需要大量的市场经济领导人才和新技术人才；大力发展高原特色农业，加快庄园经济培育步伐，需要大量的农业科技人才和农村实用型人才。一句话，要推动全省的跨越发展、全面建成小康社会，就必须以人才为基础，靠人才来支撑。

4. 我省在人才方面与全国的差距较大。我曾经说过，要充分看到我省面临的差距和问题，主要是正视“八大差距”。一是经济总量的差距，虽然今年可以过万亿，但还是排在全国第24位，去年我省GDP只占到全国的1.88%，相当于广东的16%，江苏的18%，山东的19%。二是人均GDP的差距，在全国排第30位。三是农民收入的差距，在全国排第28位。四是人均固定资产投资的差距，在全国人均排第30位。五是人均社会消费品零售总额的差距，在全国排第29位。六是工业化实现程度的差距，在全国排第27位。七是城镇化水平的差距，在全国排第29位。八是农业现代化水平的差距，在全国排第29位。从小康实现程度来看，2010年我省是68.4%，全国是80.1%，东部地区是88%，中部地区是77%，西部地区是71%。

以上八大差距，归结起来，就是科技和人才的差距。一是我省人才规模与我省经济社会发展还不相适应。目前，全省人才总量仅为264万人，比全国最高值的广东少750多万人，与全国平均值对比少73.65万人，排全国第18位，仅占全省人口总数6%左右，低于全国平均水平3个百分点；在滇工作的“两院”院士只有11人，获评为全国杰出专业技术人才的只有4人。二是人才对推动科技进步和经济社会发展贡献能力还不强。我省研发人员占劳动力比例偏少。全国最高值的上海万人中有147名研发人员，全国平均值为33.6人，而云南只有8人，与全国平均值对比少25.6人，排全国第29位；我省高技能人才占技能劳动者比例偏低。全国最高值的重庆占26.5%，全国平均值为25.6%，而云南只有18.6%，与全国平均值低7个百分点，排全国第25位。我省主要劳动年龄人口受过高等教育的不多。全国最高值的上海达37.7%，全国平均值为12.5%，而云南只有8.7%，与全国平均值对比低3.8%，排全国第31位。我省人才贡献率不高。全国最高值的上海达35.8%，全国平均值为26.6%，而云南只有6.7%，与全国平均值对比低19.9%，排全国第28位。三是人才队伍分布不均衡的矛盾还比较突出。在行业分布上，过于集中在机关和事业单位，占到了全省“三支队伍”总数的70%以上，特别是教育、卫生系统的专业技术人才就占了全省专业技术人才总数的三分之二以上。在地区分布上，全省50%以上的人才集中在经济基础较好的昆明、玉溪、曲靖等少数地区，特别是昆明集中了全省人才的30%以上。在所有制分布上，过于集中在国有企事业单位，而非公经济组织中经营管理和专业技术人才仅占全省同类人才总数的11%。在省内外分布上，在首都和外省份工作的人才稀少。如，从云南出去的省部级领导干部只有9位，其中云南籍的有4位。四是人才工作环境和运行机制还不够完善。对人才工作的认识和环境优化还不够，少数地方和单位思想观念上也还存在一定差距，人才资源是第一资源的理念还不强；对人才工作规律和难点重点问题研究探索还不够，工作方法还不能完全适应新任务的要求；人才工作体制机制还不够健全，还不能充分调动各类人才的创造潜能和创新活力。此外，虽然我省已经出台了很多加强人才工作的政策措施，但在实际工作中还存在人才政策体系不完整、不配套的问题。这些问题，都需要在今后的工作中认真研究解决。

## 二、要把人才培育问题作为推进与全国同步建成小康社会的重大任务来抓

遵循人才开发规律，结合我省人才工作实际，当前和今后一个时期，要突出四个方面的重点。

### （一）要把人才强省战略放在更加突出的位置

百年大计，人才为本。我们要进一步强化人才资源是第一资源的理念，把科教兴滇战略、人才强省战略紧密结合起来，把科技、人才、教育三方面规划纲要的贯彻实施紧

密结合起来，深入实施重大人才工程和政策，全面推进我省人才工作水平。各级党委政府要加强人才工作专题研究，针对新形势下人才工作存在的新问题、新情况，及时发现和解决人才工作的新情况、新问题，不断增强人才工作的前瞻性和预见性。要统筹人才工作力量，统筹人才资源开发与经济社会发展，统筹重点产业需求与人才队伍整体建设，统筹当前需求与长远发展，进一步加强人才工作，推进人才工作迈上一个新台阶。

（二）要营造人才辈出的良好环境

我们的身边并不乏人才，关键是要善于发现人才、善于使用人才，为人才成长创造良好的政策环境、社会环境和事业平台，做到人尽其才、才尽其用，才能创造人才辈出的生动局面。一是优化创新环境，营造鼓励创新、宽容失败、尊重个性、开放包容的社会氛围。人才的特点是敢于创新、善于创新，创新就会有失败的风险。同时，许多人才又很有个性，有很多“偏才”、“怪才”。所以我们必须解放思想，树立科学的思维方式，客观、全面、辩证地看待人才，在全社会形成“鼓励创新、宽容失败、尊重个性、开放包容”的社会氛围和舆论氛围。二是要完善相关体制机制，加快建立健全各种评价、保障、激励机制，保护人才的积极性、创造性，激励他们勇于创新、用于突破。要加快建立和完善富有云南特色的人才政策体系，创造有利于优秀人才大量涌现、健康成长的社会氛围。三是要优化政策环境，为各类人才搭建起充分展示才华、真正干事创业的大舞台。成就事业是人才的共同追求，支持人才干事创业，给人才追求事业理想的舞台，这是吸引人才的根本之道。四是要营造有利于人才合理流动的平台。要消除禁锢人才活动的体制性障碍，变“单位人”为“社会人”，推动企事业单位富余人才向适用其发挥作用的单位、行业、地域活动。

（三）要创新人才培养措施的落实

政策是人才工作的关键，要对已有的育才、引才、用才政策，必须加强督促，狠抓落实。一是落实人才的政治待遇。牢固树立以人为本、服务为先的理念，落实人才优先工作机制。对人才在评先选优、职称评定、入党晋级、选拔任用以及推荐人大代表或政协委员等方面优先考虑，使他们在政治上有地位。二是落实人才的经济待遇。坚持将人才的收入与岗位职责、工作业绩挂钩，形成重实绩、重贡献、向优秀人才倾斜的分配制度。三是落实人才的工作待遇。加快重点院所、重点学科、重点专业、重点实验室和大学科技园等基础设施建设，加强研发中心、工程技术中心、技术创新中心的软硬件建设，大力发展技术研发、产业开发和人才创业平台，积极开展各类科技、学术交流活动，使各类人才创业有机会，干事有舞台，发展有空间。四是落实引进人才的优惠政策。认真落实人才在落户、安家、子女就读、职称评聘、福利待遇、收入分配等方面给予优惠。通过这些措施，使云南逐渐成为汇集人才的“磁场”、干事创业的“乐园”、优秀人才向往的“热土”。

（四）要鼓励云南青年立志成才

一是要加强励志教育，在全省青年中形成发扬认真学习、刻苦钻研的学风，勤学善思，养成良好的学风，营造立足本职岗位，创新创造、艰苦奋斗的强烈社会氛围。二是要广泛开展云南青年“志在四方”教育。当代云南青年肩负和承载着实现祖国复兴、云南跨越发展的重大使命，要采取有力措施，在全社会开展“云南青年志在四方”的教育活动，帮助青年树立远大的目标，拥有崇高的理想，放眼世界，敢于“走出去”，在不同的地方、不同的行业，为国家和民族、为云南作出贡献。三是鼓励云南青年开拓创新。要在广大云岭青年中破除小富即安、自满自足的思想束缚，善于冲破一切障碍，敢于跳出条条框框，敢想敢干、敢试敢闯。四是要采取切实可行的奖励或资助政策，围绕青年成长成才，按照“助困更要扶志”的原则，把解决家庭经济困难学生的基本生活保障同培养其成长成才相结合，为青年成长成才提供保障。

同志们，江山代有才人出，各领风骚数百年。云南历史上曾经风云际会、人才荟萃，涌现过许多仁人志士。云南新时期的跨越发展，也需要大批有能力、敢作为的优秀人才。但人才工作层次高、要求高，更需要人才来抓、来管、来做。政协是人才济济的地方，政协委员也是各条战线上的精英、专家，具有了解人才、熟悉人才、掌握人才等条件和优势。希望全省各级政协组织和广大政协委员关注、参与、推动我省人才工作，积极培育更多有识之士、引荐更多兴滇之才、输出更多优秀干部，共同开创我省人才涌流、人才辈出的生动局面！

# 在云南省新年茶话会上的致辞

（2013年12月28日）

秦光荣

同志们，朋友们：

今天，我们在这里欢聚一堂，辞旧迎新，共贺新禧。借此机会，我代表中共云南省委、省人大常委会、省人民政府、省政协，向各民主党派、工商联、各人民团体和各族各界人士，向驻滇人民解放军指战员、武警官兵和公安干警，向所有关心和支持云南改革开放和现代化建设事业的海内外朋友们，致以诚挚的祝福和衷心的感谢！祝大家新年好！

即将过去的2013年，是我省全面贯彻中共十八大精神的一年，也是全省上下满怀信心、激情奋进的一年。一年来，我们坚持把习近平总书记系列重要讲话精神作为行动指南，认真贯彻执行中央转变作风的各项规定，扎实开展党的群众路线教育实践活动，全省各族群众切实感受到转变作风带来的新面貌、新气象；一年来，我们始终把握稳中有进、稳中有好、稳中有快的总要求，坚持把产业发展放在更加突出的位置，加快推进基础设施建设，大力提升对外开放水平，努力争当生态文明建设排头兵，千方百计保障和改善民生，积极创新社会管理，继续保持了经济发展、社会进步、文化繁荣、民生改善、边疆安宁的良好局面。我们取得的成绩是党中央、国务院坚强领导的结果，是省委、省政府科学决策和部署的结果，是全省各族人民共同奋斗的结果，也凝聚着全省各级政协委员、各民主党派、工商联及社会各族各界人士的智慧和力量。

2014年是改革之年、创新之年，也是希望之年。中国共产党第十八届三中全会为全面深化改革、推动中国特色社会主义制度完善和发展勾画了新的蓝图，为我省深化改革扩大开放、加快推进富民强滇步伐指明了方向；刚刚闭幕的省委九届七次全会明确了我省全面深化改革的重要任务和具体措施，明确了明年经济社会发展的目标任务。在推进云南全面建成小康社会的关键时期，我们要坚定发展信心，在新起点上实现新突破、开创新局面，要满怀发展激情，在新征程上推动转型发展、创新发展。要始终坚定不移地学习贯彻习近平总书记系列重要讲话精神，切实把讲话精神转化为推进云南改革发展的强劲动力；要始终坚持以解放思想为龙头和先导，切实增强全省各族群众改革创新的自觉性和主动性；要始终加强作风建设，让广大干部群众切实感受到转变作风带来的新面貌、新气象；要始终保持昂扬奋进的精神状态，把智慧和力量集中到推动改革创新上来，把改革创新贯穿于经济社会发展各个领域各个环节，以改革促市场活力、以改革促调整转型、以改革促创新发展、以改革促改善民生，做到稳中有快、稳中提质、稳中增效，确保全省经济持续健康发展、社会和谐稳定，奋力推动云南科学发展和谐发展跨越发展迈出新步伐。

同志们，朋友们：梦想凝聚力量，使命催人奋进。让我们紧密地团结在以习近平同志为总书记的党中央周围，高举旗帜，团结奋斗，争取更大的胜利！

最后，祝大家元旦快乐、新年快乐，工作顺利、事事顺利！

# 云南省政协篇

# 领导讲话文章

## 在政协云南省第十一届委员会委员培训班上的讲话

（2013 年 1 月 18 日）

白成亮

各位委员、同志们：

首先，我代表政协云南省委员会，向当选的十一届省政协全体委员，表示热烈祝贺。组织委员进行集中培训，是提高委员履职能力和水平、推进政协工作的一项重要举措。在省政协十一届一次会议即将召开之际，专门组织政协委员培训，目的是通过深入地学习、讨论和交流，使大家进一步了解人民政协，准确把握政协委员履行职责的方式和途径，为顺利参加政协工作、全面履行委员职责、充分发挥主体作用打下坚实的基础。

改革开放以来，特别是十届省政协以来，在省委的高度重视和省人民政府的大力支持下，云南政协事业呈现出蓬勃发展良好局面，人民政协的社会影响不断扩大。根据省委总体安排，十一届省政协委员规模设置为 649 名。目前已安排 644 名委员，其中，继续提名委员 311 名，占委员总数的 48.3%；新提名委员 333 名，占委员总数的 51.7%。在一个拥有 4500 多万人的省份，能代表相关界别被推举担任 649 名省政协委员中的一员，本身就是莫大的荣耀。从这个层面讲，政协委员在意味着崇高的政治荣誉的同时，必将肩负沉甸甸的政治责任。今天在座的各位委员都是我省各个界别的优秀代表，具有较高的理论水平和知识素养，很多是相关领域的佼佼者。但应该看到，本届省政协委员新委员较多，占一半以上。许多委员对人民政协的基本理论、工作方式、运作程序还知之不多，对如何履行委员职责还不是很熟悉。比如，委员有哪些权利和义务，如何撰写提案，怎样反映社情民意等等。即使是参加政协工作多年的老委员，随着形势的变化和政协工作的发展，也需要不断更新观念、丰富知识。举办这次省政协委员培训班，就是让大家系统地学习人民政协的基本理论，更好地把握人民政协工作的特点、规律及工作原则，全面了解人民政协开展工作的方式方法，明确政治协商、民主监督、参政议政的内容、形式和程序，明确政协视察、调研及提出建议案、提案、反映社情民意等经常性工作的内容、特点和要求，明确政协委员的权利和义务。通过集中培训学习，真正了解政协组织“是什么”、政协工作“干什么”、政协委员“怎么干”等现实问题，从而不断增强履行职能的自觉性和主动性。

下面，结合省政协工作，我就如何正确认识人民政协产生发展历程，如何理解人民政协的性质、地位和作用，如何把握人民政协的主要职能，以及政协委员如何履行职责谈一些认识和体会。供大家参考。

## 一、人民政协的产生发展是历史的必然选择

人类文明的进步是一个不断发展的过程。政治文明作为人类文明的重要组成部分，它的发展有其自身的规律，既与一定的历史阶段相联系，又与具体的国情、文化传统等密不可分。

1840 年鸦片战争以后，中国人民为争取国家独立、民族解放和民主自由，进行了前赴后继的英勇奋斗。由于缺乏先进政党和先进理论的指导，中国民主革命都最终归于失败。1921 年，随着马克思列宁主义在中国的广泛传播，中国共产党应运而生。自诞生之日起，中国共产党就坚持把马克思主义的普遍真理同中国革命的具体实践相结合，提出了新民主主义革命的正确理论、纲领、路线和方针政策，并非常注重与包括国民党在内的各党派紧密合作，很快赢得了社会各党派、各阶层、各人民团体和社会各界人士的信赖和拥护，聚合起了历史和人民的意志与力量。1927 年“四一二”反革命政变后，国民党推行一党专制，独揽国家一切权力，推行“一个党、一个主义、一个领袖”，从思想、理论和组织上置一切政党于死地，极力排斥工人阶级、农民阶级、小资产阶级和民族资产阶级，并对中国共产党和各民主党派实行迫害和镇压政策。抗日战争全面爆发后，迫于国内外压力，蒋介石政府表面上允许共产党和其他党派合法存在，但实际上始终不忘“限共、溶共、反共”，并掀起一次次反共高潮，其一党专制的实质没有发生根本变化。抗战胜利后，社会各方面发出了要求民主和平，反对内战独裁的强烈呼声。两极对立的国共两党，不能不因时应势而寻求妥协以得民心而安天下。1946 年，政协应运而生，史称“旧政协”。这是当时中国各阶级、政党和各利益集团矛盾发展而又相互妥协的一种历史选择。它表明中国社会经过近百年官僚资本和民族资产阶级、城市小资产阶级的发展，已不再是两党对立的简单状态，不同的利益和政治诉求必然要聚集到国家的政治制度安排这一大局上来。虽然旧政协因国民党坚持一党之私利而失败了，但它是民主政治在特定历史条件下的实践结果，开启了探索中国民主政治的先河。旧政协通过的和平民主建国的五项决议，以及会议所表现的协商精神，从根本上触动了国民党统

治的政治基础。

人民政协的产生，从历史看是必然，从现实看是一种选择和创造。在民主革命的历史进程中，复杂残酷的斗争环境使中国共产党人深深认识到，要赢得革命的胜利，必须建立最广泛的统一战线。1948年4月30日，中共中央在河北省平山县的西柏坡村发表了著名的“五一”口号，号召“各民主党派、各人民团体及社会贤达，迅速召开政治协商会议，讨论并实现召集人民代表大会，成立民主联合政府”。这里提出的“政治协商会议”，当时被称为“新政协”。这个口号立即得到各民主党派的积极响应。它表明协商成为一种现实的民主政治选择，成为两个时代和两种政治形态具有重大意义的转折。1949年9月21～30日，中国人民政治协商会议第一届全体会议在北平隆重举行，人民政协正式成立。出席这次会议的代表共有662人，包括了各民主党派、各人民团体、无党派民主人士、人民解放军、少数民族、国外华侨以及各地区和各界的代表，汇集了国内一切拥护人民民主的进步力量。从其产生的性质看，人民政协是中国人民当家作主最早的政治形式，因此在第一届全国人民代表大会召开之前，它成为国家临时立法机构，代行全国人民代表大会的职权。作为民主实践的产物，人民政协代表人民的意志，体现了民族的独立与解放、人的尊严和人的价值肯定，充分表达了中国共产党领导人民夺取政权的历史合理性与必然性。1954年召开的全国政协二届一次会议，制定了人民政协章程，规定人民政协是团结全国各民族、各民主阶级、各民主党派、各人民团体、国外华侨和其他爱国民主人士的人民民主统一战线的组织。人民政协的性质和地位正式确立。从1954～1966年“文化大革命”前，全国政协共召开8次全体会议，对国家和社会生活中一些重大问题进行了充分协商。“文化大革命”中政协组织和政协工作受到严重破坏，被迫停止工作。粉碎“四人帮”后，政协开始恢复工作。1978年2月召开的全国政协五届一次会议，距1964年12月召开的政协四届一次会议已有13年多了。在这次会议上修订通过的政协章程规定：“中国人民政治协商会议是中国共产党领导下的革命统一战线组织”。在邓小平同志的主持下，人民政协进一步扩大了人民政协的团结职能，强化了人民政协的民主功能，及时把工作重点转移到为以经济建设为中心的三大任务服务上来，开始了全面发展的新阶段。中共十六大以来，我国进入全面建设小康社会、加速推进社会主义现代化的新的发展阶段。中共中央把人民政协工作纳入中国特色社会主义事业的总体布局，作出了一系列重要部署，先后颁发了《中共中央关于进一步加强中国共产党领导的多党合作和政治协商制度建设的意见》、《中共中央关于加强人民政协工作的意见》、《中共中央关于巩固和壮大新世纪新阶段统一战线的意见》三个重要文件，继续推动人民政协事业向前发展。

中国革命和建设的历史表明，只要我们国家还存在不同的党派、团体、民族、宗教，存在不同的阶层、界别和利益群体，存在巩固全国人民大团结和发展社会主义民主政治的要求，人民政协就有存在的必要，就有发展的广泛空间。

云南省政协的前身是成立于1950年的云南省各族各界人民代表协商会议。1955年2月21日，政协云南省委员会第一届一次会议召开，标志着云南省政协正式成立。半个世纪以来，在省委、省政府的重视支持下，省政协工作机构不断健全，工作制度不断完善，工作条件不断改善，工作质量不断提高，履职实效不断增强，为促进云南经济发展、社会进步、边防巩固、人民幸福作出了重要贡献。

## 二、深入理解人民政协的性质、地位和作用

人民政协的性质、地位和作用问题，既是人民政协理论的基本问题，也是人民政协实践的根本问题。正确认识、牢牢把握人民政协的性质、地位和作用，对于坚持人民政协正确的政治方向、履行好政协职能、开创政协工作的新局面，对于坚持好、完善好、落实好中国共产党领导的多党合作和政治协商制度，发展社会主义民主政治、建设社会主义政治文明都具有十分重要意义。

中国人民政治协商会议是中国人民爱国统一战线的组织，是中国共产党领导的多党合作和政治协商的重要机构，是我国政治生活中发扬社会主义民主的重要形式。如何正确认识人民政协，我想可以从上述三个方面来理解，这三句话是对人民政协性质的权威表述。有关人民政协的地位，则主要体现在两个方面：一方面体现在我国政治体制中。人民政协是各党派、团体共同组成的多党合作和政治协商的固定组织，是各党派、团体和界别共商国是、互相监督的专门机构。没有人民政协，多党合作和政治协商制度便失去其重要的组织依托；另一方面，体现在国家的整个政治运作过程中。《中共中央关于加强人民政协工作的意见》指出：人民政协的政治协商是中国共产党领导的多党合作的重要体现，是党和国家实行科学民主决策的重要环节，是提高执政能力的重要途径。这种政治协商作为一种民主程序，在促进科学民主决策中具有十分重要的作用。人民政协的广泛代表性、党派合作性、民主协商性的显著特点，使其在围绕中心、参政议政，调研咨询、献计献策，化解矛盾、凝聚力量，体察民情、反映民意，密切联系、增进共识，扩大交往、加强合作等方面发挥着不可替代的作用。下面，我重点介绍一下人民政协的性质。

第一，人民政协是中国人民爱国统一战线的组织。建立统一战线、实现中国人民的大团结是中国共产党取得革命胜利和执政兴国的重要法宝。人民政协的成立，标志着中国人民不仅在思想上、政治上而且在组织上形成了坚强的团结。人民政协是作为统一战线组织而产生的，也伴随着我国统一战线的发展而不断发展。统一战线的称谓由“人民民主统一战线”，到“革命统一战线”，再到“爱国统一战线”，就反映了这种发展和变化。改革开放以来，由于所有制结构和产业结构的调整，分配制度的改革和社会分工

的扩大，许多崭新的行业、职业、领域和劳动方式涌现出来，在这个过程中，原有的社会阶层发生了分化、组合，社会阶层结构发生了深刻变动，出现了许多新的必须团结的社会阶层。因而，十届全国政协修订的政协章程增加了社会主义事业的建设者的内容，即我国的统一战线已经发展成为由全体社会主义劳动者、社会主义事业的建设者、拥护社会主义的爱国者和拥护祖国统一的爱国者组成的广泛联盟。统一战线包括“劳动者”、“建设者”和“两种爱国者”，一层比一层更广泛，体现了统一战线的多层面和包容性，为人民政协提供了更为广泛、更为充分的团结空间。

第二，人民政协是中国共产党领导的多党合作和政治协商的重要机构。中国共产党领导的多党合作和政治协商制度，是我国的一项基本政治制度，它与人民代表大会制度、民族区域自治制度和基层群众自治制度一起，构成了我国社会主义政治制度的基本框架。人民政协的成立，标志着中国共产党领导的多党合作和政治协商制度的正式确立。这一制度的显著特征是：共产党领导、多党派合作，共产党执政、多党派参政。它不同于西方国家的议会制或多党制，也有别于一些国家的一党制，是立足于我国国情、与我国人民民主专政的国体相适应、具有中国特色的政治制度和政党制度。这一制度的价值和功能是：政治参与、利益表达、社会整合、民主监督、维护稳定，体现了我国人民当家作主的社会主义民主政治的本质要求。这一制度坚持广泛民主和集中领导的统一，有利于扩大公民有序的政治参与，畅通和拓宽社会利益诉求表达渠道，保障人民的知情权、参与权、表达权、监督权，维护和实现最广大人民的根本利益。这是政协不同于其他政治组织的显著特点，也是我国新型社会主义政党关系的生动体现。在我国，实现多党合作和政治协商的方式有多种，比如：中国共产党和各民主党派之间的合作与协商；民主党派成员、无党派人士在人大中，以人民代表的身份依法进行活动；民主党派成员、无党派人士担任各级政府及司法机关的领导职务等等。作为中国共产党领导的多党合作和政治协商的重要机构，人民政协则为实施这一基本政治制度提供了重要政治形式和组织形式。在人民政协中，各民主党派可以就国家大事和多党合作中的重大问题以本党派名义提出提案、发表政见，同共产党进行互相监督；在政协领导成员、常委、委员中，民主党派和无党派人士占有一定比例而且是多数，政协机关和各专门委员会都有民主党派人士参加并担任领导职务等。在新组成的十一届省政协的参加单位中包括了各民主党派、人民团体和无党派人士，在目前安排的644名委员中，各民主党派成员是185名，占28.7%；非中共党员委员389名，占安排委员总数的60.4%。

第三，人民政协是我国政治生活中发扬社会主义民主的重要形式。人民政协作为近现代以来中国民主进程的产物，是统一战线组织与社会主义民主形式的有机结合。在我国，人民通过选举、投票行使权利和人民内部各方面在重大决策之前进行充分协商，尽可能就共同性问题取得一致意见，是我国社会主义民主的两种重要形式。选举民主与协商民主相结合，综合体现了两种民主形式的特点和优点，拓展了社会主义民主的深度和广度，保障最大限度地实现人民民主。人民政协就是这样一种体现我国政治体制特色的政治形式，就是这样一种实践我国社会主义民主的组织形式。人民政协在我国政治生活中具有不可替代的作用，它同人大、政府互为补充，相辅相成。在我们这个幅员辽阔、人口众多的多民族、多党派的社会主义国家里，关系国计民生的重大问题，要通过人民政协进行协商，广泛听取各民主党派、各人民团体以及各族各界代表人士的意见，由人民代表大会行使国家权力进行决策，由人民政府执行实施。这样一种政治体制，集中体现了我国广泛的人民民主。坚持和完善人民政协这种民主形式，既符合社会主义的本质要求，又体现了中华民族兼容并蓄的优秀文化传统，具有鲜明的中国特色，是我国社会主义民主政治的优势。党的十八大报告明确指出，社会主义协商民主是我国人民民主的重要形式，强调要充分发挥人民政协作为协商民主重要渠道作用。

人民政协性质的这三个方面是相互联系、相辅相成的，是一个有机的整体。统一战线是人民政协存在和发展的基础，没有统一战线，就没有人民政协的存在，更不会有人民政协的发展；共产党领导的多党合作和政治协商是人民政协存在和发展的依据，没有共产党的领导，就没有人民政协，也不会有多党合作；发扬社会主义民主是人民政协工作的主题，是体现人民政协性质的实质内容，无论是统一战线，还是多党合作，最终都要集中体现在发扬社会主义民主上来。人民政协性质的这三个方面，反映了人民政协区别于其他机构、其他组织的本质特征，归结起来就是团结和民主这两大主题。在团结稳定的前提下发扬民主，在发扬民主的过程中巩固和发展团结稳定的政治局面，这是我们的传统，也是我们的优势。

### 三、准确把握人民政协的主要职能

正确认识、牢牢把握人民政协的主要职能，对于广大政协委员履行好职责、开展好工作，具有十分重要的意义。政协章程规定，人民政协的主要职能是政治协商、民主监督和参政议政。将这三项职能规定为人民政协的主要职能，既是实践经验的总结，也是理论创新的成果，经历了一个逐步明确和充实的过程。下面，我简单介绍一下这三项职能。

政治协商，是指对国家和地方的大政方针及政治、经济、文化和社会生活中的重要问题，在决策之前进行协商和就决策执行过程中的重要问题进行协商。把政治协商纳入决策程序，就国家和地方的重要问题在决策之前和决策执行过程中进行协商，是政治协商的重要原则。政治协商的主要内容是：国家和地方的大政方针以及政治、经济、文化和社会生活中的重要问题；各党派、团体参加人民政协工作的共同性事务，政协内部的重要事务以及有关爱国统一战线的其他重要问题。政治协商的形式主要有：政协全体会议，常务委员会会议，主席会议，专题协商会议，政协党组受党委委托召开的座谈会，秘书长会议，专门委员会会议，根据需要召开由政协各组成单位和各界代表人士参加的内部协商会议。政治协商的主要程序是：党委根据年度工作重点或政协党组提出的建议，研究并确定在政协进行协商的议题；政协党组根据党委的统一部署，按照政协章程和有关规定，安排协商活动；政协及时整理并向党委、政府及有关部门报送参加会议的各党派团体和各族各界人士提出的意见和建议；党委和政府及有关部门对政协报送的意见和建议进行认真研究，并及时反馈采纳落实的情况。开展好政治协商，对于政协组织来说，最重要的是要选准、选好协商议题。政协要从实际出发，紧紧围绕党委、政府的工作大局和中心任务，抓住群众普遍关心、党委和政府急需解决的问题，加强同党政有关部门的沟通衔接，充分进行讨论研究，确定合适的协商议题。能否提出高质量的意见、建议，直接决定着政治协商的成效。政协要精心安排、周密部署协商活动的各项准备工作，使参加协商的各党派团体和各界人士及时了解议题的有关情况，组织参加协商的各单位和政协委员围绕协商议题深入调查研究，为协商准备高质量的意见建议。

民主监督，是指对国家宪法、法律和法规的实施，重大方针政策的贯彻执行，国家机关及其工作人员的工作，通过建议和批评的方式进行监督。人民政协的民主监督是我国社会主义监督体系的重要组成部份，是在坚持四项基本原则的基础上，通过提出意见、批评、建议的方式进行的政治监督；是参加人民政协的各党派团体和各族各界人士通过政协组织，对国家机关及其工作人员的工作进行的监督，也是中国共产党在政协中与各民主党派和无党派人士之间进行的互相监督。政协民主监督的主要形式有：政协全体会议、常委会议、主席会议向党委和政府提出建议案；各专门委员会提出建议或有关报告；委员视察、委员提案、委员举报、大会发言、反映社情民意或以其他形式提出批评和建议；参加党委和政府有关部门组织的调查和检查活动；政协委员应邀担任司法机关和政府部门特约监督人员等。人民政协的民主监督具有独特的特点和优势，发挥着其他监督形式不可替代的作用。政协民主监督的内容十分广泛，形式灵活多样，内容可以涉及政治、经济、文化和社会生活的各个方面。具有民主监督性质的意见、批评和建议，既可以用政协组织的名义提出，也可用参加政协的党派、团体、界别的名义提出，还可以用委员的名义提出。这些特点决定了政协的民主监督可以在我们国家的监督体系中发挥独特而重要的作用。

参政议政，是指对政治、经济、文化和社会生活中的重要问题以及人民群众普遍关心的问题，开展调查研究，反映社情民意，进行协商讨论，通过调研报告、提案、建议案或其他形式，向中国共产党和国家机关提出意见和建议。政协的参政议政是党政机关听取意见、改进工作的有效途径，是决策科学化、民主化的重要保障，是政治协商和民主监督的拓展和延伸。人民政协人才荟萃，汇聚了各个方面、各个领域的专家学者，智力资源十分雄厚，能够深入研究一些宏观的、重大的、深层次的问题，提出有份量的意见和建议；政协组织代表性强，政协委员有着广泛的社会联系，能够比较充分地反映各方面群众的意见、愿望和要求；政协位置超脱，视野宽阔，能够比较客观地提出意见和建议。充分发挥人民政协的参政议政作用，有利于加强和改善中国共产党的领导，有利于党委政府的正确决策，有利于各项方针政策的贯彻落实。

人民政协政治协商、民主监督、参政议政三项主要职能的形成过程，也是人民政协民主不断向前发展的过程。人民政协成立初期，政协民主主要体现在政治协商上。当时毛泽东强调，人民政协的主要任务就是协商国是。1956 年，在我国社会主义制度确立后，贯彻毛泽东提出的中国共产党要与各民主党派“长期共存、互相监督”的方针，人民政协开始把民主监督作为发挥政协民主作用的一项重要内容。1957 年周恩来指出，“长期共存、互相监督”的方针，实际上是扩大民主。1980 年邓小平提出，人民政协是巩固和扩大我国革命的爱国统一战线的重要组织，也是我国政治体制中发扬社会主义民主和实行互相监督的重要形式。在邓小平担任主席的第五届全国政协期间，政治协商、民主监督被正式确定为政协的两项主要职能。到第八、第九届全国政协时期，参政议政被列为政协的又一项主要职能，政协的工作内容更加广泛丰富，活动形式更加灵活多样，特别是在围绕国家中心任务进行专题调研、开展决策咨询，深入各界群众反映社情民意方面，取得了丰硕的成果，越来越受到党和政府、社会各界及广大群众的高度重视与充分肯定。

## 四、牢记使命认真履行委员职责

政协委员不同于政府公务员，不同于人大代表，也不同于一般的专家学者，是参加人民政协的各党派团体、各族各界人士的代表，在我国享有很高的地位，肩负着重大的责任。政协委员的产生，首先要经过参加政协的各个单位协商推荐，然后由中共党委组织有关部门同各推荐单位反复协商后形成建议名单，最后经常委会协商和表决通过。政协章程对政协委员的基本条件、基本要求、基本权利和义务都作出了明确的规定。作为政协委员，首先要履行政协章程规定的权利和义务，委员的权利可以概括为七项：1. 在政协会议上有表决权、选举权和被选举权；2. 有对政协工作提出批评和建议的权利；3. 有通过政协会议参加讨论国家大政方针和其它活动的权利；4. 有对国家机关和国家工作人员的工作提出建议和批评权利；5. 有对违法违纪行为检举揭发、参与调查和检查的权利；6. 有声明退出政协的自由；7. 在受到警告和撤销参加资格的处分时，有请求复议的权利。政协委员的义务，就是遵守和履行政协章程的各项要求，包括遵守和履行政协会议通过的决议等。

省政协十一届一次会议即将召开，各位委员需要抓紧做好调查研究、撰写提案和大会发言等各项准备工作，力争以优异的表现，完成作为十一届省政协委员的首次履职活动，不辜负界别的重托、群众的期望和党组织的信任。政协委员履职的主要形式有会议和经常性工作两种。政协的经常性工作是政协全体会议、常委会议闭会期间，组织委员开展的各项工作和活动的总称，是人民政协经常而不间断地履行职能、发挥作用的重要方式。人民政协的经常性工作主要有8项，分别是提案工作、委员视察工作、专题调研工作、反映社情民意信息工作、港澳台侨和促进祖国统一工作、对外交往工作、文史工作以及学习工作，政协委员履行职责、发挥作用主要是通过参加上述工作来实现的。结合介绍政协经常性工作特点及个人履职实际，我着重从参加会议、如何提出提案、如何开展调研、如何反映社情民意信息这四个方面谈几点体会，与各位委员共勉。

第一，积极参加会议，精心撰写大会发言。会议是人民政协履行职能和政协委员参政议政的基本形式。人民政协的会议主要有：全体会议、常委会议、主席会议、常委专题座谈会、专题协商会、秘书长会议和专门委员会会议等，此外，还有学习会、专题协商会、情况通报会等。政协全体会议每年召开一次，是人民政协履行职能的最高形式。常委会议一般每季度召开一次，全体常委参加，也邀请一些有关人士如非常委的地方政协主席、政协各专门委员会的负责人等参加，也是全体会议闭会期间的主要协商形式。在上述两种会议中，还安排小组讨论、界别联组讨论、大会发言等，这是委员们反映情况、发表意见、提出建议的主要场所。全委会议和常委会议的大会发言，是政协特有的一种民主形式，影响大，分量重，各党派、团体和各界代表经常通过这种形式发表意见和主张。特别是大会期间，党政领导都要到委员小组会上来参加讨论、听取意见，政府有关部门的负责同志也要到会听取意见。省政协在常委会议上提交的意见建议，省委、省政府都认真研究办理，并在下次常委会议上对研究吸纳情况作出反馈。开展专题调研，组织专题座谈，是政协组织委员开展经常性协商议政活动的重要形式。在人民政协的各种会议上，坚持以民主、求实、团结、鼓劲为指导方针，坚持求同存异的原则，倡导知无不言、言无不尽，实行不抓辫子、不扣帽子、不打棍子的“三不主义”。在全体会议期间，党政领导面对面地接触委员，参加讨论，听取意见，共商国是，展现了良好的民主形象，产生了巨大的社会影响。

政协全体会议和常委会议上进行大会发言，是政协特有的一种民主形式。政协的大会发言，提倡开门见山、直奔主题，畅抒胸臆、不穿靴戴帽，真实地反映政协会议咨政建言的特色和风采，真实地展现政协会议的民主精神。委员参加政协会议，要积极发言，建言献策。那么，如何撰写大会发言呢？我个人觉得要做到以下几点：一是“准”。要紧扣主题，着力在发言的选题上下功夫，既不能过大，也不能太小。要着眼于涉及长远发展的一些前瞻性、战略性问题，科学地论证和敏感地预测，提炼出近阶段当前本地经济社会发展进程中亟待解决的问题；要紧紧围绕党委政府的发展思路，突出关键性、根本性问题，对经济社会发展的全局性、宏观性问题发表真知灼见，以言资政；要围绕人民群众普遍关心和反映强烈的热点、难点问题，了解民情、反映民意。二是“深”。要紧扣内容，着力在发言的观点上下功夫，既不能即兴而作、有感而发，更不能道听途说、似是而非。要做到有理有据，观点鲜明，理由充分，逻辑缜密，真正为党委政府科学民主决策服务；要深入一线调研，了解实情，同时又多方收集资料，虚心请教专家和业内人士，深入思考研究，对现状进行适量适度的估价，一针见血揭示问题、探究根源，在此基础上提出有针对性和切实可行的参考建议，从而提炼出有价值、够份量的发言材料，切实避免发言的主观性、片面性。三是“精”。要紧扣文字，着力在发言的语言上下功夫，既不能空洞无物、滔滔不绝，又不能不痛不痒、点到为止。要做到发言主题鲜明、观点明确、材料翔实、分析透彻、开门见山、言简意赅，做到语言明白流畅、生动活泼、富有感染力。

第二，积极提出提案，努力撰写高质量提案。提案是政协委员、参加政协的党派、团体和专门委员会向政协全体会议或者常务委员会提出，经提案审查委员会或者提案委员会审查立案后，交承办单位办理的意见和建议。政协提案有委员个人提案，委员联名提案，界别、小组、联组提案，党派、团体提案，专门委员会提案等形式。凡政协委员都可以个人名义或联名方式提出提案，全体会议期间还可以会议小组或联组形式提出提案。提案可以在全会期间提出，也可以在闭会期间提出。一个完整的提案包括案由、提案人、理由、办法、审查意见以及工作单位和通信地址 6 个要素。提案坚持一事一案，承办单位在规定期限内要对提案进行办理和答复。对未予采纳的，要说明情况，解释清楚，复文直接寄送第一提案人。由此可见，提案是政协委员履行职责最直接、最有效的一种方式，委员们一定要高度重视，深入调研，认真撰写。

根据提案基本要求和多年的实践经验，写好提案，我认为关键要注意把握以下几个环节：首先要慎选题目。书写一件提案，首先要考虑这件提案要解决什么问题。提案题目要求小求准，注重选择党和政府的工作重点、经济社会发展和改革开放的难点以及人民群众普遍关心的热点问题，观点要求深求新，不宜过大。标题也要醒目，简短鲜明表达主题，让人一看就注意。其次要深入调研。题目确定后，要深入基层、深入群众，了解真实情况，反映各界人士的愿望和呼声，多渠道、多侧面收集相关信息，把实际情况搞准确，深入分析问题，才能提出针对性的解决办法。最后要认真撰写。在调查研究的基础上，对材料进行认真分析，精心推敲，力求所提建议和对策有较强的针对性和可行性。要做到“把紧要话讲出来，把重要的理由点出来，把关键的建议提出来”，单刀直入，有话则长，无话则短，不能把提案写成研讨文章，或者说空话，长篇大论，使承办单位不知所云。综合起来讲，要撰写出高质量提案，必须坚持提案的“三性”，即严肃性、科学性和可行性，从履行政协职能的角度，围绕国家大政方针在我省的贯彻落实，全省经济、政治、社会、文化、生态文明建设中的重大问题，统一战线的重大问题和人民群众普遍关心的问题建言献策；必须坚持提案的“三有”，即有情况、有分析、有建议，做到情况真实、内容翔实，理由言之有据、持之以理，意见建议符合实际、切实可行；必须坚持提案的“三清”，即案由清、内容清和格式清，做到题目简明扼要、案由与提案内容一致，案由分析与意见、要求与建议层次清楚，提案格式准确、字体规范。提案完成后，可按规定通过书面或网上提交省政协提案委员会办公室审查立案。在这里我特别强调三点：一是对于要钱、要物、要项目的题目，不要作为提案提出。如提出的，我们只能作转信处理。二是要避免以论文形式来提交提案。这方面前面已讲到了。三是要避免委员代交提案。坚决杜绝不经过深入调研，把别人提供的材料提交为提案的现象。

第三，积极参加专题调研，多建睿智之言。专题调研是政协履行职能的基础环节，是委员建言立论、发挥作用的前提。政协的各项报告、建议以及委员的发言、提案等都应当建立在深入调研的基础上。政协各专门委员会是常委会领导下组织委员开展经常性活动的工作机构，是政协委员开展履职活动的重要依托。省政协目前设八个专门委员会。各专门委员会按照专业相近、统筹安排的原则，由相关界别委员组成，所有省政协委员都将被吸收成为有关专委会的委员。各位委员要充分认识调查研究对履行职责的重要性，在自己搞好调研的基础上，积极参加政协组织的调研活动。一要深入基层、深入群众、深入实际，掌握第一手资料，既要听从正面渠道得来的情况，也要注意掌握反面的意见，坚决克服坐着车子看、隔着玻璃看、坐在会议室里听、打开网络搜等调研不深入的漂浮现象。二要形式多样，除参加政协专门委员会组织的调研活动外，政协委员还可通过个别走访、电话询问、核对数据、查阅资料、征求意见等，多渠道、多形式、全方位地了解社情民意。三要认真分析。将了解到的情况，去粗取精、去伪存真，综合分析、反复论证，努力使调查研究的成果有情况、有分析、有对策，具有针对性和可操作性。

第四，积极反映社情民意，为党委政府领导提供有价值的参考。反映社情民意是政协履行职能的一项特色工作，就是通过政协委员和政协的各个界别，把社会中的真实情况和人民群众的意见、要求搜集上来，及时、如实地向中央、省委反映。人民政协反映社情民意具有联系面广、层次和水平较高、渠道畅通的特点，有些重要意见能够直达中央和地方决策机关。人民政协把它贯穿于履行职能的各项工作中，要求提案、报告、建议、发言等都要有反映社情民意的意义。对每位委员的来稿、留言都要力求做到及时、准确、快捷地报送，相关部门办理的重要情况还要及时反馈给委员。省政协办公厅信息中心专门负责收集、编送委员反映的社情民意信息，年底对委员反映的社情民意信息情况进行通报。我们希望每位委员根据自己履职实际，积极反映社情民意，每年至少反映一条重要的社情民意信息、提供一条有价值的建议。

撰写社情民意信息，要着重把握好以下四个环节。一是提出问题。这部分内容主要是这篇社情民意信息所要反映的情况、问题，以及问题产生的背景和大致的原因，是整篇社情民意信息中不可或缺的部分。二是阐述影响。这部分内容主要阐述由问题而产生的正负面影响或分析问题发生后可能造成的后果，强调解决问题的必要性和紧迫性。三是分析原因。这部分内容主要是详细分析问题产生的原因，探索问题症结，寻求解决问题的突破口等。四是提供建议。这部分内容主要是根据提出的问题和分析的原因，提出有前瞻性、建设性、针对性、可操作性的意见建议，为推动问题的解决向党委政府领导提供参考。

除上述四种履职形式外，每一位政协委员还应加强学习，积极参加政协组织的委员视察、海内外联谊工作，积极撰写文史资料等活动，自觉围绕全省工作大局献计出力、建言立论。当然，履职能力和水平的提高，需要下大功夫，特别要注重学习与运用相结合。做到既向书本学习，又向老委员学习，向实践学习，不断学习进步，不断总结提高，带着履行职责中的问题去学习和思考，真正把学习的体会和收获转化为履行职责的成果和做好工作的本领。

各位委员、同志们，十一届省政协的五年，是全省各族人民为加快推进面向西南开放重要桥头堡建设而团结奋斗的五年。人民政协工作舞台广阔，大有可为。政协委员来自人民、代表人民，是荣誉，更是责任。真诚希望各位委员深刻认识自身肩负的责任和使命，自觉强化委员意识，努力发挥岗位的榜样作用、界别的代表作用和政协工作的主体作用，在人民政协这个大家庭里，努力学习，扎实工作，不辱使命，以昂扬振奋的精神状态履行委员职责，以优异的工作成绩回报社会，为我省经济社会实现新跨越、与全国同步全面建成小康社会作出应有的贡献！

# 凝心聚力促跨越　同心同德奔小康<br>坚定不移沿着中国特色社会主义道路奋勇前进

——在政协云南省第十一届委员会第一次会议闭幕会上的讲话

（2013 年 1 月 26 日）

罗正富

各位委员、同志们：

中国人民政治协商会议云南省第十一届委员会第一次会议，已经圆满完成了各项议程，今天就要闭幕了。在这次会议上，全体委员和与会同志以饱满的政治热情和高度的责任感，认真履行职责，全面总结了省政协十届委员会的工作，围绕进一步推进人民政协事业和实现跨越发展、全面建成小康社会，畅所欲言，建言献策，提出了许多很好的意见和建议。这次大会始终充满着团结、民主、和谐、务实的气氛，充分展现了新一届省政协委员胸怀全局、心系群众的责任意识和昂扬向上、积极进取的精神风貌。会议期间，省委、省政府领导及有关部门的负责同志到会听取发言、参加讨论，充分体现了省委、省政府对政协工作的高度重视，体现了省直各部门对政协工作的大力支持。

这次会议在充分民主协商的基础上，选举产生了政协云南省第十一届委员会主席、副主席、秘书长和常务委员。在此，我谨代表省十一届政协常委会的全体组成人员向大家表示衷心的感谢。我们深感使命光荣、责任重大，一定会倍加珍惜组织对我们的信任，倍加珍惜全体委员对我们的期望，在省委的领导和省政府的支持下，坚持和发扬人民政协的优良传统，齐心协力，勤奋工作，认真履行好政协章程所赋予的各项职能，努力团结全体委员共同把人民政协事业不断推向前进。

云南省政协第十届委员会任期的 5 年，是云南经济社会发展取得重大成就、全面建设小康取得新进展的 5 年，也是省政协各项工作得到扎实推进、不断开拓新局面的 5 年。在这里，请允许我代表省政协十一届委员会，向为了人民政协事业发展而辛勤工作、作出积极贡献的省政协十届委员会的全体委员致以崇高的敬意！向为省十一届政协工作打下坚实基础的省政协历届老领导、老同志表示衷心的感谢！由于年龄和其他工作需要的原因，省政协第十届委员会的一些委员没有参加新一届省政协的工作。希望这些同志今后继续关心、支持人民政协事业的发展，共同为坚持和完善中国共产党领导的多党合作和政治协商制度而不懈努力。

各位委员、同志们，中共十八大描绘了全面建成小康社会、加快推进社会主义现代化、夺取中国特色社会主义新胜利的宏伟蓝图。我们伟大的祖国正从新的历史起点出发，迈上更加壮丽的征程。省政协的各参加单位和广大政协委员要把学习贯彻中共十八大精神作为当前和今后一个时期的首要政治任务，系统掌握基本内容，准确把握精神实质，切实把发挥政协优势的着力点、履行职能的切入点，聚集到促进落实十八大部署的各项战略目标上来，自觉把十八大精神转化为推动发展、服务群众、凝聚人心、促进和谐的实际行动。要紧紧抓住坚持和发展中国特色社会主义这条主线，深刻领会中国特色社会主义是中国人民长期实践取得的根本成就、是当代中国发展进步的根本方向这一重要论断，进一步坚定对中国特色社会主义的道路自信、理论自信和制度自信，无论遇到什么复杂局面，无论经历什么风浪考验，都要牢牢把握正确的前进方向，始终高举中国特色社会主义的旗帜不动摇，始终坚持中国共产党的领导不动摇，始终用中国特色社会主义理论巩固各界群众团结合作的共同思想政治基础不偏离，坚定不移地为中国特色社会主义更加广阔的发展前景而努力奋斗。

本届省政协任期的五年，是云南实现跨越发展、与全国同步全面建成小康社会的关键时期。我们要以邓小平理论、“三个代表”重要思想、科学发展观为指导，牢牢把握团结和民主两大主题，紧紧围绕中心、服务大局，全面履行各项职能，坚持在继承中创新、在创新中前进，不断增添工作活力，切实把政治协商、民主监督、参政议政的着力点，放在影响科学发展和谐发展跨越发展深层次矛盾的分析上，放在事关全面建成小康社会的综合性、全局性、前瞻性问题的思考上，放在解决人民群众最关心、最直接、最现实问题的探索上，积极有为协商议政，尽心尽力建功立业，努力在发挥优势中突出政协特色、彰显政协价值。

要充分发挥政协作为协商民主重要渠道的独特优势，积极反映群众意愿、增进社会共识。我们要按照建设中国特色社会主义民主政治的要求，不断丰富协商形式，深入拓展协商内容，抓紧健全协商制度，着力提升协商质量，积极扩大协商的包容性，既集中多数人的普遍愿望，又反映少数人的合理主张，最大限度地包容和吸纳各种意见，切实引导参与协商的各方面树立大局观念，理性地表达诉求，负责任地提出建议，努力在发扬民主过程中更好地保障人民当家作主。

要充分发挥政协人才荟萃、智力密集的重要优势，切实为推动跨越发展提供有效的智力支持。我们要强化大局意识，紧扣省委、省政府的中心工作，紧扣改革发展的具体实践履行职责，充分发挥政协委员实践经验丰富、学有专长的优势，针对加快转变经济发展方式、全面深化改革开放、继续保持经济平稳较快增长、尽快缩小与全国的发展差距所面临的一些宏观的、重大的、深层次的问题，多形式、多领域地开展专题调研和视察，着力在分析突出矛盾和问题上花力气、出成果，力求提出系统的解决方案和务实有用的推进措施，努力为省委决策提供民意支撑和民智参考。

要充分发挥政协是大团结大联合组织的政治优势，进一步凝聚全面建成小康社会的强大合力。我们要牢牢把握团结民主的工作主题，切实把增进团结、促进联合贯穿到履行职能的各方面、全过程，不断扩大政协工作的团结面和包容性，积极争取人心，广泛凝聚力量，促进各方面的团结合作，维护社会和谐稳定。要围绕群众关心的民生问题，积极议政建言，努力促进民生政策的落实、民生工程的推进、民生关切问题的解决，千方百计帮助群众排忧解难，最大限度地增加和谐因素。要全力协助党委、政府做好协调关系、化解矛盾的工作，增进发展共识、减少改革阻力，更加关注社会公平正义，积极促进改革发展成果更多更公平地惠及各族各界群众，进一步激发人民群众推动发展、构建和谐的热情和干劲，努力为全面建成小康社会提振精气神、聚合正能量。

各位委员、同志们，党对人民政协赋予重任，广大群众对人民政协寄予厚望。政协委员来自各个界别，代表各个方面的群众参与国是，是人民政协履行职能的主体。我们每一个政协委员都要倍加珍惜自身的荣誉，积极承担应尽的义务，始终不渝地坚持党的领导，始终坚定履职为民的情怀，切实把人民政协作为实现理想、奉献社会、服务人民的舞台，满腔热情地投入政协工作，认真履职、施展才华，广交朋友、搞好团结，抓紧学习、尽快提高，充分发挥在本职工作中的带头作用、政协工作中的主体作用、界别群众中的代表作用，努力以出色的工作业绩和履职成果树立政协委员的形象、展现政协委员的风采，做到无愧于组织、无愧于时代、无愧于人民。省政协机关从领导到每一个干部职工，都要自觉地把为委员服务作为开展工作的中心内容，切实尊重和信任委员，思想上关心委员，学习上帮助委员，工作上支持委员，努力为委员发挥作用创造更好的条件、搭建更广的舞台。

各位委员、同志们，十一届省政协的工作已经起步，我们面临的任务光荣而艰巨，担负的责任神圣而重大。让我们紧密地团结在以习近平同志为总书记的中共中央周围，在中共云南省委的领导下，高举中国特色社会主义伟大旗帜，深入学习贯彻党的十八大和省第九次党代会精神，团结奋进，扎实工作，努力为我省与全国同步全面建成小康社会作出新的贡献，不断谱写人民政协事业新的篇章。

# 在省政协十一届一次常委会议结束时的讲话

（2013 年 1 月 26 日）

罗正富

各位常委、同志们：

十一届省政协第一次常委会经过大家的共同努力，圆满完成了各项议程，就要结束了。这次会议通过了政协云南省第十一届委员会常务委员会关于设置专门委员会的决定，任命了新一届省政协副秘书长和各专门委员会主任、副主任。在此，我代表十一届省政协常委会向刚刚通过任命的各位同志表示祝贺。希望大家今后在各自的岗位上团结进取、认真履职，不断提高自身素质，努力创造出一流的工作业绩，不辜负常委会的信任和期望。

十一届省政协任期的五年，是云南改革发展处于关键时期的五年。十一届省政协能否圆满完成各项工作任务，关键在于省政协常委会能否发挥好作用。这次常委会的圆满召开，为本届省政协常委会工作开了一个好头。我们常委会一定要紧紧依靠全体政协委员和广大政协机关干部职工，继往开来、与时俱进，以奋发有为的精神，扎扎实实地履行职责，力争在推动发展上有新贡献、在服务民生上有新作为。

一是要按照规章全面履行职责。政协常委会是负责主持政协日常工作的领导机构。根据《政协章程》和云南省政协常务委员会工作规则的规定，在全体会议闭会期间，常委会行使政协云南省委员会的职权、处理委员会的重要工作。主要职责是：召集并主持省政协的全体会议，协商决定本届政协参加单位、委员名额、人选的增加或变更以及下届政协参加单位、委员名额、人选及界别设置，执行和完成全体会议做出的决议和提出的任务，审查通过省政协提交中共云南省委、省政府的重要建议案，提出常委会组成人员增加或者变更的建议名单，任免省政协副秘书长，决定省政协工作机构的设置并任免其领导成员，指导和联系州市县政协的工作。在今后的工作中，常委会要按照规章全面履行职责，切实保证中央和省委的决策部署贯彻落实到省政协的全部工作中，努力推动省政协充分发挥协调关系、汇集力量、建言献策、服务大局的作用。

二是要围绕中心履行职责。常委会工作要始终想党和人民之所想、谋党委和政府之所需，想大事、议大事、抓大事，不断提高把握全局工作的能力，切实把力量集中到服务党和国家事业发展的大局上来，紧紧围绕省委、省政府的中心工作，精心选择全省实现科学发展和谐发展跨越发展中的重点、热点、难点问题，以战略思维分析研究，以科学方法谋划思路，以民主渠道协商议政，以务实精神推进工作，努力为党委和政府办好大事出谋划策、为办好喜事营造氛围、为化解难事献计出力。

三是要坚持团结、发扬民主。常委会组成人员来自社会的各个方面，是推进政协事业发展的中坚力量。大家应当相互尊重、相互支持、相互包容，大力发扬人民政协民主协商、求同存异的好传统，积极倡导知无不言、言无不尽的好作风，努力形成团结和谐、民主活泼的好环境，常沟通、多交流，切实在民主协商中增进理解，在团结奋斗中加深友谊，在干事创业中凝聚合力，同心同德、群策群力，共同把省政协常委会建设成为用心干事、用情共事、用力成事的领导集体。

四是要加强常委会的自身建设。抓好自身建设，既是政协工作适应时代发展的要求，也是常委会履行好职责的基础和保证。要继续推进常委会工作的制度化、规范化和程序化建设，建立健全各项工作机制，抓好各项规章制度的落实，不断提升常委会工作的规范化程度。要进一步提高常委会议的质量和实效，精心选择议题，认真做好协商准备，积极促进成果转化，充分发挥常委会议在常委会履行职能中的重要作用。既要坚持过去行之有效的履职形式，又要与时俱进，积极探索发挥常委会作用的新途径、新领域，不断完善富有时代特征、切合云南实际的工作载体和工作平台，更好地发挥常委会在省政协全局工作中的重要作用。

五是要充分发挥常委的作用。常委会是由各位常委组成的一个整体。常委履行职责的情况，在很大程度上决定着常委会工作的质量和水平。每一位常委都要充分认识到，当选为一名省政协常委，这是党和人民对我们的信任，不仅是荣誉，更是责任和义务。我们要带好头、做表率，严格遵守政协的各项规章制度，切实履行各项职责，始终保持同所在界别群众的密切联系，统筹兼顾做好本职工作与履行常委职责的关系，自觉在单位当骨干和榜样、在政协作模范和表率，努力以自己的实际行动带动广大委员认真履行职责。要积极参加省政协的各项活动，说好政协话，做好政协事，当好政协人。在协商讨论中，要深入思考、积极发表意见，做到言之有据、言之有理、言之有策、言之有度。在审议通过有关决议和进行人事任免时，要以高度负责的精神行使好权力。在常委会议闭会期间，要深入调查、勤于思考，通过提出提案、参加视察、进行调研、反映社情民意等方式，切实在政协经常性工作中履行职责、发挥作用，不断增强做好工作的主动性和自觉性，努力以饱满的工作热情推动本届省政协常委会完成好各项工作任务。

在这里，我要特别提出一点希望。这次新当选的省政协常委中，有相当一部分同志过去长期在党政部门担任领导职务。这些同志工作经验丰富、领导水平高、责任心强，是新一届省政协开展工作、履行职能的宝贵资源。但大家到政协工作后，可能会感到有些不适应。政协工作确实与党政部门的工作有所不同：政协是党和人民事业的重要工作机构，但不是权力机关，履行职能靠的是参政议政的影响力；政协是协商机构，但不是决策机构，开展工作靠的是集思广益的创造力；政协是发扬民主的重要形式，但不是实现社会主义民主的全部形式，发挥作用靠的是共产党领导的多党合作的凝聚力。然而，政协工作仍大有可为。人民政协是实行中国共产党领导的多党合作和政治协商制度的重要政治形式和组织形式，是马克思列宁主义统一战线理论、政党理论和社会主义民主政治理论同中国具体实践相结合的伟大创造，是中国共产党同各民主党派、人民团体和各族各界人士同舟共济、团结奋斗的伟大成果。坚持和完善人民政协这种民主形式，既符合社会主义民主政治的本质要求，又体现了中华民族兼容并蓄的优秀文化传统，具有鲜明的中国特色。人民政协各路人才荟萃，有智力优势；人民政协按界别组成，有组织优势；人民政协作为协商民主制度的重要载体和平台，有制度优势。随着社会主义协商民主制度的不断健全和完善，人民政协在经济社会发展中的积极作用将越来越明显。到政协工作，虽然角色变了，环境、任务不同了，但与在党委、政府工作的性质是一样的，都是为经济社会发展服务、为人民群众谋利益。人是要有一点精神的，无论在什么岗位都应该把工作干好。希望新到政协工作的同志，找准位置、调整心态，保持良好的精神状态，积极按照政协的性质、职能和特点履行职责，努力在政协工作岗位上取得新的成绩、为云南经济社会发展作出新的贡献。

专门委员会是常委会和主席会议领导下的工作机构，是政协履行政治协商、民主监督、参政议政职能的重要载体。专委会的工作是政协的基础性工作，专委会的建设关系到政协履行职能、发挥作用的成效。加强专委会的建设、提高专委会的工作水平、发挥专委会的基础性作用，对于更好地完成十一届省政协常委会的各项工作任务具有十分重要的意义。各专委会要发扬求真务实、勇于开拓的作风，紧紧围绕常委会确定的工作思路来履行职能，切实根据常委会的中心工作来开展活动，找准服务大局与发挥自身优势的结合点，努力发挥把政协的人才优势、界别优势转化为整体优势的桥梁和载体作用。要充分调动委员参与专委会工作的积极性。专委会直接承担着组织委员开展经常性工作的任务，要始终把充分发挥委员在政协履行职能中的主体作用，作为开展专委会各项工作的出发点，把组织好委员活动作为增强专委会工作活力的关键，积极拓宽思路、改进方法、畅通渠道，不断丰富活动的内容、载体和形式，努力通过组织特色鲜明、形式多样、活跃有序、成效显著的委员活动，不断增强专委会的吸引力和影响力。要注重突出专委会工作的专业性。各专委会都有自己的专业特点，都有专门的工作对象。各专委会的工作既要围绕省委、省政府的工作大局来谋划和开展，同时也要抓住各自的工作重点，坚持“少而精、专而深”，集中力量就相关领域的重大问题进行调查研究、建言献策，积极为党委政府决策提供专业性的意见建议。此外，每个专委会都联系着相关界别的许多专家和学者，在开展活动时要积极把本专委会的专家委员和相关界别的专家学者吸收、组织到调查研究、专题视察、对口协商、形成提案、反映社情民意等工作中，努力把他们的知识、经验和智慧转化为专委会的工作优势。要着力提高专委会工作的实效性。各专委会要把调查研究作为履行职能的基本前提，经常深入实际、深入基层，广泛联系各方面的人士和群众，集思广益、凝聚智慧，掌握真实情况，反映大众心声，提出可行建议，使专委会的工作建立在坚实的基础上、发挥出应有的作用。要主动加强与党政有关部门和相关党派、团体的联系沟通，及时了解有关工作动态，积极争取各方面的帮助和支持，努力为委员知情明政、履行职责提供更好的服务。同时，各专委会要加强相互之间的协作与配合，形成整体合力，发挥整体优势。常委会也要进一步加强对专委会的领导，努力为专委会开展工作创造更好的服务保障条件。在这次省政协换届中，各专委会负责人有比较大的调整，从党政部门、企事业单位交流过来一些同志，这对于加强专委会建设、更好地发挥专委会作用是很有利的。希望各专委会的负责同志尽快进入角色，抓紧做好工作的交接，切实保证专委会工作的稳定性和连续性，同时要勤于学习、勇于实践，在继承过去好的经验和做法的基础上，针对新形势、新任务对政协工作的新要求，积极探索开展工作的新思路、新途径、新领域，努力使各项工作有新气象、上新台阶。搞好政协专委会办公室队伍建设非常重要，各专委会要在省政协秘书长班子的支持下，进一步加强办公室的建设，着力提高干部的全局观念和服务意识，不断增强政务性服务能力和统筹协调能力，更好地发挥专委会办公室在专委会工作中的参谋助手作用。

各位常委、同志们，今年是十一届省政协任期的第一年，做好今年的工作非常重要。这次会议后，要抓紧制定今年的工作计划。希望办公厅、研究室和各专委会按照十一届一次会议的要求，把学习贯彻党的十八大和省委九届四次全委会精神与履行工作职能紧密地结合起来，切实把“翻两番、增三倍、促跨越、奔小康”的要求落实到今年的工作目标中，抓紧制定出切实可行的年度工作计划，确保十一届省政协的工作能够开好局、起好步。

各位常委、同志们，再过半个月就到春节了。在此，我代表省政协主席会议的全体同志，提前向大家致以节日的问候。衷心祝愿大家春节愉快、身体健康、阖家幸福、万事如意！祝愿人民政协事业生机勃勃、蒸蒸日上，明天更加美好！

# 在省政协机关干部职工大会上的讲话

（2013 年 2 月 18 日）

罗正富

同志们：

春节长假刚结束，我们就召开省政协机关干部职工大会，表彰 2012 年度创先争优先进集体、先进个人和年度考核优秀人员，很及时，很有必要。这既是总结过去一年工作的成绩表彰会，也是全面启动新一年工作的鼓劲动员会，对于振奋精神、再接再厉，确保 2013 年省政协工作开好头、起好步具有重要意义。

2012 年是省政协工作卓有成效的一年，有许多经验做法值得总结，其中很重要的一条，就是大力加强省政协机关建设，努力培养造就一支能战斗、能吃苦、能奉献、能创新的机关干部职工队伍，为省政协有效履行职能、顺利开展工作，发挥了重要作用。正是因为有了这样一支队伍，才使得省政协各项工作高效运转、有序推进，更加有效地发挥了协调关系、汇聚力量、建言献策、服务大局的重要作用；才使得省政协工作始终充满生机和活力，呈现出蓬勃发展的生动局面。今天表彰的先进集体和个人就是这支队伍当中的优秀代表。在这里，我代表省政协党组和主席班子向受表彰的单位和个人表示诚挚的祝贺！向一年来在本职岗位上兢兢业业、辛勤工作的广大机关干部职工表示衷心的感谢！向节日期间坚守值班岗位的同志表示亲切的慰问！

2013 年是全面贯彻党的十八大精神的开局之年，是深入落实省第九次党代会决策部署的关键之年，也是全面开启十一届省政协工作新篇章的开篇之年。面对新形势、新任务、新要求，省政协担负的工作任务将会更加艰巨而繁重。作为保证省政协工作运转的职能中枢，省政协机关和广大干部职工必须努力适应形势发展变化需要，切实增强使命感和责任感，不断提高机关建设科学化水平，充分发挥好参谋、助手、服务、协调、保障作用，为省政协履行职能、开展工作提供坚强保障。为此，我对省政协机关全体干部职工提四点希望和要求：

## 一、政协工作大有可为，广大干部职工务必牢固树立大有作为的信心，在推动发展上奋发有为

人民政协事业是中国特色社会主义事业的重要组成部分，政协工作在党的全局工作

中具有重要的地位和作用。随着时代的发展、民主政治建设的推进，政协工作的地位越来越突出，服务发展的重要作用越来越明显，极大地增强了我们做好政协工作的信心。这个信心来自于人民政协工作基础的不断巩固。从中央到地方各级党委、政府不断加大对政协工作的重视和支持力度，为政协履行职能创造了更加有利的条件。人民政协工作不断加强，社会影响力逐步扩大，群众认可度不断提高，为政协工作有效开展提供了更加广泛的群众基础。这个信心还来自于未来发展大局为政协工作提供了更加广阔的舞台。党的十八大提出了全面建成小康社会的宏伟目标，省委九届四次全会提出了“翻两番、增三倍、促跨越、奔小康”的工作要求，要实现中华民族伟大复兴的中国梦和富民强滇的美好夙愿，需要依靠政协组织充分发挥人才荟萃、智力密集、联系广泛的优势，聚万众之力，集各方之智，同心协力推动发展。同时，十八大作出健全社会主义协商民主制度的部署，也把人民政协的地位提到了一个新的高度。因此，政协工作不是可有可无，而是大有可为、前途光明。省政协机关广大干部职工要牢固树立政协工作大有作为的坚定信心，高标准高质量地推动政协各项工作有效开展，多献发展之计、多谋发展之策、多聚发展之力，在推动云南科学发展和谐发展跨越发展、与全国同步全面建成小康社会上有更大作为；多做反映社情民意、改善民生、增进共识、理顺情绪、化解矛盾、维护稳定的工作，在促进社会和谐上有更大作为；加强协商民主的理论研究和实践探索，充分发挥协商民主的重要渠道作用，在推进社会主义协商民主制度建设，发展更加广泛、更加充分、更加健全的人民民主上有更大作为。

**二、政协工作内容丰富，广大干部职工务必始终保持勤奋学习的劲头，在提高素质上取得成效**

政协工作具有很强的政治性、社会性、政策性，工作内容丰富，机关干部不认真学习，不深入研究，就很难认识和把握政协工作特有的方法和规律。政协委员是各个领域的优秀代表，在政治上有地位、在社会上有影响、在学术上有造诣，机关干部不加强学习，不提高素质，就很难为委员做好服务。因此，广大机关干部职工要切实把学习作为一种工作责任、一种政治任务、一种精神追求，始终保持勤奋学习的劲头，不断在学习中提高自己、丰富自己，让视野更有宽度，让思想更有深度，让事业更有高度，努力成为政治坚定、学识丰富、业务精通的政协工作者。一要突出学习重点。要以学习贯彻党的十八大精神为重要抓手，认真学习党的基本理论和方针政策，切实用创新理论武装头脑、指导实践、推动工作；要深入学习政协知识、统战理论，了解掌握人民政协的工作制度和程序方法，成为政协工作的行家里手；要系统学习岗位专业知识，做到干一行爱一行钻一行，精通本职工作业务；要广泛学习政治、经济、法律、科技、管理、社会等方面的知识，不断开阔视野，拓宽思维；要重视学习云南的省情、社情、民情，熟悉了解云南本土人文历史知识，及时掌握全省经济社会发展基本情况和重点工作进展情况，争当“云南通”，为服务云南发展打好基础。二要区分学习层次。厅级干部要带头学，不能吃老本，要学以增智、学以致用，出思想、出谋略。处级干部要深入学，要把部门业务学深钻透，带领部门形成抓学习、搞研究、出业绩的良好氛围。军转干部要自觉学，刻苦学习地方工作需要的各方面知识，弥补自身知识结构的短板，啃下地方工作的硬骨头。年轻同志更要主动学，不断增强本领，提高素质，为政协工作注入新的活力。三要注重成果转化。坚持学以致用，用以促学，善于在学习中思考，在实践中总结，在总结中完善，努力把学习成果转化为做好工作的实际能力，不断推动机关工作上水平。

**三、政协工作责任重大，广大干部职工务必切实增强履职服务的本领，在工作业绩上争创一流**

政协工作使命光荣、责任重大。在推动云南“三个发展”、与全国同步全面建设成小康社会的伟大征程中，省政协要做到围绕中心、服务大局，离不开机关的高效工作。因此，全体机关干部职工必须进一步强化服务意识，练就过硬的履职服务本领，着力在提高“六种”能力上下功夫，争创一流的工作业绩。一是政治把握能力。这是做好政协工作的政治责任。省政协机关干部要进一步增强政治敏锐性和鉴别力，多关注时事政治和社会思想动态，及时从新闻、文件中捕捉政治信息，敏锐地把握中央和省委重大决策部署的政治背景和政治意义，以正确的政治立场和观点来判断是非、辨别真伪，时刻保持政治上的清醒和坚定。要严格遵守政治纪律、组织纪律，在任何情况下都要始终与党中央和省委保持高度一致。二是调查研究能力。这是履行政协职能最重要的基本功。提高调查研究能力不是一朝一夕之功，需要在长期的工作实践中不断锻炼培养。省政协机关干部特别是专门委员会办公室的同志，必须注重学习、注重思考、注重实践，努力提高文字综合能力、独立思考能力、分析研究能力、资政建言能力，为政协工作的顺利开展提供优质服务。三是组织执行能力。这是提高机关工作质量的重要保证。政协工作内容丰富、程序性强，政协的各项决议、决策，上级安排和领导交办的每一项工作任务都需要机关干部去组织实施、抓好落实。提高组织执行能力，就必须进一步建立健全机关各项制度规定，严格规范办文、办会、办事的工作程序，确保机关工作有序高效运转。就必须不断强化工作责任心，做到思想敏锐，行动迅速，积极主动，讲求效率，不拖沓，不懈怠，不推诿，不折不扣地完成好各项工作任务。四是沟通协调能力。这是做好政协机关工作的基本技能。省政协机关干部要努力提高联络沟通、组织协调的能力，协调好各方面关系，确保上下、左右、内外协调，促进省政协工作有效开展。对上，要加强与全国政协的沟通联系，积极寻求全国政协对省政协工作的支持和帮助；对外，要加强与各省级相关部门的沟通联系，建立良好的工作关系；对内，要注重加强办公厅、研究室、各专门委员会以及各个事业单位之间的联系、协作和沟通，使机关各项工作步调一致、和谐有序，形成整体合力。五是开拓创新能力。这是不断发展变化的形势任务对政协机关干部提出的新要求。省政协机关干部要进一步解放思想，勇于开拓，积极探索政协工作的新方法、新路子，创造性地开展工作，将调研视察、办文办会、服务接待、新闻宣传等经常性工作注入时代内涵，增强工作针对性、有效性和时代感，推动机关工作再上新台阶。六是周到服务能力。这是政协机关工作的主要内容。省政协机关干部职工要进一步强化服务意识，提高服务能力，周到细致地做好会议服务、调研服务、提案服务、文稿服务、生活服务等各类服务工作，努力服务好领导、服务好委员、服务好基层、服务好群众，尽全力把服务工作做到精益求精、尽善尽美。

**四、政协工作求真务实，广大干部职工务必努力坚守风清气正的追求，在改进作风上善做善成**

求真务实是政协工作的特点，建设“团结奋进、风清气正”的和谐机关是我们的追求。新一代中央领导集体大力倡导改进工作作风，展示了执政新风貌，顺应党心民心。省政协机关各级领导干部和广大干部职工一定要充分认清改进作风的重大意义，不折不扣地把中央和省委关于改进作风的各项规定落到实处。要尽快研究制定省政协改进作风密切联系群众的实施细则，形成加强机关作风建设的长效机制，以踏石留印、抓铁有痕的劲头长抓不懈，确保改进作风善始善终、善做善成。尤其是要围绕建设“团结奋进、风清气正”和谐机关的目标，在省政协机关中大力弘扬“四种”作风：一是求真务实的作风。要注重实干，不尚空谈，力戒形式主义、官僚主义，想问题办事情都要从实际出发，做到查实情、讲实话、办实事、求实效，形成比实干、比实绩、比奉献的浓厚氛围。要进一步端正会风、文风、学风，精简文件简报和会议活动，改进调研视察工作，把精力和心思更多地放在履行职能的具体工作上，切实提高机关工作效率。二是艰苦奋斗的作风。厉行勤俭节约、反对铺张浪费。机关各级领导干部要率先垂范，带头抵制拜金主义、享乐主义和奢靡之风。召开会议、举办活动要精打细算，节省开支，不比阔气，不讲排场，勤俭办一切事情。继续深入开展“四群”教育活动和实行干部直接联系群众制度，扎实抓好以“为民务实清廉”为主要内容的群众路线教育实践活动，充分展示省政协机关务实为民的良好形象。三是奋勇争先的作风。要发扬积极向上的精神，以满腔热情和正确的态度对待工作和学习，不能得过且过，无所追求；要发扬精益求精的精神，凡事要力求做到更好，不能应付了事；要发扬爱岗敬业的精神，立足本职岗位，恪尽职守，高质量高效率地完成各项任务。四是团结和谐的作风。要尊重和团结各民主党派、人民团体、无党派人士和各族各界人士，进一步密切省政协与社会各界和人民群众的联系，要维护和发展机关内部团结协作、和谐共事的良好局面，切实增强省政协机关的亲和力、影响力和凝聚力。

同志们，人民政协重任在肩，人民政协大有可为。让我们在省委和省政协党组的坚强领导下，以百倍的信心、昂扬的精神，务实干事、团结奋进，全身心投入到2013年工作当中，在推动云南“三个发展”、富民强滇的工作实践中再创新业绩、续写新篇章，不断开创省政协工作新局面。

# “滇越铁路”昆明论坛开幕式致辞

（2013年3月23日）

罗正富

尊敬的白林女士、陈福今主任，各位女士、先生们：

在这美好的季节，美丽的春城昆明迎来了各位尊贵的客人。在此，我代表云南省政协，向各位的到来表示诚挚的欢迎！对“滇越铁路昆明论坛”的召开致以热烈的祝贺！

一百年前修建的滇越铁路，是云南建设时间最早、建设难度最大的铁路工程，也是中国和世界铁路建设史上最具影响的铁路工程之一。滇越铁路的建成，体现着人类伟大的创造精神，是科学技术发展史上的不朽杰作。同时，滇越铁路还承载着弥足珍贵的历史和文化。它记载了中华民族的抗争与奋斗，也见证了中华民族的发展和壮大。它是近代史上东方文明与西方文明、工业文明与农耕文明、科学技术与民族文化在特定的条件下，相互碰撞、相互作用、相互交融的历史产物。它荟萃了壮丽的自然美景、浩大的工程奇观和多姿多彩的民族文化，在全世界都是非常独特的。它的修建对云南、中国乃至东南亚的政治、经济、社会和科技的发展，产生了不可替代的重要影响，也留下了深深的历史印记。

滇越铁路加速了云南近代的经济建设和社会发展，开启了中国西南边疆面向世界的门户。铁路建成通车后，快捷高效的现代化运输取代了人背马驮的古老运输方式。火车的轰鸣，宣告了云南工业时代的开始，使云南从封闭的边陲变成了中国西南对外开放的前沿。时至今日，滇越铁路仍然承担着运输中越两国国际联运货物的任务。但是，随着现代交通运输的发展，滇越铁路原有的运输功能已经或将要被逐步取代。特别是泛亚铁路东线玉蒙、蒙河铁路修成通车后，滇越铁路现在的传统运输功能将全部丧失。

每一位了解滇越铁路历史和现状的人都有这样的共识：滇越铁路是宝贵的历史文化

遗产，亟待保护；滇越铁路蕴藏着巨大的价值，必定能够焕发出新的生机与活力。今天，我们举办滇越铁路昆明论坛，就是要深入探讨滇越铁路的保护和利用，促进滇越铁路申遗工作的开展。作为一个专业性的学术论坛，它将中、法、越三国优秀的学者汇聚在一起。在这个论坛上，我们可以听到来自各个不同文明的声音，也可以让社会各界更加关注、研究、保护和宣传我们身边的历史文化遗产。

我们真诚地希望，各位嘉宾能够利用滇越铁路昆明论坛这个平台，相互交流，共同切磋，求同存异，携手前进。同时，我们也诚挚地希望，各位专家能够对滇越铁路的保护利用工作建言献策，对滇越铁路申遗的可行性进行更加深入的探讨，积极为云南历史文化遗产的保护和利用工作提供宝贵的意见和建议。我们更加希望，此次论坛能够加强中、法、越三国学者间的交流，增进中、法、越三国人民间的友谊，为推动人类文明的进步做出贡献！

最后，预祝论坛取得圆满成功！

谢谢大家！

# 在省委党校厅级领导培训班上的讲话

（2013 年 3 月 29 日）

米东生

同志们：

按照党校的安排，今天我来和大家共同学习探讨当前形势下如何积极推进桥头堡建设的问题。下面，我着重讲三个方面的问题。

## 一、当前国际、国内经济形势

2008 年国际金融危机以后，全球经济受其影响的深度和广度还在延伸，各种不确定和不稳定的因素还在增加，经济复苏已呈多变性和复杂性的局面。

从总体形势来看，当前国际、国内局势特点可以用“难、缓、乱、搅、稳、快”六个字来概括和表述。即：一是美、欧、日主要发达经济体呈现“难局”。二是新兴经济体呈现“缓局”。三是中东、北非等地区呈现“乱局”。四是我国周边地区呈现“搅局”。五是我国经济发展呈现“稳局”。六是我省发展提速，呈现“快局”。

（一）美、欧、日主要发达经济体经济复苏呈现“难局”

受美国财政悬崖和欧洲主权债务的双重危机影响，发达经济体复苏缓慢，世界经济增长在2012年明显下滑，增长幅度仅为2.2%，不仅低于2011年2.7%的增长率，更是远低于2010年4%的增长水平。因此联合国贸易和发展会议（贸发会议）在日内瓦发布的《2013年世界经济形势与展望》报告预测，2013年世界经济增速可能低于2.4%，2014年将达到3.2%。在贸易领域，2012年全球贸易额增长3.2%，远低于2011年6.4%的增速；2013年增速预计仅略高于2012年，2013年有望恢复到5%左右的长期平均水平。总体上看，世界经济还在努力摆脱“危机后遗症”。

——美国。可从四个方面管窥美国经济。第一，美国财政悬崖危机在奥巴马1月2日签署的旨在提高高收入人群的税率、延长中产阶级减税政策的“财政悬崖法案”后已冰消雪融；第二，从先行指标来看，PMI（采购经理指数）自2012年10月（达到51.7%）至今年1月份连续3个月处于50%的“涨缩分水岭”之上，表明美国经济将保持扩张之势；第三，因页岩气大规模开发所带动的能源成本降低带动相关产业投资增长，3D打印、智能机器人等新技术优势也带动高端制造业加速发展，“再工业化”政策效果强化了美国经济增长的动力；第四，美国房地产强劲复苏，银行业房贷不良率下降，虽然10月份7.9%的失业率创下44个月以来的次低值，说明美国经济已逐步走出不太依赖就业率而取得实质增长的新型路径。据此，IMF（国际货币基金组织）最新预测美国经济仍将保持缓慢复苏之势，2013年经济增长率为2.25%。但由于巨额债务（美国财政2012年底，总负债达到16.1万亿美元，占全年GDP总量的101.7%，为历年最高）压力等问题的影响，经济复苏将面临较为艰难的局面。

——欧元区。2012年是欧元区重启的一年，欧洲各国通过政府机构改革，欧洲央行的三次校准及1万亿欧元自救计划等举措，力促欧债危机于2013年上半年见底。但不利因素是，意大利总理提前辞职、西班牙的几笔债务到期、法国私人债务风险释放等利空事件都将在2013年年中以前发生，伴随着高福利政策、脱节的欧元区管理体制的漏洞，以及企业和家庭信贷条件紧张，失业率高企，以及投资冻结等拖累，欧盟委员会预计今明两年欧盟经济将分别增长0.1%和1.6%；同时2013年欧洲区通胀率将为1.8%，失业率将达到12.2%，即有超过1900万人失业，这一预测提高了欧洲央行未来进一步降息的可能性，而这将加剧我国的输入性通胀压力。

——日本。90年代日本经济泡沫破灭，2011年福岛核电站核泄漏等事件对日本经济的影响尚未消除；近些年来，人口老龄化严重、主权债务过高、面临亚洲各国经济制裁等问题愈趋突出。而去年自民党的竞选胜利，标志着日本经济的风险在加剧。安培晋三将通胀目标上调1倍，推出总额20.2万亿日元（约合2262亿美元）的大规模经济刺激计划的做法无异于一场赌博，本来经济发展就缺乏动力，偏偏要通过货币贬值来强行发展，而日本政坛的功利化又迫使安倍不得不进行这场赌博。虽然日本政府于今年1月自我预测，在2013财年日本实际GDP将增长2.5%。但世行基于日本与亚洲周边国家的领土争端、环保车补助金政策终止等因素，还是果断下调了预测，认为2013年和2014年日本经济增速最多为0.8%、1.2%，2012年6月预测时均为1.5%。

（二）新兴经济体发展呈现缓局

由于欧洲经济的低迷和国家的贸易保护，让新兴经济体的外部需求长期疲软，发达国家货币贬值浪潮带来的输入性通胀，又将推动国内物价上涨；加之资源价格上涨、劳动力成本上升使新兴经济体的竞争力削弱。因此，IMF的世界经济展望报告中，同时削减了金砖国家的增速预期，其中印度经济在金融危机陷入恶性循环，俄罗斯和巴西也不容乐观，中国相对较好。总的来说，2013年新兴经济体的情况会稍好于2012年，但也从近些年来的10%左右降到了去年的6%左右，已难以保持两位数的高速发展。

总之，2013年对世界经济来说是一个非常重要的时间窗口。虽然世界经济仍处于低速增长的阶段，但随着美国经济全面复苏、欧债危机见底、中国经济软着陆，世界经济将以此为起点，逐步走出困境。

（三）中东、北非经济社会发展呈现“乱局”

由于美国等西方国家处于各种利益需求，对伊拉克、阿富汗、利比亚等中东、中亚、北非国家进行武装干预致使这些地区战乱不断。一些国家政治、经济、社会处于十分混乱的局面。如伊战10年后，伊拉克国内仍然爆炸不断，叙利亚“反对派”在西方国家怂恿和武器的支持下，不断发动的反政府战争使人民流离失所，经济几乎陷于瘫痪。北非、东非等地也战乱不断，都会对全球经济的复苏带来一定的影响。

（四）我国周边呈现“搅局”

由于美国高调重返亚太，以牵制、遏制中国崛起为目标，利用领土主权争端等问题，积极介入搅动东海、南海等周边局势，致使我国的沿边开放合作和周边局势稳定带来了较大的影响。

（五）我国内需巨大，国内经济在转方式、调结构的过程中呈现“稳局”

2008~2012年的五年间，我国有效应对金融危机的严重冲击，国内生产总值年均增长9.3%。国内生产总值从26.6万亿元增加到51.9万亿元，基本实现翻一番而跃升至世界第2位；公共财政收入从5.1万亿元增加到11.7万亿元；累计新增城镇就业5870万人，城镇居民人均可支配收入和农村居民人均纯收入年均分别增长8.8%、9.9%；粮食产量实现“九连增”；重要领域改革取得新进展，开放型经济达到新水平。新建各类保障性住房1800多万套，完成大中型和重点小型水库除险加固1.8万座，新增铁路里程1.97万公里、公路60.9万公里、新建机场31个、新增万吨级港口泊位602个；非化石能源快速发展，水电、风电装机居世界第一。中央依据国际国内新的形势，提出了2013年全国经济保持“稳中求进”的总方针，把GDP增长目标确定在7.5%，预计经全年努力可达8%左右，呈现“好字当头、稳步发展”的局面。

（六）我省经济厚积薄发、潜力巨大、机遇难得，在不断提高发展质量的前提下重现一个“快局”

云南集“边、民、贫、山”四位一体的边疆民族省份，由于历史、自然等原因，发展不足、不充分、不平衡、不可持续的矛盾较为突出，与发达地区存在着较大的发展差距。但在省委、省政府的正确领导下，经全省人民共同努力，近年来经济发展步伐明显加快。“十一五”期间，全省GDP年均增长11.8%，进入“十二五”后明显加速，2011年实现13.7%的增长，2012年在各种困难加剧的情况下仍保持了13%的增长，高于全国5.2个百分点，增速名列全国第四位、西部第三位，总量跨过万亿大关，顺利进入了全国万亿俱乐部。今年省政府确定的工作目标为全省生产总值增长12%左右，预计可达13%以上的增速，继续保持在全国较快的增长速度。为有效缩短发展差距，抢抓好重大发展机遇，发挥好多年形成的良好基础和优势，云南有必要也完全有可能实现赶超发展、跨越发展，并在今后较长一段时期内保持一个又好又快发展的态势。

通过上述形势的研判分析，基本可以得出以下三个不会改变的判断。

（一）全球经济特别是美、欧、日发达经济体受金融危机深度影响，在近期内甚至在较长一段时期内增长乏力，复苏缓慢的这样一个趋势不会改变。主要原因是发达经济体的巨额债务压力和新技术革命带来的新增长点还未形成。

（二）世界各国为应对危机保增长而加大经济结构调整力度，抢占科技创新制高点和新的竞争优势，科技、经济等综合实力竞争加剧的态势不会改变。这对我国、我省既形成压力和挑战，同时又是转方式、调结构、创新发展的重大机遇。

（三）我国经济保持较长时期稳定增长的总趋势不会改变。基于这一判断，有三个问题要作认识和说明。

第一，要长期保持两位数高速增长已难以为继。全国经济在“十五”、“十一五”期间保持了两位数高增长后，经济发展中的一些深层次问题日益显现出来，主要是外需不足、经济下行压力和产能相对过剩的矛盾有所加剧，企业生产经营成本上升与创新能力不足问题并存，财政收入增速、增幅放缓和政府刚性支出增长的矛盾凸显，保持经济较快增长与资源环境的可承载压力相互交织，金融领域存在一定的风险等。特别是当前，一方面要维持经济的稳定增长，另一方面又要防止过热和通胀；一方面要全力推动经济转型，另一方面又担心紧缩力度过大使经济下行过快；一方面要把启动城镇化作为增长的主要动力，另一方面又要防止一窝蜂的低水平城镇化把中国经济带回过去的老路。为此，中央审时度势，提出了今后一段时期全国经济要在着力转方式、调结构、促创新，不断提高发展质量和效益的前提下，坚持“稳中求进”的方针，继续促进全国经济健康、平稳、可持续发展。

第二，稳中必须要有进、要有好，要保持就业需求、民生改善、综合国力增强的必要增长速度。也就是让近年来过高的难以为继的增长速度回归至年增长7—8%这样一个合理、正常和必要的增长区间，并保持较长期的持续稳定。为此，中央提出要继续实施积极的财政政策和稳健的货币政策，扩大国内需求，着力改善民生，加快城镇化进程，加快创新引领发展步伐，大力扶持西部地区、贫困地区加快发展等重大政策措施。全国这一长期向好、保持健康、持续稳定发展的大趋势、大走向以及重大的政策措施，为地处西部的云南加快桥头堡建设、促进跨越发展提供了良好的宏观环境和十分难得的重大发展机遇。

第三，云南保持较快发展，实现超越发展的环境条件及发展趋向不会改变。主要判断依据有如下5点：一是经多年努力已形成良好的发展基础。“十一五”期间水、电、路基础设施全省共投入2956亿元，其中水利273亿元、公路和水运2042亿元、铁路398亿元、机场243亿元。二是已培育成多个支柱产业。2012年全省烟草增加值976.25亿元，能源332.49亿元，矿冶1267.58亿元，旅游640亿元，生物产业总产值突破5000亿元大关。三是已具备了一定财力。2012年全省财政总收入2624.2亿元，总支出3573.4亿元，分别比“十一五”头一年的2006年增长196%和300%。四是有桥头堡建设、新一轮西部大开发等千载难逢的重大机遇。五是有省第九次党代会确定的鼓舞人心的发展思路和目标，以及全省各族人民盼望加快发展的强烈愿望和精神动力。为此，我省在今后一段时期内完全有必要、有可能保持较快发展，推进桥头堡建设取得更大更好成效。

结论：云南桥头堡建设虽然面临错综复杂、不确定性和不稳定性还在增加、经济复苏增长缓慢的国际形势，但是有着国内长期向好的宏观经济环境，有着中央扩大内需支持西部的重大政策措施，有着十分难得的发展机遇，因此，全省上下要进一步树立机遇意识，增强责任感和紧迫感，以时不我待、只争朝夕和奋发有为、拼搏创新的精神，有力地把桥头堡建设推向前进。

## 二、以更加宏大的气魄、更加务实的作风推进桥头堡建设，努力开创新局面

2011年5月国务院正式制定下发了国发11号文件，去年经国务院同意，国家发改委又正式批准了桥头堡建设总体规划，标志着云南桥头堡建设和沿边开放合作正式进入到国家层面、上升为国家战略并已正式启动实施。近两年来，在省委、省政府正确领导和强有力的推动下，在中央各部委的大力支持下，桥头堡建设得到了顺利推进，开局良好，成效显著，但也存在一些不尽人意、需要着力解决的问题。下面。我就进一步加快推进桥头堡建设讲几点建议供同志们讨论和分析。

（一）肯定成绩、坚定信心

桥头堡建设启动实施以来，经全省上下的艰苦努力，取得了明显成效，实现了良好开局，概括起来可用“八个一”来表述。

1. 获批了一个规划，桥头堡建设有了具体可行的实施方案

在国务院《关于支持云南建设我国面向西南开放重要桥头堡的意见》下发以后，为进一步深化意见的实施方案，增强可操作性和实效性，我省高度重视，按省委、省政府要求，由省发改委牵头，省级各部门积极配合，及时拟定了桥头堡建设的总体规划上报了国务院、国家发改委，在国家发改委反复征求中央各部委意见并反复修改完善的同时，我省派出专门工作小组，长驻国家发改委开展日常沟通工作，实行紧密型、全天候无缝对接。经艰苦努力，桥头堡总体规划于2012年10月15日经国务院办公厅批复同意，10月31日国家发改委正式批准实施，标志着桥头堡战略正式上升为国家战略的主要工作基本完成，为全面启动推进桥头堡建设提供了主要依据。按照批准的总体规划，我省桥头堡建设项目库共涉及683个重大建设项目，总投资5.2万亿元，为实实在在地推进桥头堡战略实施奠定了坚实基础，赢得了工作的主动。

2. 成功召开了第一次部际联席会议，国家层面的协调机制基本建立

为贯彻国务院办公厅《关于同意建立加快建设面向西南开放重要桥头堡部际联席会议制度的函》的精神，2012年2月，我省着手筹备召开部际联席会议。期间，省政府先后四次以专题会议、常务会议的形式对此项工作进行了研究部署，多位省领导先后多次到相关部委进行衔接。省桥堡办及时拟定方案，派出精干工作组进驻国家发改委加强汇报对接，先后三次组织省级有关部门研究提出提请联席会议协调的问题，促成国家发改委召开会前协调会。2012年6月12日，桥头堡建设部际联席会议第一次在北京顺利召开，研究协调了10个方面的24项重大事项，达成了支持云南桥头堡建设的多项共识，形成了国家相关部委与云南省上下联动、相互协调推动桥头堡建设的格局。针对制约桥头堡建设中的重点环节、重点领域和突出问题，提出了解决问题的方案和意见，明确了国家部委及云南省的任务，细化了分工、明确了责任，有力地促进了相关政策和重点项目的落实推进。

3. 签署了一批战略合作协议，上下协同联动取得了新成效

有84个中央部委、金融机构和大型企业相继与云南省签署了战略合作协议，细化、实化了国家赋予桥头堡建设的一揽子优惠政策。从《意见》中共梳理了61条支持性政策，建立了对各项政策的跟踪机制，及时了解、掌握各项政策的落实情况。多个部委还相继与省政府召开工作座谈会或者到云南实地调研、现场办公、推动协议落实。2012年国家发改委安排云南中央预算内基本建设投资256亿元；财政部已明确2012～2016年，每年给予我省桥头堡建设综合财力补助8亿元，统筹用于桥头堡建设与发展；国土

资源部已将云南省列入了全国首批“低丘缓坡荒滩土地综合开发利用试点”，并批准了云南省低丘缓坡荒滩等未利用地开发利用试点工作方案；科技部与云南省共同举办了科技入滇活动，商务部将积极支持云南举办好第一届中国—南亚博览会和各类大型会展活动；金融机构加大对云南桥头堡建设的支持力度，银政合作协议融资累计落实1898亿元。与此同时，促使国家批准了《云南瑞丽重点开发开放试验区建设实施方案》，批复了《滇西边境山区区域发展和扶贫攻坚规划》等方案和规划，通过专项实施方案和规划细化了桥头堡战略。许多省级部门在合作协议的基础上，还制定了省级实施细则，使国家层面和省级层面的落实工作有机衔接。

4. 推动了一批桥头堡重点项目建设，各项工作均有新突破

一是基础设施得到夯实。玉溪至蒙自等铁路、石锁高速公路、长水国际机场等大通道项目建成运营。磨憨至老挝万象铁路等境外通道建设取得积极成果。牛栏江滇池补水工程即将试通水，滇中引水工程通过水利部审查、立项建议书上报国家发改委。中缅油气管道、1000万吨炼油获得国家核准，工程进展顺利。糯扎渡、向家坝等一批机组建成投产。电信昆明区域国际局投入运营，开通了中缅国际出口光缆。二是产业发展能力增强。昆钢185万吨轧钢生产线投产，文山80万吨氧化铝、云南磷化集团450万吨浮选装置等一批重大项目相继建成。烟草工业推出高端卷烟新品种，提高一、二类卷烟比重，销售收入和利税双双突破千亿。天士力1000吨普洱茶珍生产线、云锗高新锗产业建设项目、昆明船舶民用机场装备产业基地项目加快推进。加快建设10大历史文化旅游景区和12个省级重大标志性文化设施。昆明泛亚金融中心园区进入实质性建设和项目招商阶段。三是滇中产业新区前期工作全面启动，加快推进。编制完成了滇中产业新区总体发展规划及12个专项规划、10个优先启动项目正在加紧推进相关前期工作。

5. 构建了一个较好的平台和窗口，开放合作有新进展

一是跨境和边境经济合作区建设加快推进。正式组建了云南与老挝南塔省磨憨—磨丁跨境经济合作区联合工作组，中老跨境经济合作区建设进入双方全力研究推进阶段；耿马（孟定）、腾冲（猴桥）、麻栗坡（天保）等边境经济合作区建设力度加大，成绩显著；红河综合保税区进入审批阶段。二是与东南亚、南亚交流合作进一步深化。中国—南亚博览会获得国务院审批，成功举办云南—泰北合作工作组第四次会议、云南—老北合作工作组第五次会议。已有6个国家在昆明设立总领事馆，国际友城总量达到52对。三是企业“走出去”取得新进展。云南海投、云数传媒、云南电网、云南铜业、云南文投、东投公司等云企成功走出去，加强了与周边国家开展能源、电网、旅游文化产业、农副产品加工等经济合作。中老双方签署相关协定，推动将云南海投承建的老挝万象赛色塔综合开发区建设成为国家级境外经贸合作区。四是外资银行“引进来”取得突破。恒生银行、汇丰银行已入驻昆明，香港东亚银行已试营业，马来亚银行来滇设

立法人机构已获董事会批准，渣打银行、香港永隆银行等入滇设立机构工作正抓紧进行。老挝基普兑换人民币业务、人民币兑泰铢银行间市场区域交易在云南启动，跨境贸易人民币结算业务迅猛发展，结算金额预计同比增长近1倍。

6. 继续推进实施了一项工程，兴边富民深入扎实开展

启动了全省“十二五”兴边富民工程，实施“十大工程”和“十大保障”，规划投入800多亿元促进边境地区加快发展；编制并向国家发改委报送了《云南省兴边富民行动专项建设规划（2011～2015年）》，总投资58.19亿元，争取国家支持。2012年，国家安排云南省兴边富民专项投资2.27亿元，比上年增长81.6%；安排我省边境地区专项转移支付16.9亿多元，比去年增长22%。我省正在编制乌蒙山区、滇桂黔石漠化地区、滇西边境山区和云南省藏区4个片区的省级实施规划，对集中连片特困地区脱贫发展做出统筹部署；省委、省政府召开了建设民族团结进步边疆繁荣稳定示范区动员大会，出台了《关于建设民族团结进步边疆繁荣稳定示范区的意见》；省政府先后召开专题工作会议，加大力度支持文山、迪庆、宁蒗等州县加快发展。

7. 加强了一项保护，努力建设好西南生态安全屏障

设立了“云南省生物多样性保护基金会”和“云南生物多样性研究院”；经国务院批准建设的我国第一个国家级野生生物种质资源库—中国西南野生生物种质资源库已正式投入运行。西双版纳、文山2州和武定等5个县区被列为西部地区生态文明示范试点工程地区；新增国家级自然保护区和湿地公园各2处；即将出台《云南省湿地保护条例》。中国绿色碳汇基金会碳汇经济促进中心在我省普洱市设立。持续开展天然林保护工程、退耕还林、营造林工程、中低产林地改造、水土流失治理和石漠化治理；加快推进以滇池为重点的九大高原湖泊水污染综合治理。

8. 推动开展了一系列桥头堡建设宣传推介活动，营造了良好的舆论氛围

组织和配合新闻媒体，利用广播、电视等多种媒体开展桥头堡宣传报道活动。2012年6月5日，人民日报以头版头条刊发了《“桥头堡”引领新云南》，并在头版配以评论员文章《书写“桥头堡”建设新篇章》；中央电视台新闻联播栏目以新闻综述形式播出了云南桥头堡建设情况，云南主流媒体以专题采访、系列报道、专版专栏等多种形式全方位报道了云南桥头堡建设情况，桥头堡建设再次引起社会各界的关注，为桥头堡建设营造了良好氛围，鼓舞了士气。2012年9月24～27日，省委领导率队在上海和南京举办了“云南·建设中国面向西南开放重要桥头堡推介会”，对桥头堡战略和政策进行了宣传和推介，推介活动取得良好成效，共签约项目70个，总投资848亿元。今年1月，配合国家发改委完成并对外公布《规划》后，省桥堡办在行文请示省政府全文印发《规划》、提出并上报《桥头堡建设总体规划任务分解方案》的同时，主动衔接省级媒体，以专访、专栏等多种形式宣传、介绍《规划》情况，推动国家发改委地区司形

成对《意见》和《规划》的书面解读稿，并在《云南日报》全文刊登。

在充分肯定上述桥头堡建设取得新成效的同时，我们也要清醒的看到当前存在的困难和问题。

1. 周边国家和地区形势变化对加强桥头堡外部环境建设提出了新要求。一是与沿海开放主要面对发达国家不同，我国向西南开放面对的是世界上不太发达的地区之一，基础设施差、经济水平低、社会发展滞后、国内局势复杂，云南在推进与这些国家的交流合作中面临诸多现实困难。尤其缅甸作为我国向西南开放的重要战略支点国家，美、日等西方势力正加紧拉拢渗透和介入，印度等国也在加大对缅经营力度，缅方受多种因素影响，与我经贸合作尤其是大项目合作受到较大冲击。周边局势变化，直接影响“走出去”的成效，影响了对云南的投资信心，桥头堡战略实施面临新的形势和挑战。二是美国插手东海、南海领土争端，搅动我国周边局势，也给我省开展对东南亚开放合作带来需要认真研究对待的新情况和新问题。

2. 国际大通道建设、特别是境外段建设推进较慢，实现国务院 11 号文件确定的目标难度较大。桥头堡建设实现同周边国家综合交通的互联互通是深化开放合作的重要基础条件，也是实现桥头堡战略的重中之重，但到目前为止，除境内有一定成效外，境外段建设特别是中缅印度洋大通道建设还没有实质性的推进和启动。

3. 落实国家相关的支持政策还需进一步加强沟通和协调。国务院 11 号文件给予了云南桥头堡若干框架性、指导性的扶持政策，应该说比较全面、力度也比较大，国家各部委也同省委、省政府签订了若干框架协议、提出了具体支持意见，但这些框架协议要真正落到实处，还需要全省各级各部门再花一些功夫、下一些大力来沟通衔接。目前主要的有财税、土地、金融、外事、海关、进出口贸易、综合保税区、沿边经合区以及电价改革、差别化产业政策等。

4. 桥头堡建设项目在哪里、钱从何处来、投资怎么增、工程怎么落地等问题依然突出。如何有效组织一大批重大项目开工建设，保持投资的较快增长，是当前推进桥头堡建设的一大突出问题，应进一步把项目投资工作做实，力争在重大项目建设特别是重大产业项目建设上有新的重大突破，为桥头堡建设打下扎实基础。

5. 在扩大开放合作方面还存在观念不新、办法不多、力度不够、机制不新等软环境不优的问题。在如何抢抓机遇、更新观念、创新机制、优化环境，实现更大力度、更宽领域、更高层次的开放合作上还需要倍加努力。

以上五个方面都是桥头堡建设中带有全局性的重要问题，我们应认真研究、高度重视、扎实工作、力争逐步突破，推动桥头堡建设取得更好成效。

（二）全面推进、突出重点

关于桥头堡建设的重要性、必要性、发展思路和目标、主要工作任务及对策措施在国务院11号文件中已阐述得十分清楚了，结合新的形势和任务，省第九次党代会、九届二全会又作了全面部署，在这里我就不重复讲了。下面，我想就当前和下一步桥头堡建设要抓好的几项重要工作讲几点建议，具体是要着力抓好8个方面的重要工作。

1. 抓好前提，进一步解决好思想认识问题

（1）要进一步增强机遇意识。目前云南加快发展可以说是“多机并临”。除桥头堡、新一轮西部大开发外，至少还有以下六个方面的机遇：一是中央扩大内需把城镇化作为未来20年增长的主要动力；二是鼓励产业向西部转移；三是加大西部地区基础设施投入；四是片区扶贫战略；五是中央“十二五”水利建设加大投入、加快重大项目实施；六是推进金融体制改革。机遇具有时空性，稍纵即逝，即所谓机不可失、失不再来，我们要认真把握好，抢抓好机遇，更好地推动桥头堡建设和云南发展。

（2）要进一步加强责任感。古人有言“当官不为民做主，不如回家卖红薯”。在当前我省发展的关键时期，在桥头堡建设的重要时期，我们每一位在不同岗位的领导同志，都要自加压力、开拓创新、负重奋进，明确年度性和阶段性目标，一步一个脚印地去开创发展的新局面，努力做到在一个地方、一个单位的工作，一年一小变、三年四年一大变，用心、用力、用智为一个地方发展、人民幸福干一番事业，而绝不要三年五载过去了，村还是这个村，店还是这个店，山河依旧、面貌不改。

（3）要增强紧迫感。要有“一万年太久，只争朝夕”的精神，既要有纵向思维，看到我们今天比昨天的发展成效；又要有横向思维，善于把我们和外地先进发达地区作比较，看到我们的差距、看到我们面对的压力和挑战，从而奋发有为、拼搏奋斗。努力做到快中求好、好中求快、能快则快，全力推进桥头堡建设取得重大成就。

2. 抓好主线，着力推进结构调整

转方式调结构是中央确定的今后一段时期经济工作的主线、要点和主要任务。落实中央这一部署要求，在我省显得尤为重要。云南由于多种原因形成了目前一产不优、二产不强、三产不快，重工业太重、轻工业太轻，公有比重大、民有比重轻，基础建设投入大、产业发展投入轻等经济结构不合理的突出问题。为此，在桥头堡建设过程中，在谋求量的较快增长的同时，要把转方式、调结构、提高发展质量和效益、不断增强云南综合竞争力和长远发展实力作为一项重要任务，在全国各省区大刀阔斧的结构调整中力争主动、迎头赶上，才能推动桥头堡建设沿着正确方向顺利前进。

当前我省重点是切实抓好五大结构调整，加快调整产业内部结构。

（1）加快调整产业内部结构。

一是调整好三次产业结构。做优一产业、做强二产业、做快三产业（2012年全省三次产业结构为16：42.9:41.1，应在2020年前力争调整为10:45:45）。

二是调整轻重工业结构（2012年为44:56）。加快劳动密集型、生活日用品、轻工

产业发展，切实建成桥头堡规划中提出的把云南建成外向型特色产业基地。

三是调整产品结构。努力把现有原料型、资源型产品通过产业链延伸到高技术含量、高附加值的终端产品，特别是要加大企业研发费占销售总额的比重（2011 年全国平均为 1.56%，云南为 0.56%）。

（2）加快调整城乡结构。主要是抓住中央高度重视加快城镇化的机遇，精心谋划、科学规划、注重特色、制度创新，积极稳妥地加快推进全省城镇化建设进程（2012 年全国城镇化率达 52.6%，我省为 39.3%，差全国 13.3 个百分点），力争 2020 年我省城镇化水平达到 50% 以上，年均增长 2 个百分点左右。

（3）加快调整所有制结构。主要是认真贯彻落实中央、省相关扶持鼓励政策（国务院鼓励民间投资新 36 条政策），大力鼓励民间投资，放手发展民营经济（全省 2012 年非公经济占 44.1%），力争到 2020 年达到 60% 左右，年均增长 2 个百分点。

（4）加快调整投资结构。一是结合实施产业强省战略，大幅度的提高产业投资，特别是工业投资占总投资中的比重（2012 年全省投资 7553 亿元，其中产业投资 3350 亿元，占 44%，工业投资 2526 亿元，只占投资总额的 33%），需要努力争取产业投资年增长 2 个百分点左右，2020 年达到 60% 左右，确保桥头堡建设有强有力的产业作支撑。二是要较快增加民间投资（2012 年全省民间投资 3758 亿，占总投资 49.8%），力争在 2020 年前民间投资比重达 60% 以上。通过民间投资的有效启动来促进全省融资难突出问题的解决。

（5）加快调整需求结构。一是要通过城乡居民收入较快增长，积极扩大消费。二是要调整出口结构，提高出口质量和效益，改变我省多年来出口负拉动状况（2012 年全省投资对增长贡献率 127%，拉动经济增长 16.5 个百分点，消费对经济增长贡献率为 67%，拉动经济增长 8.7 个百分点，出口对经济增长贡献率 -94%，负拉动经济增长 12.2 个百分点）。通过调整出口结构，有利形成三驾马车协调拉动全省经济增长的合理状况。

3. 抓好基础，着力加快基础设施建设

经济要发展、交通要先行，通则不痛、痛则不通。经济发展是这样，桥头堡建设更是如此。构建一个内联外通、网络配套、高效便捷的国际大通道是国务院 11 号文件的重点要求和目标，国务院 11 号文件要求按铁路八出省、四出境，公路七出省、四出境来规划，2015 年要完成境内段的建设，2020 年前要完成境外段建设，基本实现互联互通国际大通道的目标。为此，在近年来加快建设的基础上，还要加大力度、加快推进以交通为重点的基础设施建设，这是实施桥头堡建设的前提和关键。按规划，到 2020 年前全省铁路总里程将达到 7000 公里，总投资 4000 亿元；复线率从目前的 12% 提高到 60%；电气化率从目前的 58% 提高到 100%；公路总里程达到 24 万公里，总投资 3500

亿元，高等级公路2万公里以上，其中高速公路达到6000公里；全省民用机场将达19个，总投资近100亿元。除铁路、公路、民航外，全省、水利、通讯、油气等基础设施还要加大投入、加快建设，以尽快形成桥头堡建设开放合作的重要环境条件。当前和下一步特别重要的是加强协调沟通，通过各种方式促成国家商务部、外交部、交通运输部、国家发改委等部门更加重视境外段互联互通大通道建设，力争中缅印度洋大通道等重要交通在2020年前开工建设，早日形成互联互通、互利互惠、共同繁荣发展的良好局面。

4. 抓好重点，着力加快产业建设

产业是桥头堡建设的重要支撑，也是重中之重，产业兴则全省兴、产业强则全省强、产业富则云南富，这是千真万确的道理。光荣书记十分明确的指出，云南发展“四不”（发展不足、不充分、不平衡、不可持续）的现实问题，根本原因是产业发展不快不强，这可谓一语中的、切中要害，抓住了云南发展主要矛盾的主要方面，十分符合云南加快发展实际。省委、省政府高度重视产业发展，省九次党代会明确提出要把产业发展作为全省经济工作的重中之重，把今年作为产业发展年。2月22日省委常委会又专题讨论和审定了云南省产业发展三年行动计划，对下大力气加快产业发展做了全面具体的安排部署。因此，在这里我就不再展开讲相关的意见，关键是我们一道下决心认真贯彻落实。下面我想就云南产业发展的几个相关问题和同志们共同研究探讨。

（1）关于生物产业发展问题。云南是上天给予厚爱的地方，上天赐予了七彩云南十分丰富的各类资源，也就是号称的有色金属王国、动物王国、植物王国。在各类资源开发中，我觉得最大的、最有广阔市场前景的，也是低碳绿色、生生不息、可持续的、同时又能带动千家万户增收致富的就是生物资源开发产业。多年来省委、省政府高度重视，大力扶持生物产业发展。近年来，每年扶持龙头企业的各类资金近20个亿，同时，通过各级努力取得了显著成效（2012年，全省生物产业总收入达5000亿元）。但除“两烟”产业成功开发外，其它众多产品还是散、小、多、差的局面，也就是德宏州的干部说，我们的生物产品是样样有、样样好、样样少，不成大的规模，没有大的品牌和市场，更没有大的企业来带动。为此，应在蔬菜、瓜果、花卉、咖啡、橡胶、甘蔗等全面发展的同时，采用“两烟”成功的经验，一手抓大企业的扶持发展，一手抓规模化的基地建设，一手抓品牌和市场，下决心集中财力物力，用5～8年的时间突出重点再创1～2个像“两烟”这样既强省又富民的大产业。说到这一步，到底搞什么好呢？我觉得两个可做到千亿以上的产业应加快培育和发展，一是植物食用油，二是生物制药。植物食用油按全省规划种植的6000万亩计算，可在云南形成1000万吨的加工生产能力，按每公斤30元计算，则形成了3000亿的销售总额，如果加上各类包装和运输则可达4000～5000亿的规模，这样就把云南建成全国最大的食用植物油基地，形成一个大产业。同时，按每亩盛果期年收入3000元计算，6000万亩可收入1800亿元，如按几年后全省还有3000万农村人口计算，则仅此一项，人均就可以增收6000元。此外，生物制药市场前景也十分广阔，经济发展了、生活好了，想多活几年的人多了，各类治病的药品、保健品市场很大，但关键还是要培育引进大企业带动，建基地、创品牌，加强科技研发，经努力也是可成为一个强省富民的千亿元以上的大产业的。

（2）关于云南能源的生产利用问题。在省委、省政府的强力推动下，在省级各部门、各州市的共同努力下，全省能源产业得到较快发展。至2012年底，全省投产装机已达5042万千瓦，年发电1745.5亿度，产值673.9亿元，已成为云南的一个重要支柱产业。当前要研究的问题有三个：一是量的问题，二是用的问题，三是政策机制问题。量的增长主要是进一步争取国家支持，同时在结构上适度配套发展火电和太阳能、风能、生物质能等新能源，当前结合桥头堡建设关键问题是怎样用好发挥好这一优势的问题。2012年全省全社会用电量1315.9亿度，预计到2015年全省投产装机8000万千瓦、年发电3500度，当年用电量1810亿度，除去省内用电外，送广东、上海、广西、越南共预计1046亿度，还剩余600多亿度需要消纳，需要新的用电负荷。这怎么办呢，有电、有好电是好事，但用到哪里去，这一问题我建议省有关部门要超前认真研究，除适度西电东送和外送以外，关键是要在本省内消纳完，以有利这一优势发挥促进云南经济发展。建议：第一，落实桥头堡把云南作为全国电价改革试点省的政策，进一步推进以下7件事的落实：一是大用户直供，二是实行区域差别电价，三是增加和用好我省自留的权益电量，四是推进输配分开，五是丰枯、峰谷差别电价和延长丰水期电价时间，六是建立移民长期扶持资金和滇中引水工程建设资金成本疏导机制，七是推进电站水资源综合开发利用规划实施，在发电的同时为当地生产生活用水发挥作用。第二，落实桥头堡把云南建成特色优势产业基地的政策，积极申报国家批准把云南作为全国重要金属资源的接续地和先进载能产业基地，利用云南丰富的电能优势促进本地特色优势产业发展，在规划布局上适度把载能产业向电力资源富集区集中布局，促进边境和贫困地区加快发展。第三，要积极申报国家批准把云南建成国家可再生清洁能源、新能源开发利用基地，争取扶持政策，推动节能减排和应对气候变化取得更好成效。第四，要争取国家批准把云南列为全国新能源汽车、电动车研发、生产和使用试验示范基地，促进云南生态保护和战略性新兴产业加快发展。

（3）关于云南重化工发展的问题

多年来，我省充分发挥云南的资源优势，不断培育壮大了以有色、黑色矿冶业和煤化工、磷化工、盐化工等重化工产业，为云南工业和和经济发展发挥了重要作用，但对资源、环境保护也带来一定的问题（2012年全国每消耗1度电形成的工业增加值为5.65元，我省是4.04元，低于全国1.6元；每消耗1度电产生的增加值，卷烟为120

元左右，化学制品为1.46元，有色冶炼和延压1.25元，非金属矿制品1.28元，化肥为2元，电解铝为0.1元，铅锌为1.3元，黄磷为0.10元，电解铜为1.7元）。

对重化工产业发展怎么看，现有三种不同的观点和看法。一是不利于节能减排，主张不搞和少搞；二是要发挥云南电矿优势，有矿必开，有电必用，继续发展好传统性一般化的重化工产业；三是重化工产品有市场，国家建设需要，要搞就像曲靖弛宏锌锗一样高水平地搞。我是赞同第三种意见，既不是少搞或不搞，也不是一般化的继续搞，而是不搞则已，要搞就走高科技新型化的道路来搞。为此，建议：一是要对全省重化工产业发展从资源开发利用，到产品市场，再到工艺技术，资源综合利用，节能减排、产业链延伸、产业规划布局等方面作系统的规划和研究，提出一个符合国家产业政策，促进科学发展的指导方案。二是要提出每个项目的生产规模、技术装备、资源综合利用、中高端产品开发、节能减排等的刚性约束指标，确保基本达到国内外同行业的先进水平，坚决防止散小低差低水平重复建设。三是要开放引进国内外大企业、科技研发机构来参与改造提升我省传统的重化工业、实现优化升级，如果是这样的发展，也是可继续成为桥头堡建设的重要特色产业的。

（4）关于战略性新兴产业的发展

创新驱动是桥头堡建设主要方向和动力，在加快传统产业优化升级的同时，要把做强云南产业的着力点放到大力推进战略性新兴产业发展和高端先进制造业上，力争到2020年前，全省以汽车为主的先进装备制造业、生物制药和现代生物开发产业、电子信息产业、新材料产业、新能源及节能环保产业等五大产业成为支撑全省跨越发展增强综合竞争实力的新的支柱产业，有力地促进全省产业结构调整和发展质量效益的提高，增强面向东南亚、南亚开放合作的实力，真正把云南建成外向型的产业基地。加快发展战略性新兴产业，一要下决心开放引进世界500强；二要大力推动科技创新，建立国家级、省级的科技研发平台，支持企业建立各类工程试验中心，推动科技创新有大的突破、上新的水平。

（5）关于现代服务业的发展

随着工业化、城镇化、信息化的快速推进，现代服务业的地位作用显得越来越重要，一是要大力扶持科技成果转化孵化、科技咨询服务、现代信息网络、现代物流等生产性服务业。二是按照桥头堡建设的要求，构建好昆明市区域金融中心，大力发展金融、保险、证券、信托、租赁、股权投资、风险投资、信贷担保、各类公募和私募基金等金融服务业。三是开放引进发展现代高端休闲度假、医疗养生等康体产业以及养老服务业、国际性的体育竞赛健身产业，只要精心谋划，加大扶持力度，充分发挥云南四季如春、蓝天白云的气候生态优势，我省现代服务业一定会大有可为，发展成为云南又一低碳绿色的重要支柱产业。

5. 抓好关键，着力加强项目投资工作

俗话说，种瓜得瓜、种豆得豆，没有投入，哪能有产出。云南经济社会发展不充分、发展差距大的客观现实，要有效缩短发展差距，要加快经济、社会、文化、生态建设，要改善和保障民生，要拉动经济持续较快发展，都必须毫不动摇地大力抓好项目投资工作，桥头堡建设所有战略目标、发展思路、政策措施，最终都体现在项目投资工作上。保持全省投资的持续较快增长，不但是桥头堡建设最实在最根本的要求，而且也是推进结构调整、拉动当年增长、增加就业、增加税收的主要保障。为此，纪恒省长多次讲，投资是全省经济增长的第一动力，是不允许有半点闪失的重要工作，在消费扩张具有条件性、出口负拉动的情况下，项目投资的重要作用在今后一段时期都不能改变，也不允许改变，否则，全省经济建设、桥头堡建设就会出大的问题。

保持全省各行业、各州市投资的较快增长，当前要认真解决好以下三个方面的突出问题。一是解决项目在哪里的问题。要广开思路敢干、善于谋划一批大项目好项目，主要是当地基础设施配套完善优化升级该干些什么，当地的特色优势资源该怎么样高水平地开发利用，当地的城镇化该搞哪些建设，了解国际国内500强企业他们在干什么，还想干什么，我们可以引进什么，国际国内大的科研机构他们在研究什么，哪些成果可为我所用，如果这些情况搞清了，思路开拓了，就不愁没有大项目好项目，也就能积极主动，运用自如，切实做到建设一批、储备一批、论证一批、谋划一批，进入抓项目工作的较高境界。二是要解决好钱从哪里来的问题。有了项目可喜可贺，但秀才无钱害呆病，无底下有钱能使鬼推磨固然不对，但没钱办不成事却永远是真理。为此，筹融资问题是摆在我们抓项目增投资的一道大难题，解决这一难题最好的办法就是解放思想、市场运作、开放招商，具体是纪恒省长讲过的“八资”并举。即（1）政府投资；（2）平台融资；（3）市场筹资；（4）资源换资；（5）银行借资；（6）招商引资；（7）利用外资；（8）民间投资。三是要解决好项目怎么落地的问题。有了项目有了钱，剩下的就是项目审批尽快落地开工建设的问题了，关键是要落实好省政府决定的项目审批要实行的并行并联审批制、审批限时办结制、审批情况通报制以及网上审批、行政审批中心统一审批等制度和要求，同时对有些重大项目，各级主要领导要亲自抓，及时出面协调推进，才能促进项目早日落地顺利开工建设。

6. 抓好环境，着力提高开放水平

进一步扩大对内对外开放，几乎是桥头堡建设的代名词，是关系桥头堡建设得失成败的重要条件，也是中央把云南作为我国向西南开放重要桥头堡的期望和基本要求。为此，进一步卓有成效地拓宽开放领域，深化开放层次，提升开放水平对推进桥头堡建设事关重大，必须下更大的决心和气力抓好开放合作的各项工作。可以这样说，云南开放的思路决定着开放的程度，开放的程度决定着开放的速度，开放的速度、力度和高度决定着桥头堡建设的水平和成效。当前进一步扩大开放合作要进一步解决好以下四个方面的重要问题。

一是政策支撑问题。我省开放合作有区位优势和资源优势，但也存在着不沿江沿海物流成本高、基础设施建设滞后、产业配套能力弱、思想观念旧、人才支撑条件差等突出问题，特别是物流成本高的问题较大地制约着投资者进入云南投资发展，因此必须按光荣书记要采取一些重大政策措施，使云南成为全国最优的投资新洼地的指示要求，以最优的税收、土地、金融信贷等政策来补物流成本高这块短板，让投资合作者有钱可赚、能发财能发展，才能有效地推动招商引资取得新突破，开创新局面。解决这个问题要有全新的思想观念、宏大的心胸气魄、换位思考的思维方式和先放水养鱼、撒米喂鸡的策略，某种程度上要把引进企业在一定时间内当作没有，在税费上优惠扶持让利于企业，让企业发财，云南得到发展。

二是要解决好开放合作的方向和层次问题。要努力实现五个转变，即从资源开发引进为主向以技术市场引进为主转变，从传统招商方式向现代招商方式转变，从重资金引进向既有资金引进更注重人才、管理、品牌等综合开放引进转变，从以工业项目为主向既引进工业项目又重视引进第一产业、现代服务业转变，从各级领导为主招商向利用社会资源拓展民间招商转变。

三是要解决服务环境问题。从项目论证审批到投产经营的全过程优质服务，真正做到以心交心，以心换心，两心为一心，创造以真情感人，以诚信留人的亲商、爱商、扶商、富商的良好环境。正所谓种好梧桐树，不愁没有金凤凰。

四是要主要领导自亲抓，明确目标责任大家合力抓。在这方面，光荣书记、纪恒省长亲自招大商大招商为我们做出了榜样。实践证明了一句老话，即希望总比挑战多，办法总比困难多，老大难、老大出面就不难的道理。

**三、推进桥头堡建设的几点工作建议**

（一）落实政策是难题，又是加快桥头堡建设的必要条件，因此，建议省委、省政府组建一个专门工作小组，由一位省级领导负责，专门负责加强同国家各部委的汇报衔接沟通工作，确保国务院11号文件的30多条主要支持政策和国家各部委同云南签订的有关合作协议内容能较快地落到实处。

（二）建议省政府成立一个国际大通道协调推进的专门工作班子，由一位省级领导负责，专职负责同国家商务部、外交部、交通运输部、铁路总公司、国家发改委等部委的联系推动工作，促进国家早下决心，协调相关国家落实建设方案，早日开工建设互联互通的国际大通道。

（三）建议省委、省政府向中央汇报，省级相关部门紧密配合，落实好国务院11

号文件中关于把云南建成沿边开发开放试验区和实施走出去战略先行区的定位目标要求，请求国务院和商务部、外交部、公安部、财政部、海关总署同意把沿边跨境经济合作区、边境经济合作区建成我国沿边开放的经济特区，给予特殊的外事、海关、财税、金融、土地等支持政策，促进沿边地区有效扩大开放加快发展，实现中央提出的睦边、安边、富边的战略目标。

（四）建议省政府向国务院，省人大、省政协分别向全国人大、全国政协汇报反映，给予云南享受中央给予新疆的差别化产业政策，把国务院 11 号文件对云南实行差别化产业政策的要求落到实处，扎实推进云南特色优势产业发展。

（五）建议请国家相关部委牵头，建立完善云南省政府同周边国家的多种合作机制，推动开放合作进入更广领域，取得更好实效。

（六）建议由一位省政府分管领导牵头，进一步加强同国家发改委、国家能源局的汇报衔接工作，落实好国务院 11 号文件关于把云南作为全国电价改革试点省的目标要求，进一步推进电价改革方案，力争取得实质性进展和大的突破，以利更好发挥云南能源优势，有效促进招商引资和各类产业发展。

以上发言着眼点是和同志们共同研究和探讨如何更好更快地推进桥头堡建设，有很多是个人的看法和观点，也许有许多是错的地方，请同志们批评指正，并供同志们本次学习作参考。

谢谢大家！

# 在省政协十一届二次常委会议上的讲话

（2013 年 4 月 2 日）

罗正富

各位常委、同志们：

省政协十一届二次常委会议传达学习了全国政协十二届一次会议精神，审议了《政协云南省委员会 2013 年重点工作安排意见》。会议期间，大家围绕贯彻落实全国政协十二届一次会议精神和九届省委第 32 次常委会议的要求、进一步做好今年的各项工作进行了认真讨论，提出了许多很好的意见和建议。这对于我们认真学习贯彻全国两会精神、切实做好今年的工作，具有重要的推动作用。下面，我就贯彻落实全国两会精神和做好今年的工作，讲三点意见。

## 一、统一思想、凝聚共识，深入学习贯彻全国两会精神

不久前闭幕的全国政协十二届一次会议和十二届全国人大一次会议，为实现中共十八大确立的目标任务，推动改革开放和现代化建设，提供了重要的政治保障、思想保障、组织保障和作风保障，影响深远、意义重大。我们一定要把学习贯彻全国政协十二届一次会议精神，作为当前的一项重要政治任务来抓，通过多种形式动员和组织省政协委员和机关干部深入领会会议精神，并紧密结合省政协工作实际加以贯彻落实。成亮副主席在今天上午已经对全国政协十二届一次会议的主要精神做了全面的传达，并对如何学习贯彻提出了明确的要求。我完全赞成，希望大家按照要求认真进行落实。在这里，我只强调一点，就是在学习贯彻全国两会精神中，要特别注重结合实际抓好贯彻落实。政协作为大团结大联合的统一战线组织，贯彻落实全国两会精神，最根本的就是要做好“凝聚”的工作，努力把方方面面的思想认识统一起来，把方方面面的积极因素调动起来，把方方面面的智慧力量汇集起来，形成推动经济社会和政协事业发展的强大力量。

首先，要凝聚实现中华民族伟大复兴中国梦的共识和力量。在十二届全国人大一次会议闭幕会上，中共中央总书记、国家主席习近平发表了重要讲话，深入阐释了实现中国梦的正确方向，深刻揭示了实现民族伟大复兴的必由之路，发出了为实现中国梦而努力奋斗的动员令。实现国家富强、民族振兴、人民幸福，这是近代以来中华民族前仆后继、艰难追求的中国梦。现在，我们迎来了实现民族伟大复兴的光明前景。习总书记的讲话，反映了全国各族人民的心声，凝聚着全国各界群众的共识。通过学习全国两会精神，我们要深刻认识到，实现中国梦必须走中国道路，从而进一步增强对中国特色社会主义的理论自信、道路自信和制度自信，始终不渝地与中国共产党同心同德、同心同向、同心同行；深刻认识到，实现中国梦必须弘扬中国精神，从而更加努力地弘扬伟大的民族精神和时代精神，更加自觉地在政协工作中高举爱国主义旗帜，积极促进社会主义核心价值体系建设；深刻认识到，实现中国梦必须凝聚中国力量，从而认真履行政协职能，更好地促进团结、推进民主，努力为中华民族的伟大复兴增加动力、形成合力；深刻认识到，实现中国梦必须脚踏实地，从而自觉地把个人的理想追求融入到推进国家发展进步的事业当中，把实现民族伟大复兴的“中国梦”落实成为实现富民强滇的实际行动，尽职尽责地做好本职工作，努力为云南经济社会发展贡献自己的一份力量。

其次，要凝聚对政协事业前进方向的共识和信心。在全国政协十二届一次会议上，贾庆林主席在常委会工作报告中对新形势下做好人民政协工作提出的6条经验，指明了政协事业发展和前进的方向。我们要认真学习领会、深入贯彻落实这6条经验，在今后五年的任期中，始终坚持中国共产党的领导，坚定不移地围绕党的重大决策部署开展工

作，切实把所联系的群众紧密地团结在党的周围；高举爱国主义、社会主义旗帜，注重在尊重多样中寻求共识，在同铸辉煌中增进共识，在共迎挑战中深化共识，不断巩固海内外中华儿女团结奋斗的共同思想政治基础；牢牢把握团结和民主两大主题，进一步把团结和民主贯穿到政协事业发展的全过程和政协工作的各方面，努力巩固发展全省上下融洽和谐、生动活泼的良好局面；坚持围绕中心、服务大局，始终做到同党委和政府方向一致、目标一致、工作一致，努力在推动科学发展、维护和谐稳定中彰显政协的优势和作用；坚持以人为本、履职为民，牢固树立人民政协为人民的理念，不断增强政协事业靠人民的意识，自觉做到政为民所议，言为民所建，策为民所献，力为民所出；充分认识人民政协的重要地位作用，不断增强推进人民政协事业发展的责任感和使命感，培养政协情怀、奉献政协事业，努力以不可替代的作用推动科学发展，以实实在在的业绩体现自身价值。

## 二、抓住重点、认真履职，切实做好今年的各项工作

按照中央和省委的总体部署，做好今年省政协各项工作，对于凝聚全省各界的智慧和力量，促进我省经济发展与社会和谐稳定，具有重要意义。无论是从国家、云南的总体形势和工作大局来看，还是从推进政协事业发展的角度来看，我们都要保持饱满的政治热情和昂扬向上的精神状态，以时不待我、奋发有为的使命感，认真履行好政治协商、民主监督、参政议政职能，提高建言议政质量，突出社会服务成效，在推进全省“三个发展”中更好地发挥协调关系、汇集力量、建言献策、服务大局的重要作用。

做好今年省政协的工作，关键是要落实好这次常委会审议的《政协云南省委员会2013年重点工作安排意见》。这个《意见》是在认真征求各个专委会和机关各部门意见的基础上，根据全国政协十二届一次会议、中共云南省委九届四次全委会、省政协十一届一次会议精神进行了多次调整，经过秘书长会议和主席会议的深入酝酿、反复研究，并向省委常委会议作了汇报，最后通过了这次会议的审议。现在看来，今年安排的这些重点工作，既紧紧围绕着省委、省政府的中心工作，突出了抓重点、议大事，又立足人民政协的各项职能，比较全面地安排了今年省政协各个方面的主要工作，是一个切实可行的工作计划。为确保《意见》安排的各项工作得到落实，我们要以重点工作为着力点，推动全局工作的开展；以经常性工作为基础，不断提高各项工作的水平，努力开创十一届省政协工作的新局面。

要全力做好重点调研和视察工作。做好调研视察工作，是人民政协充分发挥协商民主重要渠道作用的基础，也是人民政协深入进行政治协商、扎实开展民主监督、积极参政议政的重要依据。每年确定几个事关全局的重大课题，发挥整体优势开展重点调研和视察，是近几年来省政协探索形成的一种行之有效的履职方法。这种工作方法，以较大

的规模、显著的优势和良好的成效，受到了省委、省政府的高度重视和社会各界的广泛关注。从一定意义来说，重点调研和视察已经成为省政协工作的亮点和品牌，我们要倍加珍惜、长期坚持。开展好重点调研和视察，是省政协全年重中之重的工作。我们要全力抓好重点调研和视察的组织实施，力求取得一批高质量、有影响的成果，并带动省政协其他调研和视察任务的顺利完成。

今年省政协确定的9个重点调研和4个重点视察题目，是根据省委九届四次全委会和2013年省政府工作报告中提出的重点工作来确定的。这次会议后，希望各专委会和研究室精心组织、认真开展好重点调研和视察，着力在突出重点、保证质量、提高水平、务求实效上下功夫，努力使省政协的工作成果更好地服务全省经济社会发展全局。在开展调研视察中，要突出政协特色。对于重大问题的调研视察，我们的调研视察报告不是要把所有的情况和问题都说清楚、把所有的对策建议都提全面，而是要努力体现政协特色，注重反映特殊群体、特殊阶层、特别人士的呼声和建议，反映党委政府其他民意渠道不易听到的意见，反映散落在民间的真知灼见，使党委政府更加全面地掌握民意，实现科学决策、民主决策。要继续探索创新。要认真探索调研视察工作新的思路、机制和方法，进一步密切与各党派团体的合作，积极借助相关研究机构及专家学者的力量和智慧，加强各级政协的力量整合，实现资源共享，不断提高调研视察的质量和水平，使政协提出的意见建议有根有据、有理有用，真正成为党委政府科学决策、推动工作的重要参考依据。

要进一步做好提案工作。提案是人民政协履行职能的重要方式，必须从政协工作全局的高度，充分认识提案工作的重要意义，坚持“围绕中心、服务大局、提高质量、讲求实效”的提案工作方针，认真选题，深入调研，积极探索提高提案质量、办理质量和服务质量的新举措，创新思路、创新机制、创新方式方法，不断增强提案办理的实效，全面提高省政协提案工作的水平。在今年的提案工作中，要切实抓好主席会议督办的《关于进一步加快云南陆路建设的建议》等10件重点提案的办理工作，集中时间和人力，重点办理，进一步增强提案办理过程中的协商互动，不断提高办理的质量和效率，力求取得明显的成效。要深入贯彻落实中共中央办公厅、国务院办公厅《关于进一步加强人民政协提案办理工作的意见》和《政协云南省委员会提案工作条例》，强化学习培训，积极帮助委员提高撰写提案的能力和水平，深化提案办理协商，抓好提案续办复办工作，不断规范和完善网上提案服务程序，加强提案工作理论研究，全面提高提案工作的科学化水平。各专委会要积极引导所联系委员在提出提案时，既要着眼于群众最关心、最直接、最现实的利益问题，又要紧紧围绕扩大消费投资、壮大产业实力、深化改革开放、保障和改善民生等重点工作，积极就关系经济社会发展全局的重大问题建言献策，更好地体现政协提案工作“围绕中心、服务大局”的要求。

## 三、积极进取、扎实工作，努力展现新一届省政协的新气象

今年是十一届省政协履行职能的第一年。我们今年工作的总体目标是稳扎稳打、注重实效，努力开好局、起好步。为此，我们要注意抓好以下四个方面的工作。

一是思想意识要强化。在工作中，思想意识是管总的东西。我们要根据形势和任务的要求，不断提高思想认识，切实在纷繁的形势下坚定正确的前进方向、在繁重的工作中保持良好的精神面貌。要增强政治意识，坚持把党的领导贯穿到政协机关工作的各个方面，坚决在政协党组的领导下，按照规章制度办事，重大问题要及时向党组和主席会议请示汇报，一般性工作要勇于担当、及时解决。要增强全局意识，时时处处胸中有全局，善于从全局着眼、从整体谋划，着力从全局的角度提出建议、拟定方案，努力使部门的工作思路更加贴近省委、省政府的中心工作，使机关的各项工作更加自觉地服务省政协的工作全局。要增强统战意识，主动加强与各民主党派、工商联和无党派人士的协调联系，遇事多商量、多沟通，多做统一思想、增进共识的工作。要增强求真务实的意识，坚持一切从实际出发，说实话、办实事、求实效，改进会风、改进文风，切实把主要精力放在重要问题的调研上，放在务实作风的强化上，参加活动不走马观花，研究问题不浅尝辄止，建言献策不坐而论道，力求扎扎实实地干好每一件事情。

二是工作安排要统筹。从刚刚通过的重点工作安排意见来看，今年省政协工作任务相当艰巨繁重。我们要统筹安排好今年的各项工作，在突出抓好重点工作的同时，一定要注意兼顾全面，对于其他非重点的工作任务，也要一丝不苟地落实好，确保全年工作任务圆满完成。要统筹安排好调研视察。重点工作安排意见中，对开展重点调研、重点视察的时间和地点已经做了一个统一的安排。希望研究室和各专委会按照要求，在规定的时间段到确定的州市开展调研和视察。办公厅要进一步做好对省政协各种活动的统筹安排，不要密集地到一个地方或部门去搞调研、视察和开展其他活动，尽可能使我们的工作不给党委、政府和基层政协带来过多的麻烦、造成太大的负担。要统筹安排好委员的活动。委员参加重点调研和重点视察，是保障委员权利、发挥委员作用、调动委员履职积极性、提高工作质量的需要。每个专委会都应做一个五年的初步规划，力争让组成人员和所联系的委员在一届内都有机会参加一次重点调研或视察活动。但是，每一次调研视察的人数也不能太多。为了保障重点调研视察的质量，可以由少数委员进行实地调研，再组织更多的委员进行讨论分析，把方方面面好的思路、好的想法、好的意见汇集起来，依靠集体智慧打造调研视察精品。

三是方式方法要得当。开展好新一届省政协的工作，必须把省政协这些年来在实践中形成的行之有效的工作方法坚持好、完善好。同时，要适应政协事业发展的需要，积极研究新情况、探索新方法，努力使省政协开展的各项工作更有利于了解和反映群众的

诉求，更有利于集中委员的真知灼见，更有利于推动党委、政府科学决策、民主决策。团结是政协工作的基础。在工作中，我们要遵行“和而不同”的思想理念，采用“求同存异”的工作方法，把协商民主的精神贯穿于政协工作的全过程，相互尊重、相互包容、相互体谅、相互帮助，大事先商量，难事多商量，促成“共识”但不强求“一律”。政协工作要讲政治、讲原则、讲程序，也要讲感情。一定要带着感情做工作，既要讲共同理想、共同追求、共同信念，又要注意加强思想沟通，注意充分尊重，注意平等相待，注意解决实际困难，注意维护切身利益，努力营造团结民主、和谐融洽、宽松舒畅、真诚相待的氛围。要推进创新、提高水平。着力把握协商民主对政协工作的新要求，不断推进政协工作的理念、机制和方式创新，积极研究和改进政协例会、提案、调研、视察、社情民意、文史资料、对外联谊等经常性工作的方式方法，努力以经常性工作的创新，推动整体工作水平的提升。

四是队伍建设要加强。政协委员是政协工作的主体，机关干部是政协履行职能的重要力量。切实加强政协委员和机关干部这两支队伍的建设，对于做好政协工作至关重要。要加强政协委员队伍建设，认真开展省政协委员的学习培训工作，积极帮助委员提升履行职责所需要的综合素质。要通过多种渠道和方式让委员更好地知情明政，帮助委员准确把握中央和省委、省政府的工作大局，及时了解全国、全省政协工作的新情况、新经验，为委员履行职责创造更好的条件。要坚持把真诚服务委员贯穿政协工作的全过程，积极支持委员参与党委、政府重大方针政策的讨论协商，及时向党委、政府和有关部门反映委员的意见建议，全力促进委员履职成果的运用和转化，认真做好履职成果落实情况的反馈工作，努力使委员政治协商有舞台、民主监督有底气、参政议政有成果、意见建议有回声。要加强机关干部队伍建设，以学习贯彻党的十八大精神为重要抓手，大力推进学习型机关建设，积极推动干部职工深入扎实地学习掌握党的路线方针政策和国家法律法规，有针对性地学习掌握做好本职工作、履行岗位职责所必备的各种知识，不断提高政治素质、理论修养和业务水平。要积极营造团结协作的工作氛围，搭建干事创业的工作平台，构建风清气正的工作环境，创造舒心温暖的工作条件，不断激发干部职工勤奋工作、认真履职的积极性和主动性，努力为省政协做好今年的工作提供有力的保障。

各位常委、同志们，做好今年的工作，对于十一届省政协圆满完成五年任期的各项任务意义重大。现在方向、任务已经明确，关键在于抓好贯彻落实。让我们齐心协力、扎实工作，认真贯彻实施《重点工作安排意见》，全面做好今年的各项工作，努力争取十一届省政协工作有一个良好的开局。

谢谢大家！

# 在云南省八自治州政协第二十五次横向联系会议上的讲话

（2013 年 4 月 10 日）

白成亮

同志们：

在这春暖花开的美好季节，全省八自治州政协第二十五次横向联系会议在美丽的蒙自召开，受承办方红河州政协的邀请，我很高兴地与全省自治州政协的同志一起参加这次会议，在此，对第二十五次横向联系会议的举办表示热烈的祝贺！向所有参会的各自治州政协的同志们表示诚挚的问候！

横向联系会议是由全省八自治州政协共同打造、旨在促进政协之间交流的重要平台。会议举办 25 年来，各自治州政协始终服从和服务于当地党委政府工作大局，在联系会中紧扣经济社会发展的重大事项、关系群众切身利益问题解决的重要工作、加强人民政协自身建设等工作进行深入研讨交流、建言献策，为促进经济社会发展奉献了智慧和力量，为推动人民政协事业的进步作出了积极贡献，受到了广大政协委员和社会各界的一致好评。

本次会议围绕“加强新时期政协机关文化建设”的主题展开研讨，体现了八自治州政协加强自身建设的重要内涵，反映了八自治州政协不辜负党和人民重托、推进新时期政协事业发展的共同愿望。会议的举办，是当前政协组织大交流、大合作的重要展示，是政协组织间和谐发展、共谋发展的生动写照。会议层次高、交流探讨的问题深，近百名政协战线上的同仁欢聚在这里，洋溢着政协友情，交融着增进了解、互促共进的热切期望。对深入贯彻落实党的十七届六中全会精神、共同推动我省文化大发展大繁荣，对深入贯彻落实党的十八大精神、健全我省协商民主制度、巩固和发展最广泛的爱国统一战线具有现实的意义。希望同志们以横向联系会加强交流学习为契机，顺时而为，乘势而上，积极探索新形势下做好政协工作的新途径、新方法，认真履行政治协商、民主监督、参政议政三项职能，积极为党委、政府出主意、献良策，在推进地方经济社会科学发展、和谐发展、跨越发展中体现价值、有所作为。

借此机会，我就推进政协机关文化建设、发挥横向联系会议作用，讲两点意见，与大家共同交流探讨。

## 一、营造环境，深化政协机关文化建设

政协机关文化，是政协委员、机关工作人员在政协这一中国人民爱国统一战线组织、中国共产党领导的多党合作和政治协商的重要机构中，以参与构建社会主义核心价值体系为载体，以促进经济社会发展为导向，通过长期的集体工作实践形成的具有政协特点的意识和行为方式的总和，其中包含由广大政协委员、政协机关工作人员共同建立、共同遵循的理想信念、价值观念和行动准则，体现了政协委员和机关干部的精神风貌、文化素养和机关形象。政协机关文化建设，是融合了政协理论、政协委员和机关干部职工意识观念、政协体制机制和机关工作等内容，加强政协自身建设的一项工作，对进一步增强政协机关的凝聚力、战斗力和创造力，为不断开创政协工作新局面蓄积正能量具有积极作用。政协所肩负的责任和使命及所处的地位作用特殊，要求我们要以社会主义核心价值体系为主线，立足本职，在培养工作精神、凝聚各方力量、提升履职水平上着力，全面推进政协机关文化建设，树立起团结和谐、服务大局、促进发展的机关形象。

### （一）人人参与，大力培育政协机关精神

这几年，全省各州市政协在抓机关文化建设的过程中，提炼并推广应用的方式方法不多，形成并固定下来的机关精神基本没有。所以，深化政协机关文化建设，关键工作应在提炼精华、形成精神上下功夫。要把握政协机关文化工作的系统性、整体性，确定政协机关文化建设的方向和具体内容，做到由抽象到具体、由理念到行动，由内及外、由虚到实，由上到下、由口头到书面，在政协机关中的每个委室、每个人、每项工作中都适用。要注重理念创新，提炼体现政协特点、与政协职能和工作任务相适应的价值观念；要坚持注重实践、走群众路线，认真梳理总结和不断巩固深化已有成果，集思广益，概括、升华出能真正涵盖政协机关文化的各种理念，积极打造政协干部职工共同的精神家园。

### （二）丰富内容，以文化来提升机关活力

这几年，全省各州市政协在抓机关文化建设的过程中，大多只是开开会议、搞搞活动，开展的机关文化工作对干部职工的促动不够，对政协工作、机关工作推动力有待进一步增强。所以，深化政协机关文化建设，核心工作应在落实措施，以文化来激发干部职工工作激情、提升政协机关活力、推动政协履职工作取得实效上下功夫。要结合政协实际和工作特点，将政协机关文化建设贯穿于政协委员队伍和机关干部队伍建设、政协组织和委员科学管理、确保各项工作高效运作、更好服务经济社会发展的全过程，倡导终身学习、终身教育的理念，以政协机关文化的力量引导干部职工、政协委员共同树立

正确的理想信念和价值观，实现思想、理念、精神的再塑造；要着力营造有利于政协委员履职和机关干部职工协同进取、单位内部民主和谐的良好的人文环境；继续坚持引导政协机关开展各具特色、寓教于乐的文化活动，不断挖掘政协机关内部的文化内涵，传达文化理念、陶冶政协委员和干部职工的道德情操，提升修养层次，振奋工作精神，凝聚发展力量。要结合人民政协和统一战线理论，将机关管理理念和机关工作人员行为理念等转化为工作和管理制度，坚持不懈抓好落实，把机关理念、机制、规范等转化为政协委员和机关人员的实践行为，为推动人民政协事业不断发展提供强大动力。

## 二、总结经验，打造平台

随着改革开放和社会主义现代化事业建设的不断深入，人民政协事业面临着新的形势和新的任务。政协工作要针对新情况不断解决新问题，需要及时推进理论研究和探索，为实践的发展提供理论支撑，举办横向联系会就成为了各自治州政协“取经送宝”的重要途径，成为了出思路、成经验、出成果的一个传送平台，这不仅对各自治州政协工作，而且对全省政协工作将产生积极的影响。大家要提高对举办横向联系会重要性的认识，推进政协的理论创新、制度创新和工作创新，借助横向联系会的平台，博采众长、广聚良策，为各地经济社会发展献计出力。

### （一）完善机制，加强横向联系会这一平台的构筑

加强和改进政协工作，涉及到体制、机制和方法问题。横向联系会作为一种交流合作的工作机制，需要不断完善，抓好运行。要根据每一个时期不同的任务，就八自治州政协共同关心的热点和难点问题，选好议题。继续按照每年举办一次、每次由一个自州政协承办的模式来操作，将工作研讨和参观考察相结合，既要深度探讨、充分交流，又要实地调研、相互学习，既要加强各自治州政协的联系、沟通与协作，又要充实会议内容、活跃举办方式、激发参与兴趣。要创造畅所欲言的氛围，倡导对事关人民政协发展的前瞻性、战略性、全局性问题的思考，多做一些人民政协与政治体制运作、社会主义民主政治建设等相关联的深入研究，促进成果转化，尽可能使联系会成为发挥政协工作先行先试的“风向标”和“试验田”。要丰富会议的成果，力争使联系会的会议纪要多反映对政协全局性工作的意见建议，力争使联系会的交流材料更多地得到学习借鉴，力争使联系会提出的意见和建议得到采纳落实，成为党政决策的重要参考。

### （二）运用平台，在经济社会建设中发挥参谋作用

八自治州政协横向联系会召开的出发点是加强交流、深化学习、增进友谊，推动政协工作再上新台阶；落脚点是围绕中心、服务大局，协助党委政府做好推动经济社会发展的工作。八自治州都是少数民族聚集区，区位优势和经济社会发育程度与沿海发达地区相比还存在很大的差距，发展中还存在很多困难和问题，要与全国同步实现全面建成

小康社会的目标，需要全社会的共同努力，需要人民政协在其中出谋划策。今天参会的领导大多是主持一方政协工作的主席，具有丰富的政治经验、社会阅历和理论修养，出谋划策的质量和水平很高，每次横向联系会提供的材料里面有很多真知灼见，提出的意见建议大多得到采纳和应用，有能力、有条件、有责任参与落实工作。今后，要运用好横向联系会这一平台，紧紧围绕事关经济社会发展的一些重大问题，比如扩大内需、加快农业现代化、稳步推进城镇化、提高科技创新能力、提高文化软实力、加强社会建设、建设生态文明等，深入调查研究，提出有价值有分量的意见和建议，为经济社会发展贡献更多的聪明才智；要运用好横向联系会这一平台，拾遗补缺，牵线搭桥，主动在项目建设、招商引资方面寻求合作，为经济社会的发展尽一份心、出一份力。

同志们，做好政协工作责任重大、使命光荣，让我们紧密团结在以习近平同志为总书记的党中央周围，高举中国特色社会主义伟大旗帜，以邓小平理论、“三个代表”重要思想、科学发展观为指导，同心同德，求真务实，奋发有为，为推动人民政协事业新发展、夺取全面建成小康社会新胜利而努力奋斗！

# 在《关于加强云南省农村实用技术培训的提案》重点提案面商会上的讲话

（2013 年 5 月 31 日）

马开贤

同志们：

刚才，听了省农业厅对《关于加强云南省农村实用技术培训的提案》重点提案的办理情况汇报后，很受启发。通过承办单位认真办理，提案中所提的大量意见建议得到了解决落实，民盟省委和省政协都表示满意。在此，感谢你们对省政协提案办理工作的高度重视和负责办理。

农村实用技术培训是提高农村劳动者整体素质水平，促进农村劳动力转移，为地方产业发展提供技术支撑，缩小城乡差距的重要措施。这也是省委、省政府高度关注的民生工程之一。省政协主席会议把这件提案列为今年 10 件重点提案之一，充分说明了省政协对“农村实用技术培训”问题的高度关注和重视。

从提案内容看，民盟省委这件提案作了大量调查研究和深入思考，特别是他们指出的：培训资金集中于市郊而偏远地区缺乏；培训重数量轻质量；实用技术的培训变为理论讲授等问题都客观存在。

从提案办理情况看，一些意见建议得到了解决落实，也有一些问题已经列入计划逐步解决。农民掌握的培训技术是和农民致富成正比关系的，实用技术培训的工作开展的越好，面越广，农民受教育的机会就越大，掌握的技术就越多，依靠科技致富的农民就越多。按照省委、省政府领导的要求，进一步实现我省农村经济发展水平和质量的总体提升。需要各有关部门认真研究，不断建立和完善各种体制机制，着力解决农村实用技术培训的各种困难和问题，切实提高农民的生产技能和经营管理水平。

下面我主要讲三点意见：一是农村实用技术培训内容要有针对性。要与我省高原特色产业紧密结合，要以促进农民增收致富为核心，让农民看得到实实在在的实惠，让农民亲眼看到新技术、新品种带来的好收成，以此吸引更多的农民积极主动地参与培训。二是农村实用技术培训方式要具有灵活多样性。要采用室内授课与田间操作相结合、传统讲授与互动交流相结合、重点培训与示范带动相结合等教学方式，以最佳培训效果为目标，不断创新，做到直观形象，有利于农民快速掌握实用的技术，真正做到政策进村、专家入户、技术落地、农民受益。三是加大农村实用技术培训扶持力度，针对我省有3000多万农村人口的农业大省实际，要逐步建立以政府资金投入为主导，农户、企业投入为主体，信贷、社会筹资参与的多元化农村技术培训投入体制和农业运作机制。

# 把握高度　找准角度　加大力度<br>不断提高提案工作科学化水平

——在全省政协第二十二次提案工作座谈会暨研讨会上的讲话

（2013年6月25日）

白成亮

同志们：

本次提案工作座谈会，是全省政协系统换届后第一次就提案工作召开的专题会议。首先，受罗正富主席的委托，我代表省政协党组，对会议的召开表示热烈的祝贺，向长期从事提案工作的同志们表示衷心的感谢，向新加入到提案工作队伍的同志们表示热烈地欢迎。同时，感谢普洱市委、市人大、市政府、市政协给予会议的大力支持。

每年召开一次全省政协提案工作座谈会，是我省在长期的提案工作实践中形成的优良传统。从事提案工作的同志们齐聚一堂，以座谈会、研讨会的形式，总结交流经验，探索工作思路，研究部署任务，有利于省政协与州市政协间的工作指导、上下联动，有利于各州市政协间的交流学习、联络感情，有利于推进政协提案工作的发展提升。

提案是人民政协履行职能最直接、最有效的方式之一。多年来，各级政协始终坚持“围绕中心、服务大局、提高质量、讲求实效”的提案工作方针，以提高提案质量为基础，以提高办理质量为重点，以提高服务质量为保障，创新思路，注重实效，为推动我省经济社会又好又快发展做出了积极的贡献。随着经济社会的不断发展，随着社会主义民主政治建设的不断推进，新形势对政协提案工作提出了更高的要求。在党的十八大报告中，首次提出并系统论述了健全社会主义协商民主制度，把人民政协作为发展协商民主的重要渠道，把提案办理协商作为协商民主的重要内容，为人民政协事业发展指明了方向，为进一步做好政协提案工作提供了理论基础。去年，中央办公厅、国务院办公厅印发了《关于进一步加强人民政协提案办理工作的意见》，省委办公厅、省政府办公厅印发了《关于进一步加强人民政协提案办理工作的实施意见》，对进一步加强提案办理工作提出了明确要求，为提案工作更好地履行政协职能提供了制度保障。我们一定要倍加珍惜、紧紧把握这个难得的机遇，理清思路，明确任务，推动提案工作不断创新发展，努力开创我省提案工作新局面。

下面，我就进一步加强和改进提案工作，谈三点意见。

## 一、深入贯彻落实十八大精神，从推进协商民主的高度来认识提案工作

提案是政协委员和参加政协的各党派、各人民团体以及政协各专门委员会，向政协全体会议或者常务委员会提出的、经提案审查委员会或者提案委员会审查立案后，交承办单位办理的书面意见和建议。做好提案工作，对于深入推进社会主义民主政治建设、凝聚各方智慧和力量、实现好维护好发展好最广大人民根本利益、提升决策科学化民主化水平，都具有十分重要的意义。应该说，提出提案、办理提案的过程，就是实行协商民主的过程，我们要认真学习贯彻党的十八大精神，树立尊重提案的意识，高度重视，切实发挥好提案工作在发展社会主义协商民主中的独特优势和作用。一是提案者代表性强，体现了协商主体的广泛性。政协委员来自各行各界，与人民群众联系密切，是党委政府熟悉民情、了解民意、汇集民智的桥梁和纽带。各党派团体人才荟萃，智力密集，团结面大、联系面广。通过提案，使社会各群体中分散的意见、愿望得到系统、综合的反映，最大程度地实现了最广大人民群众的民主权利。二是提案内容覆盖面广，反映了协商内容的包容性。政协提案内容丰富，观点各异。从历年的政协提案看，提案内容涵

盖了经济、政治、文化、社会、生态文明等各个领域，在宏观上有影响经济社会发展的重大问题，在微观上有事关人民群众切身利益的实际问题。即便是对于同一个问题，因为提案者代表的群体不同，分析问题的视角差异，往往也会从不同的角度提出意见，可谓是百家争鸣，各抒己见。而恰恰是因为有了这些不同的见解和主张，才充分体现出协商的民主性和包容性。三是提案办理要求严格，确保了协商结果的有效性。党的十八大报告以前所未有的政治高度，把“提案办理协商”作为完善我国社会主义协商民主制度的重要内容。中央办公厅、国务院办公厅《关于进一步加强人民政协提案办理工作的意见》强调，提案办理要与提案者充分沟通协商，积极采纳合理建议，切实解决有关问题，健全答复机制等。这些要求，使提案办理过程成为党委政府广泛开展协商、充分发扬民主的过程，成为改进部门工作、解决实际问题的过程，对于进一步增强提案办理实效有着十分重要的意义。

**二、坚持全局性定位，从政协事业发展的角度来谋划提案工作**

贾庆林主席在全国政协第六次提案工作座谈会上指出：提案工作是人民政协一项具有全局意义的重要工作。这一论断，深刻阐明了提案工作在政协工作中的地位和作用。提案工作不仅是提案委员会一个部门的工作，也不只是政协组织自身的工作，而是一项事关全局、影响全局的重要工作。提案的内容涉及到经济建设和社会发展的各个领域，提案的提出涉及到政协的各参加单位、各界别、各专门委员会和全体政协委员以及他们所联系的广大人民群众，提案的办理涉及到党委、政府及各有关部门。把握提案工作的全局性定位，就要整合各方力量，密切配合，共同努力，形成提案工作的整体合力。一是要充分发挥党派团体提案的典型示范作用和政协委员的主体作用。党派团体提案凝聚着集体智慧，代表着一定社会群体的意愿和要求，集中体现了人民政协组织的党派合作性和民主协商性。从近几年的实际情况来看，党派团体提案的调查研究较深入，分析问题较透彻，整体质量较高。要进一步加强与党派团体的沟通协调，在提案的选题、调研、办理等环节，认真做好各项服务工作。要注重发挥委员的主体作用，充分调动委员参政议政热情，拓宽知情明政渠道，通过情况通报会、发放学习资料、组织调研视察等活动，为委员搭建知情明政平台。二是要充分发挥政协组织的整体功能。政协常委会议、主席会议要加强对提案工作的领导，将提案工作列入重要议程，定期研究，常抓常议。坚持政协领导督办重点提案制度，提高提案影响力，促进办理落实。政协各专委会要积极参与提案工作，注重将调研成果转化为高质量提案，积极参与重点提案的督办工作，借助专门委员会的专业优势来推动提案工作，从而在政协内部形成提案工作全局性的局面。三是要积极争取党委政府的重视支持。绝大部分政协提案都需要党委和政府有关部门办理，要确保办理工作取得实效，就需要加强政协与党政部门的协作、沟通协商，在协商中交换看法，形成共识，共同推动合理建议的采纳和进入决策，使提案成为人民政协富有特色的智力库和信息库。

**三、把握工作重点，全方位提升提案工作科学化水平**

提案工作是一个系统性工作，涉及诸多环节，需要统筹兼顾，协调全面推进。要坚持以质量求发展，不断加大工作力度，不断完善工作机制，努力提高提案工作制度化、规范化、程序化、科学化水平。一是不断提高“三个质量”。做好提案工作，必须在提案质量、办理质量、服务质量上下功夫。提案选题要围绕中心、服务大局，要深入调研、科学分析，所提的问题具有现实针对性，意见建议具有可操作性。要把好审查立案关，严格按照《提案工作条例》的要求进行审查立案。提案办理要将着力点放在狠抓落实上，在沟通协商中增强主动性，在解决问题上务求实效性。要将优质的服务贯穿于提案工作始终，无论是在帮助委员知情明政上，还是在办理工作中，努力为提办双方提供良性互动的沟通平台，建立健全承办单位、提案者、政协组织三方办理协商机制。要加强提案工作队伍自身建设，结合换届后工作人员变动的实际，开展提案工作培训，增强服务意识，提升业务技能。二是进一步完善工作机制。按照提案工作条例重点督办提案、重点办理提案的相关要求，逐步完善重点提案调研、重点提案办理协商等督办形式，拓展提案督办渠道和途径，积极推动承办单位结合部门工作选择重点提案进行重点办理。建立健全评选表彰的长效机制，充分发挥典型示范带动作用。逐步建立完善提案内容及办理复文的公开机制，不断扩大社会参与度和透明度。通过在互联网上公开提案全文和办理复文、与网民进行在线交流、邀请网民参与提案工作等，有效发挥提案办理协商在扩大公民有序政治参与中的作用。三是推动提案工作创新。随着时代的发展，新的形势对提案工作提出了新的要求，我们要认真总结各级政协组织开展提案办理协商的经验，坚持从实际出发，在继承和发扬提案工作优良传统的基础上，积极探索新形势下做好提案工作的方法和途径，不断规范，完善程序，丰富形式，扩大社会参与度，使提案工作与时俱进，守正出新，富有生机和活力。

同志们，提案工作使命光荣，大有可为。让我们肩负起时代赋予我们的崇高使命和重大责任，以党的十八大精神为统揽，锐意进取，扎实工作，努力提高提案工作科学化水平，不断开创政协提案工作新局面。

谢谢！

# 深入贯彻两个《意见》 认真践行协商民主 进一步抓好人民政协提案督办工作

——在全省政协第二十二次提案工作座谈会暨研讨会上的讲话

（2013 年 6 月 25 日）

喻顶成

同志们：

省政协第二十二次提案工作座谈会就要闭幕了。经过与会同志的共同努力，会议取得了圆满成功。在此，我代表省政协向与会代表和普洱市委、市政府、市政协为开好会议所付出的辛勤努力表示衷心的感谢！

上午，普洱市委领导介绍了普洱市的经济社会发展情况，市政协白文彬主席介绍了市政协的工作情况。成亮常务副主席在充分肯定十届全省政协系统的提案工作的基础上，站在提案工作是人民政协全局性工作的高度，结合新形势和新任务对政协提案工作的要求，从三个方面对如何进一步做好政协提案工作作了很好的讲话，讲话对我省政协提案工作科学发展具有重要的指导意义。文龙主任介绍了省政协今年主要提案工作，通报了中办、国办《关于进一步加强人民政协提案办理工作的意见》（以下简称《意见》）及我省《实施意见》的贯彻落实情况，并就如何加强提案督办工作提出了意见。听了同志们的发言，也看了各州市政协的交流材料，深切感受到全省各级政协高度重视提案工作，着眼提高提案办理实效，在强化提案督办工作上有思路、有措施、有创新、有亮点，为进一步发挥政协提案工作的作用，推动全省科学发展、和谐发展、跨越发展做出了积极贡献。通过本次会议座谈研讨，结合贯彻落实《意见》精神，我们既要交流经验相互学习，更要不断创新改进工作，进一步提升提案工作科学化水平。

提案督办是促进提案成果转化的重要环节，也是政协组织履行政治协商、民主监督、参政议政职能的重要途径。加强提案督办工作，对于加强党委、政府与各党派团体和各族各界人士的沟通、理解和合作，充分调动政协委员履行职能的积极性，推进决策科学化、民主化，推动社会主义民主政治建设具有十分重要的意义。近年来，我省各级政协通过加强提案督办，在提高提案办理实效方面取得了一些成绩，创造了许多好的经验。中共十八大召开后，各级对政协工作更加重视，对做好政协提案工作提出了新的要求。这次会议专题研讨政协提案的督办工作，目的在于要进一步总结经验，创新思路和工作方式，推动政协提案工作再上台阶。从省政协提案委员会调研和会议提交的材料来看，主要有两个共性问题，一是重点提案督办较好，一般提案督办较差；二是热点问题督办较好，事务性问题督办较差。主要表现在督办制度不健全，督办程序不够规范、落实措施不够到位。切实加强提案督办工作，不断提高办理实效，必须创新督办制度，加大督办力度，着力形成主席领衔督办、专委会对口督办、提案委常规督办、与党政部门联合督办的提案督办制度体系，从根本上提高提案办理实效。借此机会，我对进一步加强提案督办工作讲几点意见。

**一、将深入学习贯彻《意见》作为做好提案督办工作的首要任务**

去年，中办、国办印发了《关于进一步加强人民政协提案办理工作的意见》，充分体现了党中央、国务院对人民政协提案工作的高度重视。《意见》下发后，全国政协紧接着下发了学习《意见》的通知，省委办公厅、省政府办公厅随之下发了学习贯彻《意见》的《实施意见》。《意见》从党和国家事业发展的全局出发，在全面总结近年来政协提案办理工作重要经验和成熟做法的基础上，肯定了政协提案工作在人民政协事业和国家政治生活中的地位和作用，强调了新形势下加强政协提案办理工作的重要意义，明确了全面提高政协提案办理工作科学化水平的思路和措施，规范了做好政协提案办理工作的程序和机制，提出了加强政协提案办理工作组织领导的具体要求，是指导新时期提案工作的纲领性文件。《意见》明确指出："依靠党委和政府对政协提案工作的重视和支持，建立党委、政府、政协共同交办和督办提案的机制，对提案办理工作开展民主评议和民主监督"。办理实效是政协通过提案履行职能的落脚点，强化提案督办是提高提案办理整体质量的重要抓手，所以，深入学习和贯彻好《意见》，对于做好提案督办工作至关重要，是做好提案办理工作的首要基础。

**二、将加强提案办理协商作为做好提案督办工作的重要途径**

党的十八大报告明确指出："把政治协商纳入决策程序，坚持协商在决策之前和决策之中，增强民主协商实效性。深入进行专题协商、对口协商、界别协商、提案办理协商"。报告从前所未有的政治高度，把"提案办理协商"作为完善我国社会主义协商民主制度的重要方面。政协提案既是政协委员履行职责的重要方式，也是实现协商民主的重要途径和平台，健全社会主义协商民主制度，必须充分发挥政协提案在协商民主中的重要载体作用。提案督办涉及面广，形成主席领衔督办、专委会对口督办、提案委常规督办、与党政部门联合督办的提案督办体系是一个系统工程，不可能一蹴而就，离不开多方的良性互动，要着力在互动中增进理解，在协商中达成共识。提案者、提案服务部门、提案承办单位必须通过充分协商，在互动和沟通中形成合力、达成共识，群策群力共同推进提案督办工作。

**三、将提升提案督办的运行层次作为督办工作的可靠保证**

办理好提案是党委政府的一项重要职责，是立党为公、执政为民的具体体现。提案办理是党委政府集思广益，听取各方意见，实现科学、民主决策，推进民主政治建设的有效途径。为此，要积极争取党委、政府主要领导对提案督办工作的重视和支持。要与党委、政府一起召开提案交办会，最好能请党委、政府领导参加提案交办会，对提案办理提出要求。要争取党委、政府领导领衔督办提案，对提案作出办理批示和要求，确保提案交办工作落到实处、取得实效。省政协每年 10 件重点提案，省政协领导每人督办一件，交办前，省政协将办理意见签转省委、省政府分管领导，再由他们签批承办单位。由于督办有力，重点提案办理效果明显，起到了示范带动作用。去年，省政协组织承办单位在届末开展的提案办理“回头看”形式就很好，很多当时受条件限制未能解决落实的提案从“档案柜”里梳理出来，得到了继续办理，大量意见建议通过督办得到了落实。

**四、将健全督办工作机制作为强化提案督办工作的有力抓手**

新修订的《全国政协提案工作条例》和《省政协提案工作条例》都从政协全局的高度，以专门的章节，对提案督办的内容、方法、要求进行了规范和明确，为强化提案督办工作提供了制度保证。目前不少提案办理单位均建立了结合实际的提案督办机制，提案办理质量不断提高，今后仍要在进一步健全督办机制上下功夫。要研究建立提案办理情况通报和意见征询机制，请党委、政府向政协通报提案办理情况，征询对提案办理的意见和建议。要健全提案办理评议制度，党政部门要将提案办理工作列入年终考核，与办理单位及人员的德能勤绩挂钩。政协提案服务部门在督办中要承担相应的测评职能，客观公正地对各承办单位的提案办理情况作出评价，为党政部门年终考核提供依据。逐步完善提案面商和双向民主评议，让委员评议承办单位的提案办理质量，承办单位评议委员的提案质量，有利于提高提案水平和办理实效。要健全承办部门提案办理责任制，真正做到“一把手”负总责，一级对一级负责，做到人员、经费、制度、措施落实。对于重点提案和综合性较强、办理难度较大的提案，要着力强化调研视察的督办功能。省政协每年都要针对提案承办大户，组织委员进行年度视察，通过视察总结经验，查找不足，提出意见建议，并将视察情况通报各提案承办单位。这样，既促进了提案办理，又有利于推进部门工作。

**五、将加强自身建设作为做好提案督办工作的必然要求**

提案质量反映人民政协参政议政的水平，体现人民政协参政议政的成效，而服务质量则是提案质量和办理质量的重要保证。作为提案工作服务部门的各级政协提案委员会，需进一步加强自身建设，把自身建设作为做好提案督办工作的基础性工作来抓。要加强政治理论和提案业务的学习，深入开展调查研究，不断强化服务意识，努力提高服务质量，充分发挥桥梁纽带作用，确保“三个质量”共同提高。要从立案、交办的传统“主业”意识中走出来，把提案督办工作摆在重要位置，夯实和改进工作作风，健全督办工作机制，创新提案工作方法，搭建服务平台，拓展服务途径，通过强有力地督办工作，不断提高提案办理成效。

同志们，当前是深入贯彻落实党的十八大精神、实施“全面建成小康社会”战略的关键时期，我们要以邓小平理论、“三个代表”重要思想和科学发展观为指导，认真贯彻落实两个《意见》精神，锐意进取、扎实工作，更加努力地做好人民政协提案工作，为推进云南科学发展、和谐发展、跨越发展作出应有的贡献。

# 在省政协深入开展党的群众路线教育实践活动动员大会上的讲话

（2013 年 7 月 5 日）

白成亮

同志们：

在全党深入开展党的群众路线教育实践活动，是党的十八大作出的重要决策部署，是新时期加强我们党建设的重大实践创新。党中央于今年 5 月 9 日下发了《关于在全党深入开展党的群众路线教育实践活动的意见》，于 6 月 18～19 日，召开专题工作会议，习近平总书记和刘云山、赵乐际同志作了重要讲话，对全党开展教育实践活动进行了全面部署。省委对这次活动高度重视，及时召开常委会进行讨论研究，制定实施方案，并于 7 月 3 日召开全省动员大会。动员会上，秦光荣书记和中央督导组组长傅克诚同志分别作了重要讲话，深刻阐述了开展教育实践活动的重大意义，对全省深入开展教育实践活动提出了明确要求。根据省委的部署，省政协党组迅速召开会议，认真学习中央和省委有关会议精神，结合政协实际，研究制定《实施方案》，及时成立组织领导机构，在今天召开动员大会，对省政协深入开展党的群众路线教育实践活动进行动员和部署。希望同志们切实把思想和行动统一到中央的决策和省委的部署上来，认真按照省政协《实施方案》的具体要求，深入开展好这次教育实践活动。下面，受正富主席委托，我代表省政协党组，就开展好这次活动讲四点意见：

## 一、深刻领会开展党的群众路线教育实践活动的重大意义

群众路线是党的生命线和根本工作路线。在全党开展党的群众路线教育实践活动，是贯彻党的十八大精神，坚持党要管党、从严治党，加强党的自身建设的一项重大举措。我们一定要站在党和国家事业兴旺发达和社会主义现代化建设全局的战略高度，站在实现党的执政使命和奋斗目标的高度，结合云南发展的实际，根据人民政协开展工作的需要，深刻认识开展这次实践教育活动的重要性和必要性。

第一，开展党的群众路线教育实践活动，是我们党始终保持先进性和纯洁性的高度自觉。中国共产党是在群众中诞生、成长和发展起来的马克思主义政党，始终保持党的先进性和纯洁性，是党领导全国各族人民不断取得胜利的重要保证。面对世情、国情、党情的深刻变化，党面临的“四大考验”是长期的、复杂的、严峻的，“四大危险”更加尖锐地摆在全党面前。我们党要经受各种考验、抵御各种危险，向人民交出合格的答卷，就必须始终把保持先进性和纯洁性作为党的建设的重大问题来抓，不断增强自我净化、自我完善、自我革新、自我提高的能力。开展教育实践活动，就是坚持党要管党、从严治党，以作风建设促进党的各方面建设，始终保持党的先进性和纯洁性的重大决策。广大党员干部一定要充分认识这次教育实践活动的全局性、战略性、必要性、紧迫性的意义，以严肃的态度、坚定的决心，扎实有效地开展好教育实践活动。

第二，开展党的群众路线教育实践活动，是推动云南科学发展和谐发展跨越发展的现实需要。人民群众是我们党的力量之源和胜利之本，群众路线关乎党和国家事业的兴衰成败。中央决定在全党开展教育实践活动，就是要充分发挥党密切联系群众的独特优势，汇聚起推动经济社会发展的强大动力。当前，云南正处于推进“三个发展”和“建设绿色经济强省、民族文化强省和我国面向西南开放重要桥头堡”战略，努力与全国同步实现全面建成小康社会目标的关键时期。在国内外形势发生深刻变化的背景下，影响我省改革发展稳定的因素日渐增多，新旧矛盾相互交织、长期性和阶段性矛盾相互交织、可以预料和难以预料的矛盾相互交织，特别是一些西方敌对势力对我实施西化、分化的图谋愈演愈烈，打着各种旗号挑动社会矛盾，煽动社会情绪，蓄意制造各种事端，给党群干群关系带来了严峻考验。如果我们背离群众观点，丧失群众立场，违反群众路线，放弃群众工作，我省的改革就会失去支撑，发展就会失去动力，稳定就会失去

基础。担负着富民强滇“云南梦”的广大党员干部，要深刻理解教育实践活动的现实意义和深远的历史意义，充分发挥党组织的战斗堡垒作用和党员的先锋模范作用，更好地凝聚全省各族群众的智慧和力量，大力提振“攻坚、提速、冲刺”的精气神，促进云南加快建成全面小康社会。

第三，开展党的群众路线教育实践活动，是进一步发挥好政协职能作用的重要保障。人民政协是最广泛的爱国统一战线组织，是党和政府联系人民群众的桥梁和纽带，是广泛凝聚各方面智慧和力量的重要平台。维护和实现好最广大人民群众的根本利益，是人民政协工作的出发点和落脚点。密切联系群众，反映群众心声，保障群众权益，做好群众工作，是人民政协工作的优势所在。人民政协发展的历史，既是在围绕中心、服务大局中不断发展自身的历史，也是服务群众、遇事同群众商量、充分听取群众意见、向人民负责、积极履职的历史。人民政协以政治协商反映群众的呼声、愿望和要求，以民主监督、参政议政保障和实现群众的根本利益，更好地促进社会公平正义，促进民生改善和社会和谐。在人民政协开展党的群众路线教育实践活动，必将有力推动政协的各项履职工作更加深入，更接地气，使人民政协的优势和作用得到进一步发挥。省政协广大党员干部要不断改进工作方法，进一步联系群众、关心群众、维护群众、团结群众，切实做到协商为民、监督为民、参政为民，增强政协工作张力和实效，使人民政协联系群众的渠道更加畅通，服务群众的优势更加明显，维护群众利益的作用更加突出。

## 二、准确把握党的群众路线教育实践活动的目标要求

在开展教育实践活动中，我们要深入贯彻中央和省委的要求部署，紧紧围绕保持党的先进性和纯洁性，以为民务实清廉为主要内容，以贯彻落实中央八项规定和省委十项规定为切入点，以县处级以上领导机关、领导班子和领导干部为重点，牢牢把握省委提出的“六个始终贯穿”，突出作风建设，紧密结合省政协工作性质和特点，重点把握好以下四个方面。

### （一）认真贯彻“四句话”的总要求

这次教育实践活动提出“照镜子、正衣冠、洗洗澡、治治病”的总要求，这 4 句话，12 个字，概况起来就是要自我净化、自我完善、自我革新、自我提高。“四句话”的总要求是开展活动必须把握好的总目标和大方向。照镜子，主要是以党章为镜，对照党的纪律、群众期盼、先进典型，对照改进作风要求，在宗旨意识、工作作风、廉洁自律上摆问题、找差距、明方向。正衣冠，主要是按照为民务实清廉的要求，勇于正视缺点和不足，严明党的纪律特别是政治纪律，敢于触及思想、正视矛盾和问题，从自己做起，从现在改起，端正行为，自觉把党性修养正一正、把党员义务理一理、把党纪国法紧一紧，保持共产党人良好形象。洗洗澡，主要是以整风的精神开展批评和自我批评，

深入分析发生问题的原因，清洗思想和行为上的灰尘，保持共产党人政治本色。治治病，主要是坚持惩前毖后、治病救人方针，区别情况、对症下药，对作风方面存在问题的党员、干部进行教育提醒，对问题严重的进行查处，对不正之风和突出问题进行专项治理。

（二）努力树立三种形象

落实“为民、务实、清廉”要求是教育实践活动的主要内容。要紧密结合政协工作实际，突出活动主题，努力树立“为民、务实、清廉”的良好形象。教育引导党员干部不断强化全心全意为人民服务的宗旨意识，坚持立党为公、执政为民，把群众观点体现到政协工作的各方面，切实做到协商为民、监督为民、参政为民，树立“为民”形象。教育引导党员干部求真务实，真抓实干，以对党和人民政协事业高度负责的态度，一切从实际出发，脚踏实地做好各项工作，树立“务实”形象。教育引导党员干部坚持严于律己、廉洁奉公，严守党纪国法，自觉净化朋友圈、社交圈，坚持高尚的精神追求，永葆共产党人的浩然正气，切实做到清白做人、清正为官，拒腐蚀、永不沾，树立“清廉”形象。

（三）牢牢把握五条原则

把握基本原则是开展教育活动的重要保证。为推动活动顺利开展，要注重坚持以下五条基本原则：一是坚持正面教育为主。加强马克思主义群众观点和党的群众路线教育，加强党性党风党纪教育和道德品行教育，引导党员、干部坚定理想信念，增强公仆意识，讲党性、重品行、作表率，大力弘扬以高原情怀和大山品质为核心的云南精神，模范践行社会主义核心价值观，坚守共产党人精神追求。二是坚持批评和自我批评。开展积极健康的思想斗争，敢于揭短亮丑，崇尚真理、改正缺点、修正错误，使党员干部思想受到教育、作风得到改进、行为更加规范。三是坚持讲求实效。开门搞活动，请群众参与，让群众评判，受群众监督，努力在解决作风不实、不正和行为不廉上取得实效，在提高群众工作能力、密切党群干群关系、全心全意为人民服务上取得实效。四是坚持分类指导。针对机关、事业单位和基层的不同情况，找准各自需要解决的突出问题，提出适合各自特点的目标要求和办法措施。五是坚持领导带头。上级带下级、主要领导带班子成员、领导干部带一般干部，一级抓一级、层层抓落实。

（四）着力提高六种能力

提高做好新形势下群众工作能力是教育活动的基本要求。要坚持从政协工作需要出发，教育引导党员干部着力提高开展群众工作的六种能力。根据调研视察的需要，注重改进工作方法，在深入基层、深入群众、深入一线上下功夫，提高调查研究、掌握实情的能力；根据参政议政的需要，注重问政于民、问需于民、问计于民，提高广集民智、务实建言的能力；根据反映社情民意的需要，注重倾听百姓呼声、了解群众诉求、把握民众意愿，提高收集、综合、提炼民意的能力；根据维护社会和谐稳定的需要，注重分民忧、解民难、顺民气，提高协调关系、化解矛盾的能力；根据开展“四群”工作的需要，注重发挥政协优势，调动各方力量，积极探索智力扶贫、科技扶贫、产业扶贫的办法途径，提高帮助群众脱贫致富的能力；根据服务委员的需要，注重加强与委员联系，完善委员工作机制，改进委员工作方法，提高服务委员、组织委员的能力。

## 三、扎实深入推进教育实践活动各环节工作

按照中央和省委的安排部署，我省群众路线教育实践活动从今年下半年开始，自上而下分两批进行。第一批为省级领导机关和省级直属单位，从今年 7 月到 12 月；第二批为省以下各级机关及其直属单位和基层组织，从 2014 年 1 月到 7 月。广大党员要普遍受到一次马克思主义群众观点和党的群众路线教育。具体到每个单位，集中教育时间一般不少于 3 个月。省政协党组结合政协工作实际，制定了省政协开展教育实践活动的《实施方案》，教育实践活动将按照方案全面展开，开展的时间安排从今年 7 月开始，到年底结束。这次教育实践活动不分阶段、不搞转段，在方法步骤上要把握好学习教育、听取意见；查摆问题、开展批评；整改落实、建章立制三个环节。

第一，学习教育、听取意见是基础。重点是搞好学习宣传和思想教育，深入开展调查研究，广泛听取群众意见。在这一环节，教育活动的开展要突出一个“深”字，要在“深”字上做文章、下功夫，坚持深入学习教育，深入调查研究，确保真学真懂，吃透精神，深入实际，掌握情况。一要扎实搞好思想发动。今天召开的全体党员大会，是省政协党组对开展此次教育实践活动进行的全面动员和部署。各党支部要在机关动员的基础上，有针对性地进行再动员，制定开展教育实践活动的具体措施。二要认真组织集中学习。组织党员干部重点学习党的十八大精神，中国特色社会主义理论体系、党的光辉历史和优良传统、习近平总书记一系列重要讲话精神等内容，认真研读《论群众路线——重要论述摘编》、《党的群众路线教育实践活动学习文件选编》、《厉行节约、反对浪费——重要论述摘编》三本学习材料。省政协党组、办公厅党组的集中学习时间原则上不少于 3 天。三要加强实践教育。结合“四群”教育工作，组织党员领导干部深入基层、深入群众，开展调查研究，掌握基层干部群众的意愿和呼声，广泛听取群众对省政协领导班子和领导干部改进作风、联系群众的意见建议，在实践中找问题，在实践中受教育。

第二，查摆问题、开展批评是关键。重点是围绕为民务实清廉要求，通过群众提、自己找、上级点、互相帮，认真查摆在形式主义、官僚主义、享乐主义和奢靡之风方面的问题，进行党性分析和自我剖析，开展批评和自我批评。在这一环节，教育活动的开展要突出一个“实”字，要在“实”字上做文章、下功夫，坚持实事求是，求真务实，

不流形式，不走过场。一要广泛征求意见建议。在征求意见过程中，注意区分不同层次，采取多种形式。省政协党组、办公厅党组班子成员要带头深入分管或联系的专委会、深入分管机关处室和事业单位、深入“四群”教育联系点，走近基层干部群众，走近委员，广泛征求干部群众、政协委员、有关单位对省政协开展教育实践活动的意见建议。要采取发放征求意见表、设立意见箱、召开座谈会等形式，敞开大门征求干部群众意见。二要认真撰写对照检查材料。对照检查材料要正面回应干部群众所提意见建议，正视存在的矛盾和问题，对原因进行深入剖析，有针对性地提出努力方向和整改措施。三要召开专题民主生活会。省政协两级党组要分别集中召开专题民主生活会，在党组班子成员中开展积极健康的思想斗争，既要进行深刻的自我批评，又要进行诚恳的相互批评，真正达到“团结—批评—团结”的目的。各党支部要召开专题组织生活会，针对存在的问题开展批评与自我批评。

第三，整改落实、建章立制是根本。重点是针对作风方面存在的问题，制定整改方案，开展集中整治，建立长效机制。在这一环节，教育实践活动要突出一个“严”字，要在“严”字上做文章、下功夫，做到从严整改，严格治理，确保活动取得成效。一要严格制定整改方案。要抓住重点，制定整改任务书，时间表，实行一把手负责制，通报整改情况，巩固深化成果。二要进行集中治理。紧扣为民务实清廉要求，对省政协机关贯彻落实中央、省委关于改进作风规定情况进行一次集中清理整治。同时，严格干部教育管理，对存在一般性作风问题的干部，要立足教育提高，促其改进；对群众意见大、不能认真查摆问题、没有明显改进的干部，要进行组织调整；对在活动中发现的重大违纪违法问题，要及时移交纪检监察部门或有关方面严肃查处。三要建立长效机制。组织专门力量，对机关贯彻党的群众路线已有规章制度进行梳理和对照检查，好的做法要坚持不懈并狠抓落实，不适应新形势新任务要求的，要尽快补充修订完善，推动改进工作作风、密切联系群众常态化长效化。我们要把这三个环节的要求贯通起来、衔接起来，确保教育实践活动每一环节都能够扎实推进。

## 四、以优良的作风确保教育实践活动取得实效

这次教育实践活动时间紧、任务重、要求高。省政协两级党组、各专委会领导和各党支部要切实增强责任感和紧迫感，加强组织领导，结合政协工作实际，把开展好教育实践活动作为一项重大政治任务抓紧、抓好、抓实，做到“不虚”、“不空”、“不偏”，确保教育实践活动取得实效、不走过场。

### （一）要突出领导带头，切实加强组织领导

这次教育实践活动的重点是县处级以上领导班子和党员领导干部。领导干部能否发挥示范带头作用，对教育实践活动的成效有着重要的影响。省政协的各级领导干部特别

是省政协两级党组和各专委会的领导同志要走在前面、作出表率，做到带头学习，努力多学一点、学深一些；带头调查研究，及时发现和研究新情况、新问题，大胆探索解决问题的对策措施；带头听取意见，深入基层、贴近群众、了解民意，广泛听取基层干部群众对改进作风、联系群众的意见建议，对开展教育实践活动的意见建议；带头查摆问题，认真开展批评和自我批评；带头整改落实，推动领导班子整改方案的贯彻落实。省政协党组已经成立了开展党的群众路线教育实践活动领导小组和相应的工作机构，办公厅、研究室和各专门委员会的主要负责同志必须对各自部门的教育实践活动负总责，抓好本部门教育实践活动的具体开展工作，为普通党员和干部职工作出表率。

（二）要牢固树立群众观点，把“为民”理念贯穿教育实践活动全过程

在开展教育实践活动中，要把是否符合人民群众的愿望和要求作为检验活动成效的第一标准，深刻查找在某些方面存在的官主民仆、脱离群众、奢靡享乐、腐化堕落等不良思想，采取有效措施改进工作中存在的作风漂浮、闭门造车、推诿扯皮、不敢担当等歪风邪气，坚持开门搞活动，征求意见请群众参与，活动效果让群众评判，整改落实自觉受群众监督，努力做到转观念、扬正气、立形象、树新风，切实在解决突出问题上取得实效，使教育实践活动成为民心工程。

（三）要着眼解决突出问题，努力克服四种歪风

要针对省政协作风建设的实际，教育引导党员干部坚决反对形式主义、官僚主义、享乐主义和奢靡之风。在坚决反对形式主义方面，要重点解决好开展工作重形式、轻内容，重表象、轻实效，重贯彻、轻结合的倾向，教育引导党员干部时刻保持实事求是的思想作风、理论联系实际的学风、言以载物的文风、简朴务实的会风，真正把心思用在干事业上，把功夫下到察实情、出实招、办实事、求实效上；在坚决反对官僚主义方面，要重点解决深入基层不够、联系群众不够、了解民情、社情、省情不够的问题，教育引导党员干部接地气、通下情，注重调查研究，真心对群众负责，热心为群众服务，诚心接受群众监督；在坚决反对享乐主义方面，要重点解决精神懈怠、状态不佳、不思进取、贪图安逸的问题，教育引导党员干部牢记“两个务必”，克己奉公，勤政廉政，保持昂扬向上、奋发有为的精神状态；在坚决反对奢靡之风方面，要重点纠正和克服盲目攀比、挥霍浪费的现象，教育引导党员干部养成勤俭节约、艰苦朴素、精打细算的良好风气。

（四）要狠抓工作落实，确保教育实践活动取得实效

这次教育实践活动是在新形势下对全党进行的一次重要的整风运动，活动开展的成效关乎党的形象，关乎改革发展的顺利推进。我们要从思想上高度重视，坚决杜绝敷衍应付、避重就轻、浮光掠影的态度，不搞变通、不等待观望、不走过场，扎扎实实地查摆在思想上、作风上、工作中存在的问题，采取有效措施，切实加以改进，真正使政协

机关的形象令人民群众满意，政协的工作成果令人民群众得到实惠。我们要以制度做保障，坚决贯彻落实中央和省委关于八项规定的要求部署，坚持领导带头、办公厅总体负责，部门分工的原则，严格执行《省政协改进工作作风、密切联系群众的实施意见》及其细化措施，为切实改进工作作风提供有力保障。我们要在活动中突出政协特色。在开展教育实践活动中，要向各民主党派敞开大门，积极邀请各民主党派的同志参与活动，充分听取他们的意见和建议，自觉接受他们的监督，认真解决他们提出的问题，切实把各民主党派的满意度作为评价教育实践活动成效的重要依据，努力做到既能推动省政协教育实践活动更加有效地开展，又能推动各民主党派不断加强自身建设。省政协各部门也要结合各自的实际，大胆探索创新教育实践活动的方式方法，确保教育实践活动出亮点、有特色、见成效。

同志们，这次会议的召开，标志着省政协领导班子和机关党的群众路线教育实践活动已经正式启动。省政协的各级党组织和广大党员干部，一定要把开展实践活动作为当前最重大的政治任务，全面贯彻落实中央和省委的部署要求，以高度的政治责任感、饱满的精神状态和良好的工作作风，扎实有效地开展好党的群众路线教育实践活动，努力开创政协工作的新局面！

# 在省政协十一届三次常委会议上的讲话

（2013 年 7 月 24 日）

罗正富

各位常委、同志们：

省政协十一届三次常委会是本届政协第一次进行专题协商议政的常委会议。省委、省政府高度重视这次会议，省委常委、常务副省长李江同志通报了我省上半年经济运行的情况，副省长刘慧晏同志到会听取常委发言并发表了意见，省级有关部门的负责同志也到会听取了大家的发言。各位常委围绕推进产业建设年活动、加快产业结构调整、保持云南经济良好发展势头的会议主题，深入分析了影响我省经济发展的深层次原因，认真查找了推进产业建设、调整产业结构中面临的难点热点问题，并对解决这些问题、保持全省经济的良好发展势头，提出了许多好的意见和建议。由于时间的原因，一些常委的意见和建议没有能够在会上发表，只能以书面材料的形式进行交流。但无论是大会发言还是书面交流，都短小精干，有思想、有观点、有亮点，都反映了大家对实现云南“三个发展”的强烈愿望和对全省经济建设中重大问题的深入思考，体现了省政协常委积极履职的责任心。会后，省政协办公厅要认真综合和整理这次会议的成果，及时报送省委、省政府领导参阅。这次会议还审议通过了有关人事事项。下面，我结合大家的发言，讲几点意见。

## 一、更加积极地为我省经济建设服务

党的十八大报告指出“以经济建设为中心是兴国之要，发展仍是解决我国所有问题的关键”。这是对以经济建设为中心理念的再度肯定，是对我国经济稳步增长的战略抉择。政协工作是党的全局工作的重要组成部分，政协履行职能必须紧紧围绕党委、政府的中心工作。在十一届省政协的履职活动中，必须更加自觉地把促进科学发展作为第一要务、把服务经济建设作为工作中心，着眼全省改革发展的大局，立足全面建成小康社会的奋斗目标，坚持一切工作向服务经济建设倾斜，一切力量向服务经济建设集中，一切智慧向服务经济建设凝聚，积极谋划履行职能的新思路，勇于开辟发挥作用的新渠道，努力为加快经济发展汇聚更多的力量、提供更多的智慧、营造更好的环境。

一是要增强服务经济建设的自觉性和紧迫感。现在，我国改革开放进入了一个新的发展阶段。我们要清醒地认识到，尽管具体国情条件发生了很大的变化，但是当前我国仍处于社会主义初级阶段，经济实力虽然大大提升，可是生产力总体水平还不高。筑牢国家繁荣富强、人民幸福安康、社会和谐稳定的物质基础，还需要推动经济持续健康发展。以经济建设为中心的战略思想，决不能有丝毫的动摇。发展，怎么强调都不为过。从我省的情况看，贫困落后、发展不快是基本的省情。针对我省的实际，顺应群众的意愿，省第九次党代会提出了实现云南科学发展和谐发展跨越发展的奋斗目标。发展，首先是经济的发展。只有经济发展搞好了，才能营造安定团结的生动局面；只有经济发展加速了，才能尽快缩小与全国发展的差距，早日实现云南各族群众富民强滇的美好愿望。省第九次党代会以来，省委、省政府全力以赴地推动经济建设实现跨越式发展，采取了一系列创新务实的举措，凝聚起了全省上下奋进赶超的人气，去年实现了经济总量的突破，跨上了1万亿元的台阶。今年上半年，我省各项经济指标位列西部地区前茅，GDP增幅达12.4%，比全国的增幅高出4.8个百分点，排列全国和西部第二位（第一位天津、贵州均增12.5%）。对这些成绩，我们可以感到自豪，但是绝不能有丝毫的自满和松懈。这不仅因为我省与其他省区的发展差距仍然很大，到2020年与全国同步全面建成小康社会的任务依然十分艰巨，还因为当前国际国内的经济形势正在发生新的变化，对保持我省经济良好的发展势头带来了新的压力和挑战。如何主动适应外部环境变化、有效化解各种矛盾、加快释放全省发展的潜力、着力提高发展的质量和效益、千方百计保持经济的平稳较快增长，决定着云南未来的发展，关系着富民强滇“云南梦”的实现，迫切需要我们深入研究、积极应对，更加奋发有为地推动经济发展。省政协工作必须急省委、省政府之所急，想各界群众之所想，切实把智慧和力量凝聚到我省经济建设的各项目标任务上来，心往一处想，劲往一处使，更加关注经济问题、支持经济发展、服务经济建设，进一步发挥政协作用，努力在推动发展上实现更大作为。

二是要积极为经济建设建真言献良策。人民政协具有人才荟萃、智力密集的优势。我们要牢牢抓住经济建设这个中心，紧紧围绕实现“翻两番、增三倍、促跨越、奔小康”的目标，注重选择调整经济结构、推动产业发展、推进基础设施建设、着力扩大内需、统筹城乡发展、优化发展布局、提升自主创新能力、深化经济体制改革、推进工业化和城镇化等我省经济建设中的重大问题，深入开展专题调研和视察活动，正确认识和把握国际国内经济形势，充分估计影响经济发展的各种不确定因素，以宽广的眼界审时度势，以马克思主义的立场、观点、方法分析问题，加深对省委和省政府在经济建设上的各项重大决策、工作意图、总体部署和具体安排的理解，善于从政协的特点和优势出发，多提具有前瞻性、开创性的意见和建议，多出新思路、新举措，使省政协工作与全省经济发展大局结合得更好、建言献策与省委省政府决策需要贴得更紧，努力为我省在较长时期内实现经济持续健康较快发展多作贡献。在当前，我们要把服务经济建设的重点，放在推动产业发展上来。产业不强是云南经济发展中的突出问题。为动员全省上下集中力量推动产业转型升级，省委、省政府在今年开展了产业建设年活动，并出台了《云南省“产业建设年”三年行动计划》。这是省委、省政府立足云南实际，着眼于云南跨越发展需要作出的一项重大决策。我们一定要从战略和全局的高度，深刻认识抓产业建设的重要性，积极发挥人民政协在推动产业建设中的作用，紧扣我省产业发展的重点领域和关键环节，开展广泛的协商，汇集更多的智慧，善谋发展之策，多建创新之言。重点要围绕加快转变农业发展方式、壮大工业经济总量、推进传统服务业向现代服务业转变、构建产业生态良性互动新格局等重大问题，深入开展调查研究，着力从事关全局的高度思考问题，从具体操作的角度提出对策，形成一批有见地、有分量、务实可行的调研成果，努力为产业兴省当好参谋，为产业强省贡献才智，为产业富省增添力量。

三是要大力营造加快经济建设的良好氛围。为社会主义经济建设凝聚智慧、汇集力量，把各界群众的积极性、主动性和创造性引导到加快经济建设上来，是人民政协的职责所在，也是人民政协的优势所在。我们要利用各种渠道、抓住各种机会，广泛宣传我省经济建设的目标、任务和措施，把加快发展的气氛造得更浓，把加快发展的劲头鼓得更足，把加快发展的意愿凝聚得更强，使省委、省政府经济建设的各项决策部署都能得到社会各界的广泛理解认同和真心拥护支持，都能转变为人民群众的自觉行动。在当今利益诉求多样、矛盾冲突多现、热点事件多发的大环境下搞经济建设，有许多决策和项目容易引起争论，甚至成为社会热点。比如中石油云南炼油项目，前不久就成为公众和社会媒体聚焦的热点，有些人还上街表达对炼油项目的质疑。随着人们思想观念、价值标准、行为方式的深刻变化，由经济发展问题引发的矛盾与冲突并不少见，类似中石油云南炼油项目这样的社会热点今后还会不断出现。无论什么时候，任何一个经济决策都不可能满足所有人的愿望，也不可能让每一个人都同等受益。这就需要提供让公众合理表达诉求的渠道，有效引导公众理性地看待问题。在上情下达和下情上达方面，政协有自己的优势，也能够发挥独特的作用。我们要进一步拓宽和畅通反映社情民意的渠道，及时向省委、省政府反映各族各界群众对经济发展的意见、建议和合理诉求，协助省委、省政府从公众的利益和需求出发，运用科学的思维、周密的方式来处置和解决经济建设中的矛盾和问题。要把宣传和解释省委、省政府的重大项目决策作为一项重要任务，发挥政协委员联系广泛、有社会影响和委员中专家学者多的优势，及时发出理性的声音，积极疏导公众的情绪，努力推动全省各族各界、各阶层、各方面统一思想、增进共识，引导广大群众不断加深对省委、省政府决策部署的理解和认同，自觉支持省委、省政府的工作，齐心协力创造云南各族人民更加幸福美好的未来。

四是要努力为经济建设多办实事。在加快经济发展中，省政协既要出实招又要干实事，充分发挥政协优势，积极投入到经济建设的具体工作中。要充分发挥民主监督在促进省委、省政府决策部署和政策措施贯彻落实中的积极作用，围绕全省经济建设的重点工作和涉及民生的重大工程，开展委员视察，为党委政府全面掌握情况、科学民主决策、推进工作落实提供依据，为进一步优化投资环境、强化政府服务意识、抓好项目落实做好服务。要高度关注以保障和改善民生为重点的社会建设，努力推动实现更高质量的就业，积极为增加居民收入出主意、想办法，千方百计帮助农村和贫困群众尽早脱贫致富，促进经济发展的成果由全体人民共享。要发挥政协联系广泛的优势，主动协助党委政府做好项目推介、环境改善、协调关系和牵线搭桥的工作，为我省进一步搞好招商引资和对外开放献计出力。要关心非公经济发展，及时反映非公经济人士在发展中遇到的问题和困难，积极为促进我省非公经济大发展建言立论、献计献策。广大委员特别是直接从事经济工作的领导、专家学者和企业家，要立足本职工作，真抓实干、锐意进取，为实现经济建设的任务目标发挥模范带头作用，努力在推动我省经济发展中展现政协委员的风采。

## 二、扎实开展党的群众路线教育实践活动

在全党深入开展以为民务实清廉为主要内容的党的群众路线教育实践活动，是党的十八大作出的一项重大部署。根据省委的要求，省政协在7月5日召开动员大会，正式

启动了党的群众路线教育实践活动。现在，各项工作正在按照《活动方案》有序进行，扎实推进。这次教育实践活动，中央和省委提出了很高的要求，广大群众也寄予了很大的希望。活动能不能达到预期的目标、取得应有的成效，关系重大。省政协作为全省政协系统第一家开展教育实践活动的单位，务必把活动抓紧抓好抓实，努力为各州市县政协作好表率。为此，省政协要把开展党的群众路线教育实践活动作为当前最重要的工作，认真谋划、精心组织，扎实有效地推进，并且着重把握好三个方面的要求：

一是要准确发现问题。开展这次活动的时间虽然是一年，但是具体到省政协也就半年的时间，不可能解决所有的问题。因此，要围绕“四风”、突出重点，聚焦群众反映强烈的、领导干部身上明显存在的、必须解决也能够解决的突出问题。要对照“四风”现象查找问题，避免分散主题，不仅要看表面现象，更要举一反三、查找差距，找到思想深处的根源。查找问题，要坚持开门搞活动，多渠道、多方面地听意见，特别是让民主党派的同志和政协委员来提意见，帮我们找问题。只有找准问题，直面问题，教育实践活动才可能开局良好、才可能取得成功。

二是要切实解决问题。这次教育实践活动有没有成效，就是看有没有解决问题、群众是否满意。如果问题找了不少，过程搞得轰轰烈烈，形式上也是费尽心思，但最终就是解决不了问题，这实际上是在搞新的形式主义。特别是我们让群众讲了真心话，群众也认真提出了问题，但我们又不能解决，说到却做不到，只会让人更加反感，失去群众的信任。因此，省政协在教育实践活动中，发现了问题，就要着手解决问题，从现在做起、从领导干部做起，马上就改，让群众看得见、感受得到。要强化制度保障，建立长效机制。解决问题，改进作风，保持长久长效，根本要靠制度、靠规矩。要建立健全各方面的规章制度，规定要具体细致，标准要尽可能量化，办法要可操作可检查可执行，程序要公开透明，让群众能够自下而上地进行监督。要通过制度建设，严格制度执行，既解决突出问题，又防微杜渐，坚决避免一次活动一阵风。

三是要领导干部带头。现在很多的事情，存在问题的根源往往在领导身上，解决问题的关键也常常在领导手中。中央和省委要求这次教育实践活动，重中之重是解决领导机关、领导班子、领导干部中存在的“四风”问题。因此，省政协在开展教育实践活动中，领导干部特别是党组成员，必须率先垂范，以普通党员的身份，以更加虚心的态度，带头投身教育实践活动，带头学习、带头听取意见、带头查找问题、带头开展批评与自我批评、带头进行整改，自觉接受广大党员干部群众的监督，切实做到认识高一层、学习深一步、实践先一着、剖析解决问题好一筹，努力形成上级带头、领导示范、上行下效的良好局面。

这次党的群众路线教育实践活动，是在中共党内开展的一次集中教育活动，参加的对象是全体中共党员，活动的重点是县处级以上领导机关、领导班子和领导干部。在省政协，机关干部职工大多数是中共党员，但在政协委员和常委中，非中共人士占了多数。要通过开展党的群众路线教育实践活动，切实改进省政协的工作作风，进一步增强省政协履职为民的能力和成效，光靠中共党员接受教育是不够的，还需要广大非中共政协委员的积极参与。特别是省政协常委会，虽然不是领导班子，但却是领导集体；政协常委，虽然不是领导干部，但却负有贯彻落实党的群众路线的责任。因此，希望省政协的各位常委，特别是非中共党员的常委，能够关心和关注党的群众路线教育实践活动，积极支持省政协开展的有关工作，主动帮助省政协两级党组查找分析问题、制定整改措施、督促规定制度的贯彻执行，并对省政协如何开展好教育实践活动提出意见、建议，切实体现各民主党派与中国共产党“长期共存、互相监督，肝胆相照、荣辱与共”的亲密关系。此外，也希望各位常委能够进一步增强群众意识，始终把人民群众摆在心中的最高位置，牢固树立履职为民的思想，坚持从群众中来、到群众中去，切实俯下身子，深入到群众中间，在联系群众中把握方向，在依靠群众中凝聚力量，在学习群众中增加智慧，在反映民意中聚集民心，以扎实的服务赢得广大群众的认可，在服务群众中实现政协委员的价值。

## 三、全面做好下半年的各项工作

今年上半年，在省委的正确领导和全国政协的指导下，省政协常委会按照省政协十一届一次会议确定的目标任务，紧紧围绕省委、省政府工作中心和重大民生问题，切实履行各项职能，在促进全省经济社会发展和政协自身建设上作了大量卓有成效的工作，取得了明显的成效。省政协十一届二次常委会确定的“关于发挥人民政协协商民主重要渠道作用”等9个重点调研课题，目前调研工作已经基本结束，正在起草调研报告。在下一步的工作中，要对调查得到的素材进行认真的分析研究，广泛听取有关方面的意见，力求把问题吃准吃透，力争形成情况实、分析透、观点新、意见可行的调研报告。“城镇上山、工业上山、农民进城实施情况”等4个重点视察工作也将要在下半年组织实施，办公厅和各专委会要认真计划，周密安排，加强服务保障，努力使视察活动更有活力、更有实效、更有影响。常委会确定由主席会议督办的《关于进一步加快云南陆路建设的建议》等10件重点提案，目前已经有4件完成调研工作，并且有2件经过了面商。下一步要继续抓好重点提案的办理，切实做好面商和落实工作，争取在解决问题、推动工作上产生明显的作用。除此之外，下半年还有不少重要的工作和活动，如要召开十一届四次常委会议，举办企业家论坛、民生论坛、新年茶话会等等。希望办公厅、研究室、各专委会统筹安排好各项工作和活动，及早准备、精心组织，办出特色、办出水平、办出成效，努力使这些活动成为省政协今年工作的“闪光点”。

各位常委、同志们，今年是十一届省政协任期的第一年，做好今年的工作非常重要。希望省政协广大委员和干部职工通过参加党的群众路线教育实践活动，进一步振奋精神、改进作风，齐心协力、扎实工作，圆满完成今年的各项工作任务，努力为十一届省政协的工作开一个好头。

# 在全省州市县政协主席学习培训班上的讲话

（2013 年 7 月 25 日）

罗正富

同志们：

今年是全面贯彻落实党的十八大精神的第一年，也是新一届省政协履行职能的第一年。新时期、新任务，对坚持和完善共产党领导的多党合作和政治协商制度、做好新形势下的政协工作提出了新的更高要求。在庆祝中央党校建校 80 周年暨中央党校 2013 年春季学期开学典礼上，习近平总书记指出，我们的干部要上进，我们的党要上进，我们的国家要上进，我们的民族要上进，就必须大兴学习之风，坚持学习、学习、再学习。重视学习也是人民政协的优良传统。长期以来，我省各级政协一直把加强学习作为推动政协事业的强大动力，有针对性地组织各种学习活动，及时把握方针政策，进一步熟悉工作业务，不断提高履行职能的质量和水平。为了适应党的十八大对人民政协事业提出的新要求，为进一步增强我省各级政协领导干部从事政协工作的能力和本领，根据我省大部分州市县政协刚换届的实际，我们举办了这次有省、州市、县区政协负责同志参加的培训班，目的就是让大家系统地学习人民政协的理论知识，相互交流做好政协工作的经验和体会，解放思想、转变观念，开阔视野、创新思路，进一步增强贯彻落实党的十八大和省第九次党代会精神的自觉性和坚定性，提高做好政协工作的能力和水平。根据安排，今天下午由我来为大家作辅导。下面，我首先从人民政协的发展历程、重要地位和主要职能这三个方面介绍人民政协的一些基本理论，然后同大家交流一下关于做好政协工作的体会。

## 一、人民政协的发展历程

人民政协是中国共产党领导中国人民在反对帝国主义、封建主义、官僚资本主义的新民主主义革命中，在反对国民党独裁统治、建立新中国的斗争中产生的，并随着中国特色社会主义事业的发展而发展。1949 年 9 月 21 ~ 30 日，中国人民政治协商会议第一届全体会议召开，人民政协正式成立。这次会议制定的《中国人民政治协商会议共同纲领》，具有临时宪法的作用。会议制定了《中华人民共和国中央人民政府组织法》、《中国人民政治协商会议组织法》，通过了关于中华人民共和国国都、国旗、国歌、纪年四个决议案，选举产生了中华人民共和国中央人民政府委员会，并赋予行使国家权利的职权。毛泽东当选为中国人民政治协商会议第一届全国委员会主席和中华人民共和国中央人民政府主席。从 1949 ~ 1954 年全国人民代表大会召开前这五年，是人民政协历史上非常重要的时期。它的全体会议代行全国人民代表大会的职权，为恢复和发展我国国民经济、巩固新生的人民政权、促进社会主义革命和建设作出了重大贡献。1954 年 12 月，政协第二届全国委员会第一次会议在北京召开。会议充分肯定了人民政协长期存在的必要性和重要性，制定并通过的《中国人民政治协商会议章程》，规定了人民政协的性质、任务以及组织机构等重要事项，成为各级人民政协组织进行工作和活动的依据和准则。从 1954 ~ 1966 年“文化大革命”前，全国政协共召开 8 次全体会议，对国家和社会生活中一些重大问题进行了充分协商。“文化大革命”中政协组织和政协工作受到严重破坏，被迫停止工作。1978 年后，政协开始恢复工作。在邓小平同志的主持下，人民政协进一步扩大了团结的职能，强化了民主的功能，及时把工作重点转移到为经济建设服务上来，开始了全面发展的新阶段，人民政协呈现出深入、扎实、活跃、有序的局面，进入了历史上又一个最好的时期。中共十六大以来，我国进入全面建设小康社会、加速推进社会主义现代化的新的发展阶段。以胡锦涛同志为总书记的中共中央高度重视人民政协工作，把人民政协工作纳入中国特色社会主义事业的总体布局之中，并作出一系列重要部署，先后颁发了《中共中央关于进一步加强中国共产党领导的多党合作和政治协商制度建设的意见》、《中共中央关于加强人民政协工作的意见》、《中共中央关于巩固和壮大新世纪新阶段统一战线的意见》三个重要文件，继续推动人民政协事业向前发展。

人民政协成立以来，始终在我们国家的政治生活中发挥着重要的作用，在党和国家事业全局中有着重要的位置。这点可以从全国政协历任主席上得到充分反映。1949 年毛泽东当选为中国人民政治协商会议第一届全国委员会主席。从 1954 ~ 1966 年“文化大革命”前，周恩来同志担任第二、第三、第四届全国政协主席，毛泽东担任全国政协名誉主席。邓小平同志在 1978 年当选为政协第五届全国委员会主席。继邓小平之后，邓颖超、李先念分别担任第六、第七届全国政协主席。中共十三届四中全会以后，李瑞环同志担任政协第八届、第九届全国委员会主席。贾庆林同志担任政协第十届、第十一届全国委员会主席。俞正声同志是现在的政协第十二届全国委员会主席。

云南省政协的前身是成立于 1950 年的云南省各族各界人民代表协商会议。1955 年

2月21日，政协云南省委员会第一届一次会议召开，标志着云南省政协正式成立。半个多世纪以来，云南省政协在中共云南省委的领导下，高举爱国主义、社会主义的旗帜，牢牢把握团结和民主两大主题，围绕中心、服务大局，切实履行政治协商、民主监督、参政议政职能，广泛团结各民主党派、无党派人士、人民团体和各族各界人士，调动一切积极因素，在促进云南经济繁荣、社会进步、边防巩固、人民幸福等方面做了大量卓有成效的工作。

## 二、人民政协的重要作用

中国人民政治协商会议是中国人民爱国统一战线的组织，是中国共产党领导的多党合作和政治协商的重要机构，是我国政治生活中发扬社会主义民主的重要形式。60多年来，人民政协在革命、建设和改革开放的过程中，紧紧围绕党和国家的中心工作，履行职能、发挥优势，建睿智之言，献务实之策，在建设中国特色社会主义政治体系中占据着不可替代的位置，对建设中国特色社会主义具有重大的政治意义。

第一，中国共产党领导的多党合作和政治协商制度推动了社会主义民主政治的发展。民主是社会主义的本质要求，人民当家作主是社会主义民主政治的本质和核心。中国共产党领导的多党合作和政治协商制度是人民当家作主在政党关系上的体现，它与人民代表大会制度、民族区域自治制度、基层群众自治制度共同构成了中国特色社会主义民主政治的基本制度。它拓宽了各党派、各阶层、各团体有序政治参与的渠道，保证了他们利益表达和政治诉求的实现，促进了党和国家重大决策的科学化、民主化，增强了党和国家的活力，有效拓展了社会主义民主的广度和深度。

第二，中国共产党领导的多党合作和政治协商制度维护了社会和谐稳定。中国共产党与各民主党派作为我国政党制度的主体，是团结合作的新型政党关系。这种和谐的政党关系继承弘扬了中华民族和而不同、兼容并蓄的优良传统，强调执政党和参政党合作共事、求同存异、民主协商，体现了政通人和的价值追求，避免了政党之间的相互倾轧，以及因政党轮替、政权更迭所造成的社会动荡，最大限度地减少了社会内耗，有利于化解矛盾，调动一切积极因素，整合社会政治资源，促进社会和谐发展，实现国家长治久安。

第三，中国共产党领导的多党合作和政治协商制度促进了执政党的建设。各民主党派对中国共产党的民主监督，就其性质而言，属于一种特殊的政党之间的政治监督，在我国社会主义监督体系中占有重要地位，发挥着其他监督形式不可替代的作用。中国共产党领导的多党合作和政治协商制度，避免了一党专制缺少监督导致的种种弊端。各民主党派代表着各自所联系群众的具体利益和要求，能够反映社会多方面的意见和建议，能够提供一种中国共产党自身监督之外的监督，可以使执政党经常听到不同的声音，更加自觉地抵制和克服官僚主义和各种消极腐败现象。

多年的实践证明，人民政协已经深深植根于中国大地，融会于振兴中华的伟业之中，在共和国的史册上留下了光辉的足迹。坚持和完善这项基本政治制度，不仅符合全国各族人民的共同意愿和根本利益，而且是发展中国特色社会主义民主政治的内在要求，是建设中国特色社会主义政治文明的重要内容。

## 三、人民政协的主要职能

正确认识、牢牢把握人民政协的主要职能，对于各级政协组织和广大政协委员履行好职责、开展好工作，具有十分重要的意义。政治协商、民主监督、参政议政作为人民政协的主要职能，体现了人民政协的性质和特点，是人民政协区别于其它组织的重要标志。充分履行这三项职能，是人民政协的主要工作和基本活动，是我国社会主义民主政治建设的重要内容。

政治协商、民主监督、参政议政，作为人民政协的三项主要职能，是一个不可分割的统一体。它们既各有侧重，又辩证统一；既有联系，又有区别。政治协商是对国家和地方的大政方针以及政治、经济、文化和社会生活中的重要问题，在决策之前进行协商，并就决策执行过程中的重要问题进行协商。民主监督是对国家宪法、法律和法规的实施，重大方针政策的贯彻制定、国家机关及其工作人员的工作，通过建议和批评进行监督。参政议政是对政治、经济、文化和社会中的重要问题以及人民群众普遍关心的问题，开展调查研究，反映社情民意，进行协商讨论，提出意见建议。三项职能的履行，从内容上说，都关注国计民生和社会发展的重要问题，并以一定的渠道和程序开展；从目的上说，都是为了发扬社会主义民主，促进党委和政府重大决策的科学化、民主化，推动社会主义的经济建设、政治建设、文化建设、社会建设和生态文明建设协调发展；从形式上说，都是以一定的方式和程序向党政机关提出意见和建议，是我国政治体制中各党派团体、各族各界人士反映意见、表达声音的郑重政治形式。在履行职能的过程中，它们相互联系、不可分割。政治协商和参政议政往往包含着民主监督的内容，民主监督也往往与政治协商和参政议政的内容密切相关，协商之前进行的视察、调研，实际上也是参政议政，协商中提出的意见和建议，又具有民主监督的成分。可以说，三者相互联系、相互作用，相互渗透。但它们又各有侧重，有所区别。从内容上讲，政治协商一般以国家和地方的大政方针、重大问题为中心议题开展讨论；民主监督侧重于关注宪法、法律和法规的实施情况以及重大决策的贯彻执行情况；而参政议政则不完全受上述条件的局限，对象更加广泛，内容更加丰富，既能反映党派、团体的主张，又能表达社会群体的诉求。从形式上讲，政治协商的主要形式是政协举行的各种协商会议，包括全体会议、常委会议、主席会议、常委专题协商会、各专门委员会会议以及根据需要召开的各种协商座谈会等；民主监督以批评和建议为主要形式；参政议政则主要通过调研报告、提案、建议案或其他形式进行。从许多地方政协的实践经验来看，在时间上三者往往也略有差异，一般是协商于决策之前，监督于实施之中，而参政议政则比较灵活，基本上可贯穿于决策制定和执行的全过程。

政协履行上述三项主要职能的基本形式有两种：会议和经常性工作。政协的会议主要有全体会议、常委会议、主席会议、常委会专题协商会、秘书长会议、专门委员会会议等。在这些会议上，委员们可以向党委、政府反映情况、发表意见、提出建议。而在政协全体会议、常委会议闭会期间，委员履行职责、发挥作用的方式，主要就是开展经常性工作。人民政协的经常性工作主要有8项：

一是提案工作。提案是政协委员、参加政协的党派团体和专门委员会，向政协全体会议或者常务委员会提出，经提案委员会审查立案后，交承办单位办理的意见和建议。提交提案，是委员履行职责的一种经常的、郑重的形式。政协提案有委员个人提案，委员联名提案，界别、小组、联组提案，党派、团体提案，专门委员会提案等形式。政协提案工作是人民政协最具传统、最有特色的工作之一，也是人民政协一项具有全局意义的工作。在新形势下，进一步加强和改进政协提案工作，不仅对推进人民政协事业的发展，而且对协助党委和政府做好全局的工作，都具有重要的意义。

二是委员视察工作。就是组织委员深入实际、深入基层、深入现场，对党委和政府重大方针政策的贯彻落实，对经济社会发展中重大项目的规划建设，对人民群众普遍关注的重大问题的研究解决，进行巡视察看、建言献策，开展民主监督。委员视察工作是委员了解情况、研究问题、学习提高的重要形式。视察的组织形式有多种，有以政协常委为主、围绕重大问题组织的视察，有以某个界别的委员为主、围绕该界别群众共同关心的重要问题组织的视察等。开展好委员视察工作，对于人民政协履行职能、发挥作用，更好地服务经济社会发展全局，有着十分重要的意义。在新的形势下，视察工作需要进一步强化建言献策的功能，体现反映社情民意的要求，突出民主监督的作用。

三是专题调研工作。专题调研是委员深入实际、联系群众、了解情况，并提出意见建议的重要途径和方法，是政协履行职能的基础环节。政协开展专题调研工作，必须坚持实事求是的原则，本着对党委和政府、对人民群众高度负责的精神，全面、准确、客观地反映问题和提出意见建议；必须切实发挥政协委员的主体作用，充分调动委员的积极性、主动性和创造性，最大限度地动员和组织委员参与到调查和研究之中；必须体现政协的优势和特色，切实把调查研究搞得深入扎实，把各方面合理的意见建议尽量吸收采纳，把各方面的利益要求尽可能兼顾到；必须注重同有关部门、单位的联合与协作，积极争取党委、政府有关部门和社会各方面的配合、支持和协作，积极与各民主党派、人民团体开展联合调研，努力使政协的专题调研更有活力、所提的建议更加切实可行。

四是反映社情民意的信息工作。这是政协组织参加政协的各党派团体和各族各界人士，围绕党委和政府重视、人民群众关心的重要问题，通过政协的专门渠道，汇集、分析、反映情况和意见，帮助领导机关分析判断形势、进行有效决策的一项经常性、基础性工作。做好反映社情民意的信息工作，必须紧紧围绕党委政府的重大决策和重点工作，突出政协的特点，积极反映一般渠道不容易掌握的有代表性、有价值的社会情况和群众意见，充分发挥政协委员的主体作用，不断拓宽信息工作的参与面，认真加工提炼各民主党派、工商联和无党派人士参政议政的成果，努力使政协反映社情民意的信息工作更好地体现出界别性、党派性和咨政性的特色。

五是促进祖国统一工作。促进祖国的统一，是人民政协最基本的政治任务，是政协整体工作的重要组成部分。政协组织应始终高举爱国主义旗帜，牢牢把握两岸关系和平发展的主题，紧紧抓住广泛团结台湾同胞的主线，坚持一个中国原则，进一步增进两岸的政治互信，坚决反对“台独”的分裂图谋，不断促进两岸的民间往来，巩固和深化两岸关系和平发展的政治、经济、文化、社会基础，积极为台湾同胞多做实事、多办好事，切实做好台胞权益的保护工作，让更多的民众共享两岸关系和平发展的成果，努力推动两岸关系不断取得新的成就。

六是对外交往工作。人民政协的对外交往是我国总体外交的重要组成部分。政协所具有的广泛代表性、党派合作性、民主协商性和人才荟萃的特点，使人民政协在对外交往中具有独特的优势。人民政协对外交往的最大特点是，融官方外交与民间外交于一体，形式灵活多样，既可以同外国政府、议会等官方机构进行友好往来，又可以同重要的民间组织建立联系。政协组织应本着积极、稳妥、务实的方针，围绕国家外交工作的总体目标和经济社会发展的大局，把公共外交作为政协对外交往工作的主线，积极开展领域更加广泛、渠道更加多样、形式更加灵活的对外交往，努力为维护国家主权，展示我国和平、民主、文明、进步的国际形象，发展与世界各个国家和地区的友好关系作贡献。

七是文史工作。就是指人民政协根据统一战线组织的特点，进行关于中国近现代史资料的征集、研究和出版的工作。这是一项具有统一战线特色，影响广泛，有益当代，惠及后人的社会主义文化事业。政协文史资料的特性主要表现在统战性、史料性、可读性这“三性”和亲历、亲见、亲闻这“三亲”上。在新时期，政协的文史工作要积极拓宽工作领域，进一步把工作重点转移到建国后史料的征集出版上来，更好地为现实服务、为政协委员参政议政服务、为当前的经济建设和社会发展服务，更好地发挥出在建设社会主义文化、构建和谐社会中的重要作用。

八是学习工作。组织和推动政协委员在自愿基础上进行学习，是人民政协的一项重要任务，也是人民政协的一个优良传统。自从成立以来，人民政协就根据各个历史时期党和国家的中心任务，与履行职能的各项工作紧密结合，有针对性地组织了一系列学习活动，统一了思想、增进了共识、扩大了团结、密切了合作，对人民政协事业的发展起到了十分重要的推动作用。在新的时期，政协组织应根据新形势、新任务的要求，进一步加强学习工作，坚持用发展着的马克思主义武装头脑，坚持以学习中国特色社会主义理论体系为主线，坚持继承和发扬政协学习工作的优良传统，健全制度，丰富内容，创新方式，讲求成效，切实推动政协委员和政协机关干部队伍建设。

## 四、做好政协工作的几点体会

大家都是政协的领导干部，对政协的基本理论都或多或少地学习过，刚才我就提纲挈领地给大家作一个介绍。下面，我想着重与大家交流一下做好政协工作的体会。

政协工作是党的工作的重要组成部分。做好政协工作，特别是要履行好政协组织负责人的职责，需要有高度的责任心、较高的政策水平、宽广的知识面和相应的领导水平，需要在工作中不断学习提高、反复实践积累。我到政协工作的时间不长，对如何做好政协工作也还在学习、探索之中，借这次培训的机会，同大家交流一下自己的几点体会，供大家借鉴共勉。我感到，做好政协工作，关键是要抓住五个方面的问题。

第一，积极转变工作角色

在这次参加培训的同志中，有相当一部分同志过去长期在党政部门担任领导职务。在进入政协工作后，大家很可能会感到有些不适应。政协工作确实与党政部门的工作有所不同：政协不是权力机关，也不是决策和执行机关，履行职能、发挥作用主要是建言立论，通过调查研究、考察视察、提案、信息向党政领导机关提出工作建议。这很容易被理解为“虚”和“软”。特别是一些原来长期在党政部门担任领导职务的同志，到了政协，位置变了，环境、任务也不同了，从主角到配角，从置身中心到围绕中心，从参与决策到献计献策，从直接行政到参政议政，从硬指标到软任务，感到政协的工作就是“发发言、敲敲边鼓”，对实际工作起不到什么决定性作用，把政协看作是工作的最后一站，存在着“船到码头车到站”的思想，对工作有消极应付的想法。

这些看法和认识是片面的。实际上，政协的地位很高、作用很大、工作很重要。说政协地位很高，是因为人民政协是实行中国共产党领导的多党合作和政治协商制度的重要政治形式和组织形式，是马克思列宁主义统一战线理论、政党理论和社会主义民主政治理论同中国具体实践相结合的伟大创造，是中国共产党同各民主党派、人民团体和各族各界人士同舟共济、团结奋斗的伟大成果，是我国基本政治制度的一项重要内容。说政协作用大，是因为政协是我国发扬社会主义民主的重要形式；是各个党派团体合作共事，广大委员施展才华、奉献智慧，各族各界增进了解、加强团结的重要舞台；是各个阶层、各个方面充分发表各种意见建议，充分反映各种愿望诉求的重要渠道。说政协工作重要，是因为政协虽然没有领导权、没有立法权也没有行政权，但对领导权、对立法权、对行政权都具有监督的权利，有建言献策的权利，有提出意见批评的权利；在实际工作中，这些年来许多地方的政协在促进科学发展中发挥了独特的优势，协助党委政府，办好了牵动全局的大事，办妥了群众关注的难事，办实了造福人民的好事，在经济社会发展中起到了重要的作用。

实践表明，越是面对错综复杂的发展环境，越是需要来自政协的智慧力量；越是处在事关长远的关键节点，越是需要来自政协的真知灼见。特别是党的十八大提出要进一步健全社会主义协商民主制度。这赋予了各级政协组织更加重大的责任和更加光荣的使命，人民政协的地位作用将更重要、工作平台将更广阔。只要我们真正用心去开展工作，就一定能发挥独特的作用，一定能实现新的人生价值。总之，政协工作不是“位低言轻”、难有作为，而是大有作为、大有可为。到政协担任领导，是组织对我们的信任和重视。到政协工作，对我们的要求不是降低了而是更高了。希望大家切实增强荣誉感，清醒地认识到自己肩负着推进人民政协事业发展的崇高使命，尽快转变角色、转变观念，立足政协工作大舞台，追求人生新作为，坚决防止安于现状、因循守旧、得过且过的思想状态，始终保持持之以恒、永不懈怠、满腔热情的工作作风，全身心地投入到光荣的人民政协事业中，努力在政协工作岗位上取得新的成绩、为云南经济社会发展作出新的贡献。

第二，准确把握工作原则

政协工作最重要的任务是什么？我认为，是密切党同人民群众的联系，是增进人民群众对党的事业的拥护和支持。政协工作中要围绕团结、民主两大主题，履行政治协商、民主监督、参政议政三项主要职能，都是为了实现这两个最重要的任务。评价和检验政协工作的最终标准，也是我们完成这两项重要任务的成效。我们要在工作中实现密切党同人民群众的联系、增进人民群众对党的事业的拥护和支持的重要任务，就应当把握好政协工作的基本原则。根据全国政协领导的讲话精神，结合省政协工作的经验总结，我认为在政协工作中应当遵循以下 8 点原则：

一是必须始终坚持中国共产党的领导，保持人民政协事业发展的正确方向。坚持中国共产党的领导，是人民政协存在和发展的根本前提，是人民政协履职尽责、发挥作用的根本保证。要始终坚持和维护党的领导，自觉与党委保持高度一致，在政协工作中把好方向、管好全局、议好大事，坚定不移地为实现党提出的目标任务而努力奋斗。在履行职能中，无论是政治协商、民主监督还是参政议政，都要从有利于加强和改进党的领导，有助于提高党委决策的科学化、民主化的角度出发，坚持做到重大事项及时向党委请示，重要意见和建议及时向党委汇报、政府通报，认真执行党委的决定，确保完成党委赋予的各项任务。

二是必须高举爱国主义、社会主义两面旗帜，不断巩固推动发展的强大合力。政协的工作就是要靠包容力、影响力、凝聚力，把不同观点、不同思想、不同利益、甚至不同信仰的人都团结起来，为了一个共同的目标去奋斗。要把增进共识作为履行职能的重要任务，坚持以社会主义核心价值观引领多元思潮，积极引导参加政协的各民主党派和无党派人士进一步增强接受中国共产党领导的自觉性和坚定性。要着眼于大多数人的团结合作，立足于体谅包容、共同发展，真情关心、充分理解、认真对待方方面面的认识、意见和建议，切实重视增进共识、着力促成共识，努力使党委的大政方针和重要部署成为各民主党派和无党派人士、有关人民团体和各族各界人士的共同认识和自觉行动。

三是必须把政协工作放到党委和政府工作大局中谋划和推进，充分发挥人民政协的独特优势和重要作用。牢固树立党的中心工作就是政协中心工作的意识，紧紧围绕党委的重大决策和工作部署履行职能、开展工作，党委、政府抓什么，政协就协助抓什么，切实做到党委和政府的工作推进到哪里，政协的工作就跟进到哪里，力量就汇聚到哪里，始终与党委、政府保持工作步调一致，确保党委的决策部署在政协得到全面贯彻落实，努力使政协的各项履职活动更加契合中心任务，更加符合决策需要，更加体现人民心声。

四是必须始终把维护人民群众根本利益作为工作的出发点和落脚点，真正做到人民政协为人民。人民政协履行职能靠的是各界人士的有序参与，发挥作用为的是人民群众的根本利益。要始终坚持群众路线，牢固树立群众观点，思想上尊重群众、感情上贴近群众、工作上依靠群众，积极协助党委和政府多办顺民心、解民忧、惠民生的实事，努力使政协建言献策的方向、重点和措施更加体现群众需求、符合群众利益。要多关心群众的疾苦，多体谅群众的忧患，切实把群众最困难的事情搞清、把群众最忧虑的事情摸准、把群众最想办的事情探实，围绕人民群众最关心、最直接、最现实的利益问题，多建言，多献策，多办事，千方百计帮助群众解决生产生活中的实际问题，努力让人民群众共享改革发展的成果，特别要注重让困难群众得到更多的实惠。在近期，我省各级政协要按照省委的部署安排，认真开展好党的群众路线教育实践活动，围绕保持和发展党的先进性和纯洁性，以为民务实清廉为主要内容，切实加强政协机关全体共产党员的马克思主义群众观点和党的群众路线的教育，深入查找并切实改进政协机关在作风建设上的突出问题，进一步使政协的广大党员牢记并且实践全心全意为人民服务的根本宗旨，进一步增进人民政协与各界群众的联系。

五是必须适应发展社会主义民主政治的时代要求，充分发挥人民政协作为协商民主重要渠道的作用。要按照党的十八大的战略部署，积极推进政协的协商民主工作，规范协商民主内容，完善协商民主程序，提高协商民主成效。要认真搞好例会期间的协商，切实在全体会议、常委会议、主席会议、秘书长会议这些基本的例会上，坚持团结主题，通过协商讨论达成最广泛的共识，坚持民主主题，尊重委员发表意见建议的民主权利。要认真搞好闭会期间的协商，切实做到整体协商有高度，专题协商有深度，提案办理协商有力度，界别协商有跨度，努力发挥政协各种协商形式在党委、政府决策和部门工作中的积极作用。

六是必须大力推进政协的制度化规范化程序化建设，切实以科学制度保障政协履职的成效。在政协的各项建设中，制度建设带有根本性、全局性和长期性。要着眼促进社会主义政治制度和政党制度的自我完善和发展，更加主动自觉地推进政协的“三化”建设，进一步规范议事程序、制定工作制度和建立工作机制，细化政协履行职能的内容、形式、程序，明确具体可行、相互衔接配套的操作规范，使政治协商、民主监督、参政议政的制度更加完备、规范更加明确、程序更加严密，为政协更好地履行职能、发挥作用奠定坚实的基础。

七是必须密切上下联系，努力增强政协工作整体合力。加强各级政协的联系协作，是扩大政协工作的社会影响、巩固政协工作的群众基础、提高政协工作整体水平的重要方法。州市政协要会充分调动上级政协和下级政协两个方面的积极性，以事关全局和促进地方发展的重大课题作为纽带，搭建合作平台，整合政协人才资源、社会资源和信息资源，建立上下合作、优势互补、成果转化的机制，形成围绕中心、服务大局的整体合力。省政协要积极探索指导和服务州市县政协工作的新途径，经常到州市县政协走访，了解工作情况和好的经验做法，掌握履职过程中遇到的困难和问题，积极向当地党委、政府反映并帮助解决，努力推动各级党委、政府更加重视和支持政协工作。

八是必须加强政协自身建设，不断提高政协工作的科学化水平。加强自身建设是政协事业发展的重要基础和保障。要立足政协事业的长远发展，着眼于提高履职能力和工作水平，全面加强对委员履职的服务和管理，增强专委会之间的协作配合，不断探索界别活动的有效形式，切实形成以界别为纽带、党派为骨干、委员为主体、专委会为基础、机关建设为保障的自身建设格局。要把政治和理论学习放到更加突出的位置，及时传达学习中央和各级党委的工作部署，加大政协理论研究和宣传工作力度，加强委员和机关干部的培训，着力提高思想政治水平。积极探索推进观念创新、机制创新和工作创新，不断改进政协的例会、提案、调研、视察、文史资料、对外联谊、委员管理等经常性工作的方式方法，使政协工作常做常新。

第三，努力突破工作难点

这几年，我省各级政协组织结合各自实际，认真履行职能，取得了很好的效果。同时，我们也要看到，我们的工作与所处的环境、所面临的形势和所承担的任务还有许多不相适应的地方，特别是一些难点问题制约着履职成效的提高。其中比较突出的是政治协商的水平不高，民主监督的力度不足，参政议政的深度不够。我们要在政协这个新的岗位上做出新的成绩，就必须在突破这些履职难点上有所作为。

一是提升政治协商的高度。政治协商是政协的首要职能，也是我国的基本民主形式。政治协商在政协工作中具有层次高、意义大、分量重的特点。政协组织应着力在更高的层面上不断深化认识，优化方式，找准角度，进而提升协商水平和实效。开展政治协商必须坚持正确性。政协与党委、人大、政府并称为“四大班子”。因此，做好政治协商一定要增强政治鉴别力和敏锐性，在事关大局、事关政治方向以及根本原则等问题上明辨是非，保持清醒头脑和坚定的政治立场，始终与党委、政府保持高度一致，坚持从有利于维护党的领导出发，做到协商工作主动与党委、政府工作的总体思路相顺应、相合拍、相协调，把政治协商寓于全力支持党委、政府的工作之中。开展政治协商必须选好议题。选好协商议题非常重要。议题的选择，体现了我们政协工作的水平。政治协商的议题，一方面要由党委根据本地区经济社会发展的重大问题提出，拿到政协这个舞台上，与各民主党派和无党派人士、各人民团体和各界委员进行协商；另一方面政协党组也要正确把握经济社会的全局，正确把握民生民意，根据参加政协的各民主党派、人民团体和无党派人士的意见建议，主动向党委提出协商议题。开展政治协商必须具有高端性。政协的政治协商，是对政治、经济、文化、生态和社会生活中的重要问题，在决策之前进行协商和就决策执行过程中的重要问题进行协商。具体内容包括地方在改革、发展、稳定方面的重要部署和发展规划的制定与执行、民生工作、政协内部的重要事务和如何贯彻中央的大政方针政策，等等。这就要求政协组织在开展政治协商的过程中，务必要突出高端性，围绕事关地区发展的重大事项、重大决策等开展协商，不要抓鸡毛蒜皮、细枝末节的小事。

二是加大民主监督的力度。民主监督是人民政协的一项重要职能，也是当前政协工作中相对薄弱的环节。加强民主监督，是人民政协适应社会主义政治文明建设的要求，也是推进自身发展的一项重要内容。这个问题的本质，是要在正确认识政协民主监督性质和地位的基础上，更好地发挥政协民主监督在协助国家机关改进工作作风，提高工作效率，加强廉政建设等方面的积极作用。要进一步使政协的民主监督与其它方面的监督相结合、相协调。政协的民主监督作为我国社会主义监督体系的一个组成部分，既有自身的特点和优势，也有自身的劣势和不足，如果单纯依靠自身力量，其作用发挥势必有限。要把政协的民主监督与其它方面的监督如党纪监督、行政监督、法律监督、舆论监督等等更加紧密地结合起来，取长补短，相互促进，扩大实效，不断扩大政协民主监督的社会影响和实际成效。要进一步丰富民主监督的形式。合理有效的形式，是政协民主监督工作的抓手。要重视创新政协民主监督的形式，不断对传统的民主监督赋予新的内容，进一步将民主监督寓于政治协商和参政议政之中，利用一切有效的形式提出建议、批评，使政协民主监督的覆盖面更广、着力点更多、效果更好。要进一步增强民主监督的实效性。政协民主监督所具有的政治严肃性和广泛群众基础要求我们必须努力强化监督的效果，增强工作的实效。同时，对于民主监督的效果，我们应该有比较全面的认识。政协开展以协商讨论和建议、批评为主要形式的民主监督，其效果既可以表现为根据政协的建议、批评，党委政府对做出的决策、政府部门对开展的工作进行改进和完善；也可以表现为党政部门对有关问题的关注和重视，进而在以后的工作中加以考虑；还可以表现为通过双方的沟通，深化对有关问题的认识，达到相互促进、共同提高的目的。民主监督究竟表现为何种效果，一方面取决于政协的批评建议是否正确合理、是否具有可行性和可操作性，另一方面取决于党政部门及其工作人员的责任感、自觉性和民主意识。要通过加强制度建设，将民主监督的内容、形式、方法和程序确定下来，推动工作走向规范化和程序化，使党政部门及其工作人员对待监督的态度和行为受到约束，减少随意性和不确定性，增强民主监督工作的成效。

三是增进参政议政的深度。参政议政是政协经常性的工作。政协能不能发挥作用，能不能不当摆设真帮忙，很大程度上取决于参政议政进行得怎么样。但是当前政协参政议政中比较突出的问题，我认为是深度不够。因为党委和政府都有比较强大的决策班子，还都有相当水平的调研力量。如果我们政协的参政议政缺乏深度，搞出的成果让党委政府觉得政协的意见建议“有你不多，没你也不少”，那么我们政协的参政议政不仅不能有效地体现人民政协协商民主的优势，而且久而久之也会失去参政议政的意义。为此，我们必须在参政议政的质量上和实效上做文章。要切实做到选题适当。参政议政不能贪大求全、四面出击，必须选好角度和方向，从政协的实际出发，选择一些党政关注、群众关心、政协能做的课题，坚持“口子小、内涵大”的原则，突出重点，找准切入点。要切实做到调研深入。调查研究必须深入群众、深入基层、深入实践，不能走马观花，浮光掠影，满足于表面现象的调查了解与场面热闹的考察，更不能道听途说或偏听偏信，一定要调查了解事物发展的全过程，客观真实地掌握第一手材料。要切实做到建议有水平。政协的参政议政不能是人云亦云的泛泛之谈，而应当是创造性地建言献策，做到所提出的意见和建议既符合政策规定，符合实际情况，又具有前瞻性、科学性和可操作性，言之有物、言之有理，能够充分体现社会各界的真实意愿。

第四，讲究工作方式

政协与党委、政府的奋斗目标相同，但性质、职能、作用等又不相同，由此决定了工作方式方法与党委、政府也不相同，必须要讲究工作方式。总体上看，政协工作是献策而不决策、议政而不行政，不是依靠行政命令和文件发号施令，而是要依靠平等协商、民主监督、提案建议、社情民意信息等形式，推动科学发展，促进社会和谐。因此，做好政协工作需要把握一定尺度、掌握好方式方法。有人对此总结了三句话：政协工作要靠前而不是冲在前；要断后而不是落后；要认真而不是较真。核心意思就是做好政协工作既要到位，也不要越位，工作要恰到好处、收放自如。我感到在政协工作中，应当注意运用好以下几种方式方法。

一是要突出重点。政协履职的领域很宽，涉及的范围很广，可做的事情很多。如果都做，将会力不从心。而且人民政协能够发挥作用，靠的是提出来的意见、批评、建议有质量、有水平，能够对党委、政府的工作有帮助。因此，我们开展工作一定要坚持求精不求多的原则，按照“少而精、专而深，有所为、有所不为”的工作思路，聚精会神地围绕经济社会发展中具有综合性、全局性、战略性、前瞻性的问题和人民群众普遍关心的热点、难点、焦点问题，找准政协服务大局与发挥自身优势的结合点，抓住重要问题，突出工作重点，把握关键环节，打造工作精品，不断提高协商议政的质量和水平。每年可以选准几个党委政府高度重视、社会各界高度关注的问题，作为重点专题调研和重点视察的内容，集中政协内各部门的力量，充分发挥党派团体的作用和专家学者的智慧，组织政协委员深入进行调查研究，以政协特有的敏感和视角，分析研究，发现问题，提出意见，建管用之言，立有据之论，献务实之策，谋创新之举，努力打造出具有政协特色的参政议政精品。特别是在县一级政协，由于受地域所限，本地没有高校，也没有科研院所，委员整体素质与州市以上政协委员相比有一定的差距，“人才库”、“智囊团”的优势体现得不明显，提案和建议平平淡淡的多，真知灼见的少，以及县级财力有限，很多建议落实的难度很大。政协开展工作一定要注意突出重点，尽可能减少空泛的提案和建议的数量，努力减轻政府及部门的工作压力。

二是要依靠制度。在实际工作中，有些同志担心党委、政府以及职能部门对政协工作不热心，害怕在开展工作过程中出现重视不够、支持不力等现象，在组织开展正常的政协工作和履职活动中畏手畏脚、顾虑重重。对此，我们必须从制度的高度，坚决走出思想认识上的误区，把中国共产党领导的多党合作和政治协商制度，当作开展政协工作的依据，当作发挥政协作用的依靠，从而不断增强责任感和使命感，牢牢把握团结和民主主题，围绕中心、服务大局，在法律的框架下、政策的范围内，按照政协章程的规定，理直气壮、积极主动地组织、实施好政协的各项工作。

三是要注重感情。在过去的工作实践中，大家以自身的人格魅力形成了很高的威望，与党政领导和部门及社会各方面结下了深厚的感情，这种威望和感情为政协开展工作提供了良好条件。大家来到政协后，既要积极运用这种威望和感情来推动工作，广交各界朋友，团结一切可以团结的力量，形成强大的工作合力；又要善于运用这种威望和感情来提升工作，平等相处，不摆架子，真心实意地与党政部门及方方面面协商沟通。特别是在开展工作的过程中，要主动与党委政府以及职能部门、与政协各参加单位、与广大政协委员、与社会方方面面协商沟通，把协商与沟通贯穿于方案的制定、活动的组织、调研报告的形成、履职成果的转化落实等各个环节，真正在履职活动的全过程中体现协商、加强沟通，努力通过平等协商、真诚沟通，进一步加深理解、增进感情。

四是要把握角度。政协工作具有广泛性、灵活性、多元性特点，很多事情，虽然我们付出了艰苦的劳动，但是由于角度没有把握好，可能事倍功半，效果大打折扣。因此，我们在组织开展政协履行活动时，要特别注意工作的角度。有些时候需要加把火、鼓点劲，追求卓越；而在另一些时候则需要掌稳舵，防止过犹不及、物极必反。这样才能把政协工作做得更好、更实、更到位，实现党委、政府、政协组成单位、委员和群众“五满意”。要重视运用好辩证法。在调研视察中，既要总结、树立工作先进的典型加以宣传推广，又要指出工作后进的单位，进行鼓励鞭策；既要总结成功经验，宣传成绩，又要认真查找问题，发现不足；既要具体情况具体分析，又不能就事论事应付了事；既要严肃认真，不回避矛盾，不淡化问题，又要全面衡量，肯定大局，提出切实可行的改进意见，提出的建议合情合理；既要对被监督单位进行监督，也要对政协自身工作进行监督。要善于运用让人易于接受的方式开展工作。古人讲“良药苦口利于病，忠言逆耳利于行”。如果在方式上变换一下，苦口良药包上一层糖衣就不难下咽，逆耳忠言表达委婉一些就可以听起来顺心顺耳。我们在提建议和批评时，要注意场合、讲究方式，用和风细雨的态度，实事求是地分析情况，客观中肯地指出问题，恰到好处地提出对策，使政协的议政建言稳妥而不急躁、善意而不虚妄、庄重而不轻率。这样就能使被批评者感到，政协的建言献策是诚心诚意的，批评建议是合情合理的，不是挑毛病、出难题，而是真心支持、真心服务，从而避免产生消极抵触的情绪，同时也使我们的工作能够更好地达到目的。

五是要尊重分歧。人民政协是因为团结而产生的，维护团结、巩固团结是政协工作的首要任务。但是我们的团结是需要通过发扬民主，才能真正维护和巩固的。发扬民主，就是要让不同的意见和声音表达出来、反映出来，通过承认差异、包容差异来求得大方向的一致、根本利益的一致。因此，在政协工作一定要学会求同存异、体谅包容，尊重分歧、鼓励分歧的充分表达。在实际工作中，有些政协组织出于善意，对分歧过于敏感，害怕委员“说错话”，因而在一些事情上做的不是很恰当。如，开会发言说什么、不说什么反复打招呼，委员与领导对话的内容事先要反复打磨，委员提出的意见要反复修饰。我们要拒绝浮躁和极端的主张，但也不能听不得不同的意见。我们必须认识到，对政协而言，如果听不到不同的声音，听不到争论，听不到批评，政协的生命力也就不存在了。政协不能追求表面的和谐一致，应当承认差异，允许存在差异，正确处理差异，鼓励基本目标一致下的争议和争论，在共同政治基础上求同存异，以达到真正的和谐。要营造畅所欲言、生动活泼的氛围，广开言路，平等议事，引导委员大胆反映群众的意愿，真实反映切中时弊的问题，敢于和善于提出批评，敢于和善于反映少数人士的意见，努力在求同中深化共识，在存异中增进共识，不断夯实共同的思想政治基础。

六是要讲求实干。与其他部门的工作相比，政协工作有着自身的特点和规律，调查研究有充裕的时间，说话议事有宽松的环境，可以更从容地思考问题、发表意见，很多工作是“走一走、看一看、议一议”、“务虚多、实事少”。但这不等于精神可以懈怠，作风可以松散，可以坐而论道，可以搞空对空。其实，政协的工作氛围要宽松，但工作要求却不能放松、不能随便、不能应付，做任何事情都要实事求是、真抓实干，坚持高标准、追求高效率。我们要大力倡导实干精神，真正把心思用在干事业上，把精力用在抓落实上，参加活动不走马观花、研究问题不浅尝辄止、建言献策不坐而论道，力戒形式主义和浮躁心理，力求每项工作都扎实有效、切实不表面，干出特色、干出成效。特别是领导干部要发挥模范带头作用，凡属于分管的工作，都要做到情况熟悉、靠前指导，有部署、有检查、有调度、有把关、有反馈，努力推动全局工作的开展。

第五，充分发挥委员作用

政协委员是政协工作的主体。政协的优势在委员之中，活力在委员之中，潜力也在委员之中。充分发挥委员的主体作用，是政协“五位一体”自身建设的关键，也是政协有效履行职能的基础。我省各级政协一直很重视发挥委员的作用，采取各种办法拓宽委员履职的平台，努力创造各种条件为委员履职提供便利。在加强对委员履职的服务工作的同时，还积极改进和完善对委员履职的管理工作，采取了一些措施和办法对委员出席政协会议活动、履行职责的情况进行了考核。从大的思路上看，上述做法是正确的。在我省，无论是省政协还是县级政协，都有政协委员在履职期间不作为的问题，一些委员随意缺席会议，开会迟到早退，讨论时一言不发，任职多年不交一件提案、不反映一条社情。这些现象影响了政协的履职水平，损害了政协组织和政协委员的形象。毫无疑问，根据政协章程的要求，对委员的履职行为进行规范是完全必要的。

同时，我们也要弄清楚两个问题。一个问题是政协委员究竟要发挥什么作用？对于这个问题，胡锦涛同志在《在庆祝中国人民政治协商会议成立60周年大会上的讲话》中说得很清楚，就是各级政协委员要切实发挥在本职工作中的带头作用、政协工作中的主体作用、界别群众中的代表作用。第二个问题是政协委员应该履行哪些职责？对于这个问题，就要从政协委员的身份说起。人民政协是按界别组成的，政协委员不是以地区代表的身份进入政协的，而是以党派、团体和其他界别代表的身份进入政协的。每一个政协委员都是自己所在界别的代表性人物，是某个特定群体的社会成就与社会形象的模范，或者是履行社会责任、代言社会呼声的模范。这是他们之所以成为政协委员的基本依据，也是评价他们是否合格的基本依据。因此，政协委员的核心职责，就是保持界别的代表性，实现在界别内的模范引领和民意代言。这是政协委员最大的履职。政协组织在考核、评价政协委员时，应当全面地看。首先要看委员的岗位成就和社会贡献，看他们的本职工作成绩、个人的专业成就和社会声誉，看他们通过招商引资、吸纳就业、科技推广、思想传播、公益活动等不同方式为社会做出的贡献。这是政协委员履职合格最基本的标准。在此基础上，再看委员参政议政的成绩，也就是提提案、报信息、出席政协会议活动的情况，等等。

因此，在进一步发挥委员主体作用中，我们应当从两个方面着手：一是要切实尊重委员的主体地位，维护委员的民主权利，尊重委员的个人需要，精心安排政协的活动，减少形式主义的东西，提高会议和活动的质量与效率，少开会、开好会，从而切实有效地强化委员的责任意识，最大可能地激发他们履职尽责的积极性、议政建言的主动性。二是要积极引导委员正确处理本职工作与政协工作、荣誉与责任、权利与义务的关系，鼓励和引导政协委员在本职岗位上奋发有为，努力干出一番事业，切实发挥带头作用。同时积极为委员履职创造有利的条件，不断提高他们的自身素质和履职能力，真正做到用事业凝聚委员、用实践锻炼委员、用机制激励委员，推动委员积极参与国是、致力发展、关注民生、奉献社会，切实发挥在本职工作中的带头作用、政协工作中的主体作用、界别群众中的代表作用。

以上体会和想法，仅供大家参考，不对之处请大家批评指正。

同志们，全国政协对我省举办这次培训很重视，研究室刘佳义主任将给大家作辅导，提案委王国卿副主任也将为省政协委员作辅导。同时，这次培训得到了省委、省政府的积极支持，省委、省政府领导将到会进行辅导。这充分体现了省委、省政府对政协工作的重视和支持，也充分反映了省委、省政府对加快我省人民政协事业发展的殷切希望。希望同志们珍惜这次有限的学习时间，集中精力，认真学习、积极交流，紧密联系工作实际，学以致用、用以促学，努力提高自己履行职责的能力。

最后，祝同志们工作顺利，事业有成！谢谢大家！

# 在政协云南省第十一届委员会委员培训班上的总结讲话

（2013 年 7 月 31 日）

王承才

各位委员：

为期三天的十一届省政协委员培训班，在大家的共同努力下，圆满完成了各项培训任务，达到了预期的效果，今天就要结束了。刚才，听了 10 位委员的学习交流发言，使我深受启发和教育，下面我就这次培训做个小结。

## 一、这次培训的主要特点

这次培训是在省政协进行了换届，省政协委员也有较大调整变化的情况下进行的。同时，又是在全省上下深入贯彻落实中共十八大精神和省第九次党代会精神，全面开展党的群众路线教育实践活动、全力推进云南科学发展和谐发展跨越发展的形势下举办的。这次培训主要有以下几个特点。

一是领导重视，组织有力。这次培训得到了省委的关心、省委党校的支持和政协领导的重视。为了搞好这次培训，主席会议进行了认真研究，多次听取汇报并作出明确要求。为加强培训的组织领导，省政协成立了专门的领导小组，具体负责会议组织筹备的各项工作。在培训期间，省政协常务副主席白成亮同志、全国政协提案委员会副主任王国卿同志、省政协秘书长车志敏同志、省经济研究院院长段钢同志为大家作了专题辅导。在培训期间，省政协领导还采取多种形式认真听取了委员的意见和建议，这次培训准备充分、保障有力。

二是内容集中，针对性强。这次培训是在我省为实现科学发展和谐发展跨越发展、与全国同步全面建成小康社会而努力奋斗的新形势下举办的，培训以委员如何履职为重点，结合我省政协工作实际，就人民政协的基本理论、政协委员履职实践、全省经济社会发展情况、提高提案科学化水平等四个专题组织学习，针对性强，实效性好。

三是学风良好，务实有效。参加培训的各位委员是来自社会各界的精英和代表。大家始终坚持理论联系实际的优良学风，自觉地以一名普通学员的身份严格要求自己。在整个培训过程中，大家认真听课、积极交流研讨，将学习与解决工作中的实际问题紧密联系，相互启发、共同进步，使学习培训取得了良好实效。

## 二、主要收获

这次培训班虽然时间短，但坚持高标准、高质量，安排紧凑，大家普遍反映很有收获、很受启发，主要体现在以下三个方面。

一是提高了认识，增强了做好政协工作的使命感和责任感。通过这次学习，大家认识到在全面建成小康社会、努力实现“中国梦”云南篇章的进程中，人民政协肩负着神圣的使命，明确了新阶段中共中央和中共云南省委对人民政协工作提出的新要求。通过此次学习培训，对各位委员更好履职、开创我省人民政协事业的新局面、促进我省科学发展和谐发展跨越发展，实现我省全面建成小康社会，必将起到重要而深远的影响。

二是理清了思路，提升了做好政协工作的信心和决心。这次培训班对人民政协的发展历程、重要作用、主要职能以及委员履行职责的原则、内容和方法进行了系统全面的学习，大家结合各自工作实际，共同交流探讨、相互学习借鉴，对政协委员“进入政协为什么、担任委员应做什么、在人生历程中留下什么”的问题进行了初步的思考，对于政协委员所要承担的责任和义务有了更清晰的认识，履职思路更加明确，信心和决心更加坚定。

三是交流了经验，明确了做好政协工作的原则和方法。刚才，10 位委员代表作了交流发言，从不同角度、不同侧面交流了各自的履职经验，畅谈了工作体会。有的委员就如何写好提案和建议总结了四点经验：重在选题，真在调研，实在建议，广开渠道。有的委员认为要保证所建之言可资可鉴，所献之策可行可用，就要结合自己的工作和专长写提案和建议，从自己熟悉的工作环境和生活环境着手，深入研究本行业发展中存在的问题，积极听取群众的意见和建议，认真分析思考，从能够推动经济社会发展、帮助群众解决实际问题的角度提思路想办法。有的委员分享了自己利用研究专长，发挥民主党派和各方优势，形成高质量参政议政成果的成功经验。有的委员从荣誉与责任两方面就担任政协委员谈了自己的感受。大家的发言有高度、有深度，很实在、很到位，听后很受教育和启发，值得我们认真总结，在全体政协委员中加以学习、借鉴和推广。

## 三、几点希望

下面，我就如何运用这次培训成果，履行好委员职责，做好政协工作提几点希望，供同志们参考。

一是要注重学习，努力提升服务全省发展大局的能力。人民政协人才荟萃，政协委员都是来自各个领域、各条战线、各个阶层的优秀代表，具有善于学习、勤于思考、敢于建言、深入实践的优良传统。各位委员一定要继承和发扬这个优良传统，坚持不懈地抓好学习。这次培训内容多，很多新精神、新理论在短短的三天时间内，很难全部理解和掌握。大家回去后要结合这次学习，以这次学习为新起点，继续深入学习领会中共十八大、全国“两会”精神，俞正声主席在全国政协十二届一次会议上的报告，人民政协理论和各项业务知识以及我省刚刚闭幕的省委九届五次全会精神，切实把促进中央和省委重大战略目标的实施作为政协履行职能的着力点，自觉把十八大精神和省第九次党代会精神转化为推动发展、服务群众、凝聚人心、促进和谐的实际行动。

二是要发挥优势，努力为维护人民群众根本利益献计出力。今年7月以来，中共中央号召在全党开展以为民务实清廉为主要内容的群众路线教育实践活动，省委按照中央的要求，结合云南实际，7月3日召开了全省动员大会进行全面部署，各级党组织要认真贯彻“四句话”的总要求，聚焦“四风”，查改自身存在的突出问题，特别要求全体党员干部牢固树立宗旨意识，着重解决人民群众反映强烈的突出问题，切实改进工作作风、增强做好群众工作的能力，进一步密切党群干群关系，认真践行全心全意为人民服务的宗旨，以良好的党风和务实清廉的作风赢得人民群众的拥护和支持。广大政协委员要积极响应中央和省委的号召，发挥各自特长和优势，当好党和政府联系群众的桥梁和纽带，围绕人民群众最关心、最直接、最现实的利益问题，深入开展调查研究，通过调研报告、提案、建议案等多种形式，积极反映人民群众的意愿和要求，努力促进民生政策的落实、民生工程的推进、民生问题的解决，千方百计帮助群众排忧解难，努力促进党委政府做好改善民生的工作。要全力协助党委、政府做好协调关系、化解矛盾、维护稳定的工作，增进发展共识，减少改革阻力，关注社会公平正义，积极促进改革发展成果更多更公平地惠及各族各界群众。

三是要发挥主观能动性，不断增强履职的实效。政协委员是政协工作的主体，是做好政协工作的关键所在。作为委员，首先，要增强责任感和使命感。政协委员是党和人民赋予的政治荣誉，更是一份崇高的政治责任。广大委员是各族各界群众的优秀代表，肩负着促进党委政府科学民主决策、反映各族各界群众意愿和呼声、为维护人民群众根本利益献计出力的光荣使命。我们要珍惜荣誉，牢记使命，严格按照政协章程的规定，认真履行职责，积极参与政协组织的会议活动，行使好各项权利和义务，发挥好委员在政协中的主体作用。第二，要坚持正确的方向。在履行职责的过程中，要把“维护核心、围绕中心、凝聚人心”作为中心任务，真正做到俞正声主席所强调的“三个拒绝”（遵守章程、认真履责，坚持真理、勇于直言，拒绝冷漠和懈怠；善于学习、勤于思考，深入实际、实事求是，力求客观公正，拒绝浮躁和脱离国情的极端主张；遵纪守法、克己奉公，厉行节约、勤俭办事，拒绝奢靡和一切利用权力或影响谋取私利的行为），不浮躁、不偏颇、不空泛，敢于坚持客观公正、实事求是的精神，深入实际了解情况，广泛听取各方意见，进行科学的研究和论证，提出真正对人民群众有益，对党委政府决策有参考，对地方发展有用的善谋良策。第三，要摆正位置。委员在履职中要注意“我代表谁说话、我为谁履职”的问题，努力把自己的智慧和才华贡献到“为国家分忧，为群众解难”的工作中去，为促进地方经济社会持续健康发展、人民群众富裕幸福履职尽责。

四是要认真履职，为圆满完成省政协各项工作任务作贡献。今年是十一届省政协的第一年，做好今年的工作对于省政协履行好5年任期的各项职责，具有十分重要的意义。今年上半年以来，按照省政协十一届一次会议的要求，各项工作扎实推进、成效明显。在下一步的工作中，要继续开展好“关于发挥人民政协协商民主重要渠道作用”等10个重点调研课题、“城镇上山、工业上山、农民进城实施情况”等4个重点视察、主席会议督办的《关于进一步加快云南陆路建设的建议》等10件重点提案的面商办理等工作，以及召开十一届四、五次常委会议、举办论坛、召开海促会理事会、政协理论研究会成立大会等会议活动。希望各位委员把这次培训的成果，体现到做好今后政协工作的实际中，为圆满完成省政协今年及今后几年的各项任务积极努力。同时，希望各位委员在做好今年工作的同时及早为明年年初召开的省政协十一届二次会议进行准备，广泛了解各族各界群众的意见和建议，深入调查研究人民群众关心的热点、难点问题，用发展的眼光、创新的意识和全局的观念来分析问题、提出对策，争取形成高质量的提案和会议发言材料，为我省实现科学发展和谐发展跨越发展贡献聪明才智。

各位委员，这次培训班的成功举办，得到了省委党校的大力支持，得到了新闻单位的鼎力帮助，相关领导和许多同志为此次培训班的举办做了大量的辛苦努力的工作，在此，我代表罗正富主席、各位副主席、车志敏秘书长，以及在座的各位委员对他们表示衷心的感谢！同时，对各位委员给予我们工作的积极支持表示衷心的感谢！

各位委员、同志们，实现云南科学发展和谐发展跨越发展、全面建成小康社会目标，使命光荣、任重道远。让我们更加紧密地团结在以习近平同志为总书记的党中央周围，在省委、省政府的坚强领导下，团结一致、扎实工作，奋力谱写“中国梦”云南篇章！

最后，祝各位委员、同志们身体健康、工作顺利、万事如意！

# 在省政协中心组学习结束时的讲话

（2013 年 8 月 2 日）

罗正富

同志们：

这次为期四天的省政协中心组理论学习，主要目的是进一步深化对党的群众路线的认识，认真履职做好政协各项工作。在前三天的自学中，大家深入学习了习近平总书记一系列重要讲话精神以及《论群众路线——重要论述摘编》、《党的群众路线教育活动学习文件选编》、《厉行节约、反对浪费——重要论述摘编》等文件材料。在今天的集中学习会上，大家结合工作实际，从不同角度交流了各自的学习体会。我感到，在这次学习中，大家积极参加、精力集中、认真学习、深入思考，取得了很好的成效。一是提高了认识。大家通过比较系统的学习，进一步掌握了马克思主义群众观点的精神实质和基本内涵，更加深入理解了党的群众路线的发展历程和重大意义，增强了牢固树立和深入贯彻落实群众路线的自觉性，提高了对开展党的群众路线教育实践活动重要性和必要性的认识。二是深化了思考。大家在认真学习党的群众观点和群众路线的理论知识过程中，结合政协工作实际，深入思考了怎样更好地坚持群众路线、怎样更好地维护群众利益、怎样做好政协工作等问题。三是明确了方向。大家进一步明确了教育实践活动的主要任务、总体要求、方法步骤。大家表示要按照省委的要求，既要做教育实践活动的组织者、推进者、监督者，更要做参与者，带头参与到教育实践活动中，在学习教育、调查研究、开展批评、解决问题等方面做出示范和表率。总的来说，通过大家的共同努力，这次中心组学习达到了预期的目的，取得了很好的成效，为省政协开展好党的群众路线教育实践活动下一步的工作打下了坚实的理论基础和思想基础。下面，结合大家的发言，我谈一点体会和两点意见。

## 一、学习党的群众路线的体会

通过学习，我进一步认识到，群众观点和群众路线是毛泽东思想和中国特色社会主义理论体系的重要组成部分，是我国革命、建设和改革事业不断取得胜利的法宝。在长期的革命和建设实践中，我们党与人民群众建立了十分密切的联系，这是我们党战胜各种强大敌人和克服困难的力量源泉。我们党始终把群众观点和群众路线看作是治党治国的优良传统和根本政治优势，并结合不同的历史条件和历史任务，对于如何坚持群众观点提出了各具特色的思想，不断赋予新的内涵，使之体现出时代的特点。

通过学习，我进一步认识到，群众观点是马克思主义的一个根本观点，也是我们党的基本政治观点。坚持党的群众观点，对于党的干部来说，不是一般的方法问题，而是一个根本的立场问题、党性问题。因为在这个问题上的立场和态度，是共产党人区别于其他任何政党的一个显著标志，是检验一个党员干部是否具有坚定的革命立场和共产党人的党性，是否树立了无产阶级世界观的试金石。

通过学习，我进一步认识到，群众路线是党的生命线和根本工作路线，直接关系到党的生死存亡和事业的兴衰成败。我们党从小到大、从弱到强、从革命党到执政党，无不与坚持群众路线息息相关。在一定意义上讲，党的历史就是依靠人民、服务人民的历史，就是坚持群众路线、密切联系群众的历史。我们党能够从几十个人的小党经过28年的奋斗，建立新中国、成为执政党，靠的是群众路线。而改革开放30多年来，我们国家能够迅速摆脱贫穷落后，实现经济总量位居世界第二，靠的也是群众路线。由于坚持群众路线，我们党采取的主张，反映了群众的利益，我们党的政策和群众追求美好生活的愿望结合了起来，广大人民群众激发出无穷的力量，这也是我们改革开放中最宝贵的经验。贯彻党的群众路线，不仅是领导方法和工作方法的问题，也是根本立场的问题。党员领导干部要站稳群众立场，就要不断增强贯彻党的群众路线的政治自觉和实践自觉。

通过学习，我体会到坚持党的群众路线，最重要的是要做到这样四点：一是必须把最广大人民群众的根本利益作为党全部工作的出发点和落脚点。我们在想问题、办事情时，都要把人民的利益放在第一位，做到各项决策和工作都符合实际和群众的要求。一切政策措施的出台，都要考虑人民群众的承受能力，都要考虑人民拥护不拥护、人民赞成不赞成、人民高兴不高兴、人民答应不答应。二是必须首先考虑并满足最大多数人的利益要求。我们所有的政策措施和工作，都应该正确反映并有利于妥善处理各种利益关系，都应该认真考虑和兼顾不同阶层、不同方面群众的利益。而最重要的是必须首先考虑并满足最大多数人的利益要求。改革越深化，越要正确认识和处理好各种利益关系，把个人利益与集体利益、局部利益与整体利益、眼前利益与长远利益正确地统一和结合起来。如果丢掉了大多数人的利益，党就丢掉了根本。在社会主义的中国，我们讲最大多数人，最基本的就是工人、农民、知识分子和其他群众。三是必须使人民群众得到应该得到的、看得见的物质利益。群众利益是具体的，马克思主义执政党要代表群众利益，就必须让群众得到实惠。在整个社会主义现代化建设的过程中，一定要使最广大的人民群众得到应该得到的、看得见的物质利益。而且随着经济的发展，要使群众得到的、看得见的物质利益不断增加，使改革开放的成果让人民共享，让广大人民群众越来越深刻地感受到实行改革开放和实现社会主义现代化是祖国的富强之道，我们党是能够真正代表和维护最广大群众利益的。四是必须努力为群众办实事、办好事。代表群众利益，绝不是空洞的口号，必须十分具体地落实到人民群众生产生活的实际问题上。要从群众最关心、最迫切需要解决的问题入手，把我们党的根本宗旨落实到各项工作中，落实到广大人民群众的身上。凡是涉及人民群众利益的事情，都是大事，都要认真仔细地去做，都要努力地做好。特别是对下岗失业人员、困难企业职工、城镇贫困居民、农村贫困人口等困难群体，我们更要多予以关心帮助，重点考虑，重点解决，使他们的基本生活得到切实保障。

通过学习，我体会到在政协工作中深入贯彻党的群众路线，就是要增进对群众的感情，树立为大众的情怀，积极走近群众、融入群众，以对群众高度负责的态度去开展工作，以对群众的满腔热情去服务群众，始终把维护群众的根本利益作为政协工作的出发点和落脚点，站在群众的立场谋划政协活动，立足群众的角度履行政协职能，围绕群众的利益衡量工作成效，真正做到人民政协为人民。

一是要坚持把推动科学发展作为政协工作的首要任务。我们党推动科学发展、促进社会和谐，是为了实现好、维护好、发展好广大群众的根本利益。政协工作必须始终围绕经济建设这个中心，主动对接党委、政府的中心工作，紧扣经济社会发展中的综合性、战略性、前瞻性课题，将主要精力放在对经济社会发展趋势的把握上，放在对改革发展稳定深层次矛盾的分析上，放在对人民群众关注的发展热点和难点问题的对策研究上，积极建言献策，为党委和政府科学民主决策提供重要参考，努力促进经济社会更好地实现科学发展，促进发展成果更加公平地由群众共享。

二是要坚持把推动民生改善作为政协工作的根本要求。要坚持以人为本、关注民生，注重倾听群众的呼声，积极协助党委和政府维护群众的合法权益、促进社会公平正义，努力使政协建言献策的方向、重点和措施更加体现群众需求、符合群众利益。要多关心群众的疾苦，多体谅群众的忧患，切实把群众最困难的事情搞清、把群众最忧虑的事情摸准、把群众最想办的事情探实，围绕人民群众最关心、最直接、最现实的利益问题，多建利民之言、多办惠民之事，千方百计帮助群众解决生产生活中的实际问题。

三是要坚持把促进社会和谐作为政协工作的主要内容。充分发挥政协在组织上的广泛代表性、政治上的巨大包容性、工作方法上的多样灵活性，积极做好联系群众、宣传群众、服务群众、团结群众的工作，让社会各阶层的诉求可以通过政协组织得到充分表达、各种利益关系得到有效协调，使党委、政府的决策部署能够更加全面地平衡社会各方面的诉求，进一步减少社会的利益冲突和矛盾。着眼于大多数人的团结合作，立足于体谅包容、共同发展，重视做好沟通思想、解疑释惑的工作，增进领导意识、学者见识和群众认识的交流互动，积极帮助各界别的群众多做换位思考，多设身处地的考虑问题，正确看待自身诉求的合理性和相对性，始终将国家和人民的利益置于首位，齐心协力建设和谐社会。

四是要坚持把提高服务委员、联系群众的水平作为自身建设的重要标准。创新工作方式、突破工作难点、建立健全制度规范、提高工作水平，都要以政协委员能否更加便捷地履行职责、群众的意愿要求能否更加有效地体现到政协工作中为重要标准。要更加注重根据参加政协的各民主党派、人民团体和无党派人士的意见建议，主动向党委提出协商议题，抓住群众关注的重大问题协商议政，努力提升政治协商的高度。要更加紧密地把政协的民主监督同舆论监督结合起来，让政协的民主监督体现社会各界的意愿，依靠社会各界的力量推动政协的民主监督，努力加大民主监督的力度。要更加深入地在参政议政中充分反映社会各界的真实意愿，不断增强政协工作的开放性、参与性，让更多的草根阶层和弱势群众的声音在政协参政议政的平台上得到反映，使更多的普通群众的意见和呼声通过政协的议政渠道进入党政决策过程，努力增进参政议政的深度。要以服务委员、联系群众为出发点，推进政协的制度化、规范化、程序化建设，让制度规范成为约束机关干部的硬杠杠、方便委员履职和群众办事的好帮手，努力增强制度规范的亲民度。

## 二、扎实开展党的群众路线教育实践活动

自从7月5日召开动员大会，正式启动省政协的教育实践活动以来，在省委督导组的认真帮助下，省政协各部门都高度重视，按照要求迅速行动起来，领导带头、全员参与，积极开展多种形式的理论学习活动，提高了思想认识。我总的感到，省政协机关的教育实践活动开局良好，取得了初步成效，具有以下特点：一是动得快、谋划得早；二是干得实，把教育实践活动与本职工作紧密结合起来；三是做得细，进行了层层的部署落实，工作认真细致；四是有特色，活动体现出了政协工作的特点。这一阶段的工作为整个教育实践活动的顺利开展打好了基础。在看到成绩的同时，我们也要清醒地看到存在的不足和问题，主要表现在以下两个方面：一是发展不平衡，有的部门认真抓了教育实践活动，取得了好的成效，而有的部门由于重视不够，教育实践活动安排不科学。二是学习不够认真，有的部门强调工作忙，存在着应付的思想，学习没有取得应有的效果。为认真解决好前一阶段存在的问题和不足，省政协各部门要以这次中心组学习为契机，按照省委和省政协党组的部署，坚持高起点部署、高标准起步、高质量推进，进一步抓好各项工作，扎实、有序地把教育实践活动引向深入。在开展下一阶段的教育实践活动时，要切实把握好以下三个方面：

一是要坚持把学习贯穿于教育实践活动的全过程。党的群众路线内涵十分丰富，只

有深入、扎实地进行学习，才能切实把握其精神实质，才能真正坚定理想信念、打牢思想防线、增强思想自觉。在开展教育实践活动中，一定要高度重视群众路线的理论学习，深入学习中国特色社会主义理论和杨善洲等先进典型的先进事迹，深刻认识“四风”的危害、切实把握马克思主义的立场、观点、方法，从思想深处体会为民务实清廉的重要性、现实性、紧迫性，不断筑牢思想根基、提高思想觉悟、增强思想自觉。不仅在学习教育、听取意见的第一阶段要大力抓好，而且在其他阶段也不能放松。要做到活动每推进一步，理论学习就深化一步，真正把宗旨意识、群众路线装到心里，始终站在人民群众的立场上看问题、想问题、解决问题，切实以理论学习的丰硕成果，促进教育实践活动的深入开展。

二是要坚持从严要求、真查真改。这次教育实践活动的关键是要解决党内存在的形式主义等“四风”。要达到活动的目的，就决不能走过场、雷声大雨点小、用新的形式主义来反对旧的形式主义。习总书记最近在河北调研时强调，教育实践活动自始自终要有严的标准、严的措施、严的纪律。因此，我们在开展群众路线教育实践活动中，要动真格，查找问题认真、解决问题较真，真正把活动的每一个环节都做扎实、做到位；要敢碰硬，力求在解决老大难问题上有明显的进展，让群众看到决心、增强信心。活动要做到严、做到真，首先是党组要严于律己。这次教育实践活动的重点是领导班子和领导干部。对于省政协来说，重点就是省政协党组和办公厅党组。省政协两级党组的每一位同志都要高度重视、切实行动，自觉以饱满的热情和积极的状态投入到活动中来，从学习教育、听取意见环节开始，始终坚持高标准、严要求，以身作则，率先垂范，用党组的学习研讨引领党员干部的深入学习，用党组的虚心求教带动各单位的广泛听取意见，用党组的主动整改推动省政协整改落实的长久有效，让群众感受到党组直面问题的勇气、解决问题的决心。其次是要真心征求意见。紧密联系思想、工作和生活实际，开展积极的批评与自我批评，深入查找“四风”在我们日常思想、行为当中的具体表现，真正找出自身存在的不足，切忌查摆问题不见短、剖析问题不见丑。真心实意地听取普通党员、干部群众和党派同志对省政协党组和办公厅党组，在作风方面存在的突出问题的反映，对落实中央八项规定精神、反对“四风”和贯彻群众路线方面的意见建议。还有就是解决问题要实。要抓好突出问题的集中治理，务求在整治“四风”上收到明显成效，让广大人民群众切实感受到领导干部作风的改变。要使制度约束更硬，针对存在的问题，设计制定新的制度、梳理完善现有的制度、及时废止不适用的制度，真正让干部长期正作风、党员长期受教育、群众长期得实惠。在查改问题上，要做到“三个同步”，就是学习教育、查摆问题、整改落实同步进行，坚持边学边查边改。对整改的内容，成熟一批先改一批，不等不拖，让群众从一开始就看到变化、见到成效。自从去年新一届中央政治局制定“八项规定”以来，省政协就按照中央和省委的要求，积极整改存在的问题。如我们完善了机关公务用车制度，减少了公务用车的数量；规范了公务接待活动，降低了接待的费用；停止了机关食堂的维修扩建计划，重新改造了省政协信访接待室，安排人员定时值班，方便了群众来访；积极帮助省级党派机关解决干部职工的中餐问题，为民主党派的同志办了一件好事；进一步加强了与挂钩联系点的联系，为当地村民解决了一些实际困难，等等。这些反映了省政协整改作风的决心。当然，这些整改工作只是初步的，还只是一些容易做的事情，真正需要我们痛下决心、付出努力去解决的问题还没有触及到。

三是要加强指导和督促检查。各部门要妥善处理活动与工作的关系，不能片面强调工作繁忙而忽视活动、放松要求，必须严格按照省政协党组制定的《实施方案》的要求开展活动，该做的“规定动作”必须认真做、做到位，一个环节都不能少。前一阶段因为各种原因没有搞好教育实践活动的部门，该补课的要自己抽时间进行补课。机关组织的集中学习必须积极参加，开展个人自学也要有一定的要求，对下发的读本、规定的篇目要原原本本地学、一篇一篇地读，集中学习时间不少于3个工作日的要求必须保证落实，确保学习教育取得实效。机关教育实践活动领导小组办公室要认真履行职责，深入指导检查工作，及时了解活动情况，对成绩要充分肯定，对经验要认真总结，对差距要高度重视，对不足要及时改进，对开展活动达不到要求的部门要及时要求补课，对没有完成活动任务的同志要及时进行督促，在省委督导组的帮助下，确保整个机关教育实践活动的顺利开展。

## 三、认真学习贯彻省委九届五次全体（扩大）会议精神

前几天闭幕的中共云南省委九届五次全体（扩大）会议，是在我省党的群众路线教育实践活动取得良好开局、全省经济社会保持良好发展势头的时候，召开的一次重要会议。这次会议在认真总结上半年工作的基础上，深刻分析了当前的形势，并对下半年工作作出了部署，明确提出要以习近平总书记系列重要讲话精神为指导，创新思维、勇于实践，奋力推动我省科学发展和谐发展跨越发展迈出的新步伐。这次会议对于动员全省上下再接再厉、扎实工作，确保实现全年的各项目标任务，有着重要的意义。省政协要把认真学习贯彻中共云南省委九届五次全体（扩大）会议精神作为当前的一项重要任务，全面、准确、深入地领会和把握精神，切实把思想和行动统一到中央及省委关于今年工作的各项决策部署上来，坚定信心，奋发有为，努力为推动我省科学发展和谐发展跨越发展迈出新步伐作出新的更大的贡献。

一是要深入学习贯彻习近平总书记系列重要讲话精神。党的十八大以来，习近平总书记站在新的历史起点上，顺应时代潮流、洞察发展大势、回应人民期待，发表了一系列重要讲话，提出了很多新思想、新观点、新论断、新要求。这为坚持和发展中国特色

社会主义注入了新的内涵，升华了党的执政理念和治国方略，是武装党员干部、保持党的先进性和纯洁性的有力武器。我们要认真学习、深刻领会习近平总书记关于实现中华民族伟大复兴中国梦的新论断，关于道路自信、理论自信、制度自信的新论断，关于深化改革、扩大开放的新论断，关于应对挑战、持续发展的新论断，关于做好新时期群众工作的新论断，关于依法治国基本方略的新论断，关于党要管党、从严治党的新论断，关于深入推进反腐倡廉的新论断，切实在领会精神实质上下功夫，在深化实践上下功夫，在强化思想改造、提升自身素质上下功夫，努力把这些马克思主义重大理论的最新发展成果贯彻落实到政协工作的实践当中。

二是要进一步把政协工作聚焦到全省工作大局上来。牢固树立党的中心工作就是政协中心工作的意识，切实做到省委和省政府的工作推进到哪里，省政协的工作就跟进到哪里，力量就汇聚到哪里，始终与省委、省政府的工作保持步调一致，确保省委的决策部署在省政协得到全面贯彻落实。要紧紧围绕推动跨越发展履行职能不动摇，进一步把履职活动的重点聚集到我省发展壮大产业、推进全方位对外开放、发展特色城镇化、加快基础设施建设，推动创新型云南建设、人才强省战略实施、民族文化强省建设、生态文明建设、民族团结进步边疆繁荣稳定示范区建设以及推动保障和改善民生等这些既决定着我省今年稳增长又事关云南长远发展的战略任务和重大措施上来，积极协商议政，不断凝聚共识，切实把握省委、省政府决策的需要，找准问题、选准角度、提准建议，建管用之言，献务实之策，努力把全省各界群众的思想认识进一步引导到“翻两番、增三倍、促跨越、奔小康”的奋斗目标上来，把智慧力量更加充分地凝聚到全面完成今年经济社会发展的目标任务上来。

三是要自觉运用科学的思维方式推进政协工作。光荣书记在会议上指出，面对当前的新问题、新困难、新挑战，最根本的就是要把习近平总书记的系列重要讲话精神转化为解决问题的方法，创新思维、勇于实践。我们在政协工作中，也要认真地把光荣书记提出的“辩证思维”、“创造思维”、“起点思维”、“底线思维”这些科学的思维方法运用到具体的实践之中，着力提高谋发展、议发展、促发展的能力和水平，不断提升政协工作的科学性、全面性和系统性。要运用“辩证思维”把握发展形势，既看到国际国内形势中的不利因素，又要看到有利的一面，切实发挥政协观察问题全面、分析问题深刻、思考问题长远的特点，多就我省经济运行态势提出预见性和前瞻性强的意见建议，积极帮助省委、省政府科学把握形势、有效避免风险。要运用“创造思维”推进各项工作，积极在工作思路上创新，努力实现政协工作与跨越发展结合得更加紧密；在履行职能的形式上创新，努力使政协工作在推动跨越发展中特色体现得更加鲜明；在丰富活动方式上创新，努力使各民主党派、工商联和有关人民团体以及广大政协委员有更多服务跨越发展的渠道；在制度建设上创新，努力使政协促进跨越发展的各项工作开展得更加规范、有效。要运用“起点思维”推动保障和改善民生的工作，围绕群众关心的民生问题，积极议政建言，努力促进民生政策的落实、民生工程的推进、民生问题的解决，千方百计帮助群众排忧解难。要运用“底线思维”履行维护社会和谐稳定的职责，认真研究和探索发扬协商民主的新形式，积极促进参加政协的各党派之间的团结合作，全力做好增进各民族大团结的工作，积极主动地协助党委、政府做好协调关系、化解矛盾、理顺情绪的工作，切实维护民主团结、生动活泼、安定和谐的政治局面，努力为实现“三个发展”营造良好的社会氛围。

同志们，这次中心组学习是省政协开展党的群众路线教育实践活动的一项重要内容，经过大家的努力，取得了很好的成效。这对于省政协教育实践活动的深入开展，具有积极的推动作用。我们要在前一阶段工作的基础上，认真按照省委的部署和省政协教育实践活动方案的要求，在省委督导组的帮助下，切实把教育实践活动作为重中之重的工作，以更加积极的态度，更加集中的精力，更加扎实的作风，从一开始就抓紧抓好，确保教育实践活动取得实效。

# 在省委中心组集中学习会上的发言

（2013 年 8 月 3 日）

米东生

近年来，我国社会、经济、文化各项事业沿“十二五”既定目标稳步推进，小康社会全面建设，人民物质文化生活大幅改善，国家呈现了一幅欣欣向荣之势。在党中央、国务院的坚强领导下，省委、省政府率领全省各族人民以改善民生为出发点，充分发挥云南的区位、资源、生态优势，认真调研、科学谋划，全力抓经济、抓建设，努力践行桥头堡战略，取得了万众瞩目的可喜成就，在全省掀起了新一轮改革开放的热潮。在此关键时期，省委组织召开这次中心组学习座谈会，专题学习贯彻党的群众路线，我觉得时机很恰当，形势很必要，意义很重大。

## 一、谈四点体会

### （一）开展党的群众路线教育实践活动是实现中国梦的必然要求

保持国家长治久安，社会和谐稳定，党和人民高度团结统一是国之幸事、民之幸事。按照我国当前的发展速度，在党中央的坚强领导之下，多年后，中国一定会有巨大变化，一定能够实现中华民族的伟大复兴，一定能够实现中国梦。前段时间，我和大学生交谈，他们问我，当前社会存在如此多的问题和矛盾，是否是因为我们的制度存在问题？我回答说，第一，当前的诸多矛盾问题，如公平公正、城乡二元结构、贪污腐败等现象每个国家都存在，就算是当前科技、经济最发达的美国也不例外。第二，这些都是经济社会发展中的问题和矛盾，党中央正千方百计解决，并必将能够解决。第三，保持社会稳定、政治稳定是中华民族、中国人民最大的利益和福祉。我们要坚信党的领导，坚定党的信念，实践证明，唯有中国共产党才能带领人民从一个胜利走向另一个胜利。

（二）开展党的群众路线教育实践活动是加强党的自身建设的必然选择

把我们的党建设好、发展好是积极保持党的先进性、纯洁性的必然要求，也是进一步巩固党的执政地位、执政基础的重要前提，同时也是保障国家长治久安、社会繁荣稳定、实现中国梦的根本保障。

中央此次开展密切联系群众的活动搞得非常好也非常及时，省委高度重视、积极部署、响应迅速、行动快速。我们要深刻认识开展这次活动的极端重要性，思想上高度重视、行动上积极主动、工作上真抓实干，以此为契机和新的起点，自觉地把教育活动组织好、开展好、落实好，确保活动取得实实在在的成效。

（三）开展党的群众路线教育实践活动是推进我党各项事业的可靠保障

在今后的工作中切实把党的群众路线坚持好，把光荣传统、优良作风发扬好。经过多年的实践和反思，我深深感受到，什么时候尊重群众、听取群众意见、维护好群众利益，什么时候群众就拥护，工作就有成效。反之，就是另外一个结果。

我最近回顾了前一段时间的工作，在联系群众方面，有两件事让我感触很深。一件是曲靖市行政办公中心建设。曲靖市行政办公楼是70年代修建的，使用至今已显破旧，办公很拥挤。政府当时想拿儿点钱，买块地好好建一建，并已筹集了3亿多的资金，征用了1000多亩地。在谋划过程中，市委、市政府征求了干部、群众的意见。好多群众认为曲靖贫困地区那么多，办公有个座位能够办公就行了，小孩上学那么困难，好多娃娃上不起学，这些钱还不如好好办教育。市委、市政府的同志深入贫困地区调研，最后决心行政中心不建了，把钱全部投到最贫困的地方去，好好抓一抓教育工作。

第二件事是11·25矿难塌陷事故。矿难发生前，我就已多次开会对相关领导干部强调，绝不能只顾采煤而忽视安全生产，要密切关注已关停的煤矿，严肃查处偷挖盗采行为。结果，正是由于黑心老板偷偷炸开关停矿井，才酿成这重大安全事故。经验与教训告诫我们，尊重群众、师于群众、服务群众、造福群众是我们工作的出发点，只要坚持这一个出发点不变，我们的工作就永远不会脱离群众，永远不会脱离实际，我们党的事业就会永远兴旺。

（四）开展党的群众路线教育实践活动是推动滇中产业新区建设的重要支撑

按照省委、省政府的部署，滇中产业新区在规划建设方面要高度重视，充分尊重群众意愿，维护好群众的切身利益。光荣书记、纪恒省长高度重视滇中产业新区建设，多次调研推动新区规划建设工作。在两位领导的高位推动下，新区拟于近期全面开工实施总投资1000多亿的“双十工程”，即：10个产业园区和10个产业基础设施项目。按照规划，新区控制面积2000平方公里，因需要保护的林地占了大部分，实际开发建设为300平方公里。征地拆迁是当前规划建设面临的主要问题。如何样把规划建设搞好，我认为通过这次教育实践活动，要认真把为了谁、依靠谁这样一些重大问题认真研究好、解决好。切实要让新区广大群众既是决策者，又是参与者，更是受益者。

在整个新区的规划建设当中，要努力做到四个方面：第一，坚持政策措施的制定，要以群众满意不满意作为标准。认真的调查研究，做好方案，广泛听取群众的意见。这方面的工作，我感触良多。玉溪市中心有个地方叫小庙街，房屋破旧，急需改造，但因群众工作很难做，拆迁工作推进难度很大。后来，政府经召集所有住户开座谈会，认真听他们的意见和诉求，并要求相关部门在拆迁改造工作中要切实维护群众利益，尽量满足群众合理要求。最后，在群众的支持配合下，小庙街提升改造项目推进顺利，取得良好成效。第二，项目投资要以能不能为民谋利为依据。规划项目的管理，凡是涉及百姓利益，包括社会风险评估等方面的工作一定要做到位。第三，各项规划要透明，规划完成以后要进行听证，举办规划成果展，让群众有知情权、参与权。第四，要争取群众拥护。这样产业新区的规划建设才能顺利推进，才能够取得成功。

## 二、三点建议

一是建议集中力量，重点培植三大产业。云南最大资源是生物资源，生物资源的开发是可持续的。省委、省政府高度重视生物资源开发工作，在生物资源开发上花了很大力气。我觉得生物资源开发上要集中精力、集中力量，像培植“两烟”项目那样集中优势资源推进重点生物产业发展。云南生物产业开发不能走样样有、样样好、样样少、小规模、低效益之路。当前，滇中产业新区正重点谋划三个生物产业项目。一是培育1000亿元的中草药产业。河北一家企业正跟我洽谈，将在滇中着力打造从保护培育、科技研发、科学种植、加工销售、医疗养生为一体的完整中草药产业链，力争到2020实现产值1000个亿，进入世界500强。要制定引领中草药标准，建立中国最大的中草药交易市场。二是培育超1000亿的植物油产业园。去年12月份克强总理说，我们国家当前两大进口商品超60%，一是天然气，二是植物食用油。食用油全国年销量4000多万吨，国内只能生产1000多万吨，市场销售的大部分是进口的转基因大豆油。云南气候条件优越，很适合发展食用油，当前正与国内外重点企业洽谈，合力打造1000万吨食用油产业。近期，将着力打造年产300万吨集包装、运输、销售一条龙全国重要的食用油基地。三是培育1000亿以上的香精香料产业。云南具有发展香料产业的独特优势，新区要大力发展香料产业。滇中产业新区正在根据云南的特色谋划生物资源开发产业。在南博会期间，国务院副总理马凯在听取新区规划建设情况汇报时指出，应把生物资源开发产业摆到云南产业开发的第一位，生物产业是云南的一种特色的“矿产”，要大力集中立项发展生物产业。

二是建议高位推动，争取国家尽快批复总规。滇中产业新区总体发展规划已经报送省政府，省政府即将报国家发改委，建议请省政府主要领导带队到国家发改委汇报衔接。促进国家发改委牵头会同国土部、住建部、商务部、工信部尽快联合审批，争取国家尽快批复。

三是建议凝心聚力，要进一步关心支持新区建设。当前，新区建设有两件事很重要：一要按照省委4号文件（云发［2013］4号）规定授权新区行使省级行政审批权。行政审批是非常重要的环节，招商引资进来的多个项目均提出需要提速行政审批，没有省级审批权，新区工作难以快速推进，请相关部门尽快出台授权方案。二要尽快明确新区管理体制和机制设计方案，省委编委已经下发文件，对机构编制各方面已做了明确规定，现在当务之急是要赶紧研究出台体制机制设计方案，唯此才能加速推动整个新区的规划和建设。管委会没成立不利于相关工作的开展，最直接的问题就是与招商引资进来的企业签订合作协议没有合法的主体。另外，管委会成立以后各项工作才能顺利的开展。请省委、省政府及省级相关部门高度重视、加快推进，争取年内实现轰轰烈烈的新区建设新场面。

在6月18日中央召开的党的群众路线教育实践活动工作会议上，习近平总书记发表了重要讲话。讲话着眼党的奋斗历程和执政使命，着眼“两个100年”目标和中国梦，深入阐述了群众路线对于党和人民事业的极端重要性，深刻阐明了开展这一教育实践活动的重大意义，为保持党同人民群众的血肉联系指明了方向，为实现党的十八大确定的奋斗目标和中国梦注入了强大动力。同样，对于我们每个扎根云南、建设云南、服务云南的人心中也都有一个繁荣昌盛的云南梦。对于党的领导干部，只要心怀人民、心系群众、心为民众，坚定不移的贯彻党的路线，脚踏实地的走群众路线，云南同步与全国人民一道步入小康社会就指日可待。不远的将来，云南的明天更美好！

# 以学固本　学以致用<br>推动提案工作新发展

——在全省政协提案服务系统工作培训班上的讲话

（2013 年 8 月 25 日）

喻顶成

同志们：

全省政协提案服务系统工作培训班今天正式开班了。首先，我代表省政协向参加学习培训的同志们，表示热烈地欢迎和诚挚的问候！

举办这次培训班，目的是为了适应新形势、新任务的要求，提高提案工作队伍的综合素质和业务技能，推动提案工作新发展，更好地为我省经济社会发展服务。省政协主席会议高度重视这次培训工作，将其作为省政协年度重点工作。省政协办公厅和提案委员会进行了认真准备，周密安排。希望通过这次培训，大家能够学有所思，学有所获，学有所用。

下面，我就搞好这次提案工作培训讲三点意见。

## 一、统一思想，提高认识，充分认识培训的重要意义

根据党中央“八项规定”，要求切实改进会风，精简会议活动。省政协积极贯彻落实中央文件精神，严格控制会议活动数量，能发文解决的就不召开会议，能精简的尽量精简。经主席会议研究，决定举办本期提案工作培训班，一方面体现了省政协领导对提案工作的高度重视，另一方面也体现了提案工作在人民政协事业中的重要地位，举办本期培训班对推动我省提案工作有着十分重要的意义。

### （一）举办本期培训班，是贯彻落实十八大精神，推进人民政协协商民主的需要

党的十八大报告首次提出并系统论述了社会主义协商民主制度，把人民政协作为发展协商民主的重要渠道，把提案办理协商作为协商民主的重要内容，这是新的历史时期党中央对人民政协工作提出的新期望，对政协提案工作提出的新要求。我们必须从坚持和完善中国共产党领导的多党合作和政治协商制度、加强民主政治建设的高度，从加强

和改善党同人民群众的联系、提高执政能力的高度，从提高政协履职水平、推动政协事业发展的高度，进一步提高对提案工作重要性的认识，强化责任意识和质量意识，增强做好提案工作的积极性和主动性。

（二）举办本期培训班，是贯彻落实两个《意见》，进一步加强提案办理工作的需要

去年，中共中央办公厅、国务院办公厅印发《关于进一步加强人民政协提案办理工作的意见》（中办〔2012〕13号文件），省委办公厅、省政府办公厅根据文件精神，制定印发了《关于进一步加强人民政协提案办理工作的实施意见》，省政协在全省政协提案工作座谈会上，专题组织学习讨论了《意见》精神。但在提案工作调研中我们发现，中办〔2012〕13号文件因为文件密级的限制，一些县级政协的提案工作部门、提案承办单位无法看到文件原文，对文件的相关规定并不完全了解，增加了贯彻落实的难度。针对这种情况，我们在本次培训中，专门安排了学习贯彻两个《意见》的内容，使县区政协的同志们能够了解《意见》的制定过程和主要内容，吃透精神，把握重点，推动工作。

（三）举办本期培训班，是加强提案工作队伍建设，提升提案服务水平的需要

州市、县区（市）政协换届后，有很多新同志加入到提案工作队伍中来，这些同志有新思路，新想法，是提案工作队伍中的新鲜血液。但是，有的同志毕竟是刚刚开始接触提案工作，对提案工作基本情况还不够熟悉，对新工作、新环境还有一个适应的过程。通过这次培训，可以掌握提案工作的基本内容、基本方法，可以理清工作思路、明确目标方向，可以增进工作交流、加强配合协作，为更好的履行好岗位职责打下坚实的基础。

## 二、突出重点，抓住关键，准确把握培训的主要内容

本次提案工作培训，日程安排紧凑，学习内容丰富，形式灵活多样，负责授课的同志多年从事人民政协工作，有丰富的提案工作经验。通过这次培训，希望大家能够在掌握知识、学习方法、开阔视野、拓展思维等方面都能有所收获。

（一）熟悉人民政协理论，加强理论武装

人民政协理论是关于人民政协产生、发展和活动规律的学科，是中国共产党关于人民政协伟大实践的经验总结和思想结晶，它来源于实践，又指导实践。作为一名政协工作者，我们只有掌握了人民政协理论这个思想武器，努力把这些理论知识转化为工作理念和指导方针，才能正确地围绕中心、把握大局、分析问题，才能创造性地解决问题、推动工作，才能履行好政治协商、民主监督、参政议政三大职能，发挥好人民政协在建设社会主义政治文明中的重要作用。

（二）掌握提案工作方法，增强业务技能

提案工作是人民政协具有全局意义的重要工作，也是人民政协履行职能最规范、效果最显著的一项经常性工作，政治性、政策性、程序性强，涉及面广，工作环节多，工作要求高。要想做好提案工作，就必须了解提案工作的基础知识，了解相关的规章制度，熟悉工作流程，掌握工作方法。通过学习培训，我们要清楚了解提案在撰写、提交、审查、立案、交办、办理、协商、督办、反馈、宣传、表彰等环节的规定和要求，掌握提高提案质量、办理质量、服务质量的主要方法和基本途径，增强业务技能，夯实工作基础。

（三）探索提案办理协商新途径，推动工作创新

中共中央办公厅、国务院办公厅印发《关于进一步加强人民政协提案办理工作的意见》，充分体现了党中央对政协提案工作的重视、关心和支持，是人民政协事业发展历史上的一件大事，学习好、贯彻好《意见》是当前提案工作的一项重要任务。通过学习，我们要深刻理解、准确把握《意见》的精神实质，尤其要结合党的十八大报告关于提案办理协商的论述，研究探索加强提案办理协商的方法途径，充分发挥协商优势，规范提案办理协商程序，积极推进社会主义协商民主实践。

**三、认真学习，严格要求，努力营造良好的学习氛围**

这次把全省政协系统从事提案工作的同志召集到一起集中培训，是非常不容易的。希望大家珍惜这次难得的机会，端正学习态度，遵守学习纪律，勤于思考研究，积极参与讨论，确保培训活动取得实效。

（一）要严格培训纪律，带着责任学

在座的各位都是我省开展提案工作的中坚力量，在各自的岗位上都是肩挑重担、独当一面，个人的能力素质直接影响着我省提案工作的质量。大家一定要珍惜机会，认真学习，提升自我，学有所获。希望大家在听课时要集中精力，在讨论时要踊跃发言，通过培训学习，达到相互促进、共同提高的目的。对于学习，中央和省委都有新的规定，规定已印发给大家，希望大家严格遵守规定，遵守纪律，全程参与学习培训，无特殊原因，原则上不能中途请假，确保培训任务的圆满完成。

（二）要找准工作差距，带着问题学

大家来自全省各地，虽然都在从事提案工作，但因为个人的工作阅历、所处的工作环境不尽相同，在工作实践中都有各自的经验做法。受种种因素的制约，平时大家在一起交流机会比较少，这次集中学习为大家提供了相互交流、相互学习的平台。我们要充分利用各种时机，围绕工作中遇到的困难问题，积极开展交流探讨。通过学习借鉴他人的成功经验，改进自身工作，提升工作水平。

（三）要注重学用结合，联系实际学

学习的目的在于运用。这次培训的根本目的，还是要增强提案工作队伍的能力素质，提高解决实际问题的能力。我们要把这次培训学到的理论和专业知识运用到实践中去，紧密联系本单位的工作实际，努力把学习成果转化为实际工作的能力。毛泽东同志讲过，读书是学习，使用也是学习，而且是更重要的学习。这次集中学习培训的时间是有限的，更多的学习是在我们的工作实践中，学以致用、用以促学、学用相长。

最后，祝本次学习培训活动取得圆满成功。祝大家学习进步、工作顺利！

# 在省政协机关党的群众路线教育实践活动学习交流会上的讲话

（2013 年 8 月 27 日）

罗正富

同志们：

根据省政协机关党的群众路线教育实践活动安排，我们在这里举行学习交流会，主要目的是检验学习教育、听取意见环节的工作成效，深化对党的群众路线的认识和理解，努力把省政协机关党的群众路线教育实践活动进一步引向深入。

刚才，代表支部参加交流发言的 9 名同志结合各自岗位实际，从不同侧面、不同角度，一方面谈了学习体会和认识，另一方面联系实际，对如何进一步贯彻党的群众路线、做好政协工作，提出了很多好的意见和建议。听了很受启发，很受教益。我感到，近一段时间以来，省政协机关在开展党的群众路线教育实践活动第一环节工作中，坚持把加强理论武装摆在首位，紧密结合“四群”教育活动，紧密结合党员干部的思想和工作实际，边学习边实践，边思考边整改，做到学习教育与推动本职工作两促进、两不误，取得了初步的成效，主要有以下三个特点：

一是学习教育深入。根据中央关于在全党开展党的群众路线教育实践活动意见精神和省委总体要求，7 月 5 日，省政协及时召开动员大会，对开展教育实践活动作出了总体安排。7 月 17 日，组织专题党课教育，明确了省政协开展教育实践活动的目标任务。7 月 23～24 日，召开的省政协十一届三次常委会议，对群众路线教育实践活动提出了进一步的要求。7 月 30 日至 8 月 2 日，省政协党组及办公厅党组理论学习中心组进行集中学习讨论，深入交流学习体会，进一步统一思想、深化认识。从群众路线教育实践活动正式启动以来，省政协党组、办公厅党组的每一位成员和各部门的领导干部带头参与教育实践活动，起到了很好的示范作用。办公厅、研究室、各专委会也先后开展了各种形式的学习讨论，许多同志结合实际认真学习了《党的群众路线教育实践活动学习文件选编》、《论群众路线》、《厉行节约、反对浪费》等规定书籍，学习了习近平总书记一系列重要讲话精神，并结合岗位实际积极撰写心得体会和文章。通过这些活动，省政协广大党员干部职工的思想认识进一步提高，形成了坚决贯彻党的群众路线、推动政协工作的思想共识，参加教育实践活动的积极性显著提高。

二是听取意见广泛。围绕省政协领导班子和领导干部在“四风”方面存在的问题，从7月4日开始先后6次以书面问卷形式征求省政协常委、省级各民主党派有关人民团体、各州市政协、省政协离退休老干部、省政协机关干部的意见。截至到目前，共发出调查问卷693份，收到很多关于反对“四风”、推进政协工作方面的意见建议。在以书面问卷征求意见基础上，省政协于8月12日，召开机关干部职工征求意见座谈会，共收集到5个方面的意见建议30多条。同时，由省政协主席会议成员带头，办公厅、研究室、各专门委员会领导通过进村入户、开展座谈等形式，广泛征求、认真听取“四群”联系点群众对省政协机关、领导班子和政协工作的意见建议。通过多形式、多层次的征求意见活动，我们对省政协在“四风”方面存在的一些突出问题有了更客观清晰的认识，对政协工作的目标、重点有了更准确的把握，为更加有效地推进政协工作打下了坚实基础。

三是保障措施有力。我省党的群众路线教育实践活动在7月3日正式启动后，省政协高度重视，成立了群众路线教育实践活动领导小组和工作班子，研究制定了活动方案。办公厅、研究室和各专委会也按照要求，分别成立了由支部书记负责、有专人落实的教育实践活动工作机构，制定了本部门开展学习实践活动的具体方案。这为教育实践活动的开展提供了坚强的组织和工作保障。为推动教育实践活动的深入开展，省政协注重把群众路线教育实践活动与“四群”工作结合起来，与实地接受教育结合起来。在完成“规定动作”的基础上，积极创新“自选动作”。上周省政协组织机关处以上领导干部赴施甸善洲林场开展学习教育活动，观看杨善洲事迹影片，实地参观“善洲小道”、“善洲窝棚”和杨善洲事迹陈列室，对照善洲同志先进事迹照镜子、找差距、促整改。广大党员干部深受教育，表示要以杨善洲为镜，边学边查边改，积极投身教育实践活动。这次实地学习教育活动取得了很好的成效，这在今天的交流会上得到了充分的体现。同时，积极营造浓厚的活动氛围，在《云南政协报》、《政协理论与实践》、云南政协网开设教育实践活动专栏，集中刊发政协委员与机关干部的学习体会文章，全方位报道省政协开展教育实践活动的会议活动。还通过《中国政协》杂志以及省内新闻媒体，广泛宣传省政协开展教育实践活动的情况。这对于在省政协迅速掀起贯彻党的群众路线教育实践活动热潮，起到了积极的促进作用。

总的看，经过一个多月的努力，省政协学习贯彻党的群众路线教育实践活动的声势逐渐高涨，氛围日益浓厚，成效愈加显现，开局总体良好。广大党员干部运用党的群众观发现问题、思考问题、解决问题的能力进一步提高，整个工作取得了阶段性的成果、达到了预期的目的。

当前，如何把省政协党的群众路线教育实践活动引向深入，扎实做好查摆问题、开展批评和整改落实、建章立制这两个环节的工作，是我们要着重考虑的问题。我认为，做好下一阶段各个环节的工作，确保省政协的教育实践活动取得实效，需要着力在四个方面继续深入：

## 一、继续深入解决思想认识问题

思想的统一、认识的提高是做好一切工作的前提和基础。我们要按照省委总体部署和省政协党的群众路线教育实践活动方案，继续扎实开展好理想信念、党性党风党纪和道德品质教育，积极引导广大党员干部准确把握群众路线的丰富内涵和基本要求，深刻认识开展党的群众路线教育实践活动的重大意义，切实增强贯彻群众路线、改进工作作风的自觉性和坚定性，有针对性地解决部分党员干部存在的模糊认识、思想障碍等问题。广大党员要切实按照要求，读完读懂中央规定的三本学习材料，深入学习领会习近平总书记有关重要讲话精神，结合实际认真思考，对照党章和岗位要求深入剖析，自觉纠正思想认识上存在的问题，更加坚定、更加有效地在政协工作中贯彻落实党的群众路线。

## 二、继续深入听取群众意见

在教育实践活动的前一环节，省政协听取意见范围广、层次多，了解到了很多真实的情况，取得了一定的成效。但在深入基层、深入群众，掌握群众所需、所盼方面还远远不够，需要进一步下大力气，做更多实实在在的工作。下一阶段，要围绕“四风”突出重点，真正地用党章、廉政准则、改进作风要求、群众期盼、先进典型等“镜子”照一照自己的思想和行为，聚焦群众反映强烈的、领导干部身上明显存在的、必须解决也能够解决的突出问题，走到群众中去，真心听取意见，自觉接受群众监督，主动请群众评判，引导群众帮助我们查摆问题，真听意见、听真意见，使教育实践活动更加贴近群众、贴近实际、贴近工作。要突出体现整风精神，充分运用批评和自我批评这个武器，不仅要查找现象上的问题，更要找到思想深处的根源。领导干部必须深刻认识到，任何遮遮掩掩，避重就轻，都是有私心杂念的表现，本身就是思想认识上出了问题。要集中精力和时间开好民主生活会，相互帮助查找问题，敢于揭短亮丑，勇于接受批评和群众的意见。只有无私无畏，找准问题，直面问题，教育实践活动才可能开局良好、才可能成功。

## 三、继续深入抓好边学边查边改

这次群众路线教育实践活动，学习教育、听取意见，查摆问题、开展批评以及整改落实、建章立制三个环节环环相扣、不可分割，边学边查边改贯穿整个教育实践活动始终。在下一步的学习实践活动中，要进一步强化“整改意识”，坚持边学习、边查找、边整改，集中精力解决群众反映强烈的突出问题。省政协领导班子和政协机关要敢于直面和勇于解决省政协在会风、文风、工作作风等方面存在的突出问题，以踏石留印、抓铁有痕的劲头认真加以整改，采取切实可行的措施，加快建立和完善制度，一件事一件事地抓，一个问题一个问题地解决，取得实实在在的成效，努力使省政协的教育实践活动为群众所支持、为群众所检验、为群众所满意。每一位党员干部要自觉对照党章和工作职责的要求，以杨善洲同志为镜子，以身边看得见、摸得着的先进为榜样，认真地想想自己缺什么、应该学什么、需要做什么，对照群众的意见找差距，对照群众的意见去整改，从群众感受最直观、反映最强烈的事情改起，从群众最希望办、眼下能够办好的事情抓起，知错就改、说到做到，决不能姑息拖延，以改进作风的实际行动和成效进一步赢得政协委员的认可和支持。

## 四、继续深入推进活动和工作两不误、两促进

开展群众路线教育实践活动的根本目的，就是要在查找和纠正“四风”问题的基础上，更加扎实有效地推进本职工作。我们要按照今年党组工作要点和重点工作安排意见，围绕中心、服务大局，自觉把群众路线贯穿于政协工作的全过程，圆满完成好年度各项工作任务，用履行职能的成果来检验群众路线教育实践活动的成效，努力做到两不误、两促进。按照工作计划认真做好 9 个重点调研的收尾工作，以民情为根源，深入搞好调查研究，多方征求群众意见，着重突出意见建议的针对性和可操作性，高质量完成今年的调研课题。周密制定重点视察方案，以民愿为根据，精心组织委员视察，尽可能多地组织政协委员参与整个视察活动，努力推动 4 个重点视察都取得让群众满意的实效。进一步改进会风，力戒各种形式主义，组织好常委会议、新年茶话会等重要会议活动，注重突出主题，引导广大政协委员敢于讲真话、说实话，善于谏诤言、献良策。以民意为引领扎实推进提案工作，加大对 10 件重点提案的督办力度，使政协提案更能反映群众的愿望和诉求，推动群众反响强烈的热点难点问题得到落实，切实提高提案工作为群众办实事、解难题的实效。

同志们，这次学习交流会是省政协开展群众路线教育实践活动的一项重要内容，经过大家的努力，取得了很好的成效。这对于省政协群众路线教育实践活动的深入开展，具有积极的推动作用。我们要在前一环节工作的基础上，以更加饱满的精神、更加扎实的作风，进一步加强领导、明确责任、严格程序、加大督促检查力度，营造更加浓厚的活动氛围，确保省政协的群众路线教育实践活动的各项工作部署落到实处、取得实效，切实以政协工作的新成果取信于广大政协委员和人民群众。

# 深化认识　着眼实效<br>努力做好人民政协提案办理工作

（2013 年 8 月 29 日）

喻顶成

同志们：

首先，感谢各提案承办单位长期以来对省政协提案办理工作的高度重视和支持！

省政协在组织委员培训和政协主席培训后，紧接着组织提案服务系统和提案承办单位工作培训，充分体现了省政协党组对提案工作的高度重视。前几天的提案服务系统培训针对性强，效果很好。今天，我们在这里进行提案承办单位工作培训，从培训日程和课程设置看，对进一步加强提案办理工作也很有针对性和可操作性。这段时间，省级机关都在开展教育实践活动，大家的工作都很忙，再忙，抽出几天时间来进行学习培训很有必要，也是符合教育实践活动要求的，办好提案，提高提案的办理水平也是贯彻群众路线的具体体现。在座的很多同志都长期从事提案办理工作，很高兴有机会跟大家一起共同学习和探讨提案办理工作。这么大规模培训提案承办单位，在省政协提案工作史上尚属首次，希望大家珍惜机会，努力学习，学有所成，真正对开展和推进提案办理工作有所裨益。借此机会，我就进一步做好提案办理工作讲几点意见：

一要充分认识提案办理工作的重要意义。提案是人民政协具有全局性的重要工作，是人民政协履行职能的重要途径，是人民政协履行政治协商、民主监督、参政议政职能的重要载体。从根本上讲，做好提案办理工作既是加强中国特色社会主义民主政治建设的一项重要任务，又是党委、政府坚持以人为本、执政为民理念的具体实践。去年，中共中央办公厅、国务院办公厅印发了《关于进一步加强人民政协提案办理工作的意见》，这是提案办理工作的纲领性文件，充分体现了党中央、国务院对人民政协提案工作的高度重视。《意见》下发后，全国政协紧接着下发了学习《意见》的通知，云南省委办公厅、省政府办公厅随之下发了学习贯彻的《实施意见》。《意见》明确指出，充分发挥提案工作在人民政协履行职能中的作用，既是人民政协自身建设中必须重视的问题，也是提案办理部门必须认真解决的问题，只有把提案办理放在事关全局的位置，才能充分发挥提案在增进团结、统一认识、促进和谐、推动发展中的积极作用，促进多党合作基本政治制度的巩固和发展，把各方面的智慧和力量凝聚到中共中央的决策和部署上来，对于提升决策科学化、民主化水平，加强和改进党和政府工作，具有十分重要的意义。

二要加强提案办理工作的组织领导。要着力形成分工明确、责任到位，层层抓落实的局面。做到主要领导负总责，分管领导直接抓，专门人员具体办，相关人员积极配合。要把提案办理工作列入重要议事日程，对承办的提案进行专题分析研究，办理工作有安排部署，有督促检查，有总结评价。要建立健全办理工作各项制度，制定和完善承办单位主要领导负责制、量化目标管理制、联系沟通制、评比表彰制等。建立和规范提案办理工作程序，明确办理工作的要求、目标、责任、时限，增强承办部门和人员的工作责任感，保证办理工作质量。实行“一把手”直接负责制，对办理工作要定人员、定任务、定时间、定质量、定领导。在办理过程中，要定期向主要领导汇报办理进度，以便主要领导及时协调解决办理工作中的各种困难，保证办理工作的顺利进行。积极采取邀请委员座谈、现场办公等各种切实有效的措施、方法，密切与委员的联系，主动加强与提案人的沟通，征询他们对办理工作的意见，共同协商办理。提案办理工作结束后，应及时总结经验、表彰先进。

三要通过良性互动提高提案办理实效。提案工作政治性、政策性、全局性强，要争取党政领导重视，加强对政协提案办理工作的领导，及时研究并统筹解决政协提案办理工作中的重大问题，从机构、人员、经费等方面为政协提案办理工作提供保障。提案是提案者辛勤劳动的成果，办理中要加强与提案人的沟通、交流，了解提案者提出提案的初衷，掌握提案者关注的重点，尽量采纳合理的意见建议，通过协商增进提案人对部门工作的了解，特别是对一些暂时难以解决的问题，要通过充分协商和沟通，取得提案者的理解与支持，这种互动是党政部门发挥民主、广纳群言的具体表现，可以在互动中增进理解，在协商中达成共识，在协作中促进问题解决，使提案办理成为促进部门工作的重要形式。

四要创新提案办理工作的途径和方法。提案是经过精心选题、深思熟虑、深入调研、严肃而郑重提出的，凝聚着提案者的心血和智慧。各承办单位要根据提案内容，就提案人提出的意见、建议，深入调查研究，广泛听取意见和建议，提出解决问题的办法和措施，形成切合实际的办理方案。要重视对提案所包含的内在因素和深层次问题的分析判断，避免办理工作程序简单、内容肤浅，影响办理效果。不断探索提案办理工作的有效途径和办法，逐步加大社会公众有序参与提案工作的力度，提高人民政协履行民主监督职能的效能。切实解决提案反映的问题，促进工作和事业发展。在办理前，要组织好重点提案和一些较为重要的提案的调研。随着委员参政水平的提高，提案反映全局性、综合性、前瞻性问题越来越多，需要多部门协同办理。对于涉及面广、情况比较复杂的问题，要纳入单位的研究课题，深入调查，共同研究，反复协商，真正把握问题的实质，找到切实解决问题的办法。

五要加强提案督办工作。要利用面商、调研、视察为主要形式的督办方法，抓好跟踪督办，加强续办续复工作。要从政协委员提案中，筛选出影响大、涉及面广、群众反映强烈的提案进行督办，务必办出成效。对于提案中提出的问题，有条件解决的，要抓紧解决，因条件所限一时不能解决的，要积极创造条件逐步解决，确实不能解决的，实事求是说明理由，做好解释。对于涉及多个单位办理的提案，交办时要分清主、会办单位，由分管领导牵头办理。对于涉及面广、情况复杂的问题，各承办单位应加强调查研究，多方协商、沟通，研究解决方法，提高办理答复的满意率。每年主席会议确定的重点提案都由省政协主席、副主席牵头督办，所以重点提案必须得到重点办理，抓好跟踪督办。各承办单位要高度重视，列入年度重点工作，围绕推进本部门工作抓好办理落实。

同志们，提案办理工作任务艰巨，使命光荣，我们要深入贯彻落实两个意见精神，着眼实现“中国梦”伟大构想，围绕全面建成小康社会和建设富裕文明幸福新云南的目标，不断提高提案办理实效，通过提案办理促进工作，为推进云南科学发展、和谐发展、跨越发展作出应有的贡献。

# 在云南扶贫恳谈会上的致辞

（2013 年 9 月 3 日）

王承才

各位领导、同志们：

今天，在深入开展党的群众路线教育实践活动中，我们在这里举办以“惠民生、办实事、促脱贫”为主题的云南扶贫恳谈会。我省从事扶贫开发事业的有志之士齐聚一堂，认真学习党的十八大以来习近平总书记一系列重要讲话精神，分析情况，交流体会，寻求对策。这对于促进我省扶贫开发工作很有意义。在此，受正富主席的委托，我谨代表省政协对各位的到来表示热烈的欢迎！

当前，党的群众路线教育实践活动正在扎实开展。群众路线是党的生命线和根本工作路线。贯彻群众路线不是空洞的口号，必须十分具体地落实到人民群众生产生活的实际问题上，必须从群众最关心、最迫切需要解决的问题入手，把我们党的根本宗旨落实到广大人民群众的身上。按照新的国家扶贫标准，我省贫困人口 804 万人，其中深度贫困人口有 160. 2 万人。这些贫困人口不是少数的群众，而是一个数量相当庞大的群体，是最希望得到党委政府关心和社会各界帮助的群体。在我省贯彻落实党的群众路线，最需要下功夫的就是帮助这些贫困群众尽快致富奔小康，最能够体现成效的就是这些贫困群众过上了幸福美好的生活、走上了共同富裕的道路。客观来说，扶贫开发是一个长期的任务，但是我们在主观上决不能放松和懈怠。今天我们举办这个扶贫恳谈会，就是希望在群众路线教育实践活动中，进一步强化党员干部对于扶贫开发工作在贯彻落实党的群众路线中重要意义的认识，进一步增强社会各界支持和推动扶贫开发工作的紧迫感，促进我省各级党委政府加快推进扶贫开发工作、努力为贫困群众多做实事、多办好事。

我省是全国扶贫攻坚的主战场之一。在党中央、国务院的正确领导下，省委、省政府紧密结合云南实际，采取了一系列切实有效的战略举措，不断创新扶贫开发机制，举全省之力攻坚克难，就更大的范围聚集扶贫资源，从更高的层次聚焦深度贫困问题，在更宽的领域构建大扶贫工作格局，创造了具有云南特点的扶贫开发模式，取得了令人瞩目的成就。当前，我省扶贫开发已经从以解决温饱为主要任务的阶段转入了巩固温饱成果、加快脱贫致富、改善生态环境、提高发展能力、缩小发展差距的新阶段。按照国家的要求，顺应全省贫困群众的期盼，省委、省政府把加快扶贫开发摆在了更加突出的战略位置，提出要以更大的决心、更新的思路、更实的措施、更强的力度，打好新一轮的扶贫开发攻坚战，实现到 2015 年云南基本消除绝对贫困，到 2020 年基本解决深度贫困问题，推进贫困地区实现跨越发展。

我省贫困面广、贫困程度深、扶贫难度大。按期完成新阶段的扶贫开发工作目标，任务艰巨、时间紧迫，需要动员和组织全社会的力量来参与、推动此项工作，最大限度地调动各方力量、汇集各方资源，切实构建云南“大扶贫”的工作格局。人民政协作为中国人民最广泛的爱国统一战线组织，中国共产党领导的多党合作和政治协商的重要机构，完全应该也完全可以在扶贫开发中有所作为、发挥积极作用。多年以来，云南省政协把扶贫开发工作，作为保障和改善民生、推动和谐社会建设的重要工作着力点，积极协调关系、汇聚力量，努力整合社会资源，从 2006 ~ 2012 年的 7 年间，共引进援助资金 1. 05 亿元开展扶贫济困工作，有力地配合了各级政府开展抢险救灾、农村社区和农业综合发展、生态环境保护、社会事业等扶贫项目，为改善我省贫困地区和受灾群众的生产生活条件作出了积极的贡献。

面对新形势下党中央、国务院以及中共云南省委、省政府加强和创新扶贫开发工作的新要求，新一届省政协更加重视和推动扶贫开发工作。罗正富主席提出，要切实把促进落实省委、省政府对新一轮扶贫开发工作的部署，放到更加突出的位置，以更加鲜明的群众观点、更加坚定的群众立场、更加深厚的群众感情，充分发挥政协在组织上的广泛代表性、政治上的巨大包容性、工作方法上的多样灵活性，动员各界力量，凝聚各方智慧，汇聚发展合力，动真情、扶真贫，积极做好扶贫开发工作，努力让贫困地区的广大群众早日脱贫奔小康。

现在，我省新一轮扶贫开发工作已经全面展开。全省各级政协组织要认真学习、深入贯彻中央和省委、省政府关于扶贫开发的精神和要求，切实把服务扶贫开发作为贯彻群众路线的重要内容、履行职能的重点工作，动真感情，下真功夫，找准工作方位，拓展工作领域，创新工作载体，努力为我省新一轮扶贫开发工作献计出力。全省各级政协在促进扶贫开发工作中，要着重做好以下三点：一是动员政协委员利用一切可利用的条件和优势，积极为贫困地区群众脱贫致富献爱心、办实事、做贡献，自觉在履行政治协商、民主监督、参政议政的职能中，全方位地关注贫困地区的经济和社会发展。二是从宏观上对贫困地区脱贫致富进行专题调研，特别要注意对国家扶贫政策的贯彻和扶贫资金在使用过程中存在的难点进行调研，充分发挥政协人才荟萃、智力密集的优势，为党委政府做好扶贫开发工作积极建言献策。三是牢牢把握新一轮扶贫开发的工作重点，着力围绕推进集中连片特殊困难地区扶贫攻坚、巩固和发展社会扶贫开发大格局、完善政策保障体系、加强国际交流合作等重中之重的工作，深入开展调查研究，切实为党政有关部门理清工作思路、解决关键问题、突破发展瓶颈，加快扶贫开发进程，建睿智之言、献务实之策。

省政协在开展群众路线教育实践活动中，把举办这次恳谈会作为教育实践活动的一项特色内容，作为为民办实事、解难事的一个重要工作，由负责具体承办工作的省政协社法委在前期进行了认真的准备和精心的组织。希望今天参会的各位领导、各位委员、各位专家和各位来宾，积极奉献智慧，勇于发表真知灼见，切实反映民情民意，努力为我省开展好群众路线教育活动、加快扶贫开发进程作出贡献。

最后，祝云南扶贫恳谈会圆满成功！

# 在全省政协外联工作座谈会上的讲话

（2013 年 9 月 12 日）

曾　华

各位领导、同志们：

这次全省政协外联工作座谈会是在党的十八大胜利召开后，新的一届全国政协和我省政协的开局之年，围绕保持党的先进性和纯洁性，全党正在开展以为民务实清廉为主要内容的党的群众路线教育实践活动过程中召开的。为进一步统一思想，坚定信心，明确任务，充分发挥人民政协在对外交往中的优势和作用，扩大云南对外开放力度，努力推动桥头堡建设，我们召开全省政协外联工作座谈会，学习相关知识和经验，讨论政协外事工作具有十分重要的意义。今天听取了各州市的外事工作经验交流，很受鼓舞，很受启发。在此，我代表省政协主席罗正富，向长期以来为全省政协对外交往工作付出辛勤劳动的广大政协委员和政协外事工作者表示亲切问候，向为开好这次会议给予大力支持的保山市委、市政府和市政协表示衷心的感谢！

在这次座谈会上，保山市领导出席并介绍了保山市情；省政协港澳台侨和外事委员会副主任杨光民就如何开展侨务工作作了专题讲座；省政协港澳台侨和外事委员会主任雷耀民又介绍了近两年省政协港澳台侨和外事工作情况。特别是刚才，各州市代表又分别作了很好的发言，交流了工作体会，提了意见建议。总体看，这次会议认真总结了我省政协对外交往工作好的做法和经验，深入探讨、研究和分析了面临的形势和任务，进一步明确了下一步工作的任务和要求，必将对我省政协外联工作发展起到积极的促进作用。下面，结合大家的发言，我就进一步做好云南政协对外交往工作讲几点意见，供大家参考。

## 一、深刻领会全国、我省“两会“精神，准确学习把握新形势下人民政协的新经验、新做法

今年初，随着我省两会的胜利召开，新一届政协成立了。这次会议选举产生了新一届的政协领导班子、常委和委员，总结了十届政协工作，部署了十一届政协的工作重点。会议指出，今后五年是全省各族人民为加快推进面向西南开放重要桥头堡建设而团

结奋斗的五年，也将是云南省政协创造新业绩、谱写新篇章的五年。要把学习贯彻中共十八大精神作为当前的首要政治任务，牢牢把握团结和民主两大主题，进一步规范政治协商程序，不断加大民主监督力度，努力提高参政议政实效，在推动科学发展和谐发展跨越发展，建设开放富裕文明幸福新云南中不断取得新成绩。因此，我们要把十八大关于人民政协工作的重要部署和全国政协会议提出的一系列新观点、新概括、新举措，与省委对政协工作的新要求结合起来，找准政协履职与服务全省经济社会发展的结合点、着力点，努力推动政协事业不断向前发展，重点做好下面几方面工作。

（一）要按照社会主义民主政治的时代要求，充分发挥人民政协作为协商民主的重要渠道

协商民主是我国社会主义民主政治发展的重要形式，人民政协融协商、监督、合作、参与为一体，是协商民主的集中体现和制度渠道。要在全省各级政协外联部门探索形成专题协商会议专题协商、专门委员会对口协商的工作格局。要就云南桥头堡建设等重大问题广泛听取港澳人士、台湾同胞和海外侨胞的呼声和意见，着力拓展协商民主的深度和广度，增强协商民主的实效。调动一切积极因素，团结一切可能团结的人，努力推进云南经济社会快速发展，实现省九次党代会确定的各项工作目标。

（二）要统筹省和州市两级政协的外事工作力量，形成推进全省外联工作的整体合力

省政协和州市政协是不可分割的有机整体，加强各级政协外联部门的团结协作，实现个方面资源的协调配合、优势互补，是人民政协开展工作的重要方法。这些年，省政协和各州市政协在很多重点课题方面共同开展过调研视察，取得了一系列重要成果，也有很多合作组团出省出境的考察出访，在全国政协和一些兄弟省份赴滇开展工作中积极协调配合，取得了积极成效。要用这些好的经验指导和推动工作，今后要建立起省州市合作的长效机制，切实加强各级政协之间的通力合作，进一步巩固和发展整体协调、上下联动、优势互补、成果共享的良好局面。

（三）要大力推进政协港澳台侨和外事工作的制度化规范化程序化建设，增强政协外事部门履职尽责的成效

加强自身工作、提高工作水平很重要。港澳人士、台湾同胞、海外侨胞是政协较有特色的工作对象，如何完善界别联系制度，发挥界别优势还可以做很多的探索工作。健全调研视察选题确定、研究论证等机制，进一步强化专委会的基础性作用，努力建设“学习型、服务型、创新型、和谐型”的委员会，全面加强港澳委员和外联干部两支队伍的建设，把港澳台侨工作、外事工作的一些成果做法上升为制度规定，不断提高履职尽责的能力和水平。

## 二、要以开展党的群众路线教育实践活动为契机，努力为云南桥头堡建设多做贡献

（一）加强委员会工作，发挥政协优势

围绕保持党的先进性和纯洁性，根据中央的安排部署，在全党深入开展以为民务实清廉为主要内容的党的群众路线教育实践活动。要以开展党的群众路线教育实践活动作启发，把为民务实清廉的价值追求深深根植于委员会每个同志的思想和行动中。结合委员会工作，深入到委员、台胞侨胞中去，掌握他们发展的实情，倾听他们的呼声，了解他们的诉求，把握他们的意愿，努力做到广集民智、务实建言，重点提高六种能力。根据调研视察的需要，注重改进工作方法，在深入基层、深入群众、深入一线上下功夫，提高调查研究、掌握实情的能力；根据参政议政的需要，注重问政于民、问需于民、问计于民，提高广集民智、务实建言的能力；根据反映社情民意的需要，注重倾听百姓呼声、了解群众诉求、把握民众意愿，提高收集、综合、提炼民意的能力；根据维护社会和谐稳定的需要，注重分民忧、解民难、顺民气，提高协调关系、化解矛盾的能力；根据开展四群工作需要，注重发挥政协优势，调动各方力量，积极探索智力扶贫、科技扶贫、产业扶贫的办法途径，提高帮助群众脱贫致富的能力。

（二）不断扩大对外开放

以此为契机，紧紧围绕全省经济社会发展大局，着力加强公共外交，促进对外开放，努力为全面建设小康社会、加快推进富裕民主文明开放和谐云南营造良好国际环境和外部条件贡献力量。要大力加强与周边国家的友好交往。进一步发挥优势、突出重点，着眼建设中国向西南开放的桥头堡的目标，主动承担推动区域合作、扩大对外开放和实施“走出去”战略等重任，按照省委省政府总体部署，有计划、有重点地开展多层次、宽领域的对外交流活动，不断加强与周边国家特别是南亚、东南亚国家的友好往来。积极邀请有影响力的国际政要、企业高管来我省考察；争取一些重要的国际会议在我省召开；联系一批有影响力的国际展览会在我省举办；帮助一批有实力的企业“走出去”拓展国际市场尤其是东南亚南亚市场，同时发挥政协渠道优势配合搞好每年的南博会。要努力加强民间交往和海外合作交流的深度和广度。民间交往是我省对外交往的重要组成部分，在增进政治互信、加深了解友谊、吸引境外资本、促进各领域合作发挥着重要作用。

（三）形式多样地开展港澳台侨和外事工作

人民政协要充分体现在对外交往中“融官方外交与民间外交于一体”的特点和优势，组织引导广大政协委员、企业家、民间组织及各界代表人士，以多种形式加强与周边国家政府、企业、社团等的友好往来，积极在经贸、文化、环保等方面开展交流合作。充分利用我省的侨乡资源，通过举办座谈会、茶话会等方式，加强与港澳委员、港

澳同胞、台湾台胞、海外华侨华人及其眷属的联系与交往，邀请他们来云南考察，主动协助党委政府做好招贤引智、招商引资工作，积极为引进资金、技术、人才牵线搭桥、献计出力。要务实开展对外交往和出访活动。要着眼形势的发展和需要，根据工作开展的实际情况，提出每年的考察安排和出访安排。努力拓展我省政协对外交往的范围和领域，大力宣传我国的政治制度、政党制度和我省扩大开放的优惠政策，宣传云南丰富多彩的少数民族文化，云南日新月异的发展形象和开拓创新的进取形象，积极为桥头堡建设和云南扩大对外开放贡献智慧和力量。

## 三、切实加强自身建设，不断提高我省政协对外交往工作的质量和水平

做好新形势下云南政协对外交往工作，进一步提高工作质量和实效，就必须认真总结行之有效的做法和经验，深入研究面临的新情况和新问题，不断拓展做好政协对外交往工作的新途径新办法，进一步明确工作定位、突出工作重点，更加有效的发挥人民政协的独特优势和作用。要深化人民政协对外交往规律的认识。进一步加强学习和调研，积极探索人民政协对外交往工作的特点和内在规律，努力提高运用规律的能力和水平，切实在对外交往实践中增强工作主动性、前瞻性和针对性。要建立完善政协对外交往的机制。健全政协外事工作规章制度，切实加强对政协公共外交的领导，加强政协对外交往工作的研究和策划，进一步完善外事工作机制，全面规范政协的对外交往工作，努力实现我省政协对外交往资源的优化配置。要进一步加强政协外事工作队伍的建设。以提高政协外交工作的科学决策、科学运筹、科学管理能力为目标，本着“精干、统一、效能”的原则，着力提高政协对外交往工作者的思想政治水平、理论素养和对外交往专业技能，努力造就一支政治素质高、业务能力强、组织纪律严、经得起风浪考验的政协外事干部队伍。

同志们，当前，我省正处于加速构建云南对外开放新格局的关键时期，我们必须增强做好对外交往工作的紧迫感和责任感，真正树立“大外事”的观念，立足于更好地服从和服务于省委、省政府外事工作的总体部署，服务于我国面向西南开放的重要桥头堡建设，服务于我省经济社会又好又快发展这三个重点，着力拓展对外交往的渠道和方式，积极推进人民政协的公共外交，努力开创全省政协对外交往工作的新局面，为省委省政府对外交往大局和我省经济社会发展作出新的更大的贡献。

最后，祝参会的各位领导和同志们身体健康，万事如意！

# 在全省政协社法工作座谈会上的讲话

（2013 年 10 月 16 日）

倪慧芳

同志们：

今天我们在这里召开本届第一次全省政协社法委工作座谈会，楚雄州委、州人大、州政府、州政协的各位领导对此次会议高度重视，邱副书记介绍了楚雄州的基本情况并做了热情洋溢的致辞。借此，我代表省政协对长期以来州委、州人大、州政府对政协工作给予的帮助、支持表示衷心感谢！对各州市政协领导、社法委的同志们为社法委工作做出的努力表示亲切问候！对楚雄州政协社法委的同志们为会议召开付出的辛勤努力表示衷心感谢！刚才志红主任通报了省政协社法委今年开展的主要工作，对后几个月的工作做了安排，各州市政协社法委进行了交流发言，对如何做好明年工作，提出许多好的意见建议，今天的会议安排紧凑，主题突出、气氛活跃，开得很好。

省政协社法委在政协常委会议和主席会议的领导下，在社法委全体同志的共同努力和各州市政协社法委的大力配合下，工作卓有成效，每年都有新特点、亮点，都有新进步，成绩值得肯定。各州市政协社法委也紧密围绕当地党委政府和政协的工作中心，突出专委会的特点，发挥专委会委员的作用，工作开展得有声有色，积累了不少经验，较好的履行了政协政治协商、民主监督、参政议政职能。

本次会议在全面总结全省社法委工作的基础上，听取了大家对明年工作的意见建议，这些意见建议非常好，开阔了思路、增进了共识，为下一步做好政协社法委工作奠定了良好的基础。下面，我就如何做好明年的工作谈几点意见：

## 一、提高对专委会在政协工作中重要性的认识

专委会是政协联系委员和社会各界人士的桥梁和纽带，发挥好专委会的作用，是做好各项工作的前提和保证。今年是本届政协履职的第一年，专委会从领导到委员有较大幅度的调整。在今年 2 月 18 日召开的省政协专委会主任会议上，罗主席指出，专委会是常委会和主席会议领导下的工作机构，专委会的工作质量直接影响和反映了政协工作的整体水平，专委会工作的成果直接关系到常委会和政协履行职能的成效。没有专委会

的工作，政协工作便失去了基础和依托。多年的实践证明，只有专委会工作活跃了，政协工作才有活力；只有专委会工作成效不断增强，政协履职水平才会逐步提升；只有专委会的基础性工作有新进展、新突破，政协整体工作才能迈上新台阶。罗主席还从专委会的制度建设、加强学习、探索和创新专委会工作等方面对做好专委会工作提出了明确要求，希望大家认真学习，提高认识，切实增强做好专委会工作的责任感和使命感。

## 二、充分发挥政协委员的主体作用

政协委员是政协履行职能的主体。政协的优势在委员、活力也在委员。政协的各项工作，无论是参政议政、建言献策、反映社情民意，还是联系各界人士，都离不开政协委员的参与。政协委员是政协发挥协调关系、汇聚力量、建言献策和服务大局作用的中坚力量。委员的主体作用发挥得如何，是衡量政协工作成效的重要标志。因此，我们要通过组织各种调研、视察活动等渠道和方式调动委员履职的积极性，要帮助委员准确把握中央和省委、政府的工作中心，了解政协履职的途径和开展工作的方式方法，为委员知情明政、参政议政创造条件。专委会要进一步拓宽政协委员活动领域，多渠道、多途径地开展政协的协商监督工作。要支持委员参与党委、政府和有关部门重大方针政策的讨论协商，倡导委员在参与协商讨论中敢于讲真话、说实话，要拒绝“面面俱到的平庸”，要珍惜政协特有的“话语权”，在调查研究的基础上多提切中时弊的意见，多谋务实之策，促进政协工作在更加广泛的基础上取得新成效。

## 三、加强对专委会工作的探索和创新

准确把握专委会的工作目标和重点是做好工作的基础。围绕党委、政府的中心履职是政协工作的基本原则。当前省委、政府的中心就是省委九届四次全会提出的云南要与全国同步建成小康社会，“翻两番、增三倍、促跨越、奔小康”的工作目标。这是全省的工作重点，政协履职的重点，也是专委会的工作重点。专委会要围绕党委、政府的重大决策和工作部署，结合自身实际，不断调整工作思路，在做好专题调研、视察、立法协商、提案办理等常规性工作的同时，进一步更新观念，开阔视野，努力在促进“三个发展”上有新作为；在探索协商民主的形式、途径、方法上有新突破；在拓展民主监督渠道，增强民主监督的实效性上有新举措；在创新专委会履职方式方法上有新进展。在履行职能中充分发挥联系广泛、智力密集、人才荟萃的优势，集中政协委员的智慧和力量，专题调研要在选准课题、深入实际、成果转化上下功夫。不断提高调研的质量和水平，为党委政府决策提供具有参考价值的意见建议。

社法委要一如既往的把推动民生改善，促进社会和谐稳定作为工作重点，把履职为民作为政协履职的出发点和落脚点。围绕医疗卫生、教育、就业、社会保障、环境保护等涉及人民群众利益的民生问题作为调研、视察的重点，把反映人民群众的呼声作为参政议政的重要内容。把连续六届的民生论坛办好办优办出实效。努力使专委会工作在继承中发展、在发展中创新。

## 四、加强自身建设、提高专委会的工作能力和水平

自身建设是永恒的主题。加强专委会自身建设是提高履职能力的前提和基础，也是专委会各项工作顺利开展的保证。我看各州市政协社法委的工作经验和交流材料，都把自身建设作为一项重要的工作，围绕加强理论学习、提高履职能力、深入调查研究、加强专委会的制度建设等总结了很多好经验好做法，为进一步做好专委会工作奠定了良好的基础。在此，我再强调几点：

一要把深入学习党的十八大、省委九届四次全会精神贯穿在专委会工作的全过程中，按照“缺什么、补什么”的原则，把勤于学习作为一种责任、一种精神追求，把善于思考作为一种习惯。除了加强政治理论学习外，还要学习政协理论、统战知识以及相关的政策、法律法规，坚持学以致用，用理论指导实践，推动工作，不断提高履职的能力和水平。

二要加强制度建设。建立健全政协履职的内容、形式、程序的各项制度，使政治协商、民主监督、参政议政工作进一步制度化、规范化，程序化。

三要加强内外上下的沟通联络。专委会承担着大量的联络沟通工作，与社会各界、民主党派、人民团体及相关部门保持密切的联系，是做好工作的基础。要发挥好这一特点和优势，把各方面、各部门以及各级政协的团结合作与专题调研、视察工作结合起来，特别是要增强与各级政协的上下联动，整合力量，探讨联合专题调研、视察的新途径，拓展参政议政的深度和广度。

四要强化服务意识。提高服务意识，做好服务工作是专委会发挥参谋助手、协调保障作用的基础。在为委员服务中，要以“求同存异”的包容心维护委员发表不同意见的权利，尊重委员的主体地位，引导委员履职的责任意识，发挥各界别委员的积极性。努力营造广开言路、平等议事、畅所欲言、团结和谐的工作氛围。专委会办公室是专委会开展各项工作的重要保障，起着不可或缺的协调服务作用。办公室的同志，要坚持用学习提升业务水平，在学习中，把握服务这个重点，突出提高服务能力这个关键。自觉为领导服务、为委员服务、为基层服务，用“服务”去体现工作、体现职责、体现价值，增强专委会的亲和力和凝聚力。

同志们，大家能聚在一起不容易，机会难得，希望大家互相交流、互相学习，深入探讨，努力把今后的工作做好，力争使社法委工作再上一个新台阶，为促进我省科学发展、和谐发展、跨越发展，维护社会和谐稳定作出新贡献。祝楚雄州经济社会再上新台

阶，彝州的明天更美好，祝同志们工作顺利，身体健康，阖家幸福。

# 在云南省八州政协文史工作联系会上的讲话

（2013年10月29日）

罗黎辉

同志们：

在怒江州委、州政府、州政协的精心安排组织下，我省八州政协文史工作联系会议今天隆重召开了。我谨代表省政协对这次会议的召开表示热烈的祝贺！

我省八州、八市政协文史工作联系会议是具有历史传统和政协特色的重要会议，多年来为加强我省州市政协工作联系、交流工作经验、加强文史协作做出了积极贡献，形成了州市级政协一个颇具特色的横向交流合作平台。本次会议在十二届全国政协、十一届省政协以及我省大部分州市政协换届后的开局之年召开，必将对我省政协文史工作明确目标、振奋精神、开拓创新、做好工作起到积极的开局作用。

今年以来，结合群众路线教育实践活动，中共中央出台了“八项规定”等一系列制度措施，对改进文风、精简会议提出了一系列要求。结合这些要求，经过认真研究，省政协本年度计划召开的全省政协文史工作座谈会暂不召开，具体情况待研究后再确定。按照我省八州、八市政协文史工作联系会议的惯例，今年的八市政协文史工作会议由玉溪市政协组织召开，玉溪市政协也进行了精心的准备，并定于本次会议之后相继召开。考虑到今年中央、省委的有关要求，在征求省政协意见的时候，我们建议八市政协文史工作会议推延到明年召开，并建议今后八州、八市政协文史工作会议隔年穿插召开，即保持传统，又提高效率，同时也符合中央、省委精简会议的精神。玉溪市委、市政协研究后采纳了我们的建议，同意八市政协文史工作联系会议推迟到明年召开。今天玉溪市政协的同志也来了，特此向他们此前所做的精心准备表示歉意，对他们顾全大局的精神表示敬意，同时也向八市政协的同志做个说明。

今天是八州政协文史工作联系会议，同时也邀请了八市政协的同志参加，与全省政协文史工作座谈会参会范围基本一致。因此借助这一平台，我就贯彻全国暨地方政协文史工作研讨会精神，本届省政协文史工作基本思路，以及进一步做好政协文史工作三个方面谈几点意见和感受。

## 一、深入学习贯彻全国暨地方政协文史工作研讨会精神

首先，我简要向大家通报全国暨地方政协文史工作研讨会的有关情况。

（一）会议基本情况

5月14～15日，全国暨地方政协文史工作研讨会在北京举行，这是十二届全国政协换届之后举行的首次全国性文史工作会议。会议由全国政协文史和学习委员会主任王太华主持，马飚副主席出席开幕会并发表重要讲话，出席会议人员130多人。

马飚副主席结合新形势新任务对做好政协文史工作作了重要讲话。人民政协的文史工作是一项富有统一战线和政协特点的重要工作，是人民政协的一项经常性、基础性工作。马副主席指出，在文史资料的征集、编辑工作中，要始终坚持实事求是、尊重历史，坚持正确的政治立场和政治方向，这是我们的责任所在，也是人民政协文史工作不断发展的生命力。文史工作要以中共十八大精神为指导，深入贯彻科学发展观，探索新方法，总结新经验，不断开创与人民政协事业蓬勃发展相适应的新局面，为实现中华民族伟大复兴的中国梦贡献智慧和力量。

王太华主任在闭幕会作了重要讲话，对本届政协文史工作提出了五点具体要求：

一是坚持团结统一，深入开展文史大协作。大协作是社会主义制度优势、人民政协组织优势、文史工作客观要求的集中体现，在协作中要切实推进网络建设，跨区域、跨部门的选题要坚持“点线面”结合，坚持“上下联动”和横向配合。要具体细化落实规划，每个选题要落实负责人、时间表和路线图。

二是加大征集力度，扎实推进文史资料编辑出版工作。征集是文史资料工作首要任务，要做到明确征集内容：切实抓住“一个重点”和“三个加强”，即以建国后的史料特别是改革开放30多年来的史料为征集重点，加强对各民主党派、工商联史料的征集、加强对少数民族地区史料的征集和加强对港澳台及海外文史资料的征集。找准征集对象：以政协委员及其所联系的社会各方面人士为主，政协委员是文史工作的主体。拓展征集方式：既可以坚持传统的纸笔记录方式，也要与现代各种电子技术手段，新媒体方式相结合。形成征集成果：进一步做好资料整理研究和编辑出版工作，在树品牌上下功夫，在出精品上做文章。

三是发挥文史资料“存史、资政、团结、育人”的社会功能，为推动中国特色社会主义文化建设出力。文史工作的主要目的是以史团结人、影响人、教育人，政协文史资料蕴含了治国理政的经验教训，对后人有启迪意义；具有鲜明的统战性，对巩固壮大爱国统一战线有重要意义；是爱国主义和社会主义教育生动教材，有利于帮助人们正确认识历史责任，培养勇于担当的精神。希望各级政协充分利用文史存量资源，积极开发增量资源，多策划组织文史活动，不断增强文史资料工作的亲和力、感染力和影响力。

四是坚持继承、改革、创新，不断提高文史工作科学化水平。勇于变革和创新，要坚持理论创新：文史工作理论是人民政协理论的重要组成部分，要总结实践经验，把握内在规律，更科学的指导工作实践。坚持实践创新：发挥“专家多、名家多、大家多”的优势，积极开展文史特色协商议政活动，积极从历史文化角度开展专题调研活动，在史料中挖掘调研选题，在调研中编辑史料。坚持形式创新：根据选题召开形式多样的协商座谈会，重在实效。坚持技术创新：善于运用现代电子技术手段，充分利用录音、录像等多媒体方式。坚持宣传创新：除了报刊、电台、电视等传统媒体，可以运用网站、微博、微信等新媒体全方位宣传文史工作成果。

五是贯彻落实《政协全国委员会关于加强文史资料工作的意见》，切实加强对文史工作的组织领导。各级政协组织要认真贯彻落实2007全国政协颁发的《政协全国委员会关于加强文史资料工作的意见》各项规定要求，进一步加大对文史工作的领导力度，加强文史队伍建设。

（二）会议主要精神

本次会议的主要任务是：以中共十八大精神为指导，按照十二届全国政协的总体工作部署，深入探讨新一届政协文史工作继往开来、创新发展的思路和方法，今后五年将围绕著名民主党派、工商联人士音像史料，14个沿海城市开放史料，西部大开发史料，香港、澳门回归史料，抗战史料及少数民族百年实录等五个方面选题协作规划进行研究部署。

会议认为，50多年来，在历届政协领导的亲切关怀下，经过各级政协委员和广大文史工作者的共同努力，人民政协文史工作成绩卓著、硕果累累，先后征集了80多亿字的文史资料文稿，编辑出版了50多亿字的文史资料选辑和专题史料图书，充分发挥了应有的作用。

会议认为，文史工作具有时间性和紧迫性。“历史不能隔代相传，亲历、亲见、亲闻的人不在了，真实性就无从考证。”时间稍纵即逝，历史不可再现。与会人员相信，新时期文史工作大有可为，政协文史工作者使命光荣，责任重大。

会议强调，政协文史资料征集要坚持统战和“三亲”特色。允许多说并存，尊重历史见证人从不同侧面对历史事件的表述，这是政协史料征集工作多年来遵循的重要原则，更是史料真实性的机制保障。

会议认为，开展大协作是人民政协的组织优势，更是进一步推动文史工作的客观要求。要进一步完善协作机制，全国政协与地方政协加强上下联动，地方政协之间加强横向互动，政协组织与各党派团体加强交流合作。

（三）认真学习贯彻会议精神

以上全国暨地方政协文史工作研讨会的主要情况和有关精神，这次会议由我带领省政协文史委有关领导同志参加。短短两天的会议安排紧凑，内容丰富，对新一届政协文史工作提出了思路，做出了部署，明确了要求，对全国各级政协做好今后五年文史工作具有较强的指导性，对我省政协加强文史协作，促进文史发展都有重要的意义。有关具体的会议材料，将由省政协文史委转发各州市政协，希望大家认真学习，充分贯彻，促进我省政协系统文史工作进一步发展。

## 二、本届省政协文史工作基本思路

### （一）指导思想

本届省政协文史工作的指导思想是：以中国特色社会主义理论体系为指导，全面贯彻中共十八大精神，遵循政协文史工作指导方针，积极发挥“存史、资政、团结、育人”作用，在常委会议和主席会议领导下，围绕省委、省政府、省政协的中心工作，以加强全省文史协作和加强自身建设为着力点，努力实现文史工作“三个转变”，更好地为政协委员服务，为我省民族文化强省建设作出积极贡献。

### （二）总体思路

本届省政协文史委的工作总体思路，主要围绕省政协重点工作部署，突出自身特点，坚持“三个转变”。初步考虑是：每年组织委员进行1次重点调研，1次重点视察，1项重要活动；文史资料编辑方面，每年编辑出版文史资料选集1～2本；每年进行1～2次委员会组织的调研活动，题目根据年度工作情况拟定。此外，本届委员会拟于5年任期内，邀请全省政协协作，共同完成千万字以上精品图书一套。

今年以来，省政协文史委组织了“滇越铁路昆明论坛”，取得了较好的效果，并根据论坛情况整理出版《滇越铁路昆明论坛文集》1本，约18万字，将于近期出版；组织进行了“云南民航与经济社会发展历程及未来发展研究”的重点调研活动，前后历时5个月，现调研报告已准备交秘书长会议审议。根据本次调研的情况，编辑了《云南民航纪实》一本，约62万字，已进入排版审核阶段。

### （三）文史资料协作选题

根据全国政协文史工作研讨会的要求，省政协文史委就本届文史工作全省协作的选题也进行了认真的思考和研究，文史协选题工作十分重要，我们的选题标准坚持围绕全国政协文史工作研讨会精神，坚持围绕党委、政府的中心工作，坚持突出政协文史工作优势和特点，经过多次研究讨论，结合秦光荣书记“制约云南发展的两大瓶颈是项目和人才”的思路，我们初步计划用5年时间，围绕我省“人才”课题，合全省政协之力，广泛动员协作，共同编辑出版1套优秀精品图书，为云南人才强省战略做出新贡献。

目前，省政协文史委已就此课题，请有关领导和专家牵头研究，准备在近期形成我省本届政协文史资料协作方案，并广泛征求全省政协组织意见，形成统一共识后组织实施。

## 三、几点要求

以上介绍了全国政协会议以及本届省政协文史委的一些工作情况。下面，结合本次会议的情况，对做好下步工作谈几点意见。

（一）加强学习，深化认识，树立做好政协文史工作的决心和信心

近两年来，全省政协系统先后经历了省、州市、县市区的换届工作，各地政协文史委领导班子也程度不同的进行了调整。应该说，干部的进退留转是政协工作的常态，新的同志来到文史委工作，为全省政协文史工作增添了新的力量，是一件好事。同时，政协文史工作又是一项知识性、专业性、系统性较强的工作，需要大家认真学习研究，才能做出好的成绩。换届后很多同志从党委、政府及其他职能部门转岗到政协工作，必须要有一个转变工作方式和思路的适应过程，只有认真学习，掌握规律，充分认识政协文史工作的光荣历程和重要意义，才能更好的树立做好工作的信心和决心，做出新的成绩。

政协文史资料工作是政协委员及其所联系的各方面人士对重要历史事件和历史人物的记述，是历史当事人、见证人和知情人亲历、亲见、亲闻的第一手资料，可以匡史书之误，补档案之缺，辅史学之证，具有“存史、资政、团结、育人”的重要作用。文史工作具有统战性和政协特点，是人民政协一项经常性、基础性工作。2007 年制定的《政协全国委员会关于加强文史资料工作的意见》进一步强调了政协文史工作的重要意义，明确了工作方针、原则和重点，提出了加强和改进工作的新要求，推动了政协文史工作的创新和发展。做好人民政协文史工作，是推动中国特色社会主义事业发展的需要，是推动社会主义文化大发展大繁荣的需要，是推动人民政协事业发展的需要。

50 多年来，人民政协文史工作成绩卓著。就云南省政协来说，经过历届政协文史工作者的共同努力，在社会各界人士的大力支持下，取得了丰硕的成果，共征集出版了《云南文史资料选辑》67 辑，大型文史丛书《云南文史集粹》和《云南特有民族百年实录》等，约 2500 万字。全省各级政协编印出版文史资料 1248 辑，1. 8 亿多字。这些史料从政治、军事、经济、教育、文化、科技、宗教、社会生活等不同侧面，反映了戊戌变法以来近百年间，处于剧烈变动之中的云南省社会面貌。可谓“史林独树一帜，社会百态纷呈”。充分发挥了存史、资政、团结、育人的重要作用，为推动我省人民政协事业发展做出了特殊的贡献，在我省社会主义精神文明和物质文明建设中起到了重要的作用。

总体来说，文史工作开辟了人民政协工作的重要领域。逐步发展成为人民政协一项独具特色的经常性、基础性工作，有力推动了人民政协事业的发展；文史工作创造了人民政协履行职能的独特方式。文史工作为广大政协委员、为人民政协各参加单位开展政治协商、民主监督和参政议政创造了有利条件，提供了存史资政，鉴往知来有力的支

撑；文史工作探索了开展统一战线工作的有效手段。通过忠实反映历史事件和公允评价历史人物，记录统一战线各方面人士的认识和经验，增进了社会各界人士的共识与团结，扩大了统一大光明战线的联系面和团结面；文史工作丰富了社会主义文化事业的深刻内涵。通过广开言路，传承中华民族优秀传统文化，起到了教育后人，振奋民族精神，提高民族素质的积极作用；文史工作推动了中国和云南近现代史的科学研究。通过对重要历史事件和历史人物的记述，留存了我国特别是云南近现代史上极为珍贵的第一手资料，进一步丰富了我国史料宝库，深化了近现代史的研究。

综上所述，政协文史资料工作是一项有利于国家，有利于民族，有利于历史，有利于自身的重要工作，作为一名政协文史工作干部，必须要有这样的工作自信。努力学习，开拓创新，不断在政协文史工作岗位上做出新的成绩。

（二）围绕中心，结合实际，努力实现政协文史工作“三个转变”

党的十八大以来，中共云南省委面对新的形势，提出了建设“两强一堡”，实现“三个发展”，全面建成小康社会的战略目标。作为政协文史工作部门，要结合党委的中心工作，履行好“存史、资政、团结、育人”的职责，推进政协文史工作更上新台阶，必须解决好政协文史工作如何适应新形势发展变化要求与时俱进的问题。

毫无疑问，政协文史委员会必须切实做好存史的工作。针对当前实际，尤其要做好保持“三亲”特色、统战特色和民族特色，树立精品意识，进一步做好文史资料征集和抢救的工作。这一点我省各级政协过去多年来总体上做出了突出成绩，取得了成功的经验，不是我们在新形势下要解决的主要矛盾。从十届省政协文史委开始，我们致力于新形势下推进政协文史工作解决好存史、资政、团结、育人四个方面有机统一的问题。作为政协的一个专门委员会，我们不能将存史与资政、团结及育人割裂开来，对立起来；不能撇开新形势火热的现实对政协文史工作提出的迫切要求不顾，两耳不闻窗外事，而单纯地闭门修史、整理省故。换个角度说，政协文史工作要把路子越走越开阔、越走越通畅，就不能够把“存史”孤立于“资政、团结、育人”之外。50 多年的实践证明，把“存史”孤立于“资政、团结、育人”，把征集文史资料与政协履行三项职能分离开来，甚至对立起来，把政协文史委功能蜕变为文史资料编辑部的功能，政协文史工作就必将把自己在一定程度上封闭起来，与火热的经济社会改革发展现实脱离开来，最终难免走入困境，这是每个政协文史工作者都不愿意看到的。

正因如此，十届省政协以来，省政协文史工作努力实现“三个转变”，即由过去侧重于物质文化遗产的工作方面向物质与非物质文化遗产并重转变；由过去侧重于“史”向“文”“史”并重转变；由过去侧重于“存史”向“存史”与“用史”履职相结合转变；努力探索“三个有机结合”，即政协文史工作与新形势下云南省经济社会发展的有机结合；存史与资政、团结、育人的有机结合；文史工作与政协履职目标的有机结合。近些年来，在一手抓牢存史不放松的基础上，开始走出了以文史商政、以文史参政、以文史议政和以文史督政的路子。如：2008 年，基于历史、文化，对现代新昆明城市建设与文化，即新形势下经济与社会发展和谐的现实问题给予关注；2009 年，基于滇越铁路 100 年的历史，就如何处理保护利用，促进经济发展、扩大开放与传承历史文化的问题给予关注。在此基础上，省政协文史委以多种方式，提出了一批高质量的政策建议和意见，受到了省委、省政府和有关方面的高度重视，引起了社会的高度关注，为云南经济社会的发展作出了政协文史委员会的应有贡献。本年度省政协重点调研课题“云南民航与经济社会发展历程与未来发展研究”，也是本着这样的工作思路进行选题。

多年的工作实践充分说明，新时期政协文史工作的“三个转变”，为落实全国政协“人民政协要充分发挥文史工作专委会作用，更好地履行政治协商、民主监督、参政议政的职能”方面，探索了成功的经验，必须持之以恒坚持下去。同时这一经验很值得全省各地政协借鉴和推广，带动新一届政协文史工作取得新的进步。

（三）统一思想，加强协作，促进全省政协文史工作再上新台阶

加强政协文史资料工作协作这一优良传统，是全国政协的要求，也是政协文史资料工作发挥优势的必然选择。通过加强协作，使全省政协文史资料工作资源更丰富，人才更全面，联系更紧密，事业更昌盛。一是要加强统筹协调，做好协作规划。要结合全国政协要求，树立一盘棋理念，同时结合我省实际，认真做好文史资料协作方案，明确组织领导、征集内容、体例、出版方式、进度要求、完成时限、经费预算等，制定阶段性工作目标，确保操作性和可行性。二是要加强沟通协调，完善协作机制。省政协与各州市县政协之间要加强上下联动，州市政协之间要加强横向互动，政协组织与各党派团体之间要加强合作交流。通过合作，逐步建立完善共同协作机制，形成信息互通，资源共享，合作共赢的良好机制。三是要扎实开展工作，落实规划目标。规划形成之后，更重要是各级政协给予重视和支持，要把规划变为成果，特别是牵头州市要切实负起责任，对全省协作的重要专题加大工作力度，不断提高协作配合的实效。四是要坚持自身特色，发挥政协优势。保持政协文史资料的统战性和“三亲”性，从实际出发，充分发挥委员主体作用，组织委员及其联系的社会各界人士撰写文史资料；深入发掘历史见证人和知情人的第一手资料，不同层次、不同侧面、不同角度客观真实的进行记述，确保史料的历史价值和社会价值。

同志们，我省正处在建国以来最重要的发展机遇期，也处在全面建设小康社会的关键时期。新的形势和任务，为政协文史资料工作提供了广阔的空间，也提出了崭新的课题。我们一定要从全局和战略的高度，充分认识做好新形势下政协文史资料工作的重要意义，进一步增强责任感和使命感，扎扎实实做好文史资料各项工作，解放思想、实事求事、开拓创新，与时俱进，继续为时代立鉴，为国家立史，为人民立言，紧紧围绕建

设“两强一堡”战略目标，全面履行人民政协三项职能，为推进我省科学发展和谐发展跨越发展，不断开创我省政协工作新局面。

# 突出重点　严格标准　务求实效<br>确保党的群众路线教育实践活动善做善成

——在省政协机关全体干部职工大会上的讲话

（2013 年 11 月 27 日）

王承才

尊敬的正富主席，同志们：

在全党深入开展党的群众路线教育实践活动，是党的十八大作出的重要决策部署，是新时期加强党的建设的重大实践创新。自今年 7 月以来，按照中央和省委的统一部署，省政协领导班子和机关紧紧围绕保持党的先进性和纯洁性，按照“照镜子、正衣冠、洗洗澡、治治病”为总要求，以为民务实清廉为主题，深入扎实开展党的群众路线教育实践活动。目前，学习教育、听取意见和查摆问题、开展批评环节工作已经基本结束，逐步启动第三环节整改落实、建章立制环节的有关工作。下面，根据会议安排，受罗正富主席委托，我代表省政协党组围绕总结前两个环节工作，部署第三环节任务，讲三点意见：

## 一、思想重视，组织有力，党的群众路线教育实践活动扎实推进

在教育实践活动第一、第二环节中，省政协领导班子和机关各支部对教育实践活动高度重视，行动迅速，组织有力，既认真完成规定动作，又适时组织自选动作，深入扎实推进党的群众路线教育实践活动，取得了阶段性成果。主要呈现以下几个特点：

### （一）坚持把加强组织领导作为重要保障，思想重视，组织严密

省政协党组对教育实践活动高度重视，成立了由省政协党组书记、主席罗正富同志任组长的教育实践活动领导小组，设立了办公室，编配了工作组，明确了省政协两级党书记和机关各支部书记或负责人分别为各级党组织活动第一责任人，建立了纵向到底、横向到边的组织领导构架，为教育实践活动扎实开展提供有力的组织保障。坚持早安

排、早部署，根据中央和省委的有关要求，结合省政协工作实际，认真研究制定《云南省政协领导班子和机关深入开展党的群众路线教育实践活动实施方案》，对活动进行了具体安排，确保组织有序，程序规范。7月5日上午，在省委动员大会之后，立即召开省政协机关动员大会，并层层搞好思想发动，使全体党员干部做到对活动的指导思想明确、目标要求明确、工作原则明确、方法步骤明确，在省政协机关范围内迅速启动了教育实践活动。

（二）坚持把深入学习教育作为基本前提，认真学习，入心入脑

省政协两级党组班子坚持先学一步，学深一步，原原本本研读《论群众路线——重要论述摘编》、《党的群众路线教育实践活动学习文件选编》、《厉行节约、反对浪费——重要论述摘编》等规定篇目，认真学习领会习近平总书记系列重要讲话精神以及中央督导组、省委主要领导同志的讲话精神。召开两级党组理论中心组学习会，相互交流学习心得，统一思想认识。机关各级党员领导干部自觉抓好学习，认真撰写心得体会，正富主席亲自组持召开机关党员干部学习交流会，引导大家深入学习讨论，相互帮助启发，共同进步提高。省政协秘书长车志敏同志结合理论中心组学习成果，代表省政协党组上党课，加深了机关全体党员干部对党的群众路线的认识和理解。同时，开展了到保山善洲林场学习杨善洲精神、参观云南省反腐倡廉警示教育基地、集体观看《苏联亡党亡国20年祭》警示教育片等系列活动，教育引导党员干部自觉加强党性修养，坚定理想信念，强化宗旨意识，把好世界观、人生观和价值观这个“总开关”。通过形式多样的学习教育，全体机关党员干部对教育实践活动重大意义的认识和把握进一步强化，对党的群众路线的认识和理解进一步深化，查找和反对“四风”突出问题的决心和信心进一步坚定。

（三）坚持把广泛征求意见作为基础工作，深入群众，听取意见

省政协两级党组班子坚持开门搞活动，通过发放征求意见表、召开座谈会、设置意见箱、开通热线电话等形式，广泛征求和听取各方面对党组及成员的意见建议，向各专门委员会、研究室、省级各民主党派和有关团体、全省各州市政协、省政协常委发出民主评议表693份，梳理各方面意见建议130多条，原汁原味地进行了反馈。班子成员分别深入到各自的“四群”工作联系点，面对面征求基层干部群众对省政协两级党组和机关工作的意见建议。罗正富主席两次亲自主持机关征求意见座谈会，当面听取机关干部群众意见建议。研究室、各专门委员会中的省管党员领导干部和机关各支部，也采取多种形式征求各方面意见。通过广泛征求和听取各方面的意见建议，为班子和成员个人查摆问题打下了坚实基础。

（四）坚持把查摆问题作为重要内容，查找不足，深挖根源

两级党组成员、机关各位省管干部和全体党员干部对照理论理想、党章党纪、民心

民生、先辈先进“四面镜子”，通过群众提、自己找、上级点、互相帮等形式，认真查找自身在遵守党的政治纪律、贯彻执行八项规定和“四风”方面突出的问题，从理想信念、党性观念、艰苦奋斗精神等方面深入剖析原因、深挖思想根源，认真撰写对照检查材料。罗正富主席、车志敏秘书长作为两级党组书记，认真组织力量撰写党组班子的对照检查材料，亲自把关定调，斟酌修改。为实事求是给自己打分画像，在中央和省委督导组的帮助指导下，两个党组班子和个人的对照检查材料都进行了反复修改、数易其稿。省政协党组班子的对照检查修改了13稿，其中大的修改有8次，有的党组成员个人的对照检查材料修改有6次。其它省管干部的个人对检查材料也报省委督导组进行了审阅。办公厅领导对分管处室的处级干部个人对照检查材料进行审查把关。通过深入查摆问题，认真撰写对照检查材料，班子和成员认清了自身存在的突出问题，挖掘了思想根源，明确了努力方向，为开好专题民主生活会奠定了良好的思想基础。

（五）坚持把开好专题民主生活会作为关键环节，谈心交心，开展批评

8月底至10月中旬，专题民主生活会前，结合深入学习习总书记在指导河北省委常委班子专题民主生活会时的重要讲话精神，省政协两级党组书记与每名成员、成员与成员相互之间、成员与分管部门负责同志之间先后开展了2轮认真、诚挚、深入的谈心交心。每位同志都充分安排时间，敞开心扉、坦诚相见，既主谈自己存在的问题，也诚恳地指出对方存在的问题和不足，提出改进的具体意见，同时主动接受党员、干部和群众的约谈。通过推心置腹的交流谈心，大家把问题谈开谈透、找准找实，真正达到了相互沟通思想、交换意见，消除误解、形成共识的目的。两级党组于10月22日和23日先后召开民主生活会，中央督导组、省委组织部、省委督导组的领导分别到会指导。会上，以整风精神，开展积极的思想交锋，批评和自我批评的氛围浓厚。自我批评时，每位党组成员都能够以正视问题、直面问题的态度，动真碰硬、揭短亮丑的勇气，放下包袱、消除顾虑、敞开思想，开门见山、直奔主题。批评同志时，大家出以公心，做到既指出具体问题又不纠缠细枝末节，实事求是、客观公正，推心置腹、与人为善，体现出了诚恳帮助同志、维护班子团结的觉悟。两个党组的专题民主生活会聚焦四风、严肃认真、气氛热烈，既有红红脸、出出汗的紧张和严肃，又有加加油、鼓鼓劲的宽松与和谐，达到了“团结——批评——团结”的目的。中央督导组、省委组织部、省委督导组都给予了高度评价。机关各支部也成功召开专题组织生活会，达到了自我教育、互相帮助，凝聚共识、增进团结，振奋精神的目的。

（六）把坚持边学边查边改作为重要原则，立说立改，付诸行动

省政协两级党组把群众路线教育实践活动焕发出来政治热情和工作热情，体现在具体工作之中。一是坚持在学习教育听取意见环节抓好整改。省政协两级党组按照省委第一批八个方面的整改内容要求，从身边存在的问题、从群众反映强烈的突出问题改起，

把会议多文件多活动多问题、公务用车违规行为、杜绝领导干部违反廉洁从政准则的行为、停止新建楼堂馆所和清理办公用房、切实改进调研视察方式方法、切实加强干部队伍建设作为第一批整改重点，收到良好效果。与2012年同期相比，今年省政协机关的会议活动数量减少25%，文件简报数量减少10%，公务接待费减少19%，公务用车费用减少28%，因公出国出境考察经费减少32%。先后制定出台了《云南省政协改进工作作风、密切联系群众实施意见》、《云南省政协机关公务车辆管理暂行办法》等4项制度。二是坚持在履行职能中体现整改。根据部分政协委员、基层政协的反映和调研中了解的群众呼声，对“云南藏区中小学双语教材费用问题”、对普洱市思茅区易地扶贫开发中的问题、云南烤烟利益调整组织了专题调研，调研报告提出的意见建议，得到了省委、省政府领导的高度重视和充分肯定。同时，省政协第六届民生论坛举办“云南扶贫恳谈会”，凝聚社会各界力量，围绕云南扶贫攻坚建言献策，体现了履职为民的工作理念。三是坚持在为群众办实事上落实整改。结合深入开展“四群”教育，切实做好挂钩帮扶工作。今年以来，为各联系点协调落实资金近2700万元，捐助物资80多万元。重点帮助实施农民增产增收计划，推动组建农村合作组织，协助谋划乡村发展规划，协调解决村民饮水困难问题，帮助引进农业龙头企业，推动发展特色产业，力所能及地为受灾群众解决困难，从机关办公经费中安排30万元帮助特困村，协助党委政府改善群众生产生活条件，增进人民福祉。通过多种渠道引进资金700多万元，开展农村社区综合发展、贫困家庭儿童大病救治、援建中小学校、资助贫困学生等扶贫救助项目，积极帮助解决群众的实际困难。注重发挥政协组织智力密集、人才荟萃、联系面广的优势，组织医疗、农科专家，前往贫困地区开展医疗义诊和农业科技培训，在扶危济困和智力扶贫等方面做了大量实实在在的工作。

## 二、把握重点，真整真改，严肃认真抓好第三环节各项工作落实

整改落实、建章立制，是教育实践活动取得实效的关键环节，对于解决“四风”方面的突出问题，确保教育实践活动善始善终、取信于民至关重要。按照中央和省委的部署，在整改落实、建章立制环节要突出抓好以下五项工作。

一是认真组织“回头看”。在第三环节工作正式展开前，省政协两级党组和机关各支部要召开党组会和支部会，认真对照中央和省委关于教育实践活动学习教育、听取意见和查摆问题、开展批评环节的部署要求，对前两个环节的各项工作，特别是规定动作的完成情况进行分析回顾，对活动开展情况作出实事求是的研判评估。重点是抓好“六看”，即：一看学习教育是否深入，党员干部在思想认识上有没有得到提高；二看查摆问题是否聚焦，有没有聚焦“四风”，真正把自己摆进去，找准了问题；三看自我剖析是否深刻，有没有触及思想、触动灵魂；四看谈心交心是否充分，有没有敞开思

想，坦诚相待；五看开展批评是否认真，有没有不讲原则、做“老好人”现象；六看边查边改是否见效，有没有提出实质性的整改举措，贯彻八项规定精神有没有打折扣、搞变通。“回头看”要坚持自己看与他人看、组织看、上级看相结合，真正看出问题，找到差距，工作不足的要“补课”，力度不够的要“加把火”，走了过场的要坚决返工重来。

二是认真制定整改方案。紧紧围绕整改落实的重点，对征求到的群众意见建议，自己对照查摆出来的问题以及党组专题民主生活会、支部专题组织生活上大家相互批评的意见等，进行再梳理、再归类，逐项列出问题清单，一一纳入整改内容，防止漏项。在此基础上，两级党组班子和各支部要制定目标明确、措施具体、责任明晰的整改方案，明确整改落实的路线图、任务书和时间表。处以上领导干部要制定个人整改措施。特别是两级党组对每一项整改任务都要明确责任单位、责任人和完成时限，提出的整改措施要具体实在，有针对性和操作性，防止“空对空”、承诺“空头支票”。班子的整改方案和个人的整改措施要紧密联系、挂起钩来，每一位领导干部既要担负起个人整改落实的责任，又要主动认领班子的整改任务。省政协党组的整改方案要报中央督导组审定，办公厅党组的整改方案要报省委督导组审定，机关各支部的整改方案要报机关活动领导小组办公室审定。

三是扎实开展专项整治。结合中央和省委提出的7个方面的整治重点，省政协将针对教育实践活动中查摆出来和群众反映强烈的“四风”方面的突出问题，围绕6项重点任务，在整个机关范围内开展专项整治：1. 按照减量提质、源头控制、制度规范的原则，着力整治会议活动和文件简报种类数量过多、集中管理不够和事前审批不严等问题。2. 着眼全面贯彻执行《党政机关厉行节约反对浪费条例》，建设节约型机关，着力整治公款送礼、公款吃喝、奢侈浪费等不良现象。3. 围绕巩固和深化全省公务用车专项治理工作和清理办公用房成果，着力整治超标超编配备公务用车、违规使用公务用车、违规使用办公用房等问题。4. 按照严格预算管理、严格审核把关、严格财务纪律的要求，着力整治“三公”经费使用中存在的不严格、不规范、开支过大等问题。5. 按照务实高效、减少陪同、简化接待的要求，着力整治调研视察工作中存在的不深入、不扎实、借机游玩等问题。6. 按照治庸提能力、治懒增效率、治散正风气的原则，着力整治部分党员干部中存在的不思进取、碌碌无为，消极懈怠、干事拖沓，作风涣散、纪律松驰等问题。省政协机关将专门制定下发专项整治实施方案，对专项整治的内容、标准、时限和要求作出具体部署，明确责任领导和责任处室认真组织实施，确保专项整治工作取得实效。

四是统筹推进制度建设。着眼以制度机制固化作风建设成果，实现反对“四风”、改进作风制度化、规范化、常态化，切实加强制度建设。要结合省政协两级党组和机关作风建设实际，对照中央、省委对制度建设的安排和考虑，研究制定制度建设计划方案，聚焦“四风”统筹推进制度建设工作。要组织专门力量对机关现有的规章制度进行全面梳理，有针对性地做好废、改、立工作。对于实践证明行之有效、群众认可的制度，要予以重申，着力抓好落实；对于不适应密切联系群众、加强作风建设要求、与现行规章制度相抵触、不一致的，要予以废止；对于与新形势新要求不相适应的，要予以修订完善；对于制度缺位的，要抓紧研究建立新制度，切实形成一整套便于遵循、便于落实、便于检查的作风建设制度体系。各专门委员会也要根据中央和省委的新部署新要求，结合实际，对各自的《专门委员会工作规则》等制度规定进行全面清理，抓好修订完善工作。要坚决维护制度规定的严肃性和权威性，制度一经建立，就必须不折不扣地贯彻执行。要坚决防止和避免不执行制度和执行不力，要划出红线，标出雷区，架起高压线，切实发挥好刚性约束作用，以严格有效的制度根治作风之弊、行为之垢。

### 三、强化责任，严格标准，确保教育实践活动不虚不空不走过场

习近平总书记强调，教育实践活动越往后，越要坚持标准，决不能虎头蛇尾，决不能用自我感觉代替群众评价。刘云山同志也指出，问题查找出来了，承诺也已作过，广大群众在热切等待“下回分解”，看整改是不是落到了行动上。因此，扎实推进整改落实、建章立制工作，必须牢固树立关键在落实的思想，强化责任，严格标准，用过硬的措施、管用的办法狠抓落实，防止只说不做、蒙混过关，防止虎头蛇尾、煮夹生饭，确保教育实践活动不虚、不空、不偏、不走过场。

一是进一步提高思想认识。教育实践活动越到后期就越容易出现松懈状况。如果稍有疏忽、稍有松懈，前两个环节的所有努力就会白费、所做的工作就会前功尽弃。我们要进一步提高对教育实践活动紧迫性、重要性和长期性的认识，坚决打消可以松口气、歇歇脚的松懈情绪和松劲思想，进一步提高思想认识，强化整改意识和落实意识，切实增强紧迫感和责任感，努力巩固和发展已经取得的成果，继续保持满腔的工作热情，拿出比前两个环节更大的力气、更足的劲头，扎扎实实落实好整改落实、建章立制环节的各项要求，善始善终地完成好各项工作任务。

二是进一步加强组织领导。整改落实任务重、要求严，切实加强组织领导至关重要。省政协两级党组和机关各支部的教育实践活动第一责任人要认真履行第一责任人职责，以身作则、率先垂范，带头高标准、高质量地推进整改落实、建章立制环节工作；各项分解任务的责任领导和责任处室，要切实负起责任，认真组织实施好整改落实各项任务落实；教育实践活动领导小组及办公室要在强化检查督导和切实抓好工作落实的基础上，坚持超前思考、超前谋划，做好与中央督导组、省委督导组的工作衔接，确保上级各项指示要求在省政协及时有效贯彻落实，教育实践活动有序推进、取得实效。

三是进一步严格工作标准。整改落实的标准，就是要做到“准、狠、韧”。“准”就是要以“钉钉子”的精神，找准靶子、点中穴位、切中要害、抓住七寸，盯住群众反映强烈的突出问题，逐项研究，一个一个加以整改，能解决的立即整改，一时难以解决的尽快创造条件解决，问题不解决决不放过，确保抓一项成一项。“狠”就是要以踏石留印、抓铁有痕的态度和力度，对群众反映强烈的四风顽症痼疾，拿出硬的措施，下猛药、出重拳进行治理。对整改的每个问题，都要明确责任单位、责任人，制定任务书、时间表，防止只说不练、虚晃一枪、流于形式。“韧”就是要在“常、长”二字上下功夫，坚持常态化、长期抓，以一股韧劲进行整改，不见成效不收兵。完善相关制度，建立长效机制，持之以恒、久久为功，确保教育实践活动善始善终、善做善成，取得预期效果。

四是进一步坚持开门整改。整改落实的过程，也是体现从群众中来、到群众中去的过程。改进作风，不能自说自话、自我评价。只有让群众来监督、来评价，把人民群众满意作为检验标准，这样的整改落实才会得到群众的认可和拥护，才能真正达到预期目的。因此，整改工作要继续敞开大门，把整改落实全过程置于群众监督之下。特别是省政协两级党组班子的整改方案要通过一定方式、在一定范围内及时向机关干部职工、政协委员、党派团体公开，征求意见建议。整改的目标、任务、时限、责任，改什么、怎么改等都要让群众看清楚，给自己以压力。整改的进展情况、结果等要及时向群众通报，并通过民主评议、民意调查等方式，接受群众对活动开展情况的监督和评判。做到群众反映强烈的突出问题不解决的不放过，群众不满意的不放过，努力使教育实践活动成为群众满意工程。

五是进一步强化统筹兼顾。刚才罗正富主席在讲话中已经强调，在今年最后一个月的时间里，要圆满完成今年工作任务还有大量工作要做。可以说，当前是既是省政协全年工作收好尾起好步的关键阶段，也是确保教育实践活动取得实效的关键阶段。因此，省政协两级党组和机关各支部要正确处理好开展活动与做好本职工作的关系，合理安排、统筹兼顾，把教育实践活动与学习贯彻党的十八届三中全会精神、筹备省政协十一届二次全会和其它各项工作紧密结合起来，努力做到两手抓、两不误、两促进，确保省政协机关党的群众路线教育实践活动取得实效，确保省政协年度各项工作任务圆满完成。

# 在省政协十一届四次常委会议结束时的讲话

（2013年12月30日）

罗正富

各位常委、同志们：

省政协十一届四次常委会听取了高树勋副省长关于省政协十一届一次会议以来提案办理工作的情况通报，讨论了《中国人民政治协商会议云南省第十一届委员会常务委员会工作报告》（草案）和《中国人民政治协商会议云南省第十一届委员会常务委员会关于十一届一次会议以来提案工作情况的报告》（草案），审议通过了关于召开政协云南省第十一届委员会第二次会议的决定以及会议议程、工作报告人名单、授权主席会议审定未尽事宜的决定等11个草案和决定，表彰了省政协十一届一次会议优秀提案，并通过了有关人事事项。会议期间，大家认真讨论，积极发言，提出了许多很好的意见和建议，使会议圆满地完成了预定的各项议程，为胜利召开政协云南省第十一届委员会第二次会议创造了必要的条件、奠定了坚实的基础，会议达到了预期的目的。下面，我讲三点意见。

## 一、深入学习贯彻三中全会精神，努力为我省全面深化改革聚合力添动力

前不久召开的中国共产党十八届三中全会是在我国全面建成小康社会和全面深化改革开放的重要阶段，召开的一次十分重要的会议。全会准确把握时代的脉搏，积极回应人民群众的期待，科学回答了全面深化改革的一系列重大理论和实践问题，在理论上有一系列重大创新，在政策上有一系列重大突破，明确了改革的方向，抓住了改革的重点，提出了改革的具体举措，为推动中国特色社会主义制度完善和发展勾画了新的蓝图。全会作出的《中共中央关于全面深化改革若干重大问题的决定》是指导新形势下全面深化改革的纲领性文件，具有重大的历史意义。学习好、贯彻好中共十八届三中全会精神，是当前和今后一个时期的重要政治任务，也是政协履行职能的中心课题。各位常委要充分认识深入学习贯彻十八届三中全会精神的重要意义，不断深化学习贯彻工作。

一是要全面学习领会会议精神。中共十八届三中全会不仅深刻阐述了在新的历史起

点上打好全面深化改革这场攻坚战的重大意义，明确提出了全面深化改革必须遵循的重大原则和需要把握的重大问题，而且系统总结了改革开放35年来的伟大成就和重要经验，鲜明提出了全面深化改革的指导思想、总体思路、主要任务和重大举措；不但明确了重点任务和具体举措，而且制订了时间表。总之，十八届三中全会的内容非常丰富，涉及到经济社会发展和党的建设的各个方面，需要全面掌握、深入贯彻。在全面学习的基础上，要深刻理解和把握全面深化改革的重大意义和指导思想，牢固树立进取意识、机遇意识和责任意识；要深刻理解和把握全面深化改革的总目标，坚持沿着完善和发展中国特色社会主义制度，推进国家治理体系和治理能力现代化的方向促进改革；要深刻理解和把握促进社会公平正义、增进人民福祉的出发点和落脚点，真正做到改革为了人民、改革依靠人民；要深刻理解和把握“四个坚持”的重要经验，切实贯彻到推进改革发展的各方面和全过程；要深刻理解和把握“六个紧紧围绕”的战略部署，积极协同推进社会主义经济体制、政治体制、文化体制、社会体制、生态文明体制和党的建设制度改革；要深刻理解和把握全面深化改革的重点，充分发挥经济体制改革的牵引作用，使市场在资源配置中起决定性作用；要深刻理解和把握加强对全面深化改革的组织领导的要求，牢牢把握全面深化改革的正确方向。

二是要深入掌握发展协商民主的新要求。十八届三中全会在十八大报告的基础上，对推进社会主义协商民主作出了重大部署，提出了一些新观点、新论断、新要求。《决定》指出，协商民主是我国社会主义民主政治的特有形式和独特优势，是党的群众路线在政治领域的重要体现。这一论述强调了社会主义协商民主的历史必然性和与群众路线的内在联系，具有鲜明的中国特色。全会对协商民主广泛多层制度化发展进行了深刻阐述。强调要坚持协商于决策之前和决策实施之中的原则；明确社会主义协商民主的范围覆盖全社会，有政权机关、政协组织、党派团体、基层组织、社会组织五种渠道和立法协商、行政协商、民主协商、参政协商、社会协商等五种主要形式；要求加强中国特色新型智库建设，建立健全决策咨询制度，等等。这对于切实构建起程序合理、环节完整的协商民主体系具有重要意义。全会对发挥统一战线在协商民主中重要作用提出了明确要求。指出要完善中国共产党同各民主党派的政治协商，完善民主党派中央直接向中共中央提出建议的制度。这对于新的历史条件下，更好地发挥统一战线在推进协商民主中的独特功能和优势，指明了方向、细化了要求。全会对充分发挥人民政协协商民主重要渠道作用进行了具体部署，提出了三个方面的明确要求：首先在制度化、规范化、程序化方面，要求党委和政府、政协制定并组织实施协商年度工作计划。这有利于政协的协商与党委、政府总体工作部署紧密衔接起来，推动政协协商进入决策程序，提高协商实效。其次在开展协商活动的次数上，要求增加协商密度。这有利于政协就更加广泛的议题与党委、政府开展协商，推动政协协商民主的内容向广泛化发展。还有在完善协商的保障机制上，要求在政协健全委员联络机构、完善委员联络制度。这有利于政协的协商能够充分发挥委员的主体作用，推动政协的协商民主切实反映委员的意见建议。我们要站在党和国家工作大局和政协事业发展全局的高度，认真学习、准确把握三中全会关于协商民主的重要论述，认真谋划、积极推进人民政协协商民主，充分发挥人民政协作为协商民主重要渠道作用。

三是认真贯彻落实三中全会精神。人民政协汇聚了一大批各行各业、各条战线的专家学者和实际工作者，是推进全面深化改革的重要力量。我们要进一步增强责任感和使命感，充分发挥政协的优势和作用，努力推动三中全会确定的各项改革举措和目标任务在云南落到实处。第一是要始终坚持正确的改革方向。三中全会体现了一个鲜明的主题，就是完善和发展中国特色社会主义制度。我们要正确看待面临的困难和问题，深刻认识用改革的办法解决问题，其前提是要牢牢把握改革方向，坚持中国特色社会主义道路、理论体系和制度，当改则改，不能改的则坚决不改，决不生搬硬套别国的模式或道路。坚定不移地沿着中国特色社会主义道路前进，拒绝一切浮躁和脱离国情的极端主张，防止急于求成、急于求纯思想的影响。第二是要积极为全面深化改革献计献策。三中全会的《决定》提出了16个方面60条改革意见，包括200多项具体任务。这些任务的贯彻落实，需要人民政协主动围绕改革的重大课题出主意、提建议。在今后的工作中，我们要切实把围绕全面深化改革履行职能作为头等的大事，充分发挥人民政协人才荟萃、智力密集的优势，深入调查研究全面深化改革中的重大问题，特别是要抓住建立健全现代市场体系、深化行政管理体制改革、完善基本经济制度、创新城乡一体化体制机制、深化财税金融投资体制改革、构建开放型经济体制、推进生态文明体制改革、推进民生领域改革、创新社会治理体制、深化民主法制改革等问题，深入考察调研，积极协商议政，真切反映群众诉求，广泛表达各界意愿，努力为我省打好全面深化改革这场攻坚战，走出一条符合中央精神、体现时代要求、具有云南特点的改革开放之路，建睿智之言、献务实之策。第三是要自觉营造共促改革的良好氛围。没有广泛的共识，改革就难以顺利推进。我们要充分发挥政协凝聚人心、汇聚力量的作用和优势，积极宣传党和政府的改革政策，切实做好上情下达、下情上达和解疑释惑的工作，引导社会各界理解改革、支持改革、参与改革，最大限度地汇聚改革合力，努力为我省啃下改革的硬骨头、扫除发展的拦路虎，创造团结奋进的社会环境。

## 二、认真学习贯彻省委九届七次全会精神，切实谋划好明年的各项工作

刚刚结束的中共云南省委九届七次全会是我省推动落实全面深化改革重大战略部署的重要会议，也是云南积极应对国内外复杂多变经济环境挑战、加快转变发展方式、促进经济持续健康发展与社会和谐稳定的重要会议。会议指出，做好2014年工作，必须

深入贯彻落实习近平总书记系列重要讲话精神，紧紧围绕建设“两强一堡”战略目标，坚持稳中求进的总基调，把改革创新贯穿于经济社会发展各个领域各个环节，以改革促市场活力、以改革促调整转型、以改革促创新发展、以改革促民生改善，做到稳中有快、稳中提质、稳中增效，确保全省经济持续健康发展、社会和谐稳定。这次会议提出的2014年工作总体思路、目标要求、主要任务，既立足当前，又着眼长远，求真务实，鼓舞信心，充分体现了改革创新的勇气和积极进取的精神。

深入学习贯彻省委九届七次全会精神，是省政协当前一项十分重要的任务。广大政协委员和机关干部职工要认真学习领会秦光荣书记在省委九届七次全会上的重要讲话精神和省委《关于贯彻落实〈中共中央关于全面深化改革若干重大问题的决定〉的意见》，切实把思想和行动统一到党的十八大、十八届三中全会、中央经济工作会议和省委九届七次全会的精神上来，正确把握宏观形势的新动向，悉心领会改革发展的新内涵，深入理解全省工作的新部署，准确把握好明年全省经济社会发展的重点任务和目标要求，既对发展前景充满自信，又对不利因素有清醒认识，找准履职重点，认清工作方向，凝心聚力、攻坚克难，努力推动会议确定的各项任务落到实处。

明年我省的工作任务繁重，发展既面临着复杂严峻的形势，又有很多重大的机遇。这对省政协履行职能、开展工作，提出了许多重大课题和新的更高要求。在明年，省政协要紧紧围绕省委提出的全省经济社会发展和全面深化改革的总体部署和目标要求，牢牢把握稳中求进、改革创新这一核心，牢牢把握提高经济发展质量和效益这个中心，找准政协工作位置，明确工作思路，突出工作重点，切实谋划好政治协商、民主监督、参政议政等各项工作，努力使政协工作更好地融入到全省工作大局之中，为我省推动全面深化改革、巩固经济社会的良好发展局面作出新的贡献。

在促进经济持续健康发展的工作中，要充分理解保持我省经济适度较快增长的战略意图，积极在巩固和加强农业的基础地位、增强投资和消费对经济增长的协同拉动作用、推动产业转型升级、积极稳妥推进新型城镇化、培育沿边开放新优势等关系全局的重要工作上献计出力。在加快推进民族文化强省建设的工作中，要围绕不断释放各民族文化创造活力，努力为党委政府积极培育和实践社会主义核心价值观、更好地保障群众基本文化需求、不断提高文化产业对经济增长的贡献率等重要工作，多想办法、多出思路。在推动社会事业全面发展的工作中，要把促进民生得到持续改善作为工作的出发点和落脚点，切实把关注民生、保障民生、改善民生贯穿于履行职能的各个方面，着力在加快社会事业发展、全力保持就业形势总体稳定、健全兼顾各类人员的社会保障体系、加大扶贫攻坚力度等问题上，提出有分量、有操作性的意见和建议。在加强生态文明建设的工作中，要围绕使云南的天更蓝、地更绿、水更清、人与自然更加和谐的目标，切实在树牢生态文明理念、坚持不懈地加强环境保护和治理、大力发展绿色经济等方面发挥积极的作用。在加强平安云南建设的工作中，要牢牢把握团结、民主两大主题，充分发挥人民政协的独特优势，最大限度地增加和谐因素、减少不和谐因素，切实在化解影响稳定的突出矛盾、做好民族宗教工作、加强社会治安综合治理、强化公共安全保障等方面取得新成效，在促进各党派团结合作、支持民主党派和无党派人士更好履行职能方面实现新进展，在推进社会主义协商民主方面迈出新步伐，在增进社会各界的团结、不断壮大爱国统一战线等方面做出新成绩。

### 三、抓紧做好筹备工作，确保省政协十一届二次会议顺利召开

这次会议已确定省政协十一届二次会议在明年 1 月 19 ~ 23 日召开。现在离大会开幕刚好还有 20 天的时间，会议的筹备时间已经不多了。全体会议是政协履行职能的最高形式，也是政协开展民主协商的最重要方式。十一届二次会议的召开，不仅将对省政协 2013 年的工作进行总结回顾和对 2014 年的工作进行安排部署，而且对于各族各界人士坚定信心、凝聚力量，齐心协力促进我省全面深化改革、保持经济社会持续健康发展，具有重要的意义。我们一定要从全局的高度，充分认识开好十一届二次会议的重要性，真正把这次会议开成一个团结的大会、民主的大会、鼓劲的大会。各会议筹备组必须高度重视，抓紧时间，精心安排、认真组织，周密细致地布置大会的每个环节，切实把省政协机关在学习实践党的群众路线中转变作风的成效体现出来。要按照十八大和十八届三中全会发展社会主义协商民主的要求，进一步提高省政协全体会议的协商实效，积极组织好大会发言、分组讨论、界别联组会等协商活动，引导委员既坚持原则、顾全大局，又畅所欲言、充分发表意见；既为党委政府决策提供更加广泛的民意基础，又为各党派团体、各族各界人士深化共识、统一思想奠定更加坚实的基础。要抓紧修改好会议的有关文件，特别是要修改好常委会工作报告。这次常委会上，大家对《常委会工作报告》（草案）和《常委会关于提案工作情况的报告》（草案）进行了认真的讨论，提出了许多很好的修改意见。起草小组的同志要充分吸收、认真修改，努力使这两个报告充分体现省政协今年工作的亮点与特色、充分反映明年全省改革发展的大局和省政协工作的思路和重点，成为集中反映广大政协委员意愿、总结经验、鼓舞人心、指导工作的报告。要认真做好会议的新闻宣传工作，丰富宣传形式，突出报道重点，积极做好协调、服务和配合工作，让全社会和广大群众更好地了解会议情况和精神，为会议的顺利召开营造良好的氛围。

各位常委、同志们，今年是十一届省政协的开局之年。一年来，在省委的领导和省政府的支持下，在政协各参加单位、全省各级政协组织和各有关方面的积极支持配合下，通过广大委员的共同努力，省政协各项工作取得了新的成效。各位常委为实现十一届省政协工作的良好开局，付出了辛勤的劳动，奉献了智慧和心血。在此，我代表主席

会议的全体同志，向大家表示衷心的感谢。希望大家在新的一年里，继续加强学习，不断增强责任感和使命感，进一步提高议政建言的积极性和主动性，努力在省政协各项工作中作出新的贡献。

后天就是2014年元旦。借此机会，我代表主席会议的全体同志提前向大家致以节日的问候，祝大家身体健康，工作顺利，阖家幸福！

# 重要文件

## 中国人民政治协商会议<br>云南省第十届委员会常务委员会工作报告

——在政协云南省第十一届委员会第一次会议上

（2013 年 1 月 19 日）

罗正富

各位委员：

我代表中国人民政治协商会议云南省第十届委员会常务委员会，向大会报告过去五年的工作，对十一届省政协的工作提出建议，请予审议。

### 一、十届省政协工作回顾

政协云南省第十届委员会任期的五年，是我省经济社会发展取得重大成就的五年，也是云南政协事业不断开创新局面的五年。在中共云南省委的坚强领导下，十届省政协常委会以邓小平理论和“三个代表”重要思想为指导，坚持用科学发展观统领政协工作，深入学习贯彻中共十七大、十八大精神，认真贯彻落实省第八次、第九次党代会的决策部署，切实履行政治协商、民主监督、参政议政职能，为推进我省经济平稳较快发展和社会和谐稳定作出了重要贡献。

过去五年，我们大力加强思想理论建设，切实用马克思主义中国化最新成果武装头脑，团结合作的共同思想政治基础更加牢固；我们自觉把推动发展作为履行职能的第一要务，始终围绕发展大局谋划和开展工作，服务科学发展的成果更加丰硕；我们坚持把促进社会和谐作为义不容辞的责任，始终关注民生、情系群众，协助党委政府改善民生的实效更加突出；我们坚持解放思想、与时俱进，积极探索政协工作的新方法、新途径，履行职能、开展工作的方式更加丰富多样；我们不断夯实履职基础，注重发挥民主党派、界别、委员、专门委员会和政协机关的重要作用，自身建设举措更加有力。在过去的五年里，常委会共开展专题调研视察200多次，形成调研报告140多份，视察报告70多份，立案交办提案3471件，召开专题协商会250多次，组织大会发言材料3000余篇，反映社情民意信息2000多件。人民政协协调关系、汇聚力量、建言献策、服务大局的重要作用得到充分发挥，政协工作充满生机和活力，呈现出蓬勃发展的良好局面。

（一）着力加强理论建设，团结合作的思想政治基础不断巩固

五年来，常委会坚持把思想理论建设摆在各项工作的首位，切实用中国特色社会主义理论体系武装头脑、指导实践，努力统一思想、增进共识、团结各界、凝聚力量。

认真学习贯彻中共十七大、十八大精神。我们紧密结合政协工作实际，积极开展形式多样的学习贯彻活动，组织政协各参加单位和广大委员认真学习中共十七大、十八大精神，深刻领会基本内容和精神实质，深入理解中共中央提出的一系列新思想、新观点、新论断，准确把握中国特色社会主义事业的总体布局、发展战略和目标任务，积极引导参加政协的各党派团体和各族各界人士进一步深化对世情、国情和省情的认识，不断增进对中国特色社会主义的政治认同和思想认同。

深入开展学习实践科学发展观活动。按照中央和省委的总体部署，积极创新活动方式，丰富活动载体，认真组织开展解放思想大讨论和学习实践科学发展观活动，深入领会科学发展观的丰富内涵和精神实质，运用科学发展观分析和解决实际问题的能力不断提高。围绕贯彻落实省委重大决策部署、解决影响科学发展的突出问题等专题，通过常委会议、主席会议、中心组学习等形式，组织委员进行学习研讨，明确了政协履行职能、开展工作的着力点，凝心聚力促进我省科学发展的思想共识更加巩固。

准确把握中共中央和省委对政协工作的新要求。通过各种形式，深入学习贯彻《中共中央关于加强人民政协工作的意见》、《中共云南省委关于支持人民政协履行职能发挥作用的意见》和省委政协工作会议精神，准确把握新形势对政协工作提出的新任务、新要求。积极配合省委对中共中央《意见》贯彻落实情况进行全面检查，对我省各级政协组织开展工作的情况进行深入调研，推动了全省各级各部门深入学习贯彻中央和省委关于加强人民政协工作的意见精神。认真组织学习中央和省委领导在庆祝人民政协成立60周年大会上的重要讲话精神，全国地方政协经验交流会、人民政协理论研究工作座谈会精神，总结我省各级政协组织履行职能、开展工作的经验，加深了对政协工作的特点和规律的认识，明确了新形势下政协工作的目标和任务。

（二）着力推进重大问题的解决，围绕全省工作大局议政建言富有成效

五年来，常委会着眼经济社会长远发展，立足重大问题的解决，紧紧围绕省委中心工作履职尽责，努力为促进全省经济平稳较快发展作贡献。

全力服务桥头堡建设。针对桥头堡建设中的国际大通道建设、跨境经济合作区建设

等重大问题，与全国政协和州市政协联合开展专题调研视察，提出可行性意见建议，为桥头堡建设有关政策措施的研究制订提供了重要参考。在全国“两会”期间，住滇全国政协委员根据省政协的调研成果，联名提出《关于把云南建设成为我国面向西南对外开放的桥头堡的提案》，被全国政协列为重点调研提案。与全国政协开展联合调研，形成的调研报告上报中共中央、国务院，对将桥头堡建设上升为国家战略起到了积极的促进作用。国务院《关于支持云南省加快建设面向西南开放重要桥头堡的意见》下发后，常委会及时就桥头堡建设中加快推进滇中经济区建设问题，组织开展专题调研和协商，形成的《关于加快滇中经济区建设的建议案》，得到了省委、省政府的重视和采纳。去年，重点围绕建设滇中产业新区开展调研，就管理机构、规划布局、发展重点和优惠政策等提出建议，为促进区域经济发展，培育桥头堡建设新的增长极发挥了重要推动作用。

紧扣“转方式、调结构”献计出力。围绕贯彻中央和我省应对国际金融危机的决策部署，举行常委会专题协商会、企业家论坛“百人百计恳谈会”、海外经济合作促进会，组织委员、各党派团体和各界人士，就企业如何应对国际金融危机、增强云南同海内外的经济交流合作等问题积极建言献策，为党委政府决策提供了有益参考。为摆脱金融危机后续影响，落实中央和省委关于转变经济发展方式、调整经济结构的决策部署，组织开展重点调研视察，形成建议案，提出了“转方式、调结构”的基本思路、工作重点和保障措施方面的建议。围绕加快我省文化产业、云药产业、石产业发展和矿产资源开发整合等专题，组织开展调研视察，提出了促进产业结构调整、发展战略性新兴产业的具体建议。关于加快石产业发展的调研成果荣获省科技进步二等奖。去年，抓住发展产业这个全省经济工作重心，围绕建设十大历史文化旅游项目、培育特色文化产业聚集区等问题开展专题调研，提出了科学谋划产业布局，大力发展特色产业，抓好重大项目建设，实施品牌带动战略等建议，推动了省委有关决策的贯彻落实。

深入推进滇中引水工程实施。连续五年将推进滇中引水工程作为工作重点，就金沙江龙头水库比选、滇中引水工程取水方案优化、滇中引水前期工程实施等专题开展调研视察，先后召开专家咨询会和专题协商会 26 次，积极协助党委政府和相关部门解决实际问题。为争取国家的重视和支持，及时向全国政协作专题汇报。全国政协领导高度重视，组织调研组赴滇调研，向中央提出了把实施滇中引水工程上升为国家战略的意见建议。去年是滇中引水前期工作进入国家审批立项的关键阶段，省政协积极参与项目推进工作，推动了滇中引水工程前期工作的顺利开展。

积极建言“十二五”规划。围绕我省“十二五”规划的制订，进行专题协商，开展重点调研，从总体思路、规划布局、主要目标、重大项目等方面提出的意见建议，在规划纲要和其他有关文件中得到了体现。针对我省边疆民族地区特点和经济社会发展现状，提出编制“十二五”云南省民族团结进步事业发展专项规划的建议案，得到了省政府的采纳。围绕我省“十二五”规划社会事业协调发展组织专题调研，提出优先解决好民生问题、推动教育全面协调发展、提高科技创新能力、加快文化产业发展和体育产业培育、加强医疗卫生人才队伍建设等建议，引起了党政有关部门的重视，促进了工作。

（三）着力服务社会事业发展，促进民生改善取得新成绩

五年来，常委会坚持把关注和改善民生作为履行职能的出发点和落脚点，广泛动员社会各方力量，积极为改善民生献计出力。

围绕重大民生问题建言献策。为推进“兴边富民”工程实施，召开常委会专题协商会，与全国政协开展联合调研，提出的建议，得到了中共中央、国务院有关领导同志的批示，国家有关部委出台了文件，推动了我省新一轮“兴边富民”工程的实施。抓住城中村改造、扶贫开发整村推进、加强水污染防治、保障房建设、人口老龄化等重大民生问题，开展重点调研视察，提出了改进工作的建议。组织委员就深化医疗卫生体制改革、农村和小城镇环境治理、饮用水源地保护等关系群众切身利益的问题提出提案，促进了问题的解决。自2008年创办民生论坛以来，连续5年分别围绕完善社会保障体系、扩大就业、加强和创新社会管理、促进社会和谐稳定、提升人民幸福感等主题举办论坛活动，征集论文2000多篇，提出了许多有价值的意见建议，为协助党委政府了解民意、解决群众现实利益问题发挥了重要作用。

主动参与抗灾救灾工作。在我省部分地区发生地震、干旱和雨雪冰冻灾害后，广泛动员政协委员、各级政协组织和社会各界力量，支持灾区做好抗灾减灾和恢复重建工作，积极帮助灾区群众解决生产生活中的困难。去年彝良地震灾害发生后，及时组织力量深入重灾区进行慰问和调研，筹集320万元的资金和物资用于救灾工作。多年来，针对地震灾害暴露出的中小学校舍受损严重问题，积极建议省政府做好我省中小学校舍安全隐患排查工作，并连续3年开展重点视察，提出了加快中小学危房改造的具体建议。省政府高度重视，及时划拨专项资金用于校舍改造，有力地促进了我省中小学危房改造工作。面对我省百年不遇的特大旱情，常委会连续两年将抗旱救灾列为重点调研视察题目，由省政协主席、副主席率领政协委员、各党派团体和有关部门负责人，深入开展联合调研，形成了抗旱保民生的建议案，提出了提高水资源利用率、加快推动我省水利基础设施建设、建立防灾减灾长效机制等对策措施，省委常委会专题听取汇报，充分采纳了省政协提出的意见建议。

努力为贫困地区人民群众办实事。发挥政协委员和海内外各界代表人士的优势和作用，积极争取国际国内社会力量的援助，切实支持贫困地区开展农业综合开发、加强基础设施建设、改善教育卫生条件，五年来共帮助引进和援建项目113个，筹集资金1亿

1 千多万元，资助贫困家庭中小学生 1800 多名。结合开展群众观点、群众路线、群众利益、群众工作教育活动，倾力为群众办实事。去年以来，省政协领导带头深入基层，直接参与挂钩联户帮扶活动，积极协调项目和资金，帮助群众解决生产生活中存在的一些实际困难。

（四）着力营造团结民主氛围，促进和谐社会建设有新进展

五年来，常委会牢牢把握团结和民主两大主题，积极推进各党派团体和各族各界人士的大团结大联合，努力为和谐云南建设献计出力。

搭建合作共事平台。坚持求同存异、体谅包容的原则，在政协各种会议上真诚平等地开展多形式的协商讨论，努力形成广开言路、畅所欲言、平等协商、合作共事的良好环境。通过开展纪念改革开放 30 周年、纪念辛亥革命 100 周年、庆祝人民政协成立 60 周年等重大纪念活动，举办新年茶话会、中秋联谊会、金秋戏曲演唱会、特聘艺术家书画摄影展等联谊交流活动，密切各方联系，增进各界共识。积极拓宽渠道，加强同委员和各界代表人士的联系，增进了解，加强沟通，努力为政协委员和各界代表人士建言献策提供有利条件。

促进民族团结、宗教和谐。认真贯彻党的民族宗教政策，围绕加快少数民族地区经济社会发展、宗教政策贯彻落实、和谐宗教建设等重要问题深入调研视察，积极提出意见建议。与全国政协共同完成了宗教院校建设及人才培养、加快民族困难地区经济社会发展、少数民族传统文化传承保护和民族文化产业发展等专题调研。省政协提出把云南建设成全国民族团结进步事业发展试验示范区的建议，由住滇全国政协委员形成提案，提交全国政协，所提建议被国务院采纳，写进了国务院《关于支持云南省加快建设面向西南开放重要桥头堡的意见》。多次召开少数民族代表人士座谈会、宗教团体负责人座谈会、和谐宗教研讨会，听取和反映民族和宗教界委员的意见建议。采取专题约谈协商等形式，推动宗教工作中热点难点问题有效解决，得到了全省宗教界人士的好评。

畅通反映社情民意渠道。充分发挥贴近群众、智力密集、渠道畅通的优势，重点围绕经济社会发展的重大问题、关系群众切身利益的突出问题和带有苗头性、倾向性的问题，综合运用政协例会、委员提案、调研视察、专项监督、信息信访等多种形式，注重反映政协委员、民主党派、工商联和无党派人士对经济社会发展的看法和主张，广泛收集各界别群众具有代表性的意见和要求，集中反映委员中的专家学者提出的具有全局性、前瞻性和战略性的对策建议。其中，关于超级细菌监控防疫机制的建议、人民币跨境流通对边疆少数民族地区银行业金融安全的影响与对策等信息，得到中央和国务院领导的批示，受到国家有关部门的重视。五年来，向全国政协和省委、省政府及有关部门报送信息 1000 多条，处理群众来信来访 3600 多件（次），为党委政府及时准确地了解民情民意，科学民主决策提供了重要依据，为推进人民群众反映强烈的热点难点问题的

解决发挥了积极作用。

拓展海内外联谊交往。注重发挥云南海外经济合作促进会的作用，活跃海外联谊活动，密切与海外华侨、华人的联系。重视发挥港澳委员的作用，积极为港澳委员在滇投资兴业、捐资助学牵线搭桥。通过建立联系制度、组织调研视察和考察等方式，引导港澳委员为云南经济社会发展和港澳地区的繁荣稳定多作贡献。热情接待台湾同胞来访，加强与台湾岛内各民间社团和各界人士的联系交流，促进了滇台经济、科技、文化交流与合作。积极开展多层次、宽领域、全方位的对外交往。本届政协以来，共接待来自缅甸、泰国、美国、俄罗斯等国家和地区的60多个访问团，2500多人次。

（五）着力体现特色和优势，政协经常性工作扎实推进

五年来，常委会注重发挥政协优势，体现工作特色，在推进重点工作的同时，扎实做好政协经常性工作，履行职能的实效进一步增强。

提案工作质量稳步提高。修订《政协云南省委员会提案工作条例》，制定《政协云南省重点提案遴选和督办方法》、《关于提案分类和提案办理结果分类办法》，推进了提案工作的制度化、规范化、程序化。及时向委员发送有关工作情况和资料，征集提案素材，提供提案参考选题，帮助委员知情明政。不断改进审查立案方式，对内容相似度高的提案材料进行合并立案。完善主席会议成员领衔督办制度，每年确定10件提案进行重点督办，开展专题调研，召开面商会，提高了提案办理的实效。对提案反映的一些热点难点问题，以摘报方式报送省委、省政府领导及提案承办单位，提高了提案办理的时效性。组织提案办理情况视察，开展双向评议工作，选取部分提案进行续办续复，促进了委员与承办单位的互动交流。

文史工作成效显著。对百年米轨滇越铁路文化遗产的保护与利用进行重点调研，承办了百年滇越铁路大型展览，提出的保护滇越铁路的建议得到采纳，写入了我省“十二五”规划纲要。为更好地发掘和弘扬滇西抗战中的爱国主义和民族精神，深入滇西抗战的主战场遗址进行调研，多次组织召开专题研讨、论证会，提出了关于寻找中国远征军英烈遗骸“迎灵归葬”的建议，促成并协办了纪念反法西斯中缅印战场盟军胜利和中国辛亥革命100周年“忠魂归国”系列活动。编辑出版《云南特有民族百年实录》、《云南抗战记忆》、《名人故居与云南往事》等文献书籍。其中，《云南特有民族百年实录》获云南省第十五次哲学社会科学优秀成果一等奖。加强政协志书编纂工作，编辑出版了《云南政协年鉴》、《云南政协大事记》。

新闻宣传和理论研究工作创新发展。在深入调研基础上，省政协办公厅与省委宣传部联合下发《关于加强和改进政协新闻宣传工作的意见》，坚持每年召开一次全省政协系统新闻宣传工作会议，进一步加强对全省政协新闻宣传工作的指导。重视发挥《人民政协报》和省内各新闻媒体作用，切实办好《云南政协报》、《政协理论与实践》刊

物和云南政协网，多渠道、全方位宣传多党合作和人民政协事业，宣传广大政协委员和我省各级政协组织的履职成果。举办政协好新闻奖评选活动，激发了广大新闻工作者宣传报道人民政协工作的热情。积极开展人民政协理论研究工作，就加强委员队伍建设、发挥专门委员会作用、发挥民主党派在政协中的重要作用等专题进行深入研究，提出有针对性的对策建议，为加强和改进政协工作提供了理论依据。

（六）着力提升履职能力，自身建设进一步加强

五年来，常委会高度重视加强自身建设，着力提高履职水平，在促进党派合作、突出界别特色、发挥委员主体作用、加强专门委员会和机关建设方面取得了新进步。

民主党派在政协中的作用充分体现。积极支持各民主党派就事关全省经济社会发展的重大问题发表见解和意见，重点督办和充分反映民主党派、工商联的提案和社情民意信息，组织他们参加省政协的重点调研视察和重要活动。注重发挥民主党派的人才资源优势，连续5年把八个民主党派省委和省工商联联合提出的“七彩云南保护行动”系列提案列为重点提案，由主席会议成员领衔督办。积极支持办公厅、专门委员会与各民主党派开展联合调研，与民盟省委共同承办民生论坛，拓展了各民主党派参与政协工作的深度和广度，提高了政协工作实效。

委员主体作用进一步发挥。举办省政协委员培训班，促进委员履职能力和水平的提高。建立委员履职情况统计制度、会议出勤通报制度，及时反映委员履职成果，增强委员责任感和使命感。尊重和依法保护政协委员的各项民主权利，为委员履行职责创造有利条件。支持并委派政协委员作为政府行风评议员和相关执法部门特约监督员，参与专项监督工作，较好地发挥了委员在民主监督中的重要作用。运用政协全会、常委会议、主席会议以及专题协商会、专题调研视察等履职形式，组织委员就全省经济社会发展的重大问题建言献策，充分发挥了委员的智力优势。

专委会和界别工作得到加强。积极探索专门委员会工作的新思路、新途径，不断完善专门委员会之间的协作配合机制。各专门委员会结合各自的特点和优势，组织开展专题调研视察活动，形成高质量的调研视察报告、提案。组织多种形式的协商议政活动，对全省经济、科技、法制、教育、文化、卫生、民族、宗教和生态建设等方面的一些重点问题开展对口协商。加强立法协商，组织委员对240多件地方性法律、法规进行协商，提出修改意见2000余条，促进了地方立法工作的科学化和民主化。重视发挥界别作用，在全会期间，开展界别联组讨论，委员代表界别参加大会发言、提交提案，充分反映各界别群众的愿望和要求。各界别委员通过专门委员会参与省政协的调研、视察，提出反映本界别意见的建议，为全省经济社会发展献计出力。

机关建设全面推进。深入推进创先争优主题实践活动，积极开展向杨善洲同志学习和“四群教育”活动，不断加强机关思想和作风建设。加大干部队伍教育培训力度，

选派机关干部到基层挂职锻炼，加强干部的选拔、交流和任用工作，不断提高机关干部队伍的业务素质，一批德才兼备的中青年干部走上了领导岗位。着力推进机关工作制度化、规范化、程序化建设，修订制定机关规章制度 70 多项。强化协调能力，提升服务水平，为省政协履行职能提供了有力保障。

各位委员，刚刚过去的 2012 年，是省政协各项工作取得突出成绩的一年。我们紧扣中心参大政、议大事，注重把握好政治协商的角度和民主监督的力度，不断拓展参政议政的广度，努力提高议政建言的质量，提升政协工作的科学化水平。我们根据省委、省政府工作重点和省政协工作实际，研究确定会议活动主题，组织召开常委会专题协商会，举行云南海外经济合作促进会理事会，举办企业家论坛和民生论坛，分别围绕建设幸福云南、云南品牌建设、促进云南与海外的交流合作等重大课题进行协商讨论，积极建言献策，为省委、省政府科学决策提供了重要参考。我们深入基层开展调研视察工作，紧扣全省工作重心确定题目，精心组织实施，完成了促进云南经济跨越式发展、加强滇东北生态环境保护治理、实现文化产业跨越式发展等 9 项重点专题调研；完成了关于滇中经济区建设、食品安全等 6 项重点视察，提出了许多有价值的意见建议，得到省委、省政府的重视和采纳。我们注重发挥重点提案的作用，将“城镇上山，工业上山”、高原特色农业发展、完善农村基层医疗卫生机构补偿机制、推进城乡教育均衡发展、促进我省新生代农民工融入城市等 10 件提案列为重点提案，由省政协领导牵头重点督办，协助解决了一些热点难点问题，推动了有关工作。我们通过积极而富有成效的工作，为十届省政协的履职划上了一个圆满的句号，为新一届政协工作的开展奠定了坚实基础。

各位委员，我们所取得的成绩，是中共云南省委坚强领导的结果，是省政府大力支持的结果，是省政协各参加单位、各级政协组织和广大委员团结奋斗的结果。在这里，我代表常委会，向大家表示衷心的感谢！

各位委员，在总结成绩的同时，我们也清醒地认识到，与新形势新任务的要求，与中共云南省委和人民群众的重托，与全体委员对常委会的期望相比，我们的工作还存在着不小的差距。比如，如何围绕全省经济发展中的重大问题，规范有序地开展政治协商；如何着眼人民群众的重大关切，稳步有效地推进民主监督；如何提高调查研究的质量，扎实深入地进行参政议政；如何适应社会结构的新变化，充分体现政协的界别特色、发挥委员的主体作用。这些问题，我们必须高度重视，认真研究，并在今后的工作中尽力加以解决。

**二、过去五年工作主要体会**

人民政协是薪火相传、永续发展的事业，前人的实践和经验是后人继续前进的重要基石。总结十届省政协以来的工作实践，我们有以下几点体会：

一是必须始终坚持中国共产党对人民政协的领导。五年来，中共云南省委高度重视政协事业发展，把政协工作纳入全局工作加以部署，及时召开省委政协工作会议，出台了关于支持政协履行职能的意见，为政协事业发展创造了更为有利的条件。我们自觉维护核心，坚持在党委总揽全局、协调各方的工作格局中找准位置、发挥作用，确保党的路线、方针、政策在政协得到全面贯彻落实。实践证明，只有始终坚持党的领导，自觉把中央和省委重大决策和工作部署贯彻到政协工作的全过程，在思想和行动上与中央和省委保持高度一致，人民政协事业发展才能始终沿着正确的政治方向前进。

二是必须紧紧围绕推动科学发展参大政议大事。五年来，我们自觉把政协工作放在全省发展大局中去谋划和推进，在重大项目论证、重点工程建设和重要工作实施中积极议政建言，人民政协服务科学发展的优势和作用得到了充分体现。实践证明，只有围绕推动科学发展这个大目标参大政议大事，切实做到与党委政府方向一致、目标一致、工作一致，人民政协才能有所作为，大有可为。

三是必须把维护人民群众根本利益作为政协工作的出发点和落脚点。五年来，我们牢固树立群众观点，坚持群众路线，注重把社会各界的普遍关切作为开展工作的重要依据，通过多种履职形式反映社会各界群众的愿望，全力协助党委政府推动民生改善。实践证明，只有在破解经济社会发展难题中及时反映群众的诉求、切实维护群众的利益，才能更好地架起党委政府紧密联系人民群众的桥梁，赢得人民群众的信任和支持。

四是必须把上下联动作为增强政协工作合力的有效途径。五年来，我们以专门委员会为依托密切政协组织之间的相互联系，以政协委员为主体整合人才资源，以重大专题调研为纽带搭建合作平台，与全国政协有关专门委员会、各州市政协共同举办会议、开展联合调研视察，取得了积极成效。实践证明，只有加强各级政协之间的工作联动，整合政协系统的资源和力量，做到优势互补、成果共享，才能不断增强工作合力，提高整体工作水平。

五是必须把发挥民主党派作用作为增强政协工作实效的关键环节。五年来，我们注重把民主党派的整体优势与政协的组织优势结合起来，把民主党派的智力优势与政协的渠道优势结合起来，积极为民主党派参政议政搭建平台、创造条件，民主党派在政协中的作用得到充分发挥。实践证明，只有高度重视发挥民主党派在政协中的重要作用，努力拓展各民主党派参与政协工作的广度和深度，才能不断提高政协工作的质量和实效。

六是必须把开拓创新作为推动政协事业发展的不竭动力。五年来，我们努力顺应形势的发展变化，注重履职理念、方式和内容的与时俱进，充分运用已有的工作机制和载体，积极探索履行职能的新途径和新方法，拓展了政治协商、民主监督、参政议政的内容、方式和渠道，增强了政协工作的生机和活力。实践证明，只有重视继承传统与开拓创新的有机结合，坚持不懈地推动理论创新、实践创新和工作创新，人民政协的优良传统才能历久弥新，人民政协事业才能兴旺发达。

## 三、对新一届省政协工作的建议

十一届云南省政协工作的五年，是全省各族人民为加快推进面向西南开放重要桥头堡建设而团结奋斗的五年，也将是云南省政协创造新业绩、谱写新篇章的五年。中共十八大开启了全面建成小康社会的伟大征程，也为人民政协事业的进一步发展指明了方向。我们要把学习贯彻中共十八大精神作为当前和今后一个时期的首要政治任务，以邓小平理论、“三个代表”重要思想、科学发展观为指导，牢牢把握团结和民主两大主题，进一步规范政治协商程序，不断加大民主监督力度，努力提高参政议政实效，在推动科学发展和谐发展跨越发展、建设开放富裕文明幸福新云南中不断取得新成绩。为此，提出以下建议：

### （一）以学习贯彻中共十八大精神为新起点大力加强思想理论建设

中共十八大是在我国进入全面建成小康社会决定性阶段召开的一次十分重要的大会，是一次高举旗帜、继往开来、团结奋进的大会。认真学习宣传贯彻十八大精神，关系党和国家工作全局，关系中国特色社会主义事业长远发展，对动员全国各族人民高举中国特色社会主义伟大旗帜，满怀信心为全面建成小康社会、夺取中国特色社会主义新胜利而奋斗，具有重大现实意义和深远历史意义。要采取多形式多层次的学习活动，深入理解十八大提出的重大理论观点、重大战略思想、重大工作部署，准确把握坚持和发展中国特色社会主义这条主线，深刻领会科学发展观的历史地位和指导意义，深刻领会全面建成小康社会目标，不断深化对中国特色社会主义的认识，对关系党和国家工作全局的重大问题的认识，对云南省情及发展目标的认识，切实把参加政协的各党派团体以及各族各界人士的思想和行动统一到十八大精神上来，统一到中共中央和中共云南省委作出的各项决策部署上来。要坚持学以致用，用以促学，切实把十八大提出的一系列新观点、新概括、新举措，与中共中央关于人民政协工作的重要部署结合起来，与省委对政协工作的新要求结合起来，找准人民政协履行职能与服务全省经济社会发展的结合点、着力点，进一步明确工作目标和努力方向，真正使十八大精神成为推动云南政协事业不断向前发展的强大思想武器和精神动力。

### （二）以加快转变经济发展方式为主线全力服务经济建设

围绕科学发展主题和加快转变经济发展方式主线献计出力，是人民政协履行职能、服务大局的主攻方向。要围绕全面建成小康社会新目标、加快转变经济发展方式新内容、深化改革开放新突破、加强生态文明建设新布局，认真履行政协职能，积极献计出力。要精心组织力量，选择新型工业化、城镇化、城乡发展一体化、产业布局、实体经济发展、战略新兴产业培育、高原特色农业发展、扩大消费、壮大非公经济、县域经济发展、旅游强省建设等重大课题，深入开展调研视察和协商议政活动，为提高我省经济发展质量和效益建睿智之言、献务实之策。要高度关注水资源保护、矿产资源开发利用、环境治理等问题，全力推进滇中引水工程，继续促进七彩云南保护行动，为建设美丽云南多作贡献。要充分发挥政协的组织优势，更好地发挥政协例会、专题协商会、政协论坛的重要作用，最大限度地把参加政协的各党派团体以及各族各界人士的智慧和力量凝聚起来，把各方面的积极性调动起来，为促进我省经济平稳较快发展作出新的贡献。

（三）以完善协商民主制度为重要内容稳步推进政治建设

十八大报告首次提出“社会主义协商民主是我国人民民主的重要形式”的论断，强调要充分发挥人民政协作为协商民主重要渠道作用。这是十八大的重要历史贡献，也是重大理论创新。要加强对协商民主的理论与实践探索，准确把握人民政协在推进协商民主中的工作职责和具体任务，积极探索开展协商民主的新途径、新方法。要围绕推进政治协商、民主监督、参政议政制度建设，就健全协商民主制度、扩大公民有序政治参与等重大课题深入调研，提出操作性强的对策建议。要不断完善各种协商形式，紧紧抓住全省经济社会发展中的重大问题，与党委政府有关部门深入开展富有成效的专题协商、对口协商、约谈协商、立法协商、提案办理协商，努力推进协商民主广泛、多层、制度化发展。要充分发挥人民政协的民主监督作用，在推进协商民主建设的进程中，不断拓展民主监督的范围和领域，丰富民主监督的内容和形式，在保障人民享有充分的民主权利上发挥更大的作用。

（四）以增强民族文化创造活力为关键主动参与文化建设

文化实力和竞争力是国家富强、民族振兴的重要标志，建设民族文化强省是省委提出的重大战略目标。要牢牢把握社会主义先进文化的前进方向，找准政协履行职能与服务文化建设的结合点和切入点，明确人民政协参与文化建设的方向和重点，努力把参加政协的各党派团体以及各族各界的智慧和力量凝聚到推动民族文化强省的具体实践中。要坚持把社会主义核心价值观贯穿于政协履行职能的各个方面，大力支持参加政协的各党派团体为推进国家富强、民主、文明、和谐献计出力，积极引导广大政协委员和政协工作者爱国、敬业、诚信、友善，努力在全社会倡导自由、平等、公正、法治理念，使社会主义核心价值观成为参加政协的各党派团体和各族各界人士的思想共识和自觉追求。要重点围绕繁荣文化事业，发展文化产业，完善公共文化服务体系，扩大文化领域对外交流，保护少数民族传统文化等重大问题，深入调查研究，为全面提升云南民族文化的影响力、竞争力和创新力积极建言献策。坚持面向基层、服务群众，鼓励支持政协委员多形式地参加文化惠民活动，主动参与我省文化建设，为推出文化精品、打造文化品牌，丰富人民群众的精神文化生活贡献力量。

（五）以保障和改善民生为重点积极促进社会建设

建设幸福新云南，既是全省各族人民的美好愿望，也是人民政协义不容辞的重要责任。要坚持以人为本、民生优先，注重选择党委政府重视、社会各界关注的重大课题，围绕增加居民收入、城乡社会保障体系建设、教育就业、医疗卫生、食品安全、社会管理等问题深入开展调研视察和协商议政，努力促进党委政府改善民生、造福于民的决策部署落到实处、取得实效。要始终坚持群众路线，牢固树立群众观点，积极探索深入基层、联系群众的载体和渠道，更加注重通过界别倾听群众的呼声，了解和反映群众的愿望和诉求，更加有效地释民惑聚民心。要积极投身改善民生的具体实践，广泛动员政协委员和社会各方力量，主动参与送医支教、扶贫救灾等社会服务活动，以实际行动协助党委政府改善群众生活、增进人民福祉。要进一步加强与各族各界人士的联系，努力协调关系、化解矛盾、维护团结、凝聚人心，积极参与构建与和谐社会建设相适应的政党关系、民族关系、宗教关系、阶层关系、海内外同胞关系。

（六）以提高政协工作科学化水平为目标扎实推进自身建设

提高工作科学化水平是人民政协有效履行职能、发挥作用的关键。以思想建设为根本，坚持促进党派合作、突出界别特色、发挥委员主体作用、加强专门委员会和机关建设，是提高政协工作科学化水平的重要途径。要以创建学习型政协组织为目标，精心组织开展各种学习活动，大力推进思想理论建设。要继续拓展各党派团体在政协发挥作用的平台和渠道，积极为党派团体在政协履行职能创造更为有利的条件。要主动适应社会结构出现的新变化，不断完善界别工作制度，努力改进界别活动方式，充分发挥界别作用。认真做好委员培训工作，加强政协工作的信息化建设，积极为委员履职搭建更多的平台，提供更为便捷的服务。进一步强化专门委员会的工作职能，完善工作制度，拓展工作领域，切实提高专门委员会的工作质量。加强政协新闻宣传和理论研究工作，进一步提高《云南政协报》、《政协理论与实践》刊物和云南政协网的质量。加强干部队伍建设，认真做好干部培养选拔和交流工作。改进机关作风，进一步提高服务保障水平。加强与各级政协的联系协作，丰富和改进共同组织会议、联合开展调研视察的内容和方式，不断增强政协整体工作合力。

各位委员，中共十八大描绘了在新的历史条件下全面建成小康社会、夺取中国特色社会主义新胜利的宏伟蓝图。推动我省经济平稳较快发展、与全国同步全面建成小康社会任重道远。人民政协要自觉担负起时代赋予的光荣使命，始终牢记人民群众的重托，在推动全省各项事业发展中再创辉煌。我们衷心祝愿新一届省政协，紧密地团结在以习近平同志为总书记的中共中央周围，在中共云南省委的领导下，凝心聚力、扎实工作，鼓足干劲、推动跨越，以更加开阔的视野，更富成效的工作，为我省经济社会实现新跨越作出新的更大贡献！

# 中国人民政治协商会议<br>云南省第十届委员会常务委员会<br>关于提案工作情况的报告

——在政协云南省第十一届委员会第一次会议上

（2013 年 1 月 19 日）

曾　华

各位委员：

我受政协云南省第十届委员会常务委员会委托，向大会报告十届政协五年来的提案工作情况，请审议。

## 一

十届省政协常委会提案工作，在中共云南省委的坚强领导和省人民政府的大力支持下，广大政协委员和政协各参加单位，牢牢把握团结、民主两大主题，坚持“围绕中心、服务大局、提高质量、讲求实效”的提案工作方针，积极运用提案履行政治协商、民主监督、参政议政职能。五年来，共收到提案材料 3549 件，立案交办 3471 件，占 97.8%；办复 3468 件，有 3 件提案因办理时限未到未办结。提案提出的意见建议得到各承办单位重视和采纳，为科学民主决策提供了重要参考，为推动我省经济平稳较快发展、促进社会和谐稳定作出了积极贡献。

（一）领导更加重视

五年来，中共云南省委、省人民政府对政协提案高度重视，为支持人民政协通过提案履行职能作出了一系列重要部署，中共云南省委办公厅、云南省人民政府办公厅印发了《关于进一步加强人民政协提案办理工作的实施意见》的通知，转发了《政协云南省委员会提案工作条例》；省委、省政府领导对重要提案批示达 51 次。省政协全会、常委会和主席会议把提案工作列入重要议事日程，坚持向全会作提案工作情况报告、提案审查情况报告，坚持主席会议审定优秀提案和重点提案；组织委员参与提案工作调研、视察和督办等活动。全体政协委员、各民主党派和有关人民团体、政协各专门委员会以及各提案承办单位，密切联系、通力合作，形成党委重视、政府支持、政协主动、各方参与、社会关注的良好局面。

（二）质量不断提高

广大政协委员、各民主党派、工商联、有关人民团体和政协各专门委员会，积极运用提案履行参政议政职能，紧紧围绕党委、政府中心工作和人民群众关注的热点、难点问题，深入调研，充分论证，具有综合性、全局性和前瞻性的提案逐年增多，提出了许多有情况、有分析、有对策的真知灼见。特别是党派团体、专委会提出的集体提案和省政协建议案，调研细致深入，凝聚集体智慧，具有很强针对性和可操作性，提案质量不断提高。如桥头堡建设、滇中经济区建设、产业结构调整以及关注“三农”和民生等重要提案，充分发挥了政协提案助推我省经济社会科学发展的重要作用，体现了政协委员履职为民的责任意识和参政议政水平。五年来，围绕中心、服务大局，形成《加快推进滇中经济区建设》、《抗旱保民生》、《云南省经济发展方式转变和经济结构调整重点》和《加快云南建设我国民族团结进步边疆繁荣稳定示范区》等8件建议案送省委、省政府。

（三）工作不断创新

常委会坚持以创新促进提案办理实效，提案工作科学化水平不断提高。五年来，不断强化提案线索征集，完善审查立案标准，加强提案质量源头控制，对内容相似度高的114件提案合并立案；提升提案办理运作层次，更好地发挥政协提案作用，编印《重要提案摘报》31期送省委、省政府、省政协领导参阅；开展B类提案续办续复和提案工作“双向评议”，组织提案办理“回头看”，促进跟踪问效；每年确定的10件重点提案由主席、副主席、秘书长牵头，相关专门委员会参与督办，确保重点提案重点办理；完善提案办理面商和办理调研视察机制，促进提、办双方良性互动，抓面商、强督办，抓调研、促落实，围绕七彩云南保护行动、社区建设、养老服务产业化、云药产业、湿地保护与建设、食品安全、产业结构调整与就业、矿山整治等社会关注的热点问题，开展重点提案办理调研视察，形成专题调研视察报告报送省委、省政府；组织政协委员视察提案办理情况，推动提案办理工作。各承办单位加强提案办理组织领导，拓宽与提案者沟通渠道，以增强办理实效为目标，以规范办理程序、完善办理机构为保障，构建职责分明、重点突出、督办有力、落实到位的政协提案办理工作格局。提案办理落实率已由届初的每年不到20%上升到40%左右。

（四）制度不断完善

每年召开全省政协提案工作座谈会，专题研讨“提案质量与数量的关系”、“科学细化审查立案标准”、“重点提案的确定与督办”、“政协提案督办的方法与途径”、“切实提高提案办理实效”等问题，总结加强制度建设经验，提案工作机制进一步完善，制度日趋健全。为突出重点提案在政协履行参政议政职能中的地位，制定了《政协云南省重点提案遴选和督办方法》、《关于提案分类和提案办理结果分类办法》，提案和办理分类更科学、评价更客观、信息统计更规范。根据全国政协修订的提案工作条例，结合我省提案工作理论和实践成果，修订《政协云南省委员会提案工作条例》，以指导全省政协提案工作。

（五）服务不断提升

把为提案者和承办单位提供优质服务贯穿于提案工作全过程，充分发挥服务部门协调各方、联系内外的桥梁纽带作用，不断拓宽服务领域，强化服务意识，积极促成提办双方良性互动。五年来，为政协委员知情明政服务，提供提案参考选题236个；每年召开专题会议，征集党派团体专委会集体提案；培训各级政协提案工作人员210人次；围绕重点提案组织提案者、提案承办单位、提案服务部门三方联合调研，提高办理实效；表彰优秀提案251件，并对十届省政协提案工作60个先进单位和350名先进个人进行了表彰；为驻滇全国政协委员提供提案素材155份，其中，兴边富民工程、滇中调水工程和面向西南开放桥头堡建设等提案得到国家层面的高度重视，有王学仁等委员提出的8件提案被全国政协评为优秀提案；加强与全国政协提案委沟通联系，积极配合全国政协赴滇调研视察；深入各州市县进行提案工作调研，指导工作，总结学习基层政协工作经验；加强提案网络系统建设，完善提案处理系统功能，提高提案工作信息化水平。充分利用广播、电视、网络、报刊，宣传提案的形成、办理和成效，宣传先进承办单位经验，宣传提案促进云南经济社会发展的作用。通过省政协网站、《云南政协报》、《政协信息》、《政协理论与实践》和各种媒体，对提案工作进行全方位、多层次深入报道，扩大提案工作社会影响。

## 二

常委会坚持提案工作的全局性定位，深化对提案工作的重要性认识，积极围绕中心、服务大局，关注民生，提案工作在继承中创新，在创新中发展，积累了宝贵经验，主要体会是：

（一）围绕中心、服务大局是做好提案工作的关键

实践证明，提案必须紧扣党委政府工作中心，服务于改革发展稳定大局，坚持促进科学发展，致力构建社会主义和谐社会。八个民主党派省委和省工商联连续五年联合提出的七彩云南保护行动系列提案，立足科学发展、生态文明建设，得到党委政府和有关部门高度重视。李纪恒省长在《关于进一步加强我省湿地保护工作的调研报告》上批示：这份报告写得很好，很有参考吸纳做决策的价值，并要求有关部门列入重要督查事项抓好落实。省政协十届三次会议上提交的《关于加快云药产业又好又快发展的提

案》，从产业结构调整角度关注云药产业发展，提案承办单位十分重视，主动邀请省政协领导和部分省政协委员到玉溪、昆明开展办理调研，就加快云药产业发展听取意见建议，助推了云药产业发展。

（二）提高质量、注重实效是做好提案工作的基础

提案质量是基础，直接影响提案的办理实效，广大政协委员和政协各参加单位十分重视提案质量，以高度政治责任感，紧紧围绕“建设绿色经济强省、民族文化强省和中国面向西南开放重要桥头堡”战略目标，关注我省经济社会发展和民生改善，充分调研、深入思考，提出了许多立意高、分析透、建议实的提案，为党委政府应对新情况、解决新问题提供了重要决策参考。各承办单位积极采纳提案的意见建议，将提案办理纳入目标责任制考核，健全办理制度，严格办理程序，注重办理实效；将办理提案作为改进部门工作的重要途径，提案服务部门加强与承办单位、政协委员和政协各参加单位联系协商，协调政协各专委会与相关部门，加强和改进服务工作，强化督办，促进提案办理实效不断提高。

（三）完善制度、注重创新是做好提案工作的保障

立足人民政协事业发展新要求和提案工作的丰富实践，坚持实事求是，以创新的思路和举措，积极探索提高提案工作质量的途径和方法，使提案工作特点更鲜明，作用更突出。五年来，常委会积极探索提案工作发展的内在规律，用创新的思维拓展提案工作方法，用创新的举措增强提案工作活力。注重理论成果转化，结合研讨内容，制定相关工作制度，提案工作制度不断完善。提案工作涉及面广、程序性强，我们注重将提案工作实践中形成的好经验、好做法上升为规章制度；注重提案工作理论研究，围绕研讨题目深入调研，形成多篇研讨论文；在提案提交、审查、立案、交办、办理、督办各个环节都有章可循，有据可依，提升了工作效率，推动了工作落实，促进提案工作制度化、规范化、程序化和信息化。实践证明，坚持以理论创新推动工作创新，以工作创新推动机制创新，进一步提升了提案工作科学化水平。

（四）发挥优势、突出特色是做好提案工作的根本

来自各族各界的政协委员和政协各参加单位充分发挥自身界别优势和专业特长，深入调查研究，选择联系本地区、本领域最重要、最关注的问题提出意见建议，确保人民政协参政议政水平更高、影响更大。各党派团体、政协专门委员会具有组织优势、智力优势和人才优势，汇聚集体智慧，反映群众呼声，提案内容更加贴近民生、顺应民意，提案建议更加科学务实、操作性强，提案成为扩大公民有序政治参与的有效渠道，成为推动党委政府科学决策、民主决策的重要手段。

（五）维护人民群众根本利益是做好提案工作的出发点和落脚点

把维护人民群众根本利益作为做好提案工作的出发点和落脚点是提案工作的根本目

的所在，也是人民政协责无旁贷的工作任务。把人民群众的冷暖诉求放在心上，真正做到情为民所系，利为民所谋，言为民所建，为促进全面建成小康社会，解决人民群众最关心、最直接、最现实的利益问题去真诚倾听群众呼声，真心关注群众疾苦，真实反映群众意愿，沉下去调研，找准问题，确保提案选题准、观点明、对策实，力求提出的意见建议切实可行，为各级决策所采纳，落实后能见实效。如七彩云南保护行动系列提案就是十届政协提案工作的亮点，为促进我省生态文明建设发挥了重要作用。

回顾五年，省政协提案工作在省委、省政府、省政协领导的高度重视下，政协委员、政协各参加单位和提案承办单位的共同努力下，取得了一定成绩，但与中共十八大精神要求，与我省经济社会发展需要，与社会各界的期望还有一定差距，还存在一些亟待解决的问题。如提案质量有待进一步提高，提案办理协商制度有待进一步加强，提案服务水平有待进一步提高，提案宣传力度有待进一步加大，在以后工作中应逐步予以解决。

## 三

中共十八大，为党和国家事业发展指明了前进方向，对做好人民政协工作提出了更高要求。新一届省政协提案工作责任重大，必须从发展社会主义协商民主的高度，把提案作为人民政协全局性的重要工作，增强政治责任感和历史使命感，努力创造无愧于时代、无愧于历史、无愧于人民的新业绩。为此，对新一届政协提案工作，提出以下建议：

（一）坚持以十八大精神为指导，认真做好提案工作

中共十八大作出全面建成小康社会的战略部署，描绘出实现中华民族伟大复兴的宏伟蓝图，人民政协提案工作必须把思想认识统一到党的十八大精神上来，把全体委员、各党派、各族各界的智慧凝聚到实现党的十八大提出的目标任务上来。要结合云南省情，结合提案工作实际，结合委员界别特色，深化认识、增强信心、凝聚力量；要求真务实、了解实情、反映实际、实话实说；多说有价值的真话，多讲有利于富民强滇的实话，多提可操作有针对性的建议，总之要将十八大精神体现到政协提案工作上来，为全面建成小康社会，建设“美丽云南”发挥更好更大的作用。

（二）充分发挥提案在协商民主中的重要作用，认真做好提案工作

党的十八大提出“社会主义协商民主是我国人民民主的重要形式”，强调“要完善协商民主制度和工作机制，深入进行专题协商、对口协商、界别协商、提案办理协商”，这是十八大的重要历史贡献，也是重大理论创新，同时也对政协提案工作提出新的更高要求。一定要充分认识提案工作是人民政协履行职能的重要渠道，是实现社会主义协商民主的重要途径，使提案更加围绕中心、服务大局，内容上更好的体现人民群众

意愿，办理中充分体现协商民主，通过提案工作进一步丰富协商民主实践、推进协商民主进程、提高协商民主效果，使提案在政协履行政治协商、民主监督、参政议政职能中发挥更大作用，为实现全面建成小康社会宏伟目标做出更大贡献。

（三）进一步深化提案工作中全局性认识，认真做好提案工作

必须进一步深化提案工作的全局性认识，切实加强对提案工作的领导。要主动依靠党委、政府、政协领导的重视和支持，进一步发挥政协委员的主体作用，充分调动政协委员参政议政热情，拓宽知情明政渠道；进一步发挥党派团体、专委会组织优势，加强与承办单位协商配合，加强与社会各界协作联系，最广泛地凝聚各方面智慧和力量。进一步加强与相关部门沟通协调，共同研究解决提案工作中出现的困难和问题。加大提案工作宣传报道力度，丰富宣传形式，增强宣传效果，扩大提案工作社会影响，努力营造全社会关心、支持、参与政协提案工作的良好氛围。

（四）进一步提高提案质量，认真做好提案工作

新一届政协应采取集中培训、组织调研、发送资料等方式，确保委员尽快熟悉提案工作基础知识，掌握提案撰写基本方法，树立通过提案履职的责任意识，充分利用提案履行政治协商、民主监督、参政议政职责。广大政协委员、各民主党派、有关人民团体和政协各专门委员会，要充分发挥自身优势，围绕云南实现科学发展、和谐发展、跨越发展以及党委政府中心工作，围绕人民群众最关注的现实问题，多搞务实调研，多谋发展良策，提出更多具有全局性、前瞻性、可行性的高质量提案，为我省经济政治文化社会和生态文明建设多建睿智之言、多献务实之策。

（五）进一步增强办理实效，认真做好提案工作

要认真落实中共中央办公厅、国务院办公厅印发《关于进一步加强人民政协提案办理工作的意见》，重视加强提案办理工作。要注重办理过程中的沟通交流，在沟通中增进理解、在协商中达成共识、在协作中解决问题。既重视提案的过程办理，更重视提案的实效办理。要加强提案办理调研，掌握情况，分析问题，开阔思路，协商对策。要继续坚持和完善提案办理高层运作机制，逐步完善党委、政府、政协共同交办和督办提案机制，突出办理重点，强化跟踪督办，抓好重点提案督办、办理视察和提案续办续复等工作，不断提高提案的落实率和满意度，促进提案意见建议纳入决策思想，变成决策措施，切实增强提案办理实效。

（六）进一步提高服务水平，认真做好提案工作

加强政协提案工作队伍建设，强化服务意识，拓展业务培训，增强提案委员会的界别代表性和组织协调能力，增强提案委员会办公室的工作力量，为高效有序地做好提案工作提供保障。要加强与全国政协提案委的联系，加强与兄弟省区市政协提案委的沟通交流，加强对州市政协提案工作的联系沟通，相互学习，相互促进。要进一步完善提案

网络管理系统建设，逐步实现提案工作信息资源化、传输网络化和管理科学化，为更加高效地开展提案工作提供技术支撑和保障。要在继承提案工作行之有效的经验和做法的基础上，创新服务方式，在实践中探索，在探索中完善，着力推进提案工作的理论创新和实践创新，使提案工作更好地体现时代性、把握规律性、富于创造性，切实提高提案服务工作科学化水平。

各位委员，新的形势赋予提案工作新的任务，也为提案工作提供了更加广阔的舞台。我们坚信，在中共十八大精神的统领下，在中共云南省委的坚强领导下，十一届省政协的提案工作必将在新起点上实现新发展，在新征程上创造新业绩，为推动我省科学发展和谐发展跨越发展，推进人民政协事业不断向前发展，实现云南与全国同步全面建成小康社会做出新的更大贡献！

# 中国人民政治协商会议<br>云南省第十一届委员会第一次会议决议

（2013 年 1 月 26 日政协云南省第十一届委员会第一次会议通过）

中国人民政治协商会议云南省第十一届委员会第一次会议，于 2013 年 1 月 19 ~ 26 日在昆明举行。会议听取和审议了《中国人民政治协商会议云南省第十届委员会常务委员会工作报告》、《中国人民政治协商会议云南省第十届委员会常务委员会关于提案工作情况的报告》，听取并协商讨论了《政府工作报告》及其他有关报告。会议全面回顾了政协云南省第十届委员会的工作，总结了过去五年的工作经验，提出了政协云南省第十一届委员会的工作建议。会议选举产生了政协云南省第十一届委员会主席、副主席、秘书长和常务委员。会议简朴务实、富有成效，是一次民主求实、继往开来、团结奋进的大会。

会议赞同李纪恒同志代表省人民政府所作的《政府工作报告》，批准罗正富同志代表政协云南省第十届委员会常务委员会所作的工作报告，批准曾华同志代表政协云南省第十届委员会常务委员会所作的提案工作情况报告，赞同云南省高级人民法院工作报告、云南省人民检察院工作报告以及其他有关报告。

会议认为，过去的五年，面对复杂多变的国际国内形势和省内各类重大自然灾害，省人民政府牢固树立科学发展观，团结带领全省各族人民，认真执行党中央、国务院的一系列方针政策，深入贯彻落实省委的决策部署，积极实施加快发展新举措，克服重重困难，推动经济总量过万亿，促进全省各项事业全面进步，巩固了经济较快发展、社会和谐稳定、民生持续改善的良好局面，在全面建成小康社会征途上迈出了坚实步伐。《政府工作报告》对过去五年我省经济社会发展情况的总结客观实在，对存在问题的分析实事求是，提出的今后五年发展目标和举措符合中央要求和我省实际。只要全省各族干部群众团结一致、埋头苦干，就一定能与全国同步全面建成小康社会。

会议认为，政协云南省第十届委员会及其常务委员会高举中国特色社会主义伟大旗帜，牢牢把握团结民主两大主题，坚持用科学发展观统领政协工作，认真贯彻落实省委决策部署，广泛团结动员参加人民政协的各党派团体、各族各界人士，紧紧围绕全省工作大局，切实履行政治协商、民主监督、参政议政职能，充分发挥协调关系、汇聚力量、建言献策、服务大局的重要作用，为推动我省经济社会发展，建设开放富裕文明幸福新云南作出了重要贡献，人民政协事业展现出蓬勃生机和旺盛活力。

会议要求，必须深入学习、全面贯彻落实中共十八大精神，积极引导广大政协委员和参加政协的各党派团体准确把握坚持和发展中国特色社会主义这条主线，深刻领会科学发展观的历史地位和指导意义，深刻领会全面建成小康社会的奋斗目标，深刻领会中国特色社会主义经济建设、政治建设、文化建设、社会建设、生态文明建设五位一体的总体布局，不断深化对中国特色社会主义发展道路、理论体系和政治制度的认识，进一步增强道路自信、理论自信和制度自信，切实用十八大精神武装头脑、指导实践、推动工作。

会议强调，十一届云南省政协工作的五年，是全省各族人民为加快推进面向西南开放重要桥头堡建设而团结奋斗的五年。我省发展存在诸多困难和问题，但也面临许多奋力赶超的良好机遇，必须认清形势、明确任务，坚定加快发展的信心不动摇，咬定跨越发展的目标不放松。新一届省政协要紧紧围绕“翻两番、增三倍、促跨越、奔小康”的工作要求，以科学发展为主题，以加快转变经济发展方式为主线，以提高经济增长质量和效益为中心，积极推进协商民主制度建设，进一步规范政治协商程序，不断加大民主监督力度，努力提高参政议政实效，在服务全省科学发展和谐发展跨越发展，推动我省新型工业化、信息化、城镇化、农业现代化进程中把人民政协事业不断推向前进。

会议号召，全省各级政协组织、政协各参加单位和广大政协委员，要紧密地团结在以习近平同志为总书记的党中央周围，在中共云南省委的领导下，凝心聚力、扎实工作，以开阔的视野、卓有成效的工作，不断谱写人民政协事业发展新篇章，为推动我省经济社会发展实现新跨越做出新的更大贡献！

# 中国人民政治协商会议<br>云南省第十一届委员会第一次会议<br>关于政协云南省第十届委员会常务委员会工作报告的决议

（2013年1月26日政协云南省第十一届委员会第一次会议通过）

中国人民政治协商会议云南省第十一届委员会第一次会议，批准罗正富同志代表政协云南省第十届委员会常务委员会所作的工作报告。

# 中国人民政治协商会议<br>云南省第十一届委员会第一次会议<br>关于政协云南省第十届委员会常务委员会<br>提案工作情况报告的决议

（2013年1月26日政协云南省第十一届委员会第一次会议通过）

中国人民政治协商会议云南省第十一届委员会第一次会议，批准曾华同志代表政协云南省第十届委员会常务委员会所作的关于提案工作情况的报告。

# 政协云南省委员会2013年重点工作安排意见

（2013年4月2日政协云南省第十一届委员会常务委员会第二次会议通过）

根据省政协十一届一次会议的工作部署和《中共政协云南省委员会党组2013年工作要点》，现就省政协2013年重点工作提出如下安排意见：

## 一、深入学习贯彻党的十八大精神

把深入学习贯彻党的十八大精神作为贯穿全年的首要政治任务。认真学习党的十八大报告和党章，扎实开展中国特色社会主义主题教育活动，牢牢把握党的十八大提出的重大理论观点、重大战略思想和重大工作部署，在领会精神、武装头脑上求深化，进一步增强中国特色社会主义的道路自信、理论自信、制度自信，确保党的十八大精神进入思想、进入工作。积极引导各民主党派、界别团体、政协委员和各族各界人士认真抓好对党的十八大精神的学习贯彻，在统一思想、凝聚力量上下功夫，不断巩固团结合作的共同思想政治基础。把学习贯彻党的十八大精神与推动云南“三个发展”、大力弘扬云南精神、推进富民强滇结合起来，贯穿到省政协履行职能的全过程，体现到开展工作的各方面，在指导实践、推动工作上见成效，使党的十八大精神转化为推动云南政协事业不断向前发展的强大思想武器和精神动力。

## 二、全力抓好重点调研视察

### （一）开展9个重点调研

组织政协委员和有关专家学者，深入开展调查研究，提出有价值的意见建议供省委、省政府决策参考。重点抓好以下9个重点调研：1. 关于发挥人民政协协商民主重要渠道作用的重点调研；2. 关于进一步加快云南陆路通道建设的重点调研；3. 关于云南旅游产业转型升级的重点调研；4. 关于加快我省绿色生态产业发展的重点调研；5. 关于我省实施桥头堡战略背景下的人才培养问题的重点调研；6. 关于云南扶贫情况的重点调研；7. 关于“云南民族团结进步、边疆繁荣稳定示范区”建设推进情况的重点调研；8. 关于港澳台侨资企业在滇发展情况的重点调研；9. 关于云南民航经济发展历程及未来发展研究的重点调研。同时，将结合中央、省委的重要工作部署，适时开展“深化改革、反对腐败、转变作风”调研，深化“高原特色农业发展情况”调研，力争形成高质量的调研成果。

### （二）组织4项重点视察

组织委员就滇中产业新区规划建设情况、“城镇上山、工业上山、农民进城”实施情况、我省县级公立医院综合改革情况、我省宗教活动场所管理情况等4个方面进行重点视察。

## 三、精心组织重要会议活动

### （一）召开4次常委会议

组织召开4次常委会议，围绕云南经济社会发展的重大问题进行协商议政，对省政协重要工作进行研究部署。

（二）举办2次论坛

以“打造云南旅游产业升级版”为主题举办云南省企业家论坛，以“惠民生、办实事、促脱贫”为主题举办民生论坛，动员全省各级政协组织、党派团体、相关部门和各界人士积极参与，围绕主题建言，着眼长远立论，集中智慧献策。

（三）筹办11项重要活动

统筹协调、精心筹办好滇越铁路昆明论坛、第六届“政协好新闻奖”评选、十一届省政协委员和州市县政协主席学习培训、云南省人民政协理论研究会成立大会、云南海促会四届一次理事会、全省政协系统书画摄影作品展、全省政协系统秘书长办公室主任工作会议、中秋文化联谊活动、“团结杯”牌艺邀请赛、2013年优秀提案评选、2014年新年茶话会等11项重要会议活动，扩大社会影响，增进团结，促进工作。

## 四、努力提升提案工作水平

（一）提高提案质量

积极引导委员围绕云南经济社会发展的重大问题和人民群众最为关心的现实问题，提出有情况、有分析、有可行性建议的高质量提案。严把提案入口关，从严掌握审查立案标准，处理好数量与质量关系，努力提高提案质量。

（二）增强办理实效

认真贯彻落实中办、国办《关于进一步加强人民政协提案办理工作的意见》，切实加强提案办理工作。积极开展提案办理协商，继续做好“双向评议”工作，不断提高提案的落实率和满意度。坚持和完善提案办理高层运作机制，认真抓好10个重点提案督办、提案办理视察和提案续办续复等工作，促进提案意见建议的采纳和落实，不断增强提案办理实效。

（三）做好提案服务工作

加强提案工作队伍建设，举办“全省政协系统提案服务部门业务培训”和“省政协提案承办单位业务培训”，强化服务意识，提升服务水平。进一步完善提案网络管理系统建设，逐步实现提案工作资源信息化、传输网络化和管理科学化，促进提案工作高效开展。继续做好《重要提案摘报》编报工作，使质量好、份量重的重要提案纳入决策视野。

## 五、积极推动协商民主制度建设

（一）开展理论研究

成立云南省人民政协理论研究会，搭建工作平台，整合各方资源，努力提高人民政协基础理论研究水平。着眼健全社会主义协商民主制度、扩大公民有序政治参与，深入研究协商民主的主要内容、措施办法、实现形式、参与主体、保障机制等问题，准确把握人民政协在推进协商民主中的地位作用、工作职责和具体任务，力求在理论研究方面取得突破性成果，以理论创新推动实践创新。

（二）加强实践探索

充分发挥人民政协作为协商民主的重要渠道作用，全面加强政协组织与党委、政府的专题协商，逐步完善专门委员会与相关部门的对口协商，积极探索同一界别内部、不同界别之间、界别与相关单位之间的界别协商，深入开展提案者与提案办理单位之间的提案办理协商，在工作实践中推进协商民主广泛、多层、制度化发展。

## 六、着力促进民生改善和社会和谐

（一）推动民生改善

围绕增加居民收入、教育就业、医疗卫生、食品安全、社会保障体系建设、社会管理创新等与人民群众生活息息相关的问题积极协商议政、建言献策，推动民生政策落实、民生工程实施和民生问题解决。广泛动员政协委员和社会各界力量参与社会扶助，多方筹集资金，继续开展送医支教、捐资助学、扶贫济困、灾区恢复重建等公益活动，多办利民惠民的好事实事。

（二）促进社会和谐

充分发挥人民政协联系社会各界的桥梁纽带作用，积极协助党和政府做好各界人士的诉求表达、利益协调、权益保障等工作，努力构建与和谐社会相适应的政党关系、民族关系、宗教关系、阶层关系、海内外同胞关系。

（三）反映社情民意

进一步完善政协组织、政协委员和界别密切联系群众的工作机制，及时了解社会生活中的重要情况和群众关注的热点问题，积极做好社情民意的收集、撰写、编辑、报送、反馈等工作，通过政协信息渠道，向党委、政府及有关部门反映重要情况，提出意见建议，促进决策民主化、科学化。

## 七、切实加强对内对外交往

（一）加强海外联谊交往

围绕推动桥头堡建设和扩大沿边开放，发挥人民政协在公共外交方面的独特优势，加强与周边国家的议会、政党、企业、民间组织、知名人士的联系与交往，促进云南与东南亚、南亚国家开展全方位、多层次、宽领域的合作交流，为桥头堡建设创造良好的外部环境。采取多种形式，开展海外联谊活动，密切与港澳台人士及海外华人华侨的联系，积极开展经贸、科技、教育、文化交流，为引进资金、技术、人才和项目牵线搭桥、搞好服务。

（二）促进政协系统工作联动

积极争取全国政协的支持、指导和帮助，全力配合全国政协在滇开展各项活动，借助全国政协的力量向中央反映云南的实际困难和愿望请求，在国家层面帮助推动解决我省经济社会发展的重要问题。加强与各省区市政协的联系往来，通过政协之间的深入交往，促进省际之间的深度合作。加强与各州市县政协的联系与指导，整合系统资源，形成工作合力，推动建设发展。

## 八、不断提高自身建设水平

（一）改进工作作风

不折不扣地贯彻落实中央和省委关于改进工作作风的各项规定。结合省政协工作实际，认真研究制定、严格执行《政协云南省委员会改进工作作风密切联系群众实施办法》，进一步端正学风文风会风，精简文件简报和会议活动，改进调研视察工作，增强履职实效。大力倡导求真务实、艰苦奋斗的作风，厉行勤俭节约，反对铺张浪费。继续深入开展“四群”教育活动和实行干部直接联系群众制度，扎实抓好以为民务实清廉为主要内容的党的群众路线教育实践活动，以良好作风推动省政协工作科学化水平的提升。

（二）发挥党派团体、政协委员和专门委员会的作用

充分调动政协各参加单位的积极性、主动性，组织各民主党派、人民团体、无党派人士积极参与省政协的调研视察和各项活动，发挥好党派团体的重要作用。加大委员培训力度，加强对委员的经常性服务和管理工作，激发委员履职的热情，发挥好委员的主体作用。充分利用专门委员会专业人才集中、与职能部门联系紧密的工作优势，深入开展重点调研视察，提出高质量的意见建议，发挥好专门委员会的基础性作用。

（三）加强机关建设

围绕建设“学习型、服务型、创新型、和谐型”政协机关的目标，继续深入开展“创先争优”活动，巩固风清气正、团结奋进的工作基础。做好机关党委换届工作，进一步加强机关党的思想、作风、组织建设，夯实机关党建基础。强化学习意识，抓好机关干部政治理论和业务学习，使机关干部的理论水平和业务素质充分适应岗位职责要求。强化章法观念，进一步健全完善和落实机关各项工作制度，推动机关工作规范化运行。强化服务意识，着力提高机关干部的政务性服务能力和统筹协调能力，切实发挥参谋助手和服务保障作用，不断提高机关建设的整体水平。广泛开展丰富多彩的机关文化体育活动，努力推进机关文化建设。认真做好综治维稳工作，确保机关安全稳定。

# 重要会议

**【全体委员会议】**

**政协云南省第十一届委员会第一次会议** 2013年1月18日下午，政协云南省第十一届委员会第一次会议预备会议在昆明举行。会议由十届省政协主席罗正富主持。会议共七项议程：一、听取省委统战部领导关于政协云南省第十一届委员会第一次会议主席团和秘书长名单（草案）的说明；二、审议通过政协云南省第十一届委员会第一次会议主席团名单；三、审议通过政协云南省第十一届委员会第一次会议秘书长名单；四、审议通过政协云南省第十一届委员会第一次会议主席团会议主持人名单；五、审议通过政协云南省第十一届委员会第一次会议提案审查委员会主任、副主任、委员名单；六、审议通过政协云南省第十一届委员会第一次会议议程；七、审议通过政协云南省第十一届委员会第一次会议议程。十届省政协主席会议成员在主席台就坐，第十一届省政协委员出席预备会议。

政协云南省第十一届委员会第一次会议于2013年1月19日至26日在昆明举行。会议应出席委员644人，开幕大会实到委员609人。秦光荣、李纪恒等省领导同志出席开幕会和闭幕会。

政协云南省十一届一次会议主席团常务主席白成亮主持开幕会。主席团常务主席会议主持人罗正富代表政协云南省第十届委员会常务委员会作《中国人民政治协商会议云南省第十届委员会常务委员会工作报告》。

罗正富总结了过去五年省政协的工作，他指出，政协云南省第十届委员会任期的五年，是我省经济社会发展取得重大成就的五年，也是云南政协事业不断开创新局面的五年。在中共云南省委的坚强领导下，十届省政协常委会以邓小平理论和“三个代表”重要思想为指导，坚持用科学发展观统领政协工作，深入学习贯彻中共十七大、十八大精神，认真贯彻落实省第八次、第九次党代会的决策部署，切实履行政治协商、民主监督、参政议政职能，为推进我省经济平稳较快发展和社会和谐稳定作出了重要贡献。一是着力加强理论建设，团结合作的思想政治基础不断巩固；二是着力推进重大问题的解决，围绕全省工作大局议政建言富有成效；三是着力服务社会事业发展，促进民生改善取得新成绩；四是着力营造团结民主氛围，促进和谐社会建设有新进展；五是着力体现特色和优势，政协经常性工作扎实推进；六是着力提升履职能力，自身建设进一步加强。

报告从六个方面总结了十届省政协的工作实践体会：一是必须始终坚持中国共产党对人民政协的领导；二是必须紧紧围绕推动科学发展参大政议大事；三是必须把维护人民群众根本利益作为政协工作的出发点和落脚点；四是必须把上下联动作为增强政协工作合力的有效途径；五是必须把发挥民主党派作用作为增强政协工作实效的关键环节；六是必须把开拓创新作为推动政协事业发展的不竭动力。

罗正富指出，十一届云南省政协工作的五年，是全省各族人民为加快推进面向西南开放重要桥头堡建设而团结奋斗的五年，也将是云南省政协创造新业绩、谱写新篇章的五年。为此，提出以下建议：一是以学习贯彻中共十八大精神为新起点大力加强思想理论建设；二是以加快转变经济发展方式为主线全力服务经济建设；三是以完善协商民主制度为重要内容稳步推进政治建设；四是以增强民族文化创造活力为关键主动参与文化建设；五是以保障和改善民生为重点积极促进社会建设；六是以提高政协工作科学化水平为目标扎实推进自身建设。

政协云南省十一届一次会议主席团常务主席曾华代表政协云南省第十届委员会常务委员会作《中国人民政治协商会议云南省第十届委员会常务委员会关于提案工作情况的报告》。

与会委员列席了云南省第十二届人民代表大会第一次会议，听取并协商讨论了《政府工作报告》、《云南省高级人民法院工作报告》、《云南省人民检察院工作报告》及其他有关报告。

委员们进行了分组讨论。在讨论常委会工作报告和提案工作情况报告时，委员对政协十届委员会过去五年的工作给予积极评价，对常委会工作报告和提案工作情况的报告表示赞同，同时提出了一些修改意见。在讨论《政府工作报告》时，委员们对过去一年政府工作给予充分肯定，认为，省政府 5 年的工作坚持稳中求进、好中求快、变中求新，巩固了经济较快发展、社会和谐稳定、民生持续改善的良好局面，充分体现了发展依靠人民、发展为了人民、发展成果惠及人民的发展理念。

委员们认为，形势的发展、事业的开拓、人民的期待，对今后 5 年省政府的各项工作提出了更高更新的要求，期待着省政府带领全省各族人民在新的历史征程中创造更辉煌的业绩。在充分肯定成绩的基础上，与会委员就进一步修改完善《政协工作报告》和做好今年工作提出了意见和建议。

讨论中，委员们着眼我省科学发展、和谐发展、跨越发展的目标任务和重点工作，着重就加快实施桥头堡战略、保障和改善民生、促进文化建设和文化体制改革、推进社会管理创新等重大问题，提出了许多有价值的意见和建议。

会议就云南经济社会发展中的重大问题组织了一次大会发言，组织了三场界别联组会。16 位委员代表各自界别或以个人名义进行了大会发言，围绕加快发展农村金融、建立农村土地流转机制、高度重视人才工作、促进云南高等教育内涵建设、推进我省基本公共服务均等化、进一步加强云南与东盟国家科技合作、发挥政协推动非公经济发展的作用等方面积极建言献策。会议收到各参加单位和委员提交的重点交流材料 156 篇。委员提交提案 710 件，经提案委员会审查，立案 664 件。

会议期间，中共云南省委和省人民政府领导同志听取了大会发言，参加了分组或界别联组讨论，与各民主党派、工商联、无党派人士、各人民团体和各族各界代表人士协商交流，共商云南发展大计。省委、省人大、省政府领导同志，省高级人民法院和省人民检察院主要负责同志，原省级老领导，在昆的全国人大常委和全国政协常委、委员应邀出席了会议的开幕和闭幕大会。

会议通过了《中国人民政治协商会议云南省第十一届委员会第一次会议关于政协云南省第十届委员会常务委员会工作报告的决议》、《中国人民政治协商会议云南省第十一届委员会第一次会议关于政协云南省第十届委员会常务委员会提案工作情况报告的决议》、《中国人民政治协商会议云南省第十一届委员会第一次会议决议》、《中国人民政治协商会议云南省第十一届委员会第一次会议提案审查委员会关于十一届一次会议提案审查情况的报告》。

会议选举产生了政协云南省第十一届委员会主席、副主席、秘书长和常务委员。罗正富当选为政协云南省第十一届委员会主席；白成亮、马开贤、曾华、罗黎辉、倪慧芳、米东生、王承才、喻顶成当选为政协云南省第十一届委员会副主席，车志敏当选为政协云南省第十一届委员会秘书长，王志东等 125 人为常务委员。

闭幕会由政协云南省第十一届委员会常务副主席白成亮主持。罗正富主席在闭幕会上作了重要讲话。他指出，本届省政协任期的五年，是云南实现跨越发展、与全国同步全面建成小康社会的关键时期。我们要以邓小平理论、“三个代表”重要思想、科学发展观为指导，牢牢把握团结和民主两大主题，紧紧围绕中心、服务大局，全面履行各项职能，坚持在继承中创新、在创新中前进，不断增添工作活力，切实把政治协商、民主监督、参政议政的着力点，放在影响科学发展和谐发展跨越发展深层次矛盾的分析上，放在事关全面建成小康社会的综合性、全局性、前瞻性问题的思考上，放在解决人民群众最关心、最直接、最现实问题的探索上，积极有为协商议政，尽心尽力建功立业，努力在发挥优势中突出政协特色、彰显政协价值。一是新一届省政协要充分发挥政协作为协商民主重要渠道的独特优势，积极反映群众意愿、增进社会共识；二是要充分发挥政协人才荟萃、智力密集的重要优势，切实为推动跨越发展提供有效的智力支持；三是要充分发挥政协是大团结大联合组织的政治优势，进一步凝聚全面建成小康社会的强大合力，坚定不移沿着中国特色社会主义道路奋勇前进。

**【常务委员会会议】**

**政协云南省第十一届委员会常务委员会第一次会议** 2013 年 1 月 26 日下午在

昆明举行。会议应到会常委127人，实际到会123人，省政协主席罗正富主持会议并讲话。会议通过了政协云南省第十一届委员会常务委员会关于设置专门委员会的决定；政协云南省第十一届委员会副秘书长名单；政协云南省第十一届委员会各专门委员会主任、副主任名单。

省政协主席罗正富出席闭幕会并作了重要讲话。他指出，十一届省政协任期的5年，是云南改革发展处于关键时期的五年。十一届省政协能否圆满完成各项工作任务，关键在于省政协常委会能否发挥好作用。常委会要按照规章全面履行职责，坚持团结、发扬民主，全面加强自身建设，充分发挥常委的作用；要紧紧围绕省委、省政府的中心工作，精心选择全省实现科学发展和谐发展跨越发展中的重点、热点、难点问题，以战略思维分析研究，以科学方法谋划思路，以民主渠道协商议政，以务实精神推进工作，努力为党委和政府办好大事出谋划策、为办好喜事营造氛围、为化解难事献计出力；要按照政协云南省十一届一次会议的要求，把学习贯彻党的十八大和省委九届四次全体（扩大）会议精神与履行职能紧密地结合起来，切实把“翻两番、增三倍、促跨越、奔小康”的要求落实到今年的工作目标中，抓紧制定出切实可行的年度工作计划，确保十一届省政协的工作能够开好局、起好步。他还强调，各专委会要紧紧围绕常委会确定的工作思路来履行职能，根据常委会的中心工作来开展活动，找准服务大局与发挥自身优势的结合点。要充分调动委员参与专委会工作的积极性，注重突出专委会工作的专业性，着力提高专委会工作的实效性。

省政协常务副主席白成亮，副主席马开贤、曾华、罗黎辉、顾伯平、倪慧芳、米东生、王承才、喻顶成，秘书长车志敏出席会议。

**政协云南省第十一届委员会常务委员会第二次会议**　2013年4月2日在昆明举行。会议应到会常委127人，实际到会103人，省政协主席罗正富主持会议。会议传达学习了全国政协十二届一次会议精神，审议了《政协云南省委员会2013年重点工作安排意见》。

会议期间，常务副主席白成亮传达了全国政协十二届一次会议精神。各位常委围绕贯彻落实全国政协十二届一次会议精神和九届省委第32次常委会议的要求、进一步做好今年的各项工作进行了认真讨论，提出了许多很好的意见和建议。

省政协主席罗正富出席闭幕会并作了重要讲话。他指出，今年是全面贯彻落实中共十八大精神的开局之年，是实施“十二五”规划承前启后的关键一年，是为全面建成小康社会奠定坚实基础的重要一年。全省各级政协组织和广大政协委员要深入学习贯彻全国“两会”精神，切实把智慧和力量凝聚到实现云南科学发展和谐发展跨越发展上来，积极开展工作，认真抓好落实，齐心协力完成好今年的各项任务。一是要统一思想、凝聚共识，深入学习贯彻全国两会精神。二是抓住重点、认真履职，切实做好今年的各项工作。三是积极进取、扎实工作，努力展现新一届省政协的新气象。

省政协副主席马开贤、曾华、罗黎辉、顾伯平、倪慧芳、米东生、王承才、喻顶成，秘书长车志敏出席会议。

**政协云南省第十一届委员会常务委员会第三次会议** 2013 年 7 月 23 ~ 24 日在昆明举行。会议应到常委 127 人，实际到会 101 人，省政协主席罗正富主持会议。省委常委、常务副省长李江代表省政府向省政协常委会议通报云南省 2013 年上半年经济社会发展情况及下半年工作打算；与会常委围绕“推进产业建设年活动，加快产业结构调整，保持云南经济社会良好发展势头”主题进行大会发言。副省长刘慧晏到会听取委员发言。会议通过了有关人事事项。

省政协主席罗正富出席闭幕会并作了重要讲话。他指出，要积极谋划履行职能的新思路，勇于开辟发挥作用的新渠道，使省政协工作与全省经济发展大局结合得更好，建言献策与省委、省政府决策需要贴得更紧。一是更加积极地为我省经济建设服务。二是扎实开展党的群众路线教育实践活动。三是全面做好下半年的各项工作。

省政协常务副主席白成亮，副主席马开贤、曾华、罗黎辉、米东生、王承才，秘书长车志敏出席会议。

**政协云南省第十一届委员会常务委员会第四次会议** 2013 年 12 月 30 日在昆明举行。会议应到会常委 125 人，实际到会 103 人，罗正富主席主持会议。

副省长高树勋通报了云南省人民政府关于政协云南省十一届一次会议提案办理情况，中共云南省委书面通报了中共云南省委办公厅关于督办省级党群政法系统办理省政协十一届一次会议以来提案的工作情况。会议审议了政协云南省第十一届委员会第二次会议的有关事宜、《中国人民政治协商会议云南省第十一届委员会常务委员会工作报告》、《中国人民政治协商会议云南省第十一届委员会常务委员会关于十一届一次会议以来提案工作情况的报告》、关于授权主席会议审定政协云南省第十一届委员会常务委员会第四次未尽事宜的决定和有关人事事项，书面通报了 2013 年重点视察报告和各专门委员会 2013 年工作总结和 2014 年工作要点。

省政协主席罗正富出席闭幕会并作了重要讲话。他提出，省政协要认真贯彻落实十八届三中全会和省委九届七次全会精神，切实把思想和行动统一到中央和省委的决策部署上来，找准履职重点，认清工作方向，凝心聚力、攻坚克难，努力推动省委九届七次全会确定的各项任务落到实处。一是要深入学习贯彻三中全会精神，努力为我省全面深化改革聚合力添动力。二是要认真学习贯彻省委九届七次全会精神，切实谋划好明年的各项工作。三是要抓紧做好筹备工作，确保省政协十一届二次会议顺利召开。

省政协常务副主席白成亮，副主席马开贤、曾华、罗黎辉、倪慧芳、米东生、王承才、喻顶成，秘书长车志敏出席会议。

**【主席会议】**

**第三十七次会议（第十届）** 1月14日在昆明召开。会议由罗正富主席主持。省委常委、省委统战部部长黄毅，省政协副主席马开贤、陈勋儒、曾华、罗黎辉、王学智、白成亮、顾伯平、倪慧芳，秘书长车志敏出席会议。

会议审议了政协云南省第十一届委员会第一次会议主席团和秘书长名单（草案），政协云南省第十一届委员会第一次会议主席团常务主席会议主持人名单（草案），政协云南省第十一届委员会第一次会议提案审查委员会主任、副主任、委员名单（草案），政协云南省第十一届委员会第一次会议副秘书长名单（草案），政协云南省第十一届委员会第一次会议分组办法和小组召集人名单（草案），政协云南省第十一届委员会第一次会议日程（草案），政协云南省第十一届委员会第一次会议主席团会议主持人名单（草案），政协云南省第十一届委员会第一次会议各次全体会议执行主席和主持人名单（草案），政协云南省第十一届委员会第一次会议秘书处机构设置和职责（草案）和有关人事事项。听取了政协云南省第十一届委员会第一次会议主席团常务主席名单（草案）的说明，通过政协云南省第十一届委员会第一次会议预备会议日程，政协云南省第十一届委员会第一次会议预备会议主持人名单，政协云南省第十一届委员会第一次会议新闻发言人名单；审定了《政协云南省第十届委员会常务委员会工作报告》和《政协云南省第十届委员会常务委员会关于提案工作情况的报告》报告人名单，政协云南省第十一届委员会第一次会议界别联组会联组方案。

**第一次会议（第十一届）** 2013年1月26日在昆明召开。会议由罗正富主席主持。常务副主席白成亮，副主席马开贤、曾华、罗黎辉、顾伯平、倪慧芳、米东生、王承才、喻顶成，秘书长车志敏出席会议。

会议审议了政协云南省第十一届委员会常务委员会第一次会议议程、政协云南省第十一届委员会常务委员会关于设置专门委员会的决定（草案）、政协云南省第十一届委员会副秘书长名单（草案）、政协云南省第十一届委员会各专门委员会主任、副主任名单（草案）、政协云南省第十一届委员会常务委员会第一次会议人事通过办法（草案），审议通过了政协云南省第十一届委员会常务委员会第一次会议日程，听取了省委组织部领导关于政协云南省第十一届委员会有关人事安排的说明，会议还讨论研究了主席分工。

**第二次会议** 2013年3月18日在昆明召开。会议由罗正富主席主持。常务副主席白成亮，副主席马开贤、曾华、罗黎辉、顾伯平、倪慧芳、米东生、王承才、喻顶成，秘书长车志敏出席会议。

会议传达学习了全国政协十二届一次会议精神，审议了政协云南省委员会常务委员会第十一届二次会议的有关事宜，决定省政协十一届二次常委会于4月2日在昆明召开；审议了《政协云南省委员会2013年重点工作安排意见》（送审稿）、政协云南省第十一届委员会第一次会议重点提案、《政协云南省委员会改进工作作风密切联系群众的实施办法》（送审稿），审定了政协云南省第十一届委员会各专门委员会委员和联系委员名单。

**第三次会议** 2013 年 5 月 13 日在昆明召开。会议由罗正富主席主持。常务副主席白成亮，副主席马开贤、曾华、顾伯平、倪慧芳、米东生、王承才、喻顶成，秘书长车志敏出席会议。

会议审议了政协云南省第十一届委员会常务委员会第三次会议的有关事宜，决定省政协十一届三次常委会于 7 月 23 ~ 24 日在昆明召开，会议将围绕“推进产业建设年活动，加快产业结构调整，保持云南经济良好发展势头”主题进行协商议政；审定了十一届省政协委员和州市县政协主席学习培训方案，会议还审议了有关人事事项。

**第四次会议** 2013 年 10 月 12 日在昆明召开。会议由罗正富主席主持。常务副主席白成亮，副主席罗黎辉、倪慧芳、米东生、王承才、喻顶成，秘书长车志敏出席会议。

会议审议了进一步加快云南陆路建设、加快我省绿色生态产业发展、桥头堡战略下云南高等院校国际化人才培养调研、云南民族团结进步边疆繁荣稳定示范区建设推进情况、港澳台侨资企业在滇发展情况的 5 个调研报告，会议还审议了有关人事事项，并听取了省政协近期工作安排建议的汇报。

**第五次会议** 2013 年 11 月 15 日在昆明召开。会议由罗正富主席主持。常务副主席白成亮，副主席马开贤、曾华、罗黎辉、倪慧芳、米东生、王承才、喻顶成，秘书长车志敏出席会议。

会议传达学习了中共十八届三中全会精神，会议指出，省政协的全体委员和干部职工一定要按照省委的要求，切实把认真学习宣传和全面贯彻落实党的十八届三中全会精神，作为当前和今后一个时期的首要政治任务，全面准确地学习和把握全会精神，紧密联系政协工作实际，深刻领会全会提出的新思想、新论断、新举措，着力掌握全面深化改革的重大意义、指导思想、总体目标、基本原则和重大部署，切实把思想统一到全会对形势的分析判断上来，把力量统一到全会确定的目标任务上来，把行动统一到全会提出的部署要求上来，强化改革精神、增强进取意识，自觉把全会精神贯彻落实到政治协商、民主监督、参政议政的全过程，最广泛地凝聚各党派、各团体、各民族、各阶层和各界人士的智慧和力量，积极为我省全面深化改革建言献策，努力推动科学发展和谐发展跨越发展；会议听取了关于云南建设民航经济强省调研有关情况的汇报，会议认为，发展民航经济，推进民航强省建设，对云南经济实现跨越发展有重要意义，在现有调研报告基础上，认真修改完善后形成主席会议建议案报省政府；会议还审议了充分发挥人民政协协商民主重要渠道作用、加快云南旅游产业转型升级、关于云南扶贫情况的 3 个调研报告。

**第六次会议** 2013 年 11 月 15 日在

昆明召开。会议由罗正富主席主持。常务副主席白成亮，副主席马开贤、曾华、罗黎辉、倪慧芳、米东生、王承才、喻顶成，秘书长车志敏出席会议。

会议审议了政协云南省第十一届委员会常务委员会第四次会议的有关事宜，会议决定，省政协十一届四次常委会议于2013年12月30日在昆明召开；审议了政协云南省第十一届委员会第二次会议的有关事宜，会议要求，省政协机关各部门要高度重视，加强协调，密切配合，全力以赴，切实做好省政协十一届二次会议的组织筹备工作，认真抓好各个环节的落实，确保会议顺利召开；审议了《中国人民政治协商会议云南省第十一届委员会常务委员会工作报告》、《中国人民政治协商会议云南省第十一届委员会常务委员会关于十一届一次会议以来提案工作情况的报告》、省政协十一届一次会议优秀提案表彰名单、云南省政协2014年新年茶话会方案、各专委会2013年工作总结和2014年工作要点；审议了关于云南省“城镇上山、工业上山、农民进城”情况、关于我省县级公立医院综合改革试点工作进展情况的2个视察报告，会议还听取了关于对云南省宗教活动场所管理情况视察的情况汇报，会议认为，我省宗教情况比较复杂，问题涉及面较广，需要对各宗教的情况进行逐一深入研究，决定将该视察报告作为调研视察的基本材料，印送常委会议和有关方面参考。

**【秘书长会议】**

**第一次会议** 2013年3月14日在昆明召开。会议由车志敏秘书长主持。会议议程：一是传达学习贯彻全国政协十二一次会议精神；二是审议省政协十一届二次常委会议有关事宜；三是审议《政协云南省委员会2013年重点工作安排意见》（送审稿）；四是审议政协云南省第十一届委员会各专门委员会委员和联系委员名单；五是审议《政协云南省委员会改进工作作风密切联系群众的实施办法》（送审稿）；六是审议省政协十一届一次会议重点提案。

**第二次会议** 2013年5月13日在昆明召开。会议由车志敏秘书长主持。会议议程：一是审议省政协十一届三次常委会议有关事宜；二是审议《十一届省政协委员和州市县政协主席学习培训方案》；三是审议有关人事事项。

**第三次会议** 2013年10月9日在昆明召开。会议由车志敏秘书长主持。会议议程：一是审议关于进一步加快云南陆路建设的调研报告；二是审议关于加快我省绿色生态产业发展调研报告；三是审议关于桥头堡战略下云南高等院校国际化人才培养调研报告；四是审议关于云南民族团结进步边疆繁荣稳定示范区建设推进情况；五是审议关于港澳台侨资企业在滇发展情况的调研报告；六是审议有关人事事项；七是听取关于省政协近期工作安排建议的汇报。

**第四次会议** 2013年11月6日在昆明召开。会议由张宁主任主持。会议议程：一是审议关于充分发挥人民政协协商民主重要渠道作用调研报告；二是审议关于加快云南旅游产业转型升级调研报告；三是审议关于云南扶贫情况的调研报告；四是审议关于云南民航经济发展历程及未来发展研究调研报告。

**第五次会议** 2013年12月10日在昆明召开。会议由车志敏秘书长主持。会议议程：一是审议政协云南省第十一届委员会常务委员会第四次会议的有关事宜；二是审议政协云南省第十一届委员会第二次会议的有关事宜；三是审议《中国人民政治协商会议云南省第十一届委员会常务委员会工作报告》（草案）；四是审议审议《中国人民政治协商会议云南省第十一届委员会常务委员会关于十一届一次会议以来提案工作情况的报告》（草案）；五是审议省政协十一届一次会议优秀提案表彰名单；六是审议《关于“城镇上山、工业上山、农民进城”实施情况视察报告》；七是审议《关于我省县级公立医院综合改革情况视察报告》；八是审议《关于我省宗教活动场所管理情况视察报告》；九是审议云南省政协2014年茶话会方案（草案）；十是审议各专委会2013年工作总结和2014年工作要点（书面）。

# 重要活动

**云南省2013年新年茶话会** 2012年12月31日上午在昆明举行。省委书记、省人大常委会主任秦光荣出席并致词。省委副书记、省长李纪恒，全国政协民族和宗教委员会副主任王学仁出席。省政协主席罗正富主持茶话会。省委、省人大常委会、省政府、省政协领导，在昆中直机关领导，省级老领导，省高级人民法院、省人民检察院领导，驻滇解放军、武警部队领导，在昆全国政协常委、委员和省政协常委，省直部门负责人，省级各民主党派、工商联和人民团体负责人，以及民族、宗教和港澳台侨代表人士出席茶话会。省级民主党派、工商联、人民团体代表曾华，港澳台侨代表吴建加，以及民族宗教界代表靖玖玮发言。

**“滇越铁路”昆明论坛** 3月23日，省政协主席罗正富，十一届全国政协文史和学习委员会主任陈福今，省政协秘书长车志敏出席“滇越铁路昆明论坛”。罗正富代表省政协对“滇越铁路昆明论坛”的举办表示祝贺并致词。法国驻华大使白林，法国驻成都总领事鲁索，越南驻昆明总领事阮正胜到会祝贺。白林、阮正胜表示将对滇越铁路申遗工作积极支持。中、法、越三国专家学者分别对滇越铁路保护利用和申遗工作提出意见建议。省政协副主席罗黎辉主持论坛。

**省政协2013“政协好新闻奖”表彰会** 5月14日上午，省政协召开2013“政协好新闻奖”表彰会，表彰获奖作品和新闻宣传工作先进单位。本次获奖的57件作品，分别从中央驻滇新闻媒体、全省各新闻媒体、全省各州市政协选拔推荐的百余件作品中选出，包括报刊、广播电视、图片、网络四大类，分为一、二、三等奖和优秀奖。省政协副主席顾伯平出席会议并讲话。省政协副秘书长、研究室主任马孝初主持会议。

**云南政协之友协会四届一次会员大会** 5月22日，云南政协之友协会四届一次会员大会在昆明召开。会议提出，进一步抓好协会自身建设，搞好学习、调研等活动，积极反映社情民意，为云南经济社会发展作出新贡献。会议聘请全国政协民宗委副主任王学仁、省政协主席罗正富，省老领导刘树生、梁家为第四届云南政协之友协会名誉会长。会议选举省政协常务副主席白成亮为第四届云南政协之友协会会长，选举省老领导管国忠、和占钧为常务副会长，选举省老领导陈勋儒、王学智和香港云南同乡会终身会长魏汝芳为副会长，选举省政协秘书长车志敏为协会秘书长。孟继尧代表云南政协之友协会第三届理事会作工作报告。审议通过云南政协之友协会章程（修改草案），选举产生云南政协之友协会第四届理事会。

**州市县政协主席学习培训班** 7月25～27日，在昆明举办州（市）县（市、区）政协主席学习培训班。省政协主席罗正富作动员讲话并作专题辅导。省委副书记、省委党校校长仇和以《梦中华复兴大业 谋云南发展大计》为题作专题辅导。省委常委、常务副省长李江就《云南省经济社会发展的有关问题》进行辅导。全国政协办公厅研究室主任刘佳义受邀就人民政协的经常性工作、协商民主等内容对学员作专题辅导，并对如何提提案、如何开展视察调研等经常性工作作重点讲解。省政协常务副主席白成亮在培训结束时讲话。省政协常务副主席白成亮，省政协副主席曾华、罗黎辉、米东生分别主持开班仪式和专题辅导。省政协秘书长车志敏主持结业典礼。昆明市、昭通市、普洱市政协以及沾益县、新平县政协等10个州市县政协在会上作了工作经验交流。

**十一届省政协委员学习培训班** 7月29～31日，政协云南省第十一届委员会组织新一届省政协委员进行学习培训。省政协常务副主席白成亮出席开班仪式并作了专题辅导。省政协副主席倪慧芳、喻顶成分别主持开班仪式和专题辅导。全国政协提案委员会副主任王国卿、省政协秘书长车志敏、省经济研究院院长段钢分别作了专题辅导。省政协副主席王承才在培训结束时讲话。部分委员在结业典礼上交流了履职经验，畅谈了学习体会。

**全省政协提案服务系统工作培训班** 8月25～28日，全省政协提案服务系统工作培训班在昆明举办。全省16州（市）政协分管提案工作的副主席、提案委主任和129个县（市、区）政协的提案委主任参加学习培训。省政协副主席喻顶成出席开班仪式并作动员讲话。省政协提案委领导分别就不同主题为学员作辅导讲话，部分学员代表结合工作实际作交流发言。

**省政协首次提案承办单位工作培训班** 8月29～31日，省政协首次提案承办单位工作培训班在昆明举办。省政协副主席喻顶成出席开班仪式并作动员讲话。省政协提案承办单位，省委、省政府督办部门，各民主党派省委、省工商联、有关人民团体相关负责人参加学习培训。

**省政协第六届民生论坛** 9月3日，以“惠民生、办实事、促脱贫”为主题的云南扶贫恳谈会在昆明举行。省委副书记仇和省政府有关领导出席恳谈会并讲话。省政协常务副主席白成亮，副主席罗黎辉出席恳谈会。省政协副主席倪慧芳主持，副主席王承才致词。省政协秘书长车志敏出席恳谈会。

恳谈会上，省扶贫办负责人就全省扶贫开发工作作主题发言。与会各界人士分别就完善农村扶贫开发模式、高度关注城市贫困群体、以政府为主导加大扶贫投入、加大旅游扶贫开发力度、加强边境民族直过区扶贫工作等内容进行交流发言，从不同角度对我省扶贫开发工作提出意见建议。

**企业家论坛“打造云南旅游产业升级版”恳谈会** 10月26日，以“打造云南旅游产业升级版”为主题的“云南企业家论坛”恳谈会在昆明举行。来自省旅发委、省政协经济委，以及我省各级政协和各民主党派、工商联、经济界的代表，围绕我省旅游提质增效和可持续发展建言献策。国家旅游局局长邵琪伟出席论坛并讲话。省委副书记、省长李纪恒出席论坛并讲话。省政协主席罗正富出席论坛并致词。全国政协经济委副主任褚平出席论坛并讲话。省政府资政刘平在会上介绍了云南旅游产业发展情况，海南省省长助理、旅游发展委员会主任陆志远介绍了海南省旅游发展情况。中国旅游研究院院长戴斌、北京联合大学旅游学院教授张凌云应邀为论坛作专题演讲，为云南旅游转型升级支招。论坛还围绕主题，向社会各界征集到稿件61篇，经专家评审组评审，对优秀作品进行了表彰。省政协常务副主席白成亮，副主席曾华、喻顶成，秘书长车志敏出席会议。

**云南省人民政协理论研究会成立** 11月19日，云南省人民政协理论研究会成立大会暨第一次理论研讨会在昆明举行。省政协副主席马开贤出席会议。会议听取了研究会筹备组关于云南省人民政协理论研究会筹备情况的汇报，审议通过了研究会章程和研究会第一届理事会选举办法，选举产生了第一届理事会理事。成立大会后，召开了第一届理事会第一次会议，选举产生了理事会常务理事以及会长、副会长、秘书长、副秘书长。省政协秘书长车志敏当选为云南省人民政协理论研究会第一届理事会会长。

**省政协中心学习组专题学习** 2013年7月30日至8月2日省政协中心学习组开展了以“深入贯彻党的群众路线，认真履职做好政协各项工作”为主题的学习。学习共安排四天时间，前3天自学，第4天集中学习。省政协党组书记、主席罗正富主持会议并作总结讲话。省政协副主席白成亮、曾华、罗黎辉、倪慧芳、米东生、王承才、喻顶成，秘书长车志敏，省政协办公厅领导班子成员，研究室、各专委会及机关各处室负责人，民主党派省委和省工商联、省侨联负责人近80人参加学习。本次理论中心学习组参学人员切实做到理论联系实际，把学习中央及省委关于深入开展党的群众路线教育实践活动的部署、习近平总书记等中央领导同志的讲话精神，以及《论群众路线——重要论述摘编》、《党的群众路线教育活动学习文件选编》、《厉行节约、反对浪费——重要论述摘编》等文件材料，与省政协工作紧密结合，进行了认真学习和深入思考。参加学习的两级党组成员共8人交流学习体会，非中共领导同志就开展好党的群众路线教育实践活动提出了建议。

2013年12月30日至2014年1月3日省政协中心学习组开展了以中共十八届三中全会、习近平总书记系列重要讲话、中央经济工作会议，以及省委九届七次全会、省委理论中心组学习会议等会议精神为主要内容的集体学习。学习共安排四天半时间，2013 年 12 月 30 日至 2014 年 1 月 2 日自学；2014 年 1 月 3 日上午集中学习。省政协党组书记、主席罗正富主持会议并作总结讲话。省政协副主席白成亮、马开贤、曾华、米东生、王承才、喻顶成，秘书长车志敏，省政协副秘书长，办公厅、研究室、各专门委员会领导，各民主党派省委、省工商联、省侨联负责人近 60 人参加学习。7 位同志作交流发言。这次省政协中心学习组的学习，内容集中，重点突出，效果明显。参学人员围绕学习内容，理论联系实际，把学习中共十八届三中全会、习近平总书记系列重要讲话、中央经济工作会议、省委九届七次全会精神，与政协工作紧密结合，对深入贯彻落实中共十八届三中全会精神，做好省政协 2014 年的工作，促进我省深化改革和经济社会又好又快发展，提出了许多建设性的意见建议。

# 建议案及调研视察报告

## 关于加快云南民航强省建设的建议案

（2013年11月15日政协云南省第十一届委员会第五次主席会议通过）

我省“十二五”规划明确提出建设民航强省，打造空中经济走廊的战略目标。根据省政协2013年重点工作部署，今年5月以来，在罗黎辉副主席率领下，省政协文史委员会牵头成立调研组，就“云南建设民航强省”问题进行了调研。在深入分析我省民航发展的基本历程、基本经验、主要成效、制约因素和存在主要问题，认真研究借鉴四川、重庆、河南、广西等省市区及国外一些地区民航业发展经验的基础上，提出了新形势下加快云南民航强省建设，发展民航经济的对策建议。为深入贯彻中共十八届三中全会精神，进一步发挥民航业在促进我省经济社会发展中的重要作用，经省政协主席会议研究，提出如下建议案。

### 一、“十一五”以来我省民航发展成效显著

（一）顶层设计不断加强

“十一五”以来，国务院《关于促进民航业发展的若干意见》、民航总局《建设民航强国的战略构想》相继出台。2011年12月，省政府与民航总局签署《贯彻落实国务院关于支持云南省建设中国面向西南开放重要桥头堡的意见加快云南民航强省建设会谈纪要》，赢得国家进一步的政策倾斜和支持。同时，编制完成了《云南省“十二五”民航发展规划》，相继出台了《云南省民用运输机场保护条例》、《云南省公务机使用管理暂行规定》、《云南省人民政府关于进一步加快民用机场建设的实施意见》等一系列政策措施，为我省民航强省建设奠定了良好的基础。

（二）机场建设取得重大突破

西部大开发和桥头堡建设的标志性工程昆明长水国际机场建设和转场运营顺利完成；腾冲机场、“5+1”机场改扩建工程相继建成投入使用；泸沽湖机场开工建设，红河、沧源、澜沧等新建机场前期工作顺利推进。目前，全省运营民用机场达12个，形

成1个区域性枢纽机场，11个支线机场的总体格局。机场密度达每万平方公里0.3个，高于全国0.19的平均水平，全省民用机场布局、规模、等级、利用率也居全国前列。

（三）航线网络更趋完善

至2012年底，全省开通航线319条（其中国内航线275条、境外地区航线6条、国际航线38条），通航城市118个（其中国内城市89个、境外城市3个、国际城市26个），进入云南航空市场的国内外航空公司34家（其中，国际及地区航空公司13家），基地航空公司4家。全省初步形成昆明与省内、周边省份、国内大中城市及东南亚、南亚国家城市对式或轮辐式连接的航线网络，云南面向西南国家开放的“空中经济走廊”雏形基本形成。

（四）航空综合效益凸显

云南航空业的快速靠前发展，明显促进了人流、物流、资金流、技术流、信息流等向云南的流动汇集，明显促进了各种资源要素、社会资本、政策资源、发展机遇跨区域向云南的流动汇集，加快了发展节奏效率，有力地促进了经济社会的发展。“十一五”以来，全省累计完成民航投资270.03亿元，按国际研究机构关于全球民航业投入与产出比1：8的比数测算，我省民航业“十一五”以来拉动的产出贡献约为2160.24亿元。据国内研究机构研究，我国机场每百万旅客吞吐量可以产生约18.1亿元的综合经济效益，带动相关就业岗位约5300个。据此测算，2012年全省民航旅客吞吐量为3192.11万人次，约带来577.77亿元综合经济效益，对我省全年国内生产总值的贡献率约为5.6%，创造就业岗位16.92万个。同时，云南民航业在推动边疆民族地区发展，缩小区域发展差距，增强民族团结，推进民族文化大发展大繁荣，扩大对内对外开放等方面也日益显现出巨大的促进作用。

## 二、加速推进我省民航强省建设时不我待

（一）国家战略部署，形成难得发展机遇

国家新一轮西部大开发、桥头堡战略进入实质性推进阶段；孟中印缅经济走廊、丝绸之路经济带建设战略格局方兴未艾；云南正式列入国家长江经济带规划范畴，在国家推进长江中上游腹地开发战略中拥有先机；《中共中央关于全面深化改革若干重大问题的决定》确立了低空空域开放、放宽投资准入、建立自贸区域、扩大沿边开放一系列重要政策取向；国家民航发展规划将昆明长水机场正式定位为国家门户机场，位列北京、上海和广州机场之后……所有这些，都为云南民航腾飞、云南民航强省建设提供了难得的发展机遇和巨大空间。

（二）竞争日趋严峻，优势稍纵即逝

经济社会发展到当今水平，民航驱动经济社会发展的所谓“第五冲击波”的巨大

作用日益引起兄弟省市自治区的高度重视，加上国家战略部署和系列政策的推动，大力发展民航业，驱动民航经济强劲发展成为越来越多省市自治区的发展定位和战略选择。云南民航及民航经济已处在“前有标兵、后有追兵”和“逆水行舟、不进则退”的竞争态势中，并处于作出新的战略选择的关键时刻。北京、上海、广州民航及民航经济优势地位明显，发展已进入相对较高层次，但势头依然强劲，是我们的标兵。全国多个省市自治区，如河南、陕西、山东、新疆、海南等，把发展民航及民航经济放在重要的战略位置，高位推动，发展速度迅猛，势头不可小觑。尤其必须关注的是，云南周边的四川、重庆、广西、贵州等省、市、自治区纷纷制定加快民航及民航经济发展的战略规划，明确提出了超越云南航空的战略指标和目标，对云南航空既有的地位、作用、优势和市场提出了挑战。重庆今年开始扩建江北机场第三跑道，适时将建设第四跑道，终端旅客吞吐量7000万人次，货邮吞吐量250万吨，要打造“亚洲领先，世界一流的大型国际商业门户枢纽和西部国际航空客货中心”。四川将于明年开工建设简阳芦葭国际机场（已获国家部委批准），终端旅客吞吐量1亿人次，货邮吞吐量135万吨，“打造继‘北上广’后国家第四大国际航空枢纽和‘世界十佳机场’”。广西要“将南宁机场打造成国家面向东盟的门户枢纽机场”。另外，有的周边省市已经在一些重要方面超越云南，走在了前面。四川民航已拥有洲际航线6条（云南0条）、国际和境外地区航线65条（云南44条）、国内外通航城市149个（云南118个）；2012年货邮吞吐量50.8万吨（云南28.26万吨）；继北京、上海、广州之后，2012年成都成为了我国获得外国旅客72小时过境免签权的第四个城市（云南尚未申请）；成都、重庆均充分发挥民航对发展产业的有力支撑作用，已建成年产值分别超1000亿元和2000亿元的临空经济区……面对日益激烈的竞争态势和民航资源的稀缺性及排他性，我们已有的优势稍纵即逝，必须引起高度重视，增强竞争意识和紧迫感，在战略上统筹应对，以足够的眼界正确把定方向、目标和策略，在具体工作层面真抓实干，加快发展，防止出现“一步慢、步步慢”的被动局面。

（三）云南跨越发展，需要民航先行

云南地处边疆，高山深谷，区位独特，民航具有公路、铁路、水运无法比拟的许多特点和优势，具有内陆省市区航空所不具的突出特点和优势。尤其是在当前我省努力建设“桥头堡”，积极参与长江经济带、孟中印缅经济走廊、丝绸之路经济带建设的历史关键时期，在毫不松懈地推进云南铁路、公路和水路等地面“线式”交通系统建设的同时，必须从云南特殊实际和跨越发展的要求出发，站在时代发展高度，确立云南要强，航空必须强，云南要跨越发展，航空必须先行发展的战略思路，巩固、强化我省航空的优势地位，推动我省航空进一步加快进阶发展，以航空先行，航空强省支撑和保障云南的开放发展、跨越发展。

## 三、关于建设民航强省总体思路的建议

### （一）关于指导思想

建议在省委、省政府正确领导下，进一步明确民航先行，切实推进我省加速由民航大省向民航强省建设转变的发展思路，针对变化的实际，完善民航强省的顶层设计，调整充实目标定位和布局，进一步明确任务责任，构建更加有力有利的政策环境，加快云南现代民航体系建设和民航经济发展，充分发挥民航基础性、先导性和公益性作用，巩固优势，强化地位，为我省经济社会实现“三个发展”提供强有力的支撑与牵引作用。

### （二）关于发展目标

建议到2025年，基本建成以市场为导向，多种所有制并举，企业、政府和社会责权明晰，政策法规环境基本健全，机场布局合理、规模适当、层次分明、功能完备、管理规范、服务质量上乘，航线网络结构科学、数量充足，民用航空与通用航空、自有航空公司与引入基地航空协调发展的云南现代民航体系；全省民航经济效益、区域竞争力明显提升，民航业增加值超过2500亿元以上；建成中国面向西南开放的“空中经济走廊”，基本实现从民航大省到民航强省的历史性转变。

### （三）关于重点工作

从当前实际出发，加快推进民航强省建设，建议重点抓好6项工作。

1. 切实加强长水机场建设，巩固和提升优势地位。紧紧围绕国家门户枢纽机场建设目标，加大长水机场航线和通航城市的开拓力度；完善基地航空公司配置结构，选好娘家，进一步引进有实力的基地航空公司，构筑良性竞争环境；进一步加强机场基础设施配套建设，协调完成22.97平方千米的建设用地审批工作，抓紧机场“9＋2”配套项目建设，加快推进二类盲降系统建设与运作工作，提前作好第三、四条跑道及配套设施建设的前期准备工作，以旅客“零距离换乘”和货物“无缝衔接”为努力方向，打造地铁、铁路、公路与国家门户机场紧密结合的综合交运枢纽中心，辐射滇中城市群、辐射全省；努力提高运营绩效，争取尽早实现中期和终端旅客及货邮吞吐量指标；着力加强长水门户枢纽机场中转服务能力建设，切实提高客货中转能力；深化管理体制机制改革和创新，狠抓管理和服务能力建设，把管理服务质量水平作为衡量国家门户枢纽机场建成与否的一票否决自我约束性指标，强化员工培训，细化服务流程，完善服务细节，提高应急处置能力，最大限度满足旅客需求，实现宾至如归的人性化服务，管理服务质量达到国内一流水平。

2. 加快全省国际机场建设，大力发展支线机场。按超前统筹谋划，分步实施，滚动发展思路，对全省机场布局结构、目标市场、功能作用定位等作出通盘谋划。针对建设“桥头堡”、长江经济带、孟中印缅经济走廊、丝绸之路经济带等外向型发展机遇的

需要，在抓好长水门户枢纽机场建设的同时，积极争取国家支持，用好国家民航局每年200亿元机场建设基金和对每个新建机场建设50%资本金投入的机遇，分步尽早把大理、丽江、德宏、西双版纳、迪庆等5个机场发展成为国际机场，积极推进支线机场建设。我省目前机场密度（每万平方公里0.3个）远低于欧盟（0.92个）、日本（2.59个）、美国（0.57个），也低于印度（0.38个）。长远看来，全省129个县（市、区），凡必要且具备条件的都应该规划布局机场（含通用、通勤机场）。争取走在全国前列，至2025年建设15~20个支线机场，30~40个通用（勤）机场，实现航空服务覆盖全省约90%的县级行政区和约90%的人口；确保全省民航旅客和货邮吞吐量分别达到1.2亿人次和80万吨以上。

3. 加大航线和通航城市开发力度，大力拓展航空市场。当务之急是突出抓好三方面的工作，务求形成突破。一是着力加大开拓“桥头堡”建设、孟中印缅经济走廊、丝绸之路经济带涵盖国家航线和通航城市的工作力度。抓紧抢占市场制高点，形成门户枢纽的特色和优势，实现好国家把长水机场确定为门户枢纽机场的战略意图，为建设“桥头堡”、孟中印缅经济走廊和丝绸之路经济带等国家战略开辟“天路”。二是着力加大开拓洲际航线和通航城市的工作力度，尽快现实云南航空洲际航线和通航城市“0”的突破。积极引入新承运人和民间资本参与航线经营，充分发挥国外航空公司本国营销优势，与省内基地航空公司共同发掘国际航线市场潜力。三是着力加大省内和周边地区轮幅式航线网络建设的工作力度，优化三级航线网络。使门户枢纽名至实归，带动全省航空业和航空经济提质增效。

通过上述努力，争取到2025年，全省国内航线达350条以上，国际和境外地区航线达80条以上；国内外通航城市达到200个以上。把云南的区位优势真正转化为航空市场优势和门户枢纽地位优势，有力服务和支撑云南经济社会的“三个发展”。

4. 组建云南自有航空公司。建议花大力争取国家支持，通过政府引导，市场运作，鼓励投资主体多元化，争取省属大型国有企业集团投资参股，整合吸纳目标远大、实力雄厚的民间优质资本共同组建自主产权、自我经营、自我发展的混合所有制云南航空公司。以国际通行模式，引进世界飞机融资租赁公司，实现“十二五”和“十三五”期间引进约60架，“十四五”期间引进约40架，2025年总量不少于100架大型客机的云南大型国际航空机队，为云南民航“立足亚洲、飞向欧美非大洋洲”奠定坚实基础。

5. 积极发展通用航空。通用航空具有短航线、小机型、小机场、低门槛、资源占用小和组织灵活的特点，非常契合云南地域特点和发展实际，应当积极推动，全面发展。一是依托桥头堡政策及《中共中央关于全面深化改革若干重大问题的决定》等有利政策因素，积极向国家申报云南为中国西南通用航空发展试点示范区。为我省发展通用航空把握先机，创造条件，以先行先试促进我省通用航空起步发展。二是科学规划布局，加快通用（勤）机场建设。实现通用（勤）机场与民用运输机场有效衔接，形成以昆明长水机场为核心，支线机场为基础，通用（勤）机场为补充，布局合理、规模适度、功能完备、适度超前、协调发展的机场网络体系。探索实施政府推动，市场主导的通用（勤）机场建设运营模式。发挥云南机场一体化管理模式的优势和云南机场集团在机场建设运营中的“龙头“作用，成立专业化的通用（勤）机场建设与运营管理公司。三是联合云南有实力的企业集团组建“云南通用航空公司”。鼓励和支持国有、民营资本和企业进入通用航空领域，发展高原通用航空机队，通过市场化运作，不断扩大机队规模，流动发展。四是开拓通用航空业务。重点发展我省旅游观光、应急救援、警务治安、生产产业、新闻信息、科考勘测、气象监测、体育运动、公务飞行、商务飞行、私人飞行等新兴通用航空业务；巩固农林航空、飞行培训等传统业务；积极引进国内外通用航空企业，建设轻型运动飞机、直升机的研发、设计和生产基地，组建航空飞行培训学校和飞行俱乐部。

6. 狠抓临空经济，做大做强临空产业。临空产业是民航经济的主要载体和辐射中枢，当前我省发展较为滞后，必须加大力度，加快发展。一是制定出台促进全省临空产业（园区）建设发展规划。目前全省仅有唯一的昆明临空经济区，且处于“小马拉大车”，运作档次不高，工作乏力，效果不尽理想的状态。全省宝贵的优质临空经济资源尚未得到有效利用，甚至在白白流失。这种状况与“三个发展”、“三大战役”的要求不相适应，建议引起重视，研究制定促进全省临空产业（园区）建设的发展规划，全面布局和推动我省临空经济区建设健康发展。二是建议将昆明临空经济区调整纳入滇中产业聚集区统一规划、统一建设、统一管理，享受统一扶持政策。从根本上解决“小马拉大车”的问题，避免将临空经济区变相搞成房地产开发区，最终难以回头的风险。通过统筹谋划，高位推动，高位运作，与其它园区差异化互补发展，突出临空经济特点，充分发挥临空资源要素优势，着力引进世界500强、中国500强企业中高科技、高附加值及关联性、带动性强的龙头企业，打造形成年产值过1000亿元临空产业园区。三是加快临空经济区基础设施建设。以政府为主导加大投入，拓宽融资渠道，加大融资力度，有效盘活资源，通过优惠扶持政策积极引导社会资本、民间资本参与临空经济区建设，加快推进基础设施建设。

## 四、关于相关政策措施的建议

### （一）积极向国家争取相关政策

1. 争取航权开放政策。建议省委、省政府积极争取国家民航局、海关总署、口岸管理、空军等相关部门给予云南更多航权开放的政策支持。同时，加强与东南亚、南亚、西亚有关国家的沟通与商洽，积极争取这些国家给予我第4航权（目的地上客权）、第5航权（中间点权或延远权）、第9航权（协议国国内运输权）的开放。

2. 争取保税免税政策。积极向国家争取昆明综合保税区、口岸机场综合保税区优惠政策和航油保税政策。重点跟进“一港一区”（昆明国际空港、昆明出口加工区）综合保税区整体申报工作，加快推进昆明综合保税区B区（空港片区1.42平方公里）申报工作。实现综合保税区海关特殊监管、实行相应的税收政策，在规定范围内给予部分飞机、发动机、航材等进口税收优惠，以增强影响力和竞争力。航油保税政策无论对于引进有实力的基础航空公司，还是对于开拓航线和市场的拓展至关重要，四川充分发挥政府职能部门作用，在短时间内获得了国家批准，相信只要我们工作做到位，也一定能尽快获得国家给予这项重要政策的批准。

3. 争取低空空域开放试点的支撑政策。以我国低空空域开放为契机，积极争取国家给予我省开展低空空域开放试点、发展通用航空相关政策的支持。加快实施昆明管制分区试点，推进低空管理改革配套工作，科学划分空域类别，实施分类管理，建设航空运输、通用航空和军事航空和谐发展的低空空域管理环境。探索建立以飞行服务站为主体，面向通用航空的空管服务保障体系，推进通用航空综合改革，创造通用航空发展的良好环境。

4. 争取通关便利政策，力争尽快获得72小时过境免签政策。72小时过境免签政策对云南发展的意义重大，而且，在实施“桥头堡”、孟中印缅经济走廊和丝绸之路经济带等国家战略的背景下，云南具有申请获得72小时过境免签政策得天独厚的诸多有利条件，建议把争取获得这项政策作为我省的一项重要工作，组织精干力量，尽快向国家提出申报，以强有力的工作确保获得批准，使昆明成为我国第五个（西南第二个）获得外国旅客72小时过境免签的城市，为建设国家门户枢纽机场，为云南扩大改革开放、实现“三个发展”打开一道关键的支撑政策通道。同时，积极争取进一步扩大落地签证国家范围。积极争取国家在“通程航班”政策方面给予云南更大支持。积极推进各直航国家特别东南亚、南亚、西亚国家在昆明设立领事馆或办事机构，打造签证便利化环境。

（二）省内相关政策措施

1. 加强组织领导。一是调整充实云南民航工作领导小组。由现任领导干部担任领导小组成员，增加省商务厅（省口岸办）、省旅游局、省民航发展管理局、昆明海关、省检验检疫局、省公安边防总队、祥鹏航空公司、昆明航空公司、四川航空云南分公司等作为成员单位。二是在云南民航工作领导小组基础上，组建成立云南民航发展统筹协调委员会。建立常态工作班子和联席会议制度，建立民航单位之间统一的协调沟通议事平台，重点进行省内民航事务统筹协调，全力打造民航单位互谅互助、同心同德、合作共赢的良性发展机制。

2. 加快完善发展规划。建议省政府牵头，深入研究国际国内发展形势，着眼我省实际与优势，前瞻“十三五”、“十四五”发展需要，制定我省民航发展总体规划，并形成实施方案。在实施方案中进一步明确发展目标、发展重点和推进步骤，明晰责任部门，分解任务目标，制定执行的时间表和路线图，将完成任务情况纳入相关领导干部履职考核范围。

3. 设立民航产业发展基金。认真贯彻十八届三中全会精神，参照省外发展模式，积极鼓励民间资本进入民航业，推进民航经济快速发展。建议省政府尽快设立云南民航产业发展基金，以优势产业为引导，以私募基金形式募集民间资本，加快制定基金募集管理办法。云南民航私募基金总量规划300亿元，首期“十二五”期间募集100亿元。基金重点投入省内机场建设、国际航线开拓、航空公司航线补贴、临空经济培育、通用航空发展等。同时，政府进一步扩大公益性产业投入，每年拿出不低于5亿元资金，并逐年适度增长，对新航线开发和支线航班亏损进行补贴和激励，支持我省民航业整体发展。

4. 完善财税、土地扶持政策。积极争取国家对云南新建支线机场建设的资金投入力度，争取民航局与地方政府落实全额资本金，避免负债建设。研究制定鼓励民航产业发展的投融资政策和财税政策，对机场运行初期给予税收返还或减免，对亏损贫瘠机场航线给予长期税收优惠或全额减免。各地政府要保障机场及综合枢纽建设发展用地，相关用地优先纳入土地利用总体规划。

5. 加强金融服务支持。充分利用云南、广西建设沿边金融综合改革实验区的机遇，进一步加强金融体系对民航业发展的支持，研究设立主体多元化的民航股权投资（基金）企业。鼓励金融机构对机场及配套设施建设、飞机购租提供优惠信贷支持，支持民航企业上市融资、发行债券和中期票据。完善民航企业融资担保等信用体系，鼓励各类融资性担保机构为民航机场设施提供担保。探索政府股权转让途径，回收建设资金进行再投入。多渠道、多途径筹措机场建设资金，破解建设资金短缺瓶颈。

6. 强化人才支撑。制定民航人才发展方案。支持我省最具实力的高校开办民航学院；鼓励有条件的在滇高等院校和职业技术教育机构开设航空类专业；争取中国民航飞行学院在云南开办分院，使之成为服务云南、面向东南亚、南亚的大型云南飞行人才培训基地；积极引进国外优质教育资源、培养国际通用民航人才。通过上述措施，培养各级各类民航专业技术人才，其中尤其是飞行、机务、空乘、空管、机场运营管理及高层次复合型经营管理人才等6类专业人才的培养。制定优惠政策，加大民航紧缺专业人才的引进与储备力度。对民航行政机构专业技术人员薪酬待遇实行倾斜政策，稳定当前民航专业人才队伍。

# 港澳台侨资企业在滇发展情况的调研报告

（2013 年 10 月 12 日政协云南省第十一届委员会第四次主席会议通过）

为加快实施桥头堡战略，建设开放型经济，进一步深化云台、滇港、滇澳合作，促进在滇港澳台侨资企业健康发展，政协云南省委员会主席会议决定将“港澳台侨资企业在滇发展情况”作为 2013 年省政协重点调研之一，由常务副主席白成亮和副主席曾华带队，省政协港澳台侨和外事委员会领导及有关政协常委、委员、专家组成调研组，前后历时半年，以在滇港澳台侨资企业为重点，围绕重大项目、投资环境、招商引资、企业经营等情况进行专题调查研究。调研组先后听取了省商务厅、省侨办、省台办、省招商局、省外办等涉外部门的情况介绍，分赴昆明、曲靖、玉溪、楚雄等 4 个州市进行实地调研，与香港昆明积大制药有限公司等 36 家港澳台侨企业进行座谈，走访香港华润燃气有限公司等 16 家企业，并对 100 家企业进行了问卷调查。现将调研情况报告如下：

## 一、基本情况

### （一）主要情况及特点

自 1984 年第一家外资企业进入云南，经过近 30 年的努力，我省外资企业从无到有、从小到大。特别是近几年，在省委、省政府的高度重视下，全省各地、各部门对外开放力度加大，招商引资成效显著。据商务部门统计：截至 2012 年底，全省外资企业共有 4000 多家，其中港澳台资企业超过 2000 家（资金来源地为港澳台地区，含华商企业通过港澳台投资），占全省外资企业的半壁江山；实际到位外资 54.3 亿美元，占全省外资总量的 57%。在滇港澳台资企业中，港资企业占四分之三，超过 1500 家，实际投资 51.8 亿美元；澳资企业 49 家，实际投资 7302 万美元；台资企业 507 家，实际投资 1.79 亿美元（省台办提供数据为 514 家，5.5 亿美元）。云南作为我国五大侨乡省之一，拥有丰富的侨务资源。据侨务、招商部门统计，2012 年全省侨资企业约 2400 家（含来自港澳台地区的侨资企业），累计投资总额超过 780 亿元人民币，实际投资占我省外资总量的 65%。

调研组对 100 户港澳台侨资企业反馈的问卷调查表进行了分析梳理。一是各类投资所占比例。港资企业占 53.7%，澳资企业占 1.9%，台资企业占 24.1%，侨资企业占

16.7%。二是产业所占比例。制造业占44.4%，农业占24.1%，服务业占13%，房地产业占7.4%，金融业占3.7%，贸易业占5.6%，医疗、药研占1.9%。三是销售情况。2012年企业销售额1个亿以上占25.9%，5000万以上1个亿以内占11.1%，1000万以上5000万以内占24.1%，500万以上1000万以内占9.3%，500万以内占24.1%。四是纳税情况。2012年企业缴纳税收5000万元以上占3.7%，1000万以上5000万元以内占25.9%，500万以上1000万以内占5.6%，100万以上500万以内占16.7%，100万以内占44.4%。五是从业人员情况。企业从业人员1000人以上占9.3%，500人以上1000人以内占3.7%，100人以上500人以内占38.9%，100人以内占48.2%。

调研组认为：在滇外资企业总体发展态势较好，港澳台侨资企业表现更加突出。主要有4个特点：

一是增长速度较快。“十一五”以来，特别是近4年全省利用外资规模以每年增加4亿美元的速度递增，年均增长34.2%，2012年当年达到21亿美元。其中，港资（含东盟侨资通过香港投资）所占份额最大，占外资总额的72.28%。据商务部门统计，改革开放30多年，全省利用外资规模累计突破了100亿美元，达到101.6亿美元。

二是单项投资规模扩大。大部分港澳台侨资企业对云南发展前景看好，投资意愿较强，纷纷追加投资。据不完全统计，有近100家侨资企业在滇投资超过1亿元人民币。例如，2012年联想控股集团昆明科技城建设项目总投资达100亿元人民币、投资玉溪现代农业项目达10亿元人民币；香港雅居乐集团在滇总投资450亿人民币，其中瑞丽旅游地产项目总投资达50亿元人民币、腾冲旅游度假小镇建设项目总投资达200亿元人民币、版纳项目达200亿人民币；力宝集团大理项目总投资12.5亿元人民币；泰国TCC集团投资5.2亿元人民币改造邦克酒店、樱花酒店；丹麦嘉士伯集团啤酒大理基地建设项目总投资50多亿元人民币；嘉里集团投资昆明香格里拉酒店项目12亿元人民币；泰国正大投资昆明现代农业项目40亿元人民币等。

三是向高端产业拓展。在我省产业政策引导下，港澳台侨资企业从烟草配套、电力燃气、化学工业、房地产、商业、酒店业等传统产业，逐步向高原特色农业、生物制药、城市开发、现代旅游等高端产业和现代服务业拓展。尤为可喜的是香港恒生银行、汇丰银行、东亚银行等外资金融机构进入云南市场，开展现代金融服务。

四是投资回报效益较高。港澳台侨资企业充分发挥技术标准高、管理理念先进等优势，与云南特色资源和优势产业相结合，取得较好经济回报。据不完全统计，有600多家企业年销售收入在1000万元人民币以上的企业。例如，泰国TCC集团在玉溪投资的玉林泉酒厂2011年实现销售1.3亿多元人民币，上缴税金3700多万元人民币，是原企业20年缴税的总和；丹麦嘉士伯集团投资大理啤酒项目，年销售额达50亿元人民币，上缴税金10亿元人民币；新加坡大理三德水泥年销售收入15亿元人民币，年缴税

4800 万元人民币。

（二）主要贡献及经验

在滇港澳台侨资企业成为云南经济社会发展的重要力量，不仅对全省经济增长、结构调整、产业升级、增加就业、区域合作、扩大开放发挥了积极的推动作用，而且对维护和平、促进统一、保持稳定具有特殊的重要意义。港澳台侨资企业的主要贡献表现为“5 个促进”：

一是促进地方经济发展。根据 2012 年度我省外商投资企业联合年检数字统计：2011 年全省港澳台侨资企业实现营业收入 392.6 亿元人民币，利润 53.4 亿元人民币，纳税 32.9 亿元人民币，吸纳就业人数达 10 万余人。据 2012 年省侨办统计：侨资企业形成 780 亿元人民币固定资产，年销售额达 320 亿元人民币，年缴税 20 亿元人民币。

二是促进行业整合。一批港澳台侨资企业成为整合行业资源、引领行业发展的示范和典型。例如，泰国 TCC 集团、菲律宾世纪金源集团、印尼力宝集团、新加坡悦榕酒店集团、香港雅居乐集团等世界华商 500 强企业投资高端酒店，整合旅游资源，成为酒店行业发展的亮点；印尼三林集团、菲律宾上好佳集团、香港华宝集团、新加坡三德集团等国际知名华商企业投资建材、食品加工、烟草配套、精细化工等领域，成为行业整合的领头羊。

三是促进产业升级。港澳台侨资企业对产业升级、科技创新、产品换代发挥了积极促进作用。例如，香港积华生物医药公司投资昆明积大制药，每年都研发推出新产品、新技术；香港华宝集团与红塔集团合资的云南天宏香精香料公司成为我省烟草行业高新技术企业，达到国际先进水平，在同行业中处于领先地位；联想集团投资昆明联想科技城，引入云计算、研发中心、闪联系统、3D 数码等，提升了昆明数字城市水平。

四是促进对外经贸往来。港澳台侨资企业不仅为对外经贸、现代物流等行业提供资金和技术保障，还引入了先进的营销理念和管理经验，在外贸进出口、商贸流通、现代物流等领域发挥龙头带动作用。2012 年云南与香港贸易额达 54.9 亿美元，同比增长超过 8 倍；云南与澳门贸易额 1685 万美元，同比增长 14.5%；云南与台湾进出口总额为 27200 万美元，同比增长 103.7%。

五是促进区域协调发展。港澳台侨资企业由过去集中在滇中地区，逐步向周边地区拓展，目前全省 16 个州市都有港澳台侨资企业和项目进入，大理、红河、普洱、德宏、临沧等州市成为外商投资新的热点地区。特别要肯定的是，在国际金融危机期间，港澳台侨资企业表现稳健，没有发生大规模欠薪、裁员、撤资、逃债、逃税等情况，为促进经济发展、维护社会稳定作出了积极贡献。

调研组认为，近年来在滇港澳台侨资企业发展态势良好，主要得益于省委、省政府的正确领导，全省上下认识统一，围绕我省发展战略和资源优势精心策划，高位推动的结果。主要经验：

一是高位策划，高层推动。秦光荣书记亲自过问、批示，推动重大外资项目。李纪恒省长亲自带队出访东南亚、港澳，主动上门推动泰国正大集团、泰国 TCC 集团、印尼力宝集团、马来西亚 IOI 集团、香港雅居乐集团、嘉里集团、嘉士伯集团、马来亚银行等世界 500 强国际知名企业投资我省重大项目。省委、省人大常委会、省政府、省政协多位领导带队出访东南亚、南亚等国家，深入开展高层互访，搭建双边多边交流合作平台。

二是政策支持，优化环境。深入实施桥头堡战略，增投资、扩内需，我省对外开放思路清晰、方向明确、重点突出、措施有力，相继出台了进一步扩大开放、加强招商引资等一系列文件和政策，形成了较为系统的政策体系。2013 年省政府专门下发了《关于解决建设项目落地困难 进一步改善投资环境的意见》、《关于简政放权 取消和调整部分省级行政审批项目的决定》等文件，进一步加大简政放权力度，取消调整了一批省级行政审批项目，不断优化了投资环境。

三是强化措施，注重实效。省侨办、省台办、省招商局等省级部门主要领导亲自抓大项目，强化措施，狠抓重大签约项目落实，吸引外资入滇，成功引进了一批港澳台侨资企业和项目；省发改委、省商务厅、省国土厅、省环保厅、省林业厅等部门改进审批方式，促进项目落地；昆明、曲靖、玉溪、大理、保山、德宏、临沧等州市党委、政府实施招商总动员，强势启动招商引资工作，形成了“招商、优商、安商、富商”的工作局面，外资及港澳台侨资企业引得进、留得住、能发展。

四是建立机制，强化服务。目前全省县级以上政府都设立了招商引资和外来投资服务机构，建立了领导抓大项目、联系企业、重点企业挂牌保护等制度。各级政府政务中心、服务中心、投诉中心建设不断加强，采取“窗口式”、“一站式”、“代理式”等方式，不断提高政务服务效能。

## 二、存在问题及制约因素

### （一）企业自身存在的主要问题

在滇港澳台侨资企业自身存在的问题，可以概括为“两小、两少、两低、两弱”。

一是总量小，规模小。虽然我省近年来外资企业数量增长速度较快，但外资企业总量小，企业数量与兄弟省区相比，与桥头堡建设需要相比，与第五大侨乡省的地位相比不匹配。同时，利用外资规模小，在全国仅排第 25 位；30 年全省累计实际利用外资 100 亿美元，不及东部发达地区一个县市的水平，并且 90% 的港澳台侨资企业属于中小企业，规模小，产品单一，难以形成规模效益。

二是知名企业少，品牌少。跨国企业、知名企业少，目前在滇投资的世界 500 强企业只有 17 家，华商 500 强企业只有 36 家，与拥有 264 家世界 500 强企业的四川省相比差距明显。特别是高新技术企业和项目少，企业创新意识、开发新产品能力不足，科技投入不足，拥有自主品牌和知识产权的企业更少。

三是产业层次低，产品附加值低。外资集中投向房地产领域，资金密集、技术密集企业少，四成以上的外资企业从事劳动密集型的加工制造和服务贸易业，而且大多数企业处于产业链低端，产业链延伸不够，产业层次不高，产品附加值低。

四是产业带动能力弱，抗风险能力弱。由于受来源地划分限制，港澳台侨资企业行业分布分散，企业之间抱团发展不够，规模化和集聚度不高，企业竞争力受到制约，导致产业带动能力弱，抵御风险能力弱。

据有关统计数据，作为外资企业存活率重要指标的参检率低，港澳台资企业的情况更是不容乐观。2012 年度参加联合年检的外资企业共有 1246 家，占应参检外资企业的 61.05%。港澳台资企业共参检 552 家，占到应参检港澳台资企业的 26%。其中台资企业参检 98 家，参检率仅为 20% 左右。未参检企业大多属于经营不善、资金短缺、人才匮乏、存活率低、生存艰难。例如，曲靖市共有港澳台侨资企业 103 家，而正常经营的仅有 20 家，有 83 企业由于经营期限已满、市场变化、资金未能到位等原因，不能正常经营；玉溪市共有港澳台侨资企业 121 家，仅有 34 家正常经营。

（二）外部主要制约因素

在调研中，外资企业普遍反映长期制约和困扰企业发展的审批难、用地难、融资难、投诉难、获得好项目难“5 难问题”依然存在，并且在有的地方和部门表现突出，应引起省委、省政府的重视，并采取有力措施，切实加以解决。

一是管理体制机制不顺。现行的外资项目招商、审批、营运、服务 4 环节管理体制不顺，招商引资项目的策划、包装、审批、落地，以及管理和服务港澳台侨资企业的职责分属不同的职能部门，对拟引进重大产业项目，在资源、市场、要素缺乏统筹协调，各部门之间条块分割、职责不清、职能交叉、各自为阵，不适应发展的需要。突出表现为对重大招商项目省级缺乏统筹协调机制，发改、土地、环评、林评、工商等互为前置条件，项目审批环节依然较多、手续繁琐，时间长、效率低，增加了企业成本和负担；公平竞争的市场机制尚未建立，外资企业市场准入受限较多，经济效益好的项目大多被省级国有企业垄断，外资企业很难通过公平竞争获得大项目、好项目，很难进入基础设施、社会事业等公共领域；省级层面围绕全省发展战略、优势资源、市场空间、要素配置等开发大项目策划不够，省级部门之间、各州市之间、各园区之间尚未形成有效的重大项目招商引资统筹协作机制，在信息互通、整合资源方面还有待进一步加强。例如，雪力集团公司的一个项目，已经盖了有关部门的 40 多个公章还没走完审批程序。问卷调查显示，港澳台侨资企业对我省行政审批服务满意度仅为 42.6%；有 61% 的企业认为在我省获得公平竞争项目和投资机会为“一般”。

二是优惠政策落实不到位。国家支持桥头堡建设，给予云南很多优惠政策，对周边国家给予很多关税优惠，但是我省未能充分用好用足用活这些优惠政策，未能将政策优势转化为沿边开放优势，转化为发展优势。现有的一些优惠政策针对性、可操作性不强，加之有的地方和部门对引进的企业缺乏经常性的政策指导和服务，企业未能真正享受到优惠，严重影响了投资者信心和企业的发展。问卷调查显示，46.3%的外企认为国家的许多优惠政策在云南得不到落实，53.7%的企业认为云南投资环境“一般”。

三是项目要素土地供给不足。由于项目用地缺乏统筹规划，成熟土地储备不足，每年引资项目获得用地批次少，新增投资用地的速度和数量与项目用地供给的矛盾突出，有项目、无土地，重大签约项目已谈成、难落实的问题普遍存在。例如，由于政府规划调整，昆明缤纷园艺有限公司被限期搬迁，而所给期限短，公司无法在期限内找到新址，使公司产生迁出昆明的念头；云南德春集团控股有限公司在某工业开发区取得用地批准文件，并已订购了厂房设备，但开发区告知用地要重新调整，而又不落实调换用地，给企业造成经济损失。问卷调查显示，64.8%的企业认为我省外资项目行政审批困难最多的是土地问题，31.5%的企业认为是环评问题。

四是外资企业融资难度大。按照现行的金融政策，外资企业贷款主要以土地、产房等固定资产抵押担保为主，而外企除资本金以外，在当地融资缺乏抵押物，造成融资困难。由于金融机构配套服务差，贷款门槛高、手续繁、额度低、期限短、品种少，港澳台侨资企业融资难成为普遍的问题，特别是中小企业贷款难度更大。问卷调查显示，44.4%的港澳台侨资企业认为云南为外资提供金融信贷服务为“一般”。

五是招商引资针对性不强。特别是针对世界500强、世界华商500强的重点产业项目招商引资力度不大，引进大产业、大项目的措施不多，针对港澳台侨资的招商项目储备少，前期工作不充分，招商成功率低。有的地方和部门存在招商引资注重形式，重招商签约活动、重面上热烈活跃、轻项目落实推动，意向性签约多，实际到位资金少，招商项目履约率低、动工率低、资金到位率低、达产率低。

## 三、对策建议

### （一）突出重点、优化环境

一是优化政务服务环境。继续深化行政审批制度改革，按国务院、省政府要求减少审批部门的审批事项、审批环节、审批时间，提高行政效能；进一步下放省级审批权限，扩大基层政府管理权限，着力增强全社会的发展活力、发展动力和创造力。

二是切实解决项目用地难问题。结合城镇上山、产业上山、产城融合滇中产业新区重大战略，使用荒山荒地开发建设的产业项目，在土地出让金、新增建设用地土地有偿使用费等方面给予优惠；加强项目建设用地清理和储备工作，将重大招商引资项目纳入年度用地重点审批，实行招商引资项目用地责任制和集中审批制度。

三是增强资本市场活力。加快金融体制改革，拓宽港澳台侨资企业融资渠道，鼓励和支持符合条件的港澳台侨资企业通过上市发行股票、发行企业（公司）债券、中期票据、短期融资券等方式融资，扩大直接融资规模。支持各类金融机构加大对外资企业的信贷规模。鼓励在滇投资的华商500强企业增资扩股进行再投资。

四是帮助中小企业解决融资难问题。搭建银企服务平台，支持国家开发银行、各类商业银行和富滇银行、省农村信用社等地方金融机构对港澳台侨资中小企业创新金融产品，提供担保服务，提高中小企业借贷成功率。

五是完善项目审批工作。进一步完善省市县三级审批制度，依托三级联动平台和全省电子审批网络平台，不断简化港澳台侨资项目审批手续，认真落实省政府并列审批制度，提高审批效率。

（二）坚持大招商、招大商

抓经济工作要突出大招商、招大商的工作思路，把招商引资作为加快桥头堡建设、滇中产业新区建设的重要抓手，进一步完善招商引资工作机制，提高云台、滇港、滇澳、滇东盟合作水平和层次。

一是加强高位推动。要以高层互访为推动、以对口部门衔接为保障、以企业合作为重点，加强云台、滇港、滇澳、滇东盟双边高层互访，深化合作与交流，更加突出东盟、港澳台对我省有投资实力的500强企业高位推动工作；建立重点企业和项目省级领导联系制度，对在云南直接投资6亿元人民币或3000万美元以上的重点企业和项目实行省级领导牵头制、一企一议或联席会议制度，为重大投资项目提供一条龙、经常性、全过程的动态服务。

二是围绕重点产业和重大项目做深做透项目前期工作。省发改委、省工信委、省招商局、省侨办和省台办应联合建立世界500强、华商500强投资项目库，加强信息收集，及时了解掌握外商发展动态和投资意向，推出一批既与我省产业发展规划相衔接，又与外商需要相吻合的招商引资项目，增强招商引资工作的针对性。

三是突出产业招商、园区招商。建立项目准入评价机制，遵循国家产业政策导向，结合云南产业建设3年行动计划，围绕滇中产业园区等重点园区建设，集中力量主攻战略型、生态型、环保型、效益型产业的项目招商，不断提升招商引资的档次和水平。要发挥省级、州市级产业园区的优势，整合各类产业园区的资源要素，使各类产业园区成为重大招商引资项目落实的平台和载体。

四是加强统筹协调。建立省和州市政府招商引资协调机制，统筹协调全省招商引资工作，加强项目督查、评估、责任追究和考核奖惩，既要注重引进大企业、大项目，又要注重引进有活力、有市场的中小企业和项目。

五是创新招商方式。将引资、引技、引智结合起来，推动招商引资向选商择资转变，逐步形成符合国际规则、与国际接轨的招商引资方式。

（三）强化规划引领、政策扶持

一是加强规划编制工作。结合云南省发展战略和资源优势，省发改委、省工信委、省工商局等部门应尽快编制《云南省利用外资产业发展规划》和《云南省“十二五”港澳台侨投资重点产业招商指导目录》，省级策划一批科技含量高、产业链长、附加值高的产业招商项目，引导和鼓励外资投向有云南优势的现代高原特色农业、生物制药、生态环保、高端装备制造、新能源、新材料、现代物流、特色旅游等产业。

二是加大政策落实力度。省级有关部门要加强协调配合，认真落实国家实施新一轮西部大开发、国家赋予桥头堡建设、扩大沿边开放等优惠政策和省委、省政府滇中产业新区政策，形成政策合力和叠加效应，为外资和港澳台侨资企业创造良好的政策环境。

三是支持企业提高创新能力。将港澳台侨资企业的技术创新纳入我省技术创新战略规划，出台相关扶持政策，支持企业科技创新和产品升级。整合现有部门专项资金，支持企业加大科技投入，对企业研发投入在申请、借贷、关税、税收等方面给予优惠和补助，增强企业核心竞争力。

四是进一步完善政策体系。研究制定吸引外资企业来滇投资开展经贸合作的具体实施办法，在土地、行政事业收费、税收缴纳、金融信贷、水价电价折让等方面给予特殊优惠政策，最大限度降低企业的投资成本。同时，拓宽政策信息传播渠道，使外资企业了解并真正享受到优惠政策，把云南建设成全国沿边开放政策最优、措施最实、环境最好的省份。

（四）落实项目跟踪问责制度

一是实行部门负责跟踪问责制度。建立招商引资项目省级部门及责任人跟踪落实制度，对意向性项目，要加强调研、考察，加快推进洽谈进度；对已签订协议、合同的重点项目，要加强协调，尽快完成上报和审批工作；对在建重点项目，要创造条件，积极促进建成投产；对投产重点项目，要加强配套服务，使企业尽快上规模、见效益。对招商引资项目跟踪服务不到位，影响项目前期洽谈、立项审批、建设进度和投产经营，造成不良后果的单位和责任人，要予以通报批评；对被连续两次通报的单位和责任人，要启动行政问责。

二是实行签约人落实责任制度。切实解决招商引资中突出存在的“重签约、轻履约”问题，按照“谁签约、谁负责、谁落实”的原则，明确签约人为第一责任人，对每年南博会、昆交会、东盟华商会、泛珠会、东博会、云台会等签约的重大项目，签约前严格把关，提高履约效率，签约后全程跟踪；对把关不严，签约资金不能到位、合同不能履行的，要追究签约人及相关部门的责任。

三是实行严格的督查问责制度。建立重大外资项目跟踪督查问责制度，将项目落实情况列入项目责任单位年度政务环境绩效考核体系，作为评优评先的重要依据，作为干部交流、重用、提拔的重要依据。

（五）加快市场开放步伐

按照中央推进亚太经济一体化进程，建设中国东盟命运共同体战略，要强化云南与东盟、南亚各国互联互通，按市场经济和国际规则，进一步开放市场，全力营造诚信、高效、公平的市场环境。

一是强化建设沿边自由贸易区。充分利用国家给予桥头堡建设先行先试的有利条件，加快推进滇中产业新区、瑞丽开发开放试验区、跨境经济合作区、昆明综合保税区等重大项目建设，大胆创新沿边开放模式，探索建设沿边自由贸易区，在国际投资贸易、产业合作、加工制造、物流保税、出口退税，以及出入境管理等方面给予港澳台侨资企业更加特殊的支持。

二是给予港澳台侨资企业与国内企业同等待遇。根据国家产业政策，进一步降低投资的市场准入门槛，真正实行非禁即入，向港澳台侨资企业开放基础产业、基础设施、公用事业、金融服务等领域。认真抓好滇中产业园区世界华商产业园、中—泰生态城、中国—印尼产业园区等一批重大项目落实。

三是建立更紧密的滇港、滇澳经贸合作关系。重点向香港的现代商贸、物流、金融、科技、咨询等高端现代服务业开放市场，加强旅游及教育培训领域的合作；加强与澳门的经贸合作，并以澳门为平台，拓展与葡语国家的交流与合作。

四是深化云台交流与合作。抓住台湾地区产业调整并加速向大陆转移的有利时机，以滇中产业新区台湾科技产业园、昆明石林台湾农民创业园等为载体，主动承接台湾电子信息、现代农业、生物创新产业、现代服务业等产业转移，鼓励台企在滇建立生产基地、研发中心和区域总部。

五是进一步优化市场环境。加强市场监管，规范市场秩序，把优化市场环境作为招商引资的关键，推动招商引资从主要依靠优惠政策向以环境优势吸引外资转变，为港澳台侨资企业营造公平竞争、开放有序的市场环境。

六是进一步转变政府职能。要强化服务意识，改进服务方式，完善服务体系。要完善外资企业服务平台。加强涉外经济部门的协调配合，根据外商对投资环境的新要求和评价标准改进服务方式，主动为企业提供政策指导、市场信息、业务培训等服务，帮助企业解决生产经营中的困难和问题。要加强外商投资形势特点分析。深入分析国内外投资环境变化趋势，增强改善我省投资环境的预见性和针对性，做好外资及港澳台侨资企业统计工作，为党委、政府决策提供科学依据。要积极发挥协会组织的作用。支持侨商协会、台商协会、外企协会等协会组织发挥服务企业、行业自律、维护权益等作用，促进在滇港澳台侨资企业健康发展。要切实维护外资企业合法权益。强化港澳台侨资企业投诉协作机制，依法调处企业劳资、土地、拆迁等纠纷，对难度较大的案件，由有关部门和分管领导负责调解，为港澳台侨资企业营造公正的法治环境。

## 加快我省绿色生态农业林业产业发展调研报告

（2013 年 10 月 12 日政协云南省第十一届委员会第四次主席会议通过）

加快绿色生态农业林业产业发展是建设美丽云南，打造“云南经济升级版”，实现绿色经济强省战略目标的必然要求和重要支撑。按照省政协 2013 年重点工作部署，围绕“云南产业建设年”活动，4 月至 7 月，在曾华、王承才副主席率领下，人口资源环境委员会与九三学社云南省委联合，由有关委员、专家并邀请农工党省委、台盟省委和省发改委、农业厅、林业厅、生物产业办负责人组成调研组，赴普洱、版纳、红河、文山及德宏等州市，深入田间地头、种苗基地、农林经营户、专业合作社和工业园区、农林庄园、工厂车间、科研院所，就我省绿色生态农业林业产业发展情况开展调研。在广泛协商论证、综合各方意见建议基础上，形成此报告。

### 一、我省绿色生态农业林业产业发展主要成效

党的十八大把生态文明建设纳入社会主义现代化建设“五位一体”总体布局，首次将“增强生态产品生产能力”写入党的全国代表大会报告之中，体现了党对人民群众渴望优质生态产品、优良生态环境迫切需求的回应；对推进绿色发展、循环发展、低碳发展，形成节约资源和保护环境的空间格局、产业结构、生产方式、生活方式提出了新的要求。

绿色生态产业是发展绿色经济的支柱，是衡量一个国家和地区可持续发展综合实力的重要标志之一。其内涵是遵循生态文明建设理念和生态经济原理，以实现“自然—人—社会—经济”系统的生态平衡为目标，采用清洁、可再生生产技术和无害或低害的新工艺、新技术，提供或生产生态产品，由有资源节约、环境友好，绿色、循环、低碳发展取向和特征的各相关经济部门、行业和企业及其组织活动融合集成。在云南发展绿色生态农业林业产业，念“绿色经”、吃“生态饭”，符合我省省情和优化产业结构调整、促进转型跨越发展的客观需要。

改革开放尤其是“十一五”、“十二五”以来，在省委、省政府的坚强领导下，全

省各级、各部门围绕“两强一堡”战略目标，按照“生态建设产业化，产业发展生态化”的路子不断探索创新，培育了一批具有良好经济效益、生态效益和社会效益的绿色生态农业林业产业，为建设绿色经济强省提供了有力支撑。

（一）绿色生态农业林业产业已形成一定规模

早在20世纪50、60年代，我省就发展了以茶叶、橡胶为重点的绿色资源开发、初级加工产业。传统的优势产业云烟、云茶、云糖、云胶、云菜、云花、云果、云药和云菌等一直居全国领先地位。近年来，我省着力培育的高原特色农业、现代林业、生态农业等正逐步发展，推动了农业、林业结构优化，综合生产能力稳步提高，2012年农业增加值1654.6亿元，同比增长6.7%；全省林业产业总产值持续性增长，从2002年108亿元增加到2012年885.5亿元，年均增长22.1%。全省木本油料种植面积已达4200万亩，是中国最大的木本油料原料基地，成品年产量60万吨，产值175亿元，产量和产值均居全国首位，这一产业被誉为山区农民的“摇钱树”。咖啡种植面积40万亩，产量位居全国首位。茶园500多万亩，种植和采摘面积均居全国首位，茶叶产量居全国第二。目前，全省有机生态茶园已经达到100万亩，通过“三品一标”认证的茶园面积120万亩，无性系良种茶园210万亩。

（二）结合实际积极探索绿色经济发展之路

红河州以《红河谷绿色经济走廊规划》为牵引，打造红河高原粮仓、中国红烟产业园、云南四季果蔬基地、滇南绿色生态屏障、优质畜水产品基地、面向东南亚农产品加工园“六大品牌”；文山州按照“一项产业一个规划、一个班子一套措施、一条路子一笔资金”模式，着力发展三七、辣椒、核桃、油茶、甘蔗、烤烟等六大重点特色产业；普洱市以建设“国家绿色经济试验示范区”为驱动，推进特色生物产业、清洁能源、林产业和休闲度假四大基地建设，构建绿色经济产业集聚区；西双版纳州围绕“生态立州、生物富州”战略，构建橡胶产业、傣药南药产业、生态食品产业、生态用品产业“四大板块”，做大做强绿色经济产业；德宏州选择具有自身特色优势的咖啡、坚果、柠檬、油茶、核桃、竹子和番麻“六树一草”，推进外向型绿色经济产业百亿元工程。各地呈现绿色生态农业林业产业产值增幅高于当地生产总值增幅，绿色经济总量规模、贡献率稳步提升的喜人局面。

（三）注重发展模式和生产方式的创新

各地积极探索农户+专业合作社+基地或庄园+生产企业+农户的现代农业组织发展模式，打造从前端种植加工、中间产品研发到终端精品生产销售的完整产业链，在企业与专业合作社、农民间建立了稳定、合理的利益联结机制，形成“大手拉小手”的利益共同体，实现了产业发展的规模化、专业化、组织化和集约化。部分地区尝试以生物多样性模式和技术方式的间作套种及仿生种植，如：生态有机茶园多样化套种、茶叶和咖啡套种覆阴树种及生物灭虫，石斛林下仿生种植等，产品的质量和品位得到提升，农林经营者获得了较好的经济收益。普洱市祖祥高山茶园有限公司2000亩生态茶园，先后获得国家、欧盟和美国的有机认证，今年无量雪龙有机绿茶定单每1公斤最高出价达2000欧元。

（四）龙头骨干企业逐步发展壮大

近年来，一批具有较强实力和品牌效应的绿色生态农业林业产业企业正逐步发展壮大，引领带动作用日益显现，成为我省绿色经济发展的领航者和龙头骨干。如：云南高原葡萄酒、特安呐制药、天士力生物茶科技、勐海茶业、后谷咖啡等公司，通过“龙头企业+科技+基地+协会+农户”模式，辐射带动了跨地区、跨行业、跨所有制中小微型企业和专业合作社、个体农户的共同发展，涌现出一批产业发展的领军人才和农村致富能手。目前，我省农林龙头企业2410户（国家级29家、省级380家），其中，年销售收入超亿元的80余户，经营组织共4500多个。2012年，全省农民人均纯收入5417元，同比增长14.7%；农民从林业中的收入由238元增加到1740元，增长7.3倍。

（五）注重产业发展科技研发及应用

文山州以三七研究院为平台建立院士工作站，通过加强与省内外科研院所合作，完成新产品研发59项，取得科技成果47项；西双版纳州和普洱市支持企业建立开放式、互补式和共享式的院士、博士后工作站，攻克了提升普洱茶品质的关键技术，对普洱茶成份中的普洱茶因子及部分物质的生化指标研究有了突破性进展。目前，与绿色生态农业及林业产业关联度比较高的生物产业，已成为我省科技研发创新的重点领域之一，全省140个科研机构中有76个开展生物资源研发，共有院士5人、科研人员3700多人，已建成国家重点实验室2个，国家级企业技术中心5个、工程技术中心1个，省部级重点实验室20个；生物企业建有171个研发机构，拥有科研人员1277多人、专利927项。

## 二、面临的困难和问题

目前，我省绿色生态农业林业产业发展虽然有一定成效，但“大资源、小产业、低效益”瓶颈制约一直未突破，与建设绿色经济强省的目标不相称，一些制约产业发展的问题应引起重视并加以解决。

（一）产业发展层次低，聚集程度不高

总体上我省绿色生态农业林业产业面临结构调整转型期，大多以原料供给型、资源消耗型、初级加工型产业为主，产业链短、不成体系、产品附加值低。2410户农林龙头企业中，年销售收入5~10亿元的为14户，10亿元以上的12户，整体上规模小、数量少，精深加工、高附加值的名优品牌较少。产业聚集程度低，企业点多分散、同质化竞争，辐射带动不强，未形成产业集群规模效应。以茶叶产业为例，全省现有茶叶企业1000多家，产值过亿的不超过20家，产值达10亿元的仅有1家。云南茶产业“多、小、散、低、弱”格局没有根本改变。另外，绿色生态农业林业产业与旅游产业相互结合融合不够，生态旅游、休闲康体、养生度假等产品的开发空间没有充分利用、差距仍较大。

（二）产业化水平低，综合效益不高

我省近3400万人分布于山区、半山区，产品的原料生产大多以家庭联产承包形式为基础分散经营，水利、交通、电力等基础设施薄弱，农民组织化程度低，农业、林业产业化水平较低。全省农产品加工转化率仅为38%左右，低于全国平均水平12个百分点，农产品加工业产值与农业总产值比为0.3∶1，远低于全国0.8∶1的平均水平。全省林产业经营较为粗放，水平低、效益差，与浙江、福建、江西等省相比差距很大。如：我省林业用地面积3.71亿亩，居全国第二位，活立木蓄积量18.75亿立方米，约占全国的1/8；浙江省林业用地面积仅为云南的27%，活立木蓄积量不足云南的1/10。2012年我省林业总产值为885.5亿元，浙江省超过3000亿元，相差3倍多，“大资源、小产业、低效益”的状况十分突出。

（三）市场营销滞后，服务体系不健全

各地在推进产业建设中，重生产、轻市场较为普遍，偏重于生产环节，专注于抓项目、抓设施，抓投资、抓招商，对流通、消费环节关注不够，尤其是对市场培育及市场需求研究不够，不能及时收集、分析、预测市场行情及走势；企业、专业合作社、承包经营户缺乏市场开拓能力和营销计划策略，尚未形成合力闯荡市场、争取市场、抢占市场的格局。加之，创建绿色生态产品的品牌意识不强，宣传力度不够，市场流通体系不健全、不成网，市场信息服务不到位、较滞后，中介服务机构不足，市场营销人才短缺等，导致我省部分绿色生态农业林业产品认知度不高、质优价低、市场占有份额有限。

（四）科技投入支撑不足，成果转化有待加强

各级政府及相关职能部门对科技研发投入不足、重视不够，尚未形成以政府为主导、企业为主体、市场为导向、产学研相结合的科技创新体系，满足不了绿色生态农业林业产业发展需要。据统计，我省全社会研究与开发（R&D）经费支出占GDP的比重为0.65%，远低于1.97%的全国平均水平。全省企业研究与开发（R&D）投入为26.9亿元，仅占企业营业收入的0.88%，相当于全国平均数的1/3。鼓励支持企业自主创新政策不健全、不配套，企业技术原始创新与集成创新能力弱，科技成果推广服务体系不健全，成果转化率低。我省农业科技成果转化率仅40%，实现规模化应用的仅为20%左右，形成产业化的不足5%。乡镇农林技术推广报务机构存在“线断、网破、人散”现象，基层直接服务农林技术推广的人才十分短缺。

（五）农业面源污染监管缺位，产品标准体系不完善

一些地方过度使用化肥、农药令人堪忧，防治监管不力导致农业面源污染加剧、水

体富营养化加重，以及部分地区的水土流失、石漠化蔓延加剧造成生物多样性降低、生态环境脆弱退化等问题，制约了我省绿色生态农业林业产业发展壮大及质量提升。同时，在良种选育、土壤监测、行业规范、产品标准、农残监管、质量安全等方面相关体系建设、配套支撑不够完善，个别企业重眼前局部利益、产量产能效益，轻长远全局利益、生态功能效益和品牌竞争能力，致使有些云南特色优质品牌在产品标准、质量认证、市场定价上基本无话语权，摆脱不了“一等原料、二等加工、三等品牌、四等价格”的困局。

## 三、几点意见、建议

在推进“两强一堡”战略中，加快我省绿色生态农业林业产业发展，率先在西部省（市、区）建成绿色经济强省意义重大而深远。建议：

（一）注重统筹规划，促进绿色生态农业林业产业健康发展

要按照党的十八大“五位一体”总体布局要求，站在实现“中国梦”和建设“美丽云南”的高度，抓住国内、国际大力发展绿色经济的有利环境条件，把加快我省绿色生态农业林业产业发展放在国家西部大开发总体部署中谋划，放到面向国内、辐射东南亚市场中定位，做好全省绿色生态农业林业产业发展的平台构建、环境优化、市场培育、政策支持、人才培养、发展路径等规划，少提口号、少走弯路、少定高指标，有重点、有目标、有步骤地推进绿色生态农业林业产业发展，努力走出一条具有云南特色、符合生态文明建设要求的绿色经济强省之路。要按照“生态建设产业化，产业发展生态化”要求，把绿色生态农业林业产业作为调结构、转方式、促转型、稳增长、惠民生的重要抓手和增强我省可持续发展综合竞争力的关键举措，提升为云南省“十三五”、“十四五”，以至更长时期的重大战略产业，以抢占西部地区、乃至全国及周边国家和地区绿色经济发展的先机和制高点。各级各部门要牢固树立科学的发展观、政绩观和生态观，改进政绩考核指标及评价体系，既看发展又看基础，既看显绩又看潜绩，把资源消耗、环境优化、生态效益、民生改善、社会进步等指标作为政绩考核的重要内容，坚决扭转单纯以 GDP 论政绩的传统发展模式和考核方式。

（二）引导产业聚集发展，培育绿色生态农业林业产业集群

培育集约化、专业化、组织化、社会化相结合的绿色生态农业林业产业发展带动主体，同时加大传统产业调整转型升级，向标准化、精细化，有机、仿生态农业、林业转化，引导产业聚集发展。培育高原特色农业产业基地集群，引导优势特色农产品种植养殖基地向适宜地区集中，形成大基地支持大企业、支撑大产业发展态势，壮大农业龙头企业和农民专业合作组织，推进农产品精深加工，提高农业生产专业化、标准化、规模化、生态化水平。培育林下种养产业集群，发展林下食品、林下药材、林下畜牧、林下化工、林下养生等，促进林农增收、林业发展，确保农民分享林改成果。培育高原特色

中药材产业集群，依托三七、石槲、云茯苓、天麻、滇重楼、云木香等中药材资源，打造集“种植、加工、科研、贸易、服务”五位一体的中药材专业园区。培育食用植物油精深加工产业集群，利用全省4200万亩木本油料资源，构建以核桃油、茶油、菜籽油、橄榄油、青刺果油、亚麻籽油、红花籽油等为主的油料精深加工生产基地，形成中高端食用植物油及其附产物综合利用完整的产业链。培育天然香精香料研发和提取制造产业集群，发挥全球90%的香料植物可在云南生长的优势，深度挖掘利用我省400种天然香料资源，引进世界先进水平的高效提取分离纯化和产香技术，拓展国际国内需求日益旺盛的香料市场，加快形成云南又一新兴特色优势产业。

（三）突出产业扶持重点，完善产品标准体系增强竞争力

绿色生态农业林业产业投资风险大，回笼周期长，要统筹整合，集中使用涉农涉林资金，避免“撒胡椒面”。应集中省级产业扶持资金，重点支持可培育发展成为比肩云南“两烟”的木本油料深加工产业，三七、天麻、石槲等中医药材产业，天然香精香料研发提取制造产业，依托生态农业林业拓展开发的生态旅游、休闲度假、健体养生、康复养老产业。各地政府要加大财政资金整合力度，把资金投放重点向产业前端的涉农、涉林中小微型企业、特色园区及农林基础设施等倾斜，扶持农林经营大户和个体农户生产经营。对直接带动千家万户农民脱贫致富的农产品精深加工企业，给予财政补贴、税收减免、以奖代补等优惠。完善林权制度改革配套政策，健全各级林权流转服务中心，开辟林农林权流转及抵押信贷融资渠道，完善农业、林业用地政策，鼓励存量土地、土地整理新增用地及荒山用地指标，向产业园区、农林庄园、农林基础设施等建设用地倾斜。要尽快建立完善绿色生态农业林业产业技术标准体系，用标准化和科技创新支撑品牌建设。要从种子繁育、苗木培育、整地种植、病虫害防治等入手，采用测土配方、科学施肥、农药控制等技术手段，加强对无公害农产品、绿色食品、有机食品的品牌整合力度，同时，积极推进绿色生态产品的“有机证、雨林认证、原产地认证和商标申报”及农林产品质量追溯工作，提升我省绿色生态产品的信誉度和竞争力。

（四）统筹再生产各个环节，拓展绿色生态农业林业产业发展市场空间

云南绿色生态产品销售及服务对内有13亿人口，对外将直接对接东南亚近20个国家地区22亿多人口，可形成前景广阔、潜力巨大的新兴市场。在生产环节，要建立生态、清洁、循环的原料加工生产体系，采用先进生产技术和设备，强制执行达标排放标准，实现从原料、中间产品、废弃物的再生循环和综合利用。在流通、消费环节，要善于运用市场经济规律，建立健全社会化市场服务体系和平台。合理布局构建以农、林产品批发市场为基础的营销实体市场联盟，打造辐射国内国外的宣传网络、营销网络、物流网络，逐步完善配送物流、口岸物流、电商物流为载体的新兴市场体系和绿色生态产品交易平台。引入社会资本和人才资源培育发展多元化市场流通主体，加强仓储、包

装、冷链、运输等流通基础设施建设。鼓励扶持专业合作社，协会和农民自办购销经营组织，培养农业、林业产品营销农村经纪人队伍。加强农林市场信息服务体系和平台建设，推进广电网、电信网、互联网、手机网“四网融合”，扩展“云南农业信息网”和“数字乡村”工程，提高农村信息服务功能和水平。

（五）加大科技支撑和技术骨干培训

各级政府要加大绿色生态农业林业产业科研资金投入支持力度，大力培养我省科技创新创业领军骨干人才和创新团队，建立以政府主导、专家（院士）领衔，企业为主体、市场为导向的产业科技创新机制。大力引进国内外高端专业人才、博士创业团队，构建科研合作、技术交流、成果共用、利益共享的产学研用相结合的科技创新联盟。整合各类科技力量和资源，完善以绿色生态农业林业产业发展需求为导向，以农林产品链为主线的技术转移和成果转化平台，鼓励高等院校、科研院所直接与企业联姻建立试验示范基地，集成、熟化、推广应用农、林技术成果。要采取企业培养、职业技术学院培训、农村劳动力转移培训等形式，造就大批面向绿色生态农业林业产业发展需要的有文化、懂技术、会经营、善管理农林产业工人和技术实用型人才。健全乡镇公益性农、林技术推广服务网络，科学核定机构、人员编制，稳定人才队伍和经费支持，改善工作环境条件，不断优化骨干队伍，提高技术指导水平和服务能力。加强对农村合作组织带头人、农民经纪人、种养大户、返乡农民工等技术骨干的培训，着力提高农林实用技术推广、动植物疫病防控、农林产品质量监管和农林生产经营设施管理等方面的能力。健全完善生产一线农民教育培训体系，将农民教育培训经费纳入各级政府财政预算，构建农民终身教育公共服务平台，实现培训内容与各地主导产业紧密结合的新机制，不断提升农村劳动力整体素质，推进身份农民向职业农民转化。

（六）积极争取国家支持，建设云南绿色生态产业发展综合实验区

我省生态产品生产潜力巨大，全省森林生态系统服务功能价值达 1.48 万亿元/年，居全国首位，森林碳汇量为 31.3 亿吨，居全国第二位。应以低碳试点省建设为抓手，争取国家建立完善中国特色的碳排放交易制度，设立碳基金、生态补偿基金和碳源—碳汇平衡帐户，在全国 31 个省（区、市）间按比例付出或获取相应的碳基金，用于支付或补偿生态建设，使云南省从全国区域间碳源和碳汇拥有量的差异中获得碳汇能力效益。国家应对生态补偿进行立法，综合森林面积、林木蓄积量和生态服务功能等要素确定标准给予补偿，并尽快制定出台相关政策和实施办法，促进生态服务由无偿向有偿转变取得实质性成效。应积极争取国家支持，率先在云南建设国家级绿色生态产业发展综合实验区，以绿色生态产品生产及绿色生态产业为切入点，探索生态建设与经济社会发展的深度融合模式，努力把综合实验区建设成为生态与经济整体优化协同发展的体制机制创新示范区，中国最大的绿色生态产业聚集区，国家绿色生态产品生产与交易先导

区，中国一流的绿色生态产业科技研发中心，世界一流的生物多样性保护研究中心。在实验区实行差异化的地区目标任务考核体系、差异化的土地与资源开发及环境保护政策、差异化的财税和金融政策、差异化的产业选择与布局政策等，全面构建绿色生态产业发展的综合服务支撑体系，实现生态环境由被动保护向主动修复与建设的转变，破解长期以来困扰我国生态建设与经济发展“两张皮”难题，为发展我国绿色生态产业、增强生态产品生产能力、建设美丽中国起到示范和引领作用。

# 进一步加快云南陆路建设的调研报告

（2013 年 10 月 12 日政协云南省第十一届委员会第四次主席会议通过）

为全面了解我省陆路建设的相关情况，摸清存在的主要困难和问题，推进云南陆路建设。6 月中旬，省政协组织部分委员、省发改委、省交通厅、省商务厅、省财政厅、省金融办、昆明铁路局、八个民主党派省委和省工商联参加的联合调研组，由省政协常务副主席白成亮和副主席喻顶成分别带队，前往保山市、德宏州、玉溪市、红河州进行了调研。现将有关情况报告如下：

## 一、云南陆路建设取得的主要成效

云南地处我国西南边陲，是中国通往东南亚、南亚的窗口和门户，所在位置也是约占世界总人口一半的中国、东南亚、南亚三大区域结合部，全省有 8 个州市，25 个县与越南、老挝、缅甸接壤，边境线长达 4060 公里，占全国边境线总长的 18.7%，16 种民族与境外同属民族跨境而居。建设云南面向西南开放国际大通道，构筑第三亚欧大陆桥，是发挥云南区位优势、实施我国印度洋战略的客观要求，也是我国面向西南开放重要桥头堡战略的主要组成部分。在党中央、国务院的关心支持下，省委、省政府把抓好交通基础建设作为夯实发展基础、增强发展后劲的重要工作，围绕建设国际大通道战略目标，全力推进综合交通基础设施建设。

### （一）建设措施切实可行

省委、省政府围绕把云南建设成为中国面向西南开放重要桥头堡建设目标，建设云南面向西南开放国际大通道，构筑第三亚欧大陆桥，大力推进我省陆路建设，相继出台了一系列政策措施，确定了建设目标和任务，制订了发展蓝图。为确保项目资本金落实到位，2013 ~2015 年，省级财政每年分别各安排 20 亿元资金作为高速公路、铁路建设资本金。为了保证陆路建设土地资源，2013～2015年，从土地出让总收入中计提高速公路、铁路建设专项资金，每年省级统筹安排计提资金用于高速公路、铁路建设分别不低于10亿元。省级每年安排3000亩土地开发指标，支持地方高速公路建设。为了加大融资力度，通过招商引资建设的高速公路项目不低于3年计划总投资的1/3。增强省铁路投资公司融资能力，计划3年融资80亿元以上。

（二）省内路网基本形成

着眼西南国际大通道建设需要，省委、省政府制订了短期和中期目标。“十二五”后三年的陆路建设，铁路、高速公路力争完成投资2500亿元，其中：铁路力争完成建设投资1000亿元，高速公路力争完成投资1500亿元。铁路建成里程累计达到4000公里，高速公路通车里程达到6000公里。到2020年，全省铁路营业里程达到6000公里以上，基本建成中缅、中老、中越等国际通道，相关境外段争取实现对接；实现昆明至南宁、贵阳、重庆、成都快速铁路连接。全省高等级公路里程达到2万公里以上，高速公路达到6000公里以上。完成国家高速公路境内段建设任务，实现云南通往周边国家一、二类口岸的公路全部建成高等级公路，通往邻近省份主要通道全部建成高速公路，通往地州及重要旅游区全部建成高等级公路。

（三）建设步伐逐步加快

铁路“八出省”通道中，贵昆铁路已实现复线化，成昆铁路扩能昆明至广通段将于今年完成，滇藏铁路已延伸至丽江，云桂铁路有望2016年建成，沪昆客专正在抓紧建设，南昆铁路、内昆铁路已建成，其中南昆铁路扩能改造、新建渝昆铁路已纳入国家规划。“四出境”通道中，中越通道玉溪至蒙自段已建成，蒙河段、昆玉扩能正在加快推进，有望2014年通达至中越边境河口。中缅通道大保段、广大铁路扩能正在抓紧实施，保瑞段正在争取尽快实施；中老泰通道玉磨铁路已启动前期工作；中缅孟印通道连通至猴桥铁路已纳入国家规划。云南通往周边国家四条主要公路（中越、中老泰、中缅、中印）的国内段、以及通往邻省的七条干线公路基本实现了高等级化。公路通道G60上海至昆明、G80广州至昆明实现境内段全程高速化，其他出省和出境公路正在加快推进高速化建设。

（四）投资额度有所增加

“十一五”期间，全省完成综合交通基础设施建设投资2683亿元，是“十五”期间的3倍，约占全社会固定资产投资的14.6%，其中铁路398亿元、公路水运2042亿元。2011～2012年完成建设投资1460.5亿元，其中铁路297亿元、公路水运1084亿元。2013年1至4月已完成投资186.51亿元。

（五）交通能力有所提高

目前，全省铁路营业里程2619公里，其中电气化铁路1527公里，电气化率

58.3%，复线铁路309公里，复线率11.8%。公路通车里程约21.8万公里，其中：高等级公路13140公里，每百平方公里拥有3.34公里，高速公路里程2943公里，每百平方公里拥有0.75公里。全省乡镇通达率和通畅率达到100%和92.6%，行政村通达率和通畅率分别达到98%和28%。

## 二、当前云南陆路交通建设中存在的主要问题和困难

云南陆路大通道建设虽然取得了一定成效，由于全省经济社会发展水平相对较低，边境地区、少数民族地区发展尤为落后，省级财力用于建设的资金十分有限，加之历史、地理、复杂地形地质等因素的影响，全省交通基础设施仍然落后，向西南对外开放的区位优势没有得到充分发挥。

问题主要表现在三个方面：

### （一）省内陆路交通发展严重滞后

全省铁路网密度和人均铁路里程综合排名仅居全国第29位，建成及开工建设的铁路里程不到国家铁路网规划的一半，玉溪、大理以南以西还没有铁路通达；全省公路出省出境通道中，仅有沪昆高速、广昆高速全线贯通，怒江、迪庆、临沧、文山4个州市没有高速公路，城市群内部城际间高等级公路断头现象突出，尚未形成快速交通网络。

### （二）与近临省区陆路建设差距较大

截至2012年底，我省已建成铁路、高速公路里程分别为2619公里、2943公里，在建里程分别为1330公里、911公里。而四川省已建成铁路、高速公路里程已达3514公里和4300公里，在建2500公里和2200公里；广西自治区已建成铁路、高速公路里程已达3580公里和3200公里，在建3000公里和2700公里；贵州省已建成铁路、高速公路里程虽为2066公里和2630公里，但在建里程已分别超过1480公里和2500公里。

### （三）周边国家陆路建设现状对建设向西南开放国际大通道的制约因素较多

我省与越南、老挝、缅甸等3国接壤，均为经济欠发达国家，交通基础设施十分落后，除有百年历史的滇越米轨铁路与越南相连外，老挝还没有铁路，缅甸公路、铁路网等级很低，尚未通达中缅边境。周边国家外部干扰因素较多，中缅关系不确定因素直接影响通道建设实施。

当前，云南陆路建设主要面临五个方面的困难：

### （一）国家层面支持力度不够，协调机制不畅

西南陆路国际大通道涉及相邻国家较多，各国经济发展水平差距较大，大通道建设需要大量资金，涉及与各国双边协商诸多事项，仅靠云南的力量难以完成。相关国家法律制度、边检程序、各自利益不同，涉及复杂的关系协调，需要长期艰巨的谈判才能推进合作，目前尚缺乏有效的国家间协调机制，在推动过程中障碍较多。

（二）建设成本高，资金筹措难

云南山地约占全省总面积的94%左右，正在建设的铁路桥隧比高达60%以上，远远高于东中部地区，交通建设成本居高不下。据测算，云南高铁造价已达1.2亿元/公里以上，普通铁路造价在8000万元/公里以上，云南高速公路平均每公里造价均在1亿元以上。我省经济欠发达，地方财政收入仅2000多亿元，可用于建设的财力严重不足。实施项目的增多使资金需求越来越大，而我省经营性公路运营情况不理想，公路投资公司难于筹集资金进行升级建设，政府还贷二级公路收费取消，资金筹措非常困难，民间资本进入陆路建设十分有限，而其他投融资渠道受政策和有关限制较多，作用难以发挥。

（三）国际陆路通道建设进展缓慢

2011年5月国务院把云南定位为"我国面向西南开放的重要门户"，正式提出"构筑从陆上通往印度洋的战略大通道"。目标早已确定，但各项建设进展缓慢，通道不畅。铁路"四出境"通道中，仅有中越通道（境内段）推进较快，中缅通道（境内段）2017年后才能通车，中老泰通道（境内段）玉磨铁路才启动前期工作，中缅孟印通道（境内段）保山（芒市）至猴桥铁路才纳入国家规划。瑞丽作为沟通中国内地与缅甸及周边国家的重要节点作用难以发挥。境外交通基础设施落后，越南、老挝、缅甸等3国均为经济欠发达国家，缺乏建设资金，与我省相接壤的公路通道等级较低，通而不畅，难以适应国际大通道建设的需要。

（四）征地拆迁工作矛盾较多

群众维权意识越来越强，诉求越来越多，成本越来越高，工作难度越来越大。如：昆明枢纽扩能改造工程，项目总投资预算为91.67亿，征地拆迁费用高达107亿，超过了工程预算。少数地方刻意降低拆迁补偿标准，容易引发社会纠纷和矛盾。

（五）缺乏全局意识，难以形成合力

各级党委、政府建设大通道的热情都很高，做了很多卓有成效的工作，但一些地方和部门没有从全省经济社会建设大局通盘考虑，通力协作，而是各吹各打，各自为阵，州、市、县之间，各级、各部门之间存在着推诿扯皮现象，难以形成合力。

## 三、进一步加快云南陆路交通建设的建议

（一）站在国家"桥头堡"建设战略的高度，强力推动与周边国家陆路的互联互通

东亚、东南亚和南亚约占全球总人口的二分之一，与我国在资源、产品结构等方面有较强的互补性，贸易增长潜力巨大。西南国际大通道比目前经南海和马六甲海峡进入印度洋要缩短3000～6000公里，是我国及泛珠区域和长江流域地区连接亚、欧、非三大洲，沟通太平洋、印度洋，由昆明经缅甸至印度洋到南亚的方便快捷交通运输体系。大通道建设事关我国国家安全和南向互利合作战略，对构建我国新的出海格局，促进我

国及周边国家互利共赢具有重要战略意义。当前，美国重返亚太，日本和欧洲一些国家不断加大对东南亚、南亚国家投资开发力度，对我国形成巨大竞争压力。若不加快西南国际大通道建设进度，对西南周边国家开放的制高点就有被抢占的危险。为此，必须从国家“桥头堡”战略的高度出发，深化西南国际大通道建设的认识，优化政策措施，聚合各种力量，强力推进大通道建设。建议省委、省政府领导就西南国际大通道建设，专题向中央领导汇报，争取中央领导到云南召开一次专题会议，研究、部署与周边国家陆路互联互通建设问题。

（二）着力推进“中印缅孟经济走廊”陆路交通基础设施建设

建立国家层面高位推动机制，加强与东南亚、南亚国家协调沟通，推进国际大通道建设。要以习近平主席出席亚太经济合作组织第二十一次领导人非正式会议提出的“构建覆盖太平洋西岸的亚太互联互通格局”的构想为契机，抓住李克强总理今年访问印度，与印度总理辛格签署《中印联合声明》，双方共同倡议孟中印缅经济走廊这一历史机遇，同步推进与印、缅、孟的通道建设。创新机制，尽快建立完善中国—东南亚、南亚国家交通基础设施合作建设基金，加大对东南亚、南亚国家交通基础设施建设支持和援助，以交通基础设施建设先行，带动孟中印缅经济走廊建设。

（三）努力创建互联互通建设合作机制

按照“在区域和国际合作框架内，推进互联互通和基础设施建设”的总体要求，恳请国家成立国务院分管领导牵头、国家综合管理部门和行政主管部门为成员的“中国西向贸易大通道建设协调领导小组”，高位推动国际大通道建设。加快昆明与缅甸皎漂港陆上通道建设、中老通道老挝境内段磨丁至万象铁路建设。由国家主导，建立与东南亚、南亚国家实现互联互通的合作机制，加强信息沟通、政策磋商、规划对接、实现互利共赢。签署国家政府间多边或双边国际大通道建设协议或备忘录，以及交通运输、物流、通关便利化协议，强力促进互联互通建设。

（四）进一步拓宽投融资渠道

我省要积极主动协调政策性银行支持国际大通道建设，利用一揽子金融工具创新陆路建设融资投资路径。要依托亚洲公路网和泛亚铁路网规划，寻求世界银行或亚洲开发银行等国际金融组织支持。充分激活和运用民间资本，开发运营陆路资源。相关各国应在加强国际合作的基础上，从不同角度、不同场合、不同方式向国际社会呼吁，寻求国际金融组织和大公司、大财团等国际组织和机构的支持，通过多种方式支持境内外通道的建设。

（五）进一步做好重大项目前期工作

要突出战略性和前瞻性，加大项目筛选储备力度，有计划、有步骤地分批开展项目前期工作。引入市场竞争机制，积极灵活地做好相关协调和政策支撑。对项目前期工作各个环节制订有效的工作制度，建立并完善重大项目申报、审批、立项和决策程序，进一步构建重大投资项目的责权利协调机制。充分发挥省专业投资公司作用，对列入通道网络建设重大项目前期工作计划、尽快明确项目业主单位，并按前期工作负责制的要求承担完成各项任务，其前期成果可有偿转让，也可直接参股、控股进行建设。实行计划管理，落实目标责任，建议省政府领导与各地各部门负责人、项目法人签定目标责任书，层层落实目标责任制。

（六）积极争取国家层面加大云南陆路建设支持力度

建议省委、省政府和有关职能部门，站在国家战略的高度，通过多种方式和渠道积极向国家层面呼吁，寻求更大力度的政策和资金支持，撬动我省陆路建设。按照公益性重大基础设施建设的相关政策，对云南铁路项目给予倾斜支持。推动中缅通道保山至瑞丽铁路、丽江至香格里拉铁路项目，尽快开工建设。加快推进中老通道玉溪至磨憨铁路、祥云至临沧铁路、弥勒至蒙自铁路、渝昆铁路等4个项目前期审批和开工建设。从云南经济建设需要出发，加大与沿边省份陆路的联通力度。鉴于云南陆路建设成本太高，恳请国家对云南的国家高速公路网建设项目提高资本金补助标准。加强对云南高速公路建设金融信贷政策扶持，协调银行下调云南高速公路贷款资本金比例，增加云南交通建设项目贷款规模。

着眼发展地缘政治和地缘经济，提高中国在周边国家的话语权，建议国家加大对缅甸、越南、老挝等周边国家的援助力度，不仅要从我国经济社会发展的角度进行规划，更要从我国战略安全的高度搞好统筹。只有这样，云南“三个发展”和“两强一堡”战略才能实现，云南与全国同步建成小康社会目标才能顺利完成。

## 桥头堡战略下云南高等院校国际化人才培养调研报告

（2013年10月12日政协云南省第十一届委员会第四次主席会议通过）

在经济社会发育度相对偏后的情况下，要抓往机遇，落实桥头堡的国家战略定位、战略目标和战略任务，把云南建设成为中国面向西南开放的桥头堡，人才，其中尤其是国际化人才，是主要瓶颈和核心要素。在相对于自然资源、资本和技术，人才已成为经济社会发展最为关键的核心要素的当今时代背景下，没有一大批具有国际和区域视野、通晓国际和区域规则，能够参与国际及区域事务和国际区域竞争，具备各行业、各领域专门知识与技能的国际化人才，要把云南建成对内对外开放的桥头堡便没有应有的基础和必须的保障。为此，省政协将“桥头堡战略背景下我省国际化人才培养情况”列为重点课题。教科文卫体委员会在2013年3~8月期间，组织部分教育界委员与专家，先后深入云南的17所高校、8个州市开展国际化人才培养需求情况调研，现将调研结果报告如下。

## 一、云南国际化人才培养的现状

### （一）高校国际化人才培养取得的主要成效

近年来，随着中国—东盟自由贸易区建设的推进和大湄公河次区域合作的深化，面向东南亚、南亚的国际化高素质人才需求矛盾日益显露，培养造就既有专业技术特长，有国际交往能力，又熟悉东南亚国家事务的人才，已日益成为云南高校人才培养中关注并着力解决的问题。特别是桥头堡战略实施以来，在省委、省政府领导下，教育职能部门和各高校按照国家和省关于推进桥头堡建设的各项任务要求，认真抓落实，积极推进高等教育的国际化进程，取得了以下主要成效。一是高等院校国际交流合作不断深入。目前，云南有40多所普通高等学校与东南亚、南亚近100所高校都有不同程度的交流合作。截至2012年，留学生数达2万余人次，其中，东南亚、南亚国家留学生占60%，云南已成为东南亚国家学生的留学主选地之一。国际交流合作领域不断扩大，既有高校与高校之间的合作，也有高校与政府之间的合作、高校与企业之间的合作。合作的内容与形式呈现多元，内容由人文社科向自然科学领域延伸，由单纯的语言人才培养向学科专业人才培养发展，方式由短期培训向学历教育发展，由留学生交流向联合培养、联合办学发展，由教师交流向教师培训发展。二是培养了一大批东南亚语言人才。高校积极探索面向东南亚、南亚人才培养的机制和办法，逐步扩大东南亚、南亚语言人才培养规模，目前，我省高校建立了56个小语种公共外语教研室，在校的东南亚、南亚语言专业学生总人数达7300余人，在校公共选修东南亚、南亚语言人数近27500人；东南亚、南亚语言教师队伍的培养与建设进一步加强，到东南亚、南亚国家任教的专任教师比例不断提高。如云南师大华文学院80%左右的专任教师具有东南亚、南亚国家的任教经历；云南与周边国家高校师生互派交流、学分互换，有效促进了小语种语言人才培养质量的提高。三是加强了国际化人才培养平台的建设。加强培养国际化人才的专门性机构建设，深化国际化人才培养的实践，是云南高校谋求发展的一个显著特点。近几年，如云南财经大学、西南林业大学、昆明医科大学针对桥头堡建设的人才需求，结合自身实际，先后创设了国际教育学院。国务院侨办与云南省政府共建的云南华文学院落户云南师范大学，并被确定为国务院侨办华文教育基地。云南大学、云南师大在孟加拉、泰国等六个国家创办了孔子学院和孔子课堂，大理学院、红河学院、玉溪师院联合在柬埔寨皇家金边大学设立了“RUPP—DHY汉语中心”，昆明理工大学、云南民族大学、大理学院构建了国际化专业人才的培养模式。四是国际化课程体系建设取得实效。

国际化课程体系建设是国际化人才培养的重要内容，高校积极开展国际化课程体系建设，以推动学校在教学管理、教材建设、人才培养、科研项目等方面的国际化。昆明医科大学按照MBBS课程标准，开展全英文教材体系的建设，与美国、德国知名专家共同编写医学相关专业的核心课程；红河学院、西双版纳职业技术学院充分利用地域优势，与越南、泰国的高校合作，开发了国际化人才培养项目。开放办学、合作培养国际化人才的理念，不断增强了我省高校对外国留学生的吸引力，有效提升了高校的国际化水平和国际教育竞争力。五是教师队伍国际化水平有所提高。云南高等院校通过引进外籍专家、教师对外交流、全英文教学、合作开展国际项目研究等多种途径，提升教师队伍的国际化水平。近年来，云南高等院校引进外籍教师及国外高校毕业的硕博生数量明显增大，具有国外学习经历的教师比例不断提高。如云南财经大学国际工商学院具有海外留学背景的教师比例达60%以上；云南大学、云南农业大学长期坚持选派骨干青年教师到国外高校、研究机构进修学习、联合开展科学研究；昆明医科大学针对专业人才发展需要，实行专业核心课程全英文授课。

（二）云南国际化人才培养存在的主要问题

一是区域性教育国际交流合作机制尚未全面形成。教育交流合作仍然隶属于经济合作框架，还没有形成相对独立的领域，缺乏有效的高规格、高层次沟通平台和协商机制；政府及有关部门在加强人才培养服务桥头堡建设方面统筹谋划不够，缺乏顶层设计、配套制度和政策引导；在国家桥头堡建设的整体框架下，有关教育国际交流合作的思路与举措尚未有突破性进展。二是高校国际化发展能力明显不足。主要表现为高校对如何服务桥头堡战略任务的分析研究不够，与相关的外向型企业融合不深，在桥头堡建设中难以找到适合的切入点和生长点；高校缺少具有国际竞争力的学术团队，教育国际交流合作的层次有待提高，领域有待拓展；人才培养中的国际化课程比例较低，优势学科与特色专业的国际化课程建设缓慢，面向南亚国家的教育交流合作途径单一，力度不够。三是教师队伍状况与区域性国际化要求尚有明显差距亟待提高。主要表现为教师队伍的国际化意识不强，国际化人才培养的教学能力亟待提高；高校的学术领军人物、名师和科研骨干不足，教师出国深造及研访的机会相对较少；选聘的外籍教师比例受限，难以满足国际化人才培养的需求。四是高校国际化人才培养经费不足。目前，云南高等院校推进教育国际交流合作、推进境外办学、推进国际化人才培养等方面缺少专项经费，现有的奖学金政策和额度难以吸引东南亚、南亚国家的大批留学生。从推进桥头堡战略高度来看，云南要加快培养桥头堡战略所需要的国际化人才，加大相应的专项经费投入是非常必要的。

## 二、云南高校国际化人才培养的对策建议

破解云南高校国际化人才培养的现实问题，既需要运行机制及相关政策的保障，也需要高校自身发展水平的提升和人才培养结构的调整，同时还需要政府、高校、社会（行业企业）多元协同创新的综合支撑。如何加快我省高校国际化人才培养的发展进程，提出如下建设性意见。

### （一）深化完善区域性教育国际交流合作的保障机制

桥头堡建设与国际化人才培养供需矛盾的解决，重要的在于提高高等教育国际交流合作保障机制的运行效能。在“中国东盟自由贸易区”和“大湄公河次区域”合作协议框架内，一是建议由政府相关职能部门牵头对接东盟大学联盟，构建云南—东盟高等教育交流合作的高规格平台，整体上形成“以省统筹、条块整合、按需对接、优势互补、协同共进”的区域高等教育国际化合作模式；二是组织有关部门抓紧制定云南桥头堡建设的国际化人才队伍建设规划，明确国际化人才培养的战略任务及工作要求，促进高校深化云南面向东南亚的教育服务贸易和高等教育国际交流合作；三是设立区域性高等教育国际化发展专项经费。经费用于云南桥头堡国际化人才培养师资队伍建设、国际化人才培养模式改革，同时，增加选聘外籍教师及东南亚、南亚留学生数量所需的经费。

### （二）制订实施云南省国门大学振兴行动计划

国门大学是国际化人才培养的重要力量，其发展水平在相当程度上制约着国际化人才培养的整体效能。云南 8 个州市与国外直接接壤，共计 13 所分布在与国外直接接壤地区的大学，即国门大学，这既是云南高校布局的特点，也是区域高校发展需要坚持考虑的重要因素。在桥头堡建设的国际化人才培养中，坚持“立足云南边疆、面向东南亚、辐射南亚区域、服务国家战略”的发展思路。一是加快实施“云南国门大学振兴行动计划”，切实解决边疆 13 所大学发展中现存的管理体制问题；二是分类指导、选择重点，制定相应的有突破性、实效性的发展举措。如在柬埔寨皇家金边大学建设“中柬文化交流中心”（暂定名），并投资建盖大楼。加强边疆大学建设，有助于提升云南高校发展的整体水平，有利于边疆大学发挥位居国门的区位特点、地缘优势，推进面向毗邻国为主的国际化人才培养。我们认为，国门大学的建设成效，有可能在全国成为云南高校发展的亮点。

### （三）建设云南区域性国际化人才培养协同创新基地

当前云南国际化人才培养，尤其是区域性国际人才的培养，各自为阵、力量分散，缺乏前瞻性的谋划和突破性的举措，如何改变这种状况，逐步形成资源整合、优势互补和多元联动的局面。一是需要教育厅牵头，协同政府及相关行业部门，依托高等学校，建立“云南国际化人才培养协同创新基地”，形成实体性国际化教育发展联盟，发挥联

合组织的作用，推进高校国际化人才的培养；二是统筹规划云南高校国际化的发展，逐步实现国际化人才培养中“信息、人力、财力、物力、政策”等资源要素的优化配置，不断提升高校的整体实力和对外影响力，助推云南国际化高水平大学的建设。

（四）着力提高云南高校区域性国际化人才培养的针对性和有效性

依据桥头堡建设的战略导向，提升云南高校国际化人才培养适应性，是云南高等学校服务和引领桥头堡建设，推动云南区域经济社会发展的关键所在。一是在现实情况下，云南的高等院校应增强桥头堡建设的责任意识，认真研究桥头堡战略对学校发展带来的机遇，全面把握桥头堡建设的任务要求；二是结合学校实际，加强与国内外相关行业及企业的深度合作，以桥头堡建设的人才需求为着力点，调整专业人才培养结构及规格，以培养国际化人才为切入点，深化人才培养模式改革；三是围绕桥头堡建设急需的专业人才，拓展人才培养的专业领域，不断寻求国际合作交流的新增长极，提高学校服务区域经济社会发展的能力。

## 云南民族团结进步边疆繁荣稳定示范区建设推进情况的调研报告

（2013 年 10 月 12 日政协云南省第十一届委员会第四次主席会议通过）

2011 年 5 月，国务院出台了《关于支持云南省加快建设面向西南开放重要桥头堡的意见》，提出“把云南建设成为我国民族团结进步边疆繁荣稳定的示范区”。为贯彻落实中央要求，省委、省政府出台了《关于建设民族团结进步边疆繁荣稳定示范区的实施意见》，并在省委九届三次全会通过了《关于建设民族团结进步边疆繁荣稳定示范区的决议》（以下简称示范区），于 2012 年 7 月召开了云南省建设民族团结进步边疆繁荣稳定示范区动员大会，标志着示范区建设全面启动。根据中央和省委的统一部署，按照省政协 2013 年重点工作安排意见，省政协民族和宗教委员会组织部分委员成立调研组，由省政协副主席马开贤、王承才率队，于今年 4 月至 8 月先后到怒江、大理、西双版纳、普洱、昆明等州市和省级有关部门，就云南民族团结进步边疆繁荣稳定示范区建设推进情况进行专题调研。调研组在进行实地调查了解、广泛听取意见建议、综合分析深入研究的基础上，形成如下调研报告。

### 一、示范区建设推进的基本情况

示范区建设启动以来，全省各地积极投入到示范区建设中，取得了明显的阶段性成效。

（一）省委、省政府高度重视

云南省第九次党代会提出了示范区建设的奋斗目标，省委、省政府于2012年6月25日制定出台了《关于建设民族团结进步边疆繁荣稳定示范区的实施意见》（云发〔2012〕9号），明确了“以共同发展促进民族团结，以边疆繁荣促进边疆稳定”的指导思想和坚持“全面统筹，重点突破；立足跨越，先行先试；政策拉动，项目推进；群众至上，共建共享”4条基本原则，提出了“作出十大示范，实现三大跨越”的建设目标，即要在民族经济发展、民生改善保障、民族文化繁荣、民族教育振兴、生态文明建设、民族干部培养、民族法制建设、民族理论研究、民族工作创新、民族关系和谐十个方面在全国作出示范，实现少数民族和民族地区发展、民族团结进步事业、边疆繁荣开放三个新跨越，到2015年示范区建设取得明显成效，2020年全面建成示范区。《意见》为我省示范区建设指明了方向、明确了目标。秦光荣书记在示范区动员大会上要求全省提高“四个认识”，明确“四个要求”，突出“六个重点”，强化“四项措施”，全面推进示范区建设。2012年9月，省委、省政府印发了《建设民族团结进步边疆繁荣稳定示范区主要任务分工方案的通知》（云办通〔2012〕37号），细化了示范区建设的任务措施，明确了各级各部门的责任；制定了考核办法，把示范区建设情况纳入省委、省政府对各部门和各州市的综合考核范围，作为领导班子考核评价、绩效评价内容和领导干部提拔任用的重要依据，并且层层签订了目标责任书，纳入目标管理，实行年度考核。成立了示范区建设领导小组，由省委、省政府主要领导分别担任组长和常务副组长，分管领导担任副组长，省级各有关部门主要领导为成员，对示范区建设加强领导、整合力量、强势推进。

（二）省级各部门、各州市积极推进

按照省委、省政府的要求，省级各部门根据任务分工方案，采取各种措施，切实推进年度重大建设项目实施。如省民委积极实施600个贫困自然村整村推进，整合各级各部门项目资金6亿元，项目到村、扶持到户，积极开展民族特色村镇建设，大力发展高原特色农业和民族传统手工业，重点打造10个民族特色镇、100个民族特色村寨；省扶贫办组织编制完成了4个集中连片特困地区区域发展与扶贫攻坚省级实施规划和91个县级实施规划，继续推进怒江和宁蒗扶贫大会战及迪庆藏区帮扶，加大产业扶贫的力度；省发改委精心组织上报项目，积极争取国家资金支持，2013年上半年争取扶持人口较少民族发展中央预算内资金1.5亿元，加强民族地区基础设施建设，加快民族地区社会事业发展；省民政厅加大项目资金倾斜支持，不断扩大边疆民族地区城乡低保覆盖面，提高补助水平；省人力资源和社会保障厅建立完善了就业工作机制，强化就业服务，优化就业环境，走出了一条具有云南特色的政府主导、部门联动、群团组织和企事业单位广泛参与，共同推进就业的路子等等。

各州市结合实际相继出台了示范区建设的具体实施意见，成立了领导小组，多方筹措资金，充分利用报刊、广播、发放宣传资料、纳入党校培训、开讲座、办专栏、贴标语等多种形式加大对示范区建设的宣传力度，使广大干部群众参与民族团结进步事业的积极性和主动性进一步提高，为推进示范区建设营造了良好氛围。

（三）实施示范区建设试点，取得一定成效

按照“重点突破、以点带面、示范引导、全面推进”的思路，从今年开始，启动实施“十县百乡千村万户示范点创建工程”三年行动计划，即在全省范围内创建10个示范县市、100个示范乡镇、1000个民族团结进步示范村（社区）和1万户民族团结进步示范户，范围覆盖全省26个民族、16个州市，是示范区建设的支撑体系，项目实施充分体现“群众主体、群众共建、群众共享”，资金筹措采取“国家补助、地方支持、部门整合、群众投入”相结合的方式，通过整合资源，3年预计总投入100亿元，打造一批类型多样、各具特色、具有标杆性的示范典型，率先实现示范区建设目标，为全省示范区建设探索经验，形成以点串线、以线连片、以片带面的示范区创建格局。今年该工程第一批示范点建设规划已通过省级评审，省级和州市投入资金已落实到位。此外，着力抓好民族特色村寨建设，打造一批产业强、群众富、民居有特色、村美人和谐的宜居宜业特色示范村镇。

调研组认为此次所到的州市中，大理州的推进情况是最好的。州委、州政府在全面、科学分析州情的基础上进行了准确定位，提出建设“民族团结进步繁荣稳定幸福示范区”，率先做出了3个示范，即：民族文化繁荣的示范、生态文明建设的示范、民族干部培养的示范。该州制定了规划，下发了意见，落实了资金（从今年起每年安排资金3000万元），确定了州内傈僳、苗、阿昌、藏、布朗等9个世居人口较少民族为帮扶重点，着重加大行政区域交界处、族与族结合部的基础设施建设和产业扶持；结合旅游产业的发展，挖掘传统民俗文化，进一步提升喜洲镇、寺登街、东莲花村等一批少数民族特色村寨，积极探索少数民族村寨实现城镇化的新路子；南涧县乐秋乡晒肚皮苗族村则通过实施“六大工程”，实现“五个改变”，走出了一条民族团结示范的工作新路子，成为贫困的少数民族聚居村寨发展的样板。怒江州、西双版纳州、普洱市、昆明市都确定了各自不同类型的示范点，编制规划，有序推进。

## 二、示范区建设推进中存在的困难和问题

示范区建设在党中央、国务院、国家有关部委的关心支持下，在省委、省政府的领导下，在各级有关部门的共同努力下，取得了阶段性成绩。但是，云南民族地区贫困面大，贫困程度深，扶贫开发成本高，加快推进示范区建设，和全国同步全面建成小康社

会面临许多困难和挑战。主要的问题是：

（一）认识不到位，推进示范区建设的动力不足

示范区建设是一项系统性、长期性的工作，涵盖了云南经济社会发展的方方面面，需要全省上下戮力同心，需要权威性的领导机构统筹协调和政策、资金、项目支撑。目前，示范区建设进入全面实施阶段，国家对云南建设全国民族团结进步边疆繁荣稳定示范区还欠缺实质性的扶持政策和措施，省级财政已经设立扶持建设专项资金的计划，但今年的资金还未到位，在推进示范区建设的进程中，存在着有文件、有计划、有安排，但落实差的问题，一些地方甚至认为是民委一个部门的事。此外，由于宣传力度不够，还未形成全社会共建示范区的氛围和合力。

（二）缺乏独立专项规划，争取政策资金的渠道不畅通

中央把云南确定为全国唯一的以民族团结进步边疆繁荣稳定为命题的示范区，云南自身十分有必要编制国家层面和符合云南实际的示范区建设专项规划。目前，示范区建设的战略定位是桥头堡建设的五大战略之一，桥头堡建设属于经济建设的范畴，国家可以出台普遍性的政策，但无法出台差别化明显的特殊扶持政策；而示范区建设属于政治性、经济性、社会性为一体的少数民族发展的范畴，国家可以出台仅次于新疆、西藏的扶持少数民族发展进步的特殊政策。因此，示范区建设应当从桥头堡建设规划中独立出来，制定专项的省、州、县规划，以规划争取差别化的政策、资金的专项支持。

（三）示范区建设面上推进力度不够

实施示范点创建工程的目的是率先打造一批类型多样、各具特色、具有标杆性的示范典型，达到以点带面，总结经验，推动全局的目的。但是就目前的情况来看，大部分地方抓了点上的建设，但面上的推进不够；在示范点的选择上，有相当一部分是经过长期扶持，发展有了成效的老点，如基诺山乡、布朗山乡、兴蒙乡、顺城社区等，这些点作为过去民族团结、兴边富民的典型，各级各部门已经投入大量的人力、物力、财力，安居环境、农民收入都发生了巨大变化，早就具备示范的条件，但对远离中心城市，长期以来很少得到特殊政策、资金扶持的贫困村寨，还未纳入示范点创建的范畴。截至2012年底，全省有8个自治州，29个自治县，142个民族乡，少数民族人口比例占30%以上的行政村有6997个，下辖69278个自然村，但创建的示范点是“十县百乡千村万户”，所占的比例很小，时间紧、任务重，需要加大面上的推进力度，才有可能在2020年全面建成示范区。

（四）民族法制建设、民族理论研究、民族工作创新三个示范建设滞后

在示范区十大示范建设中，民族法制建设、民族理论研究、民族工作创新三个示范建设滞后，缺乏系统、科学的工作计划和任务安排，以及支撑建设平台和内容，是十大示范建设中的短板，应引起高度重视。要在坚持和完善民族区域自治制度上进行探索。

《中华人民共和国民族区域自治法》的颁布是贯彻马克思主义民族观的实践，但随着经济社会的不断发展，自治法及其相关制度没有根据新形势、新情况进行及时调整修改，发挥优势保障和推动民族地区发展的效果不明显。云南省要利用示范区建设的有利时机，开展民族区域自治制度实现形式的新探索，加强民族自治地方行政管理体制和享受优惠政策等的研究，建立完善符合云南省情、具有云南特色的民族法制体系，推进民族工作法制化，切实保障民族自治地方依法行使自治权，保障少数民族的合法权益。

（五）示范区建设面临脱贫和示范双重压力，任重道远

一是发展不平衡的问题突出。我省民族自治地方人均生产总值、农民人均纯收入均比全省和全国平均水平低，而且差距仍在扩大。据统计，2012 年我省民族地区农民人均纯收入 4966 元，分别是全国和全省的 62.7%、91.6%；城镇居民可支配收入 18807 元，分别是全国和全省的 76.5%、89.2%。此外，城市和乡村之间、山区和坝区之间、民族之间以及山区与山区之间、坝区与坝区之间的发展也极不平衡。二是贫困面较大，贫困程度较深，保持群众持续增收的后劲不足。民族地区由于经济结构比较单一，农民家庭收入主要来源于传统种植养殖业，生产粗放，科技含量不高，大户带动力不强，小农经济形不成产业化，自我发展能力普遍较弱。民族自治地方及 25 个边境县贫困发生率均高于全省平均水平，中央确定的 14 个连片特困地区 720 个县中云南有 4 个片区 91 个县，片区数和片区县数量均居全国第一位，全国每 12 个贫困人口中云南就占 1 个，云南每 4 个农民就有 1 个是贫困人口，绝大多数集中在少数民族和民族地区。一些少数民族仍处于整体贫困状态，如佤族、拉祜族、傈僳族、苗族 4 个民族总人口约 254 万人，贫困发生率为 47.7%。一些民族聚居于高山峡谷、石漠化地区、干热河谷和远离城镇、交通干线等地区，贫困程度深，脱贫难度大，尚有 160 万深度贫困群众，特别是当中 60 万基本丧失生存条件的群众急待易地搬迁帮扶才能发展，这些地方已成为全省乃至全国扶贫攻坚的“硬骨头”。三是基础设施建设薄弱，社会事业发展滞后。民族地区基础设施建设起步晚、起点低，公共服务覆盖面窄，保障能力弱，部分少数民族聚居村不通电、不通电话、不通公路、无安全饮用水的问题依然存在，民族地区社会保障体系建设还处于起步阶段。全省 25 个世居少数民族中，有 19 个民族人均受教育年限低于全省平均 7.6 年的水平，苗、瑶、傈僳、拉祜、德昂等 5 个民族平均受教育年限还不到 6 年。少数民族专业技术人才匮乏，全省少数民族人才总数仅占全省人才总数的 28.4%。四是时间紧迫，任务艰巨，2020 年全面建成示范区的难度很大。据测算，我省民族地区要实现与全省同步全面建成小康社会的目标，到 2020 年人均生产总值要达到 6 万元，需年均增长 16.5%；城镇居民人均可支配收入要达到 5 万元，需年均增长 13.8%；农民人均纯收入要达到 1.2 万元，需年均增长 13.4%。2020 年全面建成小康社会的短板和难点在少数民族和民族地区，促进少数民族和民族地区加快发展的任务十

分艰巨而繁重。

（六）影响民族团结、边疆安宁的因素增多

一是我省信仰宗教的少数民族群众占全省信教群众的90%以上，民族问题与宗教问题、社会矛盾相互交织，影响民族团结、宗教和顺的矛盾隐患趋于增多，处理难度加大。二是境外敌对势力和民族分裂势力不断利用民族宗教问题对我进行渗透破坏，反分裂、反渗透的斗争形势更加复杂；加之毗邻世界毒品种植和加工的主要区域，面临禁毒防艾的巨大压力。三是我省有16个民族104万人沿国境线跨境而居，贫困发生率达49.2%，近年来周边国家对其边境地区采取一些特殊政策，加大对边境一线的扶贫，力度比我国大，效果明显，而我国在边境一线的扶贫力度相对要弱一些，造成边民心里不平衡。紧邻的广西、贵州的扶贫开发也比我们力度大，变化明显。四是随着流动人口增加，不同文化心理和风俗习惯引起矛盾纠纷隐患增多，散居和城市民族工作面临着许多新的问题和新的矛盾，特别是“两区一线一中心”（藏区、回族聚居区、边境一线和中心城市）协调民族关系的任务艰巨。

（七）民族自治地方的各项配套措施不够完善

一是基础设施建设配套资金减免规定落实不到位。各级在安排项目投资计划时，由于没有差别化的政策，民族自治县县级财政自给率低，配套资金无法落实，使一些建设项目得不到全面落实。二是财政转移支付有待进一步加大。虽然近年来上级财政对民族自治县的财政转移支付力度有较大增长，但因历史欠账过大等因素，不能满足支出需求。同时，还存在部分专项转移支付资金内容交叉、分配过程中考虑民族地区的特殊性不足、资金下达不够及时等问题。三是对民族自治地方的生态建设和资源开发补偿机制不健全、落实不到位。从总体上看，民族地区资源优势并未真正变成经济优势，民族地区资源优势在进行开发的同时，没有得到相应合理的经济利益补偿，不同程度地存在着资源开发利益区外化、集团化，环境影响和社会责任区内化，开发商得到的经济利益与其承担的环境责任、社会责任、资源价值不对称。上级国家机关在民族自治县征收的耕地开垦费、新增建设用地有偿使用费、水资源补偿费等优先安排用于民族自治地方的规定也由于缺乏具体的实施办法而落实不到位。

## 三、几点建议

示范区建设是国家加快民族地区发展、促进民族团结进步、推进民族地区和全国同步全面建成小康社会的一项重要战略举措，是一项长期的、宏大的系统工程，需要在中央和省委的领导支持下，举全省之力共同推进。

（一）对省里的五点建议

1. 始终保持高度重视、高位推动的态势。省级各有关部门、各级党委政府，要进一步深化认识建设我国民族团结进步边疆繁荣稳定示范区的重大意义，认识到中央批准建立民族类综合性的示范区，在全国尚属首例，是中央交给云南的一项光荣而艰巨的政治任务，更是中央对云南的信任和支持，它不仅是云南民族地区发展的机遇，也是中央解决民族宗教问题的一个创新举措，可以成为向世界宣传我国各民族共同团结进步新面貌的良好窗口，因此具有重大的政治意义。要认真贯彻落实党中央、国务院和省委、省政府关于示范区建设的战略部署，把示范区建设摆到更加重要的议事日程上，增强工作的责任感和紧迫感；要创新社会管理模式，始终把发挥群众主体作用放在重要位置来抓，坚持群众至上，共建共享。通过多方位的宣传、教育、引导，将群众参与建设的积极性、主动性、创造性充分调动起来，使群众真正认识到他们是最终的受益者，从而变“要我干”为“我要干”，形成全社会共建示范区的良好氛围。

2. 制定云南建设全国民族团结进步边疆繁荣稳定示范区专项规划。建议对现有的《云南省加快少数民族和民族地区经济社会发展“十二五”规划》、《云南省兴边富民工程“十二五”规划》、《云南省扶持人口较少民族发展规划（2011～2015）》、《云南省扶持边远少数民族贫困地区深度贫困群体脱贫发展规划》以及4个集中连片特困地区区域发展与扶贫攻坚省级实施规划等一系列规划进行梳理、整合，形成云南建设全国民族团结进步边疆繁荣稳定示范区的独立专项规划，争取获得国家批准。要培养少数民族地区的优势特色产业，重视和加强民族法制、民族理论创新、民族工作创新建设等短板和平台研究，健全体系，拿出成果，提供示范。

3. 尽快落实示范区建设专项资金。在2013年7月23日省政府组织召开的民族团结进步边疆繁荣稳定示范区建设调研专题会议上，已明确了2013～2015年由省财政安排10个示范县建设经费1亿元。按此计算每县每年平均300余万元，显然投入不足，拉动作用不明显。建议省财政大幅提高示范区建设经费，并建立长效机制，至2020年每年按10%以上的比例递增，进一步加大对下转移支付力度。省级各部门也要主动加强与国家对口部委的汇报衔接，争取更多的项目资金支持。

4. 切实完善示范区建设组织领导和协调机制。省级示范区建设领导小组及办公室已经成立，建议增设一名专职副主任（副厅级），设立示范创建处。各级党委、政府也要尽快相应成立示范区建设领导小组及领导小组办公室，有专人负责此项工作。领导小组办公室要强调权威性，强化办公室对各部门协调、沟通的力度，整合资源，形成建设合力；要量化指标，完善督查机制，会同党委、政府督查室适时对全省各级各部门落实9号、37号文件精神，推进示范区建设情况开展专项督查，切实履行好示范区建设工作“牵头抓总”的职责，确保各项建设任务和有关扶持政策落到实处。

5. 及时总结经验，合力推广借鉴。在“十县百乡千村万户示范点创建”及原来的民族团结进步创建活动中，涌现出了许多先进典型，如平远街和沙甸地区作为民族团结和谐的示范点，澜沧县竹塘乡作为扶持特困民族发展和决不让一个兄弟民族掉队的示范点，喜洲镇作为民族团结进步边疆繁荣稳定示范镇以及一些示范村。这些点在创建过程中积累了许多新鲜经验，对于从不同方面建成示范区具有重要借鉴意义。领导小组办公室要实事求是地估价成绩，总结经验，提炼理论成果，提升理论水平，及时推广。同时，要逐步扩大示范点的覆盖面，加大面上的推广力度，力争每年按10%以上的比例扩大，确保2017年前全面实施项目规划，2020年全面建成示范区。

（二）需要向中央争取的政策和支持

1. 尽快召开云南建设我国民族团结进步边疆繁荣稳定示范区专题座谈会。云南建设我国民族团结进步边疆繁荣稳定示范区是党中央、国务院全面建成小康社会的重要战略部署，是中国特色解决民族问题正确道路的有益探索，需要国家力量进行推动。示范区建设已经进入全面实施阶段，建议省委、省政府向中央争取由中央召开云南建设全国民族团结进步边疆繁荣稳定示范区专题座谈会，研究解决云南省在示范区建设中存在的困难和问题，出台相应的政策，对示范区建设给予支持和帮助。

2. 中央财政设立云南建设全国民族团结进步边疆繁荣稳定示范区专项扶持资金。云南少数民族地区贫困面大、贫困程度深，基本公共服务仍然滞后，要全面脱贫致富，真正建设成为全国民族团结进步边疆繁荣稳定示范区，仅靠云南省自身的力量难以完成。建议省委、省政府向中央争取设立云南建设全国民族团结进步边疆繁荣稳定示范区专项扶持资金，每年100亿，用于云南少数民族地区的基础设施建设、危房改造、民族教育、民族文化、产业发展和促进民族关系和谐、宗教和顺等。

3. 请求国务院建立云南建设全国民族团结进步边疆繁荣稳定示范区的协调机制。请求建立国家层面的协调机制，争取国务院每年听取一次汇报，对云南省在示范区建设中存在的困难和问题给予协调解决；请国务院要求相关部委和发达省市对云南省进行对口帮扶。

4. 建议国家建立完善科学合理的民族地区资源开发利益补偿机制。建议国家在民族地区资源开发中充分考虑资源开发地的发展和当地人民群众的利益，建立科学、合理的资源开发利益补偿机制，提高资源税、费征收标准，调整分配比例，增加资源开发地政府财政收入和当地群众的收益。

# 关于云南扶贫情况的调研报告

（2013年11月15日政协云南省第十一届委员会第五次主席会议通过）

为全面贯彻党的十八大和省九次党代会精神，促进云南扶贫工作，实现我省与全国同步建成小康社会的目标，根据《政协云南省委员会2013年重点工作安排意见》，今年5月至7月，在省政协倪慧芳、米东生副主席的带领下，省政协社会和法制委员会组织部分省政协委员和有关部门负责同志，对我省扶贫工作情况进行了调研。调研组听取了省财政厅、省扶贫办等有关部门的情况，赴临沧、昭通、丽江市及凤庆、沧源、绥江、永善、宁蒗等县（区）就扶贫工作进行了实地调研。现将调研情况报告如下：

## 一、我省扶贫开发工作成效明显

“十二五”以来，我省牢牢抓住国家实施新10年扶贫开发纲要、区域发展与扶贫攻坚规划以及国家支持云南建设面向西南开放重要桥头堡的重大机遇，针对扶贫对象，扎实开展专项扶贫、社会扶贫、行业扶贫，特别是2011年以来，省委、省政府超前谋划，巩固和发展新世纪以来扶贫开发的成果，全省扶贫工作取得了明显成效。

### （一）高位强势推进，集中连片特困地区扶贫攻坚取得重大突破

省委、省政府高度重视扶贫工作，将扶贫开发纳入经济社会发展战略和桥头堡建设七大任务之一，出台了《云南省农村扶贫开发纲要》（2011～2020）（以下简称《纲要》），召开了近20年来最高规格的扶贫开发工作会议，强势推进扶贫开发工作。在新一轮扶贫攻坚中，党中央、国务院决定把集中连片特困地区作为新阶段扶贫攻坚的主战场，在全国范围内确定了14个连片特困地区。我省4个片区91个县被纳入国家重点扶持范围，片区和片区县分别占全国的28%、12%，是享受中央新一轮片区政策实惠最多的省份。目前已经全面启动乌蒙山片区、石漠化片区、滇西边境片区和藏区区域发展与扶贫攻坚，完成了片区分省规划的编制、上报工作，按照国务院批复，我省已批准了4个片区和91个县级实施规划，为做好扶贫开发工作奠定了重要基础。

### （二）扶贫开发投入力度加大，贫困地区呈现出加快发展态势

1. 扶贫资金，投入总量、增量均创历史新高。扶贫资金投入力度不断加大，2011～2012两年共投入省级以上财政扶贫资金75.28亿元，其中中央资金57.69亿元，省级17.59亿元。两年来中央财政和省级财政扶贫资金投入总量持续增加，增长幅度一直保

持两位数的快速增长。2012 年，中央财政扶贫资金总量达到 32.53 亿元，省本级财政扶贫资金总量达到 9.58 亿元，均创历史最高水平，投入总量较 2011 年增加 7.37 亿元和 1.57 亿元，分别增长 29.29% 和 19.6%。

2. 贫困地区发展加快，贫困发生率明显下降。2011～2012 年，73 个国家扶贫重点县和 7 个省级扶贫重点县的人均 GDP 分别从 2010 年的 8699 元、11413 元增加到 2012 年的 12866 元、16458 元，年均增幅分别为 21.62%、20.10%，分别高于全省平均增幅 2.86、1.34 个百分点。同期人均财政收入分别从 2010 年的 555 元、741 元增加到 2012 年的 903.74 元和 1190.55 元，年均增幅分别为 27.62%、26.76%，分别高于全省平均增幅 6.16、7.35 个百分点。贫困地区农民人均纯收入则由 3108 元提高到 4365 元，年均增长 20%，增幅高于全省平均水平 1.5 个百分点。两年来我省减少贫困人口 210 万人，贫困发生率下降到 21.6%，降低了 5.7 个百分点。

3. 贫困地区乡村面貌焕然一新，群众自我发展能力明显提升。两年来，全省实施 2 万个贫困自然村整村推进，50 个乡（镇）扶贫开发整乡推进试点，11 个县（市、区）连片开发综合试点项目，农村危房改造 6.4 万户，易地转移安置 6.6 万贫困人口。投入财政专项扶贫资金 5000 万元，在全省 16 个州市 50 个县启动实施整村推进太阳能热水器建设项目，5 万户贫困农户直接受益。安排 5 亿元资金对产业培植好、群众增收快的 61 个县（市、区）实行以奖代补。引导投入信贷扶贫资金 94 亿元，对贫困地区经营能力强、带动范围广、示范效果好的 138 家龙头企业、260 个农民专业合作组织进行扶持，投入 3.65 亿元专项贴息资金引导带动 72 亿元扶贫到户贷款，覆盖了 124 个县 1218 个乡镇 7365 个村，累计扶持 60 多万户贫困群众发展优势特色产业，贫困地区贫困群众人均家庭经营性收入达 2300 元以上。通过扶贫项目的实施，贫困地区面貌发生了明显改变，贫困农户自我发展能力得到明显提升。

（三）定点挂钩扶贫、沪滇对口帮扶和国际扶贫合作成果不断显现

27 家中央国家机关企事业单位在我省 42 个县，直接投入帮扶资金 2 亿元。沪滇对口帮扶两年来，上海帮扶云南累计投入无偿帮扶资金 6 亿元，上海企业在滇投资达 30 多亿元。驻滇部队、民营企业、科研院所、大中专院校多渠道、多形式参与扶贫开发，两年省级定点挂钩单位投入帮扶资金 18 亿元。引入外资折合人民币 7887.34 万元。去年，通过努力争取，中央定点挂钩云南扶贫单位由原来的 27 家增加到 61 家，省级定点扶贫单位由原来 217 家增加到 257 家，为构建专项扶贫、行业扶贫、社会扶贫三位一体大扶贫格局奠定了坚实基础。

## 二、扶贫开发中存在的困难和问题

多年来，虽然在中央、省委、省政府、各定点扶贫单位及社会各界的高度重视和大

力支持下，我省扶贫开发工作取得了一定的成效，但由于自然和历史的原因，我省扶贫开发仍然还面临一些困难和问题：

（一）少数地区政府及部门对扶贫工作的紧迫性认识不足

截至目前，我省有91个片区县，占129个县的70.5%，其中包括73个国家级贫困县和7个省级贫困县，贫困县数量居全国第一。按2300元/年的国家扶贫标准，到2012年全省还有804万贫困人口，居全国第二。到2020年要与全国同步实现小康，只有7年时间，任务艰巨。少数地区政府及部门对我省贫困程度认识有待提高，对扶贫攻坚的艰巨性认识不足，对扶贫开发工作抓得时紧时松。有的有畏难情绪，有的有应付现象，底数不清，心中无数，还有的甚至做表面文章，搞形式主义等。认识不足的因素严重影响了我省扶贫工作的开展。

（二）劳动力素质不高，自我发展能力不足，“输血式”扶贫较为普遍

由于受社会、经济、文化、历史、地域等因素的影响，我省劳动力素质不高导致的贫困问题突出。主要表现为贫困地区群众文化程度普遍偏低，据省第六次全国人口普查通报，2011年我省人均受教育年限为7.6年，落后于教育发达地区将近10年，贫困地区平均受教育年限大约只有7年；由于教育文化水平不高，接受新科技、新思想的能力差，自我发展意识淡薄，自我发展能力普遍较低，思维方式、生产方式和生活方式落后，发展商品生产、开拓市场的能力相当弱，贫困地区农民人均纯收入与全省平均水平差距大。据统计，2011年贫困地区农民人均纯收入3081元，仅为全省农民人均纯收入的77.9%。有些贫困地区劳务输出比重大，在家劳动力主要以老弱病残、妇女为主，综合素质较低，给现代农业发展带来极大挑战。有的贫困地区农民主体作用发挥不充分，一味强调自身的贫困，重向上级争取帮助支持，轻引导和调动群众的积极性，“等、靠、要”思想还较为普遍，由输血型扶贫向造血型扶贫转变还有一定差距。

（三）贫困地区基础设施建设薄弱，严重制约扶贫开发工作进展

我省大部分区域处于欠发达状态，贫困面广，是全国扶贫开发攻坚的主战场之一。这些地区多为生存环境恶劣、自然资源贫乏、交通不便、信息闭塞，位置边远、发展落后的地区。同时，基础设施脆弱，群众行路难、饮水难、用电难、就学难、就医难、增收难的问题较为突出，基础设施建设滞后的局面严重制约了我省扶贫开发工作的进展。

（四）扶贫资金供需矛盾突出，没有形成合力

1. 投入相对不足，贫困人口增加与资金投入增长的矛盾突出。据初步统计，云南扶贫开发所涉及的4个片区实施规划“十二五”期间需投入资金1.31万亿元，但以各类扶贫资金投入最多年份2012年为例，也仅为110多亿元，缺口很大，实际需求与投入不足的矛盾十分突出。我省财政扶贫资金投入幅度从过去排名全国前列，分别掉至目前的第5位和第15位，扶贫资金增幅低于全国平均水平，这种状态既难以缓解扶贫攻

坚资金需求与现实资金筹集的矛盾，又不利于争取国家更多的增量扶贫资金。

2. 扶贫资金分散，难以形成合力。目前全省扶贫开发出现为追求扶贫数量而不重质量，出现“撒胡椒面”的现象，因点多面广而影响项目质量、降低项目标准的情况时有发生。各类扶贫资金由于管理办法、管理部门不同，各自为阵，条块分割，资金分散，难以形成合力，极大地影响了财政投入资金整体效益的发挥。

（五）产业扶贫的力度不够

1. 产业支撑不足，发展滞后。我省很多贫困地区自然资源匮乏，产业布局分散、产业链短，产品附加值低、市场规模较小、龙头企业自我发展能力弱，带动面小，服务体系不完善等问题突出。农民主要收入来源除靠外出务工外，主要靠传统的种植业和养殖业。产业扶贫项目投向大多是种植、养殖业项目，生产周期较长，抗自然灾害、抗市场风险能力较弱，效益短期内难以显现。

2. 农民合作经济组织发育不足，在产业中获利较少。贫困地区农民群众合作经济组织“散、小、弱”现状突出，市场发育不足，功能发挥不充分，不能有效帮助农民抵御市场风险，这些现状导致贫困农民在市场竞争中仍多以单家单户为主体，对产品成本、价格、供求状况等市场信息不能及时了解，对信贷、投资等政策反应迟钝，经营盲目，只能获得农业产业链条中较小部分的利润。

（六）扶贫体制机制不顺，对基层考核机制不完善

1. 扶贫政策没有具体化，资金落实不到位。集中连片特困地区扶贫攻坚工作是一项综合扶贫工作，我省集中连片特困地区扶贫攻坚规划虽然已报中央批复同意，但规划没有具体化，对具体扶持政策、资金数额不明确，对如何组织实施没有明确的统筹联动机制和机构，这些因素导致集中连片特困地区扶贫整体推进缓慢。

2. 对贫困地区考核机制不完善。扶贫工作缺乏明确具体的机制，尽管多年来各级领导均扶贫挂钩一定的区域，但没有明确的目标，缺乏具体的奖惩措施。在考核方式上，基本上搞“一刀切”，上级对下级主要考核“招商引资、GDP 增长”等内容，导致很多贫困县没有把主要精力放在脱贫上。

3. 配套资金政策无法落实。很多贫困县内各项基础设施建设主要依靠上级的转移支付，但在项目申报、实施、考核中，又明确规定了配套资金、整合资金、群众自筹比例等硬性指标，很多项目申报、实施的过程中，县级财政无力配套相应的建设资金。

4. 基层扶贫机构、编制和人员亟待加强。目前，全省 129 个县（市、区）中，有 86 个县（市、区）的扶贫部门被撤销、合并或挂靠管理。其中涉及 4 个片区的 91 个县扶贫机构单列的仅有 36 个，有 55 个被撤并或挂靠管理，甚至机构规格下降、人员编制减少、职能被弱化，基层扶贫机构和扶贫干部队伍不适应新形势下的扶贫工作需要。

## 三、推进扶贫开发的建议

### （一）提高认识，抢抓机遇，扎实推进扶贫工作

各级党委、政府要充分认识到，扶贫开发不仅仅是重大的经济问题，更是一个政治问题，要从全局和战略的高度，深刻认识加快扶贫攻坚的极端重要性和紧迫性，牢固树立“真扶贫、扶真贫”的思想意识，提高积极性，增强主动性、自觉性，切实把扶贫开发工作作为事关国计民生的大事抓好、办实。要全党动手，全体动员，共同参与，特别是主要领导要高度重视，亲自抓，要通过制定明确的责任、目标、完成的时间等措施，确保扶贫工作扎实推进。要抓住国家实施集中连片扶贫开发的重要机遇，以国务院今后10年扶贫《纲要》为指导，结合云南实际，将集中连片特困片区扶贫开发摆在推进区域协调发展战略的优先位置，以更大的决心、更强的力度、更有效的举措，进一步完善扶持政策，进一步加大资金投入，进一步体现项目倾斜，加快脱贫致富的步伐。要把集中连片特困片区放在全面建设我省小康社会的总体目标中认真谋划，摆在统筹城乡、区域和经济社会发展的根本要求上通盘考虑，举全省之力，充分发挥政治优势，尽政府所能，倾社会之力，多管齐下，加快扶贫开发进程，以确保2020年目标任务的顺利实现。

### （二）要突出智力扶贫开发，增强贫困群众自我发展能力

治贫先治愚，扶贫先扶教。要解放思想，转变观念，切实把教育扶贫作为扶贫攻坚的优先任务，大力改革与发展贫困地区的教育，在教育资金、项目等方面向贫困地区倾斜，走依靠科技进步和提高劳动者素质实现脱贫致富之路。

1. 要加大对农村职业教育的扶持力度，力争每个贫困县有一所职业教育学校。要整合现有职业教育资源，加大对农村贫困家庭子女接受中等职业教育给予生活费、交通费等特殊补贴，通过政策倾斜加快人力资源开发，将新生劳动力和富余劳动力转化为高素质劳动者；合理确定普通高中和中等职业学校招生比例，保持普通高中和中等职业学校招生规模大体相当，力争贫困农户户均有1人以上接受过职业教育，有条件的户均培训转移劳动力1人，扫除青壮年文盲。要加大农村实用技术的培训。努力建立培育新型农民的良性机制，多渠道加强对农民的技能培训、素质培训，特别是建立对未升学的农村初高中毕业生进行有针对性的免费农业技能培训，使更多的农民有文化、懂技术、会经营，掌握一门生存的实用技能。人口较多的州市县区应把转移农村富余劳动力、加快农村人力资源开发作为一项战略任务来抓，大力实施劳务输出工程，努力把人口负荷劣势转化为人力资源优势，让这些人成为脱贫致富的重要力量。要通过制定政策，鼓励引导大中专毕业生到贫困地区，以及外出务工人员返乡就业创业。大、中专毕业生到贫困地以及外出务工人员返乡创业的，应在“地、税、费、金融信贷”等方面给予优惠

政策。

2. 要充分发挥农民群众的主体作用。要充分利用电视、广播、简报等媒介，向基层群众大力宣传新农村建设的重要意义，宣传各种扶贫优惠政策，使新农村建设家喻户晓、人人皆知。要明确国家项目投入只能起“抛砖引玉”的作用，还必须通过群众投工投劳来共同推进扶贫开发工作，把动员宣传发动群众、培养新型农民放在突出位置，坚持“自己的家园自己建，自己的家业自己创”，克服“等、靠、要”思想，把群众作为扶贫开发的决策主体、建设主体和受益主体，充分调动群众参与的积极性和主动性，发挥主体作用，最终实现变“输血”为“造血”，变“政府大包大揽”为“群众自我发展”。

（三）加快基础设施建设，夯实贫困地区发展的基础保障

要继续加大投入，突出抓好交通、信通、能通、流通等公共性、公益性、基础性项目建设，解决好乡村水、电、路、通讯设施建设、农田水利设施建设、农村生态建设、综合技术服务体系及设施建设、以农产品综合市场和农产品专业市场建设为重点的农产品流通服务体系及设施建设、农村教育、文化、卫生设施建设等6项建设，务必编制或完善各项建设规划，科学确定各阶段的目标任务和工作措施，统筹安排，分步实施，不断夯实贫困地区经济社会发展的硬支撑。省里每年应统筹考虑，基础设施建设项目安排重点向片区县倾斜。对一些基础设施建设很差，需要大力投入且已经散失生存条件的地方，应不再投入，直接实施易地搬迁。

（四）多渠道筹集资金，集中力量重点推进

1. 建立扶贫资金稳定增长机制。要积极争取，增加中央财政扶贫专项资金投入力度；省、州市、县区各级财政要按照有关文件要求，进一步加大投入力度；省级财政应按不低于中央财政安排资金额度30%的比例落实配套资金，实现财政扶贫资金稳定增长，为新一轮扶贫攻坚提供资金保障；要协调落实各行业扶贫资金投入，特别是区域发展与扶贫攻坚中行业资金，确保实施规划项目落地、资金落实；要协调争取中央企事业挂钩单位、沪滇对口帮扶合作、国外资金和省级定点扶贫单位等各方面各层次帮扶资金；加大社会捐赠协调服务工作力度。

2. 以整乡推进为重点，整合资金。要以整乡推进为重点，改变过去“撒胡椒面”的做法，加大各类扶持资金整合力度，按照各做一道菜、共做一桌席的原则，集中力量、集中时间，持续高强度投入引导，打歼灭战，要加大对破解制约贫困群众的瓶颈难题的调研，逐步提高每个乡镇补助财政专项扶贫资金，力争每个乡镇不低于一亿元的整合资金投入，力争到2020年全部完成全省775个贫困人口在5000人以上的扶贫重点乡镇的整乡推进工作。

（五）把产业扶贫开发放在重要位置，确保贫困群众持续稳定脱贫

1. 制定科学的产业发展规划，提升扶贫效率。省委、省政府提出要依托高原特色

农业和特色优势产业，打造云南在全国乃至世界有优势、有影响、有竞争力的战略品牌，走具有云南高原特色的农业现代化道路，到2020年，实现县有支柱产业、乡有主导产业、村有骨干产业、户有增收项目，初步构建特色支柱产业体系。为实现上述目标，建议每个片区县要以高原特色农业和特色优势产业为基础，成立专家组，对全县区域发展提出因地制宜的规划，并按照规划进行操作；进一步引导经营能力强、带动范围广、示范效果好的龙头企业发展优势特色产业，提升扶贫效果。

2. 建立健全农村专业合作社，确保农民在产业发展中的中新经济利益。要选择交通、区位、资源、合作基础良好的乡（镇）、村作为试点，探索建立具有法人主体资格的农民专业合作社。逐步做到实施一个整村推进项目，着力培植一项支柱产业，组建一个农民专业合作社。要充分利用小额信贷扶贫资金、互助资金、信贷扶贫项目和整村推进等扶贫项目优势，加快贫困农村产业发展方式的转变，着力推进“一乡一业”，培育、引导一批龙头企业带动农民专业合作社的建设和发展，并通过农民专业合作社的发展带动贫困群众增收致富，提高农民获利率。要充分发挥农民专业合作社外接市场、内连农户的作用，指导农民专业合作社加强合同管理，运用合同规范文本来签订合同，积极发展“订单农业”，及时进行订前咨询、订中指导、订后跟踪检查，提高签约率和履约率，利用订单合同来规范产、供、销活动，维护农民专业合作社的合法权益。在农民专业合作社的管理中，要明确每个专业合作社有一家政府职能部门牵头管理，实行县级统筹管理，乡镇及县直相关部门积极主动配合。

3. 注重发挥市场作用，激发贫困地区的内在活力。要充分发挥政府的作用，加大财政投入的政策支持的同时，进一步发挥市场的作用，运用市场的强大力量，吸引各类资源要素向贫困地区流动、各类市场主体到贫困地区投资兴业。在一些自然条件好、有发展潜力和基础的地方，优先发展农业与二三产业尤其是旅游、休闲、文化、医药、保健、养生等产业相融合的发展路径，加快庄园经济发展，完善庄园经济基地、工厂、酒店、旅游文化品牌四要素，特别是把高品质农业和高素质旅游业结合起来，围绕茶叶、花卉、高原渔牧、石斛等优势农产品单元打造出一批特色浓郁、精彩纷呈、功能突出、效益显著的精品庄园，带动周边产业发展和群众脱贫致富。

（六）理顺和完善扶贫体制、机制，提高扶贫攻坚工作的执行力

1. 争取国家加大对云南扶贫开发的支持力度。呼吁国家建立高层统筹协调机制，定期研究片区开发工作推进情况，实现资源共享、优惠互补；呼吁建立跨省协调机制，定期研究、通报片区开发工作推动情况，推动跨省重大项目的实施；建议国家设立片区发展专项资金，推动国家层面出台更具体的支持片区发展的财税、金融、人才等特惠政策。

2. 建立健全扶贫工作责任制。要采取“一对一”方式，做到省级领导联系贫困县、

州市领导联系贫困乡、县级领导联系贫困村制度，下决心摸清贫困底数，逐村逐户制定帮扶措施，优先解决深度贫困问题。对不适于居住的乡村实施整体搬迁，对居住分散的乡村进行撤并，对丧失劳动能力、残疾、无力自救的贫困人口，纳入最低生活保障，实行救济式扶贫，对缺乏技术、资金等社会因素致贫的具有发展潜力的贫困户，实行开发式扶贫，通过连续多年扶贫，坚决做到“不脱贫，不脱钩”。要改革对贫困县政绩考核机制，对贫困地区实行差异化考核。应明确把完成扶贫工作任务作为贫困地区考核依据，作为干部选拔任用的重要依据，进一步调动各单位积极性，促使各级党委政府将扶贫开发纳入重要议事日程和各级各部门积极主动参与扶贫，加大扶贫攻坚推进力度。在现有编制内，保证重点县、片区县扶贫有机构、有牌子、有编制、有人员、有经费，切实加强扶贫干部队伍建设，为新一轮扶贫攻坚提供强有力的组织保障。要认真探索专项扶贫、行业扶贫、社会扶贫相结合的有效途径，建立扶贫部门与各帮扶单位签订目标责任、检查落实、考评奖罚机制，推动大扶贫格局的形成。

3. 取消贫困地区建设项目地方财政配套拼盘资金。根据区域、贫困程度等特点区别对待，对扶贫重点县在实施项目过程中，建议争取落实《国务院关于支持云南省加快建设面向西南开放重要桥头堡的意见》（国发〔2010〕11 号文件）关于“安排的公益性建设项目，取消县以下及集中连片困难地区市地级配套资金”等政策，实行“零配套”；进一步完善各级财政扶贫专项资金稳定投入增长机制，形成大扶贫的内生动力。

4. 加快扶贫立法进度，为扶贫开发提供法制保障。要按照 10 年扶贫纲要“加快扶贫立法，使扶贫工作尽快走上法制化轨道”的要求，尽快制定出台《云南省农村扶贫开发条例》，使扶贫工作尽快步入法制化轨道。

# 加快云南旅游产业转型升级调研报告

（2013 年 11 月 15 日政协云南省第十一届委员会第五次主席会议通过）

为推动云南经济社会发展，促进我省从旅游资源大省向旅游经济强省转变，根据省政协 2013 年重点工作部署，今年 4 月以来，由省政协白成亮常务副主席、喻顶成副主席率队，省政协经济委联合省旅发委组成调研组，就“云南旅游产业转型升级”问题进行了专题调研。现形成如下报告。

## 一、云南旅游现状分析

### （一）成绩显著，但面临形势不容乐观

改革开放以来，在历届省委、省政府的高度重视下，云南旅游产业发展先后经历了从“接待事业型”到“一般产业型”，再到“支柱产业型”的转变过程。经过20多年的发展，我省旅游产业经济总量持续扩大，产业体系不断完善，配套基础设施条件日益改善，综合带动效应逐步增强，取得了长足进步，一度为全国旅游业发展起到了积极的引领示范作用。2012年，全省旅游产业增加值达650亿元，占全省GDP的6.5%；以旅游业为龙头的第三产业在三次产业结构中占比达41.1%，旅游业对我省经济社会发展贡献日益明显。云南已成为名符其实的旅游大省。但随着国际国内市场的不断变化，近年来，一些曾经学习云南经验的兄弟省区，旅游经济规模已反超云南。与西部主要旅游省区相比，目前我省旅游产业在发展速度和质量上已不具优势，且面临日趋激烈的竞争和严峻的挑战，形势不容乐观。

1. 赴滇游客多以观光为目的，在滇停留时间短、消费水平低。调查资料显示，赴滇游客以观光/游览为旅游目的者居多，而以会议、商务、文化/体育/科技交流等为旅游目的的中高端游客相对偏少。这在一定程度上直接影响了游客总体在滇旅游的停留时间和消费水平。从2012年的统计数据来看，游客在滇旅游平均停留时间较短，国内游客平均停留2.2天。一日游比重过大，海外入境一日游游客为428.6万人次，占我省海外入境游客总数的48.4%；国内一日游游客为8932.3万人次，占我省国内游客总数的46.0%。游客在滇旅游平均消费水平也较低，海外入境游客（过夜）平均每人每天花费187.69美元。国内游客平均每人每天花费543.47元。消费结构不太合理，“吃、住、行”等基础性花费比重过大，如全年国内游客用于长途交通费平均每人每天89.24元，占总花费的16.42%；购物消费略显乏力，人均购物消费平均每人每天约156.49元，占总花费的28.68%。

2. 旅游综合改革试验进展不快，机制性障碍短期内难以消除。面对国家新一轮综合改革试点机遇，近年来浙江、海南、广西等省区尤其四川以更大力度实施政府主导型旅游发展模式，推进了当地旅游发展的进程，全国已有27个省区市将旅游作为重要产业或支柱产业来培育。2009年，国务院批准广西桂林为国家旅游综合改革试验区。同年，海南争取到国际旅游岛发展定位，将其旅游产业上升到国家战略层面，并获得购物免税等系列国家重大优惠政策。相比之下，云南虽也在同年争取到国家旅游产业综合改革发展试验区定位，但旅游综合改革力度相对较小，缺乏具体配套政策和措施支撑，没有形成有效推动和实质性进展。在当前全国各省市区积极推动旅游综合改革浪潮下，云南旅游体制机制缺乏改革“红利”推动，面临着“不进则退、慢进也是退”的压力。

（二）制约产业发展的因素逐步凸显

回顾云南旅游产业发展历程，曾经一度是全国同行学习的榜样，如今优势不再明显。根源在于，随着经济快速发展和居民收入水平不断提高，人们对旅游市场、旅游产品及服务提出了更高的要求，但我们对旅游产业发展方式及趋势的认识和理念没有与时俱进。发展方式粗放，结构不合理，现有行政管理体制、企业运营模式、市场竞争及激励机制、产业功能及空间布局、产品业态等与现代旅游业发展要求不相适应。

1. 统筹规划不够，产业的区域辐射与综合带动作用不强。全省旅游产业发展缺乏大思路、大格局、大手笔的顶层设计和整体统筹规划。从产业空间布局来看，旅游业作为高度外向型、开放型产业，国际化是其必然发展趋势。只有把云南旅游放在更大的国际市场空间来谋划，才可能实现旅游的跨越发展。当前，旅游实现方式正从点线式旅游过渡为板块式旅游，欧盟、东盟等国家或地区为了增强旅游竞争力，已经跟邻国结成密切协作关系，对共同客源市场开展联合促销，加快了旅游区域合作的步伐。而我省旅游产业的空间布局过分依赖云南本土的旅游资源，缺乏国际视野和长远谋划，对东盟、南亚国家和周边省区资源、市场利用不够，未能把外部和内部的资源、市场充分对接，形成一定区域内旅游发展的合力。旅游区域主体功能定位模糊，缺乏必要的区域分工与合作。省内各旅游区特色和核心产品聚焦不多，产品集中度和产业聚集度不高。综合交通基础设施建设滞后，各主要旅游景区、旅游线路之间交通网络不够发达，区域间联通互动不够。从产业关联性来看，旅游作为对经济社会影响巨大的综合性产业，已经广泛涉及并渗透到许多相关行业和产业中，而当前我省过分强调旅游产业的传统功能却忽略了它的现代特征及发展趋势，与农业、工业、文化、体育、医疗、金融等关联产业和城镇建设的融合不够，没有形成产业良性生态群和大旅游格局。

2. 旅游产品层次不高，结构不合理，难以满足消费需求。作为典型的注意力经济，旅游产业成败的关键通常取决于旅游产品能否有效抓住人们的眼球和心理。不同层次、类型的旅游产品通常会吸引不同的游客，产品结构一定程度上决定游客结构，而游客结构直接影响旅游收入。由于我省对旅游资源挖掘深度不够，现有旅游产品在层次、结构方面存在明显缺陷和不足，观光旅游产品层次不高，休闲度假及复合型旅游产品开发不够，市场吸引力较弱，直接影响了游客数量和旅游收入。从产品层次来看，大部分景区、景点属于旅游初级产品，缺乏创意。一些企业在圈占旅游资源后，除建设少许配套基础设施外，对其综合开发、充分利用和精心打造不够。旅游产品缺少能够引领国际潮流的先进理念和元素，粗糙化、同质化现象严重，难以满足游客高层次、多样化的消费需求，还有待提升品位和内涵。从产品结构来看，缺乏对旅游资源及主体要素的合理统筹规划。相对于“吃、住、行”而言，“游、购、娱”是更高级别的消费需求。近年来，我省在餐饮、住宿、交通等配套建设方面投入较大，而在“游、购、娱”等旅游核心产品上下的功夫却远远不够。旅游景区、景点多以观光型为主，结构单一。在全省现有 425 个旅游景区中，具备复合型旅游综合功能的景区数量仍然有限。这种以低层次旅游和观光型旅游为主的产品结构，导致了游客在滇停留时间短、消费水平低。同时，由于不太重视改善产品结构而盲目追求游客数量，给景区、景点生态环境的承载容量造成了巨大压力，不利于旅游产业的可持续发展。

3. 旅游企业规模偏小，盈利模式单一，市场竞争力较弱。随着我国经济社会发展水平的提高，快速成长的旅游市场迫切需要旅游企业为游客提供产品及服务方面的保障，但过低的行业准入门槛和不完善的法律法规，为出现大量资质不够、实力弱小的企业创造了条件，一定程度上人为分割了我省的旅游资源，使其变得零碎，不利于生产要素的优化配置组合，降低了旅游企业的整体竞争力。旅游经济效益的提高与企业运营模式息息相关，受企业组织形式、盈利模式等因素的影响较大。从企业规模来看，旅游产业固有的特性，决定其通常需要一次性投入大量资金来产生规模经济效应和轰动效应，对企业品牌管理、资本运营、创意策划的能力要求较高，而规模小、实力弱的企业往往无法胜任这一使命。因此，要做强旅游产业，必须先通过正确的方式做大旅游企业。当前，我省旅游企业规模普遍偏小，虽已初步形成云南世博集团、云南文投集团、云南城投集团、云南省旅游投资公司等多家龙头企业引领市场的局面，但中小企业数量过多，旅游基本单位仍有 2 万余户，企业集约化程度低，争夺市场的恶性竞争时有发生，无形中增加了旅游资源整体开发和集中打造的难度，不利于企业开发高层次、高品位产品参与国际竞争。从盈利模式来看，企业通过多样化、个性化的产品和服务来拓展盈利渠道，已经成为现代旅游发展的必然趋势。然而，受企业产品开发能力和市场营销水平限制，我省现有旅游景区、景点普遍通过门票和其他服务性收费来创收，注意力主要集中在“观光”环节。一些企业以旅游项目为噱头，变向圈占资源或者实施房地产开发，完全依赖“门票经济”和“土地经济”维持发展，既造成了旅游资源的浪费，又在一定程度上推高了云南旅游成本，这种单一的盈利模式，已无法满足现代旅游业和服务业的发展需要。

4. 产业管理水平亟待提高，市场监督机制和方法手段相对滞后。就管理机制而言，我省旅游监管体系和旅游诚信经营体系还不健全，市场监管主要靠旅游、工商、公安、商务、卫生、质监、物价等部门分头执法，这种各自为政的多头管理必然造成重复管理或责任推诿现象。就管理的方法和手段而言，互联网信息系统的发展，已从根本上改变传统的旅游消费、经营和管理方式，广泛依托信息化已成为现代旅游发展新的特点。然而我省市场监管方法和手段滞后，旅游业信息技术应用普及程度低，缺乏监测评价旅游诚信服务和诚信经营的管理信息系统，旅游主管部门、景区景点、旅行社、餐饮、酒店、交通运输等相关部门之间的联网系统不完善，导致对旅游产品和服务的监督管理及投诉处理不能快速有效地得到公开、反馈，各种虚假广告、“黑车”、强迫或变相强迫消费等欺客宰客现象时有发生。虽然今年10月1日《旅游法》正式实施后，对旅游产业发展和市场监管产生了深远影响和积极作用，但整个产业和市场的规范是个漫长和循序渐进的过程，短期内要完全克服原有的顽疾有一定难度，现阶段旅行社“以购养游”的经营模式，导游以赠送“免费景点”为名推销商品、强迫或诱导游客消费的行为，旅游商品以次充好、以假乱真等情况仍然存在。

## 二、云南旅游转型升级势在必行

当前，云南旅游正站在一个新的起点，加快转型升级和提质增效，不仅是旅游产业自身可持续发展的内在需要，也是云南转变经济发展方式，调整经济结构，进一步强化和打造经济增长极，实现跨越发展的必然选择，更是国家实施“旅游强国”战略和“桥头堡”战略的全局需要。

（一）旅游产业的可持续发展迫切需要自身转型升级

从未来旅游业发展趋势来看，生态化、国际化、信息化、个性化是其显著特点。一是目的地生态环境好坏将成为游客消费选择的一个重要标准，旅游目的地在制定发展战略时，应更加注重可持续发展的理念；二是旅游供给和需求将打破国界限制，面对跨国公司一体化经营模式带来的严峻生存挑战，目的地旅游企业必须加速与国际接轨；三是传统商业模式受网络信息技术普及带来的冲击，将改变现有的旅游产供销渠道，使买卖双方减少对中间商的依赖；四是随着产业信息化程度的提高，旅游消费需求将逐渐从批量生产的大众化旅游向度身定制的个性化旅游倾斜，进一步形成细分市场。现阶段，我省旅游发展受体制机制、规划布局等方方面面的因素制约，难以适应未来旅游业发展新的特点，只有加快转型升级，才能持续健康发展。

（二）云南经济结构调整迫切需要旅游产业转型升级

目前我省三次产业结构比例失调，第三产业增加值占GDP比重仍然较低，经济增长过于依赖工业尤其重化工业。这一发展模式容易带来两个方面的问题，一是给资源节约和环境保护带来巨大压力，不利于经济社会的健康可持续发展；二是由于工业起步较晚，技术支撑和产业综合配套能力相对较弱，使得我省工业短期内只能处于国际垂直分工中产业价值链的低端。因此，迫切要求在发展方式和发展方向上进行重大调整。从云南产业基础、区位优势和资源优势的实际出发，生物产业和旅游业等资源节约型、环境友好型产业，是未来重点发展的方向。尤其旅游业，外向型、文化性比较突出，资源消耗多为非物理式消耗，可永续重复利用，这就使得云南可以通过旅游业的转型升级、提质增效，来摆脱国际垂直分工体系的局限，直接进入国际水平分工，在经济发展上寻求赶超。

（三）国家重大战略推进迫切需要云南旅游转型升级

云南大力发展旅游业，符合国家区域经济整体布局的全局需要。一方面，当前我国人均 GDP 已超过 6000 美元，按照一般经济规律，居民对文化、娱乐、休闲、旅游等的消费需求将大幅上升，旅游将成为人们生活的基本内容和主要消费需求，旅游业将进入爆发式增长阶段。云南作为一个世界闻名的旅游资源大省，拥有许多顶级的旅游优质资源，不仅有丰富多彩的人文景观，还几乎囊括了我国所有类型的自然景观。得天独厚的资源禀赋，使云南具有发展旅游的先天优势，因此我省大力发展旅游业，推动旅游强省建设，将对国家实施“旅游强国”战略形成重要支撑。另一方面，云南作为我国面向西南开放的重要“桥头堡”，承载着扩大对外开放和维护国家安全的重大使命。发展国际旅游是我省推进“桥头堡”战略最为理想的切入点。以旅游业为突破口寻求对外区域合作，有利于增进了解和友谊，减少合作阻力，扩大对外开放；同时可以在短期内快速有效地带动人流、物流、资金流、信息流，加快融入东盟市场，扩大跨境贸易，实现预期战略目标。

## 三、云南旅游转型升级需采取的重大措施

旅游产业转型升级是一项系统工程，涉及面广，要做的工作很多。调研组认为，当前应围绕省委、省政府确定的旅游发展思路、目标、原则和要求，重点研究“转什么”和“怎么转”，抓住其中最为关键和迫切需要解决的问题重点突破。在旅游产业转型升级过程中，不能简单地只关注游客数量和旅游收入的增量，而应以提质增效为根本目的，更多着眼于产业链的延伸和改进、产品结构和游客结构的改善，以及综合经济效益的提高。建议以“转方式、调结构”为主线，重点通过以下 5 个方面的重大措施，激活生产要素，强势推进旅游产业转型升级。

（一）转变政府职能，建立精干高效的管理体制和监督机制

按照“政府主导、企业主体、市场化运作”的原则，从根本上理顺政府、企业和市场之间的关系。政府产业主导和市场资源配置“两手抓，两手都要硬”，既要发挥政府在产业发展中的主导和推动作用，也要发挥市场在资源配置中的决定性作用。进一步转变政府职能，增强服务意识，改进服务方式，建立更加适应旅游产业综合性特征的管理体制和监督机制。

1. 在管理体制上要强化部门联动机制，促进政府职能从单一的行政管理向产业规划布局与综合协调转变。纵横联动，进一步理顺平行单位之间、垂直部门之间的分工合作关系，促进旅游行政管理机构由线状组织向网状组织转变，形成更有利于旅游融合发展的新机制。今年 2 月以来，我省以省旅游局更名为省旅发委为契机，实施了系列机构改革措施，对平行单位之间的职权、职能进行了横向整合，建议下一步在纵向上有所调

整，加强上下级部门之间的联动性，将旅游资源规划权和重大旅游项目审批权集中到省一级部门，确保全省旅游产业发展“一盘棋”。

2. 在监管机制上要更加注重对信息网络的应用，促进旅游管理技术方法手段从传统向现代化转变。加快建立旅游市场统一管理和动态管理平台，开发旅游产品服务销售及质量价格测评信息系统，对旅游活动进行适时在线的精确管理，为旅游消费和管理提供便捷。通过实施电子商务和电子政务工程，快速推动“智慧旅游”，实现旅游产品网络直销和个性化订购。同时，充分发挥公众及新闻媒体作用，让其通过公共信息平台直接对旅游产品和服务的优劣进行评价。依托其评价所形成的数据库，定期发布旅游产品服务质量报告，切实维护旅游者合法权益。

（二）调整优化产业空间布局，打造三个层面的旅游文化圈

从旅游资源优势组合的客观需要出发，发挥区位优势，打破地域观念和行政区划束缚，进一步优化产业空间布局，加快区域旅游一体化建设，推动旅游经营空间从一地经营向跨地区、跨国界经营转变。充分整合我省、周边省区及东盟、南亚国家旅游资源，以云南为节点，以跨境旅游线路为纽带，以省内、国内、国际三个层面的旅游文化圈为接口，实现国际国内两大旅游板块的无缝对接。省内进一步加强滇西北、滇西、滇西南、滇东北、滇东南五大旅游区之间的联动，推动环省旅游文化圈建设；国内以滇、藏、黔、桂、川、渝为核心合作区域，推动大西南旅游文化圈建设；国际上，经昆明连接5条国内旅游经济走廊和4条国际旅游经济走廊，沟通“大湄公河次区域”、“孟中印缅”两大国际旅游区与大西南旅游文化圈，以打造中国—东盟自贸区升级版为契机，推动“中国—东盟—南亚旅游文化圈”建设，通过不同层次的旅游合作机制，把云南与东盟、云南与南亚作为单一旅游目的地进行“捆绑”，率先融入东盟、南亚旅游市场，使云南成为国际旅游的重要中转站和集散中心，借助“外力”提升云南旅游性价比和吸引力。

（三）进一步扩大产业功能，打造融合发展的旅游示范基地

着力于拓宽旅游服务领域，扩大旅游产业功能，推动旅游产业融合发展，提高旅游产业综合带动作用，使其在为游客提供生活性服务功能的同时，也能为相关产业提供生产性服务功能。

1. 以优势产业为先导，重点建设一批旅游与关联产业融合发展的示范基地。大力发展以观光农业、休闲农业、体验农业和农家乐为主的乡村旅游，打造一批旅游与农业融合发展的精品农业庄园，激发游客在旅游过程中的参与性，让游客亲身体验农耕文化。以省内各大工业园区为依托，鼓励支持烟、酒、茶、咖啡加工制造基地等工业旅游，打造一批展现旅游与工业融合发展的现代工业庄园，让游客体验独特的烟、酒、茶、咖啡文化。积极发展有云南特色的旅游主题公园、影视、节庆、演艺等休闲娱乐

业，打造一批旅游与文化产业融合发展的文化旅游基地。以山地越野、高尔夫球、攀岩等户外运动为内容，建设一批旅游与体育产业融合发展的高原训练体育基地，引进和培育大型国际体育旅游赛事，打造体育旅游品牌。

2. 以城市整体功能的提升为核心，重点建设一批旅游与城镇建设、县域经济融合发展的示范基地。根据不同城镇主题定位，科学应用传统和现代的建筑美学，对全省范围内历史文化底蕴深厚、建筑特色鲜明、民族风情浓郁、产业特征突出的城镇进行提升改造，开发其旅游功能，使其经济发展更快，城镇建设更美，促进景城一体化，最终实现“景在城中，城就是景”。

3. 以跨境经济合作区建设和口岸旅游为依托，重点打造旅游与边境贸易融合发展的示范基地。通过次区域政府合作共建旅游项目，加快推进瑞丽珠宝玉器产业、河口休闲娱乐产业、磨憨物流产业的集中展示和集聚发展，把瑞丽、河口和磨憨打造成为我国跨境旅游合作的橱窗，促进边境旅游和边境贸易繁荣发展，从而吸引大量商务游客，改善我省游客结构。

（四）推动企业运营模式转变，增强旅游企业的整体竞争力

积极引导企业聚集发展，建设一批有较强整合能力、支撑能力和推动作用的区域性旅游骨干企业和明星企业，逐步形成结构合理、管理科学、优势互补的现代旅游企业体系。

1. 加快推动企业组织形式由弱小和分散的单体企业向规模化和集团化的跨国集团公司转变。加强企业股份制改造，进一步完善公司法人治理结构，加大企业整合重组力度，以资本运营促进资源优化配置，实现企业跨区域、跨行业发展和网络化、集团化经营。重点打造几家“航母”级别的跨国集团公司参与国际竞争，通过资本、信息和市场等手段逐步提高企业国际竞争力和市场占有率。不断延伸云南旅游企业在国际上的经营网络，构成高覆盖率的经营体系，从而通过自身影响力与异国投资环境、发展政策相博弈，创造更有利于自身发展的国别环境和国际环境，使其在国际分工中处于更加有利的位置。

2. 加快推动企业盈利模式从单一的“门票经济”向旅游综合效益提升转变。逐步取消一般性旅游景区门票收费，积极引导企业拓展盈利渠道，不断丰富旅游过程中的活动内容，创造更多的“卖点”，增强综合盈利能力。

（五）提升产品层次，调整产品结构，增强产品市场吸引力

通过对旅游资源的文化内涵挖掘和创意设计，提高各种业态的旅游产品品质，增强产品吸引力。同时，调整产品结构，进一步丰富产品类型。从云南气候、生态、民族文化等特点出发，促进以观光旅游为主的单一型旅游向集休闲度假、养老养生、康体娱乐、探险探秘、文化体验、商务会展、产业示范等于一体的复合型旅游转变，最终形成完备的旅游产品体系。

1. 实施景区“升级改造”工程。以精细化、品质化、效益化和品牌化为原则，把现有4A级以下旅游景区逐步改造成度假休闲和康体娱乐场所。突出旅游产业“注意力经济”的特点，不断提升旅游资源视觉震撼力，使其更具观光价值，对以“观光”为卖点前景不容乐观的一般性旅游景区，实施升级改造工程，进一步开发旅游产品的休闲度假、康体娱乐和文化生活体验等功能。

2. 实施景点“视觉营销”工程。建设一批极具艺术审美和观赏价值的名牌旅游景点，吸引全球目光，以提高云南旅游的国际知名度和国际化水平。邀请国际顶尖的规划设计师和集团公司，对我省著名的雪山、国家公园、古城、度假区、田地和江川湖泊等优质旅游资源重新进行开发设计，使产品达到国际一流水平。并以其固有地理符号和文化符号为名片，利用现代传媒渠道，通过文艺创作、博客、微信、影视拍摄等手段，全方位宣传和推介云南旅游。

3. 实施游客“身心放松”工程。充分利用现有旅游资源，建立完整的休闲度假体系和康体娱乐体系。围绕气候好、环境美的地方，打造一批集休闲度假、国际会议于一体的国际性综合旅游度假区。在生态、气候、海拔宜居的地方，建设一批以养老养生功能为主的旅游度假村。围绕地热资源丰富的地方，以大型制药企业为依托推广传统中医疗法，开发独特的民族医药康体养生旅游项目，打造一批以户外运动、健身休闲、美容保健、康体疗养为主要内容的特色医疗旅游产品。

4. 实施城镇“文明公厕”工程。公厕虽小，但深刻反映了人们生活的习惯和方式，能充分体现出一个地方的文明程度。公厕文化既是旅游文化的缩影，也是旅游目的地对外展现文明形象的重要窗口。因此，我省应进一步加大旅游城镇和景区、景点的公厕建设力度，合理布局，增加公厕数量，确保公厕清洁、卫生。通过公厕这一细节，展示云南旅游的人文关怀和人性化设计。

5. 实施商品“游购驱动”工程。开发一批档次高、品质好、有地方特色的名优旅游商品，吸引游客到云南购物，以驱动云南的购物游。以文化挖掘和创意设计为手段，以优质化、品牌化经营为保障，重点支持珠宝玉石、民族工艺、土特食品、地方药材、植物花卉和植物精油等附加值较高的特色旅游商品开发，丰富旅游消费内容。

### 四、云南旅游转型升级应在政策上有所突破

云南旅游产业要实现转型升级，离不开政策支撑。我省应充分把握“国家旅游产业综合改革发展试验区”这一特殊定位，与国家各部委加强沟通协调，做好项目对接和具体配套政策的制订，积极争取国家层面的更多支持。今年9月，省委印发了《中共云南省委云南省人民政府关于建设旅游强省的意见》。《意见》就云南旅游的跨越发展提出了有力的政策措施，调研组建议，下一步应重点在影响产业发展环境的宏观政策

方面加强研究，争取有所突破。

（一）省级层面的政策突破

1. 建议有关部门依据《旅游法》，尽快修订《云南省旅游条例》，并完善相关配套政策法规。

2. 建议有关部门进一步规范和完善旅游项目用地审批制度和管理标准，实行旅游项目用地价格优惠政策。根据旅游项目公共性和重复利用的特点，严格界定旅游项目与非旅游项目、一般房地产项目之间的区别，对投资规模大、产业综合带动作用明显的新增旅游项目用地，降低地价标准出让。

3. 建议政府给予旅游企业投资补助和贴息政策，鼓励企业联合投资和共同开发旅游产品。对全省范围内投资总额较大的高层次、重点生态旅游项目，政府给予企业一定比例的投资补助和贷款利息补贴。

（二）国家层面的政策突破

1. 请求国家给予云南发展旅游项目用地指标和价格特殊政策倾斜。增加云南土地利用年度计划指标，同时优先安排旅游项目建设用地指标，降低旅游项目建设用地的基准地价。

2. 请求国家在高速公路、铁路、航运等综合交通基础设施建设方面继续给予云南政策和资金支持。根据云南旅游产业空间布局，进一步优化和完善"桥头堡"战略的交通网络，把云南跨境和跨地区旅游专线、旅游环线建设作为国际大通道建设的重要有机组成部分给予支持。

3. 请求国家扩大对外开放，加强国际区域合作，批准设立云南国际旅游特区，率先实现第三国游客赴"中国—东盟"或"中国—南亚"旅游单一签证政策。积极推动以东盟、南亚国家和中国西南地区为核心区域、以云南为枢纽的"中国—东盟－南亚旅游文化圈"建设，实现中国与东盟、南亚国家互免旅游签证，第三国游客赴中国与东盟、南亚国家旅游只须持其中一国签证。

4. 请求国家给予云南恢复边境旅游政策支持。放宽对边境旅游人员地域和活动内容的限制，简化入出境手续，支持云南开展边境旅游异地办证工作。

5. 请求国家在航权开放、购物免税等方面给予云南政策支持。针对云南既是国内第四大航空港，又是旅游大省，还是面向东南亚、南亚开放的门户和窗口这一实际，开放第五、第六航权，并开设免税店，实行购物免税、退税政策。

此外，建议省委、省政府邀请全国政协等国家有关部门到云南对旅游产业进行专题调研、视察，争取国家层面更多的关注和支持，推动我省旅游产业持续快速健康发展。

# 充分发挥人民政协协商民主重要渠道作用调研报告

（2013 年 11 月 15 日政协云南省第十一届委员会第五次主席会议通过）

党的十八大提出健全社会主义协商民主制度，强调要充分发挥人民政协作为协商民主重要渠道作用，推进政治协商、民主监督、参政议政制度建设，更好地协调关系、汇聚力量、建言献策、服务大局。为推动我省人民政协协商民主深入发展，根据省政协主席会议要求和年度重点工作安排意见，省政协组成由罗正富主席为组长、白成亮副主席和车志敏秘书长为副组长的课题调研组，采取实地调查、座谈研讨、查阅文献资料等方式，对充分发挥人民政协协商民主重要渠道作用进行了专题调研，现将情况报告如下。

## 一、协商民主在我国的实践和发展

党的十八大把协商民主从一种民主形式上升为一种制度形式，成为国家政治体制重要组成部分，这在世界上毫无先例。我国协商民主是社会主义民主政治的特有形式和独特优势，是党的群众路线在政治领域的重要体现，具有明显的中国特色和丰富内涵。

### （一）中国特色协商民主是中国共产党的伟大创造

中国共产党自诞生之日起，就积极探索人民群众广泛参与国家事务的民主形式。新民主主义革命时期，中国共产党人根据当时的国情与环境，提出了“几个革命阶级联合专政”的主张和长期与党外人士民主合作理念，蕴含着协商民主的基本精神。抗日战争时期，中共中央规定在抗日根据地政权人员分配上实行三三制，即共产党员、非党的左派进步分子及中间分子各占三分之一。三三制政权就是中国共产党对民主政治建设的一种成功尝试，也是协商民主的一种探索与实践。1949 年人民政协成立，标志着我国协商民主这种新型民主形式的形成。由此确立的中国共产党领导的多党合作和政治协商制度为人民行使民主权利提供了平台。虽然在中国民主政治发展过程中，多党合作和政治协商制度受到过破坏，民主实践经历过曲折，但这个制度沉淀的协商民主涵义则具有历史价值。改革开放以后，邓小平最先从民主形式的层面定位多党合作和政治协商制度，强调人民政协是我国政治体制中发扬社会主义民主和实行相互监督的重要形式。1987 年，中共十三大明确将建立社会协商对话制度作为政治改革与建设的重要内容之一。1989 年中共中央制定《关于坚持和完善中国共产党领导的多党合作和政治协商制度的意见》，对多党合作和政治协商的内容和方式作了明确规定。1992 年，中共十四大把完善中国共产党领导的多党合作和政治协商制度，列为建设有中国特色社会主义理论的重要内容。1993 年，八届全国人大一次会议将“中国共产党领导的多党合作和政治协商制度将长期存在和发展”载入宪法，成为国家意志。1997 年，中共十五大把坚持和完善中国共产党领导的多党合作和政治协商制度，纳入中国共产党在社会主义初级阶段的基本纲领。2005 年 2 月中共中央制定下发《关于进一步加强中国共产党领导的多党合作和政治协商制度建设的意见》，进一步完善了政治协商的内容、形式和程序。2006 年 2 月颁发的《中共中央关于加强人民政协工作的意见》首次以正式文件的形式明确提出“人民通过选举、投票行使权利和人民内部各方面在重大决策之前进行充分协商，尽可能就共同性问题取得一致意见，是我国社会主义民主的两种重要形式”。2007 年 11 月国务院发表《中国的政党制度》白皮书，首次确认了选举民主和协商民主概念，强调“选举民主与协商民主相结合，是中国社会主义民主的一大特点”。2011 年 5 月，中共中央办公厅转发了《中共政协全国委员会党组关于〈中共中央关于加强人民政协工作的意见〉贯彻落实情况的报告》，又明确提出人民政协是协商民主的重要渠道。在对协商民主不断深化的实践和认识的基础上，2012 年 11 月中共十八大提出了健全社会主义协商民主制度的政治体制改革和政治建设任务，标志着我国协商民主理论的正式确立。2013 年 11 月中共十八届三中全会深化了对协商民主的认识，明确提出要构建程序合理、环节完整的协商民主体系，深入开展立法协商、行政协商、民主协商、参政协商、社会协商。这些重要的新论断，必将有力地推动我国协商民主理论和实践进一步深入发展。

（二）协商民主是我国人民民主的重要形式

我国的协商民主既坚持了民主集中制的组织原则和领导制度，又肯定了广大人民群众的民主地位；既坚持了中国共产党的领导，又发挥了各党派团体、各族各界人士的作用，极大丰富了中国特色社会主义民主政治的实践。作为我国重要的民主形式，协商民主与选举民主在理论上相互呼应，在实践上相互促进，共同构成了我国民主政治的基本框架。从人大和人民政协各自承担的历史任务以及运作方式来看，人大主要实行的是选举民主，人民政协是协商民主的重要渠道。人大审议讨论是为了表决，形成对全社会具有约束力的法律或决议。人民政协主要是对话讨论，表决是为了体现政协委员求同存异的共识，为党和政府决策建言献策。在这种制度安排中，选举民主与协商民主相辅相成，优势互补，呈现出互动发展的良好局面，选举中包含协商，有讨论和协商步骤。而协商中包含选举，有投票表决的环节。两者各自独立运行又共同在国家决策中发挥作用，集中体现了我国人民当家作主，广泛参与国家和社会事务管理的国家性质。

（三）中国特色协商民主的基本内涵

协商民主伴随着新中国的建立和成长而不断发展完善，是适合我国国情的现代民主政治形式，具有独特的中国属性和基本内涵。总体上讲，我国协商民主就是在中国共产党的领导下，人民内部各方面在重大决策之前进行充分协商，尽可能就共同性问题达成一致意见。具体来看，一是主体广泛。我国协商民主的范围涵盖全社会，协商主体是人民内部各个方面，包括各党派、各民族、各团体、各阶层等社会各界以及各方面人士。二是渠道多样。《中共中央关于全面深化改革若干重大问题的决定》明确了我国社会主义协商民主主要有国家政权机关、政协组织、党派团体、基层组织和社会组织五种渠道。三是内容丰富。我国协商民主的内容是经济社会发展重大问题和涉及群众切身利益的实际问题。如国家层面上，它主要指国计民生的重大问题，影响群众利益的各项决策，涉及有关经济、政治、文化、社会和生态文明建设等各个方面。地方层面上，协商重大问题更加具体而丰富。如地方重大改革发展方案、重大建设项目以及人民群众普遍关注的重大问题等都应纳入协商内容的范畴。四是目标明确。我国协商民主尽可能就共同性问题取得一致意见，协商的前提与基础是参与各方的平等地位，寻求利益的交集。通过平等对话、充分讨论后，让各种不同的意见得到充分发表，使立法和决策更加科学、合理，最终能代表最广大人民的利益。

### （四）协商民主在我国的主要实现形式

在长期实践中，我国协商民主，主要有五种实现形式。一是立法协商。主要就法律法规（草案）及有关法规的修订等事项征求各方面的意见建议。二是行政协商。主要就行政中的重大问题与各方面进行协商。三是民主协商。主要指人民政协各参加单位和各族各界人士采取会议等形式，就经济社会发展重大问题和涉及群众切身利益的实际问题与党委、政府充分协商，提出意见建议。四是参政协商。主要指中国共产党同各民主党派的协商，采取民主协商会、座谈会和情况通报会等形式，就事关国计民生的重大问题充分征求各民主党派、无党派人士的意见建议。五是社会协商。就具体的公共决策听取社会各方面的意见，主要有公开听证、协商对话、决策咨询、媒体讨论等形式。这种协商形式体现了我国协商民主由政治领域向社会领域的拓展。

人民政协自建立以来，在协商民主的实践中创造了许多行之有效的实现形式，积累了丰富的经验。总体上看，人民政协协商民主主要是在较高层面进行的有各民主党派和无党派人士参加的政治协商。除此之外，还包括政协就某一重大问题开展的专题协商、专门委员会与政府有关部门进行的对口协商、政协界别协商以及提案办理协商等。

## 二、人民政协是我国协商民主的重要渠道

人民政协具有界别组织的结构优势、民主协商的功能优势、联系广泛的渠道优势，融协商、监督、合作、参与于一体，极大地丰富了人民民主的内涵，是我国社会主义协商民主的重要渠道。

（一）协商民主是人民政协的本质属性

从产生过程来看，作为“全中国人民民主统一战线的组织”，人民政协是中国共产党与各民主党派合作共事、民主协商、民主决策的重要机构。新中国的创建是民主协商的重要成果，人民政协本质上就是一个实行协商民主的场所、组织和载体。从工作原则和方式来看，民主协商、求同存异是人民政协的主要原则，广泛征求意见、尽可能达成共识是人民政协工作的重要目标，本身体现了协商民主的根本特征。从工作主题来看，团结和民主是人民政协的两大主题，人民政协的一切履职活动都体现了民主的精神，人民政协与协商民主紧密相连。

（二）人民政协建立了较为完备的协商民主制度

作为新中国协商民主的最早实践成果，人民政协的政治协商不仅开创了我国制度化协商民主的先河，也为发展和完善其他形式的协商民主积累了丰富经验。经过60多年的探索与发展，人民政协形成了一套比较规范和完善的制度体系，体现于国家《宪法》、中央文件、《中国人民政治协商会议章程》及各级党委和政协制定的一系列规范性配套制度中，形成了包括专题协商、对口协商、界别协商、提案办理协商以及约谈协商等多种形式的协商格局，组织了包括论坛、恳谈会在内的多种富有成效的协商活动。符合实际、内容完备、配套齐全、科学管用的协商制度体系已逐步建立完善。

（三）人民政协的政治协商是科学民主决策的重要环节

在我国，中国共产党、人民代表大会、人民政府、人民政协共同构成了政治体制的基本结构。对重大问题，从中共党委、人大、政府作为决策主体的决策过程来看，中共党委决策前、人大通过前、政府实施前，都要事先通过人民政协进行协商，听取和征求政协各参加单位和各族各界人士的意见。其中人民政协的政治协商是一个必经程序，是实行民主科学决策不可或缺的重要环节。

（四）人民政协界别设置体现了协商民主的特点

政协界别是一种类别划分，是为适应政协工作而设置的开展协商议政活动的基本单位。由界别组成是人民政协的显著特色。人民政协把党派合作性和界别代表性有机结合起来，具有广泛代表性和巨大包容性。以全国政协为例，包括中国共产党、8个民主党派、56个民族、5大宗教、34个界别。各省市区政协根据各自实际设置界别，我省是30个界别。全国共60多万政协委员，基本涵盖各党派、各团体、各民族、各阶层和各族各界人士，是大团结大联合的组织。这一独特的组织构成，决定了人民政协必定也只能按照民主的要求来运作，同时决定了这种民主主要以协商民主的形式来进行。

（五）协商民主贯穿于人民政协履行职能的全过程

人民政协通过提案、建议案、调研视察报告、反映社情民意信息、提出意见建议等方式履行政治协商、民主监督、参政议政职能，与党委、政府及有关部门协商讨论重大决策、重大项目实施、重点工程建设的过程，本身就是一个协商民主的过程。广大政协委员通过开展调研视察等方式，利用会议、论坛等平台就经济社会发展中的重大问题和人民群众关心的热点难点问题与党委、政府有关部门开展协商对话，提出意见建议，本身就是协商民主的具体实践。总体上看，人民政协履行职能的过程，就是协商民主的过程。协商民主体现于政协工作的各个方面、各个环节，贯穿于履行政治协商、民主监督、参政议政职能的始终。

## 三、云南政协组织在推进协商民主发展方面的有益探索

作为爱国统一战线的组织、多党合作和政治协商的重要机构和发扬社会主义民主的重要形式，云南省各级政协组织牢牢把握团结民主两大主题，广泛团结各党派团体和各族各界人士，认真履行政治协商、民主监督、参政议政职能，不断丰富完善协商民主的内容和形式，进一步建立健全协商民主的程序和机制，为我省人民政协协商民主发展作出了积极贡献。

### （一）大力加强人民政协协商民主制度建设

党的十一届三中全会以来，在中共云南省委的正确领导下，省政协高度重视、积极推进协商民主制度建设。1987 年，协助省委作出了有关政治协商、民主监督经常化、制度化的规定，初步明确了党委、政府同政协就省内重大决策进行协商的方式和原则。1988 年、1989 年、1991 年，协助省委先后 3 次下发或转发关于人民政协政治协商、民主监督的文件。1995 年，根据全国政协有关精神，省政协制定了《关于政治协商、民主监督、参政议政的规定》，对政治协商的主要内容、形式和原则作了明确具体的规范，省委批转各地执行。2003 年，在省政协参与调研基础上，省委出台《关于积极推进人民政协履行职能制度化、规范化和程序化的意见》，提出了政治协商“三在前、三在先”的规范性意见，即重大问题协商要在党委决策之前、人大通过之前、政府决定之前，制定重要发展规划、重大建设项目的实施、解决事关人民群众生产生活的重要问题以及重要人事安排、重要政策法规的制定要先协商后决定。2005 年以来，根据中共中央先后颁发的《关于进一步加强中国共产党领导的多党合作和政治协商制度建设的意见》、《关于加强人民政协工作的意见》精神，中共云南省委结合我省实际，制定颁发了两个重要文件的实施意见，推动了我省协商民主发展。2010 年召开省委政协工作会议，出台了《关于支持人民政协履行职能发挥作用的意见》，明确了把政治协商纳入决策程序的具体要求，使人民政协履行职能进一步制度化、规范化、程序化，人民政协协商民主的重要渠道作用进一步发挥。根据中央有关意见和要求，云南省政协认真总结协商民主的做法和经验，在工作实践中逐步建立健全了对口协商制度、提案交办和面商等制度，有力推动了协商民主的深入发展。围绕贯彻中央和省委意见精神，全省各州市

及时出台有关意见，不断加强政协协商民主工作。如昆明市出台了《中共昆明市委关于加强人民政协政治协商的意见》，从制度上强化了政协的协商民主工作。红河州从2011年开始，每年出台一个由中共红河州委提出的《政治协商计划》，详细列出季度政治协商议题，并对各县市委、州委各部委，州级国家机关各委办局党组、各人民团体党组提出具体的协商要求。目前，我省各州市政协协商民主在制度化、规范化、程序化上迈出了实质性步伐，呈现出“党委重视、政府支持、政协主动、各方参与、社会关注”的良好局面。

（二）扎实有效开展人民政协协商民主

多年来，省政协紧紧围绕全省经济、政治、文化、社会和生态文明建设中的重要问题，认真组织协商，基本上形成了党委、政府就重要问题事前提交政协全会集中协商，常务委员会议专题协商、主席会议和秘书长会议重点协商、专门委员会与党政有关部门对口协商的格局。一是认真开展全会协商。组织委员就我省经济社会中长期发展规划、省人民政府年度工作报告、财政预决算报告、“两院”工作报告等重大事项，以小组讨论会、界别联组会、大会发言、专题协商会等形式认真协商讨论，委员的许多意见、建议在五年规划纲要、《政府工作报告》和其他有关报告中得到吸纳。二是深入进行常委会专题协商。省政协坚持每次常委会议重点围绕一个对全省经济社会发展具有重要影响的问题进行协商讨论。会前认真研究确定协商专题，组织委员和专家深入调研，掌握第一手资料。会中组织大会专题发言，邀请省委、省政府主要领导及有关部门负责同志听取发言，充分协商讨论。会后将意见建议整理后以党组文件形式报省委、省政府。近年来，省政协常务委员会议就“构建和谐云南”、“推进我省社会主义新农村建设”、“企业自主创新”、“推进七彩云南保护行动”、编制“十二五”规划等重点专题开展协商讨论，会议成果在“十一五”、“十二五”规划的编制及其它关系全省的重大决策中得到体现。三是精心组织主席会议重点协商。围绕省委、省政府的工作重点和人民群众关注的热点难点问题，主席会议成员深入基层、深入群众、深入实际，通过走访委员、开展座谈等方式，就我省石产业发展、中小学危房改造、抗旱救灾等重大问题进行深入调研，通过主席会议进行充分协商，推动了一大批重大民生问题、经济社会发展重要问题的解决。四是针对性地搞好对口协商。按照中共云南省委的总体思路和省政协主席会议、常委会议的统一部署，各专委会就全省经济、科技、法制、教育、文化、卫生、民族、宗教、人口资源环境和侨务等方面的一些重点问题，广泛开展对口协商，组织政协委员就人大和政府提交政协征求意见的国家和地方法律法规草案进行协商讨论，促进了有关部门的工作。五是扎实推进提案办理协商。省政协以抓好重点提案的办理为着力点，认真搞好提案办理协商。每年确定10件重点提案，由主席、副主席、秘书长牵头组织开展调研和提案办理协商，很多提案意见已转化为党委、政府有关部门的工作决策和部署。自2002年以来，已重点协商办理了《关于实施食品放心工程》、《七彩云南保护行动》等系列提案，解决了一些重要问题。连续几年通过提案督办和协商等方式，对滇中引水工程、加强滇越铁路保护和利用、“请求国家支持云南建设通向东南亚和南亚国际大通道”、“把云南建设成中国面向西南开放的桥头堡”等问题进行跟踪推进，取得了明显成效，引起了国家有关领导的高度重视，促进了相关工作的深入开展。

（三）努力拓展协商民主的内容和形式

近年来，省政协围绕省委、省政府的中心工作，认真履行职能，在工作实践中不断丰富协商民主的内容和形式。紧扣我省经济建设中的重大问题，举办以“推进滇中引水工程”、“云南企业自主创新”、“应对国际金融危机”等为主题的企业家论坛恳谈会，组织省政协委员、有关专家学者、有关部门负责人、各州市政协领导以及企业家和各界人士为促进我省经济发展献计献策，扩大了人民政协协商民主的公众参与面。针对公众关心的一些问题，省政协多次组织召开主席约谈会，邀请各党派、团体和政协委员中的专家学者同省委、省政府有关部门负责人座谈，共同研究防治“非典”和高致病性禽流感等突发性公共卫生安全事件的解决对策。从2008年开始，每年举办一次民生论坛，着眼广大人民群众的新关切和履职工作的新要求，组织委员和各界代表人士围绕优先发展教育、扩大就业、收入分配制度改革、建立城乡居民社会保障体系、建立基本医疗卫生保障制度、维护社会稳定等全省重大民生问题建言献策，与省委、省政府有关部门充分协商讨论，引起了各级的高度重视，产生了广泛的社会影响，拓展了协商民主的内容和方式。作为省会城市的昆明市积极创新工作方式，拓展履职渠道，在全市6个有条件的市（区）街道和乡镇设立领导和联系政协工作的组织，有计划地组织开展基层“政协委员之家”活动，为委员在基层开展调研视察、基层协商民主等履职活动搭建了很好的平台，推动了我省协商民主的深入发展。

## 四、影响我省人民政协协商民主发展的主要因素

经过多年的实践和推进，人民政协协商民主取得了长足的发展。但同时也存在许多制约因素。从我省实际看，主要有以下一些困难和问题。

（一）思想认识不到位

一些党政领导对人民政协协商民主的地位和作用缺乏应有认识，没有把人民政协协商民主提高到社会主义民主政治建设的高度来认识和把握，不善于利用人民政协协商民主来推动工作、提高实效。少数党政机关对把政治协商纳入决策程序原则重视不够，少数党政领导和部门负责人不重视在政协的协商活动，存在把政协协商当做装门面、走过场的思想认识，不同程度上影响了政协委员参与协商的积极性。同时，一些政协领导和政协委员对人民政协作为协商民主重要渠道作用认识不到位，认为人民政协协商民主具

有柔性特征，没有执行效力，行使民主权利的结果不具有决定性，因而产生了可有可无的思想，工作不够积极主动。

### （二）协商规定执行不力

协商在决策之前和决策实施之中的规定没有真正贯彻落实，主要体现在协商规定不配套，没有刚性规则所依。无论是协商内容或是协商时间，一些地方的随意性都很大，出现认为需要在政协协商的就协商，不需要的就不协商，甚至有以情况通气会代替协商、以事后通报代替事前事中协商的现象。较为突出的是换届人事安排，个别地方在批准委员配备方案后才提交政协协商。或者因某项重要工作急需决策，临时通知政协进行协商。这种没有经过充分酝酿的协商，协商成果难以体现，协商民主更多趋于表面化、形式化。

### （三）制度建设不完善

总体来看，关于人民政协协商民主的规定较少，没有形成系统完备的人民政协协商民主制度体系，特别是协商议题、协商内容、反馈机制等方面缺乏制度规范。体现在对协商主体要求方面，委员联络机构不健全，委员联络制度待完善。无论是哪种形式的协商，对参与协商讨论的政协组织、政协委员或者各界别和群众代表方面的规定和要求多，对党委、政府方面的规定和要求少。体现在协商民主实施方面，对需要协商的议题界定较笼统，对需要协商的事项确定没有制度性规范，原则性的要求和规范较多，明确、具体、可操作性的规定和细则少，难以真正遵循和执行。有的虽有制度规范，但没有真正落实。

### （四）协商主体代表性和能力待提高

随着经济社会的快速发展，新的社会阶层和利益群体不断产生，人民政协现行的界别设置不能完全适应形势的发展需要，有待进一步研究和完善。同时，界别政协委员的协商产生一定程度上存在遴选程序、标准不透明，特别是缺乏界别内的制度化推荐程序等问题，导致有的政协委员代表性不强，不能很好地反映所在界别群众的意愿和要求。由于多种因素，少数政协委员工作能力达不到履职要求，在参加具体协商实践中提出的对策措施缺乏真知灼见，意见建议质量不高、针对性和可操作性不强，在一定程度上影响了人民政协协商民主的质量和实效。同时，有关方面组织协商活动的能力也有待进一步提高。

### （五）协商成果转化不充分

协商民主的质量和成效，关键在于协商成果的转化落实。从人民政协协商民主工作实际来看，因为协商成果报送、办理、反馈和跟踪问效机制不健全等多种因素，或多或少存在协商质量不高、协商成果责任主体不明确、协商成果督办不力等问题，导致人民政协协商民主成果转化不充分，甚至出现协商有质量无实效的情况。

（六）协商监督机制不健全

我省就人民政协协商民主方面出台了一些意见，但仍存在引导性规定多，制约性规定少；程序性的多，可操作性的少等问题。集中表现在尚未建立人民政协协商民主反馈机制，特别是缺乏完善的协商民主工作督促机制、责任追究机制，导致协商形成的意见建议和协商成果难以落实。

## 五、云南省发展人民政协协商民主的主要设想

（一）基本思路

以邓小平理论、“三个代表”重要思想和科学发展观为指导，以完善人民政协协商民主制度和工作机制为目标，以发挥人民政协协商民主重要渠道作用为重点，建立完善人民政协政治协商、民主监督、参政议政制度，不断推进我省人民政协协商民主制度化、规范化和程序化，更好地服务党委科学、民主和依法决策，为实现中华民族伟大复兴中国梦的云南篇章作出积极贡献。

（二）发展目标

1. 协商主体多元化。通过人民政协这个重要渠道，建立完善人民政协协商民主制度。我省人民政协协商民主的主体更为广泛，涵盖全省各族各界人士，最大程度地实现最广大人民的民主权利，使人民政协协商民主真正成为各党派、各团体、各民族、各阶层各方面人士参与政治生活的畅通、合法的有效渠道。

2. 协商内容广泛化。在省委的领导和参加政协的各党派团体、各族各界人士和广大委员的参与支持下，我省人民政协协商民主的领域进一步扩大，协商内容更加丰富，既有关系云南改革发展的重大问题，也有与人民群众具体利益息息相关的各项决策，体现在经济、政治、文化、社会和生态建设等诸多领域，贯穿于经济社会发展各个方面。

3. 协商形式多样化。认真总结我省人民政协协商民主的有效做法，积极探索和不断丰富人民政协协商民主的形式和渠道，建立包括党委与民主党派，政府与政协，政府部门与政协界别、政协专门委员会、政协委员等多渠道、多形式、全方位、多领域的人民政协协商民主的体制机制，使人民政协协商民主更加深入，实效更加突出。

4. 协商程序制度化。健全符合实际、内容完备、配套齐全、科学管用的制度体系，建立与党委、政府议事规则相互衔接的人民政协协商民主工作机制，推进政协政治协商、民主监督、参政议政制度化、规范化和程序化，做到协商前有章可循，协商透明公开，使人民政协协商民主成为党委、政府决策的必经程序。

（三）基本原则

1. 坚持党委在人民政协协商民主中的领导地位。人民政协协商民主必须坚持和完善中国共产党领导的多党合作和政治协商制度，必须坚持中国共产党对政治原则、政治

方向的领导。各级党委要高度重视、善于运用人民政协这一政治组织和民主形式推进协商民主，坚持把人民政协协商民主列入党委的重要工作内容，统一部署和协调，并认真组织实施，确保人民政协协商民主始终沿着正确的方向发展。

2. 坚持协商在决策之前和决策实施之中。切实把人民政协协商民主纳入决策程序，对规定协商的事项，应在党委决策之前、人大通过之前、政府实施之前，听取政协组织和政协委员的意见建议。在决策实施过程中需要调整完善有关决策内容，应及时与政协进行充分协商，不能以通报代替协商，以个别征求意见代替以组织形式进行的协商。

3. 坚持民主协商、平等议事、求同存异、增进共识。推进人民政协协商民主发展，必须坚持协商主体的平等参与性，把加强团结和发扬民主贯穿于人民政协协商民主的全过程，充分尊重各民主党派和无党派人士、各人民团体和各族各界人士的民主权利，鼓励支持政协委员充分发表意见建议，在协商中深化认识、消除误解、增进理解、形成共识。

（四）基本保障

1. 组织保障。重视发挥人民政协协商民主重要渠道作用，进一步加强政协领导班子建设，健全委员协商产生机制，调整优化界别设置，切实为推进人民政协协商民主提供坚强的组织保障。

2. 制度保障。适时制定、修改、完善推进人民政协协商民主的有关规定和措施，细化人民政协协商民主的内容、形式和程序规定，明确协商民主的程序保障、协商成果形成和转化等，从各个环节上确保人民政协协商民主有章可依、有规可循。

3. 工作保障。以推进人民政协协商民主制度化、规范化、程序化为目标，建立健全委员联络机制，完善委员联络制度，积极帮助各级政协组织改善工作条件，统筹解决开展协商面临的困难和问题，营造全社会重视支持人民政协协商民主的良好氛围。

## 六、发挥人民政协协商民主重要渠道作用的对策建议

坚持和完善中国共产党领导的多党合作和政治协商制度，不断拓展人民政协协商民主的领域和形式，提高协商民主的质量和实效，努力推动我省人民政协协商民主制度化、规范化、程序化发展。

（一）加强党对人民政协协商民主工作的领导

各级党委要高度重视、善于运用人民政协作为爱国统一战线的组织、多党合作和政治协商的重要机构和发扬社会主义民主的重要形式推进协商民主工作，坚持把人民政协协商民主作为纳入党委工作总体部署和重要议事日程，统一部署并认真组织实施。坚持把协商纳入决策程序，精心组织重大决策、重要法律规章、重要举措制定和实施前的协商活动，确保畅所欲言、各抒己见，真正发扬民主。积极支持人民政协依据《中国人

民政治协商会议章程》和有关规定开展协商活动，及时研究并统筹解决人民政协协商民主中面临的困难和问题。要把是否重视人民政协协商民主工作，作为检验领导水平和执政能力的一项重要依据，把是否坚持重要问题、重大事项事前提交政协协商作为对党政部门领导和工作人员实绩考核的重要内容。

（二）深化人民政协协商民主重要性的认识

各级党委要通过专题讲座、理论研讨等多层次、多形式地开展协商民主理论学习宣传活动，按照党的十八大、十八届三中全会精神，引导全省各族干部群众深刻认识推进社会主义协商民主的重大意义，准确把握协商民主的基本内涵、主要渠道和主要实现形式，明确推进协商民主广泛多层制度化发展的实践要求。要把中央关于充分发挥人民政协协商民主重要渠道作用的有关要求列为党政领导干部政治理论学习的重要内容，纳入各级党校、行政学院和社会主义学院的教学和培训计划，使各级领导干部充分认识人民政协协商民主的重要性，努力形成全社会重视人民政协协商民主工作、有利于人民政协协商民主深入开展的良好氛围。

（三）严格规范人民政协协商民主的工作程序

各级党委要深入贯彻落实《中共中央关于加强人民政协工作的意见》精神，把人民政协协商作为实现科学、民主决策的必经程序纳入党委、政府的议事规则，按照协商于党委决策之前、人大通过之前、政府实施之前的原则严格组织实施。要把人民政协协商方案和议题列入党委的重要工作议程，进一步细化和规范人民政协政治协商的主要内容、主要形式和基本程序。各级党委、政府要及时就重大协商议题与政协沟通，通报有关情况、听取意见建议，更加规范有序地推进人民政协协商民主。党委和政府、政协根据年度工作重点，研究并确定在政协协商的议题，制定年度协商工作计划。党委也可根据需要，适时提出协商议题，或由政府、政协提出协商议题建议报党委确定。有关方面对协商议题作出调整，需报同级党委同意，并在协商会议召开的20个工作日之前通知政协。政协根据确定的协商议题，研究制定协商具体方案，及时组织政协委员和有关专家开展调查研究，听取各方意见，形成协商材料。政协按有关规定组织实施协商活动，应提前向党委、政府及有关部门发函，告知协商内容、参加人员等，同时通知参加会议的委员和列席人员。党委、政府领导及有关部门负责人应出席政协组织的协商活动，并就相关问题通报情况、听取意见。增加协商密度，加强互动交流，使参与协商的各方充分发表意见建议，切实提高人民政协协商民主的质量和实效。政协要及时整理会议协商形成的意见建议，并以政协意见建议等形式报送党委、政府及有关部门。各级党委、政府要高度重视政协协商意见的办理工作，对政协全体会议、常委会议、常委会专题协商会、主席会议形成的意见建议，应送党委、政府主要领导批阅。其他经政协协商后报送的意见和建议，党委、政府及有关部门应及时研究处理，并向党委、政府主要领导或分管领导及时报告有关情况，重要的协商成果应列入党委常委会议或政府常务会议议题进行研究。党委、政府及有关部门要及时将协商意见处理情况书面反馈政协。

（四）进一步明确协商民主的内容和形式

各级党委要科学合理界定协商内容，努力使协商议题更加明细化。要从各地实际出发，对包括立法建议、重要人事任免建议、经济政策出台、重大改革措施、重要工程项目规划建设、城市发展总体规划、重大社会问题的处理等协商内容进行具体细化，作出明确规定。各级党委、政府制定的事关经济社会发展全局的重要决定和意见，国民经济和社会发展中长期规划和重大建设项目，重大体制改革方案和城市建设总体规划，事关社会治理和民生的重要决策，对发展全局和社会稳定具有影响的重大建设项目和重大政策调整以及党代会报告、政府工作报告、国民经济和社会发展计划报告、财政预决算报告以及财政预算调整、人民法院和人民检察院工作报告，必须在人民政协与各方面充分协商，广泛征求参加政协的各民主党派、人民团体和各族各界人士的意见建议后再决定和实施。党委提出的同级人大、政府和政协领导成员安排，人大常委会拟任命的政府工作人员人选，应事先征求政协的意见。对拟任同级党委、政府部门领导职务的人选，在向社会进行公示的同时，应书面征求政协的意见。各级党委、政府要支持人民政协通过政协全体会议、常务委员会议、主席会议、常务委员会专题协商会、政协党组受党委委托召开的座谈会、秘书长会议、各专门委员会会议以及根据需要召开由政协各组成单位和各界代表人士参加的内部协商会议，就经济社会发展中的重大问题进行协商讨论，听取有关意见建议。

（五）丰富和拓展人民政协协商民主的方式和渠道

各级党委要支持人民政协搭建协商平台，畅通协商渠道，规范协商的内容和程序。支持人民政协以民主评议、专题约谈、质询问政等形式，同党委、政府有关部门，就有关重要工作进行协商。各级政协要积极探索开展以界别为基础、以专题为内容、以对口为纽带、以座谈为主要方法的协商形式，不断增加协商密度，增强交流力度，增进共识程度。要充分利用互联网，积极开展网络议政、网上咨询等协商活动，引导广大委员和各界群众有序表达意愿诉求，不断拓展人民政协协商民主的方式和渠道。要着眼新的形势要求，支持人民政协加强反映社情民意信息制度建设，推动反映社情民意信息工作向基层延伸。健全乡镇（街道、社区）政协协商民主工作机制，邀请基层群众代表参加政协协商民主活动，不断拓宽人民群众在政协理性合法有序表达利益诉求的渠道。党委、政府及有关部门要及时回应政协委员及社会各界的重大关切，对政协以书面形式提出的协商意见要认真研究处理，并及时反馈。党委、政府及有关部门重要文件以书面形式征求政协意见，政协应组织各参加单位和各族各界代表人士进行协商讨论，并以书面形式及时反馈。

（六）推进人民政协协商民主制度建设

进一步完善人民政协协商民主制度，重点加强政治协商、民主监督、参政议政制度化、规范化、程序化建设，切实把政治协商列入党委、政府决策的必经程序和重要议事规则，把民主监督作为推动党政部门工作的重要举措，把参政议政作为丰富完善党委、政府及有关部门工作思路和方法的重要途径。认真总结我省人民政协协商民主的好经验好做法，研究出台加强人民政协协商民主建设的有关意见，明确政协和党委、政府及相关部门的职责，不断健全和完善协商程序。按照协商于决策之前和决策实施之中的原则，大力推进协商民主制度建设，进一步明确协商议题的提出和确定、协商活动的安排、通报情况和听取意见、组织参与协商、协商成果处理及反馈、协商成果督办等规定，健全人民政协通过提案、建议案、调研视察、反映社情民意等方式履职政治协商、民主监督、参政议政职能的制度规范，建立完善与党委、政府议事规则相衔接、运转有序的人民政协协商民主制度体系。

（七）增强协商主体的代表性、包容性

研究制定界别设置的意见，使政协的界别设置有章可循、有据可依。根据经济社会发展和社会阶层结构的发展变化，调整优化界别设置，提高政协委员的代表性和包容性。重视发挥各民主党派、工商联和无党派人士在人民政协协商民主中的重要作用，积极为他们在政协履行职能创造条件。研究、完善和改进委员协商产生办法，对委员的产生、管理作出更具体、符合实际的规定。进一步完善界别内委员推选制度，优化委员队伍结构，建议新提名委员由党委组织部门和统战部门提出，继续提名委员由政协党组提出，经充分协商后提交党委决定，确保委员有较强的责任感和议政建言能力。组织好委员培训，不断提高委员整体素质。健全委员联络机构，在政协设立委员联络工作委员会，完善委员联络制度，进一步提高服务管理水平。积极扩大人民政协协商民主的主体范围，让普通群众以理性合法的形式在政协表达意愿要求，把更多的利益主体的合理意见建议通过政协纳入决策领域和决策过程。

（八）加强协商民主理论研究

由党委牵头或委托政协开展专题研究，依托云南政协理论研究会等平台，精心组织力量，通过理论研讨、座谈交流等形式，深入研究人民政协协商民主制度建设和工作机制，探讨协商民主制度与人民政协履行职能各项制度的相互关系及实现形式等问题。以人民政协为重要渠道，认真分析协商民主实践中出现的新情况、新问题，深入研究专题协商、对口协商、界别协商和提案办理协商，为协商民主的发展奠定思想基础和理论基础。加强人民政协协商民主与人大选举民主等民主形式的比较研究，进一步揭示其历史背景、实践基础、科学内涵、本质特征和实现形式。

（九）加大协商民主成果落实督查力度

党委、政府及有关部门要高度重视政协协商意见的落实办理，着力提高知情环节、沟通环节和反馈环节的透明度。建立完善党委、政府领导督办政协协商重要意见建议制度，明确分管领导和责任部门，对协商成果办理纳入目标考核，实行限时办理和问责制。党委、政府督查部门应将党政领导关于协商意见办理的相关批示列入督查事项，及时组织督查。建立健全协商意见落实情况通报制度，明确政协意见建议的落实时限和反馈方式。对参与政协协商活动以及落实、反馈协商意见的情况，要列入领导班子和领导干部考察考核指标体系，进行考核评估。对党委、政府有关部门吸纳政协协商意见建议的落实情况，政协办公厅（室）和相关专门委员会可通过视察、调研、座谈、走访等方式，进行跟踪问效，及时将情况整理报送党委、政府。建议案和重点提案的办理情况，党委、政府及有关部门应在政协全体会议或常务委员会上通报。进一步拓展各民主党派、人民团体和各族各界人士对协商意见实施情况的知情渠道，加强对协商意见实施的民主监督。公开报道重要协商活动形成的协商意见、调研建议、委员提案的落实情况，自觉接受新闻媒体、委员和群众的监督。

（十）积极为人民政协协商民主创造良好条件

政协全体会议、常委会议和有关重要会议，党委、政府领导及有关部门负责人要到会通报情况、听取意见。要健全政协领导列席党委常委会议、政府常务会议制度，建立政协专门委员会领导参加党委、政府有关部门对口工作会议制度，为人民政协知情明政、协商议政提供有利条件。不是同级党委常委的政协党员主席或党组书记应列席党委常委会议，政协副主席列席政府常务会议，政协党组成员、政协专门委员会和政协办事机构党员负责人列席同级党委全委会议。政府全体会议、党务会议和有关重要会议，人民法院、人民检察院和政府有关部门召开的重要会议，应邀请政协有关领导列席。党委宣传部门要有计划、有重点地组织新闻媒体宣传社会主义协商民主制度，宣传人民政协协商民主活动及其成果，为推进人民政协协商民主深入发展营造良好氛围。各级财政要安排专项经费，用于人民政协组织委员培训和开展协商民主理论研究。要进一步解决各级政协在机构编制、办公条件等方面存在的困难和问题，将政协通过履行政治协商、民主监督、参议议政职能进行协商民主必需的工作经费列入财政预算，并随工作需要和财力增长逐步增加。

# 关于云南省“城镇上山、工业上山、农民进城”情况视察的报告

（2013 年 12 月 17 日政协云南省第十一届委员会第六次主席会议通过）

根据2013年省政协重点工作安排意见，人口资源环境委员会与提案委员会联合，组织开展“城镇上山、工业上山、农民进城”视察活动。9 月 23～27 日，省政协副主席王承才带领32位委员、专家，在省发改委、国土厅、环保厅、住建厅、林业厅等领导陪同下，赴昆明市宜良、石林县，曲靖市麒麟区、马龙县，就“城镇上山、工业上山、农民进城”实施进展情况进行了视察。现将情况报告如下：

## 一、基本情况

省委、省政府高度重视保护坝区农田，建设山地城镇工作，自 2011 年 9 月，在大理州召开全省保护坝区农田，建设山地城镇工作会议后，省发改、国土、住建、民政、林业、工信、环保、财政、公安等部门和各州市，以“城镇上山、工业上山、农民进城”为主要抓手，注重在规划、项目、资金、组织、机构、政策、审批、便民等各层面上对接协作、统筹实施，目前，全省保护坝区农田，建设山地城镇工作进展顺利、成效明显。

一是基本农田和耕地得到有效保护。顺利开展了土地利用总体规划、林地保护利用规划和城镇近期建设规划调整完善和联合审查，在全省重新划定基本农田保护面积7894. 5 万亩中，坝区基本农田增加了 318. 9 万亩，已将坝区 80% 的优质耕地划为基本农田实行永久保护，牢牢守住了保护基本农田这一红线。如：昆明市按照“守住红线、统筹城乡、城镇上山、农民进城”要求，通过调整完善规划，明确要求 2015 年、2020 年耕地保有量分别保持在 598. 8 万亩、591. 4 万亩以上，基本农田保护面积保持在 480 万亩以上。

二是建设用地空间得到有效拓展。国土资源部将云南确定为首批全国低丘缓坡土地综合开发利用试点省份之一，通过调整完善规划，转变建设用地方式，2020 年全省城乡建设用地规模有望增加 260. 92 万亩，可有效缓解建设用地不足的瓶颈制约。如：曲靖市以麒（麟）、沾（益）、马（龙）珠江源都市区 350 平方公里控制规划为龙头，按照组团式发展思路，新增城市规划面积中 8 度以上低丘缓坡山地 22. 8 万亩，占新增规

划面积的80%，拓展了城市建设用地空间，避免了超占坝区良田。

三是各地试点项目进展顺利。全省除迪庆、怒江州外的14个州市、118个县（市、区）均成立了低丘缓坡开发领导小组，按照“启动一批、提高一批、储备一批”要求开展工作，探索出城镇、工业建设上山10种类型，涌现出一批城镇上山、工业上山的典型。宜良县北古城工业上山平整面积4500亩，入驻项目24个，已着手“工业反哺农业”试点，石林县根据喀斯特、丘陵山地为主的地质地貌状况，引进2个太阳能发电和1个风力发电项目，麒麟区投资31.6亿元，首期启动了小坡太和山片区2800亩、金麟湾片区5100亩开发试点，马龙县鸡头村项目区已完成招商12户、引资5.75亿元，砚山县白龙山项目区引进云南美泰玩具有限公司入驻，大理市海东城镇工业上山建设项目12个、协议投资172亿元等，以上项目进展顺利，有一定的代表性。

四是“农民进城”工作力度大。各地按照省委、省政府提出在2020年前全省城镇人口要在原有基础上再增加1000万人，力争在“十二五”期间，每年转户120万人，“十二五”之后每年转户80万人的要求，加大农业转移人口转变为城镇居民工作力度，出台了“农转城”优惠政策，放宽了限制条件、降低了“门槛”，推出户籍管理便民措施，满足群众转户需求，为农民进城开方便之门。昆明市2011年底至2013年8月，共完成“农转城”人口98.14万人，其中2012年办理转户69.65万人，完成省下达年度任务的232%，2013年1~8月，已办理转户28.5万人，完成省下达年度任务的114%。宜良县狗街镇在做“农转城”工作中，因宣传不到位，农民群众不理解、不愿转，通过县政协领导率队多次上门耐心细致做工作，农民群众由原先不愿转户到自愿主动要求转户，密切了干群关系，也积累了群众工作经验。曲靖市截至2013年9月，共完成“农转城”人口42.53万人，其中2012年办理转户23.79万人，完成省下达年度任务的158.61%，2013年1~9月，已办理转户18.74万人，完成省下达年度任务的133.86%。

五是积极探索体制机制的创新。省级相关部门在三个规划调整中，积极与国家部委对接，划清界限、避开红线，简化程序，提高审批效率。各地按照“放宽城镇户籍、同享城乡待遇、自愿有偿转变、分类协调推进”要求，结合自身实际出台具体办法措施，不断探索创新推进工作落实的路子。各州市全面推行党政一把手双责制，实行对党政一把手共同量化考核，形成党政共同责任机制，有的州市还将保护坝区农田，建设山地城镇工作纳入各级政府考核和主要领导任期经济责任审计内容，创新建立激励约束机制、规划管理机制、统筹协调机制、监测督查机制和投融资机制，积极鼓励引导不同市场主体参与进来。

两年多的实践证明：省委、省政府保护坝区农田，建设山地城镇的决策部署，符合党的十八大、十八届三中全会和中央城镇化工作会议精神，符合云南的实际和城镇化发展规律，符合土地资源节约集约利用要求，有利于推进生态文明建设，有利于优化国土空间开发格局，有利于统筹解决农业、农村、农民问题，有利于区域人口资源环境协调可持续发展，深受全省各级党委、政府和各族人民群众的支持和拥护。

## 二、存在的主要困难和问题

推进“城镇上山、工业上山、农民进城”，走出一条具有云南特色新型城镇化发展之路，是一项长期、复杂、艰巨的系统工程。视察中我们感到各地反映出的一些困难和问题，需要引起高度重视，并切实加以解决。

### （一）规划不够科学严谨，衔接有错位

有的城镇近期规划、土地利用总体规划、林地保护利用规划、工业园区规划等，因规划基期不一致、技术规程不统一、约束指标不同等因素，导致规划不科学、不完善、不严谨，部门间衔接不紧密、有错位，导致一些项目进不了、动不了，影响实施进度和质量。在城镇、工业建设上山过程中，有些指标体系亟待修订调整，如：山地城镇建设区域的建筑密度、容积率、绿地率等就不能死板硬套坝区的标准。

### （二）“农转城”权益保障问题亟待解决

漂亮的新居建好了，农民转户是城里人了，欢天喜地住进楼房了，但农民进城仅是市民化的第一步，城乡二元结构的制约障碍还远未从根本上打破，被征地农民的一些合法权益尚得不到充分保障。随着“农转城”人数越来越多，“务农无地、上班无岗、谋生无技、低保无份”等带来的一系列问题会越来越突出，尤其是城乡之间“同地不同权”、“同地不同价”，引发激化征地拆迁的矛盾，亟待各级政府跟进研究解决。

### （三）个别贪大求全，“运动式”、“摊大饼”

有的项目不顾实际用地需求，贪大求全，有的开发商“绑架政府”，借城镇上山之机变相“圈地”、“囤地”，还有盲目攀比，“运动式”造城建镇、“摊大饼”搞建设现象。因山地开发成本高，各级政府投入资金有限，吸引民间资本进入又受到现行一些政策制约，有的在推进城镇上山、工业上山中，仅靠入驻企业单一的融资渠道，难免带来顾了眼前、顾不了长远，只追求经济效益，不顾社会效益和城镇综合功能等问题。

### （四）环保和公共基础设施建设滞后

个别已建成工业园区上山项目，环保设施不能正常运行，监测监管缺位，有的城镇上山项目公共基础设施配套不到位，技术管理服务人员缺乏；有的在建项目对环保和公共基础设施建设，在投入上零敲碎打、推一推动一动，“两污”设施建设重地上、轻地下，重眼前、轻长远，尤其是污水管网、垃圾分拣清运等附属设施不联网、不配套，存在工业、生活污染物转移的风险和隐患。

## 三、几点意见建议

为进一步做好“城镇上山、工业上山、农民进城”工作，重点提出以下建议：

### （一）加强领导，强化责任，坚定推进“城镇上山、工业上山、农民进城”不动摇

“城镇上山、工业上山、农民进城”，是走具有云南特色新型城镇化发展之路的有益探索。党的十八大、十八届三中全会及中央城镇化工作会议，为大力推进云南特色新型城镇化建设指明了正确方向。“城镇上山、工业上山、农民进城”，只有进行时、没有完成时，无论遇到什么困难，无论出现什么障碍，无论发生什么干扰，都要“一任接着一任干、一张蓝图绘到底”地加以推进。各级各部门要把思想和行动统一到党中央、国务院的决策部署上来，把智慧力量凝聚到省委、省政府提出的目标任务上来，把握大局、积极稳妥，遵循规律、因势利导，凝聚力量、有所作为。要加强政策法规宣传教育和典型经验的总结推广，让群众拥有更多的知情权、参与权和选择权，把社会各界的积极性、主动性和创造性充分调动起来。要健全完善各级城乡统筹发展一体化领导体制机制，把保护坝区农田，建设山地城镇纳入国民经济和社会发展规划，列入各级政府目标责任管理和党政领导年度考核体系，做到“党委政府统筹领导、人大政协协力推动、相关部门齐抓共管、上下联手推进、社会广泛参与”，确保全面实现省委、省政府提出的2020年全省城镇化发展和耕地保护目标。

### （二）尽快建立城乡统一的建设用地市场，进一步加大土地用途管制

土地、特别是耕地是农民的生命，林地是农民发展的根基。随着工业化、城镇化进程的加速，要通过全面深化改革尽快建立完善城乡统一的建设用地市场，合理界定农村集体建设用地流转范围、确定流转形式、明确收益分配等，保障农民运用土地财产自主参与工业化、城镇化进程，享受应有的土地增值收益，共同分享发展成果。应启动相关政策法规研究、加强制度顶层设计和试点典型经验推广等，推动农村集体经营性建设用地出让、流转、租赁、入股，实行与国有土地同等入市、同权同价。同时，要强化土地用途管制，把农村集体建设用地纳入土地利用总体规划，规范运行，防止“权地交易、土地腐败”等问题滋生。强化工业、城镇建设用地土地管理机制建设，发挥土地利用总体规划和年度用地计划的“两划管控”作用，对不符合节约集约用地、不符合国家产业政策要求和高能耗、高污染、高排放项目不供地。严格项目实施审核制度，通过建设用地预审，严格控制用地规模，按投资强度核定用地面积，杜绝“圈地”、“囤地”和粗放用地现象。

### （三）突出以人为核心的城镇化，完善城镇功能设施，提高综合承载能力

各地以农业转移人口转变为城镇居民为突破口，加大了城乡统筹工作力度，昆明、曲靖市完成“农转城”人数和速度，远远超过省下达的年度任务指标数。如何根据城

市资源禀赋和承载能力，统筹解决存量，有序引导增量，是新型城镇化进程中，应积极稳妥解决好的问题。视察组认为，城镇化的关键和核心是人的城镇化，是人的生产方式和生活方式的转变，农民变市民，不是简单地改写户口本，关键要让“新市民”平等享受城市建设发展成果。要实现农民转户后进得了、留得住、能发展的目标，就要在就业、入学、教育、文化、医疗、社保等方面加大工作力度，尤其是谋生计、兴产业的工作要跟得上。同时，要重视对进城农民的技能培训，避免农民“被城镇化”。云南是集“边疆、民族、山区、贫困”为一体的省份，农村人口居住十分分散，13多万个自然村遍布山坡谷底，应因地因时因利制宜，分层次、分地区、分类别、分阶段，渐进式、多模式地推动“就地城镇化”、“就近城镇化”，实现城镇化与农业现代化相互协调、城乡一体化发展，同步解决“三农”问题。要推进基本公共服务城乡均等化，加强县城及县域城镇的基础设施建设，不断完善城镇配套功能，着眼长远考虑、讲求质量，解决道路、电力、通信、给水排水、农贸市场、学校、医院、养老等公共基础设施建设，提高城镇土地、水、能源等资源综合承载能力，满足城镇化未来发展需要。

（四）把握机遇，借鉴经验，扎实推进云南城镇化建设更好更快发展

近年来，我省城镇化率逐年提高，2012年为39.3%，但远低于全国平均水平近13个百分点。未来10~20年，是我省城镇化发展的重要机遇期、黄金期和加速期，推进云南特色新型城镇化建设更好更快发展，要善于学习借鉴国内外山地城镇建设好的经验和做法，避免走弯路、冤枉路和回头路。城镇化要做到科学规划先行，除了总体规划、功能规划，还应重视空间规划，突出城镇发展的集中、集约和生态要求。要注重总体布局设计，形成大中小城市、小城镇的功能合理衔接和产业支撑分工，做到城乡统筹协调，社会服务功能配套完善，围绕产业功能把农村人口分类分区聚集在县城或县域小城镇，使小城镇的产业能吸纳解决新增劳动力就业，社会、文化、交通等公共服务功能不断扩展，最终形成县域城乡一、二、三产协同发展，以工促农、以城带乡、城乡互动、互惠、互进的一体化新格局。当前，我省城镇化在“扩空间”的同时，应向强功能、提质量、求效益、有特色转变，要解决好入驻项目、进园产业对当地经济发展的带动作用，避免缺乏产业和人口支撑的“空心城镇化”。要重视科学规划引领和保障，完善城镇服务配套功能，调控好人口规模，防止遍地开花“运动式”、“摊大饼”造城建镇。不能盲目抄袭照搬“洋、奇、怪、异”建筑风格，要注重传承云南民族历史文化，保护好特色城镇、古村落和自然遗产，发展人无我有的体现历史记忆、地域特色和民族特点的云南美丽城镇，避免形式风格雷同、精神文化缺失、“千城一面”现象。

（五）坚持集约高效，以城市群带动建设生态型、集约型、服务型的宜居城镇

要优化全省城镇化布局和形态，以滇中城市群经济圈为核心，推动滇东北、滇西北、滇西及滇西南、滇东南等城市（镇）群经济社会跨越式发展，按照“做强大城市、

做优中小城市、做特乡镇、做美农村”路径，通过以大带小培育州市政府所在地和设市的城市及县城、中心集镇、边境口岸城镇为重点的城镇化提质发展。要注重资源承载力、环境容量，重视“两污”设施建设和地质灾害防治，实现人口与资源、环境可持续协调发展，避免土地浪费多，生态环境破坏大，确保城镇化布局和形态与资源环境承载能力相匹配，防止城市过度扩张带来的“大城市病”。要着力建设营造城乡宜居生态环境，加大城乡人居环境综合治理力度，加强重点区域流域环境污染防治，保障城镇饮用水水源地和生态产品基地安全。大力推进城镇生态文明建设，完善创新城镇生态文明建设体制机制和政策体系，加快研究建立我省城镇生态文明评价指标体系，把城镇规划设计、基础设施建设、产业布局发展、饮用水保障、空气质量、能源供应、市场流通、居民消费等纳入评价考核指标。要让城乡党政机关、企事业单位、社会团体、社区组织、居民群体、民工群体、小区居民等社会主体参与进来，共同建设生态型、集约型、服务型的幸福家园，努力形成资源节约、环境友好、经济高效、文化繁荣、社会和谐的城乡统筹协调可持续发展新格局。

# 我省县级公立医院综合改革试点工作进展情况视察报告

（2013 年 12 月 17 日政协云南省第十一届委员会第六次主席会议通过）

为推动《国务院办公厅关于县级公立医院综合改革试点意见》的贯彻落实，省政协主席会议决定，将“我省县级公立医院综合改革试点工作进展情况”列为 2013 年重点视察项目，由教科文卫体委员会和文史委员会共同组织实施。3～6 月，两个委员会组织有关部门领导和专家学者深入昆明、玉溪、曲靖、楚雄等地 6 家县级试点公立医院进行了前期调研，就视察的方式、方法，重点、难点问题，方案、提纲等进行了研究，拟定完善了视察提纲、视察方案。11 月 5～8 日，由罗黎辉副主席带队，两个委员会组织部分医卫界政协委员、专家学者组成视察组，听取了省医改办，昆明、玉溪、红河 3 个州（市）县级公立医院综合改革试点工作进展情况介绍，深入 6 个县级试点公立医院进行了实地视察，对前期调研中已作过实地察看的曲靖、楚雄两个州（市）县级公立医院综合改革试点工作开展情况进行了函调。现将视察情况报告如下：

## 一、试点工作的总体推进情况和主要做法

2012 年，我省确定并开展综合改革的试点县 30 个，其中国家级 12 个、省级 18 个；

2013年新增6个。目前，共有36个试点县（名单见附件1），约占全省县域的29%；57家县级公立医院（含23所县级中医医院）开展该项工作。

《国务院办公厅关于县级公立医院综合改革试点意见》出台后，省委、省政府高度重视，立即成立了由分管副省长任组长的工作领导小组，制定出台了《云南省人民政府办公厅关于县级公立医院综合改革试点的实施意见》，加大投入，加快试点，着力打造县域医疗卫生工作龙头。相关部门及州市积极行动，成立了相应组织机构，并结合各地实际制定了《关于县级公立医院综合改革试点的实施意见》，昆明、红河、楚雄、临沧、德宏等州市参照省里的做法，扩大试点范围。目前，我省正在申报一批国家级试点县，力争2013年底实现2013年2月全省卫生工作会议提出的“2013年，力争全省试点县超过65个”的目标。

试点工作开展一年来，各试点县紧紧抓住全省壮大县域经济实力、加速城镇化建设之机，加大改革力度与进度，县级公立医院的服务能力显著提升，其作为县域医疗卫生工作龙头的地位和作用日渐显现。

（一）各级党委、政府高度重视，不断强化支持保障

省委、省政府高度重视县级公立医院综合改革工作，2012年，省级财政安排县级公立医院综合改革专项补助3000万元，2013年，预算安排7500万元。据不完全统计，试点县级公立医院取消药品加成后，从中央到地方的各级财政对县级公立医院的补偿共为1.79亿元。2009~2012年，国家安排我省县级医院建设项目136个（县医院112个、县中医院24个），总建设规模168万平方米，中央及省级资金32.7998亿元，其中：中央资金24.3750亿元。省政府及有关部门进一步简政放权，实行县级公立医院医药价格改革“一县一策”制度，按照“总量控制、结构调整”的原则，不断提高体现医务人员劳务价值的门诊、住院诊查费和手术、治疗费及中医特色服务类项目收费，降低了部分大型设备检查价格，党委、政府对县级公立医院改革的支持保障力度持续增强。

（二）注重发挥规划计划引领作用，夯实改革发展基础

省卫生厅制定了《云南省卫生资源配置指导标准（暂行）》、《云南省区域卫生规划工作指导意见》、《云南省医疗机构设置规划指导意见》，指导和要求各试点县根据实际情况，对县域医疗服务需求进行预测，制定各地的《医疗机构设置规划》，并按照规划调整布局、配置资源、强化功能。同时，省卫生厅草拟了《云南省县级公立医院建设发展五年行动计划（2013~2017年）》上报省政府研究，以期通过五年的努力，使全省县级公立医院在创等达标、临床重点专科建设、信息化建设、人才队伍建设、便民惠民服务、县乡医疗机构现代化管理和城乡对口帮扶七个方面迈上一个新台阶，促进建成一批标准化县级医院，使诊疗水平和服务能力不断提升，力争绝大多数县实现90%的患者在县域内就诊治疗的目标。

（三）积极鼓励探索创新，谋求体制机制突破

各地、各医院充分利用改革带来的政策空间，结合实际，积极开展补偿机制、运行机制、人事分配、绩效考核等方面的改革探索，谋求以点带面突破体制机制。一是昆明、临沧等州市探索建立财政对县级公立医院的分担补助机制。二是开展多形式的联合办医与服务。红河州组建紧密型医疗服务合作体，开展联合纵向办医。开远市、景洪市、祥云县等多个试点县积极探索以资本、技术、管理为纽带的县乡村医疗服务一体化管理。三是设法控制医疗费用增长。禄丰县、富源县、开远市、新平县等均作了积极有效的探索，取得一定成效。四是创新医疗保障机制。新平县创新城乡居民医疗保障体制，于2011年率先将新型农村合作医疗和城镇居民基本医疗保险实行并轨，推行“先住院后结算”医疗服务制度，设立城乡居民基本医疗保障后备金。全县医疗保障初步实现了“全覆盖、均等化、高保障”。五是部分县区按照县级医院实际开放床位与人员1∶1.5的比例，对医务人员进行核编。六是部分县取消或降低了高值耗材进销差率。七是各试点医院积极探索建立以公益性和运行效率为核心的县级公立医院绩效考核体系。八是部分试点医院探索建立法人治理结构，设立理事会。

（四）以支付方式改革和医院评审为抓手，促进医院内部机制转变

目前，我省已较为普遍地开展了新型农村合作医疗支付方式改革，分别推行了按人头付费、单病种付费、按床日付费、总额付费等支付方式改革。在2012年确定的30个国家级、省级试点县中，有22个县实行城镇职工基本医保付费总额控制和新型农村合作医疗床日付费，楚雄州禄丰县、大理州祥云县实行按疾病诊断相关组（DRGs）付费。通过支付方式改革，倒逼医院运行机制改革，采取有效措施控制资源消耗，从以往的“多收入多得奖”变为“合理节约多得奖”，切实加强成本管理，向质量效益型转变。我省开展的新一轮医院评审，预计将新增65所二级甲等县医院，使全省县级医院在管理、服务、安全、质量、内涵建设方面发生了很大进步。

（五）大力推行惠民便民措施，改革成果更多惠及群众

各县级公立医院普遍开展预约诊疗，实行“无假日医院”，简化就医流程，方便群众就诊；实行同级医院医学检查、检验结果互认，强化日常便民服务；推行“优质护理示范工程”、临床路径管理，规范诊疗行为，提高医疗水平。同时，以县级公立医院为龙头，开展“光明工程”、尿毒症贫困患者、重性精神疾病患者治疗救助以及儿童白血病、肺癌等20种重大疾病救助，开展急救、血透、儿科、妇科、病理、传染等临床重点专科建设，明显提高了县级公立医院服务的水平，有的县已实现了90%的患者在县域内就诊的改革目标。

（六）努力解决人才短板问题，着力攻坚制约瓶颈

近两年来，云南省卫生厅举办了多次县级医院院长培训班，从医改政策指导、医院

等级评审、医院战略管理、人力资源和绩效、信息化等方面，对医院院长进行了全覆盖的培训。同时，在全省实施“走进西部—卫生人才培训”项目，每年培训370名县级骨干医师和500名管理人员；建立医师规范化培训基地和全科医生培训基地，开展县级医院住院医师培训；2012～2013年，云南省全科医学培训中心为全省24个全科医生培训基地培训561名全科医学师资；制定人才引进管理办法，引入优秀人才给予资金和政策扶持；开展医师多点执业，336名省市级公立医院医师注册到县级公立医院，作为第二执业地点开展执业；实施“万名医师支援农村卫生工程”项目，从全省三级医院中遴选了480名医务人员支援县级医院；积极争取加大滇沪城乡医院对口支援力度，促成上海市23所三级综合医院对口帮扶我省23所县级医院。依托我省昆明医科大学、云南中医学院、大理学院等高等医学院校自2010年起招收农村订单定向免费医学生，对我省县级公立医院的长远发展将起到人才的支撑保障作用。

（七）立足边疆民族实际，突出中医民族特色

我省县级公立医院改革过程中，突出强调发挥中医民族医药“简、便、验、廉”的特色和优势，缓解基层和各族群众看病难、看病贵问题。全省129个县（市、区）新型农村合作医疗中医药报销比例较西医药提高10%以上；参合人员在中医医疗机构住院起付线降低10%；将针灸、推拿等中医非药物诊疗技术和符合条件的医疗机构中药制剂纳入新型农村合作医疗报销范围。在巩固完善基本药物制度中体现中医药特点，医保目录新增243个中医民族医药品种，使现行医保药品目录中中成药和民族药占总数的47%。

## 二、综合改革试点中存在的主要问题及原因分析

尽管我省县级公立医院综合改革试点取得积极成效，但由于我省县域经济实力总体不强，发展不平衡，改革配套能力弱，资源、人才、技术相对落后，距离实现县级公立医院成为县域医疗卫生工作龙头、实现大病不出县的改革目标还有较大差距。由于该项改革启动与推进的时间尚短，工作的前后对比分析及数据积累尚不足。

（一）改革的综合配套及整体推进尚不足

国家及我省在人员编制、人事制度、绩效考核、分配制度、医疗保障制度、价格机制等方面的改革尚未配套，试点县单枪匹马进行改革的试点难度较大，现代医院管理制度和理事会领导下的院长法人治理尚缺乏法律法规支持，试点的县级公立医院尚未真正推开法人治理工作。

政府对县级公立医院的职能任务定位不够明确，在合理配置卫生资源，尤其是人才资源方面的作用发挥不够好，存在卫生资源不足与浪费并存的现象；全民医保尚未建立，基层卫生服务能力弱，对患者看病的流向引导不力，上下游公立医院间的联动不

够，同级公立医院的互动不足，分级就近诊疗，相互转诊制度推进工作尚显不够。

政府对县级公立医院的投入不足，公立医院的公益性质保证不足。部分县级公立医院前期有举债建设的情况，目前背负的债务需要政府设法为其化解。

（二）实施药品零差率后收支平衡难度较大

中央和省、州市、县财政对试点县公立医院取消药品加成造成的医院收入减少的补助能力较弱。医保支付和结算方式改革未能与医院取消药品加成同步进行调整，相关的综合改革政策调整不配套，医院取消药品加成后的缺口得不到足够补充。除了中央、省财政补偿到位外，服务收费调整、医疗保障支付等均未到位，导致部分县级公立医院已面临收不抵支，可持续发展将出现危机。

（三）不同程度地存在人才危机

一是人员编制不足。卫生系统人员编制为上世纪 80 年代制定，多年未增加。为维持正常的工作运转，医院不得不逐年增加合同制人员，以缓解人力资源不足的问题。各医院的合同制人员约占在编人员数的 1/3，安宁市人民医院甚至已超过在编人员总数。政府的职称结构及总额控制与编制挂钩，人头经费补助是按实有编制内人员进行划拨，大量的编外用工既增加了医院的人力成本，又不利于人员队伍稳定，尤其是专业技术人员医技能力和水平的提高，因而影响了医院的正常运行。

二是卫生人才紧缺。由于多种因素影响，我省卫生人力资源不足、质量不高，千人口执业（助理）医师 1.47 远低于全国 1.94 的水平，千人口注册护士数 1.30 明显低于全国平均水平 1.85，重点学科带头人、骨干医师、全科医生更是严重紧缺。据我省卫生厅专项数据调查，截止 2013 年 8 月底，我省培训各类全科医生 5628 人，注册为全科执业（助理）医师 1927 人，与我省实际需求差距较大。不仅如此，受经济社会发展和医务人员个人职业发展环境影响，县级公立医院“人才逆流”现象突出，县级医院大量业务熟练的骨干医师调到上级医院工作，给原本就十分缺乏高素质专业人才的县医院带来更大的人才危机。

（四）人事收入分配改革不够深入

医疗卫生工作是高技术、高风险的工作，其工作难度及责任的不同形成了若干不同的重点岗位、学科与人员，因而需要不同的收入分配制度，强化重点岗位、重点人员的责权利的统一。由于目前我省县级公立医院仍实行统一的奖励性绩效工资标准，“削峰填谷”后形成了新的平均主义，未能实现有效的约束与激励，未能实现多劳多得、优劳优酬。

（五）多元化办医格局尚未形成

从县域医疗卫生机构及资源看，多以公立医院为主，还未形成公立医院与民营医院协调互补、多元化办医的格局，主要原因是社会资本和力量介入医疗卫生事业不足。这既有县域卫生规划布局引导的原因，也有民营医院发展比较困难的原因。就民营医院而言，现有的民营医院发展面临较大的外部压力与内部管理困境。外部压力包括：政策环境不配套、法律制度不完善，缺乏公平有序的竞争环境；相关部门的管理衔接不完善，准入、退出机制未形成。内部管理困境包括：人才短缺、流动性大；市场定位不准，特色不明；管理不完善，效果不佳。

## 三、进一步推动县级公立医院综合改革试点工作建议

### （一）做好试点单位总结工作，加强顶层设计，加强对县级公立医院改革的领导、指导与协调，创造条件，做好准备，实事求是积极全面地推进县级公立医院改革

从视察的情况看，我省县级公立医院综合改革正稳步有序推进，有许多好的经验和做法值得进一步总结推广，但也有一些困难和问题需要逐步解决。为此，建议：一是省级有关部门和已开展试点的州市县要切实做好总结工作，总结推广基本经验，及时发现问题，提出对策措施。二是召开一次县级公立医院综合改革工作进展情况座谈会，对改革试点情况进行一次深入分析探讨，尤其是涉及带有共性的体制、机制政策配套等问题。三是有针对性地解决好试点工作中暴露出来的困难与问题，做好政策配套、财政资金支持等准备工作，实事求是积极全面地推开县级公立医院改革。四是加强县级公立医院改革的顶层设计，重点解决好资源配置、县级公立医院的准确合理定位、县级公立医院前期建设的债务化解问题。

### （二）坚持取消药品加成，巩固支付方式改革成效，建立公立医院补偿的长效机制

一是加大政府经费投入，确保公立医疗机构的公益性质。各级政府增加投入，全民共享改革成果，体现卫生服务公平性；采取分级负担方式，由中央、省、州（市）、县四级政府财政共同投入；采取分类补偿的办法，根据县财政状况进行分类，不同类别的地区，四级财政投入的比例应有所不同。研究制定更加完善的补偿政策，从多方面进行补偿，包括公立医院的学科建设、人才培养、社会责任、能力提升等方面的补偿。

二是将试点工作中的专项补偿机制转化并建立长效稳定的补偿机制。该批试点县基本是以国家和省级的专项补助款来补偿药品零加成对医院造成的收入下降问题。在今年的试点工作结束后，普遍面临着今后收入减少的补偿问题。为确保县级公立医院综合改革的深入与医院的可持续发展，急需建立相应的长效补偿机制。

三是提高诊疗服务收费标准，体现医务人员的劳务价值。在科学论证的基础上，适当增加医院的诊疗服务收费项目，提高诊疗服务收费标准；同时要加强指导与监管，防止出现诊疗服务收费范围过大、收费标准过高等问题。

四是深化并完善支付制度改革。充分论证医疗保险各种付费方式的利弊，包括按时间划分的预付制、后付制，医疗保险需方的费用支付方式中的起付线、自付比例、最高

限额，医疗保险供方的费用支付方式中的按服务项目支付方式、按人头支付方式、按服务人次支付方式、按住院床日支付方式、按病种支付方式、总额预付制等等，均必须经严格的科学论证后确定并深化完善。

（三）理顺关系，完善医疗服务体系

一是充分发挥政府职能，切实保障全民基本医疗。各州（市）、县（市、区）应进一步科学进行区域卫生规划，合理配置卫生资源；加强政策引导，实现县级公立医院与乡镇卫生院人才交流互用常态化；各级政府应加大承办或购买基本卫生服务力度，在公立医院可以开展的基本卫生服务，由政府承担；在民营医院可以开展的基本卫生服务，由政府向民营医院购买。

二是各级卫生机构各司其职，上下联动。尽快建立健全双向转诊制度，合理分流病人。加大依托省级、州市级医院技术指导的力度，不断提高县级公立医院的服务能力。县级公立医院加强对乡镇卫生院、村卫生室指导，加大全科医生培养的力度和进度，不断提高基层卫生服务机构的服务能力。

用医疗保险政策引导，逐步形成刚性制度，由基层医疗服务机构承担“健康守门人”角色，首诊必须到基层医疗服务机构（城镇为社区卫生服务中心，农村为村卫生室）就诊。没有基层医疗服务机构的书面认可，患者到其他卫生机构诊治的费用不予报销。各同级卫生机构协调配合，左右互动，资源共享，优势互补。

三是合理规划，留出民营医院发展空间，形成布局合理、互为补充的医院体系。目前，我省民营医院的数量、床位数等都还较少，截止 2012 年底，我省民营医院共 8681 所，占全省医疗机构总数的 37.11%，床位 34372 张，只占全省医疗机构床位总数的 17.66%。

（四）解决医院编制紧缺及人才短板问题，着力攻坚制约瓶颈

一是科学改革医院编制核定工作。从现实的医疗卫生工作任务、规模出发，解决好医院编制核定和医院合理用工的矛盾。

二是完善制度，落实措施，引导和促进高水平医务人员为基层服务。各级职称评定机构在职称评定时应给予基层医务人员职称晋升的倾斜；各级政府在基层医务人员经济收入、福利待遇上给予倾斜，鼓励医师多点执业。

三是着眼当前，加强高水平医师队伍建设。采用请进来、送出去等手段，加强医院内部人才培养；借力上级医院指导，利用高水平医师到本单位执业之机，培养本单位的医师团队；创造条件，加大高层次人才的引进力度，力求取得实效。

四是着眼未来，加强全科医生培养。健全全科医生培养模式。强化全科医生的师资骨干培训，继续推进免费医学订单定向生的培养工作，加强全科医生转岗培训。给予全科医生合适的待遇。

五是完善配套有关政策措施，进一步引导促进高校毕业生到基层就业。2014 年云南省医科类全日制毕业生达 4 万多人，一方面我省基层卫生人才资源十分紧缺，另一方面又面临着紧张的就业压力，应通过完善政策体系及相应措施，加大对毕业生到基层医疗机构工作的引导和扶持力度，解决基层卫生人才资源紧缺的问题，并在一定程度上缓解就业的压力。

（五）深化综合改革，强化法人治理结构，建立现代化医院管理体系，改革收入分配制度，完善绩效考核，增强公立医院活力

按照中央全面深化改革的新要求与布局，进一步深化县级公立医院改革工作，实事求是地推进法人治理结构改革，科学全面地界定并赋予医院法人实际的法人治理权，更多地给予医院收入分配的自主权；建立健全科学合理的绩效评价体系，实现多劳多得、优劳优酬；进一步加强财务监督。

（六）引导社会资本发展医疗卫生事业，促进多元化办医格局形成

通过县域卫生规划，引导县级公立医院与民营医院合理布局，功能互补、协调发展、合理竞争，提升县域医疗卫生服务能力及水平。要注意给予民营医院与公立医院同等的待遇，同时加大监管力度，确保并强化民营医院的服务质量。

# 提案工作

**省政协十一届一次会议提案交办会** 2月26日，省政协召开十一届一次会议提案交办会，省委办公厅、省政府办公厅和117个提案办理单位的同志出席了会议。省政协副主席喻顶成出席会议并讲话。出席会议的领导还有省委副秘书长钱恒义，省政府参事室主任、办公厅副主任张瑛，省政协提案委员会主任郭文龙。会议由省政协副秘书长杨志诚主持。

省政协副主席喻顶成对进一步抓好政协提案办理工作作了讲话。他说，充分发挥提案工作在人民政协履行职能中的作用，既是人民政协自身建设中必须重视的问题，也是提案办理部门必须认真解决的问题，只有把提案办理放在事关全局的位置，才能充分发挥提案在增进团结、统一认识、促进和谐、推动发展中的积极作用，促进多党合作基本政治制度的巩固和发展，把各方面的智慧和力量凝聚到中共中央的决策和部署上来，对于提升决策科学化、民主化水平，加强和改进党和政府工作，具有十分重要的意义。提案是提案者辛勤劳动的结晶，办理中要加强与提案人的沟通、交流，了解提案者提出提案的初衷，掌握提案者关注的重点，尽量采纳合理的意见建议，通过协商增进提案人对部门工作的了解，特别是对一些暂时难以解决的问题，要通过充分协商和沟通，取得提案者的理解与支持，这种互动是党政部门发挥民主、广纳群言的具体表现，可以在互动中增进理解，在协商中达成共识，在协作中促进问题解决，使提案办理成为促进部门工作的重要形式。

会后，各单位现场接收了提案。

**省政协十一届一次会议重点提案督办、调研及面商情况** 全会闭会后，提案委就开始对重点提案进行遴选，整个工作过程经过了提案组分口初选、主任办公会、秘书长会议、对创新提案督办工作提出了指导性意见。省政协副秘书长杨志诚主持会议。提案委全体会议的讨论，经主席会议审定，重点提案确定为10件。重点提案都是由省政协领导牵头，秘书长、副秘书长、各专委会参与督办，各承办单位高度重视提案的办理工作，组织了办理面商会，确保了提案的办理效果。为了使重点提案得到重点办理，促进提案办理质量整体提高，10件重点提案在办理前都进行了调研。其中，7件由省政协提案委员会组织，3件由承办单位组织。特别是围绕重点提案《关于进一步加快云南陆路建设的建议》，组织了调研活动。6月13～19日，省政协组织《进一步加强云南陆路建设》重点调研，调研组由白成亮常务副主席、喻顶成副主席担任领队，分别到玉溪、红河、保山、德宏进行了调研。在调研总结会会上，罗正富主席作了重要讲话。

12月2日，在省发改委举行了重点提案《关于进一步加快云南陆路建设的建议》办理面商会。提出提案的八个民主党派省委、省工商联，办理提案的省发改委、省交通运输厅、省商务厅、省财政厅、省金融办、昆明铁路局有关领导，省政协副秘书长、办公厅主任张宁、提案委员会主任郭文龙参加了会议。省政协主席罗正富、省政府副省长丁绍祥出席会议并讲话。

**省政协十一届一次会议重点提案表**

| 号类 | 标　　题 | 提案者 | 承办单位 | 督办领导和部门 |
|---|---|---|---|---|
| 184<br>经 | 关于进一步加快云南陆路建设的建议 | 八个民主党派省委和省工商联 | 省发改委主办，省交通运输厅、省商务厅、省财政厅、省金融办、昆明铁路局会办 | 罗正富<br>车志敏<br>提案委 |
| 19<br>经 | 关于促进我省工业园区建设的提案 | 九三学社云南省委 | 省工信委办理 | 白成亮<br>杨志诚<br>经济委 |
| 144<br>经 | 关于加强云南省农村实用技术培训的提案 | 民盟云南省委 | 省农业厅办理 | 马开贤<br>孟庆红<br>民宗委 |
| 399<br>经 | 关于尽快完善保障性住房管理机制的建议 | 邓廷铎委员 | 省住建厅办理 | 曾　华<br>张　宁<br>外事委 |
| 41<br>政 | 关于建立及完善社区养老体系的提案 | 周国珍委员 | 省民政厅主办，省卫生厅会办 | 罗黎辉<br>孟庆红<br>文史委 |
| 189<br>教 | 进一步加强我省村医队伍建设的建议 | 农工党云南省委 | 省卫生厅主办，省发改委、省财政厅、省人社厅、省教育厅会办 | 顾伯平<br>马孝初<br>教科文委 |

续　表

| 号类 | 标　　题 | 提案者 | 承办单位 | 督办领导和部门 |
|---|---|---|---|---|
| 588 政 | 关于全面加强依法治省工作、努力促进法治云南建设的建议 | 民革云南省委，民建云南省委，民进云南省委，九三学社云南省委，台盟云南省委 | 省司法厅办理 | 倪慧芳 杨志诚 社法委 |
| 228 经 | 关于我省进一步实施城乡统筹“三农”金融服务改革试验区的建议 | 致公党云南省委 | 省金融办主办，省财政厅、省农业厅会办 | 米东生 杨志诚 提案委 |
| 652 经 | 关于促进我省城市再生水利用的提案 | 人资环委 | 省住建厅主办，省财政厅、省水利厅会办 | 王承才 高德明 人资环委 |
| 612 经 | 关于实施“消费满意在云南”行动加快推进消费维权体系建设的提案 | 张荣明等5位委员 | 省工商局主办，省发改委、省商务厅、省卫生厅、省食药局、省质监局、省旅游局、省总工会、团省委、省妇联、省广电局会办 | 喻顶成 杨志诚 提案委 |

**省政协第二十二次提案工作座谈会**

6月25～26日，省政协第二十二次提案工作座谈会暨提案工作研讨会在普洱召开。

会议以学习贯彻中共中央办公厅、国务院办公厅《关于进一步加强人民政协提案办理工作的意见》和省委办公厅、省政府办公厅《关于进一步加强人民政协提案办理工作实施意见》精神为契机，进一步创新提案督办工作的方法与途径，全面提高提案工作科学化水平。

省政协常务副主席白成亮、副主席喻顶成出席会议并讲话。

白成亮对进一步做好政协提案工作提出了要求：一要深入贯彻落实十八大精神，从推进协商民主的高度来认识提案工作；二要坚持提案工作的全局性定位，充分发挥党派团体提案的典型性示范作用和政协委员的主体作用，充分发挥政协组织的整体功能，积极争取党委政府的重视和支持；三要把握工作重点，不断提高提案质量、办理质量、服务质量，进一步完善工作机制，建立健全评选表彰长效机制、提案内容及办理复文公开机制，推动提案工作创新，努力提高提案工作科学化水平。

喻顶成要求全省政协系统要将深入学习贯彻《意见》作为做好提案督办工作的首要任务，将加强提案办理协商作为做好提案督办工作的重要途径，将提升提案督办的运行层次作为督办工作的可靠保证，将健全督办工作机制作为强化提案督办工作的有力抓手，将加强自身建设作为做好提案督办工作的必然要求，通过强有力的督办工作，不断提高提案办理实效。

普洱市委书记卫星致辞。省政协提案委主任郭文龙介绍了2013年省政协提案工作情况。

**全省政协提案服务系统和提案承办单位工作培训情况** 为进一步深入学习和贯彻《中共中央办公厅、国务院办公厅印发〈关于进一步加强人民政协提案办理工作的意见〉的通知》中办发〔2012〕13号文件和中共云南省委办公厅、云南省政府办公厅下发的《关于进一步加强人民政协提案办理工作的实施意见》〔2012〕36号文件，学习新修订的提案工作条例，全面了解人民政协基本理论、政协提案工作基本知识，全面提高全省提案服务系统，提案承办单位工作人员提案工作能力和水平，推进政协提案工作的制度化、程序化、规范化。根据省政协2013年度工作安排，8月24～31日省政协办公厅、提案委员会在省委党校举办了全省政协提案服务系统和提案承办单位工作培训班。

培训内容主要涉及，人民政协基本理论、提案工作概述、中办发〔2012〕13号文件和云南〔2012〕36号文件辅导以及《省政协提案工作条例》解读等。培训分两期进行，全省政协提案服务系统工作培训班于8月24日开始，8月28日结束。参训人员来自全省各州、市和部分边远的区、县政协分管提案工作的副主席、提案委主任，共210人，其中：146人是新一届分管领导和担任提案委主任，第一次参加培训，占75.25%。省政协提案承办单位工作培训班于8月29日开始，8月31日结束。150余人参加了培训。本次培训改变了以往聘请专家、教授授课的做法，分别由提案委4名领导结合工作实际，亲自备课授课，言传身教，使培训更具有针对性和操作性。省政协副主席喻顶成分别在开班仪式上作了动员讲话，提案委郭文龙主任分别进行了小结。

**省政协十一届一次会议优秀提案表彰情况** 根据《政协云南省委员会提案工作条例》和《政协云南省委员会关于评选表彰优秀提案的实施办法》规定，经政协云南省第十一届委员会第六次主席会议决定：对省侨联提出的《关于进一步完善公共财政体系，加快推进我省边境地区基本公共服务均等化的提案》（第2号提案）、丁嘉龙委员提出的《进一步规范基层行政执法的建议》（第22号提案）等50件优秀提案予以表彰；其中对八个民主党派省委和省工商联联合提出的《关于进一步加快云南陆路建设的建议》（第184号提案）的提案给予特别奖励。按照省政协党组转变作风，减少会议的要求，十一届一次会议没有召开优秀提案表彰会。

## 省政协十一届一次会议优秀提案表彰名单

| 序号 | 提案号 | 提案标题 | 提案者 | 承办单位 |
|---|---|---|---|---|
| 特别奖 | | | | |
| 1 | 184 | 关于进一步加快云南陆路建设的建议 | 省级八个民主党派省委和省工商联 | 省发改主办，省财政厅、省交通运输厅、省商务厅、省金融办、昆明铁路局会办 |
| 优秀提案 | | | | |
| 2 | 2 | 关于进一步完善公共财政体系加快推进我省边境地区基本公共服务均等化的提案 | 省侨联 | 省财政厅办理 |
| 3 | 5 | 进一步健全完善我省文化市场体系，促进云南文化强省建设的提案 | 省工商联 | 省文产办主办，省文化厅会办 |
| 4 | 19 | 关于促进我省工业园区建设的提案 | 九三学社省委 | 省工信委主办，省环保厅会办 |
| 5 | 32 | 进一步规范基层行政执法的建议 | 丁嘉龙委员 | 省政府法制办办理 |
| 6 | 39 | 加快推进云南技工教育发展的建议 | 杨焰平委员 | 省教育厅、省财政厅、省人社厅分办 |
| 7 | 41 | 关于建立及完善社区养老体系的提案 | 周国珍委员 | 省民政厅主办，省卫生厅会办 |
| 8 | 42 | 关于缓解昆明市城市道路交通拥堵的建议 | 马光宇等2位委员 | 昆明市政府办理 |
| 9 | 48 | 关于探索直接债务融资模式拓宽中小微企业融资渠道的建议案 | 宋嘉林委员 | 省金融办主办，省工信委、省财政厅会办 |

续 表

| 序号 | 提案号 | 提案标题 | 提案者 | 承办单位 |
|---|---|---|---|---|
| 10 | 58 | 关于推进滇中产业园区统筹协调发展的建议 | 杨玉泉委员 | 省工信委办理 |
| 11 | 62 | 关于加强对我省物业管理服务业监督管理的提案 | 牟宝恒委员 | 省住建厅主办，省地税局会办 |
| 12 | 64 | 关于加快全省民营经济发展的建议 | 吕昌会委员 | 省工信委办理 |
| 13 | 69 | 关于加强长水机场应急处突机制建设的几点建议 | 张建伟委员 | 云南机场集团公司办理 |
| 14 | 78 | 关于整治利用未成年人进行商业牟利的建议 | 胡昭云 | 省公安厅主办，省司法厅、省教育厅会办 |
| 15 | 94 | 关于高度重视高校毕业生就业指导与服务工作的提案 | 田坤委员 | 省人社厅、省教育厅、省财政厅分办 |
| 16 | 108 | 关于完善云南省民族中等职业学校布局的提案 | 岩秒委员 | 省教育厅主办，省民委会办 |
| 17 | 117 | 关于加快食品工业企业诚信管理体系建设的建议 | 杨燕委员 | 省工信委主办，省食药局会办 |
| 18 | 124 | 关于加大云南律师行业扶持力度的建议 | 万立等5位委员 | 省司法厅办理 |
| 19 | 133 | 关于在农村医疗单位设置“特岗医生”的提案 | 马克伟委员 | 省卫生厅主办，省人社厅、省财政厅会办 |
| 20 | 144 | 关于加强云南省农村实用技术培训的提案 | 民盟省委 | 省农业厅办理 |
| 21 | 160 | 关于建设多元化金融服务体系 促进云南实体经济发展的提案 | 民建省委 | 省金融办主办，中国人行昆明中心支行、省国税局、省地税局、省银监局会办 |

续 表

| 序号 | 提案号 | 提案标题 | 提案者 | 承办单位 |
|---|---|---|---|---|
| 22 | 189 | 进一步加强我省村医队伍建设的建议 | 农工党省委 | 省卫生厅主办，省发改委、省财政厅、省人社厅、省教育厅会办 |
| 23 | 228 | 关于我省进一步实施城乡统筹“三农”金融服务改革试验区的建议 | 致公党省委 | 省金融办主办，省财政厅、省农业厅会办 |
| 24 | 246 | 关于大力推进我省农民专业合作组织发展的建议 | 民革省委 | 省农业厅主办，省工商局、省供销社、省金融办会办 |
| 25 | 249 | 云南高校与大湄公河次区域国家教育交流合作的建议 | 唐滢委员 | 省教育厅办理 |
| 26 | 261 | 转变城市规划理念 防御城市内涝灾害 | 吴建加委员 | 省住建厅办理 |
| 27 | 300 | 关于加强我省水资源的有效开发与合理利用的提案 | 民进云南省委 | 省水利厅主办，省住建厅、省农业厅会办 |
| 28 | 313 | 关于抓紧落实民族团结进步边疆繁荣稳定示范区建设工作的提案 | 省政协民宗委 | 省民委办理 |
| 29 | 350 | 关于切实加强残疾人工作信息化建设的提案 | 蒲涌委员 | 省残联主办，省工信委会办 |
| 30 | 360 | 关于将慢性丙型病毒性肝炎（抗病毒治疗）纳入门诊特殊疾病医疗保险范畴的提案 | 贾曼红等 3 位委员 | 省人社厅主办，省卫生厅会办 |
| 31 | 399 | 关于尽快完善保障性住房管理机制的建议 | 邓廷铎委员 | 省住建厅办理 |
| 32 | 412 | 关于我省“用地上山”应注意生态环境保护的提案 | 陈俊骢委员 | 省国土厅主办，省林业厅、省水利厅、省环保厅会办 |

续 表

| 序号 | 提案号 | 提案标题 | 提案者 | 承办单位 |
|---|---|---|---|---|
| 33 | 417 | 关于进一步加强食品安全监管工作的建议 | 杨洋委员 | 省食安办主办，省食药局、省编办、省工商局会办 |
| 34 | 421 | 关于治理“超限超载”问题的提案 | 阎俊华委员 | 省交通运输厅主办，省政协办公厅、省公安厅、省发改委会办 |
| 35 | 440 | 采取措施禁止以宗教名义敛财的建议 | 杨立志 | 省宗教局主办，省工商局、省旅游局会办 |
| 36 | 441 | 关于解决灵活就业人员的社会保障问题的建议 | 姚越苏委员 | 省人社厅办理 |
| 37 | 472 | 关于完善相关政策促进台企入滇的建议 | 台盟省委 | 省招商合作局主办，省国税局、省地税局、省金融办、省国土厅会办 |
| 38 | 476 | 推进滇池流域农产业结构调整的建议 | 李少华等2位委员 | 昆明市政府办理 |
| 39 | 520 | 关于深化与东南亚及南亚国家文化产业合作的建议 | 林德兴委员 | 省文产办主办，省文化厅会办 |
| 40 | 557 | 关于加强我省中小学素质教育的提案 | 陈劲松等6位委员 | 省教育厅办理 |
| 41 | 562 | 建立健全大学生村官期满后续工作安排的建议 | 王键等10位委员 | 省委组织部主办，省人社厅会办 |
| 42 | 564 | 儿童之家建设的建议 | 省妇联 | 省民政厅办理 |
| 43 | 586 | 关于“史上最严厉的交规”须对应配套有“史上最规范的交通管理”的提案 | 王亚妮等2位委员 | 昆明市政府办理 |
| 44 | 588 | 关于全面加强依法治省工作、努力促进法治云南建设的建议 | 民革省委，民建省委，民进省委，九三学社省委，台盟省委 | 省司法厅主办，省委组织部、省财政厅、省政府法制办办理 |

续 表

| 序号 | 提案号 | 提案标题 | 提案者 | 承办单位 |
| --- | --- | --- | --- | --- |
| 45 | 591 | 加强边境贸易，进一步提升边境贸易的战略作用 | 刘亮等3位委员 | 省商务厅主办，省工信委、昆明海关、省文化厅、省银监局会办 |
| 46 | 612 | 关于实施“消费满意在云南”行动加快推进消费维权体系建设的提案 | 张荣明等5位委员 | 省工商局主办，省商务厅、省发改委、省质监局、省旅游局、省卫生厅、省食药局、省总工会、团省委、省妇联、省广电局会办 |
| 47 | 614 | 推进桥头堡建设、促进医疗服务走出国门 | 李炯明等6位委员 | 省卫生厅主办，省发改委会办 |
| 48 | 616 | 关于进一步完善农村义务教育阶段学生营养改善计划的建议 | 柳清菊等5位委员 | 省教育厅主办，省财政厅、省食药局会办 |
| 49 | 641 | 关于树品牌兴产业促进云南经济跨越发展的提案 | 省政协经济委 | 省质监局办理 |
| 50 | 652 | 关于促进我省城市再生水利用的提案 | 省政协人资环委 | 省住建厅主办，省水利厅、省财政厅会办 |

# 各部门工作

## 办公厅工作概况

2013年，省政协办公厅在省政协常委会和主席会议的领导下，高举中国特色社会主义伟大旗帜，坚持以马克思列宁主义、毛泽东思想、邓小平理论、“三个代表”重要思想、科学发展观为指导，全面贯彻落实中共十八大和十八届二中、三中全会精神，学习贯彻习近平总书记系列重要讲话精神，贯彻落实省委九届六次、七次全委会精神，紧紧围绕省委、省政府工作大局和省政协工作全局，深入开展党的群众路线教育实践活动，加强学习型、服务型、创新型、和谐型机关建设，开拓创新，扎实工作，努力提高服务水平，为省政协全面履职提供了有力的保障。

### 一、扎实开展党的群众路线教育实践活动

办公厅党组坚决贯彻落实中央和省委的重大决策部署，按照“照镜子、正衣冠、洗洗澡、治治病”的总要求，以“为民务实清廉”为主题，着眼整治“四风”突出问题，扎实开展党的群众路线教育实践活动。成立了由省政协党组书记、主席罗正富同志任组长的教育实践活动领导小组，设立了办公室，编配了工作组，认真研究制定了《云南省政协领导班子和机关深入开展党的群众路线教育实践活动实施方案》，对活动进行了具体安排。精心组织学习教育活动，做到学习入脑入心；坚持开门搞活动，向各专门委员会、研究室、省级各民主党派和有关团体、全省各州市政协、省政协常委广泛征求意见建议；认真查摆问题、撰写对照检查材料；精心组织召开专题民主生活会和组织生活会，省委督导组给予了高度评价。聚焦“四风”不折不扣地落实中央和省委确定的专项整治任务，针对会风文风、公务接待、公务用车、办公用房、工作纪律、调研视察方式等6个方面存在的突出问题，集中力量开展了专项整治；废止了与改进作风要求不相符合的《云南省政协办公厅纪念品管理办法》；修订完善了机关公文处理、干部职工休假、公务接待、办公楼管理、机关党建等12项规章制度；新制定了会议活动管理、机关干部轮岗、机关干部教育培训、机关工作纪

律等12项规章制度，形成了一整套便于遵循、便于落实、便于检查的作风建设制度体系。

## 二、认真开展理论和业务学习

坚持把政治理论和业务知识学习摆在机关建设的基础性位置。采取各种方式，组织领导班子和干部职工认真学习领会中央和省委召开的一系列重要会议和讲话精神，不断增强中国特色社会主义道路自信、理论自信、制度自信。着力提高干部职工综合素质，组织55名全省政协系统干部参加全国政协的6期干部培训班，组织机关全体厅级干部参加省委举办的“学习习近平总书记系列重要讲话精神轮训班”，全体处以上干部参加省直机关工委组织的“十八大精神培训班”，切实用十八大、十八届三中全会和习近平总书记系列重要讲话精神武装头脑、指导实践、推动工作。认真组织实施“干部在线学习”和干部自主选学工作，做好机关新进人员的岗前培训，努力提高机关干部的思想政治水平和办文、办会、办事能力。

## 三、全力保障重要会议重点调研视察活动

按照省政协常委会和主席会议的要求，积极筹划，精心安排，认真做好省政协全年各项会议活动的组织、服务和保障工作，圆满完成了省政协十一届一次会议、4次常委会议、5次主席会议、4次秘书长会议和2014年新年茶话会等重要会议活动的组织保障。协调配合有关专门委员会成功举办了省政协第六届民生论坛、企业家论坛、滇越铁路昆明论坛等重要活动。支持并配合各专委会完成了“关于发挥人民政协协商民主重要渠道作用”、“关于进一步加快云南陆路通道建设”、“关于云南重化工业科学发展研究”、“关于加快我省绿色生态产业发展”、“关于我省实施桥头堡战略背景下的人才培养问题”、“关于云南扶贫情况”、“关于‘云南民族团结进步、边疆繁荣稳定示范区’建设推进情况”、“关于港澳台侨资企业在滇发展情况”、“关于云南民航经济发展历程及未来发展研究”等9个重点调研，以及“滇中产业新区规划建设情况”、“城镇上山、工业上山、农民进城情况”、“对我省县级公立医院综合改革情况”、“对我省宗教活动场所管理情况”等4个重点视察。积极做好全国政协“推进乌蒙山片区区域发展与扶贫攻坚，促进民族地区生态文明建设与经济社会协调发展”、“长江上游生态环境保护和综合开发利用”、“涉法涉诉信访工作改革”、“周边公共外交”、“少数民族戏曲艺术传承和发展情况”等8个专题赴滇调研考察的协调服务工作。

## 四、着力提高文秘工作质量

顺利完成《云南大百科全书·政治卷》云南政协部分的文字编纂工作。切实落实中央有关改进文风、精简文件简报要求，全年共制发文件194份、简报176期，比上年分别减少94份、78期。应用智能文件交换与跟踪系统，提高办公自动

化水平，规范公文拟办管理流程，全年交换文件资料4万余份，印制公文185件近8000份。对传统档案进行“数字化”处理，建立电子档案目录数据库，完成了2001～2012年文书档案共923卷25144条目录数据录入工作，率先在省直机关中按规定完成向国家档案馆移交工作，被省档案局评定为“省级党政机关社会团体档案工作规范化管理示范单位”。警钟长鸣、常抓不懈做好保密工作，规范涉密文件的传阅、清退管理，加强会场等涉密场所的信息技术防护能力，认真清查排除隐患，确保无失泄密事故发生。

## 五、积极做好服务群众改善民生工作

切实做好群众来信来访工作，改进和完善了省政协人民群众接访室工作条件，全年受理委员和群众来信来访515件次，接待来访869人次，反映意见和建议133条，积极协调帮助解决问题、化解矛盾。密切与政协各委员、参加单位、州市政协的联系，加强对15个省政协社情民意直报点、73位特邀信息员的联系和指导，共编报反映社情民意信息217期，向全国政协报送社情民意信息200多件，被采用11件，在省级政协考核评分中位居前列。深入开展“四群”教育，做好挂钩帮扶工作，全年省政协机关为各“四群”联系点协调落实资金5941.76万元，捐助物资价值12.5万元。扎实做好支边扶贫工作，全年共为我省部分贫困地区筹集和引进社会扶贫资金855.61万元。发挥人民政协智力密集、人才荟萃、联系面广的优势，组织医疗、农科专家前往贫困地区开展免费送医送药和科技培训活动。针对烟草利益分配中存在的问题，牵头组织90多个县级政协共同参与，完成了关于云南烤烟利益调整的调研，形成的《研究报告》和《咨询报告》受到了省委、省政府以及国家烟草专卖局主要领导的高度重视和充分肯定。

## 六、加大服务委员工作力度

加强委员联络工作，进一步完善委员基本信息，落实委员履职的相关费用，为委员履职提供服务。研究出台了《充分发挥驻州市省政协委员作用的意见》，组织举办了十一届省政协委员暨州市县区政协主席学习培训班。认真组织好驻滇全国政协委员的会议和培训服务，积极为驻滇全国政协委员提供有关的提案素材。积极搭建活动载体，启用委员信息互动平台，为委员知情明政提供条件，全年共推荐委员26人次参加了省政府法制办听证会、省委编办咨询论证会、“首届云南公诉人与律师辨论大赛”等活动。

## 七、积极开展对内对外联络工作

全面加强与省政协委员、省级各民主党派、基层政协和社会各界的联系联络。成立了省政协机关总值班室，建立健全与省市有关部门的沟通协调机制；加大对基层政协的支持力度和相互联系，帮助协调解决工作中遇到的问题和困难；加强与全国政协和兄弟省市区政协的联系。规范接待工作，推进接待工作规范化、制度化，探索部分接待工作社会化运作模式，全年共完成接待任务160余批800多人次。成功组织了全省政协系统书画摄影展和省政协部分特聘艺术家赴红河开展文化交流等活动，设立了省政协书画室建水创作基地。

## 八、认真做好老干部工作

认真落实在职领导联系老干部制度、领导通报工作等制度，多次召开会议听取老干部工作情况汇报，研究解决工作中的重要问题。充实了老干处工作人员，完成了老体协办公室和活动室改造工作。加强老干部党支部建设，开展好支部生活、党的群众路线教育实践活动、争先创优、学习杨善洲等活动。全面落实“两项待遇”，组织好老干部的政治学习、情况通报、走访慰问、征求意见、调研考察、文体娱乐等工作，全年组织老干部省内参观学习10多批次，省外参观考察5批次，为尊老敬老和更好发挥老干部作用积极创造条件。

## 九、切实抓好综治维稳工作

认真开展“平安机关、平安处室、平安家庭”三位一体的平安建设工作。加强综合治理防控体系建设，积极联络协调安全保卫涉及的公安各警种、住会武警、住地居委会、安保公司等各方面的综治维稳力量，全力保障省“两会”、“南博会”等重要会议活动的安全。抓好机关保卫工作，明确目标管理责任，加强安防制度建设，研究制定了机关车辆《蓝牙卡使用管理规定》、《通行证管理办法》和政协机关《外来人员查验证管理办法》等规定。省政协办公厅机关连续两年被评为昆明市平安建设先进单位。

## 十、全力做好后勤服务保障工作

不折不扣贯彻执行中央八项规定、省委实施办法和《党政机关厉行节约反对浪费条例》，制定并严格执行“经费管理”、“国有资产管理”、“公务车辆管理”、“办公区管理”等机关内部管理办法。严格执行“三公”经费控制和公开制度，严格财务制度和支出内控审查机制。严格落实中央和云南省公务用车配备使用管理有关规定，全面落实车辆使用各项制度，做到购置配备使用公务用车不超编、不超标准、不违规悬挂套用军警号牌、不公车私用；加强对驾驶员的管理和培训；做好车辆维护保养的各项工作，做到了全年安全行车无事故。2013年公务接待费、车辆购置及运行费、因公出国（境）费用与上年同比分别减少了19%、48%、78%，因公出国（境）团组数、人次数分别与上年同比减少了56%和71%。加强党派大楼的管理服务工作，开办了食堂，规范了停车管理；保障好办公楼水电供应、提高办公区日常物业管理水平、做好职工住宅区日常维护工作；较好地解决了本年度干部职工子女的入园入学问题；做好机关计划生育和医疗互助工作，健全职工关怀、帮扶和激励机制，不断提高机关医务室、理发室、食堂、活动场馆等为职工服务的能力和水平。

## 十一、加强宣传工作，增强社会影响力

不断完善云南政协网和机关内网建设，全年共发布、更新新闻信息3000多条，信息宣传功能明显增强。加大电子政务建设力度，完成了省政协网站改版升级和“省政协会议管理系统”项目工作，更换了门户网站和邮件服务器，保障了机关计算机及网络设备安全运行。云南政协报社的办报水平得到进一步提升，2013年《云南政协报》订阅量总计33000份，报社记者、编辑荣获省级以上各类奖励33项，社会影响力明显加强。成功开展了“政协好新闻”表彰奖励活动。

## 十二、着力加强干部队伍建设

不断加强机关干部队伍建设，优化干部队伍结构，加大使用、培养干部力度，积极探索符合新形势需要的干部人事管理机制。拓宽干部培养途径，全年共安排11名干部参加新农村工作，选派1名副厅级干部挂职担任县委副书记，2名科级干部挂职担任副乡（镇）长，安排7名州市县区干部到省政协跟班学习；加大干部选拔调配力度，全年共提任、转任、转正、轮岗交流干部43名，新录用公务员4人，选调公务员3人，安置军转干部5人，机关干部队伍结构进一步优化；积极创造干部成长条件，报经省编办批准，增加了3名行政编制和6名处级领导职数，在部分综合处室设立科室并增加科级领导职数。积极稳妥推进事业单位分类改革工作，指导各事业单位做好岗位设置、聘任及绩效分配等工作，组织完成了专业技术人员职称评审的推荐和技术工人申报技术等级考试工作。

## 十三、全面推进机关党的建设

不断巩固党的群众路线实践教育活动成果，进一步密切党群干群关系。继续完善理论中心组学习制度和党组集体学习制度，做好党员理论教育工作。积极推进学习型党组织建设，认真落实“三会一课”制度，开展“跨越发展当先锋，机关党建走前头”活动；认真落实工作目标责任制，在省直机关综合考评中连续3年被评为“优秀”等次。积极开展创先争优活动，充分发挥党员的先锋模范作用和党支部的战斗堡垒作用，共有19个先进集体和104名先进个人受到表彰和通报表扬。加强对机关群众组织的领导，充分发挥工会、共青团等作为党联系群众的桥梁和纽带作用。切实加强党风廉政建设和预防腐败体系建设，全年机关内部没有发生违反党风党纪的案件，形成了风清气正、奋发有为、团结干事的良好氛围。

（编写：柴杰　审稿：张宁）

# 研究室工作概况

2013年，研究室在省政协党组和主席会议的领导下，以邓小平理论、“三个代表”重要思想和科学发展观为指导，认真学习贯彻党的十八大、十八届三中全会和省委九届四次、五次、六次、七次全会精神，紧紧围绕省政协十一届一次会议提出的目标任务和省政协党组的要求开展工作，圆满完成各项任务。

## 一、注重作风转变，扎实开展群众路线教育实践活动

研究室认真贯彻中央和省委的统一部署要求，按照省政协机关党的群众路线教育实践活动领导小组要求，深入开展党的群众路线教育实践活动。通过自学和集体学习，统一思想，提高认识，自觉投身到活动中。全室党员干部广泛听取意见，通过自己找、群众提、互相帮，认真查摆在“四风”方面存在的问题和产生的根源，深刻自我剖析，开展批评与自我批评。精心组织召开专题组织生活会，沟通思想，交流意见，形成共识。针对查摆出来的问题，结合工作实际，提出整改措施，做到即说即行，立行立改，建章立制，在工作、生活上坚决杜绝，巩固了教育活动成果。研究室全体同志对“四风”的极端危害性在思想上有了深刻的认识，进一步强化了宗旨意识，密切了党群干群关系，增强了拒腐防变能力。

## 二、注重文稿质量，认真完成重要文稿撰写

2013年，研究室始终围绕按时完成文稿起草工作这一中心和不断提高文稿质量这一主题，认真贯彻中央关于改进文风的要求，切实提高效率，圆满完成文稿起草任务。一是全力做好重要文稿起草工作。一年来，完成《省政协常务委员会工作报告》、《省政协党组2013年工作要点》、《省政协党组党的群众路线教育实践活动的对照检查材料》等重要文稿和罗正富主席《在全省政协主席培训班上的讲话》以及白成亮常务副主席《在十一届省政协委员培训班上的讲话》、顾伯平副主席《在2013年省政协新闻宣传工作会议上的讲话》等文稿，共计50余篇、30多万字，工作量比往年增加约三分之一。二是认真完成其他文稿材料的撰写任务。参与《中共云南省委执政纪要（2012年）》和《2012年全国政协年鉴（云南部分）》的起草工作，共计完成3万余字的文稿。同时，圆满完成领导交办的其他一些文稿起草任务，为省政协工作的顺利开展发挥了积极作用。

## 三、注重调查研究，扎实做好调研工作

按照《政协云南省委员会2013年重点工作安排意见》要求，研究室扎实开展专题调研。一是完成《充分发挥人民政协协商民主重要渠道作用调研》。根据省政协主席会议要求和年度重点工作安排意见，研究室统筹，组织对充分发挥人民政协协商民主重要渠道作用问题进行研究，在充分调研，深入分析，多方征求意见的基础上形成了1个调研报告，3个子课题报告和1个代省委起草的实施意见代拟稿。二是牵头组织完成《加快高原特色农业发展》的调研。全面深入调研我省高原特色农业发展现状、面临问题等情况，形成了《关于加快高原特色农业发展的调研报告》并编印了《云南高原特色农业发展专题调研》一书。省委、省政府主要领导对调研报告作出重要批示。三是起草罗正富主席有关高原特色农业和滇中产业新区调研报告。

## 四、注重理论研究，圆满完成政协理论研究会筹备成立工作

成立云南省人民政协理论研究会，组织全省广大政协工作者和理论工作者努力探索人民政协的发展规律，丰富和完善人民政协理论科学体系，是贯彻落实中共中央关于加强人民政协工作的一项重要举措，有利于加强对人民政协理论的研究，更好地用科学理论指导和推动新阶段人民政协工作。在做好充分准备工作基础上，2013年11月19日，云南省人民政协理论研究会正式成立。研究会共吸纳11个会员单位，147名会员。成立大会上，选举产生了会长、副会长、秘书长、理事、常务理事。云南省人民政协理论研究会的成立，不仅整合了研究力量，壮大了研究队伍，打造了研究平台，而且为我省人民政协理论研究向更加开放、更加普及、更加专业、更加科学的方向迈进奠定了基础。

## 五、注重新闻宣传，积极为政协事业发展营造良好氛围

新闻宣传紧紧围绕省政协中心工作，牢牢把握新闻舆论导向，按照俞正声主席在人民政协报社调研时对做好政协新闻宣传工作提出的希望和要求，坚持正确的政治方向，突出鲜明的政协特色，多渠道、多形式、立体化宣传省政协履职成果，确保宣传不断线、新闻常推出、画面时时有、声音不绝耳，积极为人民政协事业发展营造良好氛围。一是围绕重大会议活动精心策划宣传报道。以“一会议、两论坛、三重点”为主，即以省政协十一届一次会议，民生论坛、企业家论坛，9个重点调研和5个重点视察、10个重点提案等重点工作为宣传重点，精心策划，认真组织，做到报纸、电视、电台和网络全方位、多角度宣传。二是不断提高日常宣传报道质量。全年，就省政协各种主要会议、活动共组织宣传报道近90场，中央、省、市级媒体刊播近2300余篇（件）。其中，《云南日报》全年总计文字稿件达300多篇（件），图片70多幅，与云南日

报合办“政协天地”专版共组稿刊出12期，12万字；云南电视台在《云南新闻联播》播出涉及省政协及参加单位的新闻420多条；云南网采写、编辑、发布相关政协稿件、视频新闻（图片）300多篇。三是密切与新闻单位的联系沟通。举办重要会议和活动前，及时向云南省级新闻单位、中央驻滇新闻单位通报情况，召开新闻协调会，共同商定宣传报道方案、策划宣传主题，及时提供材料，组织采访报道，做到主动联系，提前沟通，保证了宣传效果和质量。四是继续举办“政协好新闻”评选活动。经中央驻滇新闻单位、省、州市各新闻媒体推荐，有近百篇（件）作品入围参评，经评委会认真评审，共评出获奖作品57件，评出“云南省政协2012年新闻宣传工作先进单位”7个，给予获奖者表彰奖励，并组织一等奖获得者到州市就政协工作集中采访报道。

**六、注重搞好服务，做好中心组学习及其他重要会议活动组织工作**

一是做好省政协中心学习组的服务工作。根据《省政协2013年重点工作安排意见》和中共中央及省委关于深入开展党的群众路线教育实践活动的部署，按照《云南省政协领导班子和机关深入开展党的群众路线教育实践活动实施方案》要求，精心组织了以深入开展党的群众路线教育实践活动为主题和以深入学习贯彻党的十八届三中全会、习近平总书记系列重要讲话、中央经济工作会议精神等为主要内容的学习。研究室收集整理相关学习资料，草拟相关文稿，组织学习活动，做好服务工作，收到了良好的效果。二是组织召开省政协新闻宣传工作会。会议学习全国宣传思想工作会议精神、俞正声主席在人民政协报社调研时的讲话精神，总结2013年省政协新闻宣传工作，安排部署2014年度政协新闻宣传工作。三是组织召开全省政协研究室工作会议。总结我省政协研究室专题调研和理论研究工作经验，研究部署《云南政协年鉴》编纂工作，提出进一步做好有关工作的思路和措施。

**七、注重资料积累，办好内部刊物和做好学习资料编纂工作**

一是做好《政协理论与实践》编辑工作。全年完成6期近50万字《政协理论与实践》的编辑、出版和发行工作。二是圆满完成《云南政协年鉴・2012》整体设计、编排目录、布置撰写、收集材料、编辑书稿等工作，总计100多万字，出版发行2000册。三是编纂《云南省政协大事记》。按照“全面、准确地记述省政协的重要工作情况，进一步增进机关内部的沟通和交流”的办刊要求，合理设置栏目，精心编排栏目内容，努力提高质量、突出特色，全年共编发6期，共计10万字。四是做好委员学习资料和全会资料汇编的编纂工作。

**八、注重工作实践，努力助推我省石产业发展**

研究室积极做好助推石产业发展工

作。年内协助珠宝协会成功筹办第三届中国云南·昆明国际珠宝展、云南省珠宝玉石首饰行业协会翠湖商圈分会成立仪式、云南珠宝玉石产业发展形势分析会等活动，参与撰写《云南省珠宝玉石产业发展形势分析》；开展珠宝产业发展调研，形成《近期珠宝玉石产业发展情况的调研报告》，报送省委、省政府，为推动云南珠宝玉石产业发展作出了积极努力。

（编写：孙贤　审稿：马孝初）

# 提案委员会工作概况

2013年，在常委会议和主席会议领导下，围绕提案工作方针，认真开展“党的群众路线教育实践”活动，深入学习贯彻和落实中共十八大和中共中央办公厅、国务院办公厅《关于进一步加强人民政协提案办理工作的意见》（中办发〔2012〕13号）精神，按照中共云南省委办公厅、云南省人民政府办公厅《关于进一步加强人民政协提案办理工作的实施意见》（云办发〔2012〕36号）和省政协十一届一次会议提出的提案工作要求，着眼提高提案质量、办理质量和服务质量，不断加强自身建设，切实改进工作作风，着力强化服务意识，圆满完成了各项工作任务。

## 一、以开展“群众路线教育实践”活动为契机，努力加强自身建设

把开展党的群众路线教育实践活动作为加强委员会自身建设的主线，严格按照省政协党组要求和机关教育实践活动实施方案，积极投身到学习教育实践活动中。按照“照镜子、正衣冠、洗洗澡、治治病”的总要求，以为民务实清廉为主题，围绕作风建设，集中解决形式主义、官僚主义、享乐主义和奢靡之风的问题。教育活动不打折扣、边查边改、扎实有效。提案工作事务繁杂贯穿全年，委员会领导严密部署，有效解决工学矛盾。通过教育活动，充分认识加强党组织建设的生命线作用，教育活动和组织生活都能积极参加，对照检查材料反映的问题客观真实，民主生活会上开展批评和自我批评都能当面锣、对面鼓，指出问题直言其事，支部和个人的整改措施针对性强，责任明确，具体可行。通过教育活动从根本上转变了工作作风，提高了工作热情，增强了工作干劲，党组织的凝聚力和堡垒作用明显加强。教育活动转变了文风会风，本着厉行节约、节俭办会的原则，压缩会议规模，减少会议次数，提案服务系统培训班、提案承办工作培训班严格按照标准食宿，严格控制会议材料印发。所有调研、视察活动都尽量压缩规模、轻车简从。从群众中

来，到群众中去，结合“群众路线教育”活动深入开展“四群”教育活动，委员会配合分管副主席5次到挂钩联系点楚雄州姚安县左门乡左门村开展住村入户工作，慰问困难群众，协调资金解决了该村农村农村文化室、合作社食用菌冷库建设等问题。

## 二、以学习贯彻《意见》精神为抓手，着力夯实提案工作基础

学习贯彻中办、国办印发的《关于进一步加强人民政协提案办理工作的意见》省委办公厅、省政府办公厅印发《实施意见》是今年委员会的重点工作。在加强内学的同时，将《意见》的学习辅导作为全省政协第22次提案工作座谈会暨提案工作研讨会、全省提案服务系统培训班、省政协提案承办单位业务培训班的主要内容，通过集中培训、专题讲座、分类辅导，明确了全面提高政协提案办理工作科学化水平的思路和措施，规范了做好政协提案办理工作的程序和机制，掌握了加强政协提案办理工作组织领导的具体要求，对推动全省政协提案工作具有深远的现实意义。

## 三、以强化服务为手段，切实提高提案工作“三个质量”

省政协十一届一次会议期间共立案并交办提案670件。全会结束后，对提案及时进行交办，共交106个承办单位办理。截止2013年11月21日，已经办理答复668件，办结率为99.7%。从办理结果看，A类提案300件，占44.91%；B类提案317件，占47.46%；C类提案51件，占7.63%。提案办理质量明显提高。

提案质量是前提，服务工作是关键，办理实效是落脚点。三者互为作用，相辅相成。坚持以质量求生存，提案工作“三个质量”明显提高。省政协委员和各参加单位，围绕全省经济社会发展中的新情况、新问题，以高度的政治责任感运用提案积极参政议政，围绕党委、政府中心工作和人民群众普遍关心的热点难点问题，精心选择我省经济社会发展中的关键问题，深入基层认真调研，充分论证，确保提案选题准、立意高、观点新、分析透、建议实。提案关注民生，反映大事，建议具体，便于办理，具有综合性、全局性和前瞻性的提案明显增多。特别是八个民主党派省委和省工商联提出的《进一步加快云南陆路建设的建议》等集体提案通过深入调研，紧扣全省发展主题，通过认真办理取得良好实效。承办单位把做好提案办理工作作为推进工作的重要抓手，办理工作有部署、有计划、有安排、有考评，使提案办理工作能按要求办结。部分单位为提高办理质量，主动邀请省政协领导和政协委员对全局性和宏观性强的提案进行办理调研，如省工商局对《消费满意在云南》、省司法厅对《关于全面加强依法治省工作，努力促进法治云南建设的建议》等提案，主动进行办理调研，确保提案高效办理。加强办理工作跟踪问效，组织提案办理视察，点评承办单位的办理工作，向各承办单位通报视察情况。

不断强化服务意识，拓宽服务领域，充分发挥服务部门协调各方、联系内外的桥梁纽带作用，积极为提办双方搭建良性互动平台，把为提案者和承办单位提供优质服务贯穿于提案工作全过程。加强提案督办工作，突出对10件重点提案、13件重要提案的督办。加强提案征集工作，全会前向承办单位和媒体征集提案线索和素材，为委员提供提案参考选题72条。加强制度建设，编纂了《全省政协系统规章制度汇编》。评选表彰十一届一次会议优秀提案50件。加强与全国政协提案委的联系，配合全国政协组织的赴滇调研视察活动。加强对州市政协提案工作的指导，通过调研、座谈和专题辅导等形式与基层政协交流工作经验，了解和掌握基层政协提案工作现状。

**四、以政协优势为平台，努力形成提案工作合力**

依托政协优势，充分发挥提案委员会开展提案工作服务的纽带作用。整合各方面力量，搭建提案工作协商平台，着力形成提案工作合力。充分发挥政协各专委会专业优势，拓展了重点提案的督办空间，推进重点提案得到重点办理，提高了重点提案的办理实效。充分发挥提案委员会委员作用，让他们深入提案工作实践，助力提案工作。通过组织委员参与全会提案审查工作、重点调研、重点视察、年度提案办理视察、重点提案调研等提案工作事务，对于提高委员履职发挥了积极作用。借助承办单位参与提案审查工作，在全会期间商请省委督查室、省政府办公厅议案处及20多个提案承办大户工作人员，参与提案审查、立案和确定承办单位等工作的同时，并在会后再次商请他们参与提案交办前的协商，从源头上提高了交办的准确性。

**五、以宣传提案为载体，增强提案工作透明度**

加强宣传工作是充分展示中国特色民主政治实践，增强全社会关注人民政协事业，充分展示政协提案工作，增强提案工作透明度的有效途径。利用广播、电视、网络、报刊，宣传提案的形成、办理和成效，宣传先进承办单位的典型经验，宣传提案促进云南经济社会发展的作用。为了使一些全局性、前瞻性的重要提案引起党委、政府领导重视，我们编报了10期《重要提案摘报》，报送有关领导参阅。充分让媒体参与重点提案调研、办理视察、提案线索征集、重要会议活动、优秀提案公示等工作，大力宣传提案工作的社会效果。通过省政协网站、《政协信息》、《政协理论与实践》和省内各媒体要闻中播报、刊发，对提案工作进行全方位、多层次深入报道。《云南日报》、《云南电视台》、《云南人民广播电台》等省内主流媒体每年刊发、播出反映政协提案工作的大量稿件。《云南政协报》在要闻版对重点提案进行深度报道，“提案专版”定期出刊。加强提案宣传工作，使提案工作接受社会监督，提高广大群众对政协提案的认知程度，扩大了社会影响。

2013年，虽然做了一些工作，取得了一定成绩，但也存在很多不足：一是学习不够全面，特别是“走出去、请进来”借鉴经验式的学习不够；二是提案审查立案工作还需进一步细化，提案网络运行有待加强。三是提案质量不高，存在提案建议笼统、空泛，操作性不强的情况。四是提案办理面商率有所下降，存在“重答复、轻落实”，甚至“答非所问”的现象。五是提案督办工作有待加强。

（编写：李兴　审稿：郭文龙）

# 经济委员会工作概况

2013年是十一届省政协开局之年。经济委在省政协常委会和主席会议的领导下，坚持以马克思列宁主义、毛泽东思想、邓小平理论、“三个代表”重要思想、科学发展观为指导，认真贯彻落实党的十八大精神，牢牢把握全省经济工作“稳中求进、稳中求好、稳中求快”的思路基调，围绕全省经济领域里的重大问题，深入调查研究，积极建言献策，圆满完成了全年工作任务，实现了稳扎稳打、注重实效，争创一流、努力开创新局面的工作目标。

**一、抓住根本，坚持把理论学习和群众路线教育实践活动放在首位**

把学习贯彻党的十八大精神作为贯穿全年的首要政治任务。针对学习教育容易出现大而化之、疏于理解的现象，采取“原原本本读一遍、边读边讲议一遍、主要观点理一遍、心得体会写一遍”的方法，引导大家在学好报告、掌握精神实质上下工夫。通过在读中熟记观点，议中领悟精神，理中思考问题，写中升华认识，达到了进入思想、进入工作的目的。7月份以来，根据中央和省委的部署，在省政协党组的领导下，按照《云南省政协领导班子和机关深入学习实践党的群众路线活动实施方案》，扎实开展“党的群众路线教育实践活动”。在学习教育环节，认真参加省政协两级党组组织的集中学习，认真研读指定的学习材料，并选读了马列原著中的重点篇目。在对照检查环节，召开了支部专题组织生活会，采取自己找、领导点、互相帮等方式查找问题，以党章和杨善洲为镜子，揭短亮丑，触及灵魂，立查立改，制定初步措施固化作风建设成果，有力推动了经济委各项工作的落实。王志东、郝蜀东、苏全忠副主任按照省委的统一安排，分别担任省委三个督导组的组长，积极履行督导职责，出色完成了省委赋予的任务。同时，把党的群众路线教育实践活动与“四群”教育工作紧密结合，迈开双脚到基层，在深入群众中了解群众，在联系群众中学习群众，在为民办事中落实工作。7月底，在米东生副主席的率领下，到富源县营上镇大坪村与老百姓同吃同住同劳动，共同商讨脱贫致富的方法和措施，帮助协调解决饮水点远、通行条件差、小学缺少教师宿舍等具体困难；根据上级的统一安排部署调整了“四群”教育联系点，11月底，随白成亮常务副主席到绿春县三猛乡，与巴东村、桐株村、腊咪社区等建立了挂钩联系，厅以上干部与2～3个农户结成挂钩帮扶对子，建立了民情联系卡和民情登记卡，全面了解了联系点的基本情况，制定了帮扶计划，为明年“四群”教育活动的顺利展开奠定了基础。

**二、围绕“产业建设年”主题，组织开展专题调研和建言献策活动**

牢牢把握推动科学发展、和谐发展、跨越发展的新要求，紧紧围绕省委省政府“产业建设年”的总体部署，先后完成了“加快云南旅游产业转型升级”、“促进云南生物医药产业跨越发展”、“我省乌蒙山片区区域发展与扶贫开发情况”专题调研，并采取多种形式协商议政、建言献策，全力服务我省发展大局。

紧扣旅游产业转型升级开展重点调研。根据省政协今年重点工作安排，4月至11月，在白成亮常务副主席和喻顶成副主席的带领下，经济委对加快云南旅游业转型升级进行了调研。调研组先后到省旅发委、省发改委、省商务厅等省直部门了解全局情况，深入到我省旅游发展基础较好的丽江、西双版纳、迪庆、大理、普洱、红河等州市及世博旅游集团、国际旅行社等10余家涉旅企业听取意见，还“蹲”到普达措国家公园、茶马古道、新华白族旅游村等景区（点）“解剖麻雀”，并赴海南学习考察。在认真研究分析、广泛征求专家学者等各方面意见建议的基础上，经反复讨论修改，形成了《加快云南旅游产业转型升级调研报告》。报告客观分析了我省旅游业发展现状，从不同层次阐述了我省旅游业转型升级势在必行的理论依据和实践依据，提出当前应围绕省委、省政府确定的旅游发展思路、目标、原则和要求，以“提质增效”为根本目的，以“转方式，调结构”为主线，从转变政府职能、优化产业空间布局、扩大产业功能、推动企业运营模式转变、调整产品结构等5个方面入手，强势推进我省旅游产业转型升级。调研报告经主席会议审议通过后，已报省委省政府供决策参考。

为战略性新兴产业跨越发展建言献策。把战略性新兴产业的培育和发展作为议政建言的重点。选择有代表性的生物医药产业开展调研，围绕如何破解企业长期徘徊于价值链低端、产业链不长、产业政策落后等“瓶颈”问题，经反复调查研究，综合分析论证，提出了“依靠技术创新，增强企业核心竞争力；加快产业集聚，建立产业良性生态群；加强政府主导，营造产业发展良好环境”为主要内容的建议，徐盛鹏主任代表经济委在省政协十一届三次常委会上作了重点发言，受到了李江常务副省长的高度肯定；2013年9月25日的《云南日报》以《促进云南生物医药产业跨越发展》为题刊登了全文。

调查了解我省乌蒙山片区区域发展与扶贫开发情况。为做好乌蒙山片区滇黔川三省政协主席联系会议材料准备工作，办公室安排人员赴昭通昭阳区、镇雄县开展相关调研。先后到了昭阳区青岗岭回族彝族乡白河村二里寨自然村、乐德古村偏石板自然村及永丰镇三甲村和镇雄县革命老区的以古镇黑塘村的部分山寨，进村入户看、具体详实问、畅开心扉聊，体察了群众疾苦，掌握了最基层情况，撰写了《我省乌蒙山片区区域发展与扶贫开发情况调研报告》，为进一步摸清我省乌蒙山片区扶贫开发情况发挥了应有作用。

**三、充分发挥企业家论坛作用，为打造旅游产业升级版汇集民智**

“云南省企业家论坛”活动自2006年开始，至今已连续举办了8届。论坛的知名度和影响力不断提升，已成为省政协创新工作方法、开展协商议政的一个品牌。今年，我们按照“注重实效、创新方式、扩大影响、有所突破”的思路，精心筹备，达到了预期目的。2013年10月26日，“打造云南旅游产业升级版”恳谈会在省政协礼堂如期召开。省委副书记、省长李纪恒，省政协主席罗正富，国家旅游局局长邵琪伟，全国政协经济委副主任褚平，省政府资政刘平，省政协常务副主席白成亮，省政协副主席曾华、喻顶成，海南省省长助理、旅游委主任陆志远，省政协秘书长车志敏等出席恳谈会。会议邀请中国旅游研究院戴斌院长、北京联合大学旅游学院张凌云教授分别作了《云南旅游发展若干建议》、《寻找蓝海：云南旅游业发展升级的几点思考》的专题演讲，组织经济委委员、有关部门负责人和企业家，围绕云南旅游业发展建真言、献良策，提出意见建议300余条。今年的恳谈会与往年相比有许多新做法，除论坛主题继续与重点调研课题有机结合外，征稿方式由普遍征集变为普遍征集与重点约稿相结合，许多稿件都是在深入调研后精心撰写的，质量较高；参会人员由省内人员参加为主扩大为邀请国家部委领导、省外领导及嘉宾参加，他们能站在更高层次并置身局外看云南，“脉”把得更准，提得建议更有质量；会议集中发言采取“台上台下互动交流，即兴答问”方式，会场气氛活跃，各种观点相互“碰撞”，启迪了思维，达成了诸多共识。

**四、发挥联系广泛优势，加强与各方面的沟通协调**

结合汇报工作、专题调研、举办论坛、参加会议等时机，主动加强与各方面的联系，自觉加强重大问题上的沟通，加深了理解、融洽了感情、交流了经验，促进了各项工作的顺利开展。一是加强了与全国政协、国家部委及兄弟省市政协的联系。6月份赴全国政协经济委汇报我委的工作情况，了解全国政协经济委的工作安排，学习工作经验；8月份在白成亮常务副主席的率领下分别到全国政协、国家旅游局汇报举办“打造云南旅游产业升级版”恳谈会相关工作，邀请有关领导赴会指导；9月份由白成亮常务副主席带队赴海南考察；协助办公厅接待了江西、湖北、海南等省政协经济委员会考察团（组）来滇考察，向客人介绍了云南经济社会发展情况，交流了经济委工作体会。二是加强了与省级有关部门的联系。重点调研课题开始前及调研报告形成后，及时向省政府分管领导汇报情况，听取指导，争取工作支持；每个调研课题都与相关部门充分协商。今年的重点调研课题与省旅发委联合组织、论坛活动与省旅发委联合承办，优势互补，共享资源，实现了“双赢”。本委领导还应邀参加了全省经济工作会议、农业工作会议、林业工作会议、工业运行情况通报会议等部门和行业会议，及时了解全省经济社会发展情况。三是加强了与州市政协的联系。4～6月，分别到7个州市开展调研。12月10日，在曲靖召开了全省政协经济委员会联系会议，围绕贯彻十八届三中全会精神，扎实做好2014年工作进行了认真讨论，并交流了工作体会。四是加强与委员的联系。4月，在省农业发展银行召开了第十一届省政协经济委第一次全体会议，与委员共同研究全年工作。白成亮常务副主席就如何当好合格的政协经济委委员做了重要讲话，徐盛鹏主任通报了年度工作安排，委员们围绕如何做好年度工作进行了热烈讨论。同时，积极邀请委员参加重点调研、论坛会议等活动，认真听取他们的意见建议，促进了委员作用的发挥。

**五、注重打牢基础，切实加强自身建设**

经济委坚持把加强自身建设作为基础性工作来抓，确保了各项任务的圆满完成。一是注重健全组织。在机关党委的领导下，加强经济委党支部建设，对党员进行教育、管理、监督和服务，组织开展群众路线教育实践活动，协助委领导完成工作任务，充分发挥了支部的战斗堡垒和党员的先锋模范作用。根据《中国人民政治协商会议云南省委员会专门委员会通则》有关规定，结合经济委职能任务，由委员会推荐，主席会议批准，确定了48名经济委委员和34名联系委员。二是注重理清工作思路。对全年工作进行认真研究梳理，明确了工作目标、重点、方法及措施，充分征求各方面的意见建议，制定了《经济委2013年工作要点》，增强了工作的预见性、计划性和有效性。三是注重健全工作规章。修订完善了《省政协经济委工作细则》，明确了经济委领导及办公室人员的工作分工，规范了办事、办文、办会程序，细化了工作责任，理顺了工作关系。四是注重提升素质能力。开展“了解全局、熟悉省情、学习经济、钻研业务”活动，着力提高办公室人员的业务素养；坚持在完成工作任务过程中锻炼磨练，办公室全年起草了调研报告3份，专题简报6期，政协信息12条，讲话稿、发言稿、方案、计划、总结等各类文书50余份，积极向《云南日报》《云南政协报》等报刊杂志投稿，6篇被采用，编辑出版了《打造云南旅游产业升级版恳谈会获奖文集》一书，实现了任务完成与素质提升的有机统一。五是注重做好综治维稳工作。健全了组织，坚持了制度，突出抓了重大节日的值班，保证了经济委安全稳定。

今年是本届经济委组成后的开局之年。面对新的形势和任务，经济委全体同志团结奋斗、勤奋工作，出色完成了各项工作任务。回顾一年的工作，我们最深的几点体会：一是能围绕省委省政府的重大决策部署开展工作；二是能确立可行的目标思路牵引工作；三是能采用创新的方式方法开拓工作；四是能发挥各方面的积极性落实工作。下一步，我们继续发扬成绩、克服不足，把今年的工作体会固化为今后的工作措施，更好地做实各项工作。

（编写：戚剑飞　审稿：徐盛鹏）

# 人口资源环境委员会工作概况

2013年是省政协十一届人口资源环境委员会的开局之年，在省政协常委会议和主席会议的领导下，委员会认真学习贯彻党的十八大、十八届三中全会精神和省委、省政府重大决策部署，坚持以科学发展观为统揽，以党的群众路线教育实践活动为重要抓手，紧扣稳增长、调结构、促改革、惠民生，认真履行职能，积极建言献策，完成调研课题5项、视察2项，组织对口协商18次、专题协商6次，参加立法协商4件，提交提案2件、督办2件，举办专题讲座1次，积极为建设美丽云南做出了应有的贡献。

## 一、注重打牢思想理论基础

委员会始终把学习贯彻党的十八大、十八届三中全会、习近平总书记系列重要讲话和省委九届五次、六次、七次全会精神作为主线和首要政治任务，坚持用党的创新理论武装头脑，用“中国梦”引领前进方向，不断增强道路自信、理论自信、制度自信，切实深化一个认识、增强两个信心、服务“五个建设”，促进“三个发展”，把思想行动统一到党中央、国务院和省委、省政府的决策部署上来，打牢了服务云南科学发展和谐发展跨越发展的思想理论基础。4月10日，委员会组织召开了换届后的第一次全体委员会议，审议通过了2013年工作要点，确保了年度工作早谋划、早准备，开好头、起好步。根据中央、省委有关通知精神和省政协党组要求，委员会党支部分4个专题制定了学习贯彻党的十八大、十八届三中全会精神安排计划，通过参加专题辅导、委员学习培训、委员会主任会议和全体委员会议等形式，原原本本学习研读党的十八大报告、十八届三中全会《决定》、党章及相关文件，加深了对党的十八大、十八届三中全会提出的一系列新思想、新观点和新论断的理解，深刻领会了习近平总书记系列重要讲话精神的实质，结合新形势、新任务和新要求，找准了推进工作落实的着力点和突破口。厅级领导10人次，处级干部3人次参加了各类培训班，撰写学习心得体会9篇。委员会提交的《围绕社会关注热点积极探索协商民主的工作实践》、《加快发展绿色生态产业，打造"云南经济升级版"》，分别在全国暨地方政协人口资源环境委员会工作会议和云南省政协十一届三次常委会议上作了交流。

## 二、立学立行转变作风办实事

中共中央《关于在全党深入开展党的群众路线教育实践活动的意见》下发后，6月4日，委员会及时召开主任会议，对贯彻落实中央八项规定、省委十项规定进行自查梳理，自觉查找"四群"教育活动以来，在提高群众工作能力、密切党群干群关系上，存在的薄弱环节和问题。7月5日机关教育动员后，党支部按照省政协党组要求和实施方案，严格按各项"规定动作"组织落实。采取个人自学、集体学习和领导评学的方式，原原本本研读规定学习材料，组织集中学习讨论2次，随机关到善洲林场实地接受教育、对照镜子找差距；采取发征求意见函、随机调研、召开座谈会、个别听取意见、谈心交心等形式，充分听取群众的意见和建议。11月5日，召开了专题组织生活会，省政协党组成员、副主席王承才同志以双重身份全天全程参加，9名党员领导干部和同志以"反对'四风'、服务群众"为重点，围绕为民、务实、清廉主题和"照镜子、正衣冠、洗洗澡、治治病"总要求，进行个人对照检查，开展批评和自我批评，立学立行立改，明确努力方向，制定整改措施。

以党的群众路线教育实践活动为重要抓手，转变作风办实事。在白成亮常务副主席、王承才副主席率领下，委员会领导及办公室同志，先后3次深入"四群"教育联系点，与金平、绿春、丘北三县者米拉祜族乡、三猛乡、八道哨彝族乡，9个村委会26户农民群众家"认亲"结对，在实践中查找问题、接受教育，转变作风办实事。3月2～10日，根据金平县者米拉祜族乡"四群"教育联系点发展实际，委员会组织乡、村干部和农户代表26人，在昆明、玉溪市等地进行了为期9天的培训考察。为基层协调相关项目经费257.61万元。专程请云南省农科院药用植物研究所专家深入到田间地头，开展草果病虫害防治调研和技术培训，回应群众所需、所盼、所求。12月4～6日，王承才副主席率委员会领导及办公室、智力支边办同志，深入文山州丘北县八道哨彝族乡新调整的"四群"教育联系点，访民情、听民意、解疑惑，进村入户宣讲党的十八届三中全会精神，分成3组到黎家庄、姑租、五家寨等村民组，为16家联系农户免费配送了环保节能灶，向困难群众送了慰问金。大家就统筹推进“三农”工作、调整山区特色产业、农村中小学教育、饮用水安全和普者黑景区及周边乡村人居环境综合治理等，与当地干部群众交换意见看法，出主意献良策。

在教育实践活动中，党员领导干部和同志理想信念进一步坚定，党性修养得到了锻炼升华，深入实际、联系群众，开展调查研究的科学性、针对性和时效性进一步增强。全年委员会领导深入“四群”联系点共 16 天，同比会议活动减少 60%，文件简报减少 66%，公务接待费减少 28%，公务用车运行费减少 8%。组织委员、专家 9 批 154 人次，深入 9 个州市、39 个县市区开展相关调研视察工作，增大了联系群众面，扩大了政协影响力，为圆满完成年度工作任务，不断开创政协人口资源环境工作新局面打下了坚实的基础。

## 三、扎实开展专题调研工作

加快绿色生态产业发展是建设美丽云南，实现绿色经济强省战略目标的必然要求和重要支撑。按照 2013 年省政协重点工作部署，4～7 月，在眘华、王承才副主席率领下，委员会与九三学社云南省委联合，由有关委员、专家并邀请农工党、台盟省委和省发改委、农业厅、林业厅、生物产业办负责人组成调研组，赴普洱、版纳、红河、文山及德宏等州市，侧重从绿色生态农业林业产业发展切入，开展“加快我省绿色生态产业发展”专题调研，报送了《加快我省绿色生态农业林业产业发展调研报告》，就加快我省绿色生态农业林业产业发展，率先在西部省（市、区）建成绿色经济强省，提出 6 条意见、建议。李纪恒省长对报告作出批示。

为促进我省水资源综合利用，加快内河水运体系建设，继 2012 年底在西双版纳州调研基础上，2013 年 5 月 22～30 日，委员会组织委员、专家，在省发改委、工信委、财政厅、交通厅、商务厅和航务局等支持下，又赴昭通市、文山州等地，开展“云南省水运及水运物流业建设情况”调研，报送了《加快推进云南省水运及水运物流业建设的调研报告》，提出 6 条相关意见、建议，供省委、省政府决策参考。12 月 26 日，省交通运输厅组织了《云南省水运物流中长期发展规划（2013～2020 年）》专家评审会。

玉溪抚仙湖是珠江源头第一大湖，对滇中地区以及珠江流域经济社会可持续发展和保障生态安全至关重要，倍受社会各界和政协委员的高度关注。针对有关媒体的报道和基层群众反映，7 月 10～12 日，委员会组织部分委员、专家和相关部门负责人，赴玉溪市澄江、江川、华宁县，采取“背靠背”的方式，问情、问政、问需、问计于民，就“抚仙湖保护治理情况”进行深入调研，报送了《关于玉溪抚仙湖保护治理情况调研的报告》，提出对人民和历史负责、对子孙后代负责，正确处理好保护与发展关系，进一步做好抚仙湖生态环境保护和修复工作的 5 条意见、建议。刘慧晏副省长对报告作出批示。

为贯彻国家新一轮西部大开发和扶贫开发战略，促进滇桂黔石漠化片区区域发展与扶贫攻坚工作，7月16～27日，委员会组织部分委员、专家及省林业厅、水利厅、扶贫办等部门负责人，赴文山州砚山、西畴县，曲靖市师宗、罗平县，就“云南省滇桂黔石漠化片区区域发展与扶贫攻坚情况”开展调研，报送了《云南省滇桂黔石漠化片区区域发展与扶贫攻坚情况调研报告》，提出统筹协调推进滇黔桂石漠化片区区域发展与扶贫攻坚工作的5条意见、建议。李纪恒省长对报告作出批示。

围绕美丽云南建设，深化生态文明体制改革和制度创新，努力争当全国生态文明建设排头兵，是省委、省政府提出全面深化改革的十项重大问题之一。11月29日至12月6日，由刘慧晏副省长任总课题组长，委员会组成有关委员、专家和省国土厅、环保厅、农业厅等负责人参加的调研组，赴文山、红河州就“实行自然资源产权和用途管制”开展调研，提出了深化我省生态文明制度创新改革的相关措施和建议，供省委、省政府决策参考。

## 四、认真组织视察和协商活动

周密组织委员视察活动。继2012年委员会对我省实施“城镇上山、工业上山、农民进城”情况开展调研后，按照省政协年度重点工作安排意见，2013年委员会与提案委联合，组织开展“城镇上山、工业上山、农民进城”视察活动。9月23～26日，王承才副主席率32位委员、专家，在省发改委、国土厅、环保厅、住建厅、林业厅等领导陪同下，赴昆明、曲靖市就“城镇上山、工业上山、农民进城”情况进行视察，报送了《关于云南省“城镇上山、工业上山、农民进城”情况视察的报告》，提出守耕地红线、保生态绿线、托民生底线，走具有云南特色新型城镇化发展之路的5条意见、建议。省委副书记仇和对报告作出批示。为贯彻落实《国务院关于加快发展养老服务业的若干意见》，促进我省养老服务业更好更快地发展，10月25日至11月1日，在省民政厅和省老龄委的支持配合下，委员会组织18位委员、专家，赴昆明、普洱、红河等市州就“云南省养老服务业发展情况”进行视察，报送了《云南省养老服务业发展情况视察报告》，针对养老服务设施建设滞后、服务产品供需矛盾突出、社区养老服务能力薄弱、城乡区域发展不平衡、基层工作机构和人才缺乏等问题，提出6条意见、建议。李纪恒省长、高锋副省长，分别对报告作出批示。

关注热点问题组织专题协商。根据罗正富主席在《涉滇网络舆情与处置》第13期有关滇池治理情况的批示，7月5日，委员会与昆明市政协联合采取协商民主方式，组织省市两级政协28位委员、专家及相关部门负责人，就“滇池水污染综合治理进展情况”进行协商座谈，取得了交流互动、沟通信息，让群众知晓、知情，让社会理解、参与的效果。会后，形成了《关于办理罗正富主席批示的报告》。《云南日报》、《云南网》和《云南政协报》，分别以《云南省政协举办专题协商会围绕滇池治理积极建言献策》、《信息公开助力滇池治理》、《清滇池之浊，扬春城之美》为题作了报道，客观、正面、求实地回应了社会各界和公众对滇池保护治理的关注。

认真做好提案督办工作。委员会提交并组织督办了《关于加强滇东北生态环境保护治理的提案》（第651号）、《关于促进我省城市再生水利用的提案》（第652号）2件提案。在2012年委员会联合昆明市政协、玉溪市政协开展视察工作的基础上，10月18日，王承才副主席带领12位委员、专家，在省住建厅召开了重点提案面商会，与会各方从不同角度对推进城乡再生水利用提出很好的意见、建议，取得了良好的督办效果。

## 五、经常性工作有成效

开展立法协商和咨询座谈。组织委员、专家参加《中华人民共和国社区矫正法》、《云南省水土保持条例》、《云南省人工影响天气管理办法》和《云南省林木种子条例》等立法协商4件；《云南省省级生态州（市）申报及管理规定》和《云南省省级生态县（市、区）申报及管理规定》专家咨询会；《云南省水运物流中长期发展规划（2013～2012年）》评审会；参加九三学社云南省委“关于培育生态建设产业化，创新谁受益谁补偿的机制”联合调研研讨会和“关于在云南建立国家生态经济特区的建议”座谈会等，立法协商、对口协商和咨询座谈活动。

以会代训开展交流活动。11月20日，委员会在云南省地震局昆明基准地震台召开全体委员会议，主题是学习领会党的十八届三中全会精神，汇聚力量，同心协力，积极为云南省生态文明建设和防震减灾工作建言献策。会上，通报了2013年委员会工作情况，并举办防震减灾专题讲座。省地震局局长皇甫岗从“云南的震情和灾情、云南防震减灾工作基本思路和保障条件、云南防震减灾工作体系建设、存在的几个问题”等，介绍了我省防震减灾工作及成效，省地震局防灾研究所所长张建国作了题为《地震灾害的应对和处置》的专题讲座。委员、专家进行了交流探讨，参观了地震监测室和减隔震技术实验室。

（编写：李杰　审稿：高旭升）

# 教科文卫体委员会工作概况

2013年，是全国上下深入学习贯彻党的十八大精神的开局之年，是深入落实省第九次党代会决策部署的关键之年，也是新一届政协云南省教科文卫体委员会履职的第一年，委员会在省政协常委会议和主席会议的领导下，高举中国特色社会主义伟大旗帜，紧紧围绕云南省委、省政府的中心工作，认真履行政治协商、民主监督、参政议政三项职能，积极主动开展调研视察，反映社情民意，充分发挥人民政协围绕中心、维护核心、凝聚人心、服务大局的作用，为促进我省教育、科技、文化、卫生、体育等事业的健康快速发展积极建言献策，不断开创专门委员会工作新局面。

一年来，委员会共组织了调研视察活动11次（重点调研、重点视察各1次，专题调研5次，协同调研4次）、考察活动8次，重要会议1次、召开专题座谈会8次，提交省政协十一届一次会议提案2件，提交“全国政协教科文卫体委员会工作座谈会”交流材料1份，结合重要工作，制发简报16期。罗黎辉、顾伯平副主席多次带队参加调研视察活动。

## 一、学习贯彻党的十八大、全国和我省两会精神

新一届教科文卫体委员会把深入学习贯彻党的十八大和省第九次党代会精神，全国、我省两会精神作为一项重大政治任务，组织委员会全体同志认认真真、原原本本研读十八大报告、十二届全国政协常委会工作报告、十一届云南省政协常委会工作报告等，真正做到字斟句酌，力求全面理解基本内容，准确把握精神实质，真正用十八大和全国、我省两会新理论、新观点、新思路、新要求武装头脑、指导实践。学习中，注重把学习十八大精神与贯彻落实云南省第九次党代会、云南省委九届四次全会和云南省两会精神相结合，与云南经济、政治、社会、文化、生态建设的现状相结合，与云南建设“两强一堡”战略目标相结合，与云南省政协及委员会今年的目标任务相结合，把中央和省委的重要精神和指示要求转化为委员会的工作思路；注重把握学习重点。十八大报告提出了“社会主义协商民主是我国人民民主的重要形式”的论断。“社会主义协商民主”概念第一次在党代会报告中正式提出和确立，对于推进社会主义政治文明建设具有重大意义；注重在深入理解、准确把握等方面上下功夫，在如何有作为、有创新贯彻落实好这一新要求上下功夫，认真研究如何从专委会角度充分发挥人民政协在民主协商工作中的重要作用。

## 二、开展党的群众路线教育实践活动和“四群”工作

根据中央和省委的要求，按照省政协机关党的群众路线教育实践活动的统一安排和部署，委员会党支部组织全体党员干部认真学习有关理论书籍、文件资料，积极参加机关组织的党课、专题辅导、观看专题教育片、参观教育基地等活动。认真落实教育实践活动的各个环节，在此基础上，紧密结合“为民、务实、廉洁”的活动主题，对照“形式主义、官僚主义、享乐主义和奢靡之风”四个方面的问题，联系党员干部的思想、工作和生活实际开展了对照检查，召开了支部组织生活会，开展了批评与自我指评，对个人存在的理想信念、宗旨意识、政治纪律、党性修养、廉洁自律等方面问题及原因进行深层次的剖析，达到了自我净化、自我完善、自我提高的目的，党组织的凝聚力战斗力明显提升。积极开展“四群工作”，为“四群”联系点排忧解难办实事，主动向有关部门联系，帮助“四群”工作联系点协调解决文化基础设施建设的资金问题，为弥渡县新街镇大马房村协调了150万元项目资金。

## 三、召开全省政协教科文卫体委员会工作联席会

为加强与各州（市）教科文卫体委员会的交流与协作，促进全省政协教科文卫体委员会系统工作水平，总结探索政协专门委员会上下交流合作的工作机制，4月初，委员会组织召开了全省政协教科文卫体委员会主任联席会议，全省16个州（市）、10个县（市）分管教科文卫体委员会的副主席和教科文卫体委员会主任参加了会议。省政协罗黎辉副主席就专门委员会如何履职尽责作了专题辅导，委员会主任严建代表委员会作了工作报告，昆明市等6个单位就如何做好政协教科文卫体委员会工作作了大会交流发言，9个州市作了书面经验交流。

## 四、围绕中心开展调研视察

一是围绕我省建设面向西南开放重要“桥头堡”要求，开展“桥头堡战略背景下我省高校国际化人才培养问题”的重点调研。根据省政协2013年重点工作安排，今年3～8月，在顾伯平副主席的率领下，委员会组成调研组，先后深入我省8个州市，17所高校就我省桥头堡战略背景下对国际化人才的需求情况，云南高校国际化人才培养的现实状况等问题进行了深入调研，形成了调研报告。报告提出了深化完善教育国际交流合作的保障机制，实施云南省国门大学振兴计划，建设云南国际化人才培养协同创新基地，增强云南高校国际化人才培养的有效性等四个方面的建议。报告经主席会议审定后，报省委省政府及有关部门参考。

二是开展了“我省县级公立医院综合改革试点工作进展情况”重点视察。为推动《国务院办公厅关于县级公立医院综合改革试点意见》、《云南省人民政府办公厅关于县级公立医院综合改革试点

的实施意见》等文件的贯彻落实，根据《政协云南省委员会2013年重点工作安排意见》，由省政协教科文卫体委员会和文史委员会联合，对“我省县级公立医院综合改革试点工作进展情况”进行重点视察。11月上旬，在罗黎辉副主席带领下，先后对昆明、玉溪、红河等州市县级公立医综合改革试点县进行了视察。视察组就综合改革试点中存在的主要问题及其原因进行了分析，对下一步推进县级公立医院综合改革试点工作提出了意见建议，形成了视察报告报省委、省政府及有关部门参考。李纪恒省长、高峰副省长对报告作了指示。

三是协同全国政协开展“民营医院发展中的问题与对策”专题调研。根据《全国政协教科文卫体委员会邀请协同开展专题调研的函》要求。6～8月，委员会组织调研组对昆明地区具有代表性的民营医院进行前期调研，并指导做好相关准备工作；10月，与全国政协调研组一道，深入昆明市、玉溪市、西双版纳州等地进行实地调研。协同调研报告已报送全国政协教科文卫体委员会，供全国政协起草调研报告时参考。

四是组织委员视察高考评卷和录取现场。为推动和促进我省高考工作规范有序开展。今年6、7月，委员会组织部分教育界政协委员组成视察组，先后视察了云南大学评卷点和省招生考试院录取现场。视察组在听取了有关情况介绍后，建议今后的招录工作要更加有利于“两强一堡”建设，要认真总结工作中取得的好经验、好办法，开展工作要更加认真仔细，真正做到“热情服务、遵章守纪、公平公正、择优录取”的工作方针，使社会满意，家长和考生满意。

**五、针对基层和社会反映的热点难点问题开展工作**

一是就“云南一村落全村均为‘黑户’无法就医问题”开展调研。按照省政协罗正富主席批示精神，根据《涉滇网络舆情与处置》的情况反映，委员会于3月下旬就“云南红河开远市红坡头村全村均为‘黑户’无法就医问题”深入乡村开展了专题调研，提出了意见建议，调研报告已送政府相关部门参考。

二是就“我省重大标志性文化设施项目建设工程进展情况”进行考察。为推动我省文化强省建设步伐，促进重大标志性文化设施项目建设工程顺利进行，3月初，省政协教科文卫体委员会组织部分文化界政协委员和专家学者组成调研组，深入到省博物馆新馆、省科技馆新馆、腾冲滇西抗战纪念馆等重大标志性文化设施施工现场，对我省重大标志性文化设施项目建设情况进行了考察。

三是开展“云南藏区中小学双语教材费用问题”专题调研。6月初，根据部分政协委员和基层部门反映，委员会对“云南藏区中小学双语教材费用问题”组织调研组进行专题调研。报告已送有关领导决策参考。7月11日，省委秦光荣书记已批转省政府阅处，问题已经解决。

四是开展“哈尼梯田保护利用”专

题调研。应元阳县政协关于组织专家学者指导收集整理哈尼梯田世界文化遗产核心区元阳民俗民间文化的约请，委员会报请省政协领导批准后，成立了“哈尼梯田的保护利用”课题组，8月下旬，委员会组织课题组召开了研讨交流会，制定了调研方案。10月中旬，委员会组织课题组深入元阳县进行了实地调研。目前，课题研究正有序进行中。

**六、协助全国政协、友邻政协做好专题调研**

一是协助全国政协京昆室就我省“少数民族戏曲艺术传承与发展情况”开展专题调研。根据全国政协京昆室安排，10月27~31日，委员会组织相关人员协助全国政协就“少数民族戏曲艺术传承与发展情况”专题调研组制定调研方案、召开协调会、组织进行实地调研，圆满完成了调研组在我省的调研工作。

二是协助广西自治区政协开展“乡镇卫生院建设情况”专题调研。根据省政协办公厅的安排，7月31日至8月4日，委员会组织相关人员协助广西壮族自治区政协调研组在我省开展“乡镇卫生院建设情况”专题调研，帮助制定了调研方案，组织召开了两省区乡镇卫生院建设情况座谈会。

三是协助西藏自治区政协就我省“科技工作开展情况”进行专题调研。根据省政协办公厅的安排，11月7~12日，委员会组织相关人员协助西藏自治区政协调研组在我省开展“科技工作开展情况”专题调研，帮助制定了调研方案，组织召开了两省区政协科技工作开展情况座谈会，协助调研组深入我省有关州市进行实地调研。

**七、围绕拓宽委员履职平台，积极开展考察活动**

为进一步拓宽委员履职平台，增加委员了解社情民意渠道提高建言献策水平，今年，委员会多次组织政协委员进行考察活动。4月中旬，组织部分政协委员考察云南农业大学国家重点实验室建设情况；6月中旬，组织部分医卫界政协委员考察我省大型综合性医院建设情况；7月中旬组织部分文化艺术界政协委员深入红河州考察文化产业建设情况；8月上旬，组织部分医卫界政协委员考察圣爱中医馆、昆明中英安琪妇产医院等民营医院的建设和运营情况；8月中旬，组织部分政协委员到保山施甸善洲林场学习善洲精神，深入保山腾冲中和大村考察乡村文化建设情况；9月上旬，组织委员会所有联系委员开展教师节联谊活动；11月中旬，组织部分政协委员考察滇西抗战历史与旅游产业文化相结合的发展情况。

（编写：董刚培　审稿：严建）

# 社会和法制委员会工作概况

2013年，是十一届云南省政协的开局之年。社会和法制委员会在省政协常委会和主席会议的领导下，坚持以邓小平理论和“三个代表”重要思想为指导，深入贯彻落实科学发展观及云南省第九次党代会精神，紧紧围绕省委、省政府的“翻两番、增三倍、促跨越、奔小康”目标，按照《政协云南省委员会2013年重点工作安排意见》的要求，在历届委员会所总结经验的基础上，开拓创新、发挥优势、扎实工作，圆满完成了各项任务，工作取得了明显成效。

## 一、积极开展党的群众路线教育实践活动和“四群”教育联系点工作

为深入学习贯彻党的十八大精神，按照中央的部署和省委关于在全省开展党的群众路线教育实践活动的意见和省政协机关的统一安排，委员会从7月5日开始组织全体同志通过集中学习、听取讲座、个人自学和征求意见和建议等形式，认真开展了党的群众路线教育实践活动。学习中着重抓好“四个结合”，即：党员自学与支部集中学习相结合；查找自身问题与查找支部、委员会的问题相结合；推进教育实践活动与推进委员会工作相结合；开展教育实践活动与“四群”教育联系点工作相结合。

2月，省政协倪慧芳副主席带领委员会主任董志红、副主任罗石文及委员会办公室同志，到“四群”教育工作联系点瑞丽市勐卯镇姐东村委员会小飞海村民小组，进行慰问和调研。5月份，委员会副主任周发洪、齐晓勇带领办公室同志再次深入该地走访调研，及时调整充实专委会领导联系贫困户工作，并建立了联系户工作制度，加强了联系点工作。针对在调研中群众反映的有关事项和急需解决的问题，积极协调有关部门逐项落实。

## 二、认真开展专题调研和视察

按照省政协年度重点工作安排，为促进云南扶贫工作，巩固提升扶贫成果，全面推进扶贫对象脱贫致富，确保我省贫困群众和全国人民同步建成小康社会。5月至7月，在省政协倪慧芳、米东生两位副主席的带领下，委员会组织部分委员和省级相关部门负责同志组成调研组，在听取了省扶贫办、省财政厅的情况介绍后，分赴昭通、丽江、临沧市及绥江、永善、宁蒗、凤庆、沧源等县（区）进行实地调研。经过十一届五次主席会议审议通过，形成了《关于我省扶贫情况的调研报告》，报送省委、省政府。省委、省政府

领导对报告给予了高度肯定，作出了重要批示。李纪恒省长批示：“省政协办公厅印送的《云南扶贫情况的调研报告》写得很实在，很有针对性，对问题分析得十分透彻。特别是“六点建议”具有操作性，请培平同志研酌，协调各有关部门予以采纳建议，推进我省扶贫工作更加扎实、科学、有力、有效。也请仇和同志批示。”仇和副书记批示：“《调研报告》很好！感谢省政协！请省扶贫办认真研究吸纳、借鉴。请培平副省长阅示。”

根据委员会工作安排，7 月 15 ~ 18 日，委员会组织部分省政协委员与省总工会共同对《云南省企业工资集体协商条例》实施情况进行了视察。期间，视察组听取了省人力资源和社会保障厅、省政府国有资产监督管理委员会、省总工会、省企业联合会、省工商联关于我省实施该条例的总体情况介绍，实地视察了十四冶建设集团有限公司、云南大山饮品有限公司、云南云之叶生物科技有限公司等国有、外资、民营企业，与企业党政工领导和职工代表进行了座谈，听取他们的意见和建议，并形成《关于对〈云南省企业工资集体协商条例〉实施情况的视察报告》，报送省委、省政府。

10 月 22 ~26 日，委员会配合省政协民族和宗教委员会组织部分省政协委员赴昆明市、文山州对我省宗教活动场所进行了视察。视察由省政协倪慧芳、王承才两位副主席分别带队。委员会董志红主任，罗石文、齐晓勇两位副主任参加了视察。

## 三、履行职能，搞好立法协商

人民政协参与地方立法既是进一步加强政治协商的具体要求，也是协商民主的基本内容之一。长期以来，委员会十分重视立法协商这一工作，注重调动各方面的积极性和发挥各界别委员的主体作用，使工作在不断深化，协商的形式在不断扩展，协商的质量在不断提高，为我省的立法工作作出了应有的贡献。2013 年，委员会对省政府法制办及省级有关部门提交讨论、征求意见的《中华人民共和国社会救助法（草案)》、《云南省人工影响天气管理办法（草案)》、《云南省人民政府加强依法行政建成法制政府的决定（征求意见稿)》等 44 件（次）法律、法规和规章，组织省政协委员、有关专家学者和省政协有关专门委员会进行了协商讨论，提出 354 条意见和建议并及时反馈，许多意见建议被征询单位采纳和吸收。

## 四、精心筹办“省政协第六届民生论坛”

9 月 3 日，由委员会承办的“省政协第六届民生论坛”在昆明举行。论坛充分运用调研成果，广泛征集稿件，在精心准备下，以恳谈会的形式开展，参与者围绕“惠民生 办实事 促脱贫”这一主题畅所欲言，共同探讨云南扶贫开发的新途径。本次论坛共收到稿件 157 篇，内容主要针对我省扶贫开发中存在的困难和问题，从不同角度提出了一些很好的意见和建议，充分体现了社会各界对云南扶贫开发工作的高度重视。

省委副书记仇和，省政府分管领导，省政协常务副主席白成亮，省政协副主席罗黎辉、倪慧芳、王承才，秘书长车志敏等领导出席论坛。省级有关部委、省级各民主党派、省工商联、人民团体，全省16州市政协领导及扶贫开发办公室负责人，省政协部分委员以及省政协办公厅、研究室和各专门委员会的负责人近200人参加了民生论坛。

## 五、召开全省政协社会和法制工作座谈会

10月15~17日，2013年全省政协社会和法制工作座谈会在楚雄州召开。此次会议，楚雄州政协作了精心准备，安排周密，会议圆满成功。全省16州、市政协分管社法工作的领导、社会和法制委员会主任及办公室负责人、楚雄州各县政协相关同志100余人参加了会议。会议研讨交流了政协社会和法制工作经验、体会，总结了全省政协社法委工作，研究了来年工作重点。委员会董志红主任和楚雄州政协社法委等6家单位进行了交流发言。倪慧芳副主席莅会指导，并作讲话。委员会周发洪、齐晓勇、李瑾副主任出席了会议。

## 六、做好其他方面的工作

### （一）组建新一届省政协社会和法制委员会

2013年，省政协换届后，随着委员会新任主任、副主任到位，委员会适时召开了主任会议，按照政协章程的要求，提出十一届委员会委员建议名单，报请省政协主席会议批准，完成了新一届社会和法制委员会的组建。委员会现有委员33人，联系委员34人。4月25日，在昆召开了第一次全体委员会，通报了新一届委员会组成情况。

### （二）协助全国政协赴滇开展专题调研工作

5月27~31日，全国政协副主席、民革中央副主席齐续春率全国政协社会和法制委员会委员赴滇，就“涉法涉诉信访工作改革情况”开展专题调研。委员会按照办公厅的安排，做了大量细致的工作。事先拟制调研方案，多次沟通确定活动路线，充分与相关部门和单位协商。在委员会领导的陪同和办公室同志的全程参与下，调研组一行到昆明市、曲靖市、玉溪市进行实地调研，听取了法院、检察院、公安局、信访局等部门的情况介绍，深入信访接待场所了解情况，圆满地完成了在滇的调研活动。

### （三）完成提案督办工作

由民革云南省委等5个民主党派提交的《关于全面加强依法治省工作、努力促进法治云南建设的建议》的提案，被列为2013年省政协十件重点督办提案之一，由委员会督办。督办领导为省政协倪慧芳副主席、杨志诚副秘书长。经与提案的主办、协办部门联系，并做大量的协调工作，6月，由委员会和提案委、省司法厅、省委政法委联合组成调研组，吸收提出提案的有关民主党派参加，到部分州市进行调研，并形成调研报告。在此基础

上，由提案办理单位召开了面商会，提案者对提案办理表示满意。

（编写：曾迪娜 审稿：齐晓勇）

## 民族和宗教委员会工作概况

2013年，省政协民族和宗教委员会在省政协常委会和主席会议的领导下，以邓小平理论、三个代表重要思想、科学发展观为指导，认真履行职责，努力提高参政议政实效，为推动云南实现科学发展和谐发展和跨越发展努力贡献。现将有关工作情况总结如下：

### 一、加强学习、提高认识

党的十八大是一次继往开来，走向新的胜利的盛会。他坚定了我们走中国特色社会主义道路的决心，确定了科学发展观作为我党的根本路线方针。提出了未来发展的目标。贯彻落实好会议精神是今年学习的重点。云南省九次党代会和省政协十一届一次全会安排部署了新一届省委和省政协班子的工作。提出“翻两番、增三倍、促跨越、奔小康”和实现云南省科学发展、跨越发展、和谐发展的目标任务，因此学习领会好两次会议精神是委员会围绕中心，服务大局，开展好工作的前提和基础。特别是要认真学习新形势下，我国民主政治和统战理论的新举措和新突破，如何把协商民主这一新的履职方式贯穿到工作中进行一些摸索。抓住各民族共同团结进步，各民族共同繁荣发展这一主题做好新时期民族工作。

### 二、认真开展党的群众路线教育实践活动

群众路线教育实践活动是中央对省级机关下半年部署的一项重要工作。是中央为继续保持党的先进性、纯洁性，进一步巩固党的执政基础，提高执政能力，确保部署任务全面完成，针对目前群众反映强烈的问题，进行的一次整改作风的活动。委员会充分认识这次活动的重要性，紧紧围绕为民务实清廉这一主要内容，对部门、对自身存在的四风问题进行了一次大排查、大清洗、大扫除。活动中共进行了五次集中学习交流，撰写了对照检查材料和整改措施，开展了交心谈心活动，召开了民主生活会。通过这次活动，委员会切实改进了工作作风，努力使调研视察能更好的围绕中心，深入基层、深入群众。提高广集民智、务实建言的能力满足参政议政的需要。注重倾听委员呼声、了解委员诉求、把握委员意愿、满足反映社情民意的需要，取得良好效果。

## 三、完成云南民族团结进步边疆繁荣稳定示范区建设推进情况重点调研

2011年国务院出台《关于支持云南省加快建设面向西南开发重要桥头堡的意见》提出，把云南建设成为我国民族团结进步边疆繁荣稳定的示范区。为此，云南省委九届三次会议通过《关于建设民族团结进步边疆繁荣稳定示范区的决议》，并于2012年7月召开云南省建设示范区动员大会。会议提出“作出十大示范，实现三大跨越”的建设目标，实现少数民族和民族地区发展、民族团结进步事业、边疆繁荣开放三个新跨越。根据中央、省委统一部署，按照省政协重点工作安排，委员会在省政协马开贤副主席、王承才副主席率领下先后赴昆明、怒江、大理、西双版纳、普洱等州市调研。调研组在广泛听取意见、实地考察走访和综合分析研究后提出推进示范区建设的五条措施，需要中央支持的四条建议，受到省委省政府高度重视。李纪恒省长批示“省政协此调研报告很好。希望黄毅、建业等同志组织有关部门认真研究，争取有力措施推进民族团结进步边疆繁荣稳定示范区建设”。

## 四、开展云南省宗教活动场所管理情况视察

为进一步贯彻落实好国家《宗教事务条例》，规范和改进我省宗教场所管理工作，积极应对宗教领域出现的新情况、新问题、新挑战，做好新形势下我省的宗教工作，委员会和社会和法制委员会组织部分政协委员，形成联合视察组，对全省五大宗教的活动场所管理情况展开视察。视察组在倪慧芳副主席、王承才副主席率领下赴昆明市、文山州实地考察。经过视察组综合分析、认真研讨形成四条建议供省委、省政府参考。

## 五、完成普洱市思茅区易地扶贫开发专题调研

在就云南民族团结进步边疆繁荣稳定示范区建设推进情况到普洱市思茅区进行专题调研过程中，调研组通过实地调查了解、广泛听取意见建议，感到普洱市作为我省最早承担跨州市移民扶贫开发的试点地区，工作成效显著，同时，也面临着一些比较大的困难。按照王承才副主席的指示精神，为更好地建设我省民族团结进步边疆繁荣稳定示范区，进一步总结普洱市易地扶贫开发的经验，不让一个兄弟民族掉队，省政协民族和宗教委员会就普洱市思茅区易地扶贫开发撰写了专题调研报告。报告提出统筹解决移民的产业地问题等四条对策建议。报告得到省委高度重视，省委书记秦光荣亲自作出重要批示，取得良好效果。

## 六、召开全省政协民族宗教工作座谈会和全省民族学会负责人座谈会

四月组织召开了新一届的全省政协民族和宗教工作会议。十六州市的政协分管领导、民族和宗教委员会领导参加会议，会议传达了党十八大的会议精神、省委九

次党代会精神和省政协十一届一次会议精神，邀请省宗教局的领导就开展新形势下宗教工作进行培训讲座。沟通交流了各州市的工作计划。九月，又召开了全省25个民族学会负责人会议，会议介绍了各民族学会一段时期的工作，讨论研究了现阶段我省民族工作的重点和难点，就云南如何推进民族示范区建设进行讨论，充分营造和体现了各民族和睦相处、和衷共济和和谐发展的新局面、新氛围。十月欧志明主任参加了全国政协民族和宗教委员会在郑州组织的推进新形势下人民政协民族宗教工作研讨会。

### 七、组织委员学习培训和出省考查

七月份组织了新一届的省政协委员进行学习培训工作，培训邀请了省委、省政府领导、全国政协的专家领导和一些有经验的老委员到现场讲课和交流心得，这次学习培训安排合理、组织精心，极大提高了民族和宗教界委员履职能力和参与社会事务的能力。九月，为进一步开阔民族和宗教界委员的视野，切实学习兄弟省份的先进经验，委员会由郭秀文副主任、潘光宪副主任带领，组织14名基层工作的民族宗教界委员赴北京、天津和山西进行考察，学习交流了新形势下的民族宗教工作，考察了各地的民族发展情况和宗教场所的管理，取得良好效果。

（编写：陆建辉　审稿：欧志明）

## 港澳台侨和外事委员会工作概况

2013年是新一届政协的开局之年，委员会面对新的形势和任务，认真贯彻执行中国共产党第十八次全国代表大会精神，学习领会新形势下中央、省委有关港澳台侨和外事工作的方针政策，在省政协常务委员会和主席会的领导下，在历届委员会所总结积累的工作经验基础上，开拓创新，突出重点、发挥优势、扎实工作，圆满完成了年度各项工作。

### 一、改进工作作风，认真开展党的群众路线教育实践活动和“四群”教育工作

按照中央、省委和政协党组的要求，委员会认真组织开展了党的群众路线教育实践活动。按照“照镜子、正衣冠、洗洗澡、治治病”的总要求，委员会认真组织学习了习近平总书记系列重要讲话精神，学习了教育实践活动相关文件精神和杨善洲精神，学习了习近平总书记在指导河北省委常委班子专题民主生活会上的讲

话精神和“三本书”。通过学习、讨论、广泛征求意见等形式，撰写了学习体会、对照检查材料和整改材料，开展了批评与自我批评，认真对“四风”问题、作风之弊、行为之垢进行检查整改。委员会副主任叶建成、张李昆抽调参加了省委第一批群众路线教育督导组工作。通过党的群众路线教育实践活动，大家认识到要把思想和行动切实统一到习近平总书记重要讲话精神和省委重要安排部署上来，把牢自己的世界观、人生观、价值观这个“总开关”，不断自觉学习和遵守党章，积极履行党员义务，加强党性锻炼，不断改造自己的主观世界，保持共产党员的政治本色。坚持走群众路线，坚决反对“四风”，勇于探索、勇于创新，尽心尽力工作，无愧于党和人民的期望。

结合党的群众路线教育实践活动，委员会认真贯彻执行中央政治局关于改进工作作风、密切联系群众的八项规定和省委的《实施办法》，严格遵守廉洁从政的有关规定。在工作中积极践行中央和省委开短会、讲短话的要求。在接待中厉行勤俭节约。在调研视察中深入实际，深入基层，客观反映群众、乃至社会各界反映强烈的问题。努力改变以往坐着车子转，隔着玻璃看，进会议室开会，回办公室写报告的被调研的情况。强化思想自觉和行动自觉，切实转变工作作风。

委员会积极开展好“四群”教育工作，扎实做好挂县包乡联户工作。省政协副主席曾华率委员会领导轻车简从，多次到联系点玉溪华溪镇大新寨村，就产业发展、农民增收、农村发展等情况进行深入调研。通过听取介绍、实地考察、走访慰问、召开民情恳谈会等形式，深入了解基层群众生活生产的实际状况。曾华副主席和委员会领导与直接联系的8户农户同吃、同住、同劳动，体察民情、解民忧，积极反映基层群众的呼声，为群众排忧解难，力所能及为基层群众办实事做好事解难事。一年多来，委员会积极和省发改委、交通厅、住建厅、省烟草公司等单位联系，共为华溪镇、大新寨村协调核桃种植、镇规划编制项目经费、乡村道路改造资金共计60万元。现正着手协调两条乡镇公路建设经费共计500多万元，引水上山工程资金300万元，努力改善华宁县大新寨村道路交通设施，解决用水难的问题。

## 二、调研视察，履行职能，建言献策

为加快实施桥头堡战略，建设开放型经济，进一步深化云台、滇港、滇澳合作，促进在滇港澳台侨资企业的健康发展，2013年，委员会开展了“关于港澳台侨资企业在滇发展情况”的重点调研。委员会领导及有关政协委员、专家和企业家组成调研组，以在滇港澳台侨资企业为重点，围绕重大项目、投资环境、招商引资、企业经营等情况进行了调查研究。在白成亮常务副主席、曾华副主席的率领下，调研组先后听取了省商务厅、省侨办、省台办、省招商局等涉外部门的情况介绍，赴昆明、曲靖、玉溪、楚雄4个州市进行实地调研，与昆明积大制药有限公司等36家企业进行座谈，走访香港华润燃气有限公司等16家企业，并对100家企业进行了问卷调查。调研为省委、省政府完善管理机制、强化政策扶持和优化服务环境提出了好的意见建议。

为贯彻省委在实施西部大开发和桥头堡战略中加快推进滇中产业新区建设的要求，委员会牵头开展了滇中产业新区引资调研，形成了“关于加大滇中产业新区侨港澳台招商引资工作的建议”共21条，秦光荣书记、李纪恒省长均对调研报告进行了批示，并责成相关单位抓落实。

委员会在大量调研的基础上，形成了2件提案：“加快建设昆曼第二国际大通道的建议”，“关于建立昆明市废旧汽车处理中心的提案”提交政协十一届一次全会，提案引起了有关部门的重视。

## 三、搭建平台，交流研讨，组织筹办好各类会议

十一届一次全会后，委员会组成了政协第十一届云南省委员会港澳台侨和外事委员会委员并召开了第一次全体委员会议。会议对委员会委员组成、委员会主任分工作了说明。全体委员学习了《中国人民政治协商会议云南省委员会专门委员会通则》，审议通过了《政协第十一届云南省委员会港澳台侨和外事委员会工作简则》和《政协港澳台侨和外事委员会2013年度工作要点及工作计划》。曾华副主席到会作了重要讲话，张宁主任参加了会议，委员们对做好新一届省政协港澳台侨和外事工作提出了很好的意见。

围绕总结提高，扩大交流，推动我省政协港澳台侨和外事工作迈上新台阶这一主题，委员会在保山召开了全省政协港澳台侨和外事工作会议，曾华副主席，张宁主任到会指导。委员会主任雷耀民和13个州市政协专委会负责同志作了交流发言。委员会副主任杨光民作了“东南亚国家华商特点及发展趋势”专题讲座。结合党的群众路线教育实践活动，全体参会人员到善洲林场学习考察。曾华副主席在肯定全省各州市政协两年来开展港澳台侨和外事工作取得的成绩的同时，提出了政协的港澳台侨和外事工作必须把为委员搭建平台、做好服务作为根本定位。政协的港澳台侨和外事工作要突出政协特色，区别于其他党政部门的外事工作，要进一步扩大交往，推动公共外交创新发展的要求。会议达到了学习交流，共同提高的目的。

委员会与省社科院、南亚研究所共同承办了“中国南亚学会年会暨研讨会”。本次年会的主题为“南亚形势及中国与南亚的合作”，研讨会对“大国的南亚战略与南亚国际关系”、“南亚的经济走势及中国与南亚的合作”等专题进行了深入研讨，与会专家对加强云南与南亚国家的经贸合作和人员交流，进一步提升云南对南亚的开放在全国的地位，提升云南省的南亚研究水平，推动我省的对外开放与桥头堡建设提出了好的意见建议。

## 四、联谊交友，扩大交往，汇聚力量

### （一）精心组织策划政协的出访团组，接待来滇访问团组

委员会本着服务公共外交，涵养港澳

台侨和外事资源，服务云南对外开放，促进云南和海外经贸文化交流的目的，精心组织策划好政协领导的出访，把对外交往工作做深做实。2013 年共办理省级领导出访团组 2 个，厅级领导出访团组 2 个。应泰国总理府、泰国 TCC 集团、马来西亚前总理马哈蒂尔、马来西亚中国经济贸易总商会、中国和平统一促进会香港总会、香港中华总商会的邀请，省政协副主席、滇中产业新区办主任米东生率团赴泰国、马来西亚和香港进行商务洽谈，开展新区招商引资、宣传推介等工作，进行友好访问。访问团与泰国 TCC 集团签订了战略合作框架协议，并与马来西亚 IOI 集团、顶级手套集团、香港华润集团、新恒基国际集团等企业进行了深入洽谈，几个企业均表达了到滇中产业聚集区投资发展的意愿。应缅甸联邦工商会会长温昂、柬埔寨商会秘书长 H. E. Nguon Meng Tech、越南工商会第一副会长黄文勇的邀请，省政协副主席、省工商联主席、省总商会会长喻顶成率团赴缅甸、柬埔寨、越南进行考察访问。访问团充分发挥商会的民间优势，拓展交流空间，助推企业“走出去”，出访进一步了解了三国经济社会发展的现状，继续保持与缅甸联邦工商会、柬埔寨商会、越南工商会的交往与联系，增进了彼此互信。此外，分别办理了车志敏秘书长赴缅甸，贺毅副主任赴香港访问学习。委员会积极配合省外办、省侨办等部门做好李纪恒省长出访港澳的邀请、会见港澳委员、社团负责人等工作。积极参与在昆举办的 2013 香港摄影图片展、澳大利亚“土地—身体”土著文化艺术展等活动，促进云南与香港、云南与澳大利亚的文化交流。

2013 年共接待了以泰国上议院议长尼空为团长的考察团、老挝建国阵线中央主席潘隆吉·冯萨为团长的代表团、老挝建国阵线中央副主席翁占·丰沙瓦为团长的老挝建国阵线民族事务代表团、缅甸联邦司法院院长埃雅孟集团副主席吴登苏少将为团长的考察团、前非盟主席加蓬前外长让·平及其家人、香港特区政府驻成都经贸办事处主任刘锦泉为团长的考察团、缅甸珠宝企业协会副会长虞有海为团长的考察团、香港雅居乐集团主席陈卓林为团长的代表团、香港华侨华人总会永远荣誉会长、港侨界社团联会会长余国春为团长的香港华侨华人总会访问团、香港中西区各界协会文化商贸交流访问团、台湾新闻界知名人士访问团、日本“云南海外联谊会”代表团、全国政协常委、全国台联党组书记梁国扬为团长的全国政协台联界委员考察团、香港积大制药、香港世贸协会等来自泰国、老挝、缅甸、美国和港澳台地区的 20 多个考察访问团组，共 400 多人次。

（二）做好港澳工作

中央对香港、澳门实行的各项方针政策，根本宗旨是维护国家主权、安全、发展利益，保持香港、澳门长期繁荣稳定。根据这一要求，委员会以港澳政协委员为主体，加强与港澳特区政府、社团、慈善机构、各界人士的团结联谊工作，扩大工作面和团结面，增强了工作的针对性，为港澳地区的长期繁荣稳定，为深化滇港澳经贸合作，达到互利双赢的格局做了有益的工作。同时，委员会认真做好为港澳委员服务的工作，为港澳委员知情明政、履行职责、发挥作用创造条件。本届我省港澳地区政协委员从数量到质量都得到了增强，港澳委员为云南与港澳地区的交流与合作牵线搭桥，直接、间接地为云南经济社会发展贡献了力量。委员会协商建立了港澳委员联系制度，明确了港澳两地委员联络负责人，定期组织开展活动。认真组织港澳委员出席政协全会、常委会、协商会、座谈会和调研视察等活动。2013 年 7 月配合办公厅组织了新一届政协港澳委员的培训工作。

（三）做好对台和侨务工作

委员会积极加强与“五侨”、“七台”的联系，与对口联系单位实现了工作互动，优势互补。在对台工作方面，认真贯彻落实中央对台工作方针政策，坚持一个中国原则，持续推进两岸交流合作，坚决反对“台独”分裂图谋。在工作中发挥政协对台工作优势，紧紧把握当前两岸关系和平发展的大好机遇，进一步加强同台湾岛内有关党派团体、社会组织等各界人士的交往。今年接待了台湾新闻、明道大学教育代表团，促成我省高校与台湾高校合作，还接待了全国政协台联界委员。组织三个代表团赴台访问，加强云台民族、文化、经贸的交流，不断拓宽政协对台交流合作领域。我们也清醒认识两岸关系所面临的新形势，把推进“一个中国”成为台湾各界更加广泛的认识作为工作重点。

在侨务工作方面，政协发挥自身优势开展联谊、服务、引导工作，是配合国家侨务工作大局，涵养人民政协侨务资源的重要途径。委员会牢固树立“以人为本，为侨服务”的宗旨，顺应在实施“走出去”战略中新侨不断增加的新变化，更加注重发挥侨团、侨社和侨领作用，支持海外侨胞融入当地社会，维护自身权益。关心支持引导侨胞积极参与祖（籍）国现代化建设与和平统一大业。委员会注意利用“走出去、请进来”的机会，按照凝聚侨心、聚集侨智、发挥侨力、维护侨益的要求，广泛团结海外侨胞，加强与世界各地侨胞社团组织的联系，提升海外侨胞对祖国的认同感和归属感。同时重视发挥地缘优势，重点做好周边国家的华侨社团、侨领、侨胞工作，邀请他们到云南参观考察，涵养侨务资源。

## 五、协调服务，引资引智，做好事实事

委员会配合昆明南亚博览会和昆交会，组织来自美国、马来西亚、泰国、缅甸等国家和香港、澳门、台湾地区的云南海外经济合作促进会海外理事出席昆明南亚博览会和昆交会，同时促进了经济、科技、文化、管理等方面的交流，也促成了一些经济合作项目。

委员会扩大宣传，拓展渠道，协助做好滇中产业新区招商引资工作，以大招商促进大发展。委员会通过香港政协委员殷玮荃联系，配合省政协副主席米东生与香

港中银、高盛、中金洽谈，拟引进香港金融机构为滇中产业新区发展融资。促成产业新区引进正大、中建、香港新恒基等重大项目投资签订协议，其中正大拟投资600亿牵头建设中国（云南）—泰国产业园区，中建拟投资200亿建设新区基础设施，香港新恒基拟投资300亿做好产城结合项目。根据省委、省政府主要领导指示，牵头协调香港雅居乐投资昆明国际文化大型旅游项目总投资达500亿。

为促进金融业与我省重大招商项目的合作，更好服务我省的招商引资工作，委员会召开了国家开发银行和中国建筑集团、联想控股集团、印尼力宝集团、香港雅居乐集团项目金融合作洽谈会，为企业在滇投资项目融资问题牵线搭桥，出谋划策。

今年配合“关于港澳台侨资企业在滇发展情况”的重点调研，委员会走访了部分港澳台侨在滇投资企业，了解他们的经营状况和实际困难，协调解决了泰国TCC集团、邦克饭店改造工程、香港积大制药、联想集团等侨企在滇投资遇到的困难，尽心尽力为他们排忧解难。

委员会发挥港澳台和侨务资源，积极牵线搭桥扶贫济困，支持港澳台侨同胞参与我省公益事业，把港澳台侨人士的爱心和愿望落到实处。许多委员热心公益，慷慨捐赠。伍氏家族基金会（香港委员伍滨、伍达天及原香港委员伍宗琳等）向昆明理工大学捐赠约7000万元港币建设的国际文化交流中心，今年已正式投入使用。香港委员林德兴发起的“林君瑾慈善基金会”向澜沧贫困学校捐赠了20台平板电脑，价值16万元人民币。香港委员庄哲猛、林德兴各出资5万元帮助大新寨村民种植核桃等经济农作物。香港委员李应生向大理洱源地震灾区捐款10万元。香港委员李红红、栗潜心、殷玮荃为怒江兰坪12·2火灾灾区捐赠了价值102万元的救灾物资，帮助傈僳族乡亲度过难关，重拾生活的信心。

（编写：和煜坤　审稿：贺毅）

# 文史委员会工作概况

2013年是本届省政协文史委员会工作开局之年，文史委员会在省政协常委会议、主席会议的正确领导下，坚持正确的政治方向，坚持政协文史工作指导方针，在分管副主席、联系副秘书长的带领下，委员会领导和办公室全体同志团结一心，奋发有为，努力工作，开拓创新，较好完成了年初制定的各项工作任务，实现了良好开局。

## 一、认真贯彻省政协十一届一次会议精神，切实加强专委会自身建设

省政协十一届一次会议选举产生了文史委员会新一届领导班子，本届文史委领导班子7人（主任1人、副主任6人），其中6位领导是首次选派到文史委工作。为确保十一届省政协文史委员会工作开好头，起好步，委员会领导带领全体工作人员，以认真学习贯彻十八大精神、省委九届四次会议精神、省政协十一届一次会议精神和省政协主席罗正富在省政协专委会主任会议上的讲话精神为工作切入点，在加强理论学习、明确职责分工、建立健全规章、努力开拓创新四个方面下功夫。认真研究政协文史工作理论，合理部署全年具体工作，超前谋划五年工作规划。通过认真学习，统一思想，委员会全体人员进一步加深了对专委会工作重要性的认识，增强了做好工作的使命感和责任感，思想作风、工作作风进一步得到提高，形成了团结干事的良好氛围，确保了开局之年工作环环相扣，有序开展，整体工作全面推进，体现出政协文史工作的连续性，为全面完成各项工作任务奠定了良好的基础。

## 二、深入开展群众路线教育实践活动

深入开展群众路线教育实践活动，是党中央的重要部署，也是文史委的中心工作任务之一。2013年7月以来，在保证正常工作不受影响的前提下，文史委员会以教育实践活动为契机，深入抓好委员会自身建设，以活动促进团结干事班子的形成，以活动促进各项工作任务的落实。在本次教育实践活动中，委员会领导班子充分起到了表率作用，全程参与了各次会议、各项安排、各个流程的工作。经历了全面学习、集中讨论、查找问题、交心谈心、对照检查、研究整改等过程，最后按照机关要求，认真召开了专题组织生活会。整个过程严谨深入，严肃认真，不走过场。通过活动，切实起到了坦诚交流、真诚团结，凝聚力量的效果，针对工作中存在的一些不足方面也形成了一致的整改措施，并在工作中予以及时纠正。

结合学习，省政协副主席罗黎辉、委员会主任杜玉银分别带队，到挂钩联系“四群”工作点乡镇和村委会两次。按照领导要求，工作组自带行李，自付伙食，认真了解基层生产生活情况，切实帮助当地干部群众解决实际困难。罗副主席亲自协调落实当地阿发公路建设，省交通厅已批准立项；落实华宁县文化活动场所改建资金200万；当地人畜饮水工程，投资200万，现已基本完工；农产品交易批发市场建设问题，商务厅已立项，30万资金已全部拨付；从教育厅为当地学校协调50万元资金、当地小学配置100套新桌椅，现已投入使用。

## 三、认真开展重点调研工作

经省政协主席会议决定，2013年“云南建设民航经济强省”重点调研由文史委组织实施。为完成好这一重要任务，文史委员会在委领导的带领下，深入细致完成了前期调研。从5月开始，由罗黎辉

副主席率队，有关领导和省政协委员组成专题调研组，历经4个月对国际、国内、省内民航经济发展历程、发展情况及存在困难进行了调研。调研过程安排严谨，轻车简从，力求实效。在大家共同努力下，调研取得了很好的成果：一是《云南建设民航经济强省调研报告》经主席会议审议，修改完善后作为省政协主席会议建议案报送省人民政府办理；二是编辑出版《云南民航纪实》文史资料选辑（第68辑）；三是以云南民航调研成果为基础，形成1个提案提交省政协十一届二次会议，为省委、省政府建言献策。

## 四、积极开展文史资料编辑工作

2013年是新一届文史委开局之年，也是前后两届文史委工作承接更迭之年，年初编辑出版了《十届省政协文史委工作画册》；在两届委领导的真诚协作下，云南文史资料选辑第67集——《云南期货风云》，于6月正式出版；结合3月举办的“滇越铁路昆明论坛”，文史委编集出版了《滇越铁路昆明论坛文集》（18万字）；结合“云南建设民航经济强省”调研编辑出版的《云南民航纪实》（云南文史资料选辑第68集，62万字），于12月印刷出版。此外，委员会还向全国政协文史委致函，积极推动云南《滇西大决战》电影剧本的申报审核工作。以上文史资料工作的积极开展，较好体现了文史委“存史、资政、团结、育人”职能作用。

## 五、有关会议活动取得实效

一是召开两次文史委员会全体会议，对安排部署2013年工作，制定2014年计划起到了基础作用；二是赴河南参加全国政协举办的“传承世界遗产，建设美丽中国”研讨会，为我委进一步领会全国政协文史工作精神，学习交流文史工作经验起到很好的作用；三是成功举办“滇越铁路昆明论坛”，省政协主席罗正富，法国驻华大使白林，法国驻成都总领事鲁索，越南驻昆明总领事阮正胜到会祝贺；邀请了中、法、越有关领导和专家学者对滇越铁路保护和利用建言献策，提出了很多较高质量和水平的意见建议，促进了国际合作与了解，带来了积极的社会影响，会议情况向省委作了专题书面报告；四是结合党的群众路线教育实践活动要求，精简会议，提高效率，开创性的与怒江州政协合作，将省政协拟召开的全省政协文史工作座谈会有关内容，合并到怒江州政协承办的全省八州政协文史工作联系会议中贯彻，在不延长会期的情况下，切实提高了效率，取得了成效；五是由委员会领导带领，分别到楚雄、大理、昭通等州市就政协文史工作的思路和经验作了调研，为今后工作部署夯实了基础。

## 六、机关文史资料室建设进展顺利

2013年以来，委员会领导决定在现有条件下筹建管理规范、保管安全、分类编目，使用方便、服务机关的文史资料室。在办公厅党组的大力支持下，利用现有的办公场地，开展了机关文史资料室的设计布置、资料清理，委员会主要领导亲自出面协调，请省农大图书馆有关专家对原有资料进行了规范清理和分类上架，并编制有关管理软件，以方便查阅和今后管理利用。经过历时3个月的辛勤工作，于年底该项工作进入收尾阶段。在文史资料室建设过程中，文史委严格按照群众路线教育活动精神，没有申报专项经费，没有进行重新装修，仅支出少量材料费和劳务费完成了此项工作。

## 七、积极配合开展委员年度视察工作

按照省政协2013年重点工作安排意见，《云南省县级公立医院改革情况》委员年度视察由教科文卫体委员会与文史委员会联合组织开展，并由教科文卫体委员会牵头组织。为做好委员视察的相关工作，文史委员会认真研究，在委领导带领下，办公室同志积极配合、全程参与。与教科文卫体委员会多次协商，在具体工作、视察经费方面积极主动承担好相关责任。在视察前期协调中，委领导亲自参加，带领办公室有关同志，积极配合拟定视察方案，确定视察人选等。视察工作圆满结束后，文史委员会积极主动的工作精神得到了视察组全体领导同志的充分肯定。

## 八、进一步加强与全国政协的联系，坚持八州政协文史工作联系会制度

### （一）加强与全国政协及各省区政协文史工作协作

2013年5月14～15日，全国暨地方政协文史工作研讨会在北京举行，这是十二届全国政协换届之后举行的首次全国性文史工作会议。会议由全国政协文史和学习委员会主任王太华主持，马飚副主席出席开幕会并发表重要讲话，全国政协文史委驻会副主任卞晋平作了辅导讲座，副主任王国强、方立、龙新民、刘德旺、孙庆聚、陈光林、周国富、谭锦球及各省、自治区、直辖市、副省级市政协分管文史工作的领导和文史部门的负责同志，各民主党派中央、全国工商联的代表共130余人出席会议。会议围绕著名民主党派、工商联人士音像史料，14个沿海城市开放史料，西部大开发史料，香港、澳门回归史料，抗战史料及少数民族百年实录等选题协作规划进行了研究部署。吉林、安徽、河南、湖北、广东、青岛、农工党中央等七个单位作了大会交流发言，围绕开展文史资料工作的好经验，创新文史资料协作的好思路，立足本地特色、推进文史资料工作的好做法，进行了广泛而深入的交流。与会代表还参观了中国政协文史馆。

12月12日，回忆西部大开发史料征编工作会在北京举行。西部十二省区市政协文史委员会和办公室负责该专题征集工作的同志出席会议。会议由全国政协常委、文史和学习委员会副主任龙新民，全国政协文史和学习委员会副主任方立主持。全国政协文史和学习委员会办公室主任刘晓冰介绍了《回忆西部大开发史料征集编辑方案》，参会的各省区市政协介绍了本地区史料征集编辑实施方案，并结合本地史料征编实施方案对全国政协的总

方案提出了意见和建议。全国政协文史和学习委员会驻会副主任卞晋平结合各省区市政协对总方案提出的意见和建议，对此次征集工作提出了具体要求。

（二）全省八州政协文史工作联系会

云南省八州政协文史资料工作联系会第七次会议于2013年10月31日至11月1日在怒江傈僳族自治州六库召开。楚雄、大理、红河、文山、西双版纳、德宏、怒江、迪庆八州政协分管文史工作的领导和文史委领导出席会议；昆明、曲靖、玉溪、保山、昭通、丽江、普洱七市政协分管文史工作的领导和文史委领导应邀出席会议。云南省政协副主席罗黎辉莅临会议并作重要讲话；省政协文史委主任杜玉银、副主任范志明等莅会指导。怒江州及四个县政协分管文史工作的领导、文史委主任列席会议。会议以深入贯彻《政协全国委员会关于加强文史资料工作的意见》和全国暨地方政协文史工作研讨会精神，交流和探讨各州市政协围绕文史工作为改革、发展、稳定服务，推进“三个改变”的经验做法和思路，推动文史工作创新发展，更好的为地方经济社会发展和文化建设服务为主题。罗黎辉副主席在讲话中对全省政协文史工作提出了要求：一是切实加强自身建设，不断提高文史干部的综合素质和工作水平，提升文史资料的征编质量；二是增强责任感，始终坚持实事求是、尊重历史，坚持正确的政治立场和政治方向。三是深入贯彻科学发展观，探索新方法，总结新经验，不断开创与人民政协事业蓬勃发展相适应的新局面，为实现中华民族伟大复兴的中国梦贡献智慧和力量。四是要积极开展具有政协特色的调研视察活动，州市政协文史资料工作协作活动，为全省和地方的经济建设和文化建设发挥作用。按照省政协领导的要求，文史委经过认真调研和协调，在全省八州政协文史工作联系会议上提出倡议，将原来一年各召开一次的全省八州、八市政协文史工作联系会议，改为州市隔年召开，得到了参会州市政协的支持和赞同。会议商定，为贯彻落实中共中央《关于改进工作作风、密切联系群众的八项规定》和省政协的要求，云南省八州政协文史资料联系会议将隔年举行，承办单位原序排列举办，即云南省八州政协文史资料联系会议第八次会议于2015年在迪庆州召开，由迪庆州政协承办。

（编写：杨琼　审稿：范志明）

# 组织情况

## 中国人民政治协商会议云南省第十一届委员会
## 主席、副主席、秘书长、常务委员名单

（2013 年 1 月 25 日政协云南省第十一届委员会第一次会议通过）

**主　　席**　罗正富

**副 主 席**　白成亮　马开贤　曾　华　罗黎辉　顾伯平　倪慧芳　米东生　王承才　喻顶成　车志敏

**秘 书 长**　车志敏

**常务委员**（125 人，按姓氏笔画为序）

万　立　马　忠　马孝初　马林昆　王　馲　王云月　王云凌　王永成　王志东
王明琼　王学鸿　王珍全　王剑屏　王清民　王惠萍　心　明　邓廷铎　叶　茸
叶建成　田云翔　田成有　白　良　白文彬　边明社　朱德芳　伍　楠　伍　滨
庄小峰　庄哲猛　刘　亮　刘双豪　刘吉开　孙建东　苏　莉　苏全忠　苏洪涛
严　建　杜玉银　杜永春　杜官本　李　莹　李　彪　李　嵘　李　瑾　李江虹
李兴华　李兴顺　李红红　李孝轩　李保文　李炯明　李鸿文　杨　健　杨艾军
杨光民　杨华英　杨桂红　杨跃国　杨鸿生　吴建加　吴建国　何云葵　汪叶菊
宋保钢　张　宁　张　静　张乃明　张宽寿　张慧清　陈友康　陈建平　陈俊骢
林立东　林卓华　林勇力　欧志明　罗学军　和润培　周　勇　孟庆红　赵建华
胡志寿　保文莉　段云翔　段昌群　侯桂芬　祜巴龙庄勐　骆瑞麟　袁嘉丽
夏　静　徐　杰　徐　彬　徐盛鹏　翁晓春　高旭升　高素芳　郭　湘　郭文龙
郭开堂　郭惠云　黄宪庭　梅　妍　龚　明　常　敏　阎　堃　彭　华　董　峻
董志红　韩　韦　傅汝林　童凤华　雷耀民　解丽平　熊启怀　滕　丽　潘晓玲

# 中国人民政治协商会议云南省第十一届委员会主席、副主席、秘书长简历

## 罗正富同志简历

罗正富，男，1952年8月生，彝族，云南牟定人。1974年7月加入中国共产党，1972年12月参加工作，中央党校研究生学历。现任云南省政协主席、党组书记。

1972.12～1977.02　云南省牟定县凤屯公社富裕大队文书

1977.02～1979.02　中央民族学院政治系政治专业学习

1979.02～1983.07　云南省楚雄州卫校政治教员、普通学科副主任

1983.07～1987.01　云南省楚雄州副州长（其间：1984.09～1986.07中央党校科学社会主义专业研究生班学习）

1987.01～1991.09　云南省楚雄州委常委、楚雄市委书记

1991.09～1992.01　云南省楚雄州委常委、副州长

1992.01～1992.04　云南省楚雄州委副书记、副州长

1992.04～2000.05　云南省楚雄州委副书记、州长（其间：1998.09～1999.07中央党校中青年干部培训班学习）

2000.05～2001.07　云南省保山地委书记

2001.07～2001.12　云南省保山市委书记

2001.12～2002.01　云南省委常委

2002.01～2002.12　云南省委常委、省总工会主席

2002.12～2006.11　云南省委常委、统战部部长

2006.11～2011.11　云南省委常委，省政府常务副省长、党组副书记

2011.11～2012.02　云南省政府常务副省长、党组副书记

2012.02～2012.05　云南省政协主席、党组书记，省政府常务副省长、党组副书记

2012.05～　云南省政协主席、党组书记

第十六届、十七届中央候补委员，第十届、十二届全国政协委员

## 白成亮同志简历

白成亮，男，1956 年 4 月生，哈尼族，云南绿春人。1979 年 6 月加入中国共产党，1975 年 9 月参加工作，中央党校研究生学历。现任云南省政协副主席、党组成员。

1973. 09 ~ 1975. 09　云南省红河州卫生学校医士专业学习

1975. 09 ~ 1984. 09　云南省红河州公安处技术侦察科干警、副科长

1984. 09 ~ 1986. 07　云南民族学院干部专科部中文专业学习

1986. 07 ~ 1991. 04　云南省红河州公安处技术侦察科副科长、刑侦大队大队长、技术侦察科科长

1991. 04 ~ 1993. 03　云南省红河州建水县委副书记兼政法委书记（1991. 09）

1993. 03 ~ 1995. 05　云南省红河州建水县委副书记、县长

1995. 05 ~ 1998. 06　云南省红河州副州长

1998. 06 ~ 2005. 06　云南省红河州委副书记、州长（1996. 08 ~ 1998. 12 中央党校函授学院本科班党政管理专业学习；2000. 03 ~ 2003. 01 中央党校在职研究生班法学理论专业学习）

2005. 06 ~ 2008. 01　云南省林业厅党组书记、厅长

2008. 01 ~ 2011. 01　云南省政协副主席、党组成员，省林业厅党组书记

2011. 01 ~　云南省政协副主席、党组成员

第十二届全国政协常委

## 马开贤同志简历

马开贤，男，1946 年 10 月生，回族，云南个旧人。无党派，1980 年 12 月参加工作，初中学历。现任云南省政协副主席，全国伊斯兰教教务指导委员会委员。

1980. 12 ~ 1988. 06　云南省个旧市沙甸大清真寺教长

1988. 06 ~ 1993. 04　云南省红河州政协副主席、州伊斯兰教协会会长

1993. 04 ~　云南省政协副主席，全国伊斯兰教教务指导委员会委员（其间：2003 年任省伊斯兰教协会会长，2006 年任全国伊斯兰教协会副会长）

第九届、十届、十一届、十二届全国政协委员

# 曾华同志简历

曾　华，男，1953年1月生，汉族，广东兴宁人。九三学社，1969年3月参加工作，博士研究生学历。现任十一届全国政协常委，九三学社中央常委、云南省主委，云南省政协副主席，云南师范大学副校长。

1969.03～1971.12　云南省弥勒县朋普公社知青

1971.12～1977.03　云南羊场煤矿工人

1977.03～1980.03　云南师范大学物理系学习

1980.03～1986.09　云南师范大学物理系教师

1986.09～1989.06　四川大学光电系光学专业硕士研究生

1989.06～1993.06　四川大学光电系光学专业博士研究生（在职）

1993.06～1996.11　云南师范大学物理系教师（1994.12破格晋升教授）

1996.11～1999.01　云南师范大学物理系副主任

1999.01～2002.05　云南师范大学副校长，九三学社云南省副主委

2002.05～2002.12　九三学社云南省主委，云南师范大学副校长

2002.12～2003.01　九三学社中央常委、云南省主委，云南师范大学副校长

2003.01～　九三学社中央常委、云南省主委，云南省政协副主席，云南师范大学副校长

第十届、十一届、十二届全国政协常委

# 罗黎辉同志简历

罗黎辉，男，1956年12月生，汉族，云南弥勒人。民进，1975年8月参加工作，硕士研究生学历。现任民进中央常委、云南省主委，云南省政协副主席，省社会主义学院院长，昆明理工大学副校长。

1975.08～1979.08　云南省楚雄一中教师

1979.08～1983.08　华东师范大学教育系学校教育专业学习

1983.08～1986.08　华东师范大学教育系学校教育专业硕士研究生

1986.08～1997.02　云南师范大学教育系教师、副主任、主任

1997.02～1999.11　民进云南省副主委，云南师范大学教育系主任

1999.11～2002.05　民进云南省副主委，云南师范大学教育科学与管理学院院长

2002.05～2002.06　民进云南省副主委，昆明理工大学副校长

2002.06～2002.12　民进云南省主委，昆明理工大学副校长

2002.12～2003.01　民进中央常委、云南省主委，昆明理工大学副校长

2003.01～2005.04　民进中央常委、云南省主委，云南省政协副主席，昆明理工大学副校长

2005.04～　民进中央常委、云南省主委，云南省政协副主席，省社会主义学院院长，昆明理工大学副校长

第九届、十届、十一届、十二届全国政协委员

# 顾伯平同志简历

顾伯平，男，1954年11月生，汉族，江苏如皋人。1973年3月加入中国共产党，1970年12月参加工作，中央党校研究生学历。现任云南省政协副主席、党组成员。

1970.12～1974.07　解放军南京军区四所战士

1974.07～1979.04　解放军总参谋部彭绍辉副总参谋长驻地战士

1979.04～1983.12　国家文化部文物事业管理局外事处工人、干部（1982.09）

1983.12～1985.12　复旦大学历史系文物与博物馆学干部专修科学习

1985.12～1987.06　国家文化部文物事业管理局外事处干部

1987.06～1988.12　国家文化部文物事业管理局外事处主任科员

1988.12～1994.09　国家文化部文物事业管理局国际友谊博物馆筹备处副主任、副书记（1991.03）

1994.09～1995.10　公安部群众出版社总编室负责人

1995.10～1997.09　公安部报刊图书出版社总编室、办公室主任

1997.09～1998.06　云南省委宣传部副部长

1998.06～2001.10　云南省委宣传部副部长兼省委对外宣传小组办公室主任（1997.09～2000.07中央党校研究生院在职研究生班国际政治专业学习）

2001.10～2002.11　云南省委宣传部副部长兼省社科联党组书记、副主席

2002.11～2008.01　云南省大理州委书记（其间：2004.09～2004.11中央党校地厅级干部进修班学习）

2008.01～2013.07　云南省政协副主席、党组成员

2013.07～　调任全国政协社会和法制委员会副主任

## 倪慧芳同志简历

倪慧芳，女，1953年8月生，汉族，云南昆明人。民盟，1969年2月参加工作，大学学历。现任民盟中央副主席、云南省主委，云南省政协副主席，省人民检察院副检察长。

1969.02～1971.10　云南省德宏州瑞丽县知青

1971.10～1979.09　昆明钢铁公司炼钢车间化验员

1979.09～1983.07　云南大学政治系哲学专业学习

1983.07～1985.11　云南省委党校哲学教研室教师

1985.11～1996.06　云南大学政治系教师（其间：1986.09～1987.07 北京大学法学院法理学专业研究生班学习）

1996.06～1999.10　民盟云南省副主委，云南大学政治系教师

1999.10～2005.04　民盟云南省副主委，云南大学副校长

2005.04～2007.06　民盟云南省副主委，云南省人民检察院副检察长

2007.06～2007.12　民盟云南省主委，云南省人民检察院副检察长

2007.12～2008.01　民盟中央常委、云南省主委，云南省人民检察院副检察长

2008.01～2012.12　民盟中央常委、云南省主委，云南省政协副主席，省人民检察院副检察长

2012.12～　民盟中央副主席、云南省主委，云南省政协副主席，省人民检察院副检察长

第十一届全国政协委员　第十二届全国政协常委

## 米东生同志简历

米东生，男，1953年4月生，汉族，云南易门人。1981年2月加入中国共产党，1966年10月参加工作，中央党校研究生学历。现任云南省发展和改革委员会党组副书记、主任。

1966.10～1983.11　云南省易门县商业局食品厂工作

1983.11～1988.08　云南省易门县商业局副局长（其间：1985.09～1987.09 云南省玉溪地委党校中专班学习）

1988.08～1990.03　云南省易门县经贸委副主任

1990.03～1993.03　云南省易门县副县长（1989.08～1992.06 中央党校大专班学

习）

1993.03～1995.02　云南省易门县委常委、副县长

1995.02～1997.02　云南省易门县委副书记、县长

1997.02～1998.06　云南省玉溪地区行署经贸委主任

1998.06～2000.05　云南省玉溪市副市长

2000.05～2002.02　云南省玉溪市委常委、副市长

2002.02～2002.12　云南省曲靖市委副书记、市长

2002.12～2007.05　云南省曲靖市委书记

2007.05～2007.11　云南省省长助理、省政府党组成员

2007.11～2011.11　云南省发展和改革委员会党组书记、主任（2006.03～2008.01 中央党校哲学专业研究生班学习）

2011.11～　云南省发展和改革委员会党组副书记、主任

## 王承才同志简历

王承才，男，1955年10月生，壮族，云南丘北人。1984年10月加入中国共产党，1978年10月参加工作，大学普通班学历。现任云南省民族事务委员会党组副书记、主任。

1975.09～1978.10　云南农业大学农机系农机设计制造专业学习

1978.10～1984.01　云南省丘北县农机研究所职工

1984.01～1986.09　云南省丘北县官寨区副区长、区长

1986.09～1991.04　共青团云南省文山州委书记（其间：1990.07～1990.12 在云南省计划委员会挂职）

1991.04～1993.07　云南省文山县委副书记

1993.07～1994.02　云南省文山县委副书记、副县长

1994.02～1996.10　云南省文山州林业局局长（其间：1995.08～1995.12 云南省委党校领导干部培训班学习）

1996.10～2001.04　云南省麻栗坡县委书记（1996.06～1996.11 江苏省南京市栖霞区挂任区长助理；1998.05～1998.07 云南省委党校领导干部进修班学习）

2001.04～2003.10　云南省文山州副州长

2003.10～2006.03　云南省文山州委副书记、州纪委书记

2006.03～2007.12　云南省文山州委副书记、州长

2007.12～2008.01　云南省民族事务委员会党组书记

2008.01～2011.12　云南省民族事务委员会党组书记、主任

2011.12 ~ 云南省民族事务委员会党组副书记、主任

## 喻顶成同志简历

喻顶成，男，1963 年 9 月生，汉族，湖南双峰人。无党派，1982 年 8 月参加工作，硕士研究生学历。现任云南省旅游局局长。

1980.09 ~ 1982.08 湖南省娄底师范学校学习

1982.08 ~ 1989.09 湖南省双峰县南塘中学教师、县第四中学教师（其间：1986.08 ~ 1988.07 湖南教育学院外语系英语专业本科学习）

1989.09 ~ 1991.06 昆明工学院外语系英语应用语言学专业研究生

1991.06 ~ 1999.08 云南省对外贸易经济合作厅引进处、技贷处科员、副主任科员、主任科员（其间：1997.09 ~ 1998.12 英国杜伦大学工商管理专业学习，获工商管理硕士学位）

1999.08 ~ 2000.08 云南省外商投资服务中心副主任

2000.08 ~ 2001.11 中国贸促会云南省分会秘书长兼省展览公司总经理

2001.11 ~ 2004.02 云南省对外贸易经济合作厅副厅长

2004.02 ~ 2008.01 云南省商务厅副厅长

2008.01 ~ 云南省旅游局局长

第十二届全国政协委员

## 车志敏同志简历

车志敏，男，1952 年 11 月生，汉族，云南石屏人。1971 年 9 月加入中国共产党，1969 年 5 月参加工作，大学学历。现任省政协党组成员、秘书长，办公厅党组书记。

1969.05 ~ 1973.10 云南省化学工业建设公司工人、副班长

1973.10 ~ 1974.10 云南省化学工业建设公司团委副书记

1974.10 ~ 1975.10 云南大学新闻进修班学习

1975.10 ~ 1978.10 云南省化学工业建设公司团委副书记、宣传科长

1978.10 ~ 1982.08 云南大学中文系汉语言文学专业学习

1982.08 ~ 1985.08 云南省政府办公厅秘书

1985.08 ~ 1989.06 云南省政府办公厅正处级秘书（其间：1988.06 ~ 1989.06 停薪留职）

1989.06 ~ 1995.05 云南省政府经济技术研究中心信息情报室主任（1992.10 任副

研究员）

1995.05～1999.09　云南省政府经济技术研究中心党组成员、副主任（1996.09任研究员）

1999.09～2003.01　云南省政府经济技术研究中心党组书记、主任

2003.01～2007.12　云南省政府研究室（省政府发展研究中心）党组书记、主任，省政府副秘书长（兼）

2007.12～2008.01　云南省政协党组成员，省政府研究室（省政府发展研究中心）主任，省政府副秘书长（兼）

2008.01～　云南省政协党组成员、秘书长，办公厅党组书记

# 中国人民政治协商会议云南省第十一届委员会委员名单

（2012年12月18日政协云南省第十届委员会常务委员会第二十一次会议通过）

（共644名，按姓氏笔画排列）

**中国共产党**（38人）

| | | | |
|---|---|---|---|
| 马孝初 | 王云凌 | 王学智 | 王承才（壮族） |
| 车志敏 | 田云翔 | 白成亮（哈尼族） | 朱家美（女） |
| 刘绍平（白族） | 刘琪琳 | 米东生 | 苏红军 |
| 杜永春（藏族） | 李兴顺 | 李定达 | 李保文 |
| 杨　健（白族） | 杨光波 | 杨光海 | 张　宁（女） |
| 张　静（女） | 陈建平（白族） | 罗正富（彝族） | 罗学军（彝族） |
| 赵建生 | 赵建华 | 赵海鹰（女） | 胡志寿（拉祜族） |
| 宣宇才 | 顾伯平 | 钱恒义 | 高德明 |
| 郭永东 | 郭惠云 | 黄　毅（景颇族） | 黄宪庭 |
| 管国忠（傣族） | 熊启怀（苗族） | | |

**中国国民党革命委员会云南省委员会**（20人）

| | | | |
|---|---|---|---|
| 万　立 | 王亚妮（女，彝族） | 冯咏梅（女） | 杜官本 |
| 何渝煦（女） | 吴　琨 | 李　瑾（女） | 李少华 |
| 李兴华（女） | 李兴绪 | 李建辉 | 杨红英（女） |

| | | | |
|---|---|---|---|
| 张鹤雁 | 张乃明 | 陈　军 | 周常春（女） |
| 敖　菡（女） | 赵吉寿 | 郭　湘（女） | 彭　霓（女） |

**中国民主同盟云南省委员会**（22 人）

| | | | |
|---|---|---|---|
| 王继龙 | 卢云涛（女） | 朱　旗 | 刘　亮 |
| 刘吉开 | 刘剑雄 | 刘湘云（女，傣族） | 李江虹（女） |
| 李国锋（彝族） | 李金良（女，纳西族） | 杨　斌 | 邹丽春（女） |
| 张国儒 | 陈　军（女） | 陈宇龙 | 周国珍（女） |
| 柳清菊（女） | 倪慧芳（女） | 夏　静（女） | 龚　明 |
| 梅　妍（女，回族） | 管建华 | | |

**中国民主建国会云南省委员会**（18 人）

| | | | |
|---|---|---|---|
| 王清明（回族） | 田　坤 | 兰　骏 | 苏　莉（女） |
| 苏洪涛 | 李　彪 | 胡昭云 | 何　民 |
| 姚越苏 | 莫　非（侗族） | 袁文周 | 倪　明（纳西族） |
| 郭开堂 | 阎俊华 | 傅汝林 | 童书玮 |
| 廖　一 | 滕　丽（女，蒙古族） | | |

**中国民主促进会云南省委员会**（18 人）

| | | | |
|---|---|---|---|
| 王　键（白族） | 白　良（彝族） | 刘　丽（女） | 李　莹（女） |
| 李孝轩 | 杨桂红（女） | 汪叶菊（女） | 张　炜 |
| 陆　璐 | 陈友康 | 林　艺（女，回族） | 罗惠芸（女） |
| 罗黎辉 | 金飞豹 | 赵映东 | 高　宁（女,彝族） |
| 阎　堃 | 蒲　涌 | | |

**中国农工民主党云南省委员会**（18 人）

| | | | |
|---|---|---|---|
| 马林昆 | 王明琼（女） | 王定粱 | 刘竹芬（女） |
| 李禹希（女，彝族） | 杨鸿生 | 何　纾（女，白族） | 何云葵（女） |
| 汤秋云 | 张龙明 | 张宽寿（白族） | 陈纪军 |
| 陈勋儒 | 赵琦华（女） | 贾曼红（女） | 董　峻 |
| 曾立岩 | 潘晓玲（女） | | |

**中国致公党云南省委员会**（16 人）

| | | | |
|---|---|---|---|
| 马光宇 | 田成有 | 边明社 | 刘富兴 |
| 李　嵘（纳西族） | 李生森 | 杨华英（女，纳西族） | 张　珺（女） |
| 林剑锋 | 周　群（女） | 周晓泉（女） | 官会林 |
| 孟庆红 | 骆瑞麟 | 徐小芳（女） | 琚　坚（女） |

**九三学社云南省委员会**（18 人）

王卫东　王剑屏　牟宝恒　杨　昆
杨卫平　杨慧琼（女）　陈吉书　周　勇
段昌群　黄思玉（女，壮族）　常　敏　韩润生
曾　玉（女）　曾　华　雷茂生　解丽平（女）
衡新华（女）　戴凤玲（女，白族）

**台湾民主自治同盟云南省委员会**（3 人）

陈俊骢　姚子龙　翁晓春（女）

**无党派**（16 人）

王　中　叶建州　刘　颖（女）　杜俊军
李炯明（彝族）　杨　洋（女，彝族）　杨一奔（女，纳西族）　张　齐（女）
周文曙（纳西族）　侯树谦　洪云龙（白族）　费绍杰
姚绍文　黄　姗（女）　喻顶成　谢一华

**中国共产主义青年团云南省委员会**（6 人）

尹子琴（女）　沈光鑫（彝族）　陈劲松　罗永斌
耿　嘉（女）　韩　韦（布依族）

**云南省总工会**（15 人）

王惠萍（女）　文建凡　宁升功　刘琼英（女）
许国金　许萍森　杨　金（白族）　汤　发
陈文山　邵永云　罗秋华　金　毅
赵明光（白族）　赵涤群　蒋兴建

**云南省妇女联合会**（9 人）

马琼仙（女，回族）　叶　茸（女）　申　琼（女）　吕　卉（女）
陆玉珍（女，彝族）　郑　露（女）　袁晓瑭（女，哈尼族）　普菊红（女,彝族）
温仕红（女）

**云南省青年联合会**（8 人）

刘继杰　邵丽华（女，瑶族）　和桂兰（女，普米族）　陆宣合（女,彝族）
陈明安　林志坚　周　全
唐兴玲（女，拉祜族）

**云南省工商业联合会**（30 人）

丁润森　马正述　王珍全　兰　靖
朱德芳　刘可杰（白族）　严华明　李　学（彝族）
李大剑　李志平　李留存（女）　杨利荣

| | | | |
|---|---|---|---|
| 杨焱平（女，白族） | 杨勇明 | 吴建国 | 邱光雄 |
| 何道峰 | 张功祥（白族） | 陈俊明（纳西族） | 陈教敏 |
| 林立东 | 林时营 | 周晓东 | 金朝水 |
| 郑宣明 | 冼林海 | 赵金才 | 郝　琳 |
| 黄　涛 | 颜　语 | | |

**云南省科学技术协会**（10 人）

| | | | |
|---|---|---|---|
| 王跃勇（彝族） | 毕　红（女） | 陈克利（白族） | 赵中柱（白族） |
| 段　勇 | 施　择（彝族） | 唐　兵 | 曾淑平（女） |
| 雷　坚 | 戴信鑫 | | |

**云南省台湾同胞联谊会**（4 人）

| | | | |
|---|---|---|---|
| 许岷江 | 郑　海 | 高素芳（女，高山族） | 詹茂盛 |

**云南省归国华侨联合会**（8 人）

| | | | |
|---|---|---|---|
| 苏文建 | 杨　萍（女，彝族） | 林　丽（女） | 周碧奋（女,傣族） |
| 赵　先 | 徐　杰 | 梁　夏 | |
| 童凤华（女，土家族） | | | |

**文化艺术界**（15 人）

| | | | |
|---|---|---|---|
| 吉　晶（女） | 孙建东 | 杨　鹏 | 杨红昆 |
| 杨自文 | 杨丽萍（女，佤族） | 杨益琨（女，白族） | 杨艳琼（女） |
| 陈劲松 | 罗　江（彝族） | 郑　明 | 赵云忠 |
| 夏嘉伟 | 郭亚非 | 黄　峻 | |

**科学技术界**（27 人）

| | | | |
|---|---|---|---|
| 王云月（女） | 王延春 | 王育明 | 石克燕（女） |
| 田姝颖（女） | 包文东 | 兰　戈 | 乔　锋 |
| 伍　楠 | 孙　航 | 孙衍坤 | 李　元 |
| 李　坚（女） | 李建华 | 李明金 | 李树洁 |
| 吴光敏 | 何玉林 | 陈　勤 | 陈少瑜（女） |
| 陈庆华 | 周　敏 | 郭远生（土家族） | 崔建文 |
| 董海京（女） | 韩占文 | 程建刚 | |

**社会科学界**（14 名）

| | | | |
|---|---|---|---|
| 卢振义 | 吉志勇 | 李　涛（彝族） | 李广良 |
| 李云山（女） | 李永祥（彝族） | 李志宏 | 李晓云（彝族） |
| 杨　雯（白族） | 杨泽宇 | 吴正杰（纳西族） | 张学武 |
| 范建华 | 彭济生 | | |

**经济界**（32 人）

| | | | |
|---|---|---|---|
| 刁殿伟 | 王广幼 | 王永祥 | 王志东 |
| 邓廷铎 | 孔彩梅（女） | 左志民 | 冯仕军 |
| 兰建彬 | 华日新（女） | 刘文章 | 刘德强（拉祜族） |
| 许　雷 | 字如钧 | 阮建设 | 毕　励（女） |
| 李云峰（藏族） | 李现武（白族） | 杨　慧 | 张李昆（白族） |
| 张慧清（女） | 吴天祥 | 林勇力 | 郑　勇 |
| 赵云龙（女） | 赵俊达 | 郝蜀东 | 保明虎（回族） |
| 徐　平 | 高升亮 | 董锦虹（女） | 潘祖和 |

**农业界**（22 人）

| | | | |
|---|---|---|---|
| 万兆奇 | 马克伟（回族） | 马翡玉（女，回族） | 王仕宗（白族） |
| 王建中 | 王曙平 | 刘艳清（女） | 孙海清 |
| 苏全忠 | 苏维凡 | 李连举 | 吴　遂 |
| 何兴泽 | 何祖训 | 和润培（普米族） | 周平忠 |
| 赵　栩（女，阿昌族） | 段云翔 | 唐　滢（女） | 唐华林（苗族） |
| 温宁军 | 赖世东 | | |

**教育界**（28 人）

| | | | |
|---|---|---|---|
| 于干千（回族） | 王学鸿 | 方　苹（女，彝族） | 玉坎儿(女,布朗族) |
| 史惠君（女） | 吕　竹（女，苗族） | 刘华甫 | 刘沧山 |
| 刘绍怀 | 刘金萍（女，布依族） | 苏永庆 | 杜玉银（白族） |
| 李　妍（女，白族） | 杨　林 | 杨　燕（女,彝族） | 张毅敏（回族） |
| 陈一之 | 周艳飞（女） | 岳麻腊（景颇族） | 施　锐（女） |
| 姜雪梅（女） | 袁　斌 | 格茸拉姆（女，藏族） | 徐　彬 |
| 崔运武（回族） | 彭　强 | 甄朝党（回族） | 谭　丛（女） |

**体育界**（6 人）

| | | | |
|---|---|---|---|
| 邓　伟 | 李锡云（纳西族） | 杨　宁（女，白族） | 胡宝林（蒙古族） |
| 保文莉（女，回族） | 黄华新 | | |

**新闻出版界**（8 人）

| | | | |
|---|---|---|---|
| 王　毅（回族） | 王建又 | 何　侃 | 李　凡（女） |
| 李　维（彝族） | 储学军 | 彭　华（女，拉祜族） | 普慧艳（女） |

**医药卫生界**（17 人）

| | | | |
|---|---|---|---|
| 马丽丽（女，回族） | 王云舟（女） | 王灿平 | 王晓芸（女,苗族） |
| 龙贵祥（彝族） | 刘绍兴 | 刘晓君（女） | 杜克琳（女,白族） |

杨建军（白族） 杨福丽（女） 陈百炼 范国珍
金桂兰（女，傣族） 段　鸿 袁嘉丽（女，回族） 高　鹰（女）
蒋立虹（女，彝族）

**少数民族**（58 人）

七　林（藏族） 马　迅（回族） 马　波（回族） 马永升（回族）
马春华（回族） 马琼芬（女，回族） 王文勇（哈尼族） 王秀峰（藏族）
王嫦英（女，傈僳族） 韦光萍（女，壮族） 尹可秘（女，阿昌族） 邓汝开（傣族）
玉　咏（女，傣族） 卢仕海（壮族） 白文彬（哈尼族） 龙会明（基诺族）
吉宏龙佳（彝族） 农布七林（藏族） 权继能（瑶族） 李　屏(女,傈僳族)
李文丽（女，白族） 李玉春（女，德昂族） 李华贵（布朗族） 李旭华（独龙族）
李坤珍（女，怒族） 李盛富（彝族） 杨　振（回族） 杨　静(女,彝族)
杨玉泉（女，纳西族） 杨立志（蒙古族） 杨自权（苗族） 杨品才（满族）
杨莲华（女，拉祜族） 吴光洲（白族） 余荣华（傈僳族） 张　宁（白族）
张晓改（女，拉祜族） 陆永耀（壮族） 陈世荣（布依族） 欧志明（傈僳族）
罗　萍（女，哈尼族） 岩　秒（佤族） 和建英（女，普米族） 依　约(女,傣族)
赵岩社（佤族） 段丽元（白族） 侯发道（女，彝族） 侯桂芬(女,苗族)
施建峰（白族） 聂　华（回族） 聂勒希顾（佤族） 郭秀文(女,纳西族)
郭菊花（女，藏族） 高劲松（女,瑶族） 盘金祥（瑶族） 黄丽云(女,傣族)
董勒成（景颇族） 潘光宪（水族）

**宗教界**（24 人）

马　忠（回族） 马　勇（回族） 马开贤（回族） 马仲威（回族）
马志勇（回族） 心　明 王永成（藏族） 召等傣（傣族）
申洁清（女，彝族） 关嘉益西喜绕（纳西族） 刘双豪 李文贵（回族）
李树荣（傈僳族） 李摩西（傈僳族） 袁至兑 祜巴龙庄勐(傣族)
崇　化 常　应（女） 淳　法 提卡达希（傣族）
棍汤弄（景颇族） 释清缘（白族） 靖玖纬 廖东明

**特别邀请人士**（83 人）

丁嘉龙 马振勇 王维新 王银锋
牛喜富 叶建成 任晓珍（女） 吕昌会
朱飞云 刘　明 刘　智 刘企文
刘绍鸿 齐晓勇（藏族） 许云川 孙　勇
孙成余 严　建 李立源 李极明
李树荣 李鸿文 杨　龙 杨　余

| | | | |
|---|---|---|---|
| 杨　勇 | 杨　涛 | 杨文华 | 杨艾军（白族） |
| 杨光民（白族） | 杨光军 | 杨廷仁（纳西族） | 杨志诚 |
| 杨绍林（彝族） | 杨跃国 | 杨焰平（白族） | 余炳武（彝族） |
| 邹立生 | 冷明德 | 宋保钢 | 宋嘉林（苗族） |
| 张　琪 | 张中义 | 张永明（彝族） | 张建伟（满族） |
| 张美琼（女，基诺族） | 张荣明 | 张跃龙 | 陈定华 |
| 罗石文 | 周发洪 | 周洪许 | 周继红（白族） |
| 金永静 | 赵　卫 | 赵　彬 | 赵小玲（女,佤族） |
| 赵云焜 | 赵海仙（女） | 赵燕蓉（女） | 项廷超（苗族） |
| 施伟宁（纳西族） | 施均美 | 施明辉 | 贺　毅 |
| 桂志强（回族） | 徐盛鹏 | 殷永林 | 高中建 |
| 高天森 | 高旭升 | 郭五代 | 郭文龙 |
| 郭辉军 | 黄春荣 | 寇铸勋（白族） | 董志红（女） |
| 程　猛 | 温振洲 | 雷耀民 | 詹亚平（女） |
| 谭亚原 | 熊泽民 | 熊瑞丽（女） | |

**香港人士**（27 人）

| | | | |
|---|---|---|---|
| 马爱慈（女，藏族） | 马豪辉 | 王　甡 | 甘锦城 |
| 龙宗瀚（彝族） | 白水清 | 伍　滨 | 伍达天 |
| 庄小峰 | 庄哲猛 | 纪文凤（女） | 李红红（女） |
| 李应生 | 李鋈发 | 杨宏栋 | 陈冬海 |
| 林　杉 | 林德兴 | 林镇洪 | 徐应强 |
| 栗潜心（女） | 袁汉源 | 桂　仰 | 殷玮荃（女） |
| 浦　江 | 黄喜润 | 梁美贤（女） | |

**澳门人士**（6 人）

| | | | |
|---|---|---|---|
| 石　云（女） | 吴建加 | 张志民 | 林红伶（女） |
| 林卓华 | 谢思训 | | |

# 中国人民政治协商会议云南省第十一届委员会常务委员会第一次会议关于设置专门委员会的决定

（2013 年 1 月 26 日政协云南省第十一届委员会常务委员会第一次会议通过）

根据《中国人民政治协商会议章程》规定，结合省政协工作的实际需要，政协云南省第十一届委员会设置八个专门委员会，即：

一、提案委员会；

二、经济委员会；

三、人口资源环境委员会；

四、教科文卫体委员会；

五、社会和法制委员会；

六、民族和宗教委员会；

七、港澳台侨和外事委员会；

八、文史委员会。

# 中国人民政治协商会议云南省第十一届委员会各专门委员会主任、副主任名单

（2013 年 1 月 26 日政协云南省第十一届委员会常务委员会第一次会议通过）

**提案委员会**

主　任：郭文龙

副主任：彭济生　聂　华　刘企文　田成有（兼）　和向红（女、兼）
　　　　李可军（兼）

**经济委员会**

主　任：徐盛鹏

副主任：王志东　郝蜀东　苏全忠　李鸿文　段云翔
　　　　林勇力　李志明　刘吉开（兼）
　　　　杨先明（兼）　王剑屏（兼）

**人口资源环境委员会**

主　任：高旭升

副主任：杨　超　毕　励（女）　龙贵祥　熊泽民
　　　　马洪琪（兼）　蔡绍宽（兼）
　　　　毛华明（兼）

**教科文卫体委员会**

主　任：严　建

副主任：伊继东　李庆生　李　明　彭　兵　马林奎
　　　　梅　妍（女、兼）　王云月（女、兼）
　　　　汪　旭（女、兼）

**社会和法制委员会**

主　任：董志红（女）

副主任：周发洪　武　晋　罗石文　齐晓勇
　　　　李　瑾（女、兼）

**民族和宗教委员会**

主　任：欧志明

副主任：郭秀文（女）　和润培　张　宁　潘光宪
　　　　王四代（兼）

**港澳台侨和外事委员会**

主　任：雷耀民

副主任：叶建成　张李昆　杨光民　贺　毅
　　　　高素芳（女、兼）　杨华英（女、兼）

**文史委员会**

主　任：杜玉银

副主任：刘　明　祝武世　陈　麟（女）　范志明
陈友康（兼）　汪叶菊（女、兼）

# 中国人民政治协商会议云南省第十一届委员会专门委员会委员、联系委员名单

（2013 年 3 月 18 日政协云南省第十一届委员会第二次主席会议通过）

**提案委员会委员**

马永升　王　毅　石克燕　申洁清　史惠君　兰　靖　任晓珍　刘企文
刘　亮　刘德强　牟宝恒　杜俊军　李兴华　李锡云　杨廷仁　杨红昆
杨　金　杨建军　杨　勇　吴建加　何云葵　张　齐　陆宣合　陈冬海
陈俊骢　范建华　林　艺　罗永斌　周继红　郑　海　郑　露　赵　彬
施　择　姚绍文　骆瑞麟　黄春荣　程　猛

**提案委员会联系委员**

丁润森　丁嘉龙　王继龙　王跃勇　邓汝开　权继能　朱德芳　乔　锋
刘可杰　刘绍平　刘晓君　刘琪琳　李大剑　李少华　李志平　李　学
李保文　杨利荣　杨勇明　何道峰　张功祥　陆　璐　陈俊明　邵丽华
周平忠　周晓泉　赵明光　侯发道　郭开堂　寇铸勋　普菊红　潘晓玲
戴凤玲

**经济委员会委员**

刁殿伟　马正述　马　迅　王广幼　王建又　王建中　王珍全　孔彩梅
邓廷铎　左志民　冯仕军　兰建彬　华日新　刘吉开　许　雷　孙海清
苏文建　李云山　杨艾军　杨光军　杨光波　杨　慧　吴建国　张荣明
张跃龙　陈文山　陈明安　陈教敏　林立东　林志坚　林时营　林剑锋
金飞豹　赵云龙　赵金才　保明虎　施伟宁　费绍杰　徐　平　高升亮
郭远生　董锦虹　韩　韦　傅汝林　温宁军　詹亚平　颜　语

**经济委员会联系委员**

王文勇　吕　卉　刘文章　刘艳清　字如钧　严华明　李留存　杨自文
吴光洲　邱光雄　邹立生　宋保钢　宋嘉林　张永明　张美琼　陈百炼
陈宇龙　金朝水　周　全　周晓东　赵中柱　赵　先　施建锋　敖　菡

高天森　黄　姗　董勒成　蒋兴建　温仕红　谢一华　廖　一　潘祖和
戴信鑫

**人口资源环境委员会委员**

万兆奇　王仕宗　王延春　王育明　王清民　王曙平　文建凡　龙贵祥
卢云涛　田姝颖　兰　骏　刘富兴　孙　航　杜官本　李　元　李连举
李　坚　李现武　李国锋　李建华　李树洁　吴　遂　何兴泽　邹丽春
张乃明　张建伟　张宽寿　张　珺　陈少瑜　陈纪军　陈　勤　金桂兰
官会林　段昌群　段　勇　郭五代　郭辉军　唐　滢　崔建文　阎俊华
董海京　韩占文　韩润生　程建刚　曾淑平　雷茂生

**人口资源环境委员会联系委员**

王云凌　王永祥　王晓芸　牛喜富　包文东　兰　戈　刘竹芬　刘　颖
孙成余　李明金　李树荣　李晓云　杨　龙　杨桂红　杨福丽　张　静
张鹤雁　陈克利　邵永云　罗　萍　周国珍　周艳飞　周　敏　赵　栩
胡志寿　段丽元　高德明　唐兴玲　童书玮　赖世东　雷　坚

**教科文卫体委员会委员**

马丽丽　马林昆　王卫东　王亚妮　王灿平　邓　伟　叶建州　吉　晶
毕　红　刘沧山　刘绍怀　孙建东　苏永庆　杜克琳　李孝轩　李炯明
李　维　杨　宁　杨　林　何玉林　何　民　何　纾　陈一之　陈庆华
陈劲松　陈劲松　罗　江　赵云忠　赵吉寿　胡宝林　柳清菊　段　鸿
保文莉　侯树谦　施　锐　姚越苏　袁　斌　袁嘉丽　耿　嘉　贾曼红
徐　彬　唐　兵　黄华新　黄　峻　龚　明　崔运武　琚　坚　蒋立虹
衡新华

**教科文卫体委员会联系委员**

马孝初　马克伟　王明琼　韦光萍　玉坎儿　申　琼　吕　竹　刘　丽
刘金萍　李兴绪　李金良　李　彪　杨丽萍　杨　洋　杨鸿生　杨　鹏
杨　静　杨　燕　张龙明　陈建平　和建英　和桂兰　周常春　格茸拉姆
夏嘉伟　翁晓春　郭亚非　黄思玉　常　敏　彭　强　曾立岩　熊启怀

**社会和法制委员会委员**

万　立　马振勇　王　中　王学鸿　王惠萍　卢振义　田　坤　宁升功
伍　楠　许国金　许萍森　李广良　李立源　杨光海　杨志诚　杨绍林
杨焰平　张学武　张　琪　陆玉珍　罗秋华　周文曙　冼林海　郑　勇
赵云焜　赵建生　赵映东　施均美　袁文周　莫　非　郭永东　滕　丽

**社会和法制委员会联系委员**

王维新 吉志勇 吉宏龙佳 朱家美 刘琼英 许云川 孙衍坤 孙 勇
李江虹 李兴顺 杨文华 杨 涛 杨慧琼 吴光敏 余荣华 余炳武
陈世荣 陈吉书 陈 军 罗学军 罗惠芸 周洪许 项廷超 赵小玲
赵海鹰 侯桂芬 袁晓瑭 钱恒义 郭菊花 郭 湘 黄丽云 温振洲
蒲 涌 熊瑞丽

**民族和宗教委员会委员**

于干千 马 忠 马 波 马 勇 马翡玉 心 明 白 良 刘双豪
刘绍鸿 苏维凡 李云峰 李永祥 李 妍 李禹希 李 涛 杨 余
杨品才 杨 振 杨 雯 吴正杰 何祖训 陆永耀 岩 秒 岳麻腊
赵岩社 袁至兑 聂勒希顾 高中建 高 宁 崇 化 盘金祥 淳 法
彭 华 靖玖玮 廖东明

**民族和宗教委员会联系委员**

七 林 马仲威 马志勇 马春华 马琼芬 王永成 王秀峰 王嫦英
尹可秘 玉 咏 龙会明 白文彬 关嘉益西喜绕 李文丽 李文贵
李玉春 李华贵 李旭华 李坤珍 李树荣 李 屏 李盛富 李摩西
杨玉泉 杨立志 杨自权 杨莲华 诏等傣 依 约 祜巴龙庄勐
提卡达希 棍汤弄 释清缘

**港澳台侨和外事委员会委员**

王 珖 王 键 尹子琴 甘锦城 石 云 边明社 朱 旗 伍达天
伍 滨 庄小峰 庄哲猛 刘绍兴 刘继杰 李红红 李极明 李应生
李建辉 李 莹 李 嵘 杨焱平 何渝煦 张 宁 张志民 范国珍
林红伶 林卓华 周 群 郑宣明 施明辉 姚子龙 徐 杰 殷永林
殷玮荃 高 鹰 浦 江 黄 涛 梁 夏 童凤华 曾 玉 詹茂胜

**港澳台侨和外事委员会联系委员**

马爱慈 马豪辉 王云舟 王银锋 龙宗瀚 白水清 许岷江 纪文凤
李志宏 李鋈发 杨宏栋 冷明德 张中义 陈定华 林 杉 林 丽
林镇洪 林德兴 周碧奋 赵燕蓉 袁汉源 桂 仰 桂志强 栗潜心
徐应强 唐华林 黄喜润 梁美贤 普慧艳 谢思训 解丽平

**文史委员会委员**

马光宇 叶 茸 田云翔 冯咏梅 朱飞云 刘湘云 汤 发 汤秋云
苏红军 苏 莉 李 凡 李生森 杨卫平 杨红英 杨 昆 杨泽宇
杨 萍 杨 斌 吴 琨 何 侃 汪叶菊 沈光鑫 金 毅 周 勇

郑　明　赵涤群　赵琦华　胡昭云　姜雪梅　宣宇才　夏　静　倪　明
徐小芳　阎　堃　董　峻　管建华

**文史委员会联系委员**

马琼仙　方　苹　卢仕海　吕昌会　刘华甫　刘剑雄　刘　智　农布七林
苏洪涛　杜永春　杨一奔　杨艳琼　杨　健　杨益琨　吴天祥　张国儒
张　炜　张晓改　张毅敏　陈　军　孟庆红　赵　卫　赵建华　赵海仙
洪云龙　高劲松　郭惠云　黄宪庭　彭　霓　谭　丛　谭亚原

# 中国人民政治协商会议云南省第十一届委员会副秘书长名单

（2013 年 1 月 26 日政协云南省第十一届委员会常务委员会第一次会议通过）

张　宁（女）　孟庆红　高德明
杨志诚　马孝初（兼）　童凤华（女、兼）
李兴华（女，兼）　徐　宁（兼）　王　宏（兼）
阎　堃（兼）　潘晓玲（女、兼）　骆瑞麟（兼）
周　勇（兼）　陈俊骢（兼）　刘可杰（兼）

# 办公厅主任名单

**主　　任**　张　宁（女）2008. 01 ~

## 办公厅巡视员、副巡视员名单

巡 视 员　戴　抗　2010. 02 ~
　　　　　蒲元华　2011. 07 ~
　　　　　张树义　2012. 05 ~
　　　　　弓　华　2013. 01 ~
副巡视员　李清毅　2009. 12 ~
　　　　　周泖霖　2012. 01 ~
　　　　　李继国　2012. 05 ~

## 研究室主任、副主任名单

主　任　马孝初　2003. 01 ~
副主任　杨绍林　2008. 09 ~
　　　　谭亚原　2012. 01 ~

## 中国人民政治协商会议云南省第十一届委员会常务委员会第一次会议人事事项

（2013 年 1 月 26 日政协云南省第十一届委员会常务委员会第一次会议通过）

**政协云南省第十一届委员会各专门委员会主任、副主任**

**提案委员会**

主　任：郭文龙

副主任：彭济生　聂　华　刘企文　田成有（兼职）
　　　　和向红（兼职）　李可军（兼职）

**经济委员会**

主　任：徐盛鹏

副主任：王志东　郝蜀东　苏全忠　李鸿文　段云翔
　　　　林勇力　李志明　刘吉开（兼职）
　　　　杨先明（兼职）　王剑屏（兼职）

**人口资源环境委员会**

主　任：高旭升

副主任：杨　超　毕　励　龙贵祥　熊泽民
　　　　马洪琪（兼职）　蔡绍宽（兼职）　毛华明（兼职）

**教科文卫体委员会**

主　任：严　建

副主任：伊继东　李庆生　李　明　彭　兵　马林奎
　　　　梅　妍（兼职）　王云月（兼职）　汪　旭（兼职）

**社会和法制委员会**

主　任：董志红

副主任：周发洪　武　晋　罗石文　齐晓勇　李　瑾（兼职）

**民族和宗教委员会**

主　任：欧志明

副主任：郭秀文　和润培　张　宁　潘光宪　王四代（兼职）

**港澳台侨和外事委员会**

主　任：雷耀民

副主任：叶建成　张李昆　杨光民　贺　毅
　　　　高素芳（兼职）　杨华英（兼职）

**文史委员会**

主　任：杜玉银

副主任：刘　明　祝武世　陈　麟　范志明
　　　　汪叶菊（兼职）　陈友康（兼职）

# 中国人民政治协商会议云南省第十一届委员会常务委员会第三次会议委员调整事项

（2013年7月24日政协云南省第十一届委员会常务委员会第三次会议通过）

因工作变动，顾伯平不再担任委员

# 中国人民政治协商会议云南省第十一届委员会常务委员会第三次会议人事事项

（2013年7月24日政协云南省第十一届委员会常务委员会第三次会议通过）

周胡荣　任省政协副秘书长

范国珍　任省政协人口资源环境委员会副主任

顾伯平　因工作变动，不再担任十一届省政协副主席（在2014年1月23日政协云南省第十一届委员会第二次全体会议闭幕会上向全体委员通报予以确认）

# 中国人民政治协商会议云南省第十一届委员会常务委员会第四次会议委员调整事项

（2013 年 12 月 30 日政协云南省第十一届委员会常务委员会第四次会议通过）

增补委员 10 名（按姓氏笔画排序）：

王晶武　李新军　何汝利　张　帆　陈志坚　武建强　姜作太　聂文亮　顾　琨　徐玉长

因工作变动，不再担任委员 5 名：

赵俊达　李定达　储学军　金永静　阮建设

# 中国人民政治协商会议云南省第十一届委员会常务委员会第四次会议人事事项

（2013 年 12 月 30 日政协云南省第十一届委员会常务委员会第四次会议通过）

赵建生　任省政协社会和法制委员会副主任（正厅级）

李俊铭　任省政协港澳台侨和外事委员会副主任（保留正厅级待遇）

# 机构概况

## 政协云南省委员会机关机构设置情况

省政协机关设办公厅、研究室两个工作机构，设提案委员会、经济委员会、人口资源环境委员会、教科文卫体委员会、社会和法制委员会、民族和宗教委员会、港澳台侨和外事委员会、文史委员会8个专门委员会，共10个厅级机构。

办公厅下设综合处、人事处、行政处、接待处、信访联络处、民主党派大楼管理处、文档处、委员工作处、老干部工作办公室（老干处）、书画室、保卫处十一个内设处室。另设立机关党委，下设办公室。

研究室下设文稿处、信息宣传处和理论处。

各专门委员会下设办公室，既是专门委员会的办事机构，也是办公厅的工作机构，八个专门委员会办公室加挂秘书处牌子。具体名称为：提案委员会办公室加挂“秘书一处”牌子；经济委员会办公室加挂“秘书二处”牌子；人口资源环境委员会办公室加挂“秘书三处”牌子；教科文卫体委员会办公室加挂“秘书四处”牌子；社会和法制委员会办公室加挂“秘书五处”牌子；民族和宗教委员会办公室加挂“秘书六处”牌子；港澳台侨和外事委员会办公室加挂“秘书七处”牌子；文史委员会办公室加挂“秘书八处”牌子。

省政协办公厅下属事业单位机构为：省政协智力支边扶贫办公室、省政协文史资料编辑室、省政协机关服务中心、省政协信息中心、省政协委员活动中心、云南政协报社。

# 政协云南省委员会机构设置表

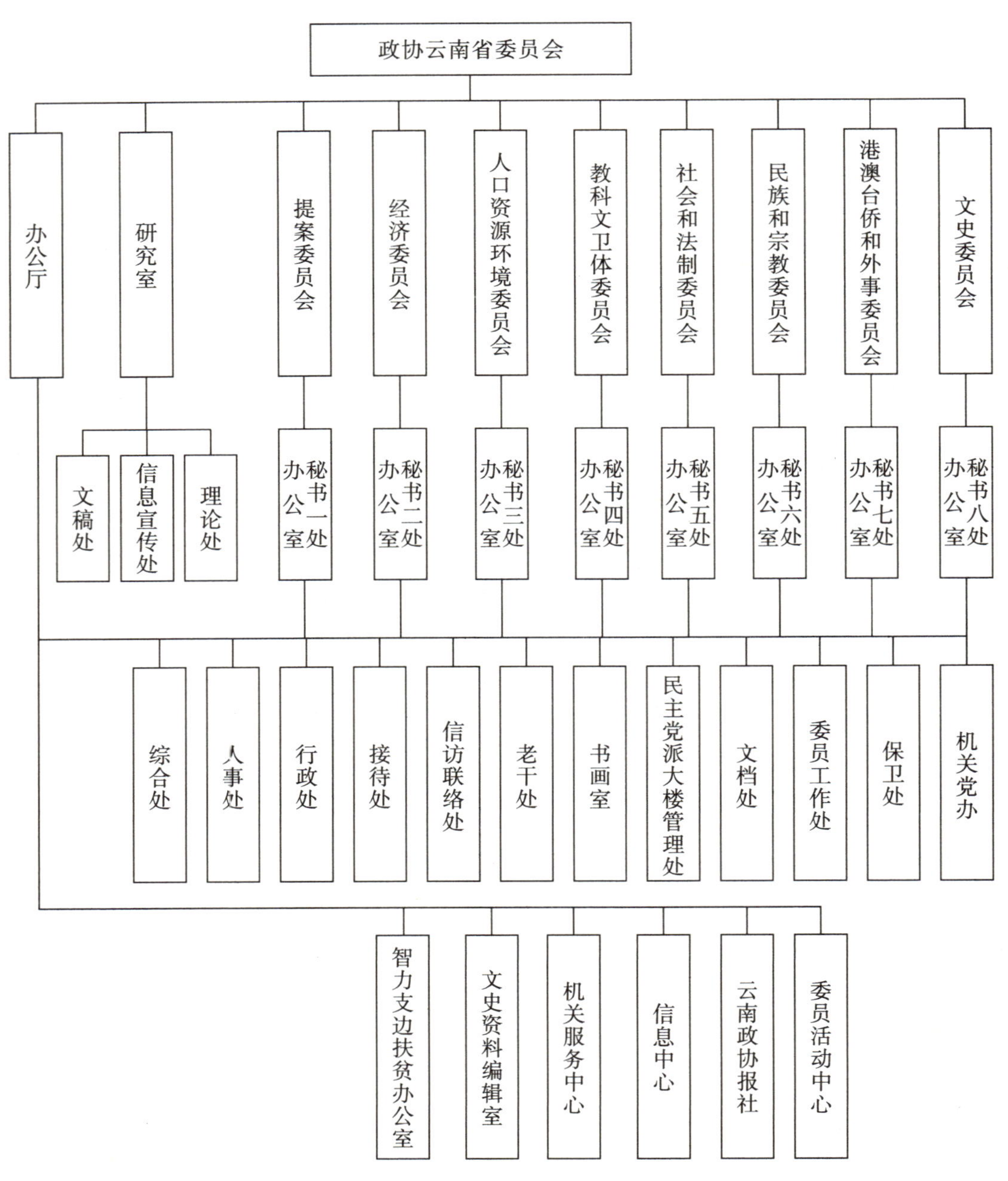

# 报刊社论

## 齐心协力奔向小康新目标

——热烈祝贺省政协十一届一次会议闭幕

年来日月风光好，又见春意满云岭。昨日，云南省政协第十一届一次会议完成各项议程胜利闭幕了。我们对会议的圆满成功表示热烈祝贺！

在全省上下深入学习贯彻落实党的十八大精神的重要时刻，委员们紧紧围绕推进云南与全国同步全面建成小康社会新目标，谋划推进科学发展和谐发展跨越发展大计，积极建言献策，展现了强烈的使命感、责任感和奋发有为的精神风貌。会议对政府工作报告给予高度评价，对政协十届常委会5年来的工作和提案办理情况给予充分肯定，选举产生了政协云南省委员会新一届领导机构，体现了人民政协的生机与活力。

回首来路，我们携手并进。过去的5年，在省委的坚强领导下，各级政协切实履行政治协商、民主监督、参政议政3大职能，坚持服务大局、促进发展、关注民生、积极创新，在促进社会和谐、经济繁荣、边疆稳定，特别是在GDP总量首破万亿和卓有成效的生态文明建设过程中，凝聚着各级政协组织的智慧与辛劳，饱含了各级政协委员的汗水与心血。

展望蓝图，我们勠力同心。未来的5年，是我省经济社会发展至关重要的5年，也是云南省政协创造新业绩、谱写新篇章的5年。按照“翻两番、增三倍、促跨越、奔小康”的总体部署，全省各级政协组织要把思想和行动统一到省委的决策部署上来，切实发挥人民政协作为党和政府联系广大群众的桥梁和纽带作用，积极探索新形势下政协工作的新途径新方法，找准履行职能与服务全省中心工作的结合点、着力点，不断提高人民政协履职的科学化水平。

人民政协人才荟萃，智力密集，视野开阔，联系广泛。各级政协组织和广大政协委员要聚力新目标，激发新动力，把推进跨越发展作为履职的第一要务，把促进民生改善与社会和谐作为重要职责，切实发挥“人才库”和“智囊团”的作用，推进我省科学发展和谐发展跨越发展，实现大作为和新作为。

携手绘宏图，同心向未来。在与全国同步全面建成小康社会、建设开放富裕文明幸福新云南的伟大征程中，让我们紧密团结在以习近平同志为总书记的党中央周围，在中共云南省委的领导下，坚定信心、齐心协力、励精图治、蓬勃进取，创造出更加辉煌的业绩。

（原载2013年1月27日《云南日报》）

# 2013 年大事记

## 1 月

1 月 8 日下午，省长李纪恒率领省政府领导和有关职能部门负责人，到省政协听取对省政府工作和《政府工作报告（征求意见稿）》的意见。省政协各专委会负责人，省政协常委、委员共计 16 人在大会上发言，从不同角度、不同层面，对进一步做好政府工作和政府工作报告的修改提出意见建议。省政协主席罗正富主持会议。他要求省政协及广大政协委员要进一步发挥优势，认真履行职能，围绕中心、服务大局，为我省经济、政治、文化、社会及生态文明建设积极建言献策，凝聚各方面力量和智慧，为在新的历史起点上推动科学发展、和谐发展、跨越发展作出新的更大的贡献。李江、刘平、高峰、和段琪、刘慧晏，以及杨嘉武、卯稳国等省政府领导到会听取意见。陈勋儒、罗黎辉、王学智、白成亮、顾伯平、倪慧芳、车志敏等省政协领导参加会议。

1 月 9 ~ 10 日，省政协机关处长会议在昆明召开。省政协秘书长车志敏主持会议并讲话。机关 31 位处长、主任作交流发言，汇报 2012 年工作情况，交流过去五年的工作体会，并就 2013 年工作提出了意见建议。车志敏总结十届省政协机关五年工作。会议传达学习全省党委政府秘书长会议精神。

1 月 11 日上午，省政协十一届一次会议工作人员动员会在省政协礼堂举行。省政协秘书长车志敏出席会议并对大会的筹备和服务工作提出了要求。

1 月 14 日、15 日下午，省政协秘书长车志敏，副秘书长、办公厅主任张宁，副秘书长孟庆红、杨志诚率领省政协十一届一次会议各筹备小组负责人检查云南海埂会堂、委员驻地和各分组讨论会场准备工作情况，现场听取准备工作情况汇报，并提出了具体的意见和要求。

1 月 15 日下午，省政协十一届一次会议秘书处举行新闻发布会，省政协副秘书长、研究室主任马孝初向中央驻滇媒体和我省媒体通报了会议有关情况。政协云南省第十一届委员会第一次会议将于 2013 年 1 月 19 ~ 26 日在昆明召开，会期 8 天。

1 月 15 ~ 16 日，省政协主席罗正富在大姚县调研特色农业产业发展状况。

1 月 18 日，省政协十一届一次会议举行召集人会议。省政协十一届一次会议主席团常务主席罗正富就开好本次会议对召集人及会议秘书处工作班子提要求。主席团常务主席白成亮主持会议。主席团常务主席马开贤、曾华、罗黎辉、顾伯平、倪慧芳、米东生、王承才、喻顶成出席会议。

1月18日下午，省政协十一届一次会议主席团第一次会议在昆明海埂会堂举行。主席团会议主持人罗正富主持会议。会议审议通过了省政协十一届一次会议主席团常务主席名单，由罗正富、白成亮、马开贤、曾华、罗黎辉、顾伯平、倪慧芳、米东生、王承才、喻顶成10人担任省政协十一届一次会议主席团常务主席；省政协十一届一次会议主席团常务主席会议主持人名单，罗正富担任主席团常务主席会议主持人；省政协十一届一次会议各次全体会议执行主席和主持人名单；省政协十一届一次会议分组办法及委员小组召集人名单；省政协十一届一次会议副秘书长名单；省政协十一届一次会议秘书处机构设置和职责。

1月18日下午，省政协十一届一次会议在昆明海埂会堂举行预备会议。十届省政协主席罗正富主持会议。十届省政协常务副主席管国忠，副主席马开贤、陈勋儒、曾华、罗黎辉、王学智、白成亮、顾伯平、倪慧芳，秘书长车志敏出席会议。会议听取了省委统战部关于政协云南省第十一届委员会第一次会议主席团和秘书长名单（草案）的说明。会议审议通过了政协云南省第十一届委员会第一次会议主席团名单、政协云南省第十一届委员会第一次会议秘书长名单、政协云南省第十一届委员会第一次会议主席团会议主持人名单，政协云南省第十一届委员会第一次会议提案审查委员会主任、副主任、委员名单，以及政协云南省第十一届委员会第一次会议议程和日程。

1月19～26日，中国人民政治协商会议云南省第十一届委员会第一次会议在昆明举行。会议通过了中国人民政治协商会议云南省第十一届委员会第一次会议关于政协云南省第十届委员会常务委员会工作报告的决议，中国人民政治协商会议云南省第十一届委员会第一次会议关于政协云南省第十届委员会常务委员会提案工作情况报告的决议，中国人民政治协商会议云南省第十一届委员会第一次会议决议，中国人民政治协商会议云南省第十一届委员会第一次会议提案审查委员会关于十一届一次会议提案审查情况的报告。会议听取和审议了《中国人民政治协商会议云南省第十届委员会常务委员会工作报告》、《中国人民政治协商会议云南省第十届委员会常务委员会关于提案工作情况的报告》，听取并协商讨论了《政府工作报告》及其他有关报告。会议全面回顾了政协云南省第十届委员会的工作，总结了过去五年的工作经验，提出了政协云南省第十一届委员会的工作建议。会议选举产生了政协云南省第十一届委员会主席、副主席、秘书长和常务委员。

1月26日下午，政协云南省第十一届委员会常务委员会第一次会议在昆明举行。省政协主席罗正富主持会议并讲话。常务副主席白成亮，副主席马开贤、曾华、罗黎辉、顾伯平、倪慧芳、米东生、王承才、喻顶成，秘书长车志敏出席会议。会议通过了政协云南省第十一届委员会常务委员会关于设置专门委员会的决定；政协云南省第十一届委员会副秘书长名单；政协云南省第十一届委员会各专门委员会主任、副主任名单。

1 月 21 日，省政协主席罗正富昨日在昆明会见了泰国上议长尼空·瓦拉帕尼一行。泰国驻华大使伟文·丘氏君、驻昆总领事陈维钦，十届省政协秘书长车志敏等会见时在座。

## 2 月

2 月 18 日上午，省政协召开专门委员会主任会议，听取各专委会今年工作的安排和意见建议，研究确定今年省政协的工作重点。省政协主席罗正富主持会议并讲话。省政协常务副主席白成亮，副主席曾华、罗黎辉、顾伯平、倪慧芳、王承才、喻顶成，秘书长车志敏出席会议并分别讲话。

2 月 18 日下午，省政协机关举行干部职工大会。表彰机关 2012 年度创先争优先进集体、先进个人和年度考核优秀人员。省政协主席罗正富出席并讲话。省政协常务副主席白成亮，秘书长车志敏出席会议。

2 月 20 ~ 22 日，省政协副主席倪慧芳到“四群”工作联系点瑞丽市勐卯镇姐东村委会小飞海村民小组进行慰问和调研。

2 月 23 日，省政协主席罗正富深入南华县调研农业农村发展情况。

2 月 26 日，省政协十一届一次会议提案交办会在昆明举行。省政协十一届一次会议及会后提交提案材料共 710 件，经审查立案 664 件，其中委员提案 546 件、集体提案 118 件，交由 103 个单位办理。省政协副主席喻顶成出席会议并讲话。

2 月 26 日至 3 月 1 日，省政协副主席王承才先后深入曲靖市陆良县，昭通市彝良县、鲁甸县调研抗旱救灾、地震恢复重建、特色村寨（集镇）建设、民族地区经济社会发展工作。王承才还调研了鲁甸县茨院、桃源回族乡集镇建设情况。

2 月 27 日至 3 月 13 日，省政协主席罗正富，常务副主席白成亮，副主席马开贤、曾华、顾伯平、倪慧芳、喻顶成赴京出席全国政协十二届一次会议。

## 3 月

3 月 18 日，省政协主席罗正富主持召开十二届二次主席会议。省政协常务副主席白成亮传达了全国政协第十二届委员会第一次会议精神。省政协副主席马开贤、曾华、罗黎辉、顾伯平、倪慧芳、米东生、王承才、喻顶成，秘书长车志敏出席会议。会议审议了省政协十一届二次常委会议有关事宜，决定省政协十一届二次常委会于 2013 年 4 月 2 日在昆明召开；审议《政协云南省委员会 2013 年重点工作安排意见》（送审稿），《政协云南省委员会改进工作作风密切联系群众的实施办法》（送审稿）；审定政协云南省第十一届委员会各专门委员会委员和联系委员名单，省政协十一届一次会议重点提案。

3月19～20日，省政协主席罗正富深入广南县，就乡村旅游业、木本油料产业的发展情况进行调研。

3月21日，省政协主席罗正富在秘书长车志敏陪同下，到寻甸县就农业增产、农民增收、农村发展情况进行调研。

3月22日，省政协常务副主席白成亮、副主席喻顶成到省政协提案委员会调研提案工作。提案委员会主任郭文龙作了工作汇报。白成亮、喻顶成对进一步抓好省政协的提案工作提出了指导性意见。

3月22日，省政协民族和宗教委员会在昆召开全体委员会议，传达学习全国"两会"精神，审议通过2013年工作要点。省政协副主席马开贤出席会议并就全国"两会"的主要精神，以及驻滇全国政协委员参政议政等情况进行了简要传达。

3月23日，省政协主席罗正富，十一届全国政协文史和学习委员会主任陈福今，省政协秘书长车志敏出席"滇越铁路昆明论坛"。罗正富代表省政协对"论坛"的举办表示祝贺并致词。法国驻华大使白林，法国驻成都总领事鲁索，越南驻昆明总领事阮正胜到会祝贺。白林、阮正胜表示将对滇越铁路申遗工作积极支持。中、法、越三国专家学者分别对滇越铁路保护利用和申遗提出意见建议。省政协副主席罗黎辉主持论坛。

3月25日上午，省政协办公厅和爱德基金会联合举办援助云南省沧源县班老乡农村社区综合发展项目签字暨启动仪式。该项目总预算金额为人民币810.08万元，其中爱德基金会无偿援助金额为人民币400万元。省政协副秘书长杨志诚出席仪式。

3月25日，省政协主席罗正富到武定县就山区农业特色产业发展、民族宗教工作情况进行调研。

3月29日，省政协主席罗正富，省政协副主席、省伊斯兰教协会会长马开贤先后到省伊斯兰教协会、省道教协会、省天主教爱国会、省基督教三自爱国会和省佛教协会进行调研。罗正富提出要坚定中国特色社会主义的道路自信、理论自信和制度自信，继续全面贯彻党的民族宗教政策，不断巩固我省宗教规范有序、民族团结进步、经济稳步发展、社会和谐稳定的大好局面。

## 4月

3月30日至4月1日，中共中央书记处书记、全国政协副主席杜青林一行在迪庆藏族自治州调研。中国藏学研究中心原党组书记朱晓明，省委常委、省委统战部部长黄毅，省政协副主席罗黎辉等陪同调研。

4月2日，政协云南省第十一届委员会常务委员会第二次会议在昆明召开。会议提出，要进一步培养政协情怀，奉献政协事业，努力在推动科学发展、维护和谐稳定中彰显政协的优势和作用。省政协主席罗正富主持会议。

4 月 7 ~ 9 日，省政协常务副主席白成亮赴红河州金平县者米拉祜族乡开展“四群”教育工作。省政协副秘书长高德明陪同。

4 月 9 ~ 12 日，全国政协副主席、国家民委主任王正伟率国家民委调研组在文山壮族苗族自治州、红河哈尼族彝族自治州、大理白族自治州、丽江市等地调研时提出，要加快“民族团结进步 边疆繁荣稳定示范区”建设步伐，结合云南实际，积极探索民族工作有效途径，完善体制机制，巩固和发展民族团结良好局面。副省长尹建业、省政协副主席倪慧芳分别陪同调研。

4 月 12 日，2013 年省政协新闻宣传工作会在昆明召开。会议强调，政协新闻宣传工作是党的宣传思想工作的重要组成部分，是人民政协事业的重要内容，要总结经验，加强学习，扎实工作，不断推动省政协新闻宣传工作迈上新台阶。省政协副主席顾伯平出席会议并讲话。云南日报报业集团、云南广播电视台、云南政协报社、省政协办公厅书画室、信息中心等单位和部门就如何做好政协新闻宣传工作进行了交流发言和汇报。省政协办公厅、研究室，省委宣传部等部门相关负责人参加会议。

4 月 16 ~ 17 日，省政协主席罗正富到腾冲县开展“四群”教育工作，并对当地高原特色农业的发展情况进行调研。省政协秘书长车志敏陪同调研。

4 月 19 日，省政协机关召开“四群”教育工作动员部署会。会议要求，政协机关开展“四群”教育工作要严格按照省委三个“深入”要求，结合政协实际，创新工作方法，积极反映基层群众呼声，力所能及为基层困难群众做好事解难事，巩固发展良好的干群关系，努力推进机关作风建设。省政协秘书长车志敏出席会议并讲话。

4 月 21 ~ 24 日，全国政协民族和宗教委员会副主任、广西壮族自治区政协原主席马铁山，全国政协民宗委副主任、云南省政协原主席王学仁，全国政协民宗委副主任、新疆生产建设兵团原司令员、中国新建集团公司原总经理华士飞率领调研组就“推进乌蒙山片区区域发展与扶贫攻坚，促进民族地区生态文明建设与经济社会协调发展”课题到我省昭通市开展调研。省政协主席罗正富，省政府有关领导，省政协秘书长车志敏出席汇报会或陪同调研。

4 月 23 日，省政协主席罗正富到曲靖市对基层政协工作进行调研。

4 月 22 ~ 25 日，省政协副主席曾华率领省政协港澳台侨和外事委员会及部分省政协委员对我省港澳台侨资企业发展的情况进行实地调研。

4 月 26 ~ 27 日，省政协副主席喻顶成率省政协相关委办和省旅游发展委员会负责人到大理州调研旅游产业转型升级工作。大理州政协主席杨健出席汇报会，州政府、州政协有关领导陪同调研。

4 月 26 ~ 28 日，省政协常务副主席白成亮率调研组到红河州元阳、建水、弥勒等地就云南旅游产业转型升级开展专题调研。红河州政协主席李保文等陪同调研，红河州政府、州政协有关领导陪同调研或参加汇报会。

## 5 月

5 月 3 日，为迎接“五四”青年节，省政协机关团委与云南世博旅游集团团委联合开展主题为“学习企业文化建设、共谱青春美好乐章”的活动。本次活动旨在通过了解世博旅游集团企业文化建设取得的优异成果，学习和借鉴世博集团团委在青年工作中好的经验和做法，结合省政协机关实际，不断完善机关文化建设，进一步团结和凝聚机关团员青年，为更好地推进政协机关各项工作贡献青春智慧和力量。

5 月 6 ~9 日，全国政协副主席、农工党中央常务副主席刘晓峰率农工党中央部分成员及环保部、水利部、农业部、国家林业局等国家有关部委领导和专家就“长江上游生态环境保护与综合开发利用”课题到我省昭通市和昆明市，对向家坝、溪洛渡水电站水电开发和移民安置情况，以及滇池综合治理等工作开展实地专题调研。省政协主席罗正富，省政府有关领导，全国政协常委、农工党中央专职副主席兼秘书长何维，省政协副主席王承才，省政协秘书长车志敏，昭通市委书记刘建华，市政协主席熊启怀等省、市领导参加调研或出席汇报会。

5 月 6 ~13 日，省政协副主席喻顶成率领省政协和省工商局就《关于实施“消费满意在云南”行动，加快推进消费维权体系建设的提案》提出的问题组成调研组先后赴昆明、大理、丽江等州市，深入旅游景区、商场、企业和消费争议集中的行业就消费维权联动、“消费满意在云南”综合协调、市场主体诚信创建和失信惩戒等机制的建立完善，以及在打造“消费满意在云南”行动中存在的困难和问题等内容开展专题调研。

5 月 7 ~11 日，省政协副主席倪慧芳率领省政协社会和法制委员会部分委员和省扶贫办等部门负责人组成联合调研组就“云南扶贫工作情况”赴临沧市凤庆县、沧源县等地开展专题调研。

5 月 10 日，省政协主席罗正富到寻甸回族彝族自治县对扶贫工作进行调研。省政协秘书长车志敏陪同调研。

5 月 13 日，省政协十一届三次主席会议在昆明召开。省政协主席罗正富主持会议。省政协常务副主席白成亮，副主席马开贤、曾华、顾伯平、倪慧芳、米东生、王承才、喻顶成，秘书长车志敏出席会议。省政协办公厅、研究室和各专门委员会相关负责人列席会议。会议审议了省政协十一届三次常委会议有关事宜，决定省政协十一届三次常委会议于 7 月 23 ~24 日在昆明召开。

5 月 14 日上午，省政协召开每年一度的“政协好新闻奖”表彰会，表彰获奖作品和 2012 年新闻宣传工作先进单位。本次获奖的 57 件作品，分别从中央驻滇新闻媒体、全省各新闻媒体、全省各州市政协选拔推荐的百余件作品中选出，包括报刊、广播电视、图片、网络四大类，分为一、二、三等和优秀奖。省政协副主席顾伯平出席会议。省政协副秘书长、研究室主任马孝初主持会议。

5 月 14 ~ 18 日，省政协研究室组织《人民政协报》、《云南日报》、云南人民广播电台、云南电视台、云南网以及《云南政协报》等多家媒体记者组成的省政协好新闻获奖记者团一行赴大理州大理市、漾濞县、祥云县开展采风活动。

5 月 16 日，省政协副主席顾伯平率领调研组围绕桥头堡建设背景下人才培养问题开展调研并组织召开“实施桥头堡战略背景下的人才培养问题”研讨会。云南省教育厅及云南大学等 8 所高校相关负责人齐聚昆明理工大学进行研讨。省政协副主席顾伯平出席研讨会并讲话。

5 月 20 ~ 24 日，省政协副主席马开贤率省政协调研组赴西双版纳州和普洱市就“云南民族团结进步 边疆繁荣稳定示范区”建设推进情况的经验做法及面临的挑战下和下一步的工作打算进行实地调研，并提出改进工作的意见建议。

5 月 21 ~ 23 日，省政协副主席曾华赴华宁县华溪镇和大新寨村开展“四群”教育工作。省政协港澳台侨和外事委员会主任雷耀民及九三学社有关领导陪同调研。

5 月 22 日，云南政协之友协会四届一次会员大会在昆明举行。会议提出，进一步抓好协会自身建设，搞好学习、调研等活动，积极反映社情民意，为云南经济社会发展作出新贡献。会议聘请全国政协民宗委副主任王学仁、省政协主席罗正富，省老领导梁家、刘树生为第四届云南政协之友协会名誉会长。会议选举省政协常务副主席白成亮为第四届云南政协之友协会会长，选举省老领导管国忠、和占钧为常务副会长，选举省老领导陈勋儒、王学智和香港云南同乡会终身会长魏汝芳为副会长，选举省政协秘书长车志敏为协会秘书长。孟继尧代表云南政协之友协会第三届理事会作工作报告。审议通过云南政协之友协会章程（修改草案），选举产生云南政协之友协会第四届理事会。

5 月 27 ~ 31 日，全国政协副主席、民革中央常务副主席齐续春率全国政协社会和法制委员会调研组就涉法涉诉信访工作改革推进情况到我省昆明、曲靖、玉溪 3 市进行实地考察调研。全国政协社法委委员、最高人民检察院检察委员会专职委员杨振江，全国政协常委、全国政协社法委委员李汉柏，全国政协社法委委员、中国社会科学院副院长、党组成员高全立，全国政协社法委委员、最高人民法院副院长、党组成员黄尔梅，云南省政协常务副主席白成亮参加调研或出席汇报会。

5 月 31 日上午，省农业厅举行省政协十一届一次会议重点提案《关于加强云南省农村实用技术培训的提案》提案面商会。该提案由民盟云南省委提交，由省农业厅主办。省政协副主席马开贤出席会议并讲话。

## 6月

6月13～19日，由省政协常务副主席白成亮、副主席喻顶成率省政协提案委组织的“云南陆路建设”重点提案联合调研组分别赴保山、德宏和玉溪、红河四个州市进行实地调研。

6月13～21日，由省政协副主席罗黎辉带领省政协调研组，赴昆明、保山、腾冲、芒市四地，对我省民航事业的发展现状及存在问题进行了深入调研。

6月17～22日，省政协副主席米东生率省政协社会和法制委员会组织部分政协委员和省扶贫办等部门相关负责人，组成“云南扶贫情况”重点调研组赴昭通市及绥江县、永善县就扶贫开发工作进行调研。

6月19～21日，省政协副主席王承才率省政协“云南民族团结进步 边疆繁荣稳定示范区”建设推进情况调研组赴禄劝、石林两县的部分乡镇村组进行调研。

6月20日，省政协机关组队参加省直机关工会一片区群众性文化体育活动，全体队员不畏强手、奋勇争先、敢打敢拼，赛出了水平、赛出了风格并获得三等奖，展示了省政协机关职工良好的精神风貌。

6月25～26日，云南省政协第二十二次提案工作座谈会暨提案工作研讨会在普洱召开。省政协常务副主席白成亮、副主席喻顶成出席会议并对进一步做好提案工作提出要求。省政协提案委主任郭文龙介绍了2013年省政协提案工作情况，并对学习贯彻好中央、省委有关文件精神和进一步创新提案督办工作提出了意见。普洱市委书记卫星致辞。

6月26日，省政协副主席罗黎辉率领省政协“云南民航与经济社会发展历程及未来发展研究”调研组再次到昆明市进行调研，听取有关情况汇报。昆明空港经济区管理委员会负责人介绍了空港经济区产业建设及配套项目推进情况及遇到的困难和问题。昆明市空投公司负责人介绍了巫家坝片区的规划编制情况。

6月27日下午，省政协机关成立“四群”教育工作专家队伍。省政协秘书长车志敏出席成立座谈会并为10位特聘农科专家颁发了聘书。

## 7月

7月1日，省政协机关举行了庄严而简朴的“纪念党的生日座谈会暨新党员入党宣誓仪式”。省政协机关党组副书记、机关党委书记张宁，10名新党员所属支部代表和部分老党员代表参加了宣誓仪式，并与新党员们一同重温了入党誓词。省政协副秘书长高德明主持宣势仪式。

7月1日，省政协副主席马开贤率调研组赴省民委就“云南民族团结进步 边疆繁荣稳定示范区”建设情况进行专题调研。省民委相关负责人向调研组汇报了示范区建设的工作情况。

7月1～4日，全国政协副主席李海峰率全国政协提案委调研组就我省贯彻落实好中共中央办公厅、国务院办公厅《关于进一步加强人民政协提案办理工作的意见》赴昆明、西双版纳、普洱3州市进行调研，并对全国政协第十二届一次会议重点督办提案《关于加大支持云南建设民族团结进步边疆繁荣稳定示范区力度的提案》和《关于把西双版纳建设成我国生态文明试验示范区的提案》进行督办。全国政协常委、提案委主任孙淦，提案委副主任胡彪、王国卿，民宗委副主任王学仁以及部分提案委委员和国家相关部委负责人参加调研。期间，我省向调研组专题汇报我省贯彻落实《意见》、加强和改进提案办理工作，以及两件重点督办提案办理情况。副省长和段琪、省政协副主席喻顶成和相关部门负责人作汇报。省政协常务副主席白成亮主持汇报会。

7月5日，省政协召开党的群众路线教育实践活动动员大会。省政协常务副主席白成亮出席会议并作动员部署。省政协副主席曾华出席大会。省政协秘书长车志敏主持会议。省委党的群众路线教育活动督导组组长史政讲话。

7月5～14日，省政协副主席马开贤赴个旧市沙甸区开展"四群"教育工作。

7月9～11日，省政协副主席喻顶成赴姚安县左门乡仰拉村和左门村开展"四群"教育工作。

7月12日，省政协常务副主席白成亮赴华宁县调研优质甜柿的种植发展情况。

7月15日，省卫生厅等单位召开省政协十一届一次会议重点提案《关于进一步加强我省村医队伍建设的意见》办理面商会。省政协副主席喻顶成出席会议并讲话。该提案由农工党云南省委提交。

7月16～17日，省政协副主席王承才率调研组赴普洱市，就跨州（市）易地移民扶贫开发工作进行专题调研。

7月17日上午，省政协机关举行党的群众路线教育实践活动专题党课。受省政协主席罗正富委托，省政协秘书长、办公厅党组书记车志敏给机关全体党员干部上了《认真贯彻党的群众路线 推动政协工作创新发展》的专题党课。

7月23～24日，云南省政协十一届三次常委会议在昆明召开。会议围绕"推进产业建设年活动，加快产业结构调整，保持云南经济良好发展势头"主题进行发言和讨论。省政协主席罗正富，常务副主席白成亮分别主持开、闭幕会议，副主席马开贤、曾华、罗黎辉、米东生、王承才、喻顶成，秘书长车志敏出席。受省长李纪恒委托，省委常委、常务副省长李江到会通报上半年云南省经济社会发展情况。会议通过了有关人事事项。

7月25～27日，云南省政协在昆明举办州（市）县（市、区）政协主席学习培训班。省政协主席罗正富作动员讲话并就人民政协理论与实践作专题辅导。省委副书记、省委党校校长仇和以《梦中华复兴大业 谋云南发展大计》为题作专题辅导。省委常委、常务副省长李江就《云南省经济社会发展的有关问题》进行辅导。全国政协办公厅研究室主任刘佳义受邀就人民政协的经常性工作、协商民主等内容对学员作专题辅导，并对如何提提案、如何开展视察调研等经常性工作作重点讲解。省政协常务副主席白成亮在培训结束时讲话。省政协常务副主席白成亮，副主席曾华、罗黎辉、米东生分别主持开班仪式和专题辅导。省政协秘书长车志敏主持结业典礼。昆明市、昭通市、普洱市政协以及沾益县、新平县政协等10个州市县政协在会上作了工作经验交流。

7月29～31日，政协云南省第十一届委员会组织新一届省政协委员进行学习培训。省政协常务副主席白成亮出席开班仪式，并从人民政协的发展历程、人民政协的重要作用、人民政协的主要职能以及委员如何履行好自己的职责等方面作了专题辅导。省政协副主席倪慧芳、喻顶成分别主持开班仪式和专题辅导。全国政协提案委员会副主任王国卿就政协提案的性质和意义以及如何撰写高质量提案，如何运用提案履职等方面作专题辅导。省政协秘书长车志敏就政协委员在政协组织中发挥的重要作用、政协委员履职的基本要求和政协委员履职需要关注的经济社会发展的重要问题三方面作专题辅导。省经济研究院院长段钢就全省经济社会发展情况作讲座。省政协副主席王承才在培训结束时讲话。部分委员在结业典礼上交流了履职经验，畅谈了学习体会。

7月30日至8月2日，省政协党组及办公厅党组理论学习中心组集中学习时提出，要进一步深化对党的群众路线的认识，扎实推进党的群众路线教育实践活动，切实把维护群众的根本利益作为政协工作的出发点和落脚点，站在群众的立场谋划政协活动，立足群众的角度履行政协职能。省政协党组书记、主席罗正富主持集中学习并在学习活动结束时讲话。省政协常务副主席白成亮，副主席曾华、罗黎辉、倪慧芳、米东生、王承才、喻顶成，秘书长车志敏，以及办公厅领导班子成员，研究室、各专委会负责人，民主党派省委和省工商联、侨联负责人参加学习。

## 8月

8月6日下午，省政协主席罗正富在昆明会见老挝建国阵线中央主席潘隆吉·冯萨率领的代表团一行。老挝建国阵线中央副主席占塔冯·显阿玛蒙迪、老挝驻昆明总领事本廉·洪翁孙、省政协秘书长车志敏参加会见。

8月8日上午，省司法厅就省政协十一届一次会议第588号重点提案《关于全面加强依法治省工作、努力促进法治云南建设建议》举行办理面商会。该提案由民革云南省委、民建云南省委等五个民主党派共同提交，交由省司法厅办理。省政协副主席倪慧芳出席面商会并讲话。省政协提案委，省委组织部、省财政厅、省政府法制办等提案会办单位派员参会。

8月8日下午，省民政厅就省政协十一届一次会议第41号重点提案《关于建立及完善社区养老体系》举行办理面商会。该提案由省政协委员周国珍提交，交由省民政厅会同省卫生厅办理。省政协副主席罗黎辉出席会议并讲话。

8 月 8 ~ 9 日，省政协主席罗正富赴腾冲县调研，征求基层政协对省政协的意见，了解农村干部群众对贯彻落实群众路线的建议。省政协秘书长车志敏参加调研活动。

8 月 10 日，云南省珠宝玉石首饰行业协会翠湖珠宝商圈分会在昆明成立。全国政协民宗委副主任王学仁，省政协主席罗正富出席成立仪式并为翠湖珠宝商圈分会授牌。省老领导、省石产业促进会会长和占钧出席成立仪式，省政协秘书长车志敏主持成立仪式。

8 月 12 日，省政协召开党的群众路线教育实践活动征求意见座谈会，听取各党支部和部门对省政协两级党组和成员的意见建议。省政协党组书记、省政协主席罗正富出席座谈会并做重要讲话。省政协党组成员、办公厅党组书记、省政协秘书长车志敏到会听取大家的意见。机关 26 个党支部和各处室负责人就群众路线教育、支部建设、机关作风、选人用人和行政后勤等方面的工作，向两级党组书记面对面提出了意见建议。

8 月 15 ~ 16 日，省政协秘书长车志敏率领办公厅、研究室以及台湾知名企业等相关负责人到寻甸县甸沙乡海尾村，开展“四群”教育工作。

8 月 17 日，省政协主席罗正富到昌宁县调研当地经济社会发展情况，考察县政协工作。

8 月 19 ~ 22 日，省政协副主席王承才赴富宁县开展党的群众路线教育活动。省政协副秘书长高德明等陪同。

8 月 21 ~ 22 日，省政协常务副主席白成亮、秘书长车志敏率省政协机关干部一行赴施甸县善洲林场开展党的群众路线教育实践活动，缅怀杨善洲同志，学习杨善洲精神，对比差距，查找身上存在的问题。

8 月 21 ~ 23 日，省政协机关团委组织人员参加省直机关第九届“红土地之歌”演讲比赛。两名参赛选手在演讲过程中，唱响时代主旋律，传播社会正能量，让云南精神内化于心，外化于行。展现了省政协机关干部职工在实现民族复兴“中国梦”和富民强滇“云南梦”进程中崭新的精神面貌。

8 月 23 日，省政协组织机关干部职工到昆明剧院观看以杨善洲为原型的大型话剧《守望心灵》，全面深入开展党的群众路线教育实践活动。

8 月 25 ~ 28 日，省政协在昆明举办全省政协提案服务系统工作培训班。全省 16 州（市）政协分管提案工作的副主席、提案委主任和 129 个县（市、区）政协的提案委主任参加学习培训。省政协副主席喻顶成出席开班仪式并作动员讲话。省政协提案委 4 位领导就如何搞好政协提案工作分别从不同角度为学员作辅导讲课，部分学员代表结合工作实际作交流发言。

8 月 27 日，省政协副主席曾华率省政协港澳台侨和外事委员会负责人和有关人员，赴华宁县华溪镇大新寨村委会开展“四群”教育工作。

8月27日，省政协机关召开党的群众路线教育实践活动学习交流会。9名党支部代表作了交流发言。会议提出，在下一步的学习实践活动中，要进一步强化整改意识，继续深入抓好边学边查边改，集中精力解决群众反映强烈的突出问题，用履行职能的成果来检验群众路线教育实践活动的成效。省政协党组书记、省政协主席、省政协党的群众路线教育实践活动领导小组组长罗正富出席并讲话。省政协党组成员、省政协副主席、省政协党的群众路线教育实践活动领导小组副组长王承才，省政协党组成员、省政协秘书长、省政协党的群众路线教育实践活动领导小组副组长车志敏，省委党的群众路线教育实践活动第4督导组组长史政出席会议。

8月29～31日，省政协首次提案承办单位工作培训班在昆明举办。学员们系统学习了人民政协理论知识、《省政协提案工作条例》、提案办理工作具体要求，并相互交流提案办理工作经验体会，进一步深化提案承办单位对提案办理工作重要意义的认识，改进工作作风，规范办理程序，努力提高做好提案办理工作的能力和水平。省政协副主席喻顶成出席开班仪式并作动员讲话。70多家省政协提案承办单位，省委、省政府督办部门，各民主党派省委、省工商联、有关人民团体等近200名相关负责人参训。委员会4位领导就提案承办工作进行了辅导讲课。

8月30日至9月2日，省政协常务副主席白成亮率省政协人口资源环境委员会和智力支边办公室的相关人员一行13人，赴绿春县三猛乡开展“四群”教育工作。

## 9月

9月3日，省政协第六届民生论坛以“惠民生、办实事、促脱贫”为主题的云南扶贫恳谈会在昆明举办。省委副书记仇和，省政府有关领导出席。省政协常务副主席白成亮，副主席罗黎辉出席恳谈会。省政协副主席倪慧芳主持，副主席王承才致词。省政协秘书长车志敏出席恳谈会。部分政协委员和有关专家参加恳谈会。会上，省扶贫办负责人就全省扶贫开发工作作主题发言。民盟云南省委、民建云南省委、省总工会、昭通市政协、弥勒市政协、沧源县政府、曲靖市政府扶贫办相关负责人和省政协常委、委员，分别就完善农村扶贫开发模式、高度关注城市贫困群体、以政府为主导加大扶贫投入、加大旅游扶贫开发力度、加强边境民族直过区扶贫工作等内容进行交流发言，从不同角度对我省扶贫开发工作提出意见建议。

9月8日，云南省特色产业促进会在昆明成立。全国政协民族和宗教委员会副主任王学仁出席成立大会，省政协秘书长车志敏主持。

9月8～12日，省政协常务副主席白成亮率调研组赴海南省调研考察，学习当地旅游发展的先进经验。

9月10日，省政协副主席王承才到泸西县调研民族宗教、畜牧养殖、发展花卉产业等工作。省政协办公厅、红河州政协和泸西县政协有关领导陪同调研。

9 月 10～11 日，省政协副主席、民进云南省委主委罗黎辉率省政协文史委、民进云南省委研究室和昆明理工大学有关专家人士赴华宁县宁普茶寨村开展“四群”教育工作，调研村民生产生活情况。

9 月 11 日下午，省政协副秘书长、办公厅主任、机关党委书记张宁率机关全体干部职工赴反腐倡廉警示教育基地参观学习。

9 月 12 日，省政协主席罗正富赴禄丰和易门两地，就滇中产业新区规划、产业布局和基础设施规划建设情况进行调研。省政协秘书长车志敏陪同调研。

9 月 17 日下午，省住房和城乡建设厅就省政协十一届一次会议第 399 号重点提案《尽快完善保障性住房管理机制的建议》举行办理面商会。省政协常委、国家开发银行云南省分行行长邓廷铎在省政协第十一届一次会议上提交的该提案，被省政协确定为重点提案，交由省住建厅办理。省政协副主席曾华出席会议并讲话。提案者和督办单位对提案办理表示满意，并对不断完善保障性住房管理机制再次提出意见建议。

9 月 18 日，省政协主席罗正富调研牛栏江—滇池补水工程。省政协副秘书长周胡荣、省水利厅副厅长刘加喜、省水投公司董事长陶光亮的陪同调研。

9 月 25 日上午，省金融办就省政协十一届一次会议第 228 号重点提案《我省进一步实施城乡统筹“三农”金融服务改革试验区的建议》举行办理面商会。该提案是致公党云南省委向省政协十一届一次会议提交的提案，被省政协列为重点提案，交由省金融办会同省财政厅、农业厅办理。省政协副主席米东生出席会议并讲话。致公党云南省委主委、省侨联主席李嵘代表提案单位对提案办理情况表示满意，并进一步提出希望和建议。

9 月 25 日，省政协机关团委组队参加云南省省直机关 2013 年青年网球比赛。参赛选手不畏强手、奋勇争先、敢打敢拼，赛出了水平、赛出了风格，展示了省政协机关职工良好的精神风貌。

9 月 25 日，省政协举行情况通报会，向省政协离退休干部通报上半年工作情况和省政协党组开展党的群众路线教育实践活动的有关情况。省政协副主席米东生代表省政协党组通报情况。省老领导刀世勋、张学文、许克敏等出席会议。

9 月 22～26 日，省政协副主席王承才率省政协人资环委组织省政协委员、专家，赴昆明市、曲靖市部分县区就重点视察课题“城镇上山、工业上山、农民进城”开展视察。

9 月 29 日上午，“我的中国梦——云南省政协系统书画摄影作品展”在云南省博物馆开展。省政协副主席王承才出席开幕式并讲话。此次展览共收集到作品 850 多件，经省政协特聘艺术家评审，有 400 件作品参展，105 件作品获奖。

## 10 月

10 月 9～14 日，全国政协常委、教科文卫体委员会副主任黄洁夫率全国政协教科文卫体委员会调研组来滇就“民营医院发展中的问题与对策”开展专题调研。10 月 10 日，调研组召开情况汇报会，副省长高峰作汇报。省政协副主席罗黎辉主持会议并全程陪同调研。

10 月 12 日，省政协主席罗正富主持召开省政协十一届四次主席会议。省政协常务副主席白成亮，副主席罗黎辉、倪慧芳、米东生、王承才、喻顶成，秘书长车志敏出席会议。省政协办公厅、研究室和各专门委员会相关负责人列席会议。会议审议了《进一步加快云南陆路建设的调研报告》、《加快我省绿色生态产业发展调研报告》、《桥头堡战略下云南高等院校国际化人才培养调研报告》、《关于云南民族团结进步边疆繁荣稳定示范区建设推进情况的调研报告》、《关于港澳台侨资企业在滇发展情况的调研报告》等 5 个省政协 2013 年重点调研报告。会议听取了关于省政协近期工作安排建议的汇报，审议了有关人事事项。

10 月 14 日下午，省政协机关组织全体党员干部职工观看《苏共亡党亡国 20 年祭》党内教育参考片。省政协主席罗正富、副主席王承才、秘书长车志敏等领导和机关党员干部职工一起观看。

10 月 14 ~ 17 日，省政协常务副主席白成亮、副主席罗黎辉率省政协教科文卫体委员会部分政协委员赴元阳县就哈尼梯田的保护与开发利月工作进行实地走访调研。

10 月 16 ~ 17 日，省政协主席罗正富赴玉溪市及红塔区和澄江、江川等县就基层政协开展协商民主的情况进行调研。省政协秘书长车志敏陪同调研。

10 月 18 日，省政协党组党的群众路线教育实践活动对照检查材料征求意见座谈会在昆明召开。省政协党组书记、省政协主席罗正富主持座谈会。省政协副主席马开贤、罗黎辉、倪慧芳、米东生、王承才、喻顶成，省政协秘书长车志敏出席座谈会。

10 月 18 日，省政协新闻宣传暨 2014 年度《云南政协报》发行工作会议在昆明召开。会议提出，要认真学习贯彻习近平总书记在全国宣传思想工作会议上的重要讲话精神和俞正声主席到人民政协报社视察时的讲话精神，进一步提高全省政协新闻宣传工作水平，努力开创全省政协新闻宣传事业新局面。会议表彰了 2013 年度《云南政协报》发行先进单位，楚雄州政协、大理州、玉溪市、保山市政协、昆明市政协、民革云南省委等单位相关负责人在会上作了交流发言。省政协秘书长车志敏出席会议并讲话。省政协副秘书长、办公厅主任张宁宣读了有关表彰决定。省政协副秘书长、研究室主任马孝初主持会议。

10 月 18 日下午，省住房和城乡建设厅就省政协十一届一次会议第 652 号重点提案《关于促进我省城市再生水利用的提案》举行办理面商会。该提案由省政协人口资源环境委员会提交，省住建厅汇同省财政厅、水利厅办理。省政协副主席王承才出席会议并讲话。

10 月 21～23 日，省政协常务副主席白成亮、副主席喻顶成率省政协提案委组织，部分省政协委员参加的视察组，分别到省文产办、科技厅、民政厅、国土资源厅、卫生厅、文化厅，省政府法制办、云南保监局等进行视察提案办理情况。

10 月 22 日，省政协党组召开党的群众路线教育实践活动专题民主生活会。会议以习近平总书记在指导河北省委常委班子专题民主生活会时的重要讲话精神为指导，以省委常委班子专题民主生活会为标杆，坚持从严标准开展批评与自我批评，紧紧围绕“四风”问题开展积极健康的思想斗争，力求进一步树立为民务实清廉的良好形象，推动作风实现大转变，努力以作风建设的新成效推动省政协各项工作取得新的进展。省政协主席、党组书记罗正富主持会议并讲话。中央第十五督导组副组长巴桑顿珠到会指导。省委常委、省委组织部部长刘维佳参加会议。省政协非中共副主席马开贤、曾华、罗黎辉、喻顶成列席会议。

10 月 22～26 日，省政协副主席倪慧芳、王承才分别率省政协民宗委和社法委部分委员及专家组成的联合视察组到昆明市和文山州就宗教活动场所管理情况进行调研。

10 月 23 日，省政协办公厅党组班子召开党的群众路线教育实践活动专题民主生活会。会议指出，要以“反对‘四风’、服务群众”为重点，认真学习贯彻习近平总书记在指导河北省委常委班子专题民主生活会时的重要讲话精神，着眼长远建章立制，切实改进工作作风，提高群众工作本领，让干部职工和人民群众切实感受到“四风”转变的成效，进一步搞好省政协机关教育实践活动。省政协党组书记、主席罗正富出席会议并作重要讲话。省政协办公厅党组书记、秘书长车志敏代表省政协办公厅党组班子作对照检查。省政协办公厅党组班子成员分别作对照检查，逐一接受班子其他成员批评帮助。省委第四督导组到会指导。督导组组长史政对办公厅党组班子专题民主生活会予以肯定，认为会前准备充分、聚焦“四风”问题准确、开展批评有力、整改方向明确。

10 月 26 日，省政协在昆明举办第九届企业家论坛“打造云南旅游产业升级版”恳谈会。论坛以科学发展为主题，以转变经济发展方式为主线，汇聚社会各界智慧和力量，围绕我省旅游提质增效和可持续发展建言献策。国家旅游局局长邵琪伟出席论坛并讲话。省长李纪恒出席论坛并讲话。省政协主席罗正富出席论坛并致词。全国政协经济委副主任褚平在讲话中就云南省如何把握机遇，发挥优势，积极探索旅游产业转型升级，促进旅游产业与相关产业融合发展，营造良好旅游发展环境提出建议。省政府资政刘平在会上介绍了云南旅游产业发展情况，海南省省长助理、旅游发展委员会主任陆志远介绍了海南省旅游发展情况。省政协常务副主席白成亮，副主席曾华、喻顶成，秘书长车志敏出席会议。

10 月 27～31 日，全国政协副主席卢展工率全国政协京昆室考察组一行来滇到昆明、西双版纳、大理等州市考察我省少数民族戏曲艺术保护、传承与发展情况。10 月 28 日，考察组在昆明召开座谈会，副省长高峰作汇报。全国政协常委、副秘书长刘家强，全国政协委员、中国文联副主席杨承志等参加考察。省政协常务副主席白成亮陪同考察。

10 月 31 日至 11 月 1 日，全省 8 个民族自治州政协文史工作联系会第七次会议在六库举行。省政协副主席罗黎辉出席会议并讲话。省政协文史委，楚雄、大理、德宏、怒江、迪庆、红河、文山、西双版纳 8 个自治州政协分管领导和文史委负责人，中共怒江州委、州人大、州政府、州政协领导班子出席会议。昆明、曲靖、昭通、保山、丽江、玉溪、普洱市政协分管领导和文史委负责人和泸水、福贡、贡山、兰坪县政协分管领导和文史委负责人应邀参会。怒江州政协主席陈建平主持会议，中共怒江州委书记童志云致辞。各参会单位交流了书面材料，部分州市政协代表作交流发言。

## 11 月

11 月 7 日，2013 年度全省政协研究室工作暨《云南政协年鉴》编撰工作会议在昆明召开。会议指出，要以即将召开的党的十八届三中全会精神为指导，深入贯彻落实党的群众路线，推动政协研究室工作不断迈上新台阶。省政协秘书长车志敏出席会议并讲话。全省 16 个州市政协研究室负责人参加会议。与会人员围绕研究室专题调研、理论研究、自身建设等方面进行了交流和研讨，曲靖、临沧、大理等州市政协研究室负责人作了重点交流发言。会议对《云南政协年鉴》编纂工作提出了具体要求。

11 月 5 ~8 日，省政协副主席罗黎辉率省政协教科文卫体委员会部分政协委员和专家组成的视察组赴富民、安宁、新平、开远等地就“我省县级公立医院综合改革试点工作进展情况”开展重点视察。

11 月 12 日，省政协副主席曾华在景洪会见应邀前来访问的老挝建国阵线中央副主席翁占·丰沙瓦一行。西双版纳州政协主席胡志寿等参加会见。

11 月 13 日，省工业和信息化委员会就省政协十一届一次会议第 19 号重点提案《关于促进我省工业园区建设的提案》举行办理面商会。该提案由九三学社云南省委提交，交由省工信委会同省环保厅办理。省政协常务副主席白成亮出席会议并讲话。

11 月 8 日、14 日，省政协分别在大理和昆明召开《充分发挥人民政协协商民主重要渠道作用调研》课题征求意见座谈会广泛征求全省州（市）政协的意见建议。省政协秘书长车志敏出席会议并讲话。省政协副秘书长、研究室主任马孝初主持座谈会。

11 月 15 日，省政协主席罗正富主持召开省政协十一届五次主席会议。会议提出要全面准确学习和深刻把握中共十八届三中全会精神，进一步强化改革精神、增强进取意识，自觉把三中全会精神贯彻落实到政治协商、民主监督、参政议政的全过程，积极为我省全面深化改革建言献策。省政协常务副主席白成亮，副主席马开贤、曾华、罗黎辉、倪慧芳、米东生、王承才、喻顶成，秘书长车志敏出席会议。会议审议了《充分发挥人民政协协商民主重要渠道作用调研报告》《加快云南旅游产业转型升级调研报告》《关于云南扶贫情况的调研报告》《云南建设民航经济强省调研报告》。

11 月 19 日下午，省政协机关举行干部职工大会，传达学习党的十八届三中全会精神和省委关于我省贯彻落实三中全会精神初步意见及省政协主席会议的要求。

11 月 19 日，云南省人民政协理论研究会成立大会暨第一次理论研讨会在昆明举行。省政协副主席马开贤出席会议。会议听取了研究会筹备组关于云南省人民政协理论研究会筹备情况的汇报；审议通过了研究会章程和研究会第一届理事会选举办法；选举产生了第一届理事会理事。成立大会后，召开了第一届理事会第一次会议，选举产生了理事会常务理事以及会长、副会长、秘书长。省政协秘书长车志敏当选为云南省人民政协理论研究会第一届理事会会长。下午，召开云南省人民政协理论研究会第一次理论研讨会，与会代表围绕“协商民主”主题进行了交流讨论。

11 月 21 ~25 日，第三届中国云南·昆明国际珠宝展在昆明举行。全国政协民族和宗教委员会副主任、省珠宝协会荣誉会长王学仁宣布珠宝展开展。省委常委、昆明市委书记张田欣，省委常委、宣传部部长赵金，省老领导陶昌廉、和占钧、王学智，省政协秘书长车志敏，省级相关部门，中国珠宝玉石首饰行业协会和云南省珠宝协会相关负责人，以及越南、缅甸、老挝、泰国、柬埔寨驻昆领事馆负责人出席开展仪式。

11 月 27 日，省政协举行干部职工大会，深入传达学习党的十八届三中全会和全国政协十二届三次常委会议精神，部署省政协党的群众路线教育实践活动第三环节的工作。提出要围绕全面深化改革积极履职，紧扣经济社会改革发展主题建言献策，努力在推动我省科学发展和谐发展跨越发展中发挥好政协作用。省政协主席罗正富，副主席王承才出席会议。省政协秘书长车志敏主持会议。

## 12 月

12 月 2 日上午，省政协副主席王承才到昆明电研新能源科技开发有限公司调研。

12 月 2 日，省发展和改革委员会就省政协十一届一次会议第 184 号重点提案《关于进一步加快云南陆路建设的建议》举行办理面商会。该提案由八个民主党派省委和省工商联联合提交，省政协主席罗正富领衔督办，由省发改委会同省交通运输厅等相关单位办理。省政协主席罗正富、副省长丁绍祥出席会议并讲话。

12 月 3 ~4 日，省政协主席罗正富到腾冲县对猴桥边境经济合作区建设情况进行调研。

12 月 4 ~6 日，省政协副主席王承才率省政协人口资源环境委员会赴丘北县八道哨彝族乡开展“四群”教育工作。

12 月 10 日上午，省政协召开十一届五次秘书长会议，秘书长车志敏主持会议。会议审议了政协云南省第十一届委员会常务委员会第四次会议、政协云南省第十一届委员会第二次会议的有关事宜，审议了《中国人民政治协商会议云南省第十一届委员会常务委员会工作报告》（草案）、《中国人民政治协商会议云南省第十一届委员会常务委员会关于十一届一次会议以来提案工作情况的报告》（草案）、省政协十一届一次会议优秀提案表彰名单、省政协 2013 年重点视察报告、云南省政协 2014 年新年茶话会方案（草案）、各专委会 2013 年工作总结和 2014 年工作要点。省政协副秘书长、办公厅主任张宁，副秘书长、研究室主任马孝初，副秘书长孟庆红、杨志诚、周胡荣、徐宁、王宏、潘晓玲、骆瑞麟、陈俊骢、刘可杰出席会议。

12 月 10 日，省政协常务副主席白成亮赴红河州千山生物工程有限公司、云南尚美嘉花卉有限公司等地实地调研泸西县高原特色农业产业发展情况。

12 月 13 日，省政协副主席曾华在昆明会见由缅甸全国民主联盟中央执委会书记吴年温率领的缅甸全国民主联盟代表团一行。

12 月 17 日，省政协主席罗正富主持召开省政协十一届六次主席会议。省政协常务副主席白成亮，副主席马开贤、曾华、罗黎辉、米东生、王承才、喻顶成，秘书长车志敏出席会议。会议审议了政协云南省第十一届委员会常务委员会第四次会议有关事宜，决定 12 月 30 日在昆明召开政协云南省第十一届委员会常务委员会第四次会议。审议了政协云南省第十一届委员会第二次会议有关事宜，《中国人民政治协商会议云南省第十一届委员会常务委员会工作报告》（草案），《中国人民政治协商会议云南省第十一届委员会常务委员会关于十一届一次会议以来提案工作情况的报告》（草案），省政协十一届一次会议优秀提案表彰名单，省政协 2014 年新年茶话会方案（草案），各专委会 2013 年工作总结和 2014 年工作要点；审议通过了省政协《关于云南省“城镇上山、工业上山、农民进城”情况视察报告》《我省县级公立医院综合改革试点工作进展情况视察报告》两个重点视察报告。

12 月 18 日，省政协主席罗正富赴武定县部分乡镇，调查了解当地经济社会发展情况，实地调研山区农业产业发展。

12 月 19 日，省政协办公厅部分处（室）和机关团委干部职工一行 30 余人来到“四群”教育联系点寻甸县甸沙乡，为当地群众种植大树杨梅。省政协机关为帮助当地发展经济而协调引进的特色产业项目。项目共投入 20 万元资金，购买大树杨梅树苗，在甸沙乡甸沙、兴隆两个村委会共栽种 1100 亩。机关还协调联系邀请石屏县农业局的专家为当地农户进行了专题辅导。

12 月 30 日，省政协主席罗正富主持召开省政协十一届四次常委会议。会议提出，要切实围绕全面深化改革履行职能，充分发挥好政协的优势和作用，努力为我省全面深化改革聚合力添动力。省政协常务副主席白成亮，副主席马开贤、曾华、罗黎辉、倪慧芳、米东生、王承才、喻顶成，秘书长车志敏出席会议。受省长李纪恒委托，副省长高树勋到会通报省政府关于省政协十一届一次会议以来提案办理情况。会议讨论通过关于召开政协云南省第十一届委员会第二次会议的决定，决定省政协十一届二次会议于 2014 年 1 月 19 ~ 23 日在昆明召开，原则通过政协云南省第十一届委员会第二次会议议程（草案）；通过政协云南省第十一届委员会第二次会议日程（草案），《中国人民政治协商会议云南省第十一届委员会常务委员会工作报告》报告人名单，《中国人民政治协商会议云南省第十一届委员会常务委员会关于十一届一次会议以来提案工作情况的报告》报告人名单，政协云南省第十一届委员会第二次会议秘书长、副秘书长名单，政协云南省第十一届委员会第二次会议秘书处机构设置和职责，政协云南省第十一届委员会第二次会议新闻发言人名单；原则通过《中国人民政治协商会议云南省第十一届委员会常务委员会工作报告》（草案），《中国人民政治协商会议云南省第十一届委员会常务委员会关于十一届一次会议以来提案工作情况的报告》（草案）；通过关于授权主席会议审定政协云南省第十一届委员会常务委员会第四次会议未尽事宜的决定，有关人事事项。省政协副主席喻顶成宣读《政协云南省委员会关于表彰十一届一次会议优秀提案的决定》。

12 月 31 日上午，省政协举行 2014 新年茶话会。省委书记、省人大常委会主任秦光荣出席并作新年致词。省长李纪恒，全国政协民族和宗教委员会副主任王学仁等出席。省委书记、省人大常委会主任秦光荣出席并作新年致词。茶话会由省政协主席罗正富主持。省委、省人大常委会、省政府、省政协领导，在昆中直机关领导，省级老领导，省高级人民法院、省人民检察院领导，驻滇解放军、武警部队领导，在昆全国政协常委、委员和省政协常委，省直部门负责人，省级各民主党派、工商联和人民团体负责人，以及民族、宗教和港澳台侨代表人士出席茶话会。省级民主党派、工商联、人民团体代表曾华，港澳台侨代表吴建加，以及民族宗教界代表靖玖玮发言。

# 州市政协篇

政协昆明市委员会

【全体委员会议】

**十二届三次会议** 1月29日至2月1日在昆明召开。大会应到委员474人，实到委员428人。开幕大会由市政协常务副主席、大会执行主席张建伟主持。市政协主席田云翔作《中国人民政治协商会议昆明市第十二届委员会常务委员会工作报告》，副主席杨品才作《中国人民政治协商会议昆明市第十二届二次会议以来提案工作情况的报告》。会议听取并协商讨论《政府工作报告》及其他报告，举行《政府工作报告》、市中级人民法院、市人民检察院工作报告专题协商会，召开昆明市党政领导与工商界委员座谈会和民族宗教界委员座谈会。大会执行主席田云翔、张建伟、陆玉珍、傅汝林、林怡平、汪叶菊、杨品才、常敏、周忻出席会议。中共云南省委常委、昆明市委书记张田欣，省政协副主席喻顶成，市委副书记、市长李文荣等领导应邀出席大会。中共昆明市委、市人大常委会、市政府，昆明警备区，昆明学院、市委党校、市武警支队的领导，部分原市级老领导，昆明高新技术产业开发区、昆明经济技术开发区、昆明滇池国家旅游度假区的领导，市级各民主党派、工商联、有关人民团体负责人，市政协委员出席了大会。大会还特别邀请部分在昆的省政协委员，部分市属国有及国有控股企业的负责人、驻呈贡区高等院校的负责人、外地驻昆商会的负责人以及有关方面的代表人士列席大会。全会期间还召开了市政协十二届第十次常委会议。2月1日上午，政协昆明市第十二届委员会第三次会议胜利闭幕。田云翔主持会议并讲话，省委常委、市委书记张田欣在闭幕大会上讲话。大会表彰了2012年度优秀提案，通过了《中国人民政治协商会议昆明市第十二届委员会第三次会议决议》。

【常务委员会会议】

**第9次会议** 1月7日在昆明市召开。应到常委76名，实到52名。市政协主席田云翔，常务副主席张建伟，副主席陆玉珍、傅汝林、林怡平、汪叶菊、杨品才、常敏，秘书长周忻出席会议。会议分别由市政协主席田云翔和副主席汪叶菊主持。会议有八项议题：审议《中国人民政治协商会议昆明市第十二届委员会常务委员会工作报告》（审议稿）；审议《中国人民政治协商会议昆明市第十二届委员会常务委员会关于十二届二次会议以来提案工作情况的报告》（审议稿）；听取昆明市人民政府办理政协昆明市第十二届二次会议提案的情况通报；协商决定政协昆明市第十二届委员会调整委员事项；协商决定召开政协昆明市第十二届委员会第三次会议的事项；听取市委办公厅关于督办党群政法系统办理市政协十二届二次会议以来提案的情况通报（书面）；审议市政协各专门委员会、办公厅、研究室2012年工作情况报告（书面）；其它事项。田云翔传达市委十届三次全会精神，回顾总结2012年市政协的主要工作，就学习贯彻市委全会精神，做好2013年市政协主要工作和开好十二届三次全会提出要求。

**第 10 次会议** 1 月 31 日在昆明市召开。会议应到常委 76 名，实到 66 名。田云翔主持会议。张建伟、陆玉珍、傅汝林、林怡平、汪叶菊、杨品才、常敏，秘书长周忻出席会议。会议进行五项议程：听取委员小组审议政协昆明市第十二届委员会常务委员会工作报告情况的汇报；听取委员小组审议政协昆明市第十二届委员会常务委员会关于十二届二次会议以来提案工作情况报告情况的汇报；通过政协昆明市第十二届委员会第三次会议决议（草案）；听取政协昆明市第十二届委员会第三次会议期间提案收集情况的报告；其他。

**第 11 次会议** 3 月 20 日在昆明市召开。会议应到常委 76 名，实到 59 名。田云翔主持会议。副主席张建伟、陆玉珍、傅汝林、林怡平、汪叶菊、杨品才、常敏，秘书长周忻出席会议。会议共六项议程：传达全国政协十二届一次会议精神；审议《政协昆明市委员会 2013 年工作要点》；审议《政协昆明市委员会 2013 年民主监督计划》；讨论市政协专门委员会、办公厅、研究室 2013 年工作计划（书面）；表彰 2012 年度政协“好新闻”、“好公文”获奖单位和个人；其他。田云翔主席讲话。

**第 12 次会议** 8 月 1 日在昆明市召开。会议应到常委 76 名，实到 52 名。副主席张建伟、常敏分别主持第一次和第二次大会。市政协主席田云翔、副主席陆玉珍、傅汝林、林怡平、汪叶菊、杨品才，市政协秘书长周忻出席会议。会议共四项议程：听取市政府关于昆明市 2013 年上半年经济运行情况的通报；听取市中级人民法院 2013 年上半年工作情况通报；听取市人民检察院 2013 年上半年工作情况通报；听取市纪委关于全市党风廉政建设情况通报。下午召开常委会第十二次会议第二次大会，与全体常委、委员围绕“加快建设世界知名旅游城市”进行大会发言，市委副书记黄云波到会听取委员发言并讲话，市委、市政府相关部门负责人到会听取发言。田云翔主席总结讲话。

**第 13 次会议** 10 月 21 日在昆明市召开。会议应到常委 76 名，实到 56 名。田云翔主持。市政协副主席张建伟、陆玉珍、傅汝林、汪叶菊、杨品才、常敏，市政协秘书长周忻出席会议。市政协委员、顾问和市政府相关委办局负责人等列席会议，5 位公民到会旁听。会议共五项议程：听取市政府关于昆明市 8185 产业培育提升总体情况和工业产业推进情况的通报；听取市商务局关于昆明市商贸业和物流业发展情况的通报；围绕“推进产业建设年和产业发展年活动，提升产业发展水平，加快构建现代产业体系”主题进行分组讨论；审议有关人事事项；田云翔作总结讲话。

**第 14 次会议** 12 月 27 日在昆明市召开。会议应到常委 76 名，实到 54 名。会议分别由市政协主席田云翔和副主席傅汝林主持。会议共八项议程：审议《中国人民政治协商会议昆明市第十二届委员会常务委员会工作报告》（审议稿）；审议《中国人民政治协商会议昆明市第十二届委员会常务委员会关于十二届三次会议以来提案工作情况的报告》（审议稿）；听取昆明市人民政府办理政协昆明市第十二届三次会议提案的情况通报；协商决定政协昆明市第十二届委员会调整增补委员事项；协商决定召开政协昆明市第十二届委员会第四次会议的事项；听取市委办公厅关于党群政法系统办理市政协十二届三次会议以来提案的情况通报（书面）；审议市政协各专门委员会、办公厅、研究室2013年工作总结（书面）；其它事项。田云翔作总结讲话。

【专门委员会工作】

**提案委员会**　一是严把提案审查关。对市政协十二届三次会议以来已录入、审查立案、交办、督办、答复的546件提案工作已完成，交办率和办结率达到100%；二是认真做好提案办理与跟踪督办。8件重点提案专项督办工作已完成，2013年度优秀提案遴选工作和2012年度7件重点提案的续办及个事监督已完成；三是认真做好不立案后续处理工作；四是参与各县（市）区政协委员的提案知识培训工作。组织参与完成2013年提案交办培训表彰会、14县（市）区政协提案工作联系会、全市政协提案工作队伍业务培训、10个县（市）区政协委员提案工作培训等。形成全国全省政协书面交流材料3篇、代市委、市政府、市政协草拟文件2份、讲话稿和各类报告共12篇；五是代拟昆明市贯彻落实中办、国办《关于进一步加强提案工作的意见》的《实施意见》；六是协商起草政协专委开展提案工作的规定（试行）；七是开展《昆明市政协提高提案服务质量对策研究》的课题工作。

**经济科技委员会**　一是围绕中心工作，开展调研视察。深入开展“关于加快我市都市农庄建设”的重点调研，对加快我市都市农庄建设提出“突出产业特征，注重经营效益、结合农庄实际，做好项目规划、规范项目审批，加强项目管理、规范土地取得，加强用地管理、明确相关产权，多渠道筹措资金、注重功能拓展，促进与旅游文化的融合发展”等方面的意见建议。对全市重点水源工程建设及病险水库除险加固情况、昆明市知识产权促进与保护工作情况等进行专项视察。二是注重协商程序，努力提高专题协商质量。加强协商对接和协商前准备工作。认真开展好各项专题协商；开展界别视察协商活动；开展好“主席约谈”活动。三是着力推动工作，认真开展民主监督活动。四是高度关注民生，切实做好提案和社情民意相关工作。做好提案相关工作，做好社情民意反映工作等。五是积极建言献策，深入开展决策咨询课题研究，完成了“加快昆玉旅游文化产业经济带（昆明段）建设对策研究”。六是参与滇池生态建设指挥部的有关工作，办好工商界委员座谈会，参与滇中四州市政协合作机制第五次（昆明）会议的筹备工作。

**城乡建设环境保护委员会**　一是围绕党委、政府中心工作，针对热点难点问题积极开展调研。积极开展推进世界知名旅游城市的建设和着力推进昆明市公交建设的调研。二是认真筹划，精心组织好相关政府法规和规章的协商及听证工作。先后协调组织对《关于对机动污染防治条例》这一地方性法规和对《对昆明市城市建筑垃圾运输处置管理意见》、《昆明市乡村旅游服务管理办法》、《昆明市拆临拆违三年行动计划》、《关于对昆明市普通商品住房项目配建保障性住房管理暂行办法》、《关于对昆明市发展新型墙体材料管理办法》、《昆明市限价商品住房管理暂行办法》等6部政府规章进行了专题协商和征求意见，通过协商。积极参加政府决策听证。先后参加《昆明市机动车排气污染防治条例（修订）》、《昆明市地震宏观信息联络员管理规定》等听证。三是积极有效开展民主监督。抓住生态文明建设这一焦点开展民主监督，助推滇池水环境治理。针对昆明市生态文明建设工作，开展对市环保局民主评议工作。四是积极参与和服务保障好省政协在昆调研视察活动。五是全力完成各级组织和领导交办的工作。

**教文卫体委员会** 一是加强自身建设，不断提高履职能力。二是对昆明市中等职业教育实训基地建设和管理情况进行调研。三是对昆明市县级公立医院综合改革试点情况进行重点视察。四是对昆明市农村食品药品监管网络建设情况进行视察。五是对昆明市农村义务教育学生实施营养改善计划进行督察。六是组织界别小组开展昆明市卫生救护培训工作、学校教师队伍建设情况、乡镇文化站建设情况等视察活动。七是组织开展专题协商工作，选派政协委员参加各类民主监督、听证会等活动，做好社情民意工作，做好创新性文件贯彻落实专题督查，参加重点提案督办工作等。八是选派人员参加“四群”教育和“三深入”活动，加强与委员的联系和服务，做好主席约谈会和巡河等工作。

**社会法制委员会** 一是加强自身建设，不断提高履职能力。二是围绕中心工作，深入开展调研视察。对呈贡区被征地拆迁农民回迁安置房建设情况、社区居家养老服务体系建设情况开展调研，对昆明市法院系统开展小额经济纠纷速裁案件审理情况、刑释解教人员管理服务情况进行视察。界别小组开展迎接南博会努力把昆明打造成世界知名旅游城市、昆明市免费婚前医学检查、昆明市防范和打击电信诈骗等为主题的界别视察活动。三是发挥协商民主重要渠道作用。对《昆明市中级人民法院工作报告》和《昆明市人民检察院工作报告》进行了专题协商，对昆明市特种行业和公共场所治安管理条例（征求意见稿）、昆明市无主遗体管理办法（修订草案）等地方性法规和政府规章及立法规划进行专题协商。四是发挥民主监督作用。组织委员开展对昆明市残疾人事业发展状况的专项督查，对深入推进社会治安防控体系建设的意见、推进全市矛盾纠纷大调解工作的实施意见等创新性文件贯彻落实情况进行专项督查。

**民族宗教委员会** 一是开展调研视察活动。与市民委合作，组织教授专家参与，就《昆明市深入推进城市民族团结示范社区建设对策研究》开展课题调研，对昆明市民族团结进步示范社区的创建情况进行专项督查。与致公党昆明市委界别小组联合，组织委员对昆明市部分宗教场所建设情况进行视察和监督，完成全国政协和省政协来昆明市开展民族团结示范区建设的调研视察任务。配合省政协做好云南宗教场所管理情况的重点视察工作。二是充分发挥委员主体作用，适时组织开展活动。组织界别小组的所有委员前往昆明市回民殡葬服务处、嵩明县职业教育基地等开展活动。三是努力完成交办的各项工作和任务。参与全市“四群”教育扶贫工作，完成每月一次的巡河任务，积极参加省政协民宗委的工作会议，配合开展主席约谈日活动等。

**文史委员会** 一是强化理论学习，提高综合素质。二是征集出版文史资料，通过网上征稿、走访、约谈、电话约稿等方式，全年共征集各类稿件90篇（册），1000余万字。编辑完成《古滇国（历史卷、史料卷）》，共计300余幅图片，180余万字；出版《西南联大在昆明——纪念西南联合大学成立75周年》图书。举办“昆明市西南联大建校75周年”座谈会暨《西南联大在昆明——纪念西南联合大学成立75周年》图书首发式。编辑出版《徐霞客与昆明（昆明文史资料选辑第57辑）》。筹备建立文史资料库。组织开展纪念西南联大建校75周年的系列活动。三是开展调研、视察工作。对昆明市文物保护情况进行专项督查，完成了《昆明市抗战时期名人故（旧）居保护利用对策研究》课题。组织文化新闻出版界别委员和文史顾问开展视察活动和委员约谈活动。四是建言献策、献计出力。组织委员和顾问撰写提案，收集、反映和撰写社情民意。五是为全市史志工作献计出力，完成2012年中共昆明市委执政纪要（市政协部分）的撰写工作。积极完成《昆明市志·政协卷》（续修）编纂工作。组织委员、顾问编辑了《昆明市老年人工作手册》、《昆明市公务员工作手册》。

**联络委员会** 一是做好调研视察工作。对昆明市出入境管理情况进行专项视察，对昆明市主城区停车难情况进行调研。二是充分发挥委员作用，切实做好民主监督工作。对昆明市涉台相关政策落实情况进行专项监督。对进一步做好昆明市对台工作提出要深化改革开放，促进昆台共同发展。三是积极完成上级交办的其它工作。

**【重要活动】**

**田云翔到市委党校第三期公务员培训班作人民政协与协商民主专题讲座** 3月12日，市政协主席田云翔应邀到市委党校，为市级机关第三期公务员培训班的学员作《人民政协与协商民主》专题讲座。

**市政协领导到县（市）区政协新任委员培训班授课** 3月26～29日五华区、盘龙区、西山区政协分别举行新任政协委员培训班。来自各阶层的政协委员及区政协机关全体工作人员参加了培训。市政协田云翔主席到盘龙区和西山区、张建伟常务副主席到五华区培训班，为新任委员就增强使命感责任感，努力提高履职水平进行授课。

**纪念西南联大建校75周年系列活动** 昆明市政协组织部分委员和顾问开展纪念西南联大在昆建校75周年系列活动。

**助推呈贡农民安置房建设** 市政协把尽快妥善解决呈贡被征地拆迁农民回迁房建设作为今年开展的重点调研之一。6月18日，在市政协主席田云翔、副主席陆玉珍的带领下，市区两级政协委员、有关专家对呈贡农民安置房建设情况进行调研。在深入调研基础上，形成了《关于加快呈贡区征地拆迁农民回迁安置房建设》的主席会议建议案。市委、市政府高度重视，主要领导作重要批示，市长李文荣召开了专题会议，对加快推动呈贡农民回迁安置房建设作出安排。

**市政协对昆明市都市农庄建设进行重点调研** 7月12日，市政协主席田云翔、副主席傅汝林带队，深入盘龙、官渡、晋宁、嵩明等县区及阳宗海管委会，实地调研了大春河水土保持科技示范园、香草芳林及自耕农等都市农庄建设情况，听取了属地政府领导和农庄负责人对都市农庄建设辖区总体情况及项目进展情况介绍。

**市政协常委会就昆明加快建设世界知名旅游城市建言献策** 8月1日，昆明市政协举行十二届第十二次常委会。22位委员作书面交流，窦志萍、陈增会、徐力争等12位政协常委、委员以及专家顾问进行交流发言。委员们提出，要明确政府主导，科学规划旅游发展空间布局，努力提升市民文明素质，充分挖掘“春城”气候资源、打造昆明生态城市品牌，保护历史名城，建设文化昆明，规划建设“滇池流域绿道网”，推动旅游电子商务发展，助推昆明世界知名旅游城市建设等建议。

**西南五市政协工作协作会议在昆明召开** 8月23～24日，由昆明市政协承办的西南五市政协工作协作会议第二十六次会议在昆明召开。成都市、南宁市、拉萨市、贵阳市、昆明市政协领导参加了会议。此次会议深入贯彻落实中国共产党第十八次代表大会精神，就充分发挥人民政协协商民主重要渠道作用进行交流探讨。昆明市政协主席田云翔致开幕辞并主持会议。昆明市委副书记黄云波代表市委、市政府向与会代表介绍了昆明市经济和社会发展情况。省政协副主席喻顶成出席会议并作重要讲话。

**建立基层政协工作机制设立24个“政协委员之家”** 2013年，昆明市政协先后与五华、盘龙、官渡、西山、呈贡区和安宁市联动，开展政协基层协商民主试点工作。选择点为辖区政协委员相对较多的部分街道、企事业单位，在当地党委和政府支持下，建立街道政协工作机制，设立“政协委员之家”和政协委员工作站，一年时间先后在昆明市建立了24个“政协委员之家“，通过“政协委员之家”开展专题协商、对口协商、界别协商、提案办理协商，拓宽了人民政协协商民主的工作渠道，对积极探索和实践人民政协民主建设这一重要课题探索出了新路。

【重要文件】

**常务委员会工作报告**（2013 年 1 月 29 日）（摘要）报告分两部分：

一、2012 年主要工作回顾。2012 年是实施“十二五”规划承前启后的重要一年。我们迎来了中国共产党第十八次代表大会的胜利召开。一年来，在中共昆明市委的领导和省政协的指导下，政协昆明市第十二届委员会常务委员会高举中国特色社会主义伟大旗帜，以邓小平理论、“三个代表”重要思想、科学发展观为指导，贯彻中共十七大、十八大和中共昆明市委十届二次全会精神，围绕稳中求进、创新推动、跨越发展的总要求，牢牢把握团结、民主两大主题，认真履行政治协商、民主监督、参政议政的职能，团结和动员政协委员、政协参加单位和全市各族各界人士，为我市经济建设、政治建设、文化建设、社会建设、生态文明建设，为我市经济总量跨上新台阶作出了积极的贡献。（一）政治协商扎实推进。常委会围绕中心、服务大局，贯彻落实《中共昆明市委关于加强人民政协政治协商制度建设的意见》，开展形式多样的协商议政活动。开展对重大事项的协商。围绕我市经济社会建设中的重要工作、民生问题和地方性法规、政府规章、专项规划和拟出台的重要政策（稿），通过主席、副主席列席市委常委会议、市政府常务会议以及参加全市性的各类重要会议、活动等形式，开展协商活动，努力建睿智之言，献务实之策。在市委十届三次全会召开前，省委常委、市委书记张田欣，市委副书记、市长李文荣等市领导到市政协，专门听取对市委十届三次全会报告（稿）的修改意见建议。在市人代会、政协会“两会”召开前，专题协商了《政府工作报告》（稿），市长、副市长和相关政府部门负责人到会听取意见建议。在市政协全会期间，召开了政府工作报告和“两院”工作报告的界别联组协商会、市党政领导与工商界委员座谈会、民族宗教界委员座谈会，市委、市政府领导到会听取委员们的意见建议。对市政协全会期间委员反映较集中的意见，市委、市政府领导都分别作了批示，市委、市政府督查部门分解立项，有关部门研究处理。开展多种形式的专题协商。一年来，组织了对城市管理综合行政执法条例、城市地下管线管理条例、清水海保护条例、消防条例、流动人口计划生育管理条例、公共汽车客运条例、雷电灾害预防条例和昆明市民办养老机构管理办法、昆明市廉租房建设实施办法、昆明市经济适用房管理办法、昆明市公共安全技术规范管理规定等文稿的 17 项专题协商，提出较集中的意见建议 500 多条。丰富协商民主形式。在市政协十二届第七次常务委员会议上，围绕“调结构、转方式、稳增长”的主题进行大会发言，内容涉及工业发展、园区建设、新兴产业、基础设施、实体经济、医疗卫生、人才培养等方面，积极为我市经济发展建言献策。一年来，市委、市政府以征求对文稿意见的形式，通过市政协对我市 30 多个发展专项规划、重要政策文件稿提出修改意见建议，委员们提出的一些针对性强、切实可行的建议，得到了采纳。（二）民主监督不断加强。常委会通过视察、专项监督、重点督查、个事监督、民主评议、提出提案、反映社情民意等多种形式，积极探索加强民主监督的有效形式，提高民主监督实效。开展视察和专项监督活动。重点开展了对我市国家创新型试点城市建设、城镇保障性住房建设、标准化菜市场建设、预防职务犯罪、小微企业发展、牛栏江（昆明段）水环境治理、十大公共文化基础设施建设项目、城中村改造回迁安置房建设、小额贷款项目、和谐寺观教堂创建、基层公共文化服务运行机制、学校食堂食品安全、少数民族特色村寨保护建设、社会养老保险工作及我市创新性文件落实等25项视察和专项监督活动，促进相关问题解决，推进工作落实。拓展民主监督领域。通过市政协常务委员会议和主席会议的形式，市委、市政府领导通报我市上半年经济运行、反腐倡廉和工作责任问责等情况，使政协委员更好地知情明政，履行民主监督职能。开展对市林业局工作的民主评议。通过听取情况汇报，深入企业、基层实地调研，开展问卷调查，召开评议会等方式，充分肯定和客观评价林业局的工作，并对如何解决存在的问题提出意见建议，促进政府部门改进工作。推荐市政协委员担任各类特约监督员、监察员、审计员、陪审员，对国家机关及其工作人员的工作进行不同形式的监督。组织委员参加市委、市政府及有关部门开展的检查督促活动。重视做好提案工作。贯彻中办、国办《进一步加强人民政协提案办理工作的意见》，落实新修订的《政协昆明市委员会提案工作条例》，认真做好本年度提案的收集、审查、立案、交办工作，全年共立案545件，承办单位已全部办复。主席、副主席分别对7件重点提案进行督办，提高了提案办理质量。2012年开展了对2011年度重点提案的续办续复工作，进一步督促上年度的提案办理工作落实。我市的提案工作，提案质量、办理质量和服务质量不断提升，逐步从数量型向质量型、从答复型向落实型转变。（三）参政议政成效明显。常委会充分发挥政协委员、政协参加单位的作用，积极开展多种形式的参政议政。围绕重点出谋划策。开展了对我市加快昆明工业优势产业集群发展、滇池环湖湿地规划建设管理、寄宿制中小学校建设与管理、社区矫正工作等4项重点调研，提出了30多条针对性、操作性较强的意见建议。在与市工信委联合开展的对加快昆明工业优势产业集群发展的调研中，提出对当前和今后一段时期全市应重点打造烟草及配套、有色金属、石化等年销售收入分别超200亿元、500亿元、1000亿元的15个工业优势产业集群，并对培育工业优势产业集群有针对性地提出了编制集群发展规划、培育壮大龙头企业、延伸拉长产业链、强化集群自主创新、增强园区集聚功能、加快工业物流体系建设、加大政策支持力度等七方面的建议，对促进我市工业产业发展起到了积极作用。市委、市政府领导对调研报告作了批示，市委主要领导批示要高度重视，形成我市工业发展的指导性意见。主席会议和常务委员会议，采用会前调研、会中实地视察、会议听取情况介绍和协商讨论等方式，听取了市商务局、市扶贫办、市农业局、市宗教局、市财政局、市旅游局等市政府部门开展工作的情况汇报，掌握了解情况，提出工作意见。协助做好全国政协和省政协以及驻滇的全国政协委员在昆开展的加快滇中经济区建设、教育规划纲要贯彻落实、文化产业发展、博物馆建设、宗教界人士社会保障等方面的调研视察工作。发挥建议案的重要作用。在深入调研的基础上，形成了《关于加强牛栏江（昆明段）水环境治理建立生态环境保护长效机制》的主席会议建议案。建议案分析了牛栏江（昆明段）水环境的基本情况，指出了牛栏江水环境治理面临的困难和问题，提出了进一步提高认识强化组织领导，坚决做到工业企业两个“零排放”，加快城乡“两污”设施建设，全面推进农业面源污染治理，建立完善的政策支撑体系等五个方面的对策建议。市政府高度重视建议案提出的意见建议。听取市政府关于办理2011年度我市文化事业繁荣文化产业发展的主席会议建议案的情况报告，提出要切实加强基层公共文化服务体系建设等意见建议，开展了对建议案办复后落实情况的跟踪检查，促进工作落实。发挥优势建言献策。昆明与曲靖、玉溪、楚雄州市政协建立了“滇中经济区四州市政协合作机制”。年内市政协领导和有关专门委员会参加了合作机制的玉溪会议和楚雄会议，就促进滇中城市群协调发展、提升滇中地区整体竞争力、加快滇中城市群规划实施、大力发展园区经济等方面与州市政协及有关部门进行交流研讨，形成意见建议，为省和四州市党委、政府决策提供参考。充分发挥政协联系面广的优势和昆明市海外联谊会、政协之友联谊会的作用，加强与港澳地区的政协委员、海外人士、驻昆异地商会及企业、经济界人士的联系。“走出去”和“请进来”结合，宣传推介昆明，为招商引资牵线搭桥。组织开展了市科学决策咨询中心委托的工业水资源挖掘利用、历史文化遗产与历史文化名城保护、城市少数民族公共服务体系建设、发挥民主党派在政协履职中的作用等7个专门课题的研究，为我市经济社会发展提供针对性强的意见建议。在工作实践中，把委员履职中提出的内容涉及到经济科技、城市建设管理、城乡一体化、滇池治理、生态保护、医疗卫生教育、社会保障、食品安全等方面的意见建议，编印成《政协委员建言献策录》，送党政领导和部门作为工作参考。（四）关注民生凝聚力量取得实效。积极推进民生问题改善。常委会把推进民生改善作为履行职能的出发点和落脚点，作为学习实践科学发展观的具体实践，为解决群众最关心、最直接、最现实的利益问题献计出力。市政协全体会议、常务委员会议、主席会议审议的议题，以及多项调研视察和监督活动，都围绕人民群众关注的就学、就医、就业、住房、食品安全、治安、社会保障、司法公正等方面的内容开展。在全年立案的提案中，有360多件直接或间接涉及民生问题。通过多种形式的履职活动，协助党委政府做好协调关系、化解矛盾、理顺情绪的工作，为改善民生出力。加强反映社情民意。把收集反映社情民意作为政协履行职能的重要工作。编印《社情民意》专报86期，反映了我市幼儿入园难、重建“护国门”彰显城市文化特色、个别城中村加盖建房突出等方面的社情民意，送党政领导和有关部门。开展市政协领导接待委员日活动，共接待政协委员130多人次，就保障市场供应、公园建设管理、农村产权制度改革、特殊人群服务管理、民族和宗教文化建设等方面进行约谈，积极建言献策。共接受社会各界群众来信、来访、电话3500多件次。增进团结聚集力量。重视发挥各民主党派、工商联、有关人民团体和无党派人士在政协工作中的作用。重视督办市级各民主党派、工商联和有关人民团体的集体提案。邀请市级各民主党派、工商联、有关人民团体参加市政协的有关会议和调研、视察等活动。贯彻党的民族宗教政策，组织委员深入民族地区，了解和反映少数民族在经济社会发展中的困难和问题。走访宗教界人士，支持宗教活动场所和爱国宗教团体建设。在伟大的人民音乐家聂耳诞辰100周年之际，举办昆明市各族各界纪念聂耳诞辰100周年座谈会，组织政协委员和各界人士参观聂耳故居，编辑出版纪念文集，开展系列纪念活动，突出昆明是聂耳的出生地、是聂耳的音乐启蒙地、是聂耳的革命起航地的主题，进一步弘扬爱国主义精神，挖掘历史文化名城内涵，汇聚改革发展力量。（五）深入一线献计出力。做好有关专项工作。按照市委的统一安排，市政协多位领导参加了全市抗旱救灾、重点企业发展、重点项目推进和投融资工作、治安维稳工作、年度主要指标完成情况的调研督查。市政协领导担任了8条河道的“河长”，对河道整治工作进行协调和检查督促。参与“四群”教育活动。市政协“四群”工作队深入倘甸“两区”和寻甸县的6个乡镇，开展群众观点、群众路线、群众利益、群众工作的“四群”教育活动，为加强基层建设做工作，帮助落实发展项目和资金。根据农民群众对“撤点并校”工作的情况反映，工作队把履行政协职能同“四群”教育结合起来，通过深入调研形成了《关于我市农村中小学“撤点并校”工作的建议》，市委主要领导批示肯定了工作队的做法。在扶贫开发工作中办实事。在全市扶贫开发工作中，市政协办公厅承担牵头市级33个单位挂钩帮扶东川区6个乡镇的42个贫困村委会的任务。加强与东川区和市级挂钩单位的联系和工作对接，主席和副主席深入边远贫困的乡村，参与制定扶贫和发展规划，落实工作措施，督促扶贫项目实施。市级挂钩扶贫单位共支持扶贫资金1062万元。市政协领导对口联系乡镇（街道）、社区（村）委会、企业、重点工程和招商引资重大项目，参与“幸福乡村建设”，服务内培企业工作，帮助协调解决实际困难和问题。动员政协委员和政协参加单位，发动社会力量，为贫困地区和困难群体捐资和捐赠了一批生活和文化用品。（六）自身建设不断加强。加强学习提高素质。通过常务委员会议、主席会议、专门委员会会议、机关人员会议、参加全市领导干部培训日讲座等形式，组织委员和机关人员学习中共十七大、十八大精神，学习中共中央《关于加强人民政协工作的意见》，学习统一战线理论、人民政协理论和经济知识，不断更新观念，拓展视野。承办2012年全国部分中心城市政协主席特邀恳谈会，学习交流全国政协和兄弟城市政协的经验做法，加强政协理论与实践结合的研究，提高政协委员和政协工作者的理论素养和履职素质，增强做好政协工作的使命感和责任感。注重制度创新加强机关建设。推进政协履行职能的制度化、规范化、程序化建设。市委办公厅、市政府办公厅、市政协办公厅联合制定印发了《政协昆明市委员会各专门委员会与市委党群部门、市政府工作部门的对口联系制度》，加强相互间沟通和工作对接，为做好政协工作创造条件。制定印发了《政协昆明市委员会专题调研工作的意见》，明确和规范了调研的组织和程序、成果转化、保障工作等方面，有利于提高调研质量。加强政协机关的思想组织建设，加大了政协机关干部特别是中青年干部的培养、选拔、使用力度，政协机关文化建设和机关信息化建设得到加强。召开县（市）区政协工作联席会，交流政协工作经验做法，与县（市）区政协联合开展专项调研视察。在省政协和市政府的支持下，争取了县（市）区政协办公用房的补助资金。文史宣传工作创新加强。发挥政协文史资料的独特作用，编辑了《昆明文史资料选辑》第55、56辑，开展《昆明政协志》续修工作。承担了市古滇国历史旅游文化项目领导小组委托的编撰古滇国历史文化资料的工作，充分发挥古滇历史在文化旅游中的作用。发挥政协专家顾问组的作用，开展对我市一批街名地名和地铁站命名的咨询工作。市政协领导在市委党校公务员任职培训班进行人民政协性质、地位、作用的授课，人民政协理论首次进入我市党校课堂。开展了2011年度政协“好新闻”评选表彰活动。《人民政协报》在头版和重要版面刊发了我市工业集群发展等重点调研视察的宣传报道。省、市主要媒体加大了对昆明市政协履职的宣传报道力度。昆明广播电视台、昆明日报和云南政协报的政协专版专栏，加强了对政协的新闻宣传。昆明市的政协工作，得到了上级部门的充分肯定，被省政协评为全省提案工作、宣传工作、信息工作先进单位，获省政协首届优秀文史资料图书评比一等奖，《昆明政协》内部刊物获全省双年评选活动的金奖。

二、2013年主要工作任务。（一）始终坚持把促进经济社会发展，作为政协履行职能的第一要务。（二）始终坚持把推进社会主义民主政治建设，作为政协工作的努力方向。（三）始终坚持把推进文化建设，作为政协工作的着力点。（四）始终坚持把改善民生和加强社会管理，作为政协工作关注的重点。（五）始终坚持把推进生态文明建设，作为政协工作的重要方面。（六）始终坚持把团结和凝聚各方面力量，作为政协工作的主题。（七）始终坚持把加强政协自身建设，作为政协工作的不懈追求。

**十二届三次会议决议**（2013年2月1日） 中国人民政治协商会议昆明市第十二届委员会第三次会议于2013年1月29日至2月1日举行。会议听取和审议了《中国人民政治协商会议昆明市第十二届委员会常务委员会工作报告》、《中国人民政治协商会议昆明市第十二届委员会常务委员会关于十二届二次会议以来提案工作情况的报告》。会议听取并协商讨论了《政府工作报告》及其他有关报告。举行了政府工作报告、市中级人民法院和市人民检察院工作报告专题协商会，召开了工商界委员、民族宗教界委员座谈会。中共云南省委常委、昆明市委书记张田欣作了重要讲话。云南省政协领导莅会指导。会议简朴务实、富有成效，是一次民主和谐、团结奋进的大会。

会议赞同李文荣市长代表市人民政府所作的《政府工作报告》，赞同昆明市中级人民法院工作报告、昆明市人民检察院工作报告。会议批准田云翔主席代表政协昆明市第十二届委员会常务委员会所作的工作报告，批准杨品才副主席代表政协昆明市第十二届委员会常务委员会所作的提案工作情况报告。

会议认为，过去的一年，政协昆明市第十二届委员会在中共昆明市委的领导和省政协的指导下，高举中国特色社会主义伟大旗帜，以邓小平理论、“三个代表”重要思想、科学发展观为指导，贯彻中共十七大、十八大和中共昆明市委十届二次全会精神，围绕稳中求进、创新推动、跨越发展的总要求，牢牢把握团结、民主两大主题，认真履行政治协商、民主监督、参政议政的职能，团结和动员政协委员、参加人民政协的各党派团体、各族各界人士，为我市经济、政治、文化、社会和生态文明建设，为我市经济总量跨上新台阶作出了积极的贡献。委员们对常务委员会一年来的工作表示满意。

会议认为，过去的一年，面对复杂多变的国际国内形势和我市三年干旱叠加造成的缺水等自然灾害，市委、市政府团结带领全市各族人民，同心同德，开拓奋进，克服了前所未有的困难和挑战，全市经济社会发展取得了令人瞩目的成绩。地区生产总值突破3000亿元，经济总量跃上新台阶，城乡面貌发生新变化，社会事业实现新突破，人民生活水平不断提高。《政府工作报告》对过去一年工作的总结实事求是，提出的2013年工作目标和任务符合昆明实际，措施切实可行。委员们对建设美好幸福新昆明充满信心。

会议强调，要积极组织广大政协委员和政协参加单位，学习贯彻中共十八大精神，开展内容丰富、形式多样的学习活动，着力在领会精神实质上下功夫，在深入人心上下功夫，准确把握坚持和发展中国特色社会主义这条主线，深刻领会科学发展观的历史地位和指导意义，围绕全面建成小康社会的奋斗目标，推进中国特色社会主义经济建设、政治建设、文化建设、社会建设、生态文明建设，切实用十八大精神武装头脑、指导实践、推动工作。

会议指出，2013 年是全面深入贯彻落实中共十八大精神的开局之年，是实施“十二五”规划承前启后的关键一年，也是为全面建成小康社会奠定坚实基础的重要一年。在新的一年里，政协昆明市委员会要以邓小平理论、“三个代表”重要思想、科学发展观为指导，牢牢把握团结、民主两大主题，围绕中共昆明市委十届三次全会提出的生产总值翻一番、居民收入增一倍、提前三年达小康，2017 年我市在全省率先全面建成小康社会的目标，充分发挥人民政协协调关系、汇聚力量、建言献策、服务大局的重要作用，充分发挥人民政协在协商民主中的重要渠道作用，积极履行政治协商、民主监督、参政议政职能，为昆明市经济社会发展献计出力。

会议号召，全市政协组织、政协委员、政协参加单位和各族各界人士，要更加紧密地团结在以习近平同志为总书记的中共中央周围，深入贯彻落实中共十八大精神，在中共昆明市委的领导下，解放思想、锐意进取，凝心聚力、扎实工作，不断开创政协工作新局面，为加快建设美好幸福新昆明、在全省率先全面建成小康社会作出人民政协新的贡献！

**田云翔主席在市政协十二届三次会议闭幕会上的讲话**（2013 年 2 月 1 日）

中国人民政治协商会议昆明市第十二届委员会第三次会议，已经圆满完成了各项议程，就要闭幕了。本次会议举行了一系列界别联组协商会和座谈会，表彰了优秀提案。会议期间，全体委员围绕我市经济社会发展和人民群众关注的问题，协商讨论，议政建言，提出了很多有价值的意见和建议，充分体现了人民政协的独特优势，展现了广大政协委员的精神风貌。

刚才，省委常委、市委张田欣书记作了重要讲话，阐述了我市“在全省率先全面建成小康社会”目标的内涵和要求，指出要破解发展难题，做好打基础、利长远的各项工作。书记充分肯定了过去一年市政协的工作，并对政协工作提出了七项具体要求，殷切希望市政协参加单位和政协委员牢记使命、认真履职、多做贡献。全市政协组织和广大政协委员要深入贯彻落实中共十八大精神，围绕中共昆明市委十届三次全会提出的生产总值翻一番、居民收入增一倍、提前三年达小康，2017 年我市在全省率先全面建成小康社会的目标，切实履行好政治协商、民主监督、参政议政职能，为昆明市经济社会发展献计出力。

关于政协昆明市委员会 2013 年的工作，常委会工作报告已经作出了总体安排部署。在此，我再强调四点意见。一是要深入调研、建言献策，助力昆明率先达小康。我们要发挥政协组织的优势和作用，按照综合性、全局性、前瞻性的要求，选择党委和政府关注、人民群众关心、政协有条件做好的课题，以专委会、党派、界别为依托，以政协委员为主体，组织深入、扎实的调查研究，力求取得丰硕的参政议政成果。积极采取建议案、提案、提出意见建议等多种形式对调研成果进行转化，为党委政府科学决策、民主决策提供参考。二是要丰富形式、拓展内容，健全协商民主制度。党的十八大报告首次提出了“社会主义协商民主是我国人民民主的重要形式”的论断，并强调要充分发挥人民政协作为协商民主重要渠道的作用。我们要以十八大精神为指导，按照中国特色社会主义民主政治建设的要求，进一步完善协商形式，拓展协商内容，推进协商民主广泛、多层发展。要抓紧健全协商制度，细化和完善协商民主的主体、形式、内容、成果运用等具体规定。要丰富协商形式，深入推进专题协商、对口协商、界别协商、提案办理协商、基层民主协商等协商形式。要扩大协商包容性，既集中多数人的普遍愿望，又反映少数人的合理主张，充分反映各党派团体、各族各界人士的意见建议。要提升协商质量，增强实效性，引导参与协商的各方认真思考、理性表达，负责任地提出建议。三是要关注民生、反映民意，促进社会和谐稳定。人民政协为人民。要十分重视人民群众普遍关注的就业创业、教育医疗、安居出行、社会保障、生态保护、交通拥堵、社会治安、司法公正等问题，深入基层、贴近群众，充分了解社会各界群众的所想所盼所需，为市委、市政府制定合乎民心、惠及民生的方针政策提供依据。要把目光更多地聚集到社会弱势群体上，坚持从小事着眼、实处入手，力求帮助他们解决生产生活中的实际问题。四是要增进团结、凝聚力量，形成发展强大合力。充分发挥政协广泛代表性和包容性的优势，做好联系人、团结人、凝聚人的工作。引导社会各界认识当前昆明面临的历史性发展机遇、存在的矛盾和问题、确定的奋斗目标、采取的战略举措和未来的美好前景，把力量凝聚到“建设幸福美好新昆明，在全省率先全面建成小康社会”的奋斗目标上来，把工作着力点放在提高经济增长的质量和效益、加快产业发展、推进城镇化建设、深化改革开放、加强生态文明建设、保障和改善民生、创新社会管理等方面上来。

**建议案**

《关于加快呈贡区被征地拆迁农民回迁安置房建设的主席会议建议案》昆协发〔2013〕9号（2013年10月9日市政协十二届二十七次主席会议通过）

**重要制度**

《关于进一步加强人民政协提案办理工作的实施意见》昆办发〔2013〕31号

《政协昆明市委员会关于进一步加强专题视察工作的意见》昆协发〔2013〕7号（2013年5月20日市政协十二届二十三次主席会议通过）。

《关于专门委员会开展提案工作的规定》昆协办发〔2013〕22号（2013年6月24日市政协十二届二十四次主席会议通过）

《关于在基层设立“政协委员之家”试点工作的指导意见》和《关于在街道办事处建立政协工作机制试点工作的指导意见》昆协办通〔2013〕32号（2013年5月21日市政协十二届二十三次主席会

议通过）

《昆明市政协办公厅关于认真实施公务卡强制结算的规定》昆协办通〔2013〕3号

《昆明市政协机关公文办理实施细则》昆协办发〔2013〕12号

【组织概况】

**委员增补名单**

（2013年1月7日市政协十二届九次常委会议通过）

彭　磊　陈　琦　邵　洁　王建东
郑炳建　仲　国　卢胜祥

（2013年12月27日市政协十二届十四次常委会议通过）

凡　群　王秀江　王胜章　王敏俊
毕　宏　刘利升　杨绍斌　李　忠
李　勇　李　晓　李　鸿　李冰晶
李俊彪　李保宏　肖正坤　吴承道
吴金枝　吴登刚　余祖林　张　宏
张玉宁　陈　浩　陈榆秀　欧明锋
周遵余　耿玉立　陶建宇　章　震
梁　崑　普鸿昌　蔡　刚

**不再担任委员名单**

（2013年1月7日市政协十二届九次常委会议通过）

姚　涛　石　云　丁勇强　王建波
刘　彬　吕瑜琳　徐迎东

（2013年12月27日市政协十二届十四次常委会议通过）

尹贵生　方正平　王延春　王跃华
刘绍安　吕　志　吴建加　张乃明
张向阳　李　燕　杨　超　陈　扬
陈　源　陈立富　陈明安　周　乐
周　燕　林剑锋　范雯花　姚富正
费绍杰　党煦燕　桂　仰　梁　夏
黄春荣　曾淑平　戴　彬

**撤销委员资格名单**

（2013年1月7日市政协十二届九次常委会议通过）

张同贤

【机构概况】

昆明市政协第十二届委员会设办公厅、提案委员会、经济科技委员会、城乡建设环境保护委员会、教文卫体委员会、社会法制委员会、民族宗教委员会、文史委员会、联络委员会、研究室、机关党委11个县处级单位。办公厅下设秘书处、综合处、人事处、委员联络处、离退办、财务处、行政处、接待办、车队9个处室，专门委员会、研究室、机关党委下设办公室。

【昆明市、县（区、市）政协领导人名单】

**昆明市**

**主　席**

田云翔

**副主席**

张建伟　陆玉珍　傅汝林　林怡平
汪叶菊　杨品才　常　敏

**秘书长**

周　忻

**县（区、市）政协主席**

五华区　凡　群
盘龙区　陶建宇

官渡区　刘利升
西山区　章　震
东川区　张家福
呈贡区　朱理学
安宁市　耿玉立
晋宁县　普鸿昌
富民县　毕　宏
宜良县　李　鸿
嵩明县　李俊彪
石林县　者培仙
禄劝县　张庆学
寻甸县　肖正坤

## 昆明市各级政协委员和组织数

（截至2013年底）

| 州(市)县 \ 项目 | | 委员数 | | 组织数 |
|---|---|---|---|---|
| 昆明市 | | 474 | | 1 |
| 各县区市 | 五华区 | 272 | 3047 | 14 |
| | 盘龙区 | 258 | | |
| | 官渡区 | 259 | | |
| | 西山区 | 260 | | |
| | 东川区 | 215 | | |
| | 呈贡区 | 180 | | |
| | 安宁市 | 174 | | |
| | 晋宁县 | 198 | | |
| | 富民县 | 161 | | |
| | 宜良县 | 228 | | |
| | 嵩明县 | 215 | | |
| | 石林县 | 177 | | |
| | 禄劝县 | 214 | | |
| | 寻甸县 | 236 | | |
| 合计 | | 3521 | | 15 |

（编写：尹丽花　审稿：沈金泉）

政协曲靖市委员会

赵建华 主席

苏永宁 副主席

陈吉书 副主席

张长英 副主席

尹耀春 副主席

王继龙 副主席

王明琼 副主席

高吉贵 秘书长

**【全体委员会议】**

**四届一次会议** 2月20～24日在曲靖召开，应出席委员451人，实到440人。市政协四届一次全体会议执行主席赵建华、苏永宁、陈吉书、张长英、尹耀春、王继龙、王明琼、高吉贵在主席台前排就座。中共曲靖市委书记高劲松，市委副书记、市长范华平，市人大主任刘海芳应邀出席会议。会议审议和通过赵建华作的常务委员会工作报告和陈吉书作的提案工作情况报告；协商讨论政府工作报告、“两院”工作报告和其他有关报告；围绕全市经济、政治、文化、社会和生态文明建设中的重要问题，人民群众普遍关心的重要问题，以委员分组讨论、大会议政发言、专题协商、界别联组会议等形式进行了议政协商；选举了政协曲靖市第四届委员会主席、副主席，秘书长，常务委员；审议通过报告决议和会议决议；列席市人大四届一次会议。中共曲靖市委、市人大常委会、市政府等党政军领导出席会议。四届市政协主席赵建华作闭幕讲话。执行主席苏永宁和四届市政协主席赵建华分别主持开幕会和闭幕会。

**【常务委员会会议】**

**第1次会议** 2月25日在曲靖召开，应到会常委89人，实到89人。会议分别由市政协主席赵建华和副主席苏永宁主持。赵建华讲话。副主席陈吉书、张长英、尹耀春、王继龙、王明琼，秘书长高吉贵出席。市政协在职副厅级领导赵鸿年列席会议。会议听取了关于政协曲靖市第四届委员会工作机构设置情况的说明，关于政协曲靖市第四届委员会人事安排的说明；审议通过了《政协曲靖市第四届委员会关于设置专门委员会机构的决定》、《政协曲靖市第四届委员会常务委员会第一次会议人事通过办法》、政协曲靖市第四届委员会副秘书长名单、政协曲靖市第四届委员会专门委员会主任、副主任名单。

**第2次会议** 3月20日在曲靖召开，应到会常委89人，实到79人。会议分别由市政协主席赵建华和副主席苏永宁主持。赵建华讲话。市政协副主席陈吉书、张长英、尹耀春、王继龙、王明琼，秘书长高吉贵出席。会议学习了全国“两会”精神和习近平总书记在中央党校建校80周年庆祝大会上的讲话精神；听取《政协曲靖市委员会2013年工作要点》起草情况说明；就《政协曲靖市委员会2013年工作要点》组织了分组讨论。

**第3次会议** 6月24日在曲靖召开，应到会常委89人，实到77人。会议分别由市政协主席赵建华和副主席苏永宁主持。赵建华讲话。市政协副主席陈吉书、张长英、尹耀春、王继龙，秘书长高吉贵出席。会议听取市政府副市长朱兴友关于全市经济社会发展情况的通报；围绕“产业建设”组织专题协商议政；围绕全市经济运行情况组织分组讨论。

**第4次会议** 9月23日在曲靖召开，应到会常委89人，实到78人。会议分别由市政协主席赵建华和副主席苏永宁主持。赵建华讲话。市政协副主席陈吉书、张长英、尹耀春、王继龙、王明琼，秘书长高吉贵出席。会议听取市委常委、市纪委书记田华兵关于2013年全市作风转变和党风廉政建设情况通报；围绕“解放思想谋发展，转变作风兴实干”组织专题协商议政；围绕全市作风转变和党风廉政建设情况组织分组讨论。

**第5次会议** 12月23～24日在曲靖召开，应到会常委89人，实到85人。会议分别由市政协主席赵建华和副主席苏永宁主持。赵建华讲话。市政协副主席陈吉书、张长英、尹耀春、王继龙、王明琼，秘书长高吉贵出席。会议听取市委、市政府关于办理市政协提案和调研视察报告的情况通报；对市政协重点提案办理情况进行民主评议；各专委会向常委会报告工作情况；会议听取常委会工作报告和提案工作情况报告的起草说明；听取了市中级人民法院、市人民检察院工作情况通报和“法治曲靖”创建工作情况通报；通过有关人事事项；审议市政协四届二次会议有关事项并作出相关决议；围绕人事事项、“两院”工作报告、常委会工作报告和提案工作情况报告组织分组讨论。

## 【专门委员会工作】

**提案委员会** 共收到提案355件，经审查立案348件，归并成328件，全部办结；确定8件提案为重点提案，开展办理视察和民主评议；启用提案信息管理系统；积极推进提案办理协商；牵头组织召开市政协第十一次提案工作会议，探讨和交流提案工作规律和经验。

**经济建设委员会** 对全市加快非公有制经济发展情况开展专题调研，对全市企业科技创新情况进行视察，分别形成相关报告报市委、市政府参考；牵头督办重点提案《关于加强曲靖城区道路路网建设的提案》；组织以“打好园区战役、加快产业发展”为主题的企业家论坛恳谈活动；召开专委会会议和专委会座谈会，参与界别组活动6次；组织撰写议政发言材料39篇，报送社情民意信息14条；参与组织承办全省政协经济委联系会议。

**人口和环境资源委员会** 对全市推进新型城镇化建设进行调研，对民主评议市环保局整改落实情况进行跟踪视察，对全市创建国家园林城、卫生城、平安城、文明城“四城联创”工作推进情况进行视察，分别形成报告；牵头督办重点提案《关于加强对曲靖中心城区饮用水源地保护力度确保饮用水安全的建议》；配合省政协完成“云南省石漠化综合治理与扶贫攻坚情况”专题调研和全省“城镇上山、工业上山、农民进城”专题视察；组织撰写3件提案、11篇议政发言材料，收集反映社情民意13条；组织召开专委会座谈会、开展专委会委员活动和界别委员活动。

**教科文卫体委员会** 对全市职业教育资源整合及发展情况进行调研，对曲靖市“五馆一中心”工程建设情况进行视察，对中心城区中小学“6＋8”工程建设情况进行跟踪视察，对市卫生局工作进行民主评议，分别形成报告；配合省政协开展县级公立医院综合改革试点县工作视察；

牵头督办重点提案《关于促进全市农村卫生事业健康有序发展》；撰写议政发言材料2篇，收集反映社情民意信息12条；召开专委会座谈会1次，组织界别组活动6次。

**社会和法制委员会** 对全市产业建设人才支撑问题进行调研，对全市开展社区矫正工作专题视察，分别形成报告；组织委员对法检“两院”工作报告进行专题协商；配合全国政协完成涉法涉诉信访问题在曲靖的调研，配合省政协完成“法制云南”建设的提案办理视察；撰写会议发言、提案、社情民意等建言立论材料15篇，组织向省政协民生论坛提交论文16篇；组织召开专委会座谈会1次，界别组活动6次。

**民族宗教委员会** 对全市少数民族地区经济发展状况进行调研，对全市发展高原特色农业发展情况进行视察，分别形成报告；牵头督办重点提案《关于社会主义新农村建设中垃圾处理的建议》；组织撰写《关于确保我市民族民间文化保护与传承工作经费投入的提案》等提案19件，议政发言材料20篇，收集反映社情民意信息6条；组织召开情况通报会和专委会座谈会，组织界别组活动3次。

文史资料委员会 完成《曲靖文史资料》第十二辑（文物专辑）征集出版交流工作；牵头督办重点提案《关于加快我市养老服务体系建设的提案》；组织召开市（县）区政协文史工作座谈会；组织撰写提案20件，议政发言材料26篇，反映社情民意信息12条；组织开展界别组活动4次。

**联络学习委员会** 组织四届市政协委员开展为期3天的全员培训；组织4次常委会专题学习讲座；组织2期“厦门大学—云南省曲靖市政协系统领导干部高级研修班”；组织修订完善并形成《曲靖市政协委员履职考核办法》、《政协曲靖市第四届委员会界别活动组考核办法》、《曲靖市政协委员活动管理办法》等制度；牵头督办重点提案《关于规范曲靖市出租车行业管理的提案》；做好委员履职和界别组活动开展情况的收集、汇总和考核工作；向执纪执法部门推荐35名委员作为监督员；收集反映社情民意信息12条。

**【重要活动】**

**专题协商会** 1月10日，召开中共曲靖市委员会四届三次全会《报告》专题协商会，中共曲靖市委书记高劲松，市委副书记、市长范华平等领导到会听取协商意见建议；1月29日，召开市级财政预算和国民经济社会发展计划协商会；2月1日，召开市中级人民法院、市人民检察院《工作报告》专题协商会；2月6日，召开《政府工作报告》专题协商会；5月31日，召开曲靖市行政区划调整专题协商会；12月31日，召开中共曲靖市委四届四次全会《报告》专题协商会。

**委员培训** 2月18日，组织四届市政协委员培训会，就人民政协的性质、地位、作用等进行培训讲解；3月26～28日，以专题辅导、经验交流等形式，突出

“政协委员如何开展履职工作”，举办第四届政协委员培训班。

**领导调研视察** 2月26日，省政协副主席王承才一行深入陆良县青山水库调研了解旱情；4月10～11日，全国政协常委、提案委员会主任孙淦到曲靖调研经济社会发展和生态建设；4月23日，省政协主席罗正富一行到曲靖调研政协工作，走访看望了市政协机关、各民主党派、马龙县政协、麒麟区政协及区工商联机关干部职工；5月29日，全国政协社会和法制委员会委员、最高人民检察院检察委员会专职委员杨振江到曲靖市调研涉法涉诉信访工作改革情况；7月10日，省政协常务副主席白成亮到曲靖调研港澳台侨资企业发展情况；7月27～29日，省政协副主席米东生深入富源县营上镇大坪村委会开展“四群”教育活动；9月25～26日，省政协副主席王承才到曲靖视察“城镇上山、工业上山、农民进城”工作情况；10月11日，省政协副主席倪慧芳走访看望曲靖市政协机关干部职工。

**常委会专题学习讲座** 3月21日，以“产业建设”为主题举办四届市政协第一次专题学习讲座；6月25日，以“认真落实八项规定，以作风转变推进产业建设”为主题举办四届市政协第二次专题学习讲座；9月24日，以“运用法治思维和法治方式建设法治曲靖”为主题举办四届市政协第三次专题学习讲座；12月25日，以“学习十八届三中全会精神”为主题举办四届市政协第四次专题学习讲座。

**党组理论学习中心组活动** 3月19日，市政协党组理论学习中心组举行2013年度第一次集中学习活动，重点学习全国“两会”精神和习近平总书记在中央党校建校80周年暨2013年春季学期开学典礼上的讲话；5月28日，举行2013年度第二次集中学习活动，重点学习市委书记高劲松在全市“产业建设年作风转变年”动员大会上的讲话；8月19日，举行2013年度第三次集中学习活动，重点学习市委工作会议精神；10月30日，举行2013年度第四次集中学习活动，重点学习习近平总书记参加河北省委常委班子专题民主生活会时的讲话精神；11月25日，举行2013年度第五次集中学习活动，重点学习党的十八届三中全会精神。学习活动均由市政协党组书记、主席赵建华主持。市政协党组副书记苏永宁，党组成员张长英、尹耀春、高吉贵参加学习活动，非中共党员的市政协副主席陈吉书、王继龙、王明琼，市政协副秘书长和各民主党派、工商联、市政协各委室负责人参加学习活动，与会人员围绕学习主题，结合工作实际作了交流发言。

**市县政协主席联系会** 5月30日，四届市政协第一次市县政协主席联席会在陆良县召开，会议围绕“认真履行政协职能，促进曲靖在全省率先全面建成小康社会”为主题组织交流发言。12月4日，第二次市县政协主席联席会议在师宗县召开，会议重点学习了十八届三中全会精神，研究讨论2014年政协工作。

**民主评议** 7月8日召开评议动员

会，7月10～16日从公共卫生服务体系建设、医疗服务体系建设等七个方面分3个调研组对市卫生局2010年以来的工作进行了专题调研。9月13日市政协召开评议会，对市卫生局工作进行民主评议。12月20日，对市政协四届一次会议以来的8件重点提案办理情况进行民主评议和测评。

**国庆中秋茶话会** 9月17日在曲靖举行，中共曲靖市委书记高劲松作重要讲话，中共曲靖市委副书记、市长范华平通报2013年以来全市经济社会发展情况，市政协主席赵建华主持会议。140人应邀参加会议，13位各族各界代表人士围绕促进全市经济社会发展建言献策。

**企业家论坛** 9月27日在曲靖举办，论坛会以“打好园区战役、加快产业发展”为主题。市委副书记、市长范华平，市政协主席赵建华出席论坛并对园区经济发展提出要求。会议收到书面发言材料53篇，13位代表围绕主题作了交流发言。会议表彰了优秀撰稿人。

**【重要文件】**

**常务委员会工作报告**（2013年2月19日）（摘要）报告分两部分：

一、过去五年的工作。（一）强化三个武装，打造学习型政协。强化理论武装，用中国特色社会主义理论体系武装头脑，增强道路自信、理论自信、制度自信，夯实团结奋斗的共同思想政治基础；强化知识武装，增强大局观，提高综合分析能力；强化技能武装，增强委员的履职技能和机关职工的业务技能。（二）突出主攻方向，推动科学发展。抓住桥头堡建设机遇，主动融入滇中经济区，精心组织调研论证，形成了关于建设“麒（麟）沾（益）马（龙）”经济区的建议案，市委、市政府决定启动“麒沾马”战略规划的编制，省政协调研组对建设“麒沾马”经济区给予肯定，省委领导在有关讲话中要求“推动‘麒沾马’同城化发展”。调研牛栏江—滇池补水工程涉及流域水资源综合利用规划修编，有关部门采纳了有关建议，将坝高调整为142米。五年来，常委会还持续关注了中小企业和民营经济发展等5个事关全局、影响长远的重大问题。常委会牢牢把握加快转变经济发展方式主线，围绕农业稳市、工业强市和统筹城乡战略的实施，先后就农村现代流通体系、工业企业自主创新能力、农业产业化发展、调结构转方式、现代服务业发展等22个改革发展中的重要课题组织调研视察，积极为调结构转方式建言献策。积极促进文化建设，围绕全市体育事业发展、非物质文化遗产保护与开发利用、国有文艺表演团体改革与发展、农村文化户发展、全市文化产业发展情况等8个方面开展调研视察，提出的许多意见建议，在市委、市政府建设文化强市的实施意见中得到了体现。着力建设生态文明，增设人口资源环境委员会。以“培育生态理念、发展生态经济、保护生态环境、共建生态文明”为主题举行研讨会，围绕建设“生态曲靖”建言献策，为市委、市政府制定《关于加强生态文明建设的决定》提供了参考。（三）坚持履职为民，促进社会和谐。持续关注民生改善，五年来，共组织事关民生福祉的调研视察27次，积极为促进民生改善建言献策。持续关注教育均衡发展，先后对中小学校舍安全工程、中心城区义务教育“入学难”和中小学“6+8”工程、学前教育等工作开展了8项调研视察，就校安工程建设、资金保障、中心城区教育规划布局等提出了24条建议，市委、市政府及时采纳了有关建议。对全市基本医疗保障体系建设和实施国家基本药物制度情况开展调研，并针对性地提出了13条建议；对国有（集体）改制下岗失业人员（灵活就业人员）基本生活保障情况进行了深入调查研究，提出了解决这部分人员老有所养、病有所医、事有人管的建议案，市政府正认真研究妥善解决的方案。创业与就业情况调研报告为市委、市政府提供了决策参考，推动了“贷免扶补”工作。常委会连续两年关注群众反映强烈的中心城区交通拥堵问题，促进解决相关问题，缓解交通拥堵。五年来，政协委员倾心关注民生改善，关于民生改善的提案达808件，占立案总数的51.1%，推动了一批民生问题的解决。四、把握两大主题，推进协商民主。积极推动政治协商纳入决策程序。认真贯彻落实中央和市委的有关要求，努力使政治协商从提出议题到督办反馈形成闭合系统，推动政治协商进入决策程序。五年来，累计召开全会5次、常委会议24次、主席会议48次、各类专题协商会议100多次，提出意见建议2000多条，在科学、民主决策方面发挥了积极作用。努力探索民主监督方法。研究制订《民主评议工作暂行办法》，从制度上规范民主评议工作。五年来，分别以推进珠江源大城市建设、促进农业大市向农业强市转变、加快工业经济结构调整、推进旅游“二次创业”和加强生态环境环保为目的，组织开展了对住建局、农业局、工信委、旅游局、环保局工作的民主评议。五、坚持固本强基，加强自身建设。常委会以“加强党派合作、突出界别特色、发挥委员主体作用、发挥专委会的基础作用、加强机关建设”为抓手，固本强基，努力提高政协工作科学化水平。回顾过去五年的工作，我们的体会是：必须始终高举旗帜、把握方向，自觉坚持党的领导，做到坚定信念不动摇；必须始终围绕中心、服务大局，用围绕中心的实践来检验作为，以服务大局的实效来评判贡献，做到助推发展不松劲；必须坚持把群众观点作为政协工作的理论基石，以人为本、履职为民，情为民所系、言为民所建、利为民所谋，做到关注民生不懈怠；必须始终坚持政协特点，不比不套，主动作为，以宽阔的胸襟和良好的人品、人缘、人格去团结人，努力营造民主和谐的氛围，做到和衷共济不折腾；必须始终牢记“打铁还需自身硬”，扎实抓好“五位一体”自身建设，做到固本强基不虚松；必须坚持推动民主监督与新闻监督的结合，让政协走近人民，让人民了解政协，做到接受监督不作秀；必须始终坚持解放思想，实事求是，与时俱进，务求实效，不断创新履职的形式和内容，积极推动工作创新，努力做到开拓创新不停顿。这几点体会，是三届市政协常委会和广大委员工作实践和探索的成果和结晶，是对历届市政协经验的继承和发展，值得我们珍惜。

二、今后工作建议。在加强学习工作上达到新高度；在推动经济发展上实现新作为；在推进协商民主上探索新实践；在促进和谐稳定上发挥新作用；在建设文化强市上做出新业绩；在维护生态文明中体现新特色；在政协自身建设上迈出新步伐。

**四届一次会议决议**（2013 年 2 月 24 日） 中国人民政治协商会议曲靖市第四届委员会第一次会议，于 2013 年 2 月 19～24 日在曲靖举行。会议听取和审议了《中国人民政治协商会议曲靖市第三届委员会常务委员会工作报告》、《中国人民政治协商会议曲靖市第三届委员会常务委员会关于提案工作情况的报告》。与会委员列席了曲靖市第四届人民代表大会第一次会议，听取并协商讨论了《政府工作报告》及其他有关报告。会议全面回顾了政协曲靖市第三届委员会的工作，总结了过去五年的工作经验，提出了政协曲靖市第四届委员会的工作建议。会议选举产生了政协曲靖市第四届委员会主席、副主席、秘书长和常务委员。会议简朴务实、富有成效，是一次民主求实、继往开来、团结奋进的大会。

会议赞同范华平同志代表市人民政府所作的《政府工作报告》，以及其他有关报告，赞同《曲靖市中级人民法院工作报告》、《曲靖市人民检察院工作报告》。会议批准赵建华同志代表政协曲靖市第三届委员会常务委员会所作的工作报告，批准陈吉书同志代表政协曲靖市第三届委员会常务委员会所作的提案工作情况报告。

会议认为，过去五年，市人民政府团结带领全市各族人民，以科学发展观为指导，抢抓机遇、锐意进取、改革创新，积极应对复杂严峻形势，圆满完成了任期内的各项任务，全市经济社会发展取得了可喜的成绩。《政府工作报告》对过去五年工作的总结客观实在，对存在问题的分析实事求是，提出的今后五年发展目标和举措符合中共中央、省市委的要求和我市实际，对全市在全省率先全面建成小康社会具有重要的指导意义。

会议认为，三届市政协任期的五年，政协曲靖市委员会及其常务委员会认真贯彻中共十七大精神和《中共中央关于加强人民政协工作的意见》，以科学发展观统领政协工作，认真履行政治协商、民主监督、参政议政职能，努力践行“科学发展的助推者、民主政治的建设者、先进文化的倡导者、和谐社会的实践者、政协工作的创新者”，在探索中求特色、在完善中求活力、在创新中求发展、在履职中求实效，较好地发挥了协调关系、汇聚力量、建言献策、服务大局的重要作用，为全市经济社会又好又快发展做出了贡献。三届市政协常委会工作报告对过去五年工作的总结实事求是，概括的经验对推动全市政协事业发展具有重要意义，提出的工作建议符合实际，对四届市政协工作具有较强的指导性。

会议要求，全市各级政协组织、政协各参加单位和广大政协委员，必须深入学习、全面贯彻落实中共十八大精神，准确把握坚持和发展中国特色社会主义这条主线，深刻领会科学发展观的历史地位和指导意义，深刻领会全面建成小康社会的奋斗目标，深刻领会中国特色社会主义经济建设、政治建设、文化建设、社会建设、生态文明建设五位一体的总体布局，不断深化对中国特色社会主义发展道路、理论体系和政治制度的认识，进一步增强道路自信、理论自信和制度自信，切实用中共十八大精神武装头脑、指导实践、推动工作。

会议强调，全市各级政协组织、政协各参加单位和广大政协委员，要深入贯彻落实中共曲靖市委四届三次全会精神，紧紧围绕在全省率先全面建成小康社会的奋斗目标，认真履行政治协商、民主监督、参政议政职能，充分发挥人民政协协调关系、汇聚力量、建言献策、服务大局的作用，努力在加强学习工作上达到新高度、在推动经济发展上实现新作为、在推进协商民主上探索新实践、在促进和谐稳定上发挥新作用、在建设文化强市上做出新业绩、在维护生态文明中体现新特色、在政协自身建设上迈出新步伐，不断开创政协工作新局面。

会议号召，全市各级政协组织、政协各参加单位和广大政协委员，要高举中国特色社会主义伟大旗帜，紧密团结在以习近平同志为总书记的中共中央周围，深入贯彻落实科学发展观，在中共曲靖市委的领导下，凝心聚力、扎实工作，以更加开阔的视野、更加昂扬的精神、更加务实的作风，为在全省率先全面建成小康社会做出新的更大贡献！

**赵建华主席在市政协四届一次会议闭幕会上的讲话**（2013 年 2 月 24 日）（摘要） 新形势、新任务，人民政协使命光荣、职责重大，在发展的道路上，我们责无旁贷，必须主动融入，积极作为，努力为率先全面建成小康社会贡献智慧、凝聚力量。

我们要始终坚持正确政治方向。要始终坚持党的领导，高举中国特色社会主义伟大旗帜，坚定不移走中国特色社会主义政治发展道路，坚持用中国特色社会主义理论体系武装头脑、指导实践、推动工作，不断增强道路自信、理论自信和制度自信。要始终保持与市委在思想上同心同德、目标上同心同向、行动上同心同行，坚持围绕中心履职尽责，服务大局献计出力，自觉把市委政府的重大决策转化为广大政协委员和社会各界人士的广泛共识，转化为推进改革发展的强大合力。

我们要始终坚持“履职为民”价值取向。“知屋漏者在宇下，知政失者在草野”。要始终坚持以人为本，以民为先，着力增进人民群众福祉。言必真，行必实，才是对人民群众有真情实感的体现。我们要紧紧围绕民生政策的制定落实、民生工程的建设实施、民生问题的研究解决，加大提案督办、社情反映、调研视察、议政监督、资政建言等工作的力度，使政协真正成为反映民情、体现民意、集中民智、维护民利的重要渠道。

我们要始终把握好履职的重点。要紧扣总目标，突出重点，聚焦难点，找准政协履职的着力点与突破口，把履职工作的重点放在破解我市扩大经济总量与提高发展质量、加速发展与加快转型的双重难题上；放在推动协商民主建设、努力扩大公民有序政治参与上；放在积极践行社会主义核心价值观、推动文化强市建设上；放在参与加强与创新社会管理，全力维护我市安定团结、生动活泼、和谐稳定的社会政治局面上；放在高度关注生态文明，建设生态曲靖、美丽曲靖，为子孙后代留下天蓝、地绿、水净、空气新的良好生态环境上，努力为曲靖科学发展建睿智之言、献务实之策、出团结之力。

我们要不断增强使命感和责任感，接过人民政协事业发展的“接力棒”。每一位委员都要珍惜机遇，牢记使命，自觉把政协事业作为崇高的事业来追求，加强学习、增强本领，心系百姓、忠实履职，遵纪守法、作好表率，以良好的人品、人格、人缘、优秀的工作业绩和履职成果，充分展示新时期政协委员的形象和风采，努力在政协舞台上施展才华、建功立业，真正交出一份无愧于组织，无愧于时代、无愧于社会、无愧于良知的完美答卷，让我们的“政协人生”更丰富、更精彩！市政协机关要把发挥委员主体作用作为自身建设的重点，充分尊重委员主体地位，维护委员民主权利，激发委员的责任意识，大力营造激励和支持委员干事创业的氛围，为委员知情参政、履职建言创造条件，努力成为委员的团结民主之家、温馨和谐之家。要牢牢把握时代脉搏，始终保持蓬勃朝气，勇于探索，大胆实践，不断推进人民政协协商民主进程，永葆人民政协事业的生机与活力。

**【规章制度】**

《曲靖市政协委员履职管理考核办法（试行）》（2013 年 3 月 13 日市政协四届二次主席会议通过）

《政协曲靖市第四届委员会委员界别活动办法》（2013 年 3 月 13 日市政协四届二次主席会议通过）

**【组织概况】**

**主　席**

赵建华

**副主席**

苏永宁　陈吉书
张长英（女，白族）　尹耀春
王继龙　王明琼（女）

**秘书长**

高吉贵

**常务委员名单**（共 81 名　按姓氏笔画为序）

丁　伟　丁雪莲（女）
丁瑞江　寸　颖（女）
马玉聪（回族）　马艳春（女）
马琼芬（女，回族）　王天祥
王继莊　邓星梅（女）
古娟娟（女，苗族）　龙骏飞（彝族）
卢　刚　宁国昌
毕丽萍（女，彝族）　吕　萍（女）
朱尤飞　刘东霞（女）

刘吉平　安兴荣（彝族）
许云华（女）　孙　玮（女）
孙荣艳（女）　李　芹（女）
李　芬（女）　李　林
李　清　李才永（回族）
李元平　李国庆
李建玲（女）　李琼英（女）
杨　琼（女）　杨开云（白族）
杨志刚　杨艳琼（女）
杨焜荣　何　文（女）
张　立　张　伦
张永刚　张伟东
张忠玉　张金贤（女）
张建萍（女）　张箭英
陆　军（壮族）　陈尤智
陈本和　陈永奎
陈继峰　岳光荣
周红芬（女）　周智鸥
赵中祥　赵华芬（女）
柏老六　段亚鹏
保春英（女，回族）　侯文通
姚　芬（女）　袁丽芳（女，白族）
桂春丽（女，回族）　徐广满
徐永光　徐若冰（女，彝族）
高建萍（女，彝族）　郭　湘（女）
海建才（彝族）　黄　红
龚云虹（女，白族）　董建文
敬霄云　韩开柱
傅天堂　释净山
曾永利（女）　游方华
谢　蔚　雷　毅
潘丽华（女）

**委员名单**（共451名，按姓氏笔画为序）

**中国共产党**（20名）

王强平　尹耀春
朱开荣　朱尤飞
朱廷发　刘本芳
孙　敬（彝族）　苏永宁
李　觅　李光辉（彝族）
余　波　张长英（女，白族）
张光彦　陈　志
陈尤智　范利军
罗中山　赵建华
高吉贵　瞿国飞

**民革**（7名）

李大红　李国庆
何文虹（女）　陈绍华
邵钟文　郭　湘（女）
游方华

**民盟**（8名）

王　娟（女）　王乔平
司徒文靖（女）　刘思海
杨　红（女，苗族）　杨艳琼（女）
张忠玉　陈　勇

**民建**（6名）

王静峰　阮国松
李荣平　邱　宏（女）
张　立　姚　芬（女）

**民进**（7名）

张　卉（女）　张文艺（女）
周红芬（女）　柳均良（女）
段亚鹏　段浩洁
施长德

**农工党**（7名）

王明琼（女）　孔红梅（女）

孙荣艳（女） 李　娟（女）
李金生 徐若冰（女，彝族）
曾永利（女）

**致公党**（6名）

丁瑞江 杨映锦（女）
保春英（女，回族） 梁宏汉
潘旭红（女） 潘孝军

**九三学社**（8名）

马艳春（女） 付海曦（女）
毕树才（回族） 张永刚
陆　军（壮族） 袁　方（女）
黄　红 程　昆

**无党派人士**（11名）

马　萍（女） 吕　萍（女）
安兴荣（彝族） 许高红
李　芬（女） 杨志刚
张建萍（女） 周智鸥
徐广满 龚云虹（女，白族）
温培元

**共青团、青联**（9名）

李　松（回族） 李建玲（女）
杨咏滔 杨增林
张　永 陈利萍（女）
莫菲菲（女） 彭福仁
谢华芬（女）

**工会**（10名）

王　波（女） 李卫东
杨文献 杨跃红（女）
陈家勇 岳光荣
金柱发 胡　朋
段冬梅（女） 夏　虹（女）

**妇联**（9名）

丁美桃（女） 王莹珏（女）
李向春（女，彝族） 杨永琴（女）
何　文（女） 沐　琳（女，回族）
陈宝艳（女） 赵殊葶（女）
殷丽琼（女）

**工商联**（30名）

马式银 王约成
王继龙 左雄亚
田　野 宁国昌
刘　英（女） 刘红英（女）
江红玲（女） 孙　玮（女）
李东明 李如华
杨鸿霖 吴俊雄
张伟东 张华友
张树刚 陈本和
胡文杰 柏老六
钱昭海 唐玉生
黄　荣（女） 崔庆一
崔兴国 彭铣邦
董建文 敬霄云
傅天堂 雷闳强

**归国华侨联合会**（12名）

寸　颖（女） 马秋萍（女，回族）
许云华（女） 李卫东
吴思颖（女） 陈　伟
赵建群 查翔华
莫　薇（女） 莫立明
桂希俊（回族） 徐水萍（女）

**社会科学界**（5名）

叶国伟 罗　伟
徐永光 高　芹（女）
滕黎南

**政法界**（13名）

叶敬东 付卫红（女）

毕丽萍（女，彝族）朱朝光
刘明武 杨若冰（白族）
沈庆高 罗世雄
郑旭升 徐兴华
郭建春 曾　勇（彝族）
潘丽华（女）

**财税金融界**（15名）

丁雪莲（女） 朱　江
朱　严 朱苏琼（女）
刘　波 刘晓波（女）
李金熙 张　煦（白族）
陈留青 金国忠
保明选（回族） 侯宁波
袁丽芳（女，白族）桂宝顺（回族）
崔庆稳

**城乡建设和环境保护界**（19名）

丁　伟 马丽萍（女，回族）
王　剑（苗族） 太跃华
卢　刚 付熙麟
包树琼（女） 李　文
李少堂 杨　梅（女）
杨　琼（女） 杨金荣
时　彪 张　荣（女）
赵伟纲 温绍达
裴继红（女） 缪桂芬（女）
樊晓林

**文化艺术新闻出版和体育界**（20名）

邓耀明 石　林（女）
包　华 邢玉娥（女）
毕玉明（彝族） 朱兴勇
朱莉娥（女） 关键东（白族）
孙　彬 纪爱华
李　林 李华玲（女）
杨学荣（女） 岳　松
侯思莹（女） 桂吉良（回族）
唐似亮 龚垠辉
屠维能 蔡玉杰（女）

**经济界**（35名）

王继莛 王富荣
尤池水 古仁友
邢玉东 朱　彤
朱德芳 刘家升
孙　琴（女） 李亚辉（女）
李庆林 杨晓峰
吴　剑 邱光雄
宋云龙 张　钦
陈金林 陈教敏
范文龙 周永江
孟　莉（女） 赵　兵
赵三德 桂宝伟（回族）
高承维 郭　跃
黄　琼（女） 黄见杭
黄晓鸣 黄德林（布依族）
彭兰清（女） 董厚文
曾雪娟（女） 缪勤良
撒兰仕（回族）

**科学技术和科学技术协会**（23名）

王天祥 王石柱
王冬梅（女） 王贵轩
权发莲（女） 刘东霞（女）
杨茂春（白族） 杨跃奎
时双兰（女） 吴汝雄
张所昆 陈丽红（女）
周　健 郑玉花（女）
郑发生 段家东
施康健 徐应和

董兆福　　程　红（女）
谢俐萍（女）　　赛松柏
薛向东

**社会福利和社会保障界**（8名）

叶留玉　　李建军（纳西族）
杨直刚　　沈祥珍（女）
张金贤（女）　　陈金平（女）
蒋　惠（女）　　蒋绍荣

**农业界**（25名）

丁林俊（女）　　丁俊华（女）
王芳红（女）　　王宗吉
方德全　　朱龙兵
任汝珍（女）　　刘萍秀（女）
杜东英（女）　　李　芹（女）
李竹林　　李绍祥
李瑞兰（女，白族）　余宗寿
张家永　　张聪明
周　琼（女）　　赵德柱
袁文兴　　夏开宝
徐元光　　唐　梅（女）
葛丽清（女）　　韩立华
戴树涛

**教育界**（22名）

王玉凤（女）　　王学芳
王建华　　王海玲（女）
朱谷生　　李凤娥（女）
李青霖（女）　　杨兴宽
何昆花（女）　　张　宏
张振华（女，彝族）　张惠芸（女）
张富民　　陈艳红（女）
周光芬（女）　　郑　娟（女）
赵建芬（女，壮族）　荀传美
莫霁华（女，彝族）　徐来家

葛南鸿（女）　　谢　蔚

**医药卫生界**（18名）

王　燕（女）　　王志光
邓星梅（女）　　朱丽芬（女）
许志云　　吴　焰（女）
何志坚　　余　琼（女，彝族）
陈　波　　陈　萍（女）
陈世明　　罗　林（彝族）
周丽琼（女）　　赵燕舞
钱谷乔　　曹水春
缪应虎　　戴普席

**少数民族界**（30名）

万　波（彝族）　　马光爱（回族）
马惠莲（女，回族）　孔令兵（回族）
古娟娟（女，苗族）　冯　蕊（女，彝族）
毕宏祥（彝族）　　刘卫东（布依族）
李　雁（女，苗族）　李虹霞（女，彝族）
杨志瑞（白族）　　杨绍双（女，彝族）
杨春菊（女，白族）　张宏斌（壮族）
陆忠华（瑶族）　　范　涛（水族）
金　奉（女，傣族）　赵联群（女，彝族）
保家有（回族）　　保家兴（回族）
桂　阳（回族）　　桂宝辉（回族）
速金南（回族）　　高　亚（女，彝族）
高建萍（女，彝族）　高鹏飞（彝族）
唐　晖（彝族）　　姬兴波（彝族）
黄立志（布依族）　　韩金花（女，苗族）

**宗教界**（9名）

马　恒（回族）　　田　英（女）
毕胜月（彝族）　　李理春
张玉祥（回族）　　张建启（回族）
觉　海　　梁新生
释净山

**特别邀请人士**（59 名）

马玉聪（回族） 马琼芬（女，回族）
王利民 王宝德
王建明 王海东（拉祜族）
王琪国 太月娥（女）
水　涛 尹晓毅
龙骏飞（彝族） 叶卫东
申忠林 刘　明
刘吉平 刘延光
杜文劲（白族） 李　敏
李　清 李才永（回族）
李元平 李生荣
李年宝 李琼英（女）
李新宇 杨开云（白族）
杨光彦 杨焜荣
杨嘉勤 吴晓青（女）
沈宗文 张　伦
张　艳（女） 张石生
张箭英 陈永奎
陈永恒 陈吉书
陈百喜 陈继峰
林江源 赵中祥
赵华芬（女） 赵鸿年
胡　锦（女） 钟全武
侯文通 桂　桦（女）
桂春丽（女，回族） 高红子
海建才（彝族） 黄耀春
崔向扩 康　勇
韩开柱 覃绍聪
禄文彬 雷　毅
谭增权（彝族）

**不再担任委员名单**

（2013 年 12 月 24 日市政协四届五次常委会议通过）

桂宝顺 杜文劲
尹晓毅 张光彦
刘本芳 吴晓青

**委员增补名单**

（2013 年 12 月 24 日市政协四届五次常委会议通过）

周宗田 杨建平
杨学智 陈　林
钱林周 卢昆生
余学琨（蒙古族） 敖龙军

**专门委员会主任、副主任任免名单**

（2013 年 2 月 25 日市政协四届一次常委会议通过）

侯文通　任市政协提案委员会主任

林江援　任市政协提案委员会副主任

吴晓青　任市政协提案委员会副主任（兼职）

王富荣　任市政协提案委员会副主任（兼职）

安兴荣　任市政协提案委员会副主任（兼职）

马琼芬　任市政协经济建设委员会主任

钟全武　任市政协经济建设委员会副主任（兼职）

李金熙　任市政协经济建设委员会副主任（兼职）

陆　军　任市政协经济建设委员会副主任（兼职）

王宗吉　任市政协经济建设委员会副主任（兼职）

黄德林　任市政协经济建设委员会副

主任（兼职）

李　清　任市政协人口资源环境委员会主任

付熙麟　任市政协人口资源环境委员会副主任（兼职）

温绍达　任市政协人口资源环境委员会副主任（兼职）

杨金荣　任市政协人口资源环境委员会副主任（兼职）

王　剑　任市政协人口资源环境委员会副主任（兼职）

李　敏　任市政协人口资源环境委员会副主任（兼职）

陈永奎　任市政协教科文卫体委员会主任

纪爱华　任市政协教科文卫体委员会副主任（兼职）

缪应虎　任市政协教科文卫体委员会副主任（兼职）

徐来家　任市政协教科文卫体委员会副主任（兼职）

陈　波　任市政协教科文卫体委员会副主任（兼职）

段家东　任市政协教科文卫体委员会副主任（兼职）

张　伦　任市政协社会和法制委员会副主任

罗世雄　任市政协社会和法制委员会副主任（兼职）

沈庆高　任市政协社会和法制委员会副主任（兼职）

叶敬东　任市政协社会和法制委员会副主任（兼职）

李建军　任市政协社会和法制委员会副主任（兼职）

桂春丽　任市政协民族宗教委员会主任

姬兴波　任市政协民族宗教委员会副主任（兼职）

杨开云　任市政协文史资料委员会主任

杨光彦　任市政协文史资料委员会副主任（兼职）

张石生　任市政协文史资料委员会副主任（兼职）

龙骏飞　任市政协联络学习委员会副主任

滕黎南　任市政协联络学习委员会副主任（兼职）（2013 年 12 月 24 日市政协四届五次常委会议通过）

张箭英　任市政协副秘书长

余学琨　任市政协提案委员会副主任（兼职）

吴晓青　免去市政协提案委员会副主任职务（兼职）

付熙麟　任市政协经济建设委员会副主任（兼职），免去市政协人口资源环境委员会兼职副主任职务

卢昆生　任市政协经济建设委员会副主任（兼职）

钱林周　任市政协人口资源环境委员会副主任（兼职）

包　华　任市政协教科文卫体委员会副主任（兼职）

杨学智　任市政协社会和法制委员会副主任（兼职）

*罗世雄*　免去市政协社会和法制委员会兼职副主任职务

**【机构概况】**

政协曲靖市第四届委员会机关设两室八委：办公室（下设秘书科、行政科、宣传科、办文科、人事科、综合科、老干科），研究室（下设办公室和调研科），提案委员会、经济建设委员会、人口资源环境委员会、教科文卫体委员会、社会和法制委员会、民族宗教委员会、文史资料委员会、联络学习委员会（专门委员会均下设办公室）。

**【曲靖市各县（区、市）政协主席】**

麒麟区　陈继峰
沾益县　刘吉平
陆良县　赵华芬
马龙县　李琼英
师宗县　海建才
富源县　赵忠祥
宣威市　杨焜荣
罗平县　韩开柱
会泽县　马玉聪

**曲靖市各级政协委员和组织数**

（截至2013年底）

<table>
<tr><th colspan="2">项　目<br>州(市)县</th><th colspan="2">委员数</th><th>组织数</th></tr>
<tr><td colspan="2">曲靖市</td><td colspan="2">401</td><td>1</td></tr>
<tr><td rowspan="9">各县区市</td><td>麒麟区</td><td>259</td><td rowspan="9">2306</td><td rowspan="9">9</td></tr>
<tr><td>沾益县</td><td>178</td></tr>
<tr><td>陆良县</td><td>257</td></tr>
<tr><td>马龙县</td><td>164</td></tr>
<tr><td>师宗县</td><td>203</td></tr>
<tr><td>富源县</td><td>271</td></tr>
<tr><td>宣威市</td><td>394</td></tr>
<tr><td>罗平县</td><td>253</td></tr>
<tr><td>会泽县</td><td>327</td></tr>
<tr><td colspan="2">合　计</td><td colspan="2">2758</td><td>10</td></tr>
</table>

（编写：张箭英　邹灯　审稿：高吉贵）

政协玉溪市委员会

黄宪庭 主席

陈志芬 副主席

汪燕平 副主席

马良昌 副主席

郭亚钢 副主席

贺光明 副主席

李少华 副主席

张 卫 秘书长

【全体委员会议】

**四届一次会议** 3月22～26日在玉溪举行。应出席委员309名，实到301名。大会执行主席黄宪庭、陈志芬、汪燕平、马良昌、郭亚钢、贺光明、李少华、张卫在主席台前排就座。省委派驻玉溪市换届选举指导组组长刘子扬，市领导张祖林、饶南湖、谢兴荣、夏立洪、张玲、冷明德、李文斌、董文献、邓绍林、刘宁笙、吕昌会、李洪云、陈勇、方志鸣、杨兴荣、姜山等领导出席会议。开幕大会和闭幕大会分别由大会执行主席黄宪庭和副主席汪燕平主持。会议审议通过常务委员会工作报告和提案工作报告。与会委员列席玉溪市第四届人民代表大会第一次会议，听取并协商讨论了《政府工作报告》及其它报告。会议期间，市委、市政府领导和市直有关部门的负责人到会，听取委员对《政府工作报告》和"两院"报告的意见建议。会议收到提案284件，经审查立案284件。会议审议通过了本次会议决议、政协玉溪市第四届委员会第一次会议关于常务委员会工作报告的决议、关于常务委员会提案工作情况报告的决议。会议选举黄宪庭为政协玉溪市第四届委员会主席，选举陈志芬、汪燕平、马良昌、郭亚钢、贺光明、李少华为副主席，张卫为秘书长，选举出政协玉溪市第四届委员会常务委员54人。中共玉溪市委副书记、代市长饶南湖在会议上作了关于政府工作报告的说明。市委书记张祖林、市政协主席黄宪庭分别在本次会议中共党员大会和闭幕大会上讲话。

【常务委员会会议】

**第22次会议（第三届）** 3月11日在玉溪举行，应到会常委56人，实到47人。会议分别由市政协主席冷明德、副主席范亚辉主持。副主席钱开祯、李有明、张炜、郭开堂、陈志芬、汪燕平，秘书长杨洪出席会议。会议听取了副市长明正彬通报市政协三届五次会议以来提案办理情况；会议决定，政协玉溪市第四届委员会第一次会议3月22～26日在玉溪召开；会议原则通过了政协玉溪市第四届委员会第一次会议议程、日程；原则通过了《政协玉溪市第三届委员会常务委员会工作报告》、《政协玉溪市第三届委员会常务委员会关于三届五次会议以来提案工作情况的报告》和市政协各委室五年工作总结；通过了政协玉溪市第四届委员会委员名单；通过了相关人事事项；通过了冷明德同志为《政协玉溪市第三届委员会常务委员会工作报告》报告人，陈志芬同志为《政协玉溪市第三届委员会常务委员会关于三届五次会议以来提案工作情况的报告》报告人；通过了《关于授权主席会议主持政协玉溪市第四届委员会第一次会议预备会议的决定》、《关于授权主席会议审定政协玉溪市三届二十二次常委会议未尽事宜的决定》。

**第1次会议（第四届）** 4月10日在玉溪举行。应到会常委62人，实到61人。会议分别由市政协主席黄宪庭、副主席汪燕平主持。副主席陈志芬、马良昌、郭亚钢、贺光明、李少华，秘书长张卫出席会议。会议听取了市委组织部副部长陈开翔对政协玉溪市第四届委员会副秘书长，办公室主任、研究室主任，各专门委员会主任、副主任建议人选的说明；通过了政协玉溪市第四届委员会常务委员会2013年会议计划、政协玉溪市第四届委员会常务委员会关于设置专门委员会机构的决定、政协玉溪市第四届委员会副秘书长名单、政协玉溪市委员会办公室主任、研究室主任名单、政协玉溪市第四届委员会各专门委员会主任、副主任名单。

**第2次会议** 5月28日在玉溪举行。应到会常委62人，实到52人。会议分别由市政协主席黄宪庭、副主席汪燕平主持。副主席马良昌、郭亚钢、贺光明、李少华出席会议，市政府副市长杨洋以及市政府、市人大和市教育局相关负责人应邀出席会议。会议听取了市教育局通报全市教育工作情况；通过了《关于我市农村义务教育教师队伍建设情况的调查报告》；通过有关人事事项。

**第3次会议** 8月23日在玉溪举行。应到会常委62人，实到49人。会议分别由市政协主席黄宪庭、副主席汪燕平主持。副主席马良昌、郭亚刚、贺光明、李少华，秘书长张卫出席会议，市政府副市长李平，市委、市政府、市人大以及市民政局、农业局的相关负责人应邀出席会议。会议听取李平副市长对全市2013年上半年经济社会发展情况的通报及下半年工作安排；听取市农业局通报2012年来全市农业工作情况；听取市民政局汇报近三年来全市民政工作情况。会议通过了《玉溪市现代农业园区建设情况调查报告》；通过了《政协玉溪市委员会全体会议工作规则》、《政协玉溪市委员会常务委员会工作规则》、《政协玉溪市委员会主席会议工作规则》、《政协玉溪市委员会专门委员会通则》；通过了《关于对市民政局工作的民主评议意见》；通过有关人事事项。

**第4次会议** 11月14日在玉溪举行。应到会常委62人，实到53人。会议分别由市政协主席黄宪庭、副主席陈志芬主持。副主席马良昌、郭亚刚、贺光明、李少华，秘书长张卫出席会议，市委、市人大及市环保局的相关负责人应邀出席会议。会议听取市环境保护局局长张金翔对全市环境保护工作情况的汇报；原则通过《玉溪市主要污染物减排工作情况调查报告》；通过有关人事事项。

## 【专门委员会工作】

**提案委员会** 一、深化理论学习，提高思想认识。二、加大引导力度，广泛征集提案。共收到提案301件。三、做好审查立案，按时交办提案。立案300件，确定重点提案4件、办公室和专委会视察督办提案9件。四、增强服务意识，开展提案督办。征集立案的300件提案已办复完毕。对51个承办单位进行了考评和反馈。五、积极投入“四群”教育活动，把“四群”教育与提案办理工作有机结合。六、做好调研视察工作。对我市中心城区公共交通事业发展情况、元江县甘庄街道办事处抗旱保民生促春耕工作进行调研视察，参与市政协关于全市拆临拆违情况的重点视察，配合省政协做好《关于进一步加快云南陆路建设的意见》重点提案到玉溪调研的相关工作。七、召开全市政协提案工作座谈会。八、注重团结协作，完成各项任务。

**经济委员会** 一、紧紧围绕提高参政议政、协商监督能力，深入开展学习活动，履职尽责水平进一步提高。二、紧紧围绕建设开放富裕文明和谐美丽幸福新玉溪，扎实开展调研视察活动，委员参政议政水平进一步提高。完成了玉溪市现代农业园区建设重点调研、易门陶瓷特色工业园区、通海五金产业园区视察，以及《在省政协十一届三次常委会上的发言》稿起草任务。三、紧紧围绕建设“美丽乡村”，扎实开展“四群”教育活动。即时将市政协领导协调的10万元烤烟抗旱经费送到了元江县咪哩乡支持抗旱保民生；抽调1名同志作为新农村建设指导员，加强与省、市、县有关部门的协调联系沟通，共协调项目资金120.6万元；协调有关部门开展医疗救急补助、残疾人建房补助经费4000元。四、紧紧围绕“五个一”工作要求，积极探索创新活动形式，政协委员的主体作用进一步得到发挥。五、紧紧围绕中心服务大局，努力完成交办委办任务，经济委工作质量进一步提高。积极参与市政协组织的对玉溪市拆监拆违、抗旱保民生工作情况的视察和对红塔工业园区、研和工业园区的调研工作。

**科教文卫体委员会** 一、加强自身建设，夯实履职基础。二、发挥职能作用，积极献计出力，各项工作成效明显。先后开展了全市农村义务教育教师队伍建设情况的调查和玉溪市农村公共文化服务体系建设情况、玉溪市农村基层体育事业发展情况两项视察；配合全国政协常委、科教文卫体委副主任黄洁夫率队到玉溪调研“民营医院发展中的问题与对策”；配合省政协副主席罗黎辉率队到玉溪视察“县级公立医院综合改革试点工作”；配合省政协科教文卫体委副主任李庆生带队到玉溪开展中医药发展情况的调研；抓好山区民族教育促进会基金筹措并积极扶贫解困。争取到红塔集团为市政协山区民族教育促进会的捐资90万元，对考取大学的115名少数民族生进行资助，对50名山区民族地区乡镇优秀教师进行表彰；同时补助山区民族地区中小学校园文化建设资金48万元，帮助基层中小学改善办学条件。积极开展“四群”教育工作，到元江县因远镇开展抗旱保民生促春耕工作情况的视察；为元江县因远镇和因远镇安定村、因远村、卡腊村三个村委会争取建设项目和资金。完成市政协四届一次全会的宣传和服务工作。

**人口资源环境委员会** 一、注重专委会自身建设，努力打牢履职基础。二、积极开展各项履职活动，努力发挥专委会基础作用。开展了全市主要污染物减排工作情况的调查和全市垃圾处理厂建设运行管理情况、抚仙湖东大河清水产流机制修复工程建设运行情况两项视察；配合省政协人口环境资源委员会开展了对抚仙湖治理保护工作情况的调研；提出了《关于处理好抚仙湖保护与开发利用关系的建议》、《关于加快推进我市机关公务用车制度改革的建议》2件提案，完成了《关于加快高新区九龙片区污水管网建设和污水收集排放的建议》提案督办任务，三件提案都得到较好落实和答复；积极开展与省政协人口资源环境委员会、县区政协人口资源环境委员会和市政府对口部门的工作联系；积极投入“四群”教育活动。三、服从工作大局，积极参与市委和市政协的相关工作。参加市政协组织的拆临拆违工作视察和玉溪市保障性住房建设情况的视察；参与联系部门组织的3次听证会、2次工作会议，积极发表意见建议；参加垃圾处理新技术的考察研究并撰写有关会议纪要；参加市政府到市政协开展《关于我市争当全省生态文明建设排头兵实施意见》的协商；配合分管领导开展江川旧州河治理管护的调研和督促指导，参与清理河的义务劳动等工作；参加市三湖督导组组织的三湖河长责任制年度考核等工作。

**民族宗教法制委员会** 一、加强学习，努力提高履职能力。一是加强专委会学习，共举行9次集中学习暨专会会议；二是向市直单位和对口联系单位学习，参加对口联系单位有关会议或相关活动6次；三是深入联系点向群众学习，在分管副主席带领下，分别到红塔区、通海、新平、峨山县等三个联系点和18户联系户中了解情况、帮助工作，解决困难和问题，不断增强履职能力和服务意识。二、围绕中心，组织开展调研视察工作。对华宁县盘溪镇民族团结进步示范区工作进行调研并提出4点建议；对红塔区北城街道办事处进行调研，帮助解决抗旱经费10万元，为4个村组1100户3900余人解决了人畜饮水和抗旱栽烟中遇到的困难和问题；随同分管副主席调研峨山县政协工作和通海县白鱼河河道治理；参与市政法委对社会维稳工作的调研；对全市社会管理综合治理工作、“六五”普法工作进行视察，提出了7条意见和建议。三、增强联络，促进工作和谐发展。一是加强同宗教人士的联系；二是利用少数民族节日活动深入到清真寺走访、看望、慰问宗教人士，联络感情、促进互信；三是加强同省政协对口专委会的联络；四是加强同县区政协专委会的联系；五是加强了对口市直单位委员的联系。四、注重实效，认真开展对市民政局工作的民主评议。五、注重宣传，树立政协良好形象。共组织撰写各种视察调研督办报告6篇，编发信息16篇；积极组稿，参加省政协组织的“民生论谈”。认真做好“四群”教育联系点工作。

**文史委员会** 一、学好政治理论，把握正确政治方向。一是以建设学习型组织为目标，扎实抓好文史委的理论学习；二是以提高文史工作者综合知识素养为目标，延展学习内容的宽度；三是以“清正廉洁”为目标，严格执行中央“八项规定、六项禁令”。二、按照出精品的标准，编辑出版市政协第十三辑文史资料《玉溪教育》。三、认真开展调研视察，积极建言献策。对通海县“省级历史文化名城”传统民居保护与开发进行了视察，提出多条意见建议；对“四群”教育联系点元江县甘庄街道办事处果洛垤村进行抗旱促春耕调研，帮助解决抗旱经费10万元。

**联络委员会** 强化学习实践，夯实履职基础。坚持广泛联谊，促进和谐发展。利用传统节日积极开展联谊活动。参与组织筹办市政协2013年各界人士新春茶话会和国庆中秋茶话会。扩大对外交往，促进交流合作。举办玉溪市海联会三届一次理事会暨换届大会；联络委员会的全体同志应邀参加昆明市海外联谊会第五届理事会第三次常务理事（扩大）会议，学习借鉴昆明市海外联谊会的成功经验和做法；由分管副主席率联络委主任参加在昆明举办的“打造云南旅游产业升级版”恳谈会，就如何进一步促进云南旅游产业提质增效和转型升级建言献策，联络委员会撰写报送的《推进昆玉旅游文化产业经济带建设 促进玉溪旅游产业实现转型升级》稿件荣获三等奖。开展调研视察，积极建言献策。组织委员开展对溪市港澳台侨资企业发展情况进行调研和对2013年我市招商引资情况进行重点视察。整合协作力量，提高履职水平。牵头重新修订完善《政协玉溪市委员会委员活动服务管理办法》和《政协玉溪市委员会主席会议组成人员联系市政协委员制度》，并成立市政协委员活动服务管理委员会；圆满完成市政协四届一次会议大会交流发言材料的组稿修改工作和生活组的工作。加强对口联系，提高合作共事能力。践行“四群”教育，促进作风转变。

【重要活动】

**市委四届三次全会报告协商会** 2月22日，市委常委、市人民政府常务副市长黄宪庭，市委常委、市纪委书记李文斌，市委常委、市委统战部部长吕昌会来到市政协，就《中共玉溪市委四届三次全会报告（征求意见稿）》与市政协委员和各民主党派、工商联、无党派人士进行协商座谈，听取意见和建议。

**《政府工作报告》协商会** 2月20日，市委副书记、市人民政府代理市长饶南湖率市政府领导班子和相关部门负责人到市政协，听取市政协委员、各民主党派和工商联负责人以及无党派人士对《政府工作报告（征求意见稿）》、《2012年国民经济和社会发展计划执行情况与2013年国民经济和社会发展计划草案的报告（征求意见稿）》、《2012年地方财政预算执行情况和2013年地方财政预算草案的报告（征求意见稿）》的意见建议。

**新春茶话会** 2月4日，玉溪市政协2013年各界人士新春茶话会在玉溪举行。中共玉溪市委书记张祖林在茶话会上讲话，向与会人员致以节日的问候和祝愿，并通报了全市2012年工作情况和2013年经济社会发展的主要目标任务。

**国庆中秋茶话会** 9月17日，玉溪市政协国庆中秋茶话会在玉溪举行。中共玉溪市委书记张祖林代表市委、市政府向各界人士致以节日的祝贺和问候，向大家通报了1～8月全市经济社会发展情况。市政协主席黄宪庭代表市政协向大家致以节日的祝福，市政协党组书记冷明德主持会议。

**滇中经济区四州市政协合作机制第五次会议** 7月3～4日，滇中经济区四州市政协合作机制第五次会议在昆明举行。省政协副主席米东生到会指导并讲话。四州市政协主席围绕滇中产业新区建设行了主旨发言。市政协主席黄宪庭作了《抢抓机遇 发挥优势 全力推进滇中产业新区建设》的主题发言。副主席贺光明，秘书长张卫，副秘书长、研究室主任马文荣，经济委主任杨建敏、副主任李近伟，市发改委副主任夏从实等领导出席会议。

**民主评议工作** 6月17～20日，市政协领导带队，组织委员深入红塔区、江川县、易门县、新平县和市民政局，召开座谈会，进行问卷调查和民主测评，在调查研究的基础上，8月23日，市政协召开四届三次常委会议对市民政局工作进行民主评议。常委会充分肯定了市民政局的工作成绩，并指出存在问题，提出评议意见6条。

全国政协领导齐续春到玉溪调研5月30日，由全国政协副主席、民革中央常务副主席齐续春率队的全国政协“涉法涉诉信访工作改革”调研组到玉溪专题调研涉法涉诉信访工作改革情况。市委书记张祖林、市人民政府市长饶南湖、市政协主席黄宪庭、副主席马良昌、李少华陪同调研。全国政协社法委委员、最高人民法院副院长、党组成员黄尔梅，省政协副秘书长孟庆红，省政协社会和法制委员会副主任罗石文等参加调研。

**黄洁夫到玉溪调研** 10月11日，全国政协教科文卫体委员会副主任黄洁夫带领有关民主党派和部分驻京全国政协委员赴玉溪调研“民营医院发展中的问题与对策”。省政协教科文卫体委副主任李庆生、市政协主席黄宪庭、副主席汪燕平陪同调研座谈。

**喻顶成到玉溪调研** 6月13日，由省政协副主席喻顶成带队，省铁建办专职副主任王勇任组长，省政协办公厅、提案委，省政府办公厅议案处，省交通运输厅、省金融办，部分省政协委员和提案者组成调研组，到玉溪就陆路通道建设情况进行调研。调研座谈会上，市政协主席黄宪庭从加快晋—江、呈—澄等公路建设和昆玉铁路改造提升以及玉磨铁路建设步伐，加大征地拆迁、融资、明晰产权的协调力度等方面就玉溪陆路建设发展情况提出了建议。

**白成亮到玉溪调研** 7月11～12日，省政协常务副主席白成亮率队到玉溪，就玉溪市港澳台侨资企业发展情况进行调研。市政协主席黄宪庭、副市长解仕清、市政协副主席李少华及市级相关部门领导陪同调研。

**罗正富到玉溪调研** 9月12日，省政协主席罗正富一行到易门县，就滇中产业新区规划、产业布局和基础设施规划建设情况进行调研。省政协秘书长车志敏、市政协主席黄宪庭、市政协副主席贺光明、市政协秘书长张卫陪同调研。

10月16～17日，省政协主席罗正富率省政协秘书长车志敏、副秘书长兼研究室主任马孝初、副秘书长周胡荣一行到玉溪就发挥协商民主、加强新形势下的政协工作进行专题调研。市委书记张祖林，市委副书记、市长饶南湖，市委副书记夏立洪，市委常委、市委秘书长李洪云出席调研座谈会。市政协主席黄宪庭，市政协党组书记冷明德，副主席陈志芬、汪燕平、郭亚钢、李少华，秘书长张卫陪同调研。郭开堂、杨洋等驻玉溪省政协委员，三届市政协老领导、各委室负责人，各县区政协主席参加调研座谈会。黄宪庭向调研组汇报市政协工作。

**罗黎辉到玉溪调研** 11月6～7日，省政协副主席罗黎辉带领由省政协科教文卫体委、文史委，省卫生厅，部分省政协委员、专家组成的视察组，就“县级公立医院改革试点工作”深入我市新平县开展重点视察。市政协主席黄宪庭、市政协党组书记冷明德、市政协副主席汪燕平、秘书长张卫、科教文卫体委负责人、市卫生局负责人、新平县政协领导、新平县政府相关部门负责人陪同视察。

**和占钧到玉溪调研** 12月2～3日，省政协原副主席、省石产业联席会议副总召集人、省石产业促进会会长和占钧率省石产业联席会议办公室相关人员到玉溪市调研石产业发展情况。12月2日下午，调研组深入到江川县江城镇东山雄胜工艺石材厂、宏基石材厂等3个石材加工企业实地参观视察，并与江川县政协和相关部门的同志座谈交流。12月3日上午，市政协副主席贺光明主持调研座谈会，市人民政府副市长左广介绍了玉溪市石产业发展情况，市发展改革委、工业信息化委、国土资源局、工商局、统计局、安监局以及市珠宝协会、市奇石根艺收藏家协会等相关职能部门和行业协会的领导结合各自实际分别发言，就发展石产业提出意见、建议。

**【重要文件】**

**常务委员会工作报告**（2013年3月22日）（摘要）报告分三个部分：

一、过去五年工作的回顾。（一）坚持强化理论武装，团结合作政治基础更加巩固。一是深入贯彻中央和省、市委重要会议精神。二是扎实有效开展学习实践科学发展观活动。进一步增强了促进科学发展的思想共识，找准了人民政协在服务科学发展中履行职能的着力点。三是准确把握新时期党对政协工作的新要求。深化了对新世纪新阶段人民政协工作的特点和规律的认识，较好地把握了人民政协工作的主题、原则、方法和目标任务，推动了全市人民政协事业不断向前发展。（二）坚持围绕中心履职，服务科学发展取得明显成效。一是协商监督不断拓展。在每年的市政协全体会议上，以分组讨论、大会发言、界别联组会等形式认真协商讨论政府工作报告、国民经济与社会发展计划报告、财政预决算报告和“两院”工作报告，市委、市政府领导及政府部门负责人到会认真听取意见。界别联组会上，市委主要领导先后对《关于玉溪中心城区旧城保护与改造的建议》、《关于进一步重视和加强科普工作的建议》等7份建议现场作出批示，责成有关部门认真办理落实。五年来，市政协常委会议、主席会议先后听取了市政府及相关部门对全市经济运行、工业发展、水利设施建设、环境保护、国土资源、文化、卫生等10多个方面的工作情况通报；对市党代会工作报告、市委全会工作报告、“十二五”规划建议、“十二五”规划纲要、年度政府工作报告、玉溪市城市总体规划等方面的重大事项进行了协商。组织委员先后就云南省森林防火条例、云南省生物发展条例、玉溪市城市管理条例和农村合作经济、新型农村合作医疗等10多个专题开展了协商。就持续推动抚仙湖保持Ⅰ类水质问题，促成省政协对抚仙湖生态环境保护情况再次进行调研，提出9条建议，省领导罗正富、和段琪高度重视，分别作了重要批示，为争取把抚仙湖保护纳入省和国家发展规划起到了重要促进作用。组织委员在深入调研、民主测评、问卷调查、座谈交流、反馈意见的基础上，先后对市林业局、国土资源局、环保局、住房城乡建设局、规划局、工业信息化委6个部门的工作开展了民主评议，促进了政府部门的作风转变和工作改进。被聘请为特邀监察员、特邀检察员、人民监督员、人民陪审员、行风评议员和教育督导员的60多位委员，在参与行风评议、监督检查等活动中，体察民情，反映民意，较好地发挥了人民政协在推进党风廉政、行政效能和法治社会建设中的民主监督作用。二是调研视察成果丰硕。按照“精心选题、深入调研、科学分析、合理建议”的要求，充分发挥人民政协联系广泛、智力密集、视野开阔的优势，组织委员对党政关注、群众关心、政协所能的重要工作开展专题调研视察128次，形成调研报告87份，视察报告36份，提出意见建议756条。市委、市政府领导先后对市政协报送的玉溪高原特色农业发展、构建新型政府投融资平台、餐饮美食产业、实施“走出去”战略、加快北片新区城市排水及截污管网建设、公用事业建设中城镇污水生活垃圾处理设施、市文物管理所工作、非公企业职工社会保障等调研视察成果作了重要批示，要求市政府有关部门认真吸纳政协委员提出的意见建议，抓好工作落实。三届市政协以来，在深入调研基础上形成的关于玉溪市中心城区公共卫生服务体系建设、加快我市工业园区建设发展、加快发展玉溪市养老服务业、加快推进集体林权制度配套改革的4个建议案得到了市委、市政府的高度重视和采纳，为整合中心城区公共卫生资源、制定全市深化医药卫生体制改革的实施意见、推进工业园区转型升级和跨越发展、加快集体林权制度配套改革和加快发展养老服务业提供了重要决策参考。三是建言献策成效明显。通过省政协常委会、滇中经济区发展论坛等平台，紧密结合玉溪实际，积极围绕桥头堡战略、滇中经济区建设和加快昆玉一体化发展尽智建言。市政协领导在省政协常委会议上分别作了题为《在实施桥头堡战略中应重视和推进昆玉一体化发展》、

《加强领导，完善规划，积极推进桥头堡核心区建设》等发言，提出了将昆玉一体化发展列入云南省“十二五”规划并作为桥头堡战略的重要组成部分纳入国家规划和努力把玉溪打造成桥头堡建设核心区等6个方面的建议。在省政协滇中经济区发展论坛上，就玉溪如何发挥优势，转变经济发展方式，加快产业结构调整升级所提出的5条建议得到了省政协领导的充分肯定，被评为“建言献策一等奖”。根据省政协的安排，精心组织了滇中经济区玉溪建设发展子课题研究，形成了《滇中经济区玉溪建设发展研究报告》分别报送省政协和市委、市政府。四是积极参与重点工作。按照市委的统一安排，市政协领导积极参与了全市重大项目的调研、论证，承担了部分重点产业、重点项目建设的组织领导。认真抓好全市农村劳动力培训转移工作，连续五年超额完成了省、市下达的目标任务。协助市政府处置阳宗海水体砷污染事件及后续工作，牵头组织实施玉溪大河二期工程建设，积极参与聂耳文化品牌打造、中低产田地改造、集体林权制度改革、油菜及烤烟产业发展等重点工作及重大项目的协调推进。抽调市政协相关领导参与了学习实践科学发展观活动检查、“三湖”水污染专项督查、创建国家卫生城市、“两基”迎国检、党风廉政建设责任制考核、行政效能考评、普法依法治理、综治维稳和抚仙湖月检等工作。（三）坚持关注民生改善，在促进社会和谐中尽智出力。一是围绕民生问题积极献策。组织委员就中心城区教育资源优化整合、中心城区公共卫生服务体系建设、农村公共文化服务体系建设、科技创新能力建设、基层体育事业发展等专题开展了重点调研，积极向市委、市政府提出工作建议，多数建议得到重视和采纳，教育、卫生资源整合等调研成果的转化和应用，广大百姓已直接受益。针对人民群众普遍关注的热点难点问题，对义务教育阶段办学条件、流动人口服务和管理、深化户籍制度改革、推进社会管理创新、做好新形势下群众工作、农村计划生育服务与管理、发掘和传承民族文化、广播电视事业、非公企业职工社会保障、创建环境保护模范城市、澄江化石地保护和申遗等课题开展调研视察，提出建议200多条。积极组织政协专委会、民主党派、工商联和各县区政协参加省政协连续5年举办的民生论坛，报送稿件100多篇，提出建议400多条，为党委政府决策提供了重要参考。二是为群众多办实事谋福祉。坚持在每年春节前向特困党员和困难群众开展送温暖、献爱心活动。主动参与抗灾救灾工作，及时组织广大政协委员弘扬“一方有难，八方支援”的传统美德，为汶川地震灾区踊跃捐款和缴纳特殊党费10余万元。市政协领导带领调研组多次赴大旱和洪涝频发灾区了解情况，指导抗旱救灾工作，并组织机关干部职工捐款10余万元。充分运用市政协山区民族教育促进会平台，积极争取红塔集团等大型企业支持，筹集资金近200万元，开展了玉溪市“百名贫困学子大学圆梦”资助活动和召开玉溪市山区民族地区中小学及幼儿优秀教师表彰会，共资助贫困大学生270名，表彰优秀教师100名；安排支教资金50余万元，帮助市内20余所中小学校改善办学条件，有力地促进了社会事业发展。下派干部到新农村建设联系点元江县羊街乡党舵村委会驻村指导。多次深入元江县假莫代村委会打洞村民小组调研彝族山苏支系安居房建设和经济发展情况，帮助制定发展思路，完善安居房建设规划。深入市政协机关社会治安综合治理工作联系点澄江县右所镇、新平县漠沙镇调研指导，尽力帮助解决工作中的困难和问题。在开展“四群”教育活动中竭力为群众办实事，活动开展以来，市政协机关挂乡包村联系6个乡镇（街道）、6个行政村（社区）、18个村民小组，38名干部共联户135户，协调项目资金500余万元。三是促进民族团结宗教和睦。主动协助党委政府做好协调关系、理顺情绪、化解矛盾、促进团结工作。加强对民族宗教工作的联系，积极引导宗教与社会主义社会相适应，促进各民族共同团结奋斗、共同繁荣发展，共享改革发展成果。各民主党派、工商联、人民团体和各界别政协委员紧密联系实际，深入了解社会生活中的重要情况和群众关注的热点难点问题，进一步拓宽各阶层群众利益依法有序表达渠道，积极反映社情民意。认真贯彻党的民族宗教政策，利用传统节日召开民族宗教界代表人士座谈会及参加民族宗教重大节日活动等方式，走访宗教场所，看望宗教人士。组织委员对民族宗教工作、人口较少民族经济社会发展、少数民族地区新农村建设、青少年法制宣传教育、民营企业职工合法权益保护等问题开展调研，对社会管理综合治理和平安创建工作进行视察，为促进民族团结、宗教和睦、社会和谐献计出力。积极参与社会矛盾纠纷排查调处和做好群众来信来访工作，认真接待群众来信来访76件（次）155人（次），促成一些社会热点难点问题得以解决，市政协机关先后4次荣获全市社会管理综合治理先进单位。（四）坚持牢牢把握主题，营造凝心聚力共谋发展氛围。一是团结合作基础进一步巩固。认真贯彻“长期共存、互相监督、肝胆相照、荣辱与共”的方针，积极推进各党派团体和各族各界人士的大团结大联合。尽力为民主党派、工商联、人民团体和无党派人士履行职能创造条件，搭建平台。坚持市政协党组成员联系民主党派工商联制度，定期召开民主党派工商联秘书长联系会议，强化民主党派专职副主委参与政协专委会工作机制，加强联系沟通，增进交流合作。注重吸纳新经济组织和新社会阶层代表人士参加政协组织的活动，扩大团结面，增强包容性。支持各民主党派、工商联和无党派人士参与全市重大事项的协商讨论。广泛开展社会服务活动，邀请他们参加市政协组织的视察考察和联合调研。进一步增强了人民政协团结社会各界合作共事的凝聚力，筑牢了统一战线内部团结合作的共同政治基础。二是对外联谊交往进一步密切。充分发挥政协联系面广的优势，扩大联谊、凝心聚力，积极争取社会各界人士关心支持玉溪的发展。在中秋、国庆、元旦、春节到来之际，采取寄赠贺年卡和挂历、走访慰问及举办茶话会、座谈会等形式，与海外华侨华人及社团加强联谊交往。在纪念辛亥革命一百周年活动中，与市委统战部和市委宣传部联合举办了大型文艺活动。通过玉溪市海外联谊会、“五侨”联系会议等平台，积极开展各种联谊交友活动。召开了玉溪市海外联谊会二届一至三次理事会，成功筹办了2012年在玉溪举行的“第二届云南·日本荞麦文化交流会”，参与了第七届世界云南同乡联谊大会筹办工作。热情做好海外华侨华人及社团回国观光考察、投资兴业、探亲访友的接待工作。配合省政协做好香港伍集成文化教育基金会主席伍宗琳女士到江川县考察抗震学校建设的选址服务工作，促成该基金会投资350万元为龙街小学改建学校。与玉溪维和药业有限公司、玉昆钢铁股份有限公司联合举办了省、市政协“维和杯”、“玉昆杯”网球邀请赛。三是各方协调联系进一步加强。配合全国政协完成了义务教育均衡发展、澄江帽天山国家地质公园、抚仙湖保护、百年米轨滇越铁路文化遗产保护利用等6个课题的调研。配合省政协开展了滇中产业新区建设、高原特色农业发展、兴水强滇、民族散居地区经济社会发展、民族文化保护传承与旅游产业发展等20多个专题的调研视察，结合玉溪实际，向调研视察组提出了意见建议。加强与外地政协的走访交流和学习借鉴。加强对县区政协的联系指导，坚持市政协主席会议组成人员分工联系县区政协制度，建立了市县区政协委室对口联系制度，与县区政协联合开展调研视察，邀请县区政协参加市政协的重要会议和活动，成功举办了全市政协系统每年一届的职工运动会。积极争取上级政协的支持帮助，五年来共协调到省级补助资金560万元，进一步改善了市、县区政协办公条件。

（五）坚持发挥政协优势，经常性工作取得了突破进展。一是提案工作质量稳步提高。进一步完善工作机制，制定和修订了《政协玉溪市委员会提案工作条例》、《建议案工作规则》、《重点提案产生和办理办法》、《提案续办续复暂行办法》、《提案办理工作考核办法（试行）》等规章制度，促成办理工作纳入政府行政效能考核。强化委员培训，创新提案征集方式，不断提高提案质量。坚持政府、政协领导领衔督办重点提案、各委室督办重要提案制度，积极探索现场办理提案新方法，开展提案办后视察、评议、考核活动，努力提升提案办理质量。三届市政协期间，共收到提案1389件，立案1380件，办复率为100%，满意率和基本满意率为99.4%。二是文史工作成效不断彰显。拓宽文史工作领域，对市文物管理所、金莲山古墓群发掘与保护、澄江化石地申报世界自然遗产等工作情况进行视察，提出的意见建议得到采纳，促进了全市文物保护工作和澄江化石地申遗的成功。认真贯彻落实《政协全国委员会关于加强文史资料工作的意见》精神，遵循文史工作“三贴近”、“三服务”的原则和要求，编辑出版了市政协《当代人物》、《玉溪文化》、《农村改革发展》、《知青岁月》4

辑文史资料和《调查视察》、《建言献策》2本文集。《知青岁月》、《农村改革发展》在省政协首届优秀文史图书表彰大会上获表彰奖励。组织创作了玉溪《辛亥名将》等7部长篇历史小说。较好地发挥了文史资料“存史资政、鉴往知来、团结育人”的作用。三是新闻宣传工作得到加强。加强与新闻媒体的协调联系，做好政协日常宣传工作。精心编辑《政协信息》、《玉溪政协》、《社情民意动态》等刊物，加强常规信息、调研信息、经验信息的报送。重视和加强玉溪政协网站的建设管理，积极推进机关信息化建设。五年来，整理编辑各类信息300多期2000多条，通过网站向外发布信息1000多条。开展“委员风采”专题宣传活动，在市级主流媒体上宣传委员的先进事迹，进一步扩大了人民政协的知名度和社会影响力。（六）坚持加强自身建设，工作的科学化水平全面提升。一是委员主体作用得到有效发挥。制定了《关于进一步加强与市政协委员联系的意见》、《委员活动服务管理暂行办法》，切实增强委员履行职能的责任感和使命感。尊重和依法保护政协委员的民主权利，为委员知情出力、议政建言创造条件。坚持组织委员开展“五个一”活动，支持委员在参与学习、调研、视察、考察和协商活动中履行建言献策、民主监督职责，较好地发挥了委员在政协工作中的主体作用。二是专委会和界别工作得到加强。切实加强对专委会工作的领导，制定了委室联系会议制度、加强市政府工作部门与市政协各委室联系的意见等规定，坚持常委会议、主席会议定期听取专委会工作汇报，审定各专委会调研、视察计划。各专委会积极加强与上下级政协对口委室的联系，结合自身的特点和优势，组织开展专题调研视察，形成高质量的调研视察报告和提案。紧扣全市经济社会发展的重点问题开展形式多样的协商议政活动，努力提高议政建言实效。积极探索界别活动的新途径、新方法。坚持在政协全会期间举行界别联组会议，委员代表界别参加大会发言、提交提案，充分反映各界群众的愿望和要求。专委会分别组织所联系的界别委员开展座谈交流、学习研讨、工作通报、调研视察、对口协商、议政建言、行风评议及反映民意等活动，有效发挥了专委会的基础作用和界别的纽带作用。三是机关自身建设得到全面推进。坚持以创建“学习型、服务型、创新型、和谐型”机关为目标，以建设高素质干部队伍和提高政协工作科学化水平为重点，深入开展创先争优和“四群”教育活动，全面加强机关的思想、组织、作风和制度建设，认真落实党风廉政建设责任制，切实增强党员干部的宗旨意识和党性修养，不断提高履职为民的能力和水平。建立健全和修订完善了20余项规章制度，组织编印了《履职实践》和《规章制度汇编》，总结了本届政协履职的实践经验，推进了机关工作的制度化、规范化、程序化和科学化建设。进一步强化服务意识，转变工作作风，机关服务质量和工作效率不断提高。

二、五年来的基本经验。一是必须自

觉地坚持党对政协工作的领导。市委高度重视政协事业发展，把政协工作纳入全局工作中部署。召开市委政协工作会议，出台了支持人民政协履行职能发挥作用的意见，积极为政协开展工作创造条件。市政府大力支持政协工作，从机构设置、人员编制和办公条件改善等方面为政协履行职能提供了重要保障，制定和实施了《关于自觉接受政协民主监督加强与市政协委员和民主党派工商联联系的意见》。全市上下形成了党委重视、政府支持、政协主动、各方配合、社会关注的政协工作格局，确保政协事业始终沿着正确的政治方向前进。二是必须围绕中心紧扣科学发展履行职能。三届市政协始终把促进科学发展作为履行职能的第一要务，紧紧抓住科学发展主题和转变经济发展方式这条主线，同心同德谋发展，倾心尽力促和谐，充分调动全体委员的积极性、主动性和创造性，立足政协的职能和优势，在重大项目论证、重点工程建设和重要工作实施中，积极开展调研视察和议政建言，为促进全市经济社会发展作出了重要贡献，彰显了人民政协的独特优势和重要作用。三是必须把关注民生摆在政协工作的首位。三届市政协牢固树立群众观点，始终把群众利益放在首位，高度关注民生，及时反映民意，充分发挥人民政协联系社会各界的优势，深入调研视察，积极协商议政，全力协助党委政府促进民生改善，进一步筑牢了人民政协的实践根基，体现了履职为民这个根本宗旨。四是必须把加强协作作为增强合力的途径。三届市政协始终坚持团结民主两大主题，努力拓展各民主党派、工商联参与政协工作的广度和深度，不断提高了政协工作实效。坚持以秘书长联系会议、委室主任联系会议、界别委员小组活动、市政协委室对口联系会议为载体，开展形式多样、内容丰富的交流联谊活动，有效增强了政协工作的整体合力。坚持以重大专题调研为纽带，与省政协、各县区政协联合开展调研视察，邀请县区政协领导参加市政协重要会议和重要活动，形成了上下协调、各方配合、优势互补、成果共享的工作联动机制。五是必须把改革创新作为推动工作的动力。三届市政协顺应形势的发展变化，注重研究把握政协工作的特点和规律，不断推进人民政协理论创新、制度创新、工作创新，努力丰富政治协商新内容，积极探索民主监督新途径，不断拓宽参政议政新渠道，力求参政有高度、议政有深度、监督有力度、联谊有广度，在增强活力的基础上，不断开创人民政协工作新局面。六是必须全面加强完善自身建设这个基础。三届市政协认真贯彻落实中央和省市委关于进一步加强政协工作的一系列重要文件，着力推进政协工作制度化、规范化、程序化建设，使政治协商、民主监督、参政议政制度更加规范完备、严密有序。坚持以提高履职实效为抓手，全面加强对委员履职的服务和管理，增强专委会之间的协作配合，不断探索界别活动的有效形式，形成了以界别为纽带、党派为骨干、委员为主体、专委会为基础、机关建设为保障的自身建设新格局，有效提升了政协工作的科学化水平，夯实了政协事业健康发展的坚实基础。

三、对四届市政协工作的建议。（一）深化学习、统一思想，准确把握政协事业发展的前进方向。（二）围绕中心、服务大局，同心协力共促玉溪科学发展新跨越。（三）以人为本、关注民生，倾心尽力全面建设平安和谐新玉溪。（四）加强团结、凝心聚力，努力营造合作共事的民主政治氛围。（五）开拓创新、夯实基础，进一步提高政协工作的科学化水平。

**四届一次会议决议**（2013 年 3 月 26 日）　中国人民政治协商会议玉溪市第四届委员会第一次会议于 2013 年 3 月 22 ~26 日在玉溪举行。会议听取并赞同饶南湖同志代表第三届市人民政府所作的《政府工作报告》，赞同《玉溪市中级人民法院工作报告》、《玉溪市人民检察院工作报告》及《玉溪市 2012 年国民经济和社会发展计划执行情况与 2013 年国民经济和社会发展计划草案的报告》、《玉溪市 2012 年地方财政预算执行情况和 2013 年地方财政预算草案的报告》。会议听取并审议通过了冷明德同志代表政协玉溪市第三届委员会常务委员会所作的工作报告和陈志芬同志代表政协玉溪市第三届委员会常务委员会所作的提案工作情况报告。会议选举产生了政协玉溪市第四届委员会主席、副主席、秘书长、常务委员，圆满完成了各项议程，是一次团结民主、凝心聚力、开拓奋进、共谋发展的大会。

会议认为，政协玉溪市第三届委员会任期的五年，是我市经济社会平稳较快发展的五年，也是玉溪政协事业不断发展前进的五年。在中共玉溪市委的领导下，三届市政协常委会以邓小平理论、“三个代表”重要思想和科学发展观为指导，深入贯彻落实中共十七大、十八大和市第三次、第四次党代会精神，高举爱国主义、社会主义旗帜，突出团结民主两大主题，深刻把握新形势下人民政协工作的特点和规律，认真履行政治协商、民主监督、参政议政职能，切实发挥协调关系、汇聚力量、建言献策、服务大局的作用，各项工作取得了新进展、新成效，为玉溪经济建设、政治建设、文化建设、社会建设和生态文明建设作出了积极贡献。

会议认为，过去的五年，在中共玉溪市委的领导下，市政府认真执行党中央、国务院的一系列方针政策，深入贯彻落实省委、省政府和市委的决策部署，团结和依靠全市各族人民，坚持以科学发展为主题，以加快转变经济发展方式为主线，解放思想，抢抓机遇，真抓实干，攻坚克难，克服了全球金融危机的冲击和影响，战胜了四年连续干旱等严重自然灾害，解决了社会稳定、环境保护的突出矛盾和问题，全市经济社会发展呈现稳中有进的良好态势，保持了社会稳定、民族团结、生态良好、人民群众安居乐业的大好局面。《政府工作报告》全面贯彻了党的十八大、中央经济工作会议、省委九届四次全会、市委四届三次全会精神，实事求是地总结了第三届市政府的工作，提出了今后五年和 2013 年政府工作的目标任务，思路清晰，目标明确，任务具体，措施有力，鼓舞信心，催人奋进。会议对“一府两院”的工作表示满意。委员们十分关注玉溪经济社会发展的重大问题，就创新农业经营体制，加快发展现代农业；加大产业结构调整力度，转变经济发展方式；积极推进城镇上山，建设现代宜居生态城市；深化文化体制改革，加快文化教育事业发展；加强民生保障，提高人民生活水平；切实转变干部作风，全面推进工作落实等方面，提出了许多中肯的意见和建议。

会议指出，当前，玉溪正处于转变经济发展方式和调整结构的关键阶段，处于加快城镇化发展、建设现代宜居生态城市的重要阶段，处于为全面建成小康社会打基础、推动跨越发展的决定性阶段。全市各级政协组织和全体政协委员，要深入学习贯彻中共十八大、省委九届四次全会、市委四届三次全会精神，把思想和行动统一到中央、省委、市委的决策部署上来，把促进科学发展作为履行职能的第一要务，把促进和谐发展作为重要职责，把促进跨越发展作为工作的着力点。紧紧围绕玉溪经济社会发展重大问题和涉及群众切身利益的实际问题，深入进行专题协商、对口协商、界别协商、提案办理协商。紧紧围绕转方式调结构、推进玉溪跨越发展的目标任务，选择创新农业经营体制、优化招商引资环境、提升产业发展水平和壮大实体经济、积极稳妥推进城镇化、加强绿色发展等具有综合性、全局性、前瞻性的重大课题，深入开展调研视察和议政建言活动。紧紧围绕保障和改善民生、加强和创新社会管理，深入实际，深入基层，深入群众，协助党委、政府做好宣传政策、解疑释惑、理顺情绪、化解矛盾的工作，促进社会和谐稳定。在履行政治协商、民主监督、参政议政职能中，为玉溪科学发展、和谐发展、跨越发展，建睿智之言、献务实之策。

会议强调，在全面建成小康社会新的历史起点上，全市各级政协组织要主动适应新形势、新任务提出的新要求，深入贯彻落实全国地方政协工作经验交流会和省委、市委政协工作会议精神，切实加强自身建设。要充分发挥各民主党派和无党派人士在人民政协中的重要作用，加强同民主党派和无党派人士的团结合作，促进与中国共产党思想上同心同德、目标上同心同向、行动上同心同行。要充分发挥人民政协的界别优势，根据界别的特点和要求开展活动，认真探索开展界别活动的新方法新途径，运用界别讨论、界别发言、界别提案、界别视察等形式，调动各界别参政议政的积极性。要充分发挥委员的主体作用，政协委员要牢固树立政治意识、大局意识、群众意识、履职意识和委员意识，发挥好在本职工作中的带头作用、政协工作中的主体作用、界别群众中的代表作用，自觉树立和展示政协委员良好形象。要充分发挥政协专门委员会的基础性作用，积极探索专委会工作新思路新方式，不断增强工作活力和成效。要切实加强政协机关的作风建设，端正学风，改进文风、会风，进一步转变干部作风，培养和造就一支政治坚定、作风优良、学识丰富、业务熟练的高素质政协工作干部队伍。

会议号召，全市各级政协组织、全体政协委员、各民主党派、工商联、人民团体和各族各界人士，紧密团结在以习近平同志为总书记的中共中央周围，高举中国特色社会主义伟大旗帜，在中共玉溪市委的坚强领导下，解放思想，开拓创新，团结奋进，扎实工作，为促进玉溪全面建成小康社会、谱写人民政协事业发展新篇章而努力奋斗！

**黄宪庭主席在市政协四届一次会议闭幕会上的讲话**（2013 年 3 月 26 日）（摘要） 市政协四届一次会议，听取和审议了三届市政协常委会工作报告和提案工作报告；听取并协商了政府工作报告和其他报告；在充分民主协商的基础上，选举产生了市政协新一届领导班子，并选举我担任市政协主席。在新的工作岗位上，我将继承和发扬历届政协的好传统、好经验、好作风，团结和带领新一届政协班子成员，紧紧依靠各民主党派、工商联、人民团体、各族各界人士和全体政协委员，不辱使命、不负众望，以开拓创新的精神，努力把新一届市政协工作做好。我坚信，有市委的坚强领导，有市政府的大力支持，有历届市政协老领导的指导帮助，有广大政协委员的共同努力，我们一定能够担负起历史赋予的重任，并将在新的起点上，用恪尽职守来诠释责任，用奋发有为来回应期望，不断把人民政协事业推向前进！三届市政协任期的五年，是继承优良传统，不断改革创新，心系民生、致力发展的五年；是履行政治协商、民主监督、参政议政职能，奠定坚实基础的五年。特别是明德同志以坚定的党性原则、强烈的政治责任感，为政协事业蓬勃发展倾注了心血和汗水，为开创政协工作新局面作出了重要贡献。各位常委、委员以高度的政治责任感，尽职尽责，扎实工作，为开创政协工作新局面做出了积极贡献。本届市政协任期的五年，将是玉溪实现跨越发展，与全国、全省同步全面建成小康社会的五年。我们要以邓小平理论、“三个代表”重要思想、科学发展观为指导，牢牢把握团结和民主两大主题，紧紧围绕中心、服务大局，全面履行职责，坚持在继承中创新、在创新中发展，切实把政治协商、民主监督、参政议政的着力点放在影响科学发展、和谐发展、跨越发展深层次矛盾的分析上，放在事关全面建成小康社会的综合性、全局性、前瞻性问题的思考上，放在解决人民群众最关心、最直接、最现实问题的思索上，努力在发挥优势中突出政协特色、彰显政协价值。今年是全面深入学习贯彻中共十八大精神的开局之年，也是四届市政协的开局之年。中共玉溪市委四届三次全会明确了全市经济社会发展的奋斗目标和努力方向。各级政协组织和政协各参加单位要在党的十八大精神指引下，紧紧结合玉溪实际，全力做好解放思想、改革创新、招商引资三篇大文章。要动员社会各界，认真履行职能，积极建言献策，多发出“好声音”、多聚合“正能量”，努力在全社会营造同心协力搞建设、凝心聚力谋发展的良好政治氛围。要充分发挥政协联系广泛、包容性强和渠道畅通的优势，进一步加强对外联谊，扩大对外交往，广泛捕捉和收集信息，为招商引资牵线搭桥，争取有更多外商看好玉溪、更多企业投资玉溪、更多项目落户玉溪。要充分发挥非公人士的优势，通过民主评议、座谈走访、专项调研视察和监督检查等方式，优化发展环境，为民营企业排忧解难。要始终突出团结和民主两大主题，积极引导社会各方进行有序政治参与，促进不同党派、不同民族、不同界别之间的大团结、大联合，巩固和发展最广泛的爱国统一战线。要在充分发扬社会主义民主的基础上，坚持民主协商、平等议事原则，深入拓展协商民主的形式，完善专题协商、对口协商、界别协商、提案办理协商，创新政协工作方式，拓宽公民有序政治参与渠道，努力构建多层次、全方位的协商新格局。要按照中央和省市委关于进一步转变作风，密切联系群众的要求，坚持以人为本、关注民生，注重选择关系重大的民生问题作为政治协商的重要议题，注亘把群众反映强烈的民生问题作为民主监督的重要内容，注重把群众迫切需要解决的民生问题作为参政议政的重要任务。要以保障和改善民生为重点，积极开展调研视察和民主监督，切实为学有所教、劳有所得、病有所医、老有所养、住有所居等民生问题进行咨政建言，献计出力。要深入基层、深入群众，及时了解和掌握群众思想认识的困惑点、利益关系的交织点、矛盾问题的易发点，真诚倾听群众呼声，真实反映群众意愿，真情关心群众疾苦，多谋民生之利，多解民生之忧，进一步密切党和政府与群众的血肉联系，确保在民生改善、社会和谐稳定方面取得实效。要进一步深入贯彻落实《中共玉溪市委关于支持人民政协履行职能发挥作用的意见》，强化政协自身建设，进一步激发界别活力，加强党派合作，充分发挥委员主体作用和专委会的基础作用，全面提高政协机关履行职能的水平，形成以界别为纽带、党派为骨干、委员为主体、专委会为基础、机关建设为保障的“五位一体”整体联动、协同推进的政协工作新格局。政协委员既是崇高的政治荣誉，更是重大的社会责任。我们一定要强化责任，牢记使命，不负重托，真心履职，充分发挥在本职工作中的带头作用，在政协工作中的主体作用和在界别群众中的代表作用，做到用高尚的人格感召人、用良好的人缘团结人、用清正的人品影响人，以实际行动争做一名组织放心、群众信任、社会尊重的政协委员，在平凡的岗位上，以高度的政治责任感和奋发有为的精神，谱写出无愧于组织、无愧于时代、无愧于改革、无愧于人民的壮丽篇章！

**【组织概况】**

**主　席**

冷明德（任职至2013年3月26日）

黄宪庭（2013年3月26日任职至今）

**副主席**

陈志芬（女）　　汪燕平（女）

马良昌 郭亚钢
贺光明 李少华

**秘书长**

张　卫

**常务委员名单**（共54名，按姓氏笔画为序）

马孔军 马尔继（回族）
王云平 王文平
王丽文（女） 王尚宁
王建钢 韦　亮（女）
尤文献 史亚新
付春飞（女） 白约翰（彝族）
白应海（彝族） 冯咏梅（女）
冯晓燕（女） 宁　杰
任云珏（女） 刘兴荣
李自乔 李志明
杨　勇 杨军苹（女）
杨建敏 杨硕媛（女）
杨惠存（女） 何　勇（彝族）
何国光 何雪峰（彝族）
余喜松 沐爱斌（回族）
张　炜 张希也（女）
陈川明 陈开燕
矣胜荣（彝族） 易长生（彝族）
罗世明 罗家云
罗跃岗 金志林
周　勇 周爱华（女）
赵永平 郝应禄
施忠平 姚　涛
钱润光 高家永
唐进峰（哈尼族） 黄　镇
释智德 曾立岩
谢　江 谭　佳（女）

**委员名单**（共319名，按姓氏笔画为序）

**中国共产党**（18名）

孔施祥 龙　兰（女，彝族）
刘兴荣 李卫华（彝族）
杨丽坤（女） 杨丽萍（女）
喜松 冷明德
汪燕平（女） 沐爱斌（回族）
宋红瑛（女） 张　卫
张存良 陈开翔
陈全胜 陈克华
贺光明 黄宪庭

**民革**（6名）

冯咏梅（女） 李少华
李晓玲（女） 何建刚（彝族）
范玟均（女） 施忠平

**民盟**（8名）

叶丽晶（女） 乔汝惠（女）
李智明 杨洪坚（女）
何　涛 何有昌
姚　涛 蒋建明

**民建**（8名）

马　萍（女） 王丽文（女）
王建钢 杨泰彪
张剑波 陈开燕
高巨华 黄玉凯

**民进**（7名）

马玉辉（女，回族） 朱德富
何雪峰（彝族） 张　炜
金国东 蔡苏玲（女）
谭　佳（女）

**农工党**（7名）

曲校德 华　旭

周爱华（女） 董良顺
舒　蕾（女） 曾立岩
解　云

**致公党**（6名）

邓雪松 任云珏（女）
李高良 周　勇
郝应禄 程　斌

**九三学社**（7名）

王美华（女） 李　斌
张培清 郭亚钢
高兴忠 黄　丽（女，回族）
鲁　伟

**工商联**（19名）

刀桂芳（女，傣族） 王力宏（女）
王维和 尤文献
卢正旦 李凤全
李明定 李树琼（女，彝族）
李家贵 杨忠和（彝族）
邵劲松 周　泉
周海燕（女） 侯柱敏
黄彦林 曹汝智
龚德斌 蒋海明
谢　江

**无党派人士**（16名）

马孔军 邓拾祥
付春飞（女） 宁　杰
杜红英（女） 李志明
李金荣 吴向阳
余云莉（女） 陈志芬（女）
张瑞彤（女） 尚学寿
赵永平 胡继昆
黄　庆（女） 黄亚林

**工会**（7名）

韦　亮（女） 田　庆（回族）
花苡萍（女） 沈　胜
张春善 陆富仙（女）
柏劲松（彝族）

**共青团、青联**（7名）

杨成云 吴龙驹（回族）
张希也（女） 金忠宏
孟震波 赵　芳（女，回族）
赵　波（女）

**妇联**（7名）

杜琼珍（女，彝族） 李桂萍（女）
李艳红（女，彝族） 杨军苹（女）
秀祖会（女） 郑丽英（女）
夏文俊（女）

**归国华侨联合会**（8名）

马凤仙（女，彝族） 冯忠平
许真生 何国光
沈瑞云（女） 矣永波
纳吉伟（回族） 赵　祥

**文化艺术界**（10名）

王尚宁 杨　燕（女）
杨　薇（女，白族） 杨丽敏（女）
何永平（彝族） 张丽萍（女）
陈川明 林元涛（女）
徐　军 梁玉蓉（女）

**科学技术界**（17名）

王宏义 石宝富
龙海军（彝族） 任丙皓
刘吉祥 孙美宏（女,哈尼族）
杜自亮 李　琼（女）
张燕明 罗世明
金志林 徐　莉（女）

高家永　黄　镇
曹建勇　普超云（彝族）
戴朝红

**经济界**（32名）

飞再富　王　东
王佩文（壮族）　史金华
朱　毅　刘光夫
刘跃芬（女）　祁敬元
坝汝明（彝族）　李明福
杨　勇　杨建敏
杨绍文（苗族）　杨晓春
沐华斌（回族）　陈　强
陈文玉　陈兴隆
罗云梅（女）　赵金会（女）
胡　飞（回族）　钟光汉
禹联信　徐建韬
海秀兰（女）　郭文洪
黄　欣（女）　黄亨本
期来生　谢光平
蔡　伟　魏进平（女）

**农业界**（20名）

马双喜　王正福
王自富　杜玲兰（女）
李　英（女）　李海林
杨　涛　杨云华（女，白族）
杨硕媛（女）　吴增奎
张宝兴　矣胜荣（彝族）
纳丽佳（女，回族）胡海碧
姚　梅（女）　徐志斌
董　伟（拉祜族）
普绍福（彝族）　蔡亚东
缪丹梅（女，彝族）

**教育界**（17名）

马　慧（女）　王　彦
王亚琼（女）　白秀花（女，彝族）
李玉娟（女）　李永云
李良庆（女）　杨芝美（女）
杨志勇　何　勇（彝族）
张向明　罗家云
周绍仪　施云开（彝族）
郭梅艳（女）　黄绍林
蒋红梅（女）

**医药卫生界**（13名）

马　懿（回族）　马丽红（女，回族）
王　红（女）　刘江伟
刘国跃　刘德安
关文芬（女）　严金鑫
张　尧　张　诚（彝族）
张译丹（女）　张艳华（女）
谭双菊（女）

**宗教界**（11名）

马文旺（回族）　马尔继（回族）
马洪元（回族）　马恒慈（回族）
白约翰（彝族）　李树珍（女）
李保洪（回族）　桂希往（回族）
通　禅　释惟祥
释智德

**少数民族人士**（19名）

马良昌（回族）　马黎明（回族）
王　超（白族）　龙顺发（彝族）
孙成雄（哈尼族）　李　林（白族）
李太祥（傣族）　杨　艳（女，苗族）
肖天洪（彝族）　何文珠（女，土族）
罗　逍（女，彝族）卑春华（彝族）
官建团（蒙古族）　赵世英（女,蒙古族）

胥　余（女,哈尼族）高　健（彝族）
郭丽娟（女，彝族）普永发（彝族）
普秀琼（女，彝族）

**特别邀请人士**（39名）

马文荣　王　军
王云平　王文平
王丽娟（女）　牛建明
孔令斌　史亚新
白应海（彝族）　冯晓燕（女）
毕永富（哈尼族）　吕培生
朱　莉（女）　任连荣
许中华　苏德华（白族）
李　伟　李长虹
李自乔　杨惠存（女）
杨静媛（女）　吴志珍（女）
邱忠华　何树桐
张家明　陆绍明
易长生（彝族）　罗跃岗
金发辉　周　义
周　俊　赵　琼（女）
都　宁　聂学政
钱润光　徐丽华（女）
唐进峰（哈尼族）　黄志慧（女，彝族）
康凌华

**副秘书长任命名单**

（2013年3月11日市政协三届二十二次常委会议通过）

周艳芬　任玉溪市政协副秘书长

汪子新　任玉溪市政协副秘书长

**不再担任副秘书长名单**

（2013年5月28日市政协四届二次常委会议通过）

沐爱斌　不再担任玉溪市政协副秘书长职务

**办公室、研究室、专门委员会主任、副主任任免名单**

（2013年4月10日市政协四届一次常委会议通过）

刘兴荣　任政协玉溪市委员会副秘书长、办公室主任

马文荣　任政协玉溪市委员会副秘书长、研究室主任

沐爱斌　任政协玉溪市委员会副秘书长（兼职）

毕永富　任政协玉溪市委员会副秘书长

周艳芬　任政协玉溪市委员会副秘书长（正县级）

汪子新　任政协玉溪市委员会副秘书长（正县级）

杨惠存　任政协玉溪市委员会提案委员会主任

吴志珍　任政协玉溪市委员会提案委员会副主任

谭　佳　任政协玉溪市委员会提案委员会副主任（兼职）

杨建敏　任政协玉溪市委员会经济委员会主任

王　东　任政协玉溪市委员会经济委员会副主任

王丽文　任政协玉溪市委员会经济委员会副主任（兼职）

何　勇　任政协玉溪市委员会科教文卫体委员会主任

刘德安　任政协玉溪市委员会科教文卫体委员会副主任（正县级）

何有昌　任政协玉溪市委员会科教文卫体委员会副主任（兼职）

普永发　任政协玉溪市委员会人口资源环境委员会主任，免去政协玉溪市委员会副秘书长职务

高家永　任政协玉溪市委员会人口资源环境委员会副主任（正县级）

王美华　任政协玉溪市委员会人口资源环境委员会副主任（兼职）

王云平　任政协玉溪市委员会民族宗教法制委员会主任

王胜荣　任政协玉溪市委员会民族宗教法制委员会副主任

俞自力　任政协玉溪市委员会民族宗教法制委员会副主任（兼职）

施忠平　任政协玉溪市委员会民族宗教法制委员会副主任（兼职）

何雪峰　任政协玉溪市委员会文史委员会主任

华　旭　任政协玉溪市委员会文史委员会副主任（兼职）

任连荣　任政协玉溪市委员会联络委员会主任，免去政协玉溪市委员会副秘书长职务

朱　莉　任政协玉溪市委员会联络委员会副主任

何国光　任政协玉溪市委员会联络委员会副主任（兼职）

周　勇　任政协玉溪市委员会联络委员会副主任（兼职）

（2013 年 8 月 23 日市政协四届三次常委会议通过）

易长生　任玉溪市政协民族宗教法制委员会副主任

王胜荣　不再担任玉溪市政协民族宗教法制委员会副主任职务

李近伟　任玉溪市政协经济委员会副主任

王　东　不再担任玉溪市政协经济委员会副主任职务

（2013 年 11 月 14 日市政协四届四次常委会议通过）

朱　莉（女）　任玉溪市政协联络委副主任

**【机构概况】**

玉溪市政协设办公室、研究室、提案委员会、经济委员会、科教文卫体委员会、人口资源环境委员会、民族宗教法制委员会、文史资料委员会、联络委员会、机关党委 10 个内设机构。办公室下设秘书科、综合科、行政科、人事老干科、信访保卫科、车队 6 个科级单位，机关党委下设党委办公室（科级单位），各专门委员会下设办公室（科级单位）。

**【玉溪市各县（区）政协主席】**

红塔区　王文平

通海县　钱润光

江川县　罗跃岗

澂江县　李自乔

华宁县　白应海

易门县　冯晓燕（女）

峨山县　易长生（任职至 2013 年 12 月 27 日）

董云永（2013 年 12 月 27

日任职至今）

新平县　史亚新

元江县　唐进峰（哈尼族）

## 玉溪市各级政协委员和组织数

（截至 2013 年底）

| 州(市)县 \ 项目 | | 委员数 | | 组织数 |
|---|---|---|---|---|
| 玉溪市 | | 315 | | 1 |
| 各县区市 | 红塔区 | 206 | 1490 | 9 |
| | 通海县 | 179 | | |
| | 江川县 | 167 | | |
| | 澂江县 | 146 | | |
| | 华宁县 | 160 | | |
| | 易门县 | 155 | | |
| | 峨山县 | 148 | | |
| | 新平县 | 170 | | |
| | 元江县 | 159 | | |
| 合　计 | | 1805 | | 10 |

（编写：沐德能　审稿：马文荣）

# 政协保山市委员会

汤正义 秘书长

【全体委员会议】

**三届二次会议** 12月23～26日在隆阳区召开，应到会委员312名，实到280名。市委副书记余炳武，市人大常委会主任杨建洪，市委、市人大、市政府、市人民检察院、市中级人民法院领导到会。原任四班子主要领导及市政协退休老领导应邀参加开幕式。会议执行主席张静、罗兴志、孙家灿、石玉昌。罗兴志主持会议。会议听取和审议政协保山市第三届委员会常务委员会工作报告和提案工作报告；与会委员列席保山市第三届人民代表大会第二次会议，听取并协商讨论《政府工作报告》及其他报告；会议举行大会发言，中共保山市委、市政府及市直有关部门领导到会听取委员发言；表彰了市政协三届一次会议优秀提案。

【常务委员会会议】

**第1次会议** 2月26日在保山召开。应到会常委53人，实到会50人。市政协主席张静，副主席罗兴志、孙家灿、石玉昌、寸时庆、黄玉仙、苏正平，秘书长李长富出席会议。会议由张静主持。会议传达学习省政协十一届一次会议精神；审议通过市政协常委会2013年工作要点。

**第2次会议** 7月17日在保山召开。应到会常委52人，实到49人。市政协主席张静，副主席罗兴志、孙家灿、石玉昌、寸时庆、黄玉仙、苏正平，党组成员、秘书长候选人汤正义出席会议。市人民政府副市长丁昌吉，市高原特色农业产业督导协调组副组长李长富应邀出席会议。会议由张静主持。会议听取市政府通报全市上半年经济运行情况；通过有关人事事项。

**第3次会议** 10月31日在保山召开。应到会常委53人，实到50人。市政协主席张静，副主席孙家灿、石玉昌、寸时庆、黄玉仙、苏正平，秘书长汤正义出席会议。市委常委、常务副市长刘刚，市高原特色农业产业督导协调组副组长李长富应邀出席会议。会议由张静主持。会议专题协商“森林保山”建设情况；通过有关人事事项。

**第4次会议** 12月25日在保山召开，应到会常委53人，实到50人。市政协主席张静、副主席罗兴志、孙家灿、石玉昌、寸时庆、黄玉仙、苏正平、秘书长汤正义出席会议。市委常委、副市长王力，市高原特色农业产业督导协调组副组长李长富应邀出席会议。会议分别由张静、罗兴志主持。会议听取市委常委、副市长王力通报了市政协三届二次会议以来提案办理情况；听取、讨论、审议并通过了关于召开三届三次会议相关事宜；各委室报告2013年工作情况及2014年工作要点（书面）；通报常委会调研视察报告（书面）；审议通过《关于授权主席会议审定政协保山市第三届委员会常务委员会第八次会议未尽事宜的决定》。

【专门委员会工作】

**提案法制委员会** 一是做好提案征集工作。三届二次会议期间及闭会后，共收到提案222件，立案205件，采纳率92.3%，办复率100%。二是做好提案督查督办指导工作。确定重点提案8件，召开专题督办协商会8次。与市委督查室、市政府督查室、市政府办议案科组成督查组深入23个单位，对83件市政协三届一次会议“B”类提案进行专项督查。评选表彰三届二次会议优秀提案15件。三是在全会前召开提案征集座谈会。四是编印《提案选编》第十辑。五是发挥政协委员中受聘担任人民陪审员、监督员、督导员作用。全年参与市中级人民法院陪审31场次，参与公安执法监督活动15场次。六是开展调研视察工作。组织委员就全市小水窖建设提案办理情况、西大沟城区段裸露部分整治、隆阳区新雨社区社会管理创新工作进行专题视察，提出《关于整治西大沟城区段裸露部分的建议》重点提案。七是做好省政协民生论坛的征文工作，共征集提交论文8篇。八是到隆阳区瓦马乡上拉堡村开展联村入户工作，争取抗旱资金3万元，帮助该村抗旱救灾。

**经济委员会** 一是开展专委会委员活动。4月10日，组织20多名经济界委员视察招商引资工作。二是开展专题调研。调研保山市生物制药产业发展情况，形成《保山市生物制药产业调研报告》。参与对边境口岸通关便利化调研，形成相关信息供市委政府决策参考。三是完成省政协企业家论坛征稿工作。其中一篇稿件被评为二等奖。四是开展对口联系部门协商监督工作。对部门将出台的各种政策性文件征询意见实行协商反馈，充分表达委员意见建议，发挥协商民主作用。四是安排人员参与全市新农村建设工作队。

**人口资源环境委员会** 一是开展调研视察工作。到昌宁、龙陵和腾冲等3县的7乡镇、6村（社区）、4个自然村、2个堆放坑、1个填埋场、1个焚烧处理点对全市农村垃圾处理情况进行专题调研，形成《关于全市农村垃圾处理情况的调研报告》，争取落实财政资金500万元补助乡村垃圾处理基础设施建设。对隆阳区保障性住房建设工作进行专题视察，提出了意见建议。二是配合兄弟政协开展考察工作。配合浙江省金华市政协到我市对加强和完善弱势群体社会救助体系建设学习考察的相关工作。三是参加市环保局组织的《保山市生物多样性保护实施方案》审查会。

**科教文卫体委员会** 一是召开专委委

员会议2次，重新修订本专委会职责。二是组织开展全市农村卫生监督与管理工作调研，提交《全市农村卫生监督与管理工作调研报告》。开展保山中心城市饮用水卫生状况视察，提交《保山中心城市饮用水卫生状况视察报告》。开展保八中教育教学管理、富群公司食用菌科技栽培富农调研，配合省政协教科文卫体委做好了桥头堡战略背景下人才培养调研、滇西抗战文化调研和抗战文化与旅游产业和谐发展视察。三是组织召开《关于解决保山市农村饮用水安全的建议》（19号）重点提案办理面商会议；组织《关于加强保山中心城市特色小吃一条街综合整治的建议》（3号）集体提案办理的现场会商。四是完成保山市国家公共文化服务体系示范区创建的督导任务。协助做好保山一中、保山医专、保山中专学校、施甸一中新建项目挂钩工作。五是协调电视台完成市政协三届二次会议、2013年度市政协重要活动宣传报道的辑录汇编。七是到腾冲县五合乡腊勐社区，走访村民小组15个、农户220户，调解矛盾纠纷28起，提出合理化工作建议58条，争取资金1.3万元。八是争取成龙基金会等民间慈善机构救治我市贫困患儿13名，涉及救助资金114万元。

**民族宗教华侨联络委员会** 一是调研视察。组织委员赴腾冲县、龙陵县和隆阳区对我市残疾人就业情况开展专题调研，提交《保山市残疾人就业情况的调研报告》。组织部分市政协委员视察保山富群公司和基督教“两会”福音戒毒学校。在调研基础上提出了《对人口较少民族实施教育优惠的建议》（102号）提案。二是对外交流。参加各民族研究会、宗教团体的重大民族节日、新年团拜、春节联欢、圣诞、开斋节、阔时节等节日庆典及对外交流活动。三是联村入户。到腾冲县五合乡整顶村开展联村入户工作。四是重要会议活动。配合省政协在保山召开全省政协港澳台侨和外事工作座谈会；组织召开中秋茶话会。五是提案工作。做好《关于加快推进保山市工业园区标准厂房建设的建议》（202号）重点提案的督办工作。

**文史资料委员会** 一是办好《保山政协》杂志，共编辑出版4期。二是到五县（区）组织召开市政协文史资料征集工作座谈会。三是到怒江州泸水县参加云南省八州政协文史工作联系会，并以《如何做好政协文史资料工作》为题作交流。四是组织部分政协委员和文史委专委会委员视察隆阳区德昂族非物质文化遗产保护与传承工作。五是征集《名人保山行》文史资料150多篇，收录图片700多幅。六是联合侨务部门征集华人华侨文史资料230篇70余万字，征集建国以来至改革开放前各个历史时期的文史资料90多篇40多万字。七是到腾冲县五合乡整顶村，宣讲党的十八大精神，并就城乡一体化建设作专题讲解。

**【重要活动】**

**罗正富到保山开展征求意见及调研工作** 4月16～17日，省政协主席罗正富到腾冲县开展“四群”教育活动，并对高原特色农业的发展情况进行调研。8月8~9日，罗正富一行到腾冲县征求基层政协对省政协工作的意见，赴“四群”教育联系点明光镇凤凰社区了解农村干部群众贯彻落实群众路线教育实践活动情况。8月17日，罗正富到昌宁县调研经济社会发展情况和政协工作。

**“森林保山”专题协商** 8月28~31日，市政协主席张静、副主席苏正平带领由市政协办公室、人口资源环境委、经济委、市林业局、市发改委、部分民主党派负责人以及部分县区政协主席组成调研组，先后深入隆阳、龙陵、施甸就“森林保山”建设情况进行调研。并于10月31日召开常委会专题协商“森林保山”建设情况。

**“四群”教育活动** 2013年市政协班子成员带领机关干部驻村蹲点126人次，为群众办实事139件，协调项目25个，争取资金500多万元。派驻昌宁县英韬村、腾冲县五合乡的工作队员协调项目17个，到位资金200多万元。

**五县区政协理论研讨暨联谊会** 8月7~9日，保山市五县区政协理论研讨暨联谊会第十六次会议在隆阳举行，会议以“推进保山美丽乡村建设的对策和建议”为主题，市、县区政协、各民主党派、工商联和部分委员撰写21篇议政建言文章。

**中秋茶话会** 9月16日，市政协召开以“喜迎中秋佳节建设 美丽保山”为主题的国庆中秋茶话会。市委书记李正阳讲话，市政协主席张静致辞。各界代表围绕保山改革发展进行发言。市委副书记、市长吴松，市委副书记余炳武，市人大常委会主任杨建洪等市党政军领导及各族各界人士代表120多人出席会议。

**【重要文件】**

**常务委员会工作报告**（2012年12月23日）（摘要）报告分两部分：

一、2012年工作回顾。（一）加强思想理论建设，夯实履行职能的思想政治基础。一是认真学习贯彻中共十八大精神。把学习贯彻十八大精神作为一项重要任务进行安排部署，召开动员会议和专题学习会议，认真学习十八大报告、习近平总书记在十八届一中全会、新一届中央政治局常委中外记者见面会上的重要讲话，学习党章修正案，学习讨论中共保山市委书记李正阳11月20日在市委常委扩大会议上就学习贯彻十八大精神的讲话；组织中心组专题学习，结合保山发展实际和政协工作实际讨论交流；以“学习贯彻党的十八大精神，保持党的纯洁性”为主题分别召开党组班子民主生活会和机关处级领导干部民主生活会。通过学习，增强了坚持中国特色社会主义道路、与全国全省同步建成小康社会的信心和决心；深刻领会十八大对人民政协提出的新要求，充分认识协商民主的广泛性和针对性，发挥优势的着力点，切实把思想统一到十八大精神上来，把智慧和力量凝聚到十八大确定的目标任务上来，为更好地履行职能奠定坚实的思想基础、提供强大的精神动力。二是树立服务全市经济社会发展的大局意识。通过全体委员会议、常委会议、主席会议、专委会议、委员培训等有效形式，深入扎实地开展学习活动，大力弘扬理论联系实际的学风，做到学习理论与推动工作紧密结合，切实把市政协履行职能的重心放在对影响我市科学发展和谐发展跨越发展重大问题的调研分析上，放在实施“六大战略”和推进“四化五加强”工作措施中一些重大课题的思考上，放在实现“四个翻番”、“两个倍增”的对策建议上，真正使学习贯彻中央、省、市委重要会议精神的过程，成为统一思想认识、提升能力素质的过程，成为汇聚智慧力量、推动跨越发展的过程，进一步明确开展政协工作的中心和重点，提升把握大局、服务大局的能力和水平。三是着力提高委员的整体素质。针对市政协换届后新委员比例较大的实际，开展了政协委员培训，邀请省政协、省社科院的学者和专家就中国特色社会主义人民政协理论、担起政协委员责任、历史文化和民族文化、云南桥头堡建设等内容进行专题辅导，组织委员结合工作实际交流履职经验，学习讨论委员管理办法和提案工作规定，着力提高政协委员的理论水平和履职能力。召开常委会议，采取以会代训，就政协常委履职要求、提案工作、宗教工作以及民营经济在县域经济发展中的作用等专题进行辅导，着力增强常委的责任意识、提升履职能力。（二）紧紧围绕全市工作大局，努力为推动经济社会发展贡献力量。一是开展调研视察为推动发展建言献策。着眼全市工作大局，以关系经济社会发展的重大项目建设和国计民生的重大问题为重点，就强化行政服务优化经济发展软环境、保山中心城市面山生态恢复治理、中小学校健康教育、特少民族扶持政策贯彻落实等4个专题开展重点调研；就保山中心城市管理、隆阳城区文物保护利用、旅游重大项目建设、槟榔江三岔河水电站建设以及保山国家公共文化服务体系示范区、民族团结示范点、猴桥边境经济合作区、昌宁特色经济园区建设等10个专题进行重点视察，取得了一批有影响的成果。调研强化行政服务优化经济发展软环境情况，就部分企业反映的行政执法部门以罚代管等问题，提出推广企业服务团和解决行政部门以罚代管问题等建议，得到市委市政府的高度重视，研究出台相关政策措施，着力改善经济发展软环境；视察隆阳城区文物保护工作，促成市政府明晰了部分房地产开发区内的文物产权；调研学校健康教育情况，就“平安校园”建设中存在的校园周边环境治理不力等问题，提出建立校园周边整治长效机制等建议；调研保山中心城市面山生态恢复治理情况，提出大力推进建设“生态保山”的一些具体意见建议。积极配合全国政协和省政协开展了《国家中长期教育规划纲要》贯彻落实、高原特色农业产业发展、美食产业发展、城镇污水及生活垃圾处理设施建设、基层医疗卫生机构综合改革、现代烟草农业建设等专题调研和视察，向全国政协和省政协报送了专题调研和视察报告，提出了许多有参考价值的意见建议。二是抓产业挂项目促发展。积极配合政府抓蚕桑产业发展。重点建设蚕桑核心基地乡镇、重点村和示范园区，巩固提升老桑园，加快发展新植桑园面积，促进了全市蚕桑产业的稳步发展。实行领导班子成员挂钩桥头堡建设重点项目。班子成员分别挂钩保山茂华义乌国际商贸城、玛御谷温泉度假旅游区、槟榔江三岔河水电站、保山海螺水泥、邦腊掌温泉旅游开发、猴桥边境经济合作区、沙（河）丙（麻）公路、昆钢嘉华水泥二期扩建等桥头堡建设重点项目，积极主动协调解决有关问题，推进项目建设。实行班子成员联系学校。班子成员分别联系腾冲一中等7所中学，督促指导建设“平安校园”，帮助学校争取建设项目和资金，改善办学条件。政协委员积极参与经济建设。312名委员分布于全市经济社会建设的各条战线，在不同的岗位上恪尽职守，把履行委员职责与做好本职工作结合起来，努力工作，积极参与公益事业，为促进全市经济社会发展作出了积极贡献。（三）牢固树立履职为民理念，为促进民生改善发挥作用。一是为改善民生献计出力。抓住“中心城市管理”、“中心城市面山生态环境治理”、“保障房建设”、“平安校园创建”等重大民生问题，开展重点调研视察，提出改进相关工作的建议，协助党委政府做好改善民生工作。组织委员就公共卫生服务体系建设、清洁生产、农村环境整治、农村食品安全监管、实施国家基本药物保护制度等关系群众切身利益的问题提出提案，加大提案督办力度，促进对有关问题的重视和解决。组织委员围绕完善社会保障体系、扩大就业、加强和创新社会管理、加快推进以改善民生为重点的社会建设、提升人民幸福感等问题开展调研，撰写论文16篇，参加省政协“民生论坛”，有关论文引起省有关部门的重视并获奖，为政协委员、党派团体和各界人士提供了一个反映民意、建言献策、助推民生改善的有效平台。二是动员社会力量办实事。加强与台湾阿尼色弗儿童之家慈善基金会和成龙基金会的联系，促成隆阳区瓦窑镇“怪脸”女童赴台湾医治，一期费用50万元由阿尼色弗儿童之家慈善基金会承担，并促成该基金会组织医疗义诊团到我市贫困地区隆阳区瓦窑镇开展医疗义诊活动，接诊患者1200人次，免费发放药品100余种，价值14万多元；促成成龙基金会出资救治我市先天性心脏病和佝偻病患儿9名，医疗费用40余万元。和保山安徽商会共同举办红花郎酒“郎助郎·上学堂”栋梁工程关爱公益活动，筹资40万元资助80名保山籍2012年考上大学的贫困学生实现求学梦想。配合全国政协和中国科协在腾冲县开展科技下乡活动，举办科技创新及农业科技讲座，参训学生及干部群众1000多人，为社区和学校赠送电脑22台、科技书籍8000册。组织民营企业家捐资100余万元开展“寻访慰问抗战老兵大型公益活动”，受到国内外广泛关注和社会各界好评。三是深入开展“四群”教育。认真落实市委群众工作六项制度，班子成员及机关共挂钩联系7个村（社区），结对帮扶106户；班子成员带领机关干部驻村蹲点126人次，走访群众360户，为群众办实事86件，协调解决资金

452万元；机关抽调5名“四群”教育工作队员到基层工作。在充分调研的基础上，班子成员及机关挂村驻村干部共指导和帮助挂钩联系村制定“一教育五行动”实施方案11个，并切实指导和帮助挂钩联系村扎实开展感恩教育及农民收入倍增、发展农民专业合作社、发展农村集体经济、村庄规划整治、绿化荒山行动。其中，机关挂钩腾冲县固东镇江东社区，积极协调发改、交通、林业、水利、畜牧、旅游、新农办等部门召开现场办公会，各部门支持建设项目9个，协调解决省、市项目资金177万元，加强了基础设施建设，推动了产业发展，着力打造旅游“中国银杏第一村”，被市“四群”办评为先进典型。（四）充分体现特点和优势，努力维护民族团结与社会和谐稳定。一是切实做好政协民族宗教工作。组织民族宗教界委员围绕加快少数民族地区经济社会发展、宗教政策贯彻落实、和谐宗教建设等重要问题深入调研视察，提出提案9件。组织委员及相关部门深入全市五县区8个乡镇14个人口较少民族建制村，就扶持人口较少民族发展工作进行专题调研，提出意见建议。就云南省建设民族团结边疆繁荣示范区问题，组织委员视察部分民族村，为推动示范区建设建言献策。加强与民族宗教界委员及所联系群众的联系，宣传贯彻党的民族宗教政策，听取和反映他们的意见和诉求，维护民族利益，促进民族团结、宗教和谐，积极引导信教群众爱国爱教。二是努力促进社会和谐稳定。畅通反映社情民意渠道，充分运用政协例会、对口协商、界别活动、调研走访和来信来访等形式，广泛了解、及时反映社会不同阶层的愿望和要求，配合党委政府积极做好稳定人心、凝聚力量的工作，促进各方利益、各种关系协调一致。不断拓展和完善信息收集、报送和反馈渠道，加强反映社情民意信息工作，收集编发政协委员、各党派团体、各县区政协反映有价值的信息60多条，一些信息引起党政部门的重视，一些信息转化为提案或建议案加以落实。接待群众来访14批26人次，处理群众来信4件，对群众来信来访反映的一些热点问题，积极与党政有关部门协商办理，为协助党和政府了解社情民意、化解矛盾纠纷、维护社会和谐稳定发挥了积极作用。三是加强联谊和对外交往。认真组织国庆中秋茶话会、界别委员活动、委员学习视察等重要活动，加强联系，增进团结。加强与境外侨团、侨校的联谊，积极参加省、市侨务部门组织的侨领、侨校校长观光团、侨生夏令营活动，促进与华人华侨特别是新生代华人华侨的交流。通过专委会的联系和辐射作用，密切与委员、党派团体的联系，扩大与各界人士的交往，增进了解，加强沟通，为政协委员和各族各界人士建言献策提供方便快捷的渠道，团结各族各界群众为推进保山跨越发展献计出力。（五）以开拓创新为动力，扎实做好政协各项工作。一是协商议政活动有效开展。围绕市委、市政府的中心工作以及经济、政治、文化、社会和生态文明建设中的重要问题，认真开展政治协商。协商讨论政府工作报告、“两院”工作报告、计划和财政报告，围绕保山科学发展的重大问题提出意见建议。协商讨论市委三届三次全会工作报告，就报告中提出的新观点、新思路、新部署提出意见建议。听取市政府通报经济运行情况，就经济发展中的一些重要问题提出意见建议。专题协商园区管理体制问题，提出的一些意见建议吸收到了市委、市政府《关于推进水长工业园区、保山工贸园区和高黎贡山旅游度假区实体化管理的决定》中。各专门委员会与市委、市政府有关部门就全市经济、科技、法制、教育、文化、卫生、民族、宗教、人口资源环境等方面的一些重点问题，广泛开展对口协商，提出意见建议，在服务市委、市政府科学民主决策方面发挥了重要作用。二是提案工作质量稳步提高。坚持把提高质量作为提案工作的立足点，引导委员从大局出发、从小处入手，在深入调查研究、切实发挥自身优势的基础上，提出立意新、建议可行的提案。支持党派团体立足自身优势，围绕经济社会发展及改善民生方面的重要问题，提出多层次、高质量的提案。修订提案工作规定、制定提案续办制度，推进提案工作规范化、制度化建设。着力提高办理质量，确定8件重点提案由主席副主席督办，加强与承办单位的联系、沟通，召开提案督办协商会，组织提案办理视察。市政协三届一次会议以来，共收到提案169件，立案161件，分别交46个单位和部门办理，已全部办复，采纳率为90.7%，提案者对提案的办理结果均表示满意或基本满意。三是文史工作取得新成效。努力探索新形势下政协文史工作的新课题，在保护、传承和运用我市丰富的历史文化方面进行了有益探索，取得了积极成果。《保山土地改革》文史资料荣获云南政协首届优秀文史资料奖。认真开展《名人保山行》文史资料专辑的征编工作，征编文稿150多篇5万余字、图片200多张，将于2014年出版。四是新闻宣传和理论研究工作有新发展。充分发挥《云南政协报》保山记者站和市内各新闻媒体的作用，宣传保山经济社会发展和政协工作，组织参加全省“政协好新闻奖”评选活动，办好《保山政协》，在《保山日报》、保山电视台和保山新闻网宣传政协理论、政协重要会议和重要活动，多渠道、全方位宣传我市各级政协履行职能的成果，形成了有利于政协事业发展的良好氛围。指导召开保山市五县区政协理论研讨会，以“弘扬善洲精神，履行政协职能，推动先进文化繁荣发展”为主题进行深入研讨；组织政协各参加单位就如何发挥作用进行研究探讨，进一步提高政协工作整体水平。（六）坚持强基固本，切实加强和改进自身建设。一是加强委员队伍建设。制定委员管理办法、常委履职考核管理办法，完善委员管理制度、丰富委员活动形式、改进委员服务方式，加强委员队伍建设。实行常委会议和全体委员会议出勤通报制度，严肃会议纪律，增强常委和委员履职责任感。组织驻保省政协委员围绕我市经济社会发展中的重要问题提出提案15件，部分提案受到省政府的表彰。二是建立和完善工作制度。新修订提案工作规定、提案续办工作制度，完善了财务管理、接待工作、资产管理、安全保卫等6项制度，使市政协履行职能及机关管理有章可循、有制可依。改进各种会议的组织和服务工作，推进政协例会制度化、规范化、程序化，使协商议政活动更加规范有序。把着眼点更多地放在现有制度的细化和落实上，不断总结政协工作经验，完善政协工作制度体系。三是规范专委会和界别工作。着力提高专委会组成人员的政治和业务素质，增强工作成效。不断完善各专委会之间的协作配合机制，要求各专门委员会把调研视察作为履行职能的重点工作，结合各自的特点和优势，组织开展专题调研视察活动，形成调研视察报告和提案。专门委员会创新活动方式，完善工作制度，保障界别活动有效开展，推动委员广泛联系本界别群众，了解和反映社会不同阶层的愿望和要求。四是充分发挥民主党派、工商联的作用。支持各民主党派、工商联就事关全市经济社会发展的重要问题发表见解和意见，重点督办各民主党派、工商联的提案，组织他们参加政协开展的重点调研视察和重要活动。注重发挥各民主党派、工商联的集体优势，把民盟保山市委、民建保山市委和市工商联提出的“重视和规划发展保山南红玛瑙产业”、“扶持畜牧龙头企业”、“建立和实施电动车管理办法”、“大力发展保山咖啡产业”等提案列为重点督办的提案，由主席、副主席领衔督办。积极支持各民主党派、工商联与各专门委员会开展联合调研，参加常委会组织的视察活动，拓展了各民主党派、工商联参与政协工作的深度和广度，提高了政协工作实效。五是全面加强机关建设。以创建“学习型、和谐型、廉洁型、效能型、节约型”机关为目标，全面加强机关思想建设、组织建设、作风建设，机关工作的整体水平不断提高。以“四比四促”为载体，深入开展向杨善洲同志学习活动。加强干部队伍建设，组织机关干部参加领导干部培训班，选派机关干部到省级机关挂职锻炼，组织机关干部职工深入基层，深入群众，深入实际，使干部职工受到教育、得到锻炼。

二、2013年工作。（一）深入学习贯彻中共十八大精神。（二）紧紧围绕经济、政治、文化、社会和生态文明建设献计出力。（三）全力协助做好改善民生和社会和谐稳定工作。（四）进一步提高政协工作的科学化水平。（五）扎实推进人民政协的自身建设。

**三届二次会议决议**（2012年12月26日市政协三届二次会议通过） 政协保山市第三届委员会第二次会议于2012年12月23～26日在隆阳举行。会议听取和审议了政协保山市第三届委员会常务委员会工作报告和提案工作报告；列席了保山市第三届人民代表大会第二次会议，听取并协商讨论了《政府工作报告》、市中级人民法院工作报告、市人民检察院工作报告及其他报告；举行了大会发言，中共保山市委、市人民政府及市直有关部门领导到会听取委员发言；表彰了市政协三届一次会议优秀提案。会议期间，委员们以饱满的政治热情和高度负责的精神，围绕与全国全省同步建成小康社会以及全市经济社会发展中的重大问题议政建言。会议热烈隆重、民主务实，是一次统一思想、明确目标，凝心聚力、团结鼓劲的大会。

会议同意张静主席所作的常务委员会工作报告和石玉昌副主席所作的常务委员会提案工作报告。

会议认为，2012 年，政协保山市第三届委员会及其常务委员会高举中国特色社会主义伟大旗帜，以邓小平理论、“三个代表”重要思想和科学发展观为指导，在中共保山市委的坚强领导下，认真学习贯彻中共十八大精神，紧紧围绕全市工作大局，切实履行政治协商、民主监督、参政议政职能，充分发挥协调关系、汇聚力量、建言献策、服务大局的重要作用，为全面推进我市经济建设、政治建设、文化建设、社会建设和生态文明建设作出了重要贡献。

会议赞同吴松市长所作的《政府工作报告》，赞同李伟院长所作的市中级人民法院工作报告、孙甸鹤检察长所作的市人民检察院工作报告及其他报告。

会议认为，2012 年，在中共保山市委的领导下，全市各族干部群众认真学习贯彻中共十八大精神，坚持以科学发展观为统领，牢牢把握桥头堡建设战略机遇，深入实施“六大战略”，认真落实“四化五加强”工作措施，经济继续保持了较快发展势头，跨越发展迈出新步伐。《政府工作报告》对 2012 年的工作总结全面客观，对存在问题的分析实事求是，提出的 2013 年目标任务切实可行，符合保山实际，顺应民生期待。

会议指出，认真学习贯彻中共十八大精神是当前和今后一个时期人民政协的首要政治任务。政协各参加单位、各级政协组织和广大政协委员，要深入学习、全面领会十八大精神，坚持理论联系实际，把学习贯彻十八大精神与履行人民政协职能结合起来，充分发挥人民政协作为协商民主重要渠道作用，深入开展专题协商、对口协商、界别协商、提案办理协商，不断丰富协商民主形式，增强民主协商实效，推进协商民主广泛、多层、制度化发展。把学习贯彻十八大精神与贯彻落实市委三届三次全会精神结合起来，进一步巩固参加政协的各党派团体、各族各界人士的共同思想政治基础，促进“思想上同心同德、目标上同心同向、行动上同心同行”，自觉把思想和行动统一到十八大精神上来，把智慧和力量凝聚到实现市委三届三次全会确定的目标任务上来，真正使学习贯彻十八大精神的过程成为统一思想认识、凝聚智慧力量的过程，成为提高建言立论质量，服务科学发展和谐发展跨越发展的过程，成为全面加强自身建设，不断提高政协工作科学化水平的过程。

会议强调，充分发挥政协的组织优势，把各级政协组织、政协各参加单位、广大政协委员以及各族各界人士的智慧和力量凝聚起来，把各方面的积极性调动起来，紧紧围绕我市实施“六大战略”、强化“四化五加强”工作措施，做大做强七大产业、发展壮大五大园区、加快培育五大文化品牌、竭力打造三大旅游名片的总体部署，深入调研视察，广泛协商议政，积极建言献策。紧紧围绕关注民生、保障民生、改善民生，促进社会和谐稳定献计出力。坚持改进工作作风，密切联系群众，全力协助党委政府做好顺民意、解民忧、惠民生的工作。

会议号召，全市各级政协组织、政协各参加单位和广大政协委员，高举中国特色社会主义伟大旗帜，以邓小平理论、“三个代表”重要思想和科学发展观为指导，紧密团结在以习近平同志为总书记的中共中央周围，在中共保山市委的坚强领导下，解放思想，凝聚力量，开拓创新，扎实工作，为推进保山科学发展和谐发展跨越发展，实现与全国全省同步建成小康社会的目标而努力奋斗！

**建议案**

《关于加快全市“平安校园”建设建议案》（2013 年 2 月 21 日市政协三届六次主席会议通过，建议案第 3201 号）

《关于加强保山中心城市文物保护工作的建议案》（2013 年 2 月 21 日市政协三届六次主席会议通过，建议案第 3202 号）

**重要制度**

《保山市政协改进工作作风密切联系群众的实施细则》（保协〔2013〕5 号）（3 月 19 日中共保山市政协党组第八次会议审议通过）

《党组议事规则》（8 月 23 日中共保山市政协党组第十二次会议审议通过）

《机关公文处理办法》（9 月 17 日市政协三届八次主席会议审议通过）

**【组织概况】**

**秘书长补选名单**

（2013 年 7 月 17 日市政协三届六次常委会议通过）

汤正义　任市政协秘书长

**委员增补名单**

（2013 年 7 月 17 日市政协三届六次常委会议通过）

汤正义

（2013 年 12 月 25 日市政协三届八次常委会议通过）

刘学喜　　陆　松

李朝祚　　何显海

苏云波　　李文广

马子兴　　陈　盼

陈　媛

**不再担任委员名单**

（2013 年 12 月 25 日市政协三届八次常委会议通过）

马思娴　　杨宏伟

**撤销委员资格名单**

（2013 年 12 月 25 日市政协三届八次常委会议通过）

高正梅

**办公室、专门委员会主任、副主任任免名单**

（2013 年 2 月 26 日市政协三届五次常委会议通过）

余在富　任市政协办公室副主任

（2013 年 7 月 17 日市政协三届六次常委会议通过）

陈　乐　免去市政协办公室副主任职务

王　锋（女）　任市政协人口资源环境委主任，免去研究室主任职务

沈映明　任调研员，免去市政协人口资源环境委主任职务

（2013 年 10 月 31 日市政协三届七次常委会议通过）

刘学喜　任市政协政研室主任

陆　松　任市政协科教文卫体委副主任

李朝祚　任市政协科教文卫体委副主任

**【机构概况】**

2013 年是政协保山市委员会第三届委员会任期的第二年，三届委员会下设两室六委，即：办公室、研究室（副处级）。提案法制委员会、经济委员会、人口资源环境委员会、科教文卫体委员会、民族宗教华侨联络委员会、文史资料委员会。办公室下设秘书科、行政科、人事老干科、信访科、保卫科、小车队 6 个正科级单位，各专门委员会下设办公室（正科级单位）。

**【保山市、县（区）政协领导名单】**

**保山市**

**主　席**

张　静（女）

**副主席**

罗兴志　　孙家灿

石玉昌　　寸时庆

黄玉仙（女）　　苏正平

**秘书长**

李长富（任职至 2013 年 7 月 16 日）

汤正义（2013 年 7 月 17 日任职至今）

**县（区）政协主席**

隆阳区　杜明龙

施甸县　蒋汉雄

腾冲县　方宇正

龙陵县　杨　魁

昌宁县　饶光谱

**保山市各级政协委员和组织数**

（截至 2013 年底）

| 州（市）县 \ 项目 | | 委员数 | | 组织数 |
|---|---|---|---|---|
| 保山市 | | 318 | | 1 |
| 各县区市 | 隆阳区 | 289 | 1130 | 5 |
| | 施甸县 | 187 | | |
| | 腾冲县 | 273 | | |
| | 龙陵县 | 195 | | |
| | 昌宁县 | 186 | | |
| 合　计 | | 1448 | | 6 |

（编写：钟赞辉　审稿：刘学喜）

政协昭通市委员会

【全体委员会议】

**三届二次会议** 3月24~29日在昭阳区召开。应到会委员401人，实到383人。开幕会由市政协副主席张永前主持，市政协主席熊启怀，副主席陈奇、普安银、郎学秾、李志平、赵洪乖、晏祥莉，秘书长范方华出席会议。市委书记刘建华，市委副书记、代市长张纪华，市委副书记、市人大常委会代主任李勇，市委常委、市人大、市政府和昭通军分区、市法院、市检察院、昭通学院领导、部分原市级老领导代表应邀出席会议。在昭省政协委员、市直机关单位负责人应邀列席会议。会议听取并审议通过熊启怀作的《常务委员会工作报告》和李志平作的《提案工作报告》；列席昭通市第三届人民代表大会第三次会议，听取并协商讨论了《政府工作报告》及其他有关报告；会议表彰了优秀提案、先进提案工作者、提案承办和综合协调先进单位。会议通过本次会议相关决议。市委书记刘建华在三届二次会议中共党员会议上讲话。熊启怀致闭幕词。

【常务委员会会议】

**第4次会议** 3月7~8日在昭阳区召开。应到会常委53人，实到48人。市政协主席熊启怀主持会议，副主席张永前、普安银、李志平、赵洪乖、晏祥莉，秘书长范方华出席会议。副市长余扬举应邀出席会议。会议听取市政府通报2012年全市经济运行情况和2013年全市经济工作重点、市纪委通报2012年全市党风廉政建设和反腐败工作情况、市委办公室通报党群政法系统办理市政协三届一次会议以来提案工作情况、市政府办公室通报政府系统办理市政协三届一次会议以来提案工作情况，审议了《政协昭通市第三届委员会常务委员会工作报告（草案)》、《政协昭通市第三届委员会常务委员会关于提案工作情况的报告（草案)》、《政协昭通市第三届委员会第二次会议议程（草案)》，审议通过《关于召开政协昭通市第三届委员会第二次会议的决定（草案)》、《政协昭通市第三届委员会第二次会议日程（草案)》等有关市政协三届二次会议的文件及有关人事事项。

**第5次会议** 3月27日在昭阳区召开。应到会常委53人，实到49人。市政协主席熊启怀主持会议，副主席张永前、普安银、李志平、赵洪乖、晏祥莉，秘书长范方华出席会议。会议审议并通过了市政协三届二次会议决议等相关材料。

**第6次会议** 6月14日在昭阳区召开。应到会常委53人，实到47人。市政协主席熊启怀主持会议，副主席张永前、普安银、李志平、赵洪乖、晏祥莉，秘书长范方华出席会议。副市长余扬举应邀出席会议。会议专题协商加快实施乌蒙山片区区域发展与扶贫攻坚规划中存在的问题与对策建议。听取了各县区、市直部门围绕加快实施乌蒙山片区区域发展与扶贫攻坚规划中存在的问题与对策建议发言。

**第7次会议** 8月16日在昭阳区召开。应到会常委53人，实到48人。市政协主席熊启怀主持会议，副主席张永前、普安银、李志平、赵洪乖、晏祥莉，秘书长范方华出席会议。副市长余扬举参加会议。会议传达学习中央文件精神和中共昭通市委三届四次全体（扩大）会议精神，听取市人民政府通报全市 2013 年上半年经济运行情况和下半年经济工作重点，市政协委员围绕全市经济工作协商建言。

**第 8 次会议** 10 月 25 日在昭阳区召开。应到会常委 53 人，实到 43 人。市政协主席熊启怀主持会议，副主席张永前、普安银、李志平、赵洪乖、晏祥莉，秘书长范方华出席会议。副市长杨桂红应邀出席会议。会议围绕全市民营医院发展情况积极建言献策。与会委员围绕促进全市民营医院发展发言，提出了许多针对性强的观点。杨桂红副市长就全市民营医院发展情况调研报告作讲话。

**【专门委员会工作】**

**提案委员会** 一、做好三届二次会议提案的收集、审查和交办工作。共收到提案 251 件，经审查立案 247 件，截止 2013 年 12 月，移送提案全部办理完毕。二、提高提案办理质量，形成党委、政府领导批办，市政协领导督办，各承办单位领导承办的提案办理机制。重点提案办理起到良好示范作用。三、开展提案调研。全面了解掌握全市提案办理工作的“外三化”建设情况。

**经济建设委员会** 一、深入扎实开展调查研究，为促进昭通科学发展建言献策。主要完成《关于推进昭鲁一体化发展情况调研》，《昭通市煤化工情况调研》等重要课题调研。二、为认真履行参政议政职能，应邀参加了市委、市政府及市直部门召开的经济运行分析会、工作会、视频会、现场会、行风评议会、评审会 30 余次。四、配合省政协经建委开展调研。

**科教文卫体委员会** 一、严肃认真，完成调研任务。为深入推进昭通市民营医院健康发展，形成了《关于全市民营医院发展情况的调研报告》。二、参加配合，做好相关工作。组织协调召开了全市政协科教文卫体委主任座谈会，学习宣传了十八届三中全会精神，总结交流了工作经验，研究探讨了明年工作。协调相关企业在大关县天星镇银盘小学捐赠价值近 4 万元的服装、书籍和食品，为边远贫困学生献爱心。三、转变作风，开展视察工作。自觉树立政协人的良好形象，坚持求真务实，深入基层，在常规工作和视察过程中，先后到 11 个县区、13 个乡镇、83 家医院、2 家县人民医院、11 个诊所以及 66 个药店调查研究；完成了视察报告材料 1 份、交流材料 1 份、总结和其他材料 20 份。

**文史资料委员会** 一、加强学习，不断提高履职能力和水平。认真学习贯彻中央、省、市委重要会议精神和领导重要讲话精神，学习贯彻市政协三届二次会议和领导重要讲话精神，参加单位组织的各项学习活动和群众路线教育活动，并注重自身的业务学习。二、加强史料征集，认真做好文史资料的编辑和出版工作。年初，在继续抓紧建国前史料征集工作的同时，着手谋划建国后史料的征集工作。今年征集的史料在50万字以上，从中精选一部分编辑完成《昭通文史资料第十二辑》，计划于2014年2月出版。三、深入调研，促进文化与旅游景点建设相结合。形成《全市旅游景点开发过程中文化资源的发掘和建设情况的调研报告》。四、筹备召开文史工作会议，明确文史工作目标任务。

**法制民宗委员会** 一是认真开展调研，积极建言献策。对全市少数民族村水、电、路等基础设施进行调研。开展了对全市农村五保人员的供养情况调研。对昭阳区净心禅院因小区开发致寺院受损情况进行调研。积极配合全国政协和省政协开展有关调研。分管副主席带领法制民族宗教委员会和市直有关部门于今年4月、5月、7月先后参与了全市扶贫开发情况调研，对全市的安全生产和社会治安综合治理、社会稳定情况进行检查督促。二是开展民主监督。深入到彝良、镇雄等县，对灾后恢复重建情况进行检查监督。三是完成市委、市政府交给的任务。

**人口资源环境委员会** 完成全市主要建材业发展情况的调研，并提出了市政府及时制定或授权行业主管部门，出台《昭通市建材行业管理办法》。协助省政协人资委调研组到昭通开展加快推进我省水运及水运物流业建设调研。

**港澳台侨联络委员会** 由普安银副主席带队，港澳台侨联络委员会组成调研组，组织部分市政协委员对云南侨通包装印刷有限公司发展进行专题调研。紧紧抓住各种协商机会，利用全会专题协商、界别联组讨论会、常委会议专题协商、与职能部门开展对口协商等平台，就港澳台侨方面的热点、难点问题，及时开展广泛深入的协商，促使问题切实得到解决，提高参政实效。

**【重要活动】**

**全国政协调研乌蒙山片区区域发展与扶贫攻坚** 4月23～24日，由全国政协委员、民族和宗教委员会副主任、广西壮族自治区政协原主席马铁山，全国政协委员、民族和宗教委员会副主任、云南省政协原主席王学仁，全国政协委员、民族和宗教委员会副主任、新疆生产建设兵团原司令员、中国新疆集团公司原总经理华士飞一行12人组成的调研组深入我市调研，在调研期间，听取了昭通市、镇雄县就《乌蒙山片区区域发展与扶贫攻坚规划》实施一年来的工作情况汇报。市政协主席熊启怀，市委常委、副市长、市委宣传部部长卢云峰，市政协常务副主席张永前，镇雄县委书记冯学兰及国土资源部、省政协领导参加调研并出席汇报会。

**刘晓峰赴昭通市调研“长江上游生态环境保护与综合开发利用”** 5月6～7日，全国政协副主席、农工党中央常务副主席刘晓峰率农工党中央部分成员及国家环保部、水利部、农业部、林业局等国家有关部委领导和专家，深入水富县、永善县、绥江县就向家坝和溪洛渡电站库区课题进行专题调研。调研组一行先后考察调研了金沙江水电基地溪洛渡水电站和绥江县新县城移民搬迁安置点，听取了有关方面的情况汇报，查阅了有关资料。刘晓峰对绥江县“生产空间节约高效、生活空间宜居适度、生态空间山清水秀”的生态建设目标给予充分肯定。

**罗黎辉赴昭通调研农村基层文化建设情况** 11月22～25日，以省政协副主席、民进云南省委主委罗黎辉为组长的省政协调研组，到昭通市昭阳区、盐津县、威信县实地查看文化站场所建设情况。并专门召开会议听取情况介绍。市政府副市长杨桂红，市政协副主席、民进昭通市委主委赵洪乖出席汇报会。

**熊启怀到巧家峨山视察移民安置工作** 4月18～20日，市政协主席熊启怀深入巧家县东坪镇老街村二台坪子、红山乡牛栏村，玉溪市峨山县化念镇视察溪洛渡水电站移民集中安置点建设情况和移民搬迁安置工作。

**【重要文件】**

**常务委员会工作报告**（2013年3月25日）（摘要）报告分为两部分：

一、2012年工作回顾。（一）紧紧围绕全市2012年经济社会发展目标参政议政。常委会坚持把促进发展作为履行职能的第一要务，按照市委的要求和2012年全市经济社会发展目标，精心选择了10个重点课题，深入调查研究，积极参政议政。

农村义务教育营养餐改善计划是中共中央、国务院推行的一项关注基层民生、维护社会公平、构建社会主义和谐社会的重要举措，是关心下一代健康成长、提高民族素质、建设人力资源强国的必然要求。由于我市属西部欠发达地区，山区面积达90%以上，校点分散，交通不便，学校基础设施不配套，工作人员经费不足，导致营养餐改善计划实施过程中工作不平衡、操作不规范、食品卫生安全存在隐患等问题。为找准问题，推进这项善举稳步向前发展，常委会组织调研组到11个县区47个乡镇123所学校实地进行走访查看座谈，在充分调查研究的基础上形成调研报告。在三届二次常委会议上与市县区政府及其有关部门专题协商，市政府分管领导在协商会议上充分肯定了调研所形成的意见和建议，并对县区政府及市直相关部门提出了明确要求，最后形成“落实部门职责、规范工作管理、强化监督机制、定期跟踪问效”等具体措施，推动了这项工作有条不紊的进行。

煤炭既是昭通的优势资源之一，也是昭通推进新型工业化发展步伐，实现“工业强市”和跨越发展目标的重要产业。随着煤炭资源的整合、煤矿企业的调整优化，部分老百姓住在煤山上没有煤烧，导致了局部地方十多年来恢复的森林被不同程度损坏，老百姓与煤炭生产企业之间矛盾的加剧。镇雄、威信两大火电厂建成投产后，电价是计划价，煤价是市场价，煤电生产未形成一体化，煤炭生产企业对指令性供应有不同意见，省政府也将煤炭安全生产列为2012年“三项行动、三项建设”的重点督查内容之一。为此，2012年5月，常委会就如何解决好群众生产生活用煤、煤电企业煤炭供需和煤炭安全生产问题，组织调研组深入镇雄、彝良、威信等产煤大县，对有关问题进行了专题调研。针对煤矿安全生产中存在的煤矿规模小、基础薄弱、投入不足，井下避灾“六大系统”建设进展迟缓等问题，提出“加大安全监管力度、深化煤矿瓦斯治理和支护改革、推进煤矿安全质量标准化和紧急避险‘六大系统’”建设等7条建议；针对电煤供应中存在的市场煤价变化和调节基金征收的矛盾、煤电供需双方矛盾等问题，提出“进一步规范调节基金的征收、建立煤电供需合作机制”等5条建议；针对群众生产生活用煤中存在的群众用煤困难等问题，提出“科学合理布局矿井，在确保煤炭生产企业定点供应的前提下，保护好生态，积极推广使用替代能源和节能灶具”等4条建议。调研情况和意见建议经三届四次主席会议专题审议后，形成调研报告报市委、市政府。

保障性住房建设是中共中央、国务院按照全面建成小康社会和构建社会主义和谐社会的目标要求，把解决城市低收入家庭住房困难作为维护群众利益的一项重要工作，是住房制度改革的一项重要内容。全市保障性住房建设自启动以来，由于配套资金缺口较大、建设和管理机构不健全等原因，导致出现公共配套设施不足、征地拆迁工作困难、2012年项目任务建设滞后、入住及后续管理粗放等问题，影响了建设进度和年度目标任务的完成。为进一步落实好市委、市政府这一惠民政策的要求，常委会于2012年11月组织调研组对全市保障性住房建设和管理的情况进行了调研，在摸清存在问题和深入研究的基础上，三届六次主席会议进行认真审议，提出了“科学规划保障性住房建设，加强建设协调与管理，加快制定和完善配套政策，创新融资模式增强建设资金筹措能力，注重室外公共设施配套建设，重点做好水电路、就医、入学、就业等，加强工程质量资金安全运行管理，重视‘三公’分配”等意见和建议报送市委、市政府。

主席会议、各专门委员会围绕金沙江下游电站建设（云南）淹没区文物保护和文化建设、地质灾害防控、生态环境保护情况，全市广播电视村村通、户户通、全覆盖工程建设情况，农村饮用水困难和饮用水安全、特殊教育发展、国有文艺院团体制改革、提案工作“外三化”建设等问题，积极组织委员开展调研，适时进行重点协商和对口协商，对有关问题的解决落实提出意见建议。共报送建议案和调研报告11份，为市领导和有关部门提供了有分量、有价值的参考依据。按照省政协要求，组织委员和相关部门开展高原特色农业发展情况调研，结合昭通农业基础不够扎实、农民增收步子慢增幅小、产业机制不完善不配套、特色农业发展总体水平低等困难和问题，提出“明确特色农业的总体思路、深化特色农业发展的体制机制、实施人才兴农工程、按优势与效益分期分批进行重点项目建设、落实农业特色产品加工基地建设规划、加快特色农业基地建设、大力实施品牌战略”等13条建议，《关于昭通市高原特色农业发展情况调研报告》得到了省政协的重视，部分意见被省政协调研报告采纳。积极配合省政协在昭通开展“在实施西部大开发战略中，加强滇东北生态环境保护治理”专题调研，向调研组提出“完善管理体制、落实人员编制、加大资金投入、正确处理环境保护与农民生存问题”等意见和建议，被省政协调研报告吸收采纳。

（二）积极促进昭通社会和谐民生改善。常委会坚持团结和民主两大主题，牢固树立“履职为民”理念，把实现大团结大联合和促进民生改善作为履行职能的方向，努力汇聚智慧力量、营造良好氛围，积极为昭通科学和谐跨越发展献计出力。

加强同各民主党派、人民团体、工商联和无党派人士的联系，重视发挥他们在政协组织中的作用。各民主党派、人民团体、工商联和无党派人士认真做好本职工作，积极履行委员职责。三届一次会议期间，各民主党派、人民团体、工商联和无党派人士围绕市第三次党代会确定的富民强市跨越发展目标和市委、市政府2012年中心工作提出的意见和建议140余条。常委会认真落实《关于进一步加强市政协与各民主党派、工商联、人民团体和无党派人士联系的意见》，专门召开座谈会议，传达学习中共十八大和有关会议精神，听取他们对党政工作和政协工作的意见建议，结合十八大报告关于协商议政的要求和“翻两番”的目标，研究在新的历史时期各民主党派、人民团体、工商联和无党派人士如何贯彻落实执政党的主张和决策，更好地履行自身职能，更有效地围绕党政中心工作发挥“协商民主”和建言献策的作用。为进一步贯彻落实党和国家宗教政策、《云南省宗教事务管理规定》和《云南省加快少数民族和民族地区经济社会发展“十二五”规划》，2012年6月，常委会组成调研组，走访了占基督教信教群众80%的苗族同胞地区，与信教群众交流座谈，听取市县区有关部门情况汇报，对基督教现状和信教地区经济社会发展情况进行全面调查。结合调查中发现的“信教地区生存条件艰苦、信教群众贫困面大、教育基础设施落后、整体文化素质不高、基督教场所设施落后、管理水平较差、宗教管理人员队伍亟待加强”等问题，调研报告建议各级各部门要坚决落实党的宗教政策，加强宗教场所管理和教职人员培训，加快少数民族地区经济社会发展、教育均衡发展，市委高度重视，民族地区和宗教场所有关困难和问题逐步得到了解决。加强与港澳台侨同胞的沟通联系，积极推介昭通建设发展情况，引导港澳台侨同胞关注支持昭通各项事业建设。通过深入基层、深入群众宣传市委、市政府有关决策部署，努力做好释疑解惑、化解矛盾的工作，引导社会各阶层自觉维护改革发展稳定大局，筑牢促进昭通富民强市跨越发展的共同信念。

坚持把实现好、维护好最广大人民群众的根本利益作为政协工作的出发点和落脚点，严格按照市委关于“四群”教育、“感恩”教育的工作部署和要求，帮助基层群众排忧解困。机关干部职工主动深入挂钩扶贫点鲁甸县梭山乡挖水村，集中力量推进水、电、路、房等基础设施改善，帮助村民发展产业和解决生产生活上的困难问题，现在，挖水村群众收入稳步增长，村容村貌明显改观。彝良“9·07”地震发生后，在市委的坚强领导下，班子成员深入安置点和灾后重建现场，全方位了解情况，协调指导建设实施方案的落实，确保了所联系重点项目的按时保质、有序推进。灾情发生的第二天，市政协组织机关干部职工向灾区捐款，同时，积极争取上级政协的支持，广泛呼吁社会各界和政协委员支援灾区，促成全国政协办公厅、省政协罗正富主席和北京成龙慈善基金会赶赴灾区看望慰问受灾群众，给予“9·07”地震灾区恢复重建大力支持。云南伊力寅吾投资公司董事长章英启委员向灾区捐款200万元、捐赠救灾物资价值100万元，云南昊龙集团董事长马永升委员、泰斗房地产公司董事长邓启平委员、威信龙汤坝煤矿矿长曹骞委员分别捐款200万元、150万元和50万元，带动了广大政协委员积极为“9·07”地震灾区抗震救灾、恢复重建捐款捐物。注重通过视察调研和联系县区委员活动小组、界别委员活动等形式广泛了解社情民意，把反映社情民意作为协商议政的重要内容，作为研究做好当前和下步工作的依据，提出真知灼见，为党委、政府决策提供参考信息。注重加强与驻昭省政协委员的联系和交流，力求通过他们在省政协全会上尽可能以提案和大会发言等形式，反映关系昭通发展的重大民生问题，以引起省委、省政府及其有关部门的关注，切实为昭通发展尽心出力。

（三）努力抓好政协常规性工作。常委会坚持突出抓好提案、文史和自身建设三项工作，通过健全完善工作制度，努力提升工作水平，以求真务实的工作作风，有力地推进了常规性工作的开展。

积极推进提案办理“外三化”建设，建立健全多部门联合办理和“三联系、三走访”机制，采取“三联系、三走访”的方式努力促进委员与承办单位的互动交流，全年共办理政协提案215件，面商率100%，办复率100%，有10件重点提案由主席会议成员督办。其中，在办理民盟昭通市委提出的“关于加快昭阳区新区基础设施建设步伐的建议”和邝维委员提出的《关于加强全市新型农村养老保险工作的建议》的提案过程中，督办领导、提案办理人员主动与承办单位对接，通过实地查看、查阅资料、研究政策，组织提案承办单位、市区有关部门领导同市政协领导、提案人、委员代表面对面地进行协商，有关部门负责人分块对提案涉及的问题一一进行了答复，并付诸实施。以主席会议成员督办重点提案的方式，带动了其他提案的办理。

坚持文史工作的统战属性和地方特色，重视完善与市直部门、各级政协组织的协作机制，注重“亲历、亲见、亲闻”原则，实现了文史工作由单纯的文史资料收集整理出版向文史资料收集整理出版与服务经济社会发展并重的转变。全年编撰出版文史资料第十辑、第十一辑，刊载的陇永志《中共地下特工禄时英》一文，再现了彝良县人、著名爱国人士禄国藩之女禄时英深入敌后、临危不惧，竭力排除特务干扰，巧妙与云南地方实力派斡旋，建立共产党与龙云、卢汉等国民党云南政府要员密切关系的一些历史细节，对于存载历史、弘扬昭通人文精神和加强新时期的统战工作，都有着积极的意义和作用。

2012 年是本届委员会履职的第一年，新委员、新风貌、新政协、新作风是我们加强自身建设的重点。常委会认真贯彻市委关于“作风转变年、工作落实年”的要求，修订完善了常委会工作规则、主席会议工作规则、专委会工作通则、委员调研工作规定和视察工作规定等 18 项制度，建立健全市政协领导联系委员活动小组和县区政协工作制度，探索专委会工作新方式，实施了重要课题联合调研和专委会联系界别委员制度，通过制度建设推进了作风的转变，夯实了政协工作基础。党组和主席班子成员注重把理论学习与推动昭通跨越发展实践结合起来，重视研究新形势下政协工作方式和途径。坚持“三联系、两深入”制度，经常深入所联系的县区、企业和重点工程走访调研，了解联系项目的进展情况，帮助联系点协调解决实际问题，树立了政协领导班子关注民生、服务发展、求真务实的良好形象。常委会班子和委员队伍通过健全工作机制、完善管理办法、加强学习培训等形式，提升了履行职能的能力和水平，增强了践行“昭通精神、昭通作风、昭通速度”，做好政协工作的使命感和责任感。建立健全了《政协昭通市委员会机关干部2012 年管理考核办法》和《政协昭通市委员会机关科级干部管理考核办法》等管理制度，把改进作风作为机关建设的重要内容，着力提高政协机关办文、办会和办事的能力和水平。不断加大政协宣传工作力度，机关内部管理进一步规范，政协机关的凝聚力、服务力和执行力得到提升。加强对县区政协工作的指导，通过开展政协组织建设情况调研，对少数县存在委员、常委的中共、非中共比例不符合《政协章程》规定，界别和委室设置不健全等问题提出了改进意见。为确保县区政协换届工作的顺利进行，在市委的高度重视下，与市委统战部共同召开县区政协换届工作会议，对相关工作提出了指导意见。县区换届后，新一届政协界别和委室的设置趋于合理，委员和常委中中共和非中共的比例符合规定，为基层政协工作的开展奠定了基础。

二、2013 年工作任务。（一）认真贯彻落实中共十八大精神。（二）积极为促进昭通发展献计出力。（三）努力营造大团结大和谐的局面。（四）切实加强政协组织自身建设。

**三届二次会议决议**（2013 年 3 月 29 日）　中国人民政治协商会议昭通市第三届委员会第二次会议，于 2013 年 3 月 25～29 日在昭阳举行。会议听取和审议了《中国人民政治协商会议昭通市第三届委员会常务委员会工作报告》、《中国人民政治协商会议昭通市第三届委员会常务委员会关于提案工作情况的报告》，听取并协商讨论了《政府工作报告》及其他有关报告。会议期间，中共昭通市委和市人民政府的领导同志参加了“一府两院”工作报告专题协商会和界别联组讨论会议，与各民主党派、工商联、无党派人士、各人民团体和各族各界代表人士民主协商、平等交流，共谋昭通发展大计。在全体委员的共同努力下，会议取得了重要的成果，是一次民主求实、团结奋进的大会。

会议审议通过了熊启怀同志受政协昭通市第三届委员会常务委员会委托所作的工作报告和晏祥莉同志受政协昭通市第三届委员会常务委员会委托所作的关于提案工作情况的报告。

会议认为，过去的一年，在中共昭通市委的领导下，常委会以高度的责任感和使命感，团结全体委员，把谋发展、惠民生、促和谐作为开展工作的重要内容，认真履行政治协商、民主监督、参政议政职能，精心组织调研视察，着力提高建言献策质量，扎实推进履行职能的各项工作，认真贯彻落实中共中央、省委和市委改进工作作风的规定，不断加强自身建设，为推动全市经济社会科学和谐跨越发展作出了积极贡献。

会议赞同张纪华同志代表市人民政府所作的《政府工作报告》，赞同《昭通市中级人民法院工作报告》、《昭通市人民检察院工作报告》和其他报告。

会议认为，过去的一年，面对多重自然灾害叠加、矛盾困难错综复杂局面，市委、市人民政府团结带领全市各族人民，按照“作风转变年、工作落实年”的要求，坚定信心、攻坚克难，开拓奋进、真抓实干，经济总量大幅提升，抗灾救灾取得重大胜利，产业建设高效推进，重点项目建设进展加快，社会事业明显进步，改革开放迈出重要步伐，人民生活不断改善，各项工作都取得了显著的成绩，圆满完成了年初确定的各项任务，在昭通全面建成小康社会的征程上谱写了新的篇章。《政府工作报告》体现了中共十八大、中央经济工作会议精神和省委九届四次全会、市委三届三次全会的部署，总结2012年工作实事求是，部署2013年工作思路清晰、目标明确、重点突出、措施有力，体现出加快发展的信心和决心，既催人奋进，又切实可行，对加快昭通经济社会发展和全面建成小康社会具有重要的意义。

会议强调，2013年是深入贯彻落实中共十八大精神的第一年，是全面实施“十二五”规划、加快昭通富民强市跨越发展的关键之年。全市各级政协组织、政协各参加单位和广大政协委员，要统一思想，团结一致，在新的起点上，争取新作为，创造新业绩。要按照全市统一部署，围绕科学发展这一主题和加快转变发展方式这条主线，把实现富民强市跨越发展目标和完成全市2013年的工作要求作为履行职能的着力点，更加有效地发挥人民政协协调关系、汇聚力量、建言献策、服务大局的作用，大力推动人民政协事业不断取得新的进步。

会议号召，全市各级政协组织、政协

各参加单位和广大政协委员，要更加紧密地团结在以习近平同志为总书记的中共中央周围，在中共昭通市委的领导下，同心同德，务实苦干，继续谱写人民政协事业发展的新篇章，为促进昭通富民强市跨越发展、与全省全国同步建成小康社会作出新的贡献！

**熊启怀在市政协三届二次会议闭幕会上的讲话**（2013 年 3 月 29 日）（摘要）政协昭通市第三届委员会第二次会议，在中共昭通市委的正确领导下，经过大家的共同努力，圆满完成了各项议程，即将胜利闭幕。这次大会，是团结民主、求实鼓劲的大会，是凝心聚力、共谋发展的大会。大会审议通过了第三届市政协常委会工作报告和提案工作报告，列席了市人大三届三次会议，协商讨论了“一府两院”工作报告和其他有关报告。

2013 年，是全面深入贯彻落实中共十八大精神的开局之年，是实施“十二五”规划承前启后的关键之年。中共十八大为人民政协指明了努力方向，人民群众过上美好生活的愿望给我们履职尽责提出了新的要求。我们一定要全面准确地学习领会中共十八大精神，继承发扬人民政协的优良传统，紧紧围绕中共昭通市委三届三次全会作出的“产业建设年”和继续巩固和深化“作风转变年、工作落实年”的工作部署，认真履行职能，积极建言献策，不断推动政协事业向前发展，为促进昭通富民强市跨越发展作出新的更大贡献。

第一，必须始终不渝地坚持中国共产党的领导。坚持中国共产党的领导，是人民政协存在和发展的根本前提，也是人民政协履行职能、发挥作用的根本保证。要坚定不移地贯彻党的理论和路线方针政策，坚定不移地围绕党的重大决策部署开展工作，坚定不移地为实现党提出的目标任务竭诚奋斗；要充分发挥政协委员和政协机关中共党员的先锋模范作用，把广大政协委员和所联系群众紧密团结在党的周围，始终做到与中国共产党思想上同心同德、目标上同心同向、行动上同心同行。

第二，必须围绕全市 2013 年经济社会发展大局履行职责。围绕党委、政府的工作中心，自觉服从和服务于大局，是政协履行职能必须遵循的一条最根本的原则。市委三届三次全会已对今年经济社会发展作出全面部署，我们要紧紧围绕“12346”发展思路、“411”发展定位、“五个一”战略布局和 2013 年全市经济社会发展目标，找准履行职能的结合点、着力点、切入点，把促进经济发展、关注和改善民生、构建社会和谐作为自己义不容辞的责任，深入调查研究，积极建言献策，为市委市政府科学决策、民主决策提供了重要参考。

第三，必须努力提高委员素质保障履行职责。政协委员是政协工作的主体，委员素质高低直接影响着政协履职尽责的水平。为适应新形势新发展需要，我们要不断强化学习意识、责任意识、大局意识、创新意识、合作意识，认真贯彻落实中共中央关于改进工作作风、密切联系群众的八项规定，认真践行“昭通精神、昭通作风、昭通速度”，努力成为合作共事、发扬民主、求真务实、廉洁奉公和联系群众的模范，用实际行动维护政协委员的良好形象。

【组织概况】

**委员增补名单**

（2013 年 3 月 8 日市政协三届四次常委会议通过）

王小华　王青林
王维强　王朝德
邓亚飞　刘朝文
牟丽佳（女）　何象奎
宋廷柱　李兴达（回族）
陈光平（女）　罗　勇
郑文春　姜成敬
徐时国　高文辉
梁砦军　黄育水
温业祥　温作霞
雷楚英（彝族）　缪舒苓（女）

**撤销委员资格名单**

（2013 年 3 月 8 日三届四次常委会通过）

葛帧银

**专门委员会副主任任命名单**

（2013 年 10 月 25 日三届八次常委会通过）

王恩娇　任人口资源环境委员会副主任

【机构概况】

2013 年是政协昭通市委员会第三届委员会任期的第二年，第三届委员会设办公室、提案委、经建委、科教文卫体委、人资环委、文史委、法制民宗委、港澳台侨联络委 8 个内设机构，办公室下设秘书科、综合科、行政科、人事科、政协工作研究室、机关事务管理中心 6 个科级单位，7 个专委会均下设办公室（科级单位）。

【昭通市、县（区）政协领导人名单】

**昭通市**

**主　席**

熊启怀

**副主席**

张永前　陈　奇
郎学秾　普安银
李志平　赵洪乖
晏祥莉

**秘书长**

范方华

**县（区）政协主席**

昭阳区　罗　勇
鲁甸县　陈树清
巧家县　王朝德
镇雄县　朱启田
彝良县　铁盛友
威信县　王维强
绥江县　赵　明
水富县　温业祥
盐津县　尚丽明
大关县　钟友勤
永善县　汤华明

## 昭通市各级政协委员和组织数

（截至2013年底）

<table>
<tr><th colspan="2">项　目<br>州(市)县</th><th colspan="2">委员数</th><th>组织数</th></tr>
<tr><td colspan="2">昭通市</td><td colspan="2">401</td><td>1</td></tr>
<tr><td rowspan="11">各县区市</td><td>昭阳区</td><td>249</td><td rowspan="11">2001</td><td rowspan="11">11</td></tr>
<tr><td>鲁甸县</td><td>179</td></tr>
<tr><td>巧家县</td><td>188</td></tr>
<tr><td>镇雄县</td><td>296</td></tr>
<tr><td>彝良县</td><td>225</td></tr>
<tr><td>威信县</td><td>170</td></tr>
<tr><td>大关县</td><td>137</td></tr>
<tr><td>永善县</td><td>162</td></tr>
<tr><td>盐津县</td><td>134</td></tr>
<tr><td>绥江县</td><td>146</td></tr>
<tr><td>水富县</td><td>115</td></tr>
<tr><td colspan="2">合　计</td><td colspan="2">2402</td><td>12</td></tr>
</table>

（编写：马　伊　审稿：范方华　邹道葵）

# 政协丽江市委员会

罗学军 主席

杨一奔 副主席

东宝·仲巴 副主席

高世祥 副主席

和继光 副主席

胡革红 副主席

杨文勇 副主席

李智义 秘书长

【全体委员会议】

**三届一次会议** 2月18～22日在丽江召开。应到会委员282名，实到275名。开、闭幕会由高世祥主持。会议选举产生三届市政协主席、副主席、秘书长和常务委员，罗学军当选为主席，杨一奔、东宝·仲巴、高世祥、和继光、胡革红、杨文勇当选为副主席，彭明当选为秘书长。会议听取并审议罗学军所作《政协丽江市第二届委员会常务委员会工作报告》；听取并审议和钺副主席所作《政协丽江市第二届委员会常务委员会关于提案工作情况的报告》；列席市人大三届一次会议；听取并协商讨论市政府工作报告及其他有关报告；审议通过政协丽江市第三届委员会第一次会议决议；罗学军在闭幕式上讲话。市委书记罗杰、市长和良辉、市委副书记杨浩东、市人大主任王洪富、市人大党组书记和炳寿、在丽江的全国政协委员、省政协委员及副厅级以上离退休老领导应邀出席会议。

【常务委员会会议】

**第1次会议** 2月22日在丽江召开，应到会常委51名，实到50名。市政协主席罗学军主持会议，副主席杨一奔、东宝·仲巴、高世祥、和继光、胡革红、杨文勇，秘书长彭明出席会议。会议审议通过政协丽江市第三届委员会常务委员会关于机构设置的决定，通过有关人事事项。

**第2次会议** 5月22日在丽江召开，应到会常委51名，实到41名。市政协主席罗学军，副主席杨一奔、高世祥、和继光、胡革红、杨文勇，秘书长彭明，党组成员、副秘书长李智义出席会议。市人民政府副市长、永胜县委书记陈星元应邀参加会议，杨一奔、和继光分别主持会议。会议学习了党的十八大精神；审定了《全市农村经济技术合作协会发展情况调研报告》、《全市贯彻落实〈中华人民共和国工伤保险条例〉情况视察报告》；修订了《中国人民政治协商会议丽江市委员会全体会议工作规则》等工作制度；通过有关人事事项。

**第3次会议** 8月15日在丽江召开，应到会常委51名，实到40名。市政协主席罗学军，副主席杨一奔、高世祥、和继光、胡革红、杨文勇，党组成员、副秘书长李智义出席会议。市委常委、常务副市长吉宏龙佳，副市长张仁彬应邀参加会议。杨一奔、胡革红分别主持会议。会议听取并讨论了吉宏龙佳代表市人民政府所作的《关于丽江市2013年上半年经济运行情况的通报》；审议通过《市政协关于省政府丽江经济社会发展暨宁蒗县扶贫攻坚专题工作会议、省政府泸沽湖保护与治理工作会议和省政府宁蒗“6·24”地震灾区恢复重建工作现场会议议定事项落实情况的视察报告》；通过有关人事事项。

**第4次会议** 11月14日在丽江召开，应到会常委51名，实到41名。市政协主席罗学军出席会议并讲话。副主席杨一奔、和继光、胡革红，党组成员、副秘书长李智义出席会议。市人民政府副市长李建英应邀参加会议。和继光、胡革红分别主持会议。会议学习党的十八届三中全会会议公报；审议通过《全市新社会组织管理情况调研报告》、《市政协关于县（区）政法工作情况调研报告》、《全市煤炭产业发展情况调研报告》。

【专门委员会工作】

**提案委员会** 一是加强对委员的服务工作。致信全体政协委员，并编辑发放提案知识材料，指导委员写好提案，委员们共提 167 件提案。二是加大提案督办催办力度。深入到市工信委等 10 多个提案承办单位，积极参与了市政协领导督办重点提案工作和承办单位面商面复会。三是注重对提案工作的研究和宣传。撰写 1 篇理论研讨文章，报送省政协第 22 次提案工作座谈会暨研讨会，发表 10 多篇有关提案工作方面的稿件，扩大了提案的社会影响。四是成功召开全市提案工作座谈会。五是制订《提案委员会工作简则》、《关于重点提案确定和督办的暂行办法》。

**经济委员会** 一是组织干部职工和专委会委员认真学习贯彻党的十八大和习近平总书记系列重要讲话精神，切实加强对人民政协理论和《政协章程》等业务知识的学习。二是组织开展丽江市推动文化与旅游深度融合工作情况调研和全市上半年经济运行情况调研，分析研究全市推动文化与旅游深度融合工作和上半年经济运行中存在的突出问题并提出对策建议。三是加强与专委会委员的沟通联系，创造政协委员参政议政的有效平台，定期组织开展专委会委员小组活动。四是研究制定《丽江市政协经济委员会工作简则》。

**社会和法制委员会** 一是牵头组织部分市政协委员深入到华坪县、古城区、玉龙县的部分企业视察《中华人民共和国工伤保险条例》在我市的贯彻落实情况，及时形成视察报告。二是开展全市新社会组织管理情况专题调研，形成《关于加强新社会组织管理的建议案》。三是组织相关部门负责人对全市一区四县基层政法工作开展专题调研，调研组深入基层认真听取一线工作人员对公、检、法、司工作中存在困难和问题，听取当地群众对政法部门工作的意见和建议，形成调研报告，促进了问题的解决。

**民族和宗教委员会** 一是组织开展了关于省政府丽江经济社会发展暨宁蒗县扶贫攻坚专题工作会议、省政府泸沽湖保护与治理工作会议和“6. 24”地震灾区恢复重建工作现场会议议定事项落实情况的视察，形成专题视察报告。二是组织界别组委员就福国寺恢复重建、玉湖村民族经济、民风民俗旅游发展情况进行视察。三是针对宁蒗拉伯喇嘛寺恢复重建困难的实际，给予五万元资金补助。解决永胜光华地角坪基督教堂两万元的修建款。四是强化对外联络，努力做好外援项目工作。引进南京爱德基金会、云南扶贫基金会、美国福音信义会、荷兰保列社基金会等项目资金共 239. 5 万元。年底由市政协分管领导带队，回访爱德基金会和上海青浦区政协，为进一步做好外援工作奠定了基础。五是完成华坪县金沙江流域干热河谷生态造林项目的评审工作。

**教科文卫体委员会** 一是组织部分市

政协委员及相关部门负责人，深入到一区三县对丽江市农村科技协会发展情况进行专题调研。形成《丽江市文化产业发展情况调研报告》，提交常委会议审议通过，并形成了建议案，报送市委、市政府。二是由副主席杨一奔率市政协办公室、教科文卫体委员会和部分市政协委员与市人大联合对丽江市部分食品行业和服务行业开展专题视察。视察组对丽江市食品药品安全，城市客运服务管理和城市综合管理情况进行了实地视察，围绕丽江市创建全国文明城市工作提出有针对性的意见建议。三是与办公室、提案委、市政府督查室联合市直相关部门负责人参加，就《关于在居民小区建设中强化规划体育健身设施的建议》重点提案进行调研督办。

**人口资源环境委员会** 一是深入学习党的十八大和十八届三中全会精神，实践“四群”教育实践活动，“三型三用”机关创建活动和“党风廉政”教育实践活动。二是组织开展“关于我市煤炭产业发展情况的专题调研”，形成《关于我市煤炭产业发展情况的调研报告》。三是参与社法委组织的“全市贯彻落实《工伤保险条例》情况的视察活动”；参加省政府“九湖”水污染综合治理督导组丽江督查活动。四是组织开展委员小组活动，介绍市政协机关一年来主要开展的调研、视察课题，介绍了我市金山工业园区建设情况。

**文史和联络委员会** 一是编辑出版《丽江市文史资料·丽江市非物质文化遗产保护名录》专辑。二是组织编纂出版《百年丽江》文史丛书，有关工作正有条不紊地开展。三是认真开展“四群”教育活动，深入到联系点宁蒗县大兴镇干河子村，帮助联系户解决实际困难。四是参加在保山召开的云南省政协外联工作会议和在怒江召开的云南省八州政协文史工作联系会议。

**【重要活动】**

**王正伟到丽江调研** 4月12～13日，全国政协副主席、国家民委主任王正伟率国家民委调研组到丽江调研民族团结进步边疆繁荣稳定工作。副省长尹建业、省政协副主席倪慧芳、市长和良辉、市政协主席罗学军、副市长张卫国等分别陪同调研。

**喻顶成到丽江调研** 4月24～25日，省政协副主席喻顶成一行到丽江调研云南旅游产业转型升级工作，市政协主席罗学军、副主席胡革红分别陪同调研。调研组一行深入到丽江古城白水河景观用水取水点、黑龙潭、英格迪酒店考察。

**黄孟复考察金安桥水电站** 9月7日，全国政协原副主席黄孟复，全国工商联副主席、汉能控股集团董事局主席李河君一行考察金安桥水电站，省政协副主席曾华、市委书记罗杰、市长和良辉、市政协主席罗学军、副主席和继光等领导分别陪同考察。

**省政协“云南扶贫情况”重点调研组到丽江调研** 7月8～12日，省政协“云南扶贫情况”重点调研组在市政协副主席和继光的陪同下，深入到宁蒗县新营盘乡、永宁乡等地，实地了解宁蒗扶贫开发情况，听取宁蒗县扶贫工作汇报，充分肯定了该县的扶贫开发工作。

**全市提案工作座谈会** 10月24日，全市提案工作座谈会召开，市政协主席罗学军，副主席高世祥、和继光、胡革红，党组成员、副秘书长李智义出席会议。

**【重要文件】**

**常务委员会工作报告**（2013年2月18日）（摘要）报告分三部分：

一、二届市政协工作回顾。（一）着眼全局，参政建言，政治协商扎实推进。二届市政协不断完善政治协商的内容、形式和程序，紧紧围绕市委、市政府的中心工作以及全市政治、经济、文化、社会和生态文明建设中的重大问题，认真开展政治协商，基本上形成了全体会议整体协商，常委会议和主席会议专题协商，专委会对口协商的格局。五年来，召开委员全会5次，常委例会22次，主席会议36次，提出意见建议1100多条，为党委、政府科学决策提供了参考，为实现决策民主发挥了重要作用。第一，全会整体协商成果丰硕。在一年一度的政协全体会议上，组织委员对每年的市政府工作报告、国民经济和社会发展计划、财政预决算报告、“两院”工作报告等重大事项，以小组讨论、界别联组会等形式认真协商。五年来，共召开界别联组会5次，60余名委员就加快推进新型工业化发展、民族贫困地区经济社会发展、旅游提质增效、教育教学、社会公平正义、法制建设等议题，在大会上作了重点发言，许多意见建议在“十二五”规划纲要和实际工作中得到采纳。第二，常委会专题协商重点突出。市政协常委会着重就市委、市政府提出的事关全市经济社会发展的重大问题和委员关注、群众关心的社会热点问题进行专题协商讨论。五年来，先后对我市“十二五”规划的编制、生态环境保护、县域经济发展、产业结构调整、民族民间文化传承与保护、食品安全、新农村建设、农村人畜饮水安全等问题开展专题协商讨论，提出意见建议600多条。许多意见建议在市政府和有关部门的工作中得到落实。第三，积极推进专委会对口协商。建立和完善了市政协各专门委员会与市直相关部门对口协商机制。各专委会与市政府相关部门，通过互邀参加会议、互通信息、联合开展调研、适时通报情况等形式，先后就改善丽江投资环境、社会保障等问题开展对口协商120多次，加强了沟通联系，增强了协商的针对性和实效性，推动了部门工作的开展。第四，提案工作不断加强。市委、市政府高度重视政协提案工作，去年12月，市委办、市政府办转发了《政协丽江市委员会提案工作条例》，在市政协二届五次会议上，表彰奖励了提案工作先进单位和先进个人，进一步激发了委员参政议政的积极性，提案工作的制度化、规范化、程序化建设进一步加强。去年市政协被省政协评为提案工作先进单位，3名委员被评为先进个人。五年来，市政协共征集委员提案834件，经审查立案的817件提案全部办复完毕，办复率100%；主席班子督办重点提案31件，重点提案实现了100%的重点办理和重点面商，取得良好成效，发挥了提案工作反映民意、集中民智、实现民愿的独特作用。特别是对禁止丽江坝周边沙石开采、九子海水源地保护、对丽江坝水资源进行合理调配、加强社会养老体系建设、加快蔬菜产业发展、特殊学校建设等一批与人民群众切身利益息息相关的提案得到了较好落实。通过提案的提出和办理落实，既反映了各族各界的愿望与呼声，又根据群众的意见和要求，改进和推动了工作，从而协调了关系，促进了和谐，推动了发展。（二）创新方式，拓宽渠道，民主监督有效开展。加强民主监督，积极探索民主监督的有效形式，注重把民主监督融入视察、调研、提案和反映社情民意等日常工作中，努力完善机制、畅通渠道，推进民主监督工作深入开展。第一，注重发挥视察在民主监督中的基础作用。五年来，先后对丽江机场改扩建、创建国家级园林城市、城中村及城郊结合部环境卫生治理、程海湖生态治理和保护、玉龙新县城城市功能情况、校园食品安全管理、旅游小镇规划实施、《中华人民共和国残疾人保障法》实施、全市“五五”普法、丽江城市总体规划实施、古城区大东乡文化旅游开发、玛咖产业发展、宗教场所建设等15项重点工作和群众关心的重点问题进行专项视察。在视察过程中，将民主监督与推动工作有机结合，既肯定成绩经验，又指出存在问题，提出有针对性的意见建议，使视察的监督作用得以发挥，得到市委、市政府和社会各界的充分肯定。第二，稳步推进民主评议监督。组织委员分别对市工商局、市检察院和全市食品安全工作开展了政协民主评议。通过民主评议，既肯定被评议部门取得的成绩，又指出存在的问题和差距。畅通了各界人士与政府职能部门的沟通渠道，有效推动了工作，对促进行风政风和社会风气好转、推进机关效能建设和优化政务环境起到积极作用。同时也为政协履行民主监督职能积累了经验。通过选派委员担任特约监督员、人民陪审员、人民监督员等形式，对法院和检察院重大案件审理和公诉进行旁听，对全市政务公开、行风评议、政府为民办实事项目落实情况进行经常性监督，扩大民主监督的范围，使民主监督作用得到充分体现，产生了良好的社会反响。第三，努力发挥社情民意在民主监督中的作用。鼓励政协委员深入实际，了解掌握社情民意，提高反映民情建议的质量。依靠委员、各族各界人士、各党派和县（区）政协，把基层的一些重要情况和群众的意愿呼声反映到党政部门。对来信来访中要求解决生活困难、利益诉求和改进部门工作作风等意见建议，主席班子都认真对待，有的主动协调、努力化解，有的向市委、市政府及时反映，促成了许多问题的解决。五年来，共收集整理社情民意信息近500条，向省政协和市委、市政府及有关部门报送100多条，处理群众来信来访100多件（次），为党委政府及时准确地了解民情民意，科学民主决策提供了依据，为解决热点难点问题，促进和谐社会建设发挥了积极作用。同时，主席班子成员认真按照市委关于建立厅级领导群众工作联系点、民情责任区和重大项目挂钩联系的要求，深入基层、深入群众、深入建设工地开展调研视察、指导帮助工作，有力促进了有关工作的开展和民生的改善。

（三）突出重点，深入调研，参政议政成效显著。市政协始终把调查研究作为参政之基、谋事之道，按照“少而精、专而深、分析透、建议实”的要求，努力提升参政议政的质量和实效。五年来，先后就玉龙山和老君山森林资源保护与开发、推进宁蒗县经济社会跨越发展、全市工业园区建设、旅游业基础设施及重点工程建设、抗旱保民生、全市文化产业发展、民族贫困地区集中办学、居民小区物业管理现状、城区小学入学难、调整产业结构、发展生态产业、贯彻《云南省民族乡工作条例》、新型农村合作医疗实施、《中华人民共和国就业促进法》贯彻落实、农村面源污染及人畜饮水安全问题、宗教界开展法制宣传教育、农村文化场所建设、边屯文化的现状与发展、殡葬改革、全市农转城工作、全市马铃薯发展前景等工作组织专题调研，形成调研报告37篇。在调研中，充分发挥委员的主体作用，注重与各民主党派、工商联和各人民团体的联合协作，密切与党委、政府及有关部门的沟通与配合，整合资源，提高了调研的质量和水平。市委、市政府领导对市政协的调研报告作了阅批，大多数意见建议被采纳，一些意见、建议进入了市委、市政府的决策程序，有关部门积极落实，有力促进了各项工作的开展。通过建议案的形式，促进一些突出问题的解决。在深入调研和充分协商讨论的基础上，先后提出了关于解决丽江城区初中小学就近入学难、加快推进生态产业发展、进一步加强玉龙山和老君山森林资源保护和管理、加快马铃薯产业发展、加快新型工业化发展等9项建议案，得到了市委、市政府的高度重视。如《关于进一步加强玉龙山和老君山森林资源保护和管理的建议案》，经市政府主要领导批示后，编制了《玉龙雪山及古城旅游区环境规划、自然保护区发展规划》，市、县配合，采取加大打击偷砍盗伐力度、对木材经营户进行规范化管理、建立专业扑火队等措施，加强对玉龙山和老君山森林资源保护和管理。《关于加快丽江市马铃薯产业发展的建议案》，市政府采纳所提的建议，成立领导小组，编制有关规划，加大投入力度，有力促进了我市马铃薯产业的发展。此外，积极配合全国政协和省政协在丽江开展了高原湿地保护和开发利用、滇中调水、金沙江龙头水库比选方案、自然保护区建设与管理、石材产业发展、城镇污水及生活垃圾处理设施建设、加强生态建设和保护、国家公园建设管理与滇金丝猴种群繁衍及保护情况、高原体育训练基地建设、高原特色农产业发展等10多个专题的视察调研活动，为研究解决全国性、全省性的一些重要问题，提供了基础数据和真实情况。在有关区县政协的配合下，完成了《云南特有民族百年实录——纳西族卷》的编辑工作并及时上报省政协出版发行。

（四）发扬民主，增进团结，和谐氛围更加浓厚。市政协始终坚持团结和民主两大主题，积极协调各方关系，广泛凝聚各方力量，努力营造团结和谐、共谋发展的生动局面。第一，努力营造民主和谐氛围。以会议、委员小组活动为平台，邀请各民主党派、工商联、无党派人士和各团体参加政协组织的调研视察，积极为他们参政议政创造条件，营造畅所欲言、平等协商、合作共事的良好环境；以活动为载体，增进了解、加强沟通，利用元旦、国庆、春节举办各民主党派、工商联、无党派人士、宗教界人士、民族人士、非公有制经济代表参加座谈会、茶话会，走访、慰问基层政协组织、离退休老同志；举办了人民政协成立60周年茶话会、新中国成立60周年座谈会等系列活动，与有关单位联合举办了人民政协成立60周年征文活动、纪念辛亥革命100周年座谈会、建国60周年书画展，讴歌波澜壮阔的革命史实，进一步激发了全市人民的爱国热情。第二，不断加强与市内外政协的联系与协作。五年来，热情接待国内外客人和考察团近千批（次）。承办了全省八市政协文史工作第八次联系会议，先后参加“川滇黔赣冀五省二十地市州政协联系会议”、“世界遗产地政协联系会议”等省内外政协举办的会议及活动，组织多批次考察团就做好政协工作赴外地学习考察。对基层政协的联系和工作指导进一步加强，通过召开市区（县）政协联席会议、联合开展视察调研和考察活动，不断加强对基层政协的工作指导。积极帮助基层政协解决一些具体问题，基层政协的工作条件有了一定改善。第三，关注民生，争取外援，扶贫济困办实事。五年来，积极发挥政协联系面广的优势，共引进外援项目资金1300多万元，实施了华坪县金沙江造林1.1万亩、文乐村葡萄种植100多亩，中小学危房改造5所、援建山区小学体育室109个，资助贫困学生667名、孤儿85名，为839名白内障患者免费开展复明手术，义诊受益群众达3000人次；四川汶川地震发生后，组织机关干部职工积极向灾区献爱心，机关在职和离退休党员交纳特殊党费15万元，支持灾区恢复重建。宁蒗“6.24”地震发生后，市政协领导及时带队赶到地震重灾区了解灾情，看望慰问受灾群众，为灾区送去了5万元慰问金，政协各参加单位、广大政协委员还从不同渠道，慷慨解囊支持灾区恢复重建，赢得了社会各界的广泛赞誉；筹集资金360余万元，实施了4个扶贫挂钩点和新农村建设联系点的道路维护改造、村容村貌美化、种养殖业发展、水利基础设施等项目建设。结合开展“四群”教育活动，尽力为群众办实事。去年以来，市政协领导带头深入基层，直接参与挂钩联户帮扶活动，积极协调项目和资金，为“四群”教育联系点解决了一批涉及基础设施建设、产业发展、子女入学、人畜饮水等方面的实际困难。第四，文史工作硕果累累。重视政协文史资料在丽江经济社会发展中的重要作用，积极拓展文史工作领域，丰富政协文史工作内容。树立为时代立鉴、为丽江立史、为人民立言的精神，本着忠于历史、记录历史的原则，广征博采文史资料，建立了市政协陈列室、相继编辑出版了《丽江市政协志》、《丽江民族民间文化荟萃》，丽江市文史资料《港澳台侨专辑》、《医疗卫生专辑》、《边屯文化专辑》、《文物保护单位专辑》等多部文史图书和《使命》专题片，市政协还获得了省政协首届优秀文史图书奖，发挥了政协文史资料存史、咨政、团结、育人的重要作用。（五）健全机制，夯实基础，自身建设全面加强。适应新形势新任务的要求，切实加强自身建设，激发内在动力与活力，为履行职能、开展工作提供有效保障。第一，委员主体作用和专委会基础作用进一步发挥。尊重和保护委员的民主权利，制定出台了《政协丽江市委员会委员管理暂行办法》，为委员履行职责创造有利条件，促进委员提高自身素质，遵守政协章程，认真履行职责。委员在任期内为社会办一件实事活动扎实开展，为社会办好事实事400多件，展现了新时代政协委员的风采。积极探索专委会工作新思路、新途径，各专委会根据自身的特点和优势，组织开展专题调研视察活动，各界别委员通过专委会参与政协的活动，提出本界别的意见建议，为全市经济社会发展献计出力。第二，加强政协宣传和理论研究工作。召开全市政协系统宣传工作会议，进一步加强对全市政协宣传工作的指导。重视《人民政协报》、《云南政协报》和市内各新闻媒体的宣传作用，密切与媒体的协作，加强了政协宣传工作；办好《丽江政协》、《政协工作动态》等刊物，通过互联网站，多渠道，全方位宣传我市各级政协组织履行职能的成果。五年来，仅在省级以上刊物中就发表文章500多篇，内部出版《丽江政协》16期、编印《政协工作动态》近300期，连续三年获得省政协“好新闻”奖。配合省政协就发挥基层政协作用、发挥专委会基础性作用、发挥政协界别作用、发挥委员主体作用、加强政协研究室工作等专题进行了深入调研，提出有针对性的对策建议，对进一步加强和改进政协工作提供理论基础。第三，加强思想理论和机关建设。始终把学习作为新时期人民政协的重要任务，“学习型”政协建设取得了明显成效。结合政协实际，开展形式多样的学习活动，认真学习贯彻中央、省、市各种会议精神，胡锦涛同志在建党90周年、纪念人民政协成立60周年大会上的讲话，贾庆林主席在视察丽江时的重要讲话精神，为确保正确的政治方向，切实做好各项工作打下了坚实的思想政治基础。党的十八大召开后，市政协及时召开常委会和干部职工大会，认真传达学习十八大精神，要求全市各级政协组织、广大政协委员和机关干部，参加政协的各党派、团体和各族各界人士要按照市委的部署和要求，认真学习，深刻领会十八大精神，迅速掀起学习十八大精神的热潮，不断增进对中国特色社会主义的政治认同和思想认同。第四，市委高度重视政协工作，适时召开全市政协工作会议，制定出台了《关于支持人民政协履行职能发挥作用的意见》，就政治协商的原则、内容、形式和基本程序提出了具体意见，使政协履行职能、发挥作用有章可循，有据可依，协商更加规范有序、富有成效。扎实开展了学习实践科学发展观、创先争优、学习“杨善洲精神”等学习教育活动，机关思想建设、组织建设、作风建设和制度建设进一步加强，服务质量进一步提高。在市委、市政府的重视支持下，改善了政协机关办公条件，完善了政协内部机构设置，加大了机关干部的培养任用和交流力度，在政协机关形成了学习、实干、创新、团结的良好风气。

二、过去五年工作的基本经验。（一）必须始终坚持党对政协工作的领导。（二）必须坚持把促进科学发展作为政协工作的第一要务。（三）必须牢牢把握团结和民主两大主题。（四）必须坚持以人为本、关注民生，切实做到履职为民。（五）必须把开拓创新作为推动政协事业发展的不竭动力。

三、对新一届市政协工作的建议。（一）深入学习贯彻落实党的十八大精神。（二）围绕推动科学发展认真履行职能。（三）努力促进和谐丽江建设。（四）稳步推进以完善协商民主制度为主的政治建设。（五）进一步加强自身建设。

**三届一次会议决议**（2013 年 2 月 22 日）　中国人民政治协商会议丽江市第三届委员会第一次会议于 2013 年 2 月 18 ~22 日在古城举行。会议听取和审议了《中国人民政治协商会议丽江市第二届委员会常务委员会工作报告》、《中国人民政治协商会议丽江市第二届委员会常务委员会关于提案工作情况的报告》，听取并协商讨论了《政府工作报告》及其他有关报告。会议全面回顾了政协丽江市第二届委员会的工作，总结了过去五年的工作经验，提出了政协丽江市第三届委员会的工作建议。会议选举产生了政协丽江市第三届委员会主席、副主席，秘书长和常务委员。会议简朴务实、富有成效，是一次民主务实、继往开来、团结奋进的大会。

会议赞同和良辉同志代表市人民政府所作的《政府工作报告》，批准罗学军同志代表政协丽江市第二届委员会常务委员会所作的《政协常委会工作报告》，批准和钺同志代表政协丽江市第二届委员会常务委员会所作的提案工作情况报告。赞同丽江市中级人民法院工作报告、丽江市人民检察院工作报告以及其他有关报告。

会议认为，过去的五年，面对复杂多变的国际国内形势和全市各类重大自然灾害，市委、市政府团结带领全市各族群众，认真执行党中央、国务院的方针政策，深入贯彻落实省委、省政府的决策部署，紧紧围绕“三基地一窗口一屏障”目标，牢牢把握发展这个第一要务，战胜了各种自然灾害，克服了前进中的各种困难，积极探索和完善符合丽江实际的发展路子，抢抓机遇、攻坚克难，开拓创新、奋力拼搏，超额完成了市第二届人民代表大会历次会议确定的目标任务，在全面建成小康社会征途上迈出了坚实步伐。《政府工作报告》对过去五年来我市经济社会发展情况的总结全面客观，对存在问题的分析实事求是，对今后五年的发展目标和举措充分体现了科学发展观的要求，符合中央、省委精神和我市实际。只要全市各族干部群众团结一致、埋头苦干，就一定能与全国、全省同步全面建成小康社会。

会议认为，政协丽江市第二届委员会常务委员会高举中国特色社会主义伟大旗帜，牢牢把握团结民主两大主题，坚持用科学发展观统领政协工作，认真贯彻市委的决策部署，广泛团结动员参加人民政协的各党派团体、各族各界人士，广大政协委员，紧紧围绕全市工作大局，切实履行政治协商、民主监督、参政议政职能，充分发挥协调关系、汇聚力量、建言献策、服务大局的重要作用，为推动我市经济社会发展，把丽江建设成云南科学发展和谐发展跨越发展示范区作出了重要贡献，人民政协事业呈现出蓬勃生机与旺盛活力。

会议指出，必须深入学习、全面贯彻落实党的十八大精神，积极引导全市广大政协委员和参加政协的各党派、团体准确把握坚持和发展中国特色社会主义这条主线，深刻领会科学发展观的历史地位和指导意义，深刻领会全面建成小康社会的奋斗目标，深刻领会中国特色社会主义经济建设、政治建设、文化建设、社会建设、生态文明建设五位一体的总体布局，不断深化对中国特色社会主义发展道路、理论体系和政治制度的认识，进一步增强道路自信、理论自信和制度自信，切实用十八大精神武装头脑、指导实践、推动工作。

会议强调，三届丽江市政协工作的五年，是我市各族人民与全国、全省同步全面建成小康社会而团结奋斗的五年。我市加快发展面临许多良好的发展机遇，也存在诸多困难和问题，必须认清形势、明确任务，坚定加快发展的信心不动摇，咬定跨越发展的目标不放松。新一届市政协要紧紧围绕生态产业基地、清洁能源基地、国际精品旅游胜地、中国面向西南开放桥头堡的重要窗口和国家生态安全的重要屏障建设，加快特色新型工业化、信息化、城镇化和农业现代化进程，抓投资、扩内需，调结构、壮产业，惠民生、促和谐，全力建设丽江、发展丽江、繁荣丽江、保护丽江，奋力推动丽江与全国、全省同步全面建成小康社会的工作要求，以科学发展为主题，以加快转变经济发展方式为主线，以提高经济增长质量和效益为中心，积极推进协商民主制度建设，进一步规范政治协商程序，不断加大民主监督力度，努力提高参政议政实效。按照中央“八项规定”和省委、市委的实施办法，转变作风，求真务实，开拓进取，扎实工作，在服务全市科学发展和谐发展跨越发展进程中把人民政协事业不断推向前进。

会议号召，全市各级政协组织、政协各参加单位、广大政协委员要紧密团结在以习近平同志为总书记的党中央周围，在中共丽江市委的坚强领导下，按照市委三届三次全会确定的奋斗目标，凝心聚力，扎实工作，不断谱写我市人民政协事业新篇章，为推动丽江经济社会发展实现新跨越，与全国、全省同步全面建成小康社会作出新的更大贡献！

**罗学军主席在市政协三届一次会议闭幕式上的讲话**（2013 年 2 月 22 日）（摘

要）一要更加坚定地维护党对政协工作的领导，始终保持政协工作坚定正确的政治方向，始终高举中国特色社会主义旗帜不动摇。要更加自觉地贯彻落实党的路线方针政策，把思想和行动统一到市委、市政府的决策部署上来，把各方面的积极性和创造性凝聚到为中心工作服务上来，将党委、政府的部署转化为各级政协、社会各界的共识与自觉行动。二要高举团结和民主旗帜，团结一切可以团结的力量，为构建社会主义和谐社会尽心竭力、作出贡献。要认真贯彻中国共产党领导的多党合作和政治协商制度，切实发挥政协作为爱国统一战线组织的应有作用，努力促进参加政协的各党派、团体和各族各界人士的团结合作，形成加快发展、维护稳定的强大合力；要发挥好党委、政府联系人民群众的桥梁纽带作用，积极了解和反映社情民意，切实关注民生、服务民生，为维护社会和谐稳定贡献力量。三要充分发挥协商民主重要渠道作用和独特优势，按照建设中国特色社会主义民主政治的要求，进一步探索健全社会主义协商民主制度的工作机制，把协商民主制度运用好、落实好，切实引导参与协商的各方面树立大局观念，负责任地提出意见建议，努力在发扬民主过程中更好地保障人民当家作主。四要带头树立清正廉洁、求真务实的良好形象，争当“醒脑提神、真抓实干”的表率。要对照“八项规定”严格自律，在加强调查研究、密切联系群众、克服形式主义、改进会风文风、厉行勤俭节约等方面身先士卒、率先垂范，大兴调查研究之风、多到困难和矛盾集中、群众意见多的地方去，真正做到从群众中来、到群众中去，始终保持同人民群众的血肉联系，真正赢得群众的信任和拥护。

**建议案**

《关于加强丽江市农村经济技术合作协会发展的建议案》（2013 年 5 月 22 日市政协三届二次常委会议通过）

《关于加强新社会组织管理的建议案》（2013 年 11 月 14 日市政协三届四次常委会议通过）

**重要制度**

1.《中国人民政治协商会议丽江市委员会全体会议工作规则》、《中国人民政治协商会议丽江市委员会常务委员会工作规则》、《中国人民政治协商会议丽江市委员会专门委员会通则》、《中国人民政治协商会议丽江市委员会关于政治协商民主监督参政议政的规定》（2013 年 5 月 22 日市政协三届二次常委会议修订）

2.《中国人民政治协商会议丽江市委员会主席会议工作规则》（2013 年 5 月 8 日市政协三届三次主席会议修订）

3.《中共政协丽江市委员会党组工作条例》（2013 年 5 月 3 日中共政协丽江市委员会党组会议修订）

4.《中共政协丽江市委员会党组中心组学习制度》（2013 年 5 月 3 日中共政协丽江市委员会党组会议通过）

5.《中国人民政治协商会议丽江市委员会关于重点提案确定和督办的暂行办法》、《中国人民政治协商会议丽江市委员会反映社情民意信息工作条例》（2013

年5月8日市政协三届三次主席会议通过）

【组织概况】

**主　席**

罗学军（彝族）

**副主席**

杨一奔（女，纳西族）

东宝·仲巴（藏族）　高世祥

和继光（纳西族）　胡革红（普米族）

杨文勇（纳西族）

**秘书长**

彭　明

**常务委员名单**（共51名，按姓氏笔画为序）

寸立新（白族）　马长英（女，普米族）

马丽媛（女，回族）　王川蓉（女，纳西族）

东宝·仲巴（藏族）　刘映华

关嘉益西（纳西族摩梭人）

李凡林　李文宝（白族）

李文顺（傈僳族）　李启明（女）

李金良（女，纳西族）　李荣春（女，傈僳族）

李桂华（彝族）　李继木（纳西族）

李智义（彝族）　李渝丽（女，纳西族）

李德静（女，纳西族）　杨一奔（女，纳西族）

杨文勇（纳西族）　杨四龙（纳西族）

杨永平　杨佳部（彝族）

杨建龙　杨绍前

杨跃如（纳西族）　苏　祥

何海燕　张　明

张　波　张洪波（女，白族）

罗学军（彝族）　和正康（纳西族）

和光云（纳西族）

和军强（纳西族摩梭人）

和丽华（纳西族）　和秀琼（女，纳西族）

和润菊（女，纳西族）　和继光（纳西族）

胡松林（纳西族）　胡革红（普米族）

段松廷（白族）　宣　科（纳西族）

高世祥　郭其学

陶焰真（女，纳西族）　黄大尧

彭　明　韩　伟

雷玉菊（女）　谭国仁

**委员名单**（共282名，按姓氏笔画为序）

**中国共产党**（23名）

王立群　毛卫玲

冉龙刚　冯建雯

刘　宏　李智义

杨文勇　杨绍前

杨漫江　吴锦福

何海燕　张　明

张建华　张炼毅

罗学军　周　峰

赵向群　胡革红

洪卫东　徐加伟

高世祥　姬仁礼

彭　明

**民主党派、无党派、台侨**（27名）

马丽媛　刘　华

李文宝　李启明

李金良　李桂华

李继木　杨一奔

杨永平　杨汝诚

杨跃如　吴能菊

张　军　张珍荫

张洪波　张福梅

和正康 和丽华
和莲芳 和润菊
和继光 赵義臣
段松廷 施更生
郭其学 陶焰真
黄　鹤

**工会、共青团、妇联、青联**（25 名）

王强云 石玉兰
卢正琼 冯丽琼
吕望晶 刘宁华
安　燕 李仁勇
李华壁 李秀芳
李怀昌 杨希琼
张泽涛 张爱琴
张萦山 张　颖
武　军 罗　蓉
金开荣 郭　玲
雷玉菊 彭咏梅
蒋艾伶 熊永珍
熊锦宝

**工商联**（34 名）

寸立新 万家裕
王立东 王顺林
木崇仁 刘光国
刘廷安 刘映华
刘保国 李凡林
李仁庚 李　文
李应波 杨四龙
杨永宏 杨宗礼
陈定华 陈俊杰
林长初 罗炳怀
和立文 和彩武
和福龙 胡松林
祝　剑 高坤达
唐珍菊 唐钢国
黄大尧 黄世铭
彭宗林 蒋海滨
傅队林 谭国仁

**科协、科技、文学艺术、社科**（30 名）

王川蓉 木兆鸿
田学勇 白宝山
白　勤 关玉祥
苏学武 苏　祥
李永天 李德静
李　燕 李耀顺
杨小平 杨树高
张存芬 张　波
松丽强 罗永光
和卫东 和文平
和民达 和建勇
和雪武 和　辉
和锡武 赵红芬
宣　科 唐美菊
谢振祥 薛润光

**经济界**（31 名）

王春光 王　浏
木红萍 方荣先
冉隆英 李凤满
李　平 李忠荣
杨佳部 杨永兰
杨丽芳 杨秋兰
张卫明 张凤勋
张忠泽 张学军
张维炯 张新华
陈树开 和红梅
和建彩 和景旗

周　刚　姚晋滇
陶　瑛　蒋文珍
曾春生　曾鹤生
温红艳　褚琴娥
谭文学

**农业界**（19 名）

丁才元　王云平
木松仙　孔祥邰
任尚松　关建华
李贝思　李　军
杨志胜　杨新旺
余大欣　陆晓屏
和光云　和继堂
洪良忠　郭　嘉
黄荣生　黄新平
蔡文翠

**教育、体育、新闻出版、医药卫生**（34 名）

子仙竹　习惠渊
马海英　王天文
王如棠　王　鹏
木　良　朱学林
刘　春　刘　莉
刘　超　李　涛
李堂明　李渝丽
杨文彪　杨竹红
杨建龙　沈学芳
张艳梅　陈　强
罗永芳　罗晓燕
和万鹤　和四新
郑会林　赵中泽
赵建全　段献中
黄阳华　韩　伟
程云星　廖德伟
嬴振义　魏国生

**少数民族、宗教界**（30 名）

子贵德　马长英
马冬梅　马忠明
王春梅　东宝仲巴
东春莲　兰金红
关嘉益西　李文顺
李发天　李光容
李荣春　李琼瑶
杨万顺　杨文英
杨学文　吴桂军
余双布　阿世雄
陈　静　罗绍军
罗新文　和军强
和奇龙　和继春
银巴嘉措　谢贤红
蜂学军　黎春泉

**特邀**（29 名）

马云宏　毛彩云
李晓辉　杨运贵
杨应华　杨　洪
杨晓梅　杨湖江
肖忠万　吴少翔
何绍尧　张国才
陈灿春　尚伟参
和世忠　和世忠
和秀琼　和金贵
和建华　和春林
和峥嵘　和增亮
周开举　周　涛
段应生　高正荣
黄光富　曹新春

谭恒鹏

**秘书长任免名单**

（2013 年 5 月 23 日市政协三届二次常委会议通过）

彭　明　免去市政协秘书长职务

李智义　任市政协秘书长

**研究室主任任命名单**

（2013 年 8 月 20 日市政协三届三次常委会议通过）

双　友（纳西族）　任市政协研究室主任

**【机构概况】**

政协丽江市第三届委员会设办公室、研究室、提案委员会、社会与法制委员会、经济委员会、民族和宗教委员会、教科文卫体委员会、人口资源环境委员会、文史和联络委员会共 9 个工作机构（处级）。办公室下设秘书一科、秘书二科、行政科和项目办 4 个科室（科级），研究室、各专委会下设办公室（科级）。

**【丽江市各县（区）政协主席】**

古城区　和光云（纳西族）

玉龙县　和秀琼（女，纳西族）

永胜县　杨建龙

华坪县　雷玉菊（女）

宁蒗县　和军强（纳西族摩梭人）

**丽江市各级政协委员和组织数**

（截至 2013 年底）

<table>
<tr><th colspan="2">项　目<br>州（市）县</th><th colspan="2">委员数</th><th>组织数</th></tr>
<tr><td colspan="2">丽江市</td><td colspan="2">282</td><td>1</td></tr>
<tr><td rowspan="5">各县区市</td><td>古城区</td><td>179</td><td rowspan="5">896</td><td rowspan="5">5</td></tr>
<tr><td>玉龙县</td><td>206</td></tr>
<tr><td>永胜县</td><td>201</td></tr>
<tr><td>华坪县</td><td>154</td></tr>
<tr><td>宁蒗县</td><td>156</td></tr>
<tr><td colspan="2">合　计</td><td colspan="2">1178</td><td>6</td></tr>
</table>

（编写：周洪波　审稿：李智义）

政协普洱市委员会

李洪武　副主席

【全体委员会议】

**二届五次会议**　3月19日～21日在思茅举行。应到会委员277名，实到263名。市政协副主席段发彬主持开幕大会，市政协副主席马春华主持闭幕大会，市政协副主席李盛富主持选举大会。会议听取并审议通过了市政协主席白文彬代表政协普洱市第二届委员会常务委员会所作的工作报告和李盛富代表政协普洱市第二届委员会常务委员会所作的提案工作情况报告；列席普洱市第二届人民代表大会第六次会议，听取并协商讨论市政府工作报告及其他报告；听取政协普洱市第二届委员会提案审查委员会关于二届五次会议收到提案情况的说明；选举李洪武为政协普洱市第二届委员会副主席；举行委员协商大会，协商讨论政府工作报告、“两院”工作报告；审议通过《政协普洱市第二届委员会第五次会议决议》。市政协主席白文彬，副主席陈建疆、刘丽春、马春华、李盛富、段发彬，秘书长黄河立出席会议。白文彬在闭幕会上讲话。中共普洱市委书记卫星，市委副书记、代理市长钱德伟，市委副书记胡琨，市人大常委会主任丁艳波，以及其他市委常委、市人大、市政府和军分区的领导，市中级人民法院院长、市人民检察院检察长，驻思茅城区的部分市级离退休老领导出席会议；驻普洱市的全国政协委员、省政协委员，各民主党派、工商联和人民团体负责人，市直各部门、各单位，省驻普单位、驻普军警部队的领导，不是市政协委员的市政协机关副处以上干部、县（区）政协主席、县（区）委统战部长、部分企业和驻普商会负责人应邀列席会议；部分群众代表旁听会议。

【常务委员会会议】

**第22次会议**　3月13日在思茅召开。应到会常委57人，实到会50人。市政协副主席王其明主持会议。会议传达学习省“两会”精神，听取和讨论了全市精神文明建设工作情况和全市残疾人事业发展情况；听取和审议市委组织部有关增补政协普洱市第二届委员会委员、政协普洱市第二届委员会副主席候选人人事事项的说明；审议并通过了政协普洱市第二届委员会第五次会议《选举办法》（草案）和有关人事事项；邀请市委党校副教授对党的十八大报告作专题解读。市政协主席白文彬在会议结束时讲话。市政协副主席陈建疆、刘丽春、马春华、李盛富、段发彬，秘书长黄河立出席会议；市政府副市长杨卫东，市委组织部、市委宣传部、市残联领导应邀出席会议；宁洱、墨江、景东、江城、孟连县政协主席和不是常委的市政协机关副处以上干部列席会议。

**第23次会议** 7月16日在思茅召开。应到会常委57人，实到会48人。会议分别由市政协主席白文彬、副主席李盛富主持。会议听取和讨论了市委常委、市政府副市长彭远国关于全市2013年上半年经济社会发展情况和全市咖啡产业发展情况的通报；围绕“发挥政协作用，促进产业发展”的主题，14位常委就推动普洱市产业转方式、调结构、促转型进行常委大会发言；总结回顾上半年工作，安排部署下半年工作；审议通过有关人事事项。白文彬在会议结束时讲话。市政协副主席陈建疆、刘丽春、马春华、段发彬、李洪武，秘书长黄河立出席会议；市政府办、市政府研究室、市发改委、市工信委、市民宗局、市农业局、市林业局、市文化局、市烟办、市绿色经济办等部门的领导应邀出席会议；宁洱、墨江、景东、江城、孟连县政协主席，不是常委的市政协机关副处以上干部列席会议。

**第24次会议** 9月16日在思茅召开。应到会常委57人，实到51人。会议分别由市政协主席白文彬、副主席李盛富主持。会议通报了全市党风廉政建设情况和信访工作情况；民主评议了市扶贫办和市教育局的工作；审议通过了市政协有关人事事项；邀请市绿色经济办副主任对普洱市建设国家绿色经济试验示范区发展规划进行了专题讲座。白文彬在会议结束时作了讲话。市政协副主席刘丽春、马春华、段发彬、李洪武，秘书长黄河立出席会议；市纪委、市信访局、市教育局、市扶贫办负责人应邀出席会议；宁洱、墨江、景东、江城、孟连县政协主席，镇沅县政协一位副主席，不是常委的市政协机关副处以上干部列席会议。

**第25次会议** 12月24日在思茅召开。应到会常委57人，实到47人。会议分别由市政协主席白文彬、副主席李盛富主持。会议听取了市委常委、市政府常务副市长张善强关于2013年全市经济社会发展情况、关于市政协二届五次会议以来提案办理情况的通报；审议了市委办公室关于督办党群政法系统办理市政协二届五次会议提案情况的书面通报；听取和审议通过了《政协普洱市第二届委员会常务委员会工作报告》（草案）、《政协普洱市第二届委员会常务委员会提案工作情况报告》（草案）；审议了二届市政协各委室五年工作情况；邀请市委党校行政管理教研室主任作党的十八届三中全会精神专题讲解。白文彬在会议结束时讲话。市政协副主席刘丽春、马春华、段发彬、李洪武，秘书长黄河立出席会议。市政府一名副秘书长，宁洱、墨江、景东、江城、孟连县政协主席和西盟县政协一名副主席，不是常委的市政协机关副处以上干部列席会议。

【专门委员会工作】

**提案委员会** 一是抓学习，加强能力建设。组织学习党的十八大、十八届三中全会精神、党的统一战线理论和人民政协理论，进一步提高履职能力。二是以提高提案实效为重点，扎实开展各项工作。提供提案线索供市政协委员选题参考，狠抓提案入口关。全年收到提案137件、立案122件。进一步规范提案接收、登记、分类、审查、交办、跟踪督办等流程。对市政协二届五次全会提出的提案进行跟踪问效和面商调研，走访全市提案承办单位38家，涉及提案107件。对2件市政协和5件专委会重点督办提案进行了跟踪督办，对全市五年来提案办理工作情况进行了视察。对市政协二届三次会议以来优秀提案、提案承办先进单位和提案办理先进工作者进行表彰。完善了《普洱市政协提案督办制度》、《普洱市政协提案办理工作规程（试行）》、《政协普洱市委员会提案委员会重点提案督办工作实施办法（试行）》等。先后在省、市媒体刊发宣传提案工作稿件9篇。抓扶贫联系工作，年内先后4次深入挂钩扶贫联系点进行工作调研，帮助协调解决了部分扶贫资金。抽调2位同志参加新农村建设工作，其中1名被评为市级优秀指导员。为在普洱召开的全省政协第22次提案工作座谈会暨提案工作研讨会全力做好协调服务工作，召开全市政协提案工作座谈会。

**经济委员会** 一是认真抓好学习，提高履职能力。二是围绕中心建言献策。对全市核桃产业发展情况开展了专题调研，报告得到了市委领导的批示。配合省政协完成了云南旅游产业转型升级调研、建筑石材产业发展调研和王学智副主席到普洱市调研考察等活动。组织经济委员会委员提出集体提案9件，其中3件被评为优秀提案。举办了以“产业建设与企业发展”为主题的普洱市政协企业家第四届发展论坛。三是民主监督不断加强。开展了对市扶贫办的民主评议工作，认真做好市供电局、市国税局、市工商局、思茅海关特邀监察员和监督员等民主监督工作，积极参加相关部门的工作座谈会、听证会和论证会等，为促进部门工作积极建言献策。为挂钩联系点镇沅县田坝乡李家村高坎小组道路硬化给予了资金支持。

**人口资源环境委员会** 一是始终把学习摆在突出位置，认真学习贯彻中共十八大、十八届三中全会精神，切实加强政治理论、统一战线理论和政协理论学习，提高了履职能力。二是认真组织调研工作。对全市畜牧业发展情况进行调研，提出了加快全市畜牧业发展意见建议。三是重视开展视察。组织开展了普洱市中心城区污水处理情况的视察，提出了具有针对性、建设性的建议，为市委、政府科学决策提供了参考。督办市政协二届四次全会《关于给予恢复乡镇农村信用社服务网点的建议》提案。四是把积极参与、配合省政协的调研作为提高专委会履职能力的重要途径。参加了省政协关于加快我省绿色生态产业发展专题调研及全省养老服务产业的视察。五是重视对口联系工作。参加了“中国绿公司年会普洱高峰论坛”

及“强农兴邦中国梦·品牌农业中国行”等活动。积极参加对口协商部门的工作会议及活动，专委会民主协商的渠道得到拓展。

**教科文卫体委员会** 一是加强理论学习，增强自身素质，提高履行职能水平。二是搞好专题调研。完成普洱市高中教育质量情况专题调研，市委领导对上报的调研报告作出了批示。配合省政协对“我省在‘桥头堡’战略背景下的人才培养问题”进行专题调研，参与了我市城区医疗卫生规划调研。三是认真开展民主评议工作。完成民主评议市教育局工作，提高民主监督实效。应邀参加市人民政府教育督导组，牵头对宁洱县、思茅区人民政府的教育工作进行督导检查。为挂钩联系点镇沅县田坝乡李家村上文岗组修建村组道路给予了资金支持。

**社会法制委员会** 一是加大力度开展学习活动。深入学习党的十八大、十八届三中全会和习近平总书记系列重要讲话精神，加强业务知识和综合知识学习，进一步提升了履职能力。二是围绕中心开展调研、视察工作。对全市安全生产监管监察能力建设情况进行了调研，牵头对全市殡葬改革工作开展情况、公安工作开展情况进行视察，为推进全市安全生产监管监察能力建设、搞好殡葬改革和公安工作建言献策。三是认真做好社管综治工作。积极向党委政府反映地方在开展社会管理综合治理工作中存在的重点、难点问题。加强与公检法等部门的联系合作，社法委2名干部分别被市检察院、公安局、市公安局看守所聘请为人民监督员、特邀监督员，履行人民政协民主监督的职责。组织委员旁听法院庭审17人次，参加市检察院、市法院法律宣传活动6人次。四是认真完成省、市政协交办的工作。征集稿件19篇，选送省政协交流3篇，参加省政协第六届民生论坛暨云南扶贫恳谈会。积极配合省政协到我市开展有关调研，组织普洱员对《云南省普洱城市管理条例》等地方性法律、法规的制定进行民主协商。参加市政协组织的重点工程视察工作，完成重点提案督办工作。

**民族宗教委员会** 一是加强学习，不断提升履职水平。学习了党的十八大、十八届三中全会精神和习近平总书记系列重要讲话精神，学习有关法律法规和业务知识，不断提高思想理论水平和业务素质。二是结合实际，认真开展调研工作。组织开展了墨江县“黑树林地区”经济社会发展情况和澜沧县竹塘乡扶持特困民族团结进步跨越发展示范区建设情况调研。三是加强自身建设。修订完善了《民族宗教委员会工作简则》、《专委会议事制度》、《专委会学习制度》等规章制度，明确了专委会的工作职责和任务。四是加强沟通交流，努力提高专委会工作质量。不断加强与省、县（区）政协对口专委会的沟通交流，认真组织委员会活动小组开展活动，重视与少数民族、宗教界人士联系，促进了我市民族和谐、宗教和顺。

**港澳台侨和外事委员会** 一是认真加强学习，提高素质和工作能力。全年先后组织委员学习讨论4次，并撰写心得体会。二是坚持“促开放、促发展、促和谐、促统一”的工作方针，努力拓展公共外交，积极参与海外统战工作，凝聚港澳台侨同胞、海外侨胞和海外人士的智慧和力量，为祖国统一大业，民族复兴大业服务。三是围绕中心，服务大局，认真开展专题调研和团结联谊工作。牵头组织开展了普洱市边境经济合作区发展情况调研。组织开展一年一度的“迎中秋·庆国庆”联谊会，积极配合市政协组织召开2014年迎新春茶话会。积极配合做好全国、省政协到普洱调研的工作。四是加强与对口部门的联系沟通和民主监督工作。全年召开联系会议和对口部门工作座谈会3次。五是组织开展好“四群”教育活动，到镇沅县田坝乡李家村苏家小组开展帮扶活动。

**文史委员会** 一是重视抓好学习。文史委员会坚持把加强学习作为智力基础和经常性工作，通过学习，提高综合素质，增强做好政协工作特别是文史工作的能力。二是开展史料征集出版工作。出版《普洱文史资料第十二辑）和《睿智建言—普洱市政协调研视察考察报告辑录》（普洱文史资料第十三辑）。积极拓宽史料征集途径，在江城县召开了史料征集会，既征集到了史料，又为今后的出版工作奠定了基础。三是开展“四群”教育活动，为群众工作联系点镇沅县田坝乡李家村协调8万元资金用于发展。四是组织干部参加了在怒江召开的全省八州政协文史工作联系会，加强与市委党史研究室、市地方志办公室、市档案局的联系，促进了相互交流。五是认真做好委员服务工作。

**【重要活动】**

**市政府领导到市政协征求意见建议** 3月5日，市委常委、常务副市长张善强，市政府副市长杨林、梁正军、童书玮，秘书长王鸿彬和市直相关部门负责人及《政府工作报告》起草小组一行到市政协机关召开座谈会，广泛征求对《政府工作报告（征求意见稿)》的意见、建议。市政协主席白文彬主持座谈会并作重要讲话，市政协副主席刘丽春、马春华、李盛富、段发彬，秘书长黄河立出席会议，市政协副秘书长，各委（室）主任、副主任、机关党委专职副书记，调研员、副调研员参加座谈会，驻普部分省、市政协委员应邀参加座谈会。11位政协委员作了发言。

**白成亮到普洱调研** 4月24～25日，省政协常务副主席白成亮率“云南旅游产业转型升级”调研组到普洱市中华普洱茶博览苑、普洱国家公园、宁洱县那柯里特色旅游村等地调研，市政协主席白文彬、副主席段发彬陪同调研。市委副书记、市长钱德伟，市政协主席白文彬，市政府副市长杨林，市政协副主席段发彬，市政府秘书长王鸿彬，市政协秘书长黄河立出席调研座谈会。钱德伟在会上讲话，白文彬主持会议，杨林作工作汇报。

**曾华到普洱调研** 5月6～10日，省政协副主席、九三学社云南省主委曾华为领队，省政协常委、省政协人口资源环境委主任高旭升为组长的省政协“加快我省绿色生态产业发展”调研组到我市调研绿色生态产业发展情况。市政协主席白文彬，市委常委、思茅区委书记毛保祥，市政府副市长杨卫东，市政协副主席李洪武分别陪同调研和参加工作汇报会。调研组先后深入到思茅区大开河咖啡合作社、中华普洱茶博览苑、云南康恩贝生物谷发展有限公司石斛种植基地、天昌生物药业基地、云南天士力帝泊洱生物茶谷、佳浩茧丝绸公司、爱伲集团、思茅区林权交易中心，西盟县勐梭镇里坎砂仁种植基地、南归石斛种植基地，澜沧县景迈万亩古茶园等地进行实地调研。

**省政协人才培养问题调研组到普洱市调研** 5月23～24日，省政协教科文卫体委主任严建率“云南省在‘桥头堡’战略背景下人才培养问题”调研组，在市政协副主席刘丽春、李盛富陪同下对普洱学院、云南热带作物职业学院进行了实地调研并召开了座谈会，市长助理傅强出席座谈会。

**省政协“云南民族团结进步边疆繁荣稳定示范区建设推进情况”调研组到普洱市调研** 5月23～28日，省政协民族宗教委员会“云南民族团结进步边疆繁荣稳定示范区建设推进情况”专题调研组到普洱市调研。调研组深入到澜沧县竹塘乡，西盟县中课乡民族团结示范点，宁洱县民族团结园、回龙寺，思茅区倚象镇移民安置点和墨江县联珠镇、民族学校等地进行调研。市政协主席白文彬，副主席陈建疆、李洪武分别陪同，市政府副市长魏艺红在座谈会上作工作情况汇报。

**白立忱到普洱考察** 5月25～29日，全国政协原副主席白立忱深入到普洱市景东、镇沅、景谷三县就生态文明建设情况进行考察。省政协副秘书长杨志诚，市委副书记、市长钱德伟，市委常委、副市长彭远国，市政协副主席马春华及景东、镇沅、景谷县委、县政府、县政协主要领导分别陪同考察。白立忱先后深入到景东县黄草岭生态旅游村、中科院哀牢山生态观测站、无量山国家级自然保护区大寨子黑冠长臂猿观测站，镇沅县勐大镇文雷村、振太镇紫马街、难搭桥，景谷县勐卧总佛寺、芒朵佛迹等地进行实地考察，并分别听取了三县经济社会、民族文化、生态文明建设、政协工作等方面的情况汇报。白立忱对学习贯彻十八大精神、保护和传承民族文化、发展绿色经济提出了要求。

**全市政协干部培训班** 6月14～16日，市政协、市委组织部、市委党校联合举办了全市政协干部培训班。全国政协委员、市政府副市长魏艺红在会上传达学习了全国政协会议精神，市政协副主席李洪武出席培训班开班仪式并作动员讲话。市政协各委（室）负责人，调研员、副调研员，各科（室）负责人，主任科员，各县（区）政协领导及各委（室）负责人共计102人参加了学习培训。

**全市政协主席工作座谈会** 6月19～20日，全市政协主席工作座谈会在江城县召开。市政协主席白文彬出席会议并作重要讲话，市政协副主席陈建疆、马春华、李盛富、李洪武，秘书长黄河立出席会议。李盛富主持座谈会。各县（区）

政协主席，市政协副秘书长、各委（室）主任、机关党委专职副书记参加会议。中共江城县委、县人大、县政府、县政协相关领导及县政协委（室）负责人应邀参加会议。各县（区）政协主席对做好新形势下全市政协工作作了交流发言；中共江城县委书记郭崇伟致辞并介绍全县经济社会发展情况。

**全省政协提案工作座谈会暨提案工作研讨会在普洱召开** 6月25~26日，政协云南省委员会第二十二次提案工作座谈会暨提案工作研讨会在普洱市召开。省政协常务副主席白成亮、副主席喻顶成、提案委主任郭文龙出席会议并分别在会上讲话。市委书记卫星，市委副书记、市长钱德伟，市政协主席白文彬，市委常委、市委秘书长李忠民，市政协副主席陈建疆、刘丽春、马春华、李盛富、段发彬、李洪武，市政协秘书长黄河立出席会议。省政府办公厅、省政协办公厅有关领导，全省各州（市）政协及我市各县（区）政协负责提案工作的领导参加会议。市委书记卫星、市政协主席白文彬分别致辞；全省8个州（市）政协就提案工作进行了交流发言。会议期间，与会人员还参观考察了中华普洱茶博览苑、云南天士力帝泊洱生物茶谷、市博物馆、市美术馆、北部区湿地公园等。

**纪念中国共产党建党92周年座谈会** 6月28日，市政协机关召开纪念中国共产党建党92周年座谈会。市政协党组书记、主席白文彬出席座谈会并讲话，市政协党组成员、副主席李盛富、段发彬、李洪武，市政协党组成员、秘书长黄河立及机关全体干部职工，部分离退休党员老干部参加座谈会。会议组织学习了新《党章》，2位新党员举行了入党宣誓，老党员重温了入党誓词，3位党员代表作了发言。

**全国政协提案委调研组到普洱调研** 7月3~4日，由全国政协常委、提案委主任孙淦，副主任胡彪、王国卿以及提案委委员和国家发改委、国家林业局、国家民委、财政部、环保部等相关人员组成的全国政协提案委员会调研组到普洱市，就普洱市贯彻落实中办、国办关于进一步加强人民政协提案办理工作的意见以及对《建议加大支持云南建设民族团结进步边疆繁荣稳定示范区力度》和《关于把西双版纳建成我国生态文明试验示范区的提案》2件全国政协重点提案承办情况进行调研。全国政协民宗委副主任、云南省政协原主席王学仁，云南省政协副主席喻顶成，普洱市政府，市政协有关领导，全国政协委员何春陪同调研。调研组先后深入宁洱县民族团结园和思茅区南屏镇高家寨村民小组进行了调研，并在普洱市召开了座谈会。孙淦、胡彪、王学仁分别在会上作重要讲话，喻顶成主持会议；普洱市、西双版纳州分别作工作情况汇报；调研组成员就重点提案的办理工作作了发言，省政协提案委、民宗委、经济委相关领导，普洱市委办、市政府办、市政协办和市直有关部门负责人，以及西双版纳州委、州政府、州政协主要领导和相关部门负责人参加会议。

**王学仁到普洱调研** 7月5～6日，全国政协民宗委副主任、云南省政协原主席王学仁及省政协经济委副主任李志明到景东、镇沅、宁洱县调研。市政协主席白文彬，全国政协委员、市政府副市长魏艺红，市政协秘书长黄河立陪同调研。王学仁深入景东县中科院哀牢山生态观测站，查看原始森林保护情况，到景东文庙、大三弦广场、湿地公园等地查看了民族文化、城市规划建设情况，并深入镇沅县哀牢小镇、宁洱县普洱古镇等地调研，对普洱生态立市、绿色发展提出了意见建议。

**王承才到普洱调研** 7月16～17日，省政协副主席王承才到普洱市调研跨州（市）易地移民扶贫开发工作情况。市政协主席白文彬，市委常委、思茅区委书记毛保祥，市政府副市长、市公安局局长梁正军，市政府副市长杨卫东，市政协副主席李洪武等陪同调研。调研组走访了思茅区龙潭乡大沙坝村移民安置点、倚象镇蚌弄村移民安置点，并对普洱市跨州（市）易地移民扶贫开发工作提出了意见建议。

**迎中秋庆国庆座谈会** 9月16日，市政协在思茅举行各民主党派工商联三胞眷属2013年迎中秋庆国庆座谈会。省政协常委、市政协党组书记、主席白文彬出席会议并作重要讲话，市政府副市长童书玮，市政协副主席陈建疆、刘丽春、马春华、李盛富、段发彬、李洪武，秘书长黄河立出席会议。会议由段发彬主持。部分驻思全国政协委员、省政协委员，市政协各委室领导，市委统战部、市人大民侨委、市外侨办、市商务局、市工商联、市侨联、市台办负责人，驻普各民主党派、各商会负责人，归侨侨眷和港澳同胞、台胞台属、外资企业等代表，市政协港澳台侨和外事委员会委员参加座谈会。市各民主党派、工商联、商会、外资企业、港澳台侨胞及眷属代表分别在会上作了发言。

**二届市政协优秀委员及提案工作表彰会** 9月25日，政协普洱市第二届委员会优秀委员及提案工作表彰会在思茅召开。市政协主席白文彬出席表彰会并作重要讲话。市委常委、市委统战部部长黄丽云，市政协副主席刘丽春、马春华、李盛富、段发彬，市长助理傅强，市政协秘书长黄河立出席会议。李盛富主持表彰会。刘丽春、段发彬分别宣读了表彰决定。受表彰的优秀政协委员、先进政协委员活动小组、优秀提案个人和集体、提案承办先进单位、提案办理先进工作者代表出席表彰会；各县（区）政协主席，市委办、市政府办负责人，市政协机关副科以上干部参加会议。会议对政协普洱市第二届委员会55名优秀政协委员、6个先进政协委员活动小组以及市政协二届三次会议以来的51件优秀提案、24个提案承办先进单位和29名提案办理先进工作者进行了表彰。获奖代表分别作了交流发言。

**普洱市政协企业家第四届论坛** 10月22日，由市政协主办的以“产业建设与企业发展”为主题的普洱市政协企业家第四届论坛在思茅举行。市政协主席白文彬出席论坛并作重要讲话。市委常委、市政府副市长鲁斌，市委常委、市委统战部部长黄丽云，市政协副主席陈建疆、刘丽春、马春华、李盛富、段发彬、李洪武，市政协秘书长黄河立出席论坛。市政协企业家论坛会员单位，省驻普及市直有关单位、10县（区）政协主席、市政协机关副处以上干部参加论坛。鲁斌通报了全市经济社会发展情况，黄丽云致辞并讲话；省政协经济委副主任、云南大学经济学院院长王剑屏教授应邀出席论坛并作主旨演讲。论坛围绕“产业建设年”，就加快产业结构调整，打造“普洱经济升级版”进行了广泛深入探讨。论坛表彰了第四届企业论坛优秀论文，为新入会6家会员单位进行了授牌。

**省政协深入普洱就老龄养老服务业发展情况进行视察** 10月25~27日，由省政协人口资源环境委副主任杨超任组长，省政协副秘书长高德明、省老龄委专职副主任和向群及有关专家、学者组成的视察组，到普洱就老龄养老服务业发展情况进行视察。市政协副主席李洪武参加了视察。视察组一行先后深入到墨江县通关镇敬老院、居家养老服务中心，宁洱县中心敬老院，普洱市敬老公寓及思茅区五一路社区居家养老服务中心等地视察，对普洱市老龄工作和发展养老服务业提出了意见建议。

**老挝建国阵线民族事务代表团到普洱市考察** 11月13~14日，老挝建国阵线中央副主席翁占·封沙瓦率老挝建国阵线代表团到普洱市考察访问。市政协主席白文彬、副主席李盛富接访并陪同考察。市委书记卫星，市委常委、市委统战部部长黄丽云，市委常委、市委秘书长李忠民前往看望代表团成员，卫星向来宾介绍了普洱市经济社会发展情况。

**和占钧到普洱调研** 12月4~5日，省政协原副主席、省石产业联席会议副总召集人、省石产业促进会会长和占钧带领调研组，深入普洱市就石产业发展情况进行调研。市政协副主席李洪武陪同调研。调研组实地考察了宁洱县奇石馆、思茅区崇文园林、大昆曼建材市场石材商店和创基商城相关珠宝店，对普洱市发展石产业提出了意见建议。

**白文彬走访看望驻普各民主党派** 12月27日，市政协主席白文彬、副主席刘丽春、秘书长黄河立等，走访看望了民建普洱市委、民盟普洱市支部、农工民主党普洱市支部、九三学社普洱市支社等驻普各民主党派并座谈。市政府副市长、民建普洱市委主委童书玮陪同。

**2014年新年茶话会** 12月29日，市政协2014年新年茶话会在市行政中心举行。市委书记卫星出席会议并作重要讲话，市委副书记、市长钱德伟通报全市经济社会发展情况，市委副书记胡琨、市人大常委会主任丁艳波出席会议。茶话会由市政协主席白文彬主持。普洱市副厅级以上领导，原任实职副厅以上的离退休老领导，在普全国、省政协委员代表，市级相关部门及各民主党派、工商联、人民团体负责人，无党派、民族宗教界代表以及有关方面代表人士等出席茶话会。驻普民主党派、港澳台侨、民族宗教代表在会上分别发言。

**调研视察和重点提案督办** 4~11月，市政协组织部分驻普全国、省、市政协委员以及部分驻县（区）市政协委员和市、县（区）有关部门负责人370多人次，历时100余天，深入全市10县（区）和市直单位100多个点，重点对“贯彻落实市委政协工作会议精神”、“全市核桃产业发展”、“全市畜牧业发展”、“全市高中教育教学质量”、“墨江县黑树林地区经济社会发展”、“澜沧县竹塘乡扶持特困民族团结进步跨越发展示范区建设”、“全市安全生产监督管理能力建设”、“普洱市孟连勐阿边境经济合作区建设”等8项专题和全市咖啡产业发展情况、全市污水处理、全市殡葬改革工作、全市公安工作、二届政协提案办理情况等5项重点工作开展专项调研视察，形成13份调研视察报告报送市委、市政府及有关部门。对《关于对〈市委、市政府加快民营经济发展的决定〉进行督查的建议》、《关于加强农村病死畜禽无害化处理的建议》等2件市政协重点提案，以及对《关于把“菜篮子”工程作为民生头等大事来抓的建议》、《关于给予重视农村精神病人救治和管理的建议》、《关于农民工进城务工签订劳动合同建立社保基金的建议》、《关于加强普洱市古茶树保护的建议》、《关于给予恢复乡镇农村信用社服务网点的建议》等5件专委会重点督办提案进行了跟踪督办。配合全国政协、省政协分别开展3项和8项重点调研视察。

**【重要文件】**

**常务委员会工作报告**（2013年3月19日）（摘要）报告分两部分：

一、2012年工作回顾。一年来，市政协常委会在中共普洱市委的坚强领导下，高举中国特色社会主义伟大旗帜，以邓小平理论和“三个代表”重要思想为指导，深入贯彻落实科学发展观，牢牢把握团结和民主两大主题，紧紧围绕全市改革发展稳定工作大局，认真履行政治协商、民主监督、参政议政职能，齐心协力谋发展，尽心竭力为民生，凝心聚力促和谐，较好地发挥了协调关系、汇聚力量、建言献策、服务大局的重要作用，为推动普洱经济、政治、文化、社会和生态文明建设作出了积极贡献。

（一）突出理论武装，着力夯实履职尽责思想政治基础。坚持把思想理论建设放在首位，切实用马克思主义中国化最新理论成果武装头脑、指导实践。深入学习中国特色社会主义理论体系和人民政协理论，学习党的十七届五中、六中、七中全会精神以及全国“两会”精神，学习省第九次党代会精神和省“两会”、省政府推进普洱绿色经济发展专题工作会议精神以及市委三届三次全会精神，自觉把党的十八大精神内化于心、外化于行，切实增进对中国特色社会主义的政治认同和思想认同，更加坚定了走中国特色社会主义政治发展道路的信心和决心，进一步增强了实现中华民族伟大复兴“中国梦”的责任感和使命感，有效巩固了政协履行职能、发挥作用的思想政治基础。

（二）突出政治协商，着力服务普洱发展大局。坚持围绕中心、服务大局，牢固树立生态立市、绿色发展理念，着力献计“十二五”发展、建言“13111”工程、全力服务普洱国家绿色经济试验示范区建设，协商议政活动富有成效。坚持全委会广泛协商。市政协二届四次全会期间，广大政协委员以高度的政治责任感和协商议政热情，紧紧围绕全市经济社会发展的重大问题，围绕市委、市政府的工作大局和人民群众普遍关心的热点难点问题，通过会议发言、撰写提案和反映社情民意等方式，坦诚建真言、献良策。举行了委员大会协商发言，16 位委员从桥头堡建设、新农村建设、扶贫开发、产业发展、民生改善等方面提出了许多有见解、有深度的意见建议。市委、市政府和有关部门领导到会听取了协商意见建议，使广大委员的真知灼见、智慧火花得以充分迸发，营造了生动活泼的协商氛围。坚持常委会集中协商。举行 5 次常委会议听取并集中协商了全市经济社会发展、文化建设、旅游产业发展、社区建设、党风廉政建设等工作。举办了常委大会发言，9 个界别的 12 位常委围绕“生态立市、绿色发展”、实施“13111”工程、建设国家绿色经济试验示范区等重大问题和群众关心的热点难点问题进行协商议政，提出了关于加快绿色产业、生态产业、文化产业发展以及增加弱势群体收入等意见建议，许多意见建议得到市委、市政府及有关部门的充分吸纳。坚持专委会对口协商。坚持和完善对口联系制度，市政协 8 个专委会积极参加市委、市政府召开的有关重要会议以及其他有关活动，组织召开与对口联系单位的座谈会和专委工作会议进行对口协商，就有关部门法规、规划等问题进行了重点协商，进一步加强了与职能部门的交流与合作，活跃了专委会的工作，发挥了专委会对口协商的基础作用。坚持专项工作专题协商。提案办理面商是政治协商的重要组成部分。围绕事关发展、事关民生的重要提案，注重创新提案办理面商机制，切实加大提案办理面商力度，着重对森林城市建设、亚热带植物园建设、农村校点布局调整、农村摩托车管理、餐馆垃圾处理、养老产业发展等多件提案进行面对面协商。其中，发展养老产业的提案建议被纳入《普洱市社会养老服务体系建设规划（2011 ~ 2015）》，充分彰显了专项工作专题协商的效果。

（三）突出民主监督，着力促进重大工作有效落实。坚持抓大事、议大政，充分运用视察、提案、民主评议、选派监督员等形式，不断拓展民主监督渠道，强化民主监督实效，着力促进重大问题的解决和重大工作的落实。强化委员视察的民主监督功能。多措并举，加大对市委、市政府重大决策、重要部署、重点项目落实和群众反映强烈的热点难点问题的民主监督力度，督促指导重点项目建设，有力推动了全市经济社会发展。组织委员视察了全市咖啡产业发展情况，提出了强化政策扶持、制定科学规划、培育龙头企业、提升品质、加大科技推广力度等意见建议，丰富和完善了市委、市政府培植壮大咖啡产业、打造“中国咖啡之都”的发展思路。视察了全市法院、市检察院基础设施建设、队伍建设、党风廉政建设等情况，督促“两院”切实抓好法官、检察官队伍建设，提高办案质量，创建人民满意的司法机关。发挥提案的民主监督作用。市政协二届四次全会以来共收到提案176件，经审查立案161件。市政协采取重点提案主席、副主席督办和不满意件复办、提案办理“回头看”等多种形式，加大提案督办力度。特别对关注和支持民营企业发展、加强食品安全监管两件提案进行了重点跟踪督办。市委、市政府高度重视，积极吸纳提案相关建议并研究出台了《关于加快民营经济发展的决定》和《关于进一步加强食品安全监督工作的意见》，对全市民营经济发展、加强食品安全起到了积极的推动作用。认真修订完善了《政协普洱市委员会提案工作条例》，进一步健全提案工作机制，促进了提案工作的制度化、规范化和程序化。创新民主监督的有效形式。认真开展民主评议市民宗局和市质监局工作，就如何加强民族宗教事务管理、维护边疆地区和谐稳定、深入推进质量兴市战略、加快质量诚信体系建设等工作提出切实可行的意见建议。积极选派20多位民主监督员参与组织人社、民政、质监、税务、司法等部门招考公务员、事业人员和干警的面试监督工作，参加有关部门举行的听证会、论证会等工作，督促相关部门切实转变作风，提高服务质量和工作效率。

（四）突出参政议政，着力助推普洱率先跨越发展。充分发挥智力密集、人才荟萃的优势，抓住综合性、全局性、前瞻性的问题议政建言，全力为普洱率先跨越发展建睿智之言、献务实之策、出有用之力。坚持在深度调研的基础上建言献策。紧扣市委、市政府的工作大局，围绕香蕉产业发展、城镇居民和新型农村社会养老保险试点、粮食生产和储备、义务教育均衡发展、公民科学素质普及、扶持人口较少民族、贯彻执行《村民委员会组织法》、边境口岸（通道）通关便利化等课题，深入开展调查研究，撰写出有情况、有分析、有建议的8个调研报告，提出了把香蕉产业作为绿色经济试验示范区的生态水果加以扶持、加大城乡居民社会养老保险宣传力度、强化粮食安全监管、巩固和提高集中办学成果、建立健全科普工作领导协调机制、重视人口较少民族文化的保护与传承、正确处理法律规定与村规民约关系、加快通关便利化等工作建议50多条，为全市经济发展和社会进步发挥了重要作用。坚持在知情明政的前提下咨政建言。坚持协商议政在实施之前、实施之中，组织委员两次专题听取市政府主要领导对《政府工作报告》和政府工作情况的协商通报。委员站在全局的高度，围绕全市改革发展稳定大局，提出了加快农村经济信息网络建设、加大山区农村产业扶持力度、加强村级项目资金使用管理、关注农村大龄未婚男青年社会问题、重视加强农村摩托车管理等16条有见地、有见解的真知灼见。市政府根据委员提出的意见建议，及时召开常务会进行研究，提出了进一步加强和改进政府工作的新思路、新举措。市政协领导还认真落实生态茶园建设任务和创卫分片包干工作，积极参加市委、市政府召开的各种会议，围绕议题咨政建言，对处理好发展烤烟与保护生态的关系、减少烤烟用柴、实行燃料替代和政府补贴、促进烟草产业可持续发展提出建议，得到了市委、市政府的高度重视和认真采纳，全力助推普洱各项工作有序发展。积极打造具有政协特色的参政议政平台。重视发挥“企业家论坛”凝聚智慧、服务发展的纽带作用，举办了普洱市企业家恳谈会，团结企业家围绕“抓特色、树品牌、保增长、促跨越”这一主题，就推动普洱发展特色产业、树立地方品牌、促进率先跨越发展交流发言、建言献策，坚定了走“生态立市、绿色发展”之路的信心和决心。重视发挥“委员论坛”建真言、献良策的窗口作用，组织60多位政协委员分别在“委员论谈”、“委员访谈”、“委员之声”中建言立论，就如何加强保障性住房建设、电站库区网箱养殖规划、周边国家小语种人才培养、提升市民文明素质等问题，提出有针对性的对策和建议。重视发挥《建言参考》反映民意、倾诉真情的桥梁作用，主动深入乡村、社区、学校、医院、企业，调查了解春耕生产、抗旱工作、“菜篮子”工程建设、思茅河治理、生态移民、学生营养餐改善计划等问题，广泛收集合理诉求、中肯建议，以《建言参考》形式报送市委、市政府领导参考，一批重要社情民意得到办理和落实，为市委、市政府准确把握社会舆情、协调各种利益关系发挥了积极作用。

（五）突出履职为民，着力维护人民群众根本利益。坚持把维护人民群众根本利益作为工作的出发点和落脚点，努力协助市委、政府解决重大民生问题，积极为保障和改善民生献计出力。紧紧围绕“四群”教育抓基层、办实事。加强党的群众观点、群众路线、群众利益、群众工作教育，深入落实《民情责任区制度》和《人民勤务员制度》。坚持“三五”群众工作法，建立健全机关科级干部结对联系1户农户、县处级领导干部结对联系2户农户、厅级领导干部结对联系2～6户农户、各委室联系1个村民小组的结对帮扶工作机制，选派5名干部参与新农村建设工作。积极开展深入基层、深入群众、深入实际活动，与群众同吃、同住、同劳动，认真做好民情登记，发放民情联系卡，记好民情日记，撰写民情调研报告，与干部群众一同议发展、谋出路，帮助找准加快发展的突破口，帮助协调解决生态茶园建设、人畜饮水、产业发展、修建村组道路等方面的项目和资金，力所能及地帮群众做好事、办实事，以实际行动加大联系群众、服务群众、帮助群众的力度，密切了党群干群关系。紧紧围绕民生问题献良策、促发展。顺应时代新变化和人民群众过上更加美好幸福生活的新期盼，广大政协委员认真了解人民群众的所思、所想、所盼，围绕劳动就业、收入分配、公共服务、社会保障、医疗卫生、教育发展、环境保护等基本民生问题，提出了51件提案，直接促进了人民群众最关心最现实的一些利益问题的有效解决。深入开展调查研究，持续关注事关民生和发展的殡葬问题，通过多种方式积极建言献策，推动出台了《普洱市人民政府关于深化全市殡葬改革促进殡葬事业科学发展的实施意见》，加快推动了农村公益性墓地规划建设工作，促进了全市殡葬改革工作的有序发展。紧紧围绕群众利益问题解矛盾、促和谐。坚持市政协领导定期信访接待制度，推进信访接待工作的制度化和常态化。市政协厅级领导全年接访上访群众67人次，协助市委、市政府就思茅城区城市管理、房地产开发纠纷、工业污水污染农田、拖欠农民工工资等问题，积极开展政策宣传、解疑释惑、理顺情绪等工作。重视做好群众来信来访工作，积极协调关系、抚慰民心，有效化解了群众疑虑，维护了群众利益，赢得了群众信任。

（六）突出团结联谊，着力汇聚和谐发展正能量。坚持团结和民主两大主题，广泛开展团结联谊，积极调动各族各界人士的积极性，努力为普洱和谐发展汇聚力量。增强联谊活动的凝聚力。主动邀请各民主党派、工商联和无党派人士参加政协组织的重点调研视察和重要会议，充分反映他们的见解和意见，积极拓展各民主党派参与政协工作的深度和广度。主动加强与宗教界人士、非公经济代表人士及新社会阶层代表人士的团结联络，努力营造和衷共济、共创伟业的生动局面。精心筹办新年茶话会和“迎中秋·庆国庆”联谊会，广泛团结全市各界人士、各民主党派、工商联、无党派人士、商会组织和“三胞”眷属畅谈发展成就，共议发展大计，提高了合作共事能力，充分发挥了凝聚发展共识、汇集发展力量的重要平台作用。增强各族各界的向心力。为进一步激发全市各族各界更加热爱党、坚信党、忠于党、紧跟党，以实际行动迎接党的十八大胜利召开，举办了普洱市各族各界“庆国庆·迎十八大”诗歌散文朗诵会和书法联谊笔会。以诗歌散文和书法艺术表达全市各族各界热爱党、热爱祖国、热爱家乡的一片赤诚之情，进一步加强了交流、增进了友谊，汇聚了普洱各族各界的心智和力量，激发了广大干部群众建设生态和谐妙曼普洱的热情和激情。增强宣传工作的引导力。注重加强与省、市各类媒体的合作，精心策划和办好宣传政协工作的专刊、专栏、专版、专题节目，先后在各类媒体上刊播文稿228篇（条），出版《普洱政协》6期，编发《政协工作动态》107期，两件新闻作品荣获云南省政协第五届“政协好新闻奖”，全面宣传了政协履职成果、履职风采，推动了全社会关心和了解政协工作，形成了党委重视、政府支持、政协主动、部门配合、社会参与的良好舆论氛围。增强文史资料的影响力。遵循为大局服务、为现实服务、为事业服务，编辑出版了普洱文史资料第十一辑《普洱英模（先进篇）》，编印了《市政协二届四次会议文件汇编》、《市政协二届四次会议委员大会发言汇编》、《常委会大会发言汇编》、《普洱市各族各界“庆国庆·迎十八大”诗歌散文集》、《企业家恳谈会论文汇编》等资料，编写提供了有关年鉴、执政纪要、组织史等有关政协资料，发挥了文史资料存史、资政、团结、育人的重要作用。

（七）突出上下联动，着力营造普洱发展良好环境。充分发挥人民政协上下联系指导、横向交流合作的重要优势，广泛开展团结协作，形成了上下联动、优势互补、成果共享、促进工作的良好局面。加强与全国政协在重要会议、重要活动方面的联系协作。协助参与全国政协人口资源环境委在北京召开了"推动云南普洱建设绿色经济试验示范区、发展绿色经济座谈会"，从更高的层面上吸引国家有关部委的领导、专家、学者和大企业、大集团关注普洱、投资普洱、发展普洱，积极为普洱的科学发展、绿色发展营造氛围、聚集人气、创造商机。高水平地精心安排了4批全国政协领导到普洱调研考察，配合全国政协调研组就普洱少数民族优秀传统文化保护和文化产业发展、加快西部沿边开发开放、家政服务业发展等工作开展调研；配合香港特别行政区全国政协委员考察团深入普洱，就全市经济社会发展、桥头堡建设、国家绿色经济试验示范区建设等情况进行考察。这些会议和活动，充分体现了全国政协和全国政协委员对普洱工作的重视和支持、对边疆各族人民的关心和厚爱，有力推动了普洱各项事业的发展。

加强与省政协在重要会议、重要活动方面的协调配合。积极争取省政协的关心和指导，配合省政协调研组广泛开展了茶祖历史文化旅游项目、城镇上山、跨国婚姻、高原特色农业发展、云南烤烟产业可持续发展等情况调研，积极为普洱发展出主意、想策略。成功承办了全省政协系统秘书长办公室主任联席会议和全省政协经济委员会联系会议。进一步增进了与省政协、各州市政协的沟通和交流，宣传和推介了普洱，扩大了普洱的知名度和影响力，吸引了更多的学者、更多的商家关注普洱、青睐普洱、融入普洱。加强与县（区）政协在重要会议、重要活动方面的联合互动。通过召开全市政协主席工作座谈会和10县（区）政协主席联系会，开展联合调研、联合视察、联办提案等活动，从实践总结、理论探讨等多个角度，交流政协工作的好做法、好经验，探索开展政协工作的新办法、新载体，形成了共识、明确了方向。通过召开全市政协秘书长办公室主任会议，组织与会人员赴昆明、曲靖考察学习机关功能建设和后勤保障工作，借鉴了经验，开阔了眼界，提升了服务，充分彰显了全市政协整体联动的积极作用。

（八）突出自身建设，着力提升政协工作科学化水平。立足于人民政协事业的长远发展，以提升政协工作科学化水平为目标，全面加强自身建设，形成了自身建设的新格局。以加强组织建设为根本，努力提高党建工作水平。充分发挥党组的领导核心作用，着力加强机关党组织和党员队伍建设，成立了机关党委，配备了专职人员，完成了支部换届工作，建成了党员活动室，建立了党建宣传栏，发展了新党员，研究制定了机关党组织工作职责和工作制度，编印了《普洱市政协党的建设工作制度汇编》，进一步规范了机关党建工作，增强了机关党组织的创造力、凝聚力和战斗力。以加强委员管理为前提，充分发挥委员主体作用。进一步落实《委员履职表彰奖励办法》，开设委员履职管理系统，切实加强委员履职情况登记考核工作，形成了政协委员内部监督机制。不断丰富和创新委员活动的内容、形式，关心好委员的工作和学习，组织政协常委观看反腐倡廉教育专题片，邀请专家讲授普洱民族文化的保护和利用、绝版木刻艺术赏析等相关知识，着力提升常委素质和能力。组织部分委员到国外和厦门、温州等地考察学习对外开放、区域经济、民营经济发展情况，积极为委员履行职责创造条件。以建设“六型”机关为目标，着力提升机关服务水平。深入开展创先争优、“四群”教育、率先跨越发展先锋行动和纪念建党91周年等系列活动，切实加强机关的思想和作风建设。加大干部队伍教育培训力度，加强干部的选拔、交流和任用工作，不断提高机关干部队伍的业务素质。着力加强机关工作制度化、规范化和程序化建设，扎实推进机关功能建设和信息化建设，强化协调能力，提升服务水平，努力打造学习型、服务型、创新型、实干型、和谐型、廉洁型机关，为政协履行职能、开展工作提供了有力保障。

二、2013年的主要工作。一是以学习贯彻党的十八大精神为起点，努力在思想建设上得到新提升；二是以加快转变经济发展方式为主线，努力在服务发展大局上作出新贡献；三是以保障和改善民生为重点，努力在提高人民群众生活水平上谋求新作为；四是以弘扬团结民主为主题，努力在促进民主政治建设上取得新进展；五是以提高政协工作科学化水平为目标，努力在自身建设上展现新面貌。

**二届五次会议决议**（2013年3月21日） 中国人民政治协商会议普洱市第二届委员会第五次会议，于2013年3月19～21日在思茅举行。会议期间，市委书记卫星等市领导出席会议，与委员共商普洱率先跨越发展大计。会议听取并赞同钱德伟代理市长代表市人民政府所作的《政府工作报告》，赞同普洱市中级人民法院工作报告、普洱市人民检察院工作报告以及其他有关报告。会议审议批准白文彬主席代表政协普洱市第二届委员会常务委员会所作的工作报告，审议批准李盛富副主席代表政协普洱市第二届委员会常务委员会所作的提案工作情况报告，选举产生了1名政协普洱市第二届委员会副主席。会议简朴务实、隆重热烈、富有成效，是一次民主求实、团结奋进的大会。

会议认为，2012年，面对复杂多变的国内外经济环境，在中共普洱市委的坚强领导下，市人民政府牢牢把握科学发展主题，突出转变经济发展方式主线，团结带领全市各族人民，认真执行党中央、国务院和省委、省政府的一系列方针政策，深入贯彻落实市委的决策部署，牢固树立率先跨越发展新理念，坚定不移地推进生态立市、绿色发展战略，着力促进全市各项事业全面进步，保持了经济加快发展、社会和谐稳定、民生持续改善、生态文明建设不断加强的良好局面，在全面建成小康社会的征途上迈出了坚实步伐。《政府工作报告》对2012年我市经济社会发展情况的总结客观实在，对存在问题的分析实事求是，提出的2013年工作目标，符合中央和省委要求，符合我市实际，措施切实有力。只要全市各族干部群众团结一心，共同奋斗，目标就一定能够实现。

会议认为，政协普洱市第二届委员会及其常务委员会高举中国特色社会主义伟大旗帜，牢牢把握团结民主两大主题，坚持用科学发展观统领政协工作，在中共普洱市委的正确领导下，广泛团结动员参加人民政协的各党派团体、各族各界人士，坚持生态立市、绿色发展战略，紧紧围绕普洱率先跨越发展大局，切实履行政治协商、民主监督、参政议政职能，充分发挥协调关系、汇聚力量、建言献策、服务大局的重要作用，为推动我市经济社会又好又快发展，建设生态和谐妙曼普洱作出了重要贡献，人民政协事业生机蓬勃、充满活力。

会议指出，深入学习贯彻中共十八大精神是当前和今后一个时期的首要政治任务。广大政协委员和参加政协的各党派、团体要进一步全面深入地学习领会十八大的精神实质，不断增强中国特色社会主义的道路自信、理论自信、制度自信。要切实用十八大精神武装头脑、指导实践、推动工作，认真学习贯彻十八大关于统一战线和人民政协的新论述新要求，自觉把政协工作放到市委、政府的工作全局中谋划和推进，不断提高履行职能的成效和水平。

会议强调，2013年是全面深入贯彻落实党的十八大精神的开局之年，是为实现全面建成小康社会奠定坚实基础的重要一年，也是本届政协的收官之年。各级政协组织和参加单位要紧紧围绕生态立市、绿色发展战略，以提高经济增长质量和效益为中心，以建设国家绿色经济试验示范区、深入推进“13111”工程为重点，充分把握发展机遇，深刻分析困难和问题，坚定率先跨越发展的信心，积极推进协商民主制度建设，使政治协商更加广泛有序、民主监督更加积极有力、参政议政更加务实有效，在服务普洱科学发展、率先跨越发展中发挥更好的作用，不断谱写人民政协事业发展的新篇章。

会议强调，要把加强作风建设作为人民政协事业发展的重要工作来抓，认真贯彻落实中央和省委、市委关于改进工作作风、密切联系群众的一系列规定和要求，厉行勤俭节约，反对奢侈浪费，坚持廉洁奉公，展现人民政协的新作风、新气象、新作为。各级政协组织和广大政协委员要在各项履职活动中，认真倾听群众的愿望和呼声，积极反映各界群众的利益诉求，切实做好新形势下人民政协联系和服务群众的各项工作。广大政协委员要牢记使命、遵守章程、加强学习、履职尽责，不辜负党和人民的信任。

会议号召，全市各级政协组织、政协各参加单位和政协委员，要更加紧密地团结在以习近平同志为总书记的中共中央周围，在中共普洱市委的坚强领导下，始终保持蓬勃朝气，始终保持昂扬锐气，主动作为、鼓足干劲，齐心协力、扎实工作，为实现普洱率先跨越发展、全面建成小康社会作出新的更大的贡献！

**白文彬主席在市政协二届五次会议闭幕会上的讲话**（2013年3月21日）（摘要）中国人民政治协商会议普洱市第二届委员会第五次会议，在中共普洱市委的正确领导下，通过全体委员和与会同志的共同努力，已经圆满完成了各项议程，今天就要闭幕了。会议审议了市政协常务委员会工作报告和提案工作情况报告，协商讨论了市政府工作报告、“两院”报告和其他重要报告，选举产生了1名市政协副主席，审议通过了大会的有关决议。会议期间，全体委员和与会同志以饱满的政治热情和高度的责任感、围绕我市绿色发展、率先跨越发展、全面建成小康社会和进一步推进人民政协事业发展，畅所欲言、集思广益，提出了许多真知灼见。会议氛围隆重热烈，会风简朴庄重，始终充满着团结、民主、求实、奋进的气氛，是一次坚定信心、凝聚共识、振奋精神、共谋发展的大会。会议期间，市委、市人大、市政府领导及有关部门的负责同志到会听取委员意见、参加讨论交流，充分体现了市委、市人大、市政府对政协工作的高度重视，充分体现了各单位、各部门对政协工作的关心和支持。

各位委员、同志们，中共十八大描绘了全面建成小康社会、加快推进社会主义现代化的宏伟蓝图，把健全社会主义协商民主制度作为坚持走中国特色社会主义政治发展道路和推进政治体制改革的重要内容，进一步为人民政协事业发展指明了方向、提出了新的要求。全市各级政协组织、各参加单位和全体委员要把学习贯彻中共十八大精神不断引向深入，按照协调关系、汇聚力量、建言献策、服务大局的总体要求，切实把握发挥政协优势的着力点、履行职能的切入点，把各族各界人士的智慧和力量聚集到促进落实十八大部署的各项战略目标上来，进一步坚定对中国特色社会主义的道路自信、理论自信和制度自信，始终高举中国特色社会主义的旗帜不动摇，始终坚持中国共产党的领导不动摇，始终坚持和完善中国共产党领导的多党合作和政治协商制度不动摇，坚定不移地为中国特色社会主义更加广阔的发展前景而努力奋斗。

今年是全面贯彻落实党的十八大精神的开局之年，是为实现普洱率先跨越发展、全面建成小康社会奠定坚实基础的重要一年，也是本届政协的收官之年，全面做好今年的政协工作意义重大。我们要以邓小平理论、“三个代表”重要思想和科学发展观为指导，牢牢把握团结民主两大主题，进一步增强政治意识、大局意识和实干意识，自觉把思想和行动统一到市委三届六次全会确定的目标任务上来，为实现普洱率先跨越发展、全面建成小康社会作出更大的贡献，努力在发挥优势中突出政协特色、彰显政协价值。

要充分发挥政协包容性强、渠道畅通的优势，推进协商民主广泛、多层、制度化发展，为普洱绿色发展、率先跨越发展广开言路、广集民智。充分发挥人民政协作为协商民主重要渠道作用，不断拓展民主协商的领域和范围、不断丰富民主协商形式，健全符合实际、内容完备、科学管用的协商制度体系，深入推进专题协商、对口协商、界别协商和提案办理协商，充分发挥基层政协组织作用，贯通政协民主协商与基层民主协商通道，扩大社会各方面有序政治参与，最大限度地包容和吸纳各种意见，切实引导参与协商各方理性地表达诉求，负责任地提出建议，努力使协商的过程成为发扬民主、凝聚共识的过程，努力在发扬民主过程中更好地保障人民当家作主。

要充分发挥政协联系面广、代表性强的优势，巩固和发展最广泛的爱国统一战线，为普洱绿色发展、率先跨越发展凝聚人心、汇集力量。切实把增进团结、促进联合贯穿于政协工作的始终，搭好桥、铺好路、牵好线，更加有力地促进各党派团体和各族各界大团结大联合，不断增进政治认同、道路认同、目标认同，积极有效地将党委、政府的重大决策部署转化为各党派各族各界人士的共同意志和自觉行动，调动一切积极因素，凝聚各方力量，进一步坚定普洱走绿色发展道路的信心和决心，努力为普洱经济社会发展增添新动力。

要充分发挥政协智力密集、影响广泛的优势，当好“智囊团、人才库、参谋部”，为普洱绿色发展、率先跨越发展献有用之策、建可行之言。自觉把促进发展作为履行职能的第一要务，围绕中心，服务大局，把智慧和力量凝聚到奋力超越、加速崛起、跨越发展的生动实践中来。充分发挥政协人才荟萃、智力密集的优势，紧紧围绕市委、市政府的中心工作，切实把政治协商的重点放在普洱生态立市、绿色发展战略的重大问题上，把民主监督的重点放在推动普洱率先跨越发展政策措施的落实上，把参政议政的重点放在事关全面建成小康社会的综合性、全局性、前瞻性问题的思考上，放在解决人民群众最关心、最直接、最现实问题的探索上，积极议政建言，努力为促进普洱经济社会科学发展作出新贡献。

**建议案**

《关于在深圳设立普洱市招商工作联络处的建议案》（普协字〔2013〕7 号）（2013 年 4 月 18 日市政协三届四十八次主席会议通过）

《关于规划建设普洱民族文化园的建议案》（普协字〔2013〕9 号）（2013 年 4 月 18 日市政协三届四十八次主席会议通过）

**【组织概况】**

**副主席补选名单**

（2013 年 3 月 21 日市政协二届五次全体会议通过）

李洪武　任普洱市政协副主席

**不再担任副主席名单**

（2013 年 3 月 21 日市政协二届五次全体会议通过）

王其明　不再担任普洱市政协副主席职务

**副秘书长任命名单**

（2013 年 9 月 24 日市政协二届二十四次常委会议审议通过）

王　彬　任普洱市政协副秘书长

**委员增补名单**

（2013 年 3 月 13 日市政协二届二十二次常委会议通过）

李洪武

**专门委员会主任、副主任任免名单**

（2013 年 7 月 16 日市政协二届二十三次常委会议通过）

赵　伟　免去政协普洱市委员会教科文卫体委主任职务，任政协普洱市委员会调研员

朱　平　免去政协普洱市委员会经济委副主任职务，任政协普洱市委员会副调研员

**【机构概况】**

2013 年，政协普洱市第二届委员会内设办公室、研究室、提案委员会、经济委员会、人口资源环境委员会、教科文卫体委员会、社会法制委员会、民族宗教委员会、港澳台侨和外事委员会、文史委员会等 10 个工作机构。办公室下设秘书一科、秘书二科、行政科、财务科、人事科等 5 个科级单位；研究室下设综合科、宣传科等 2 个科级单位；各专门委员会下设综合科（科级单位）。

**【普洱市、县（区）政协领导人名单】**

**普洱市**

**主　席**

白文彬（哈尼族）

**副主席**

陈建疆　　刘丽春（女）

马春华（回族）　李盛富（彝族）

段发彬（彝族）　李洪武(哈尼族)

**秘书长**

黄河立

**县（区）政协主席**

思茅区　慕长春

宁洱县　杨发春（任职至 2012 年 12 月）

黄稚奇（2013 年 1 月任职至今）

墨江县　薛光海（任职至 2012 年 12 月）

黄显学（彝族）（2013 年 1 月任职至今）

景东县　李树荣（彝族）（任职至 2012 年 12 月）

何献春（彝族）（2013 年 1 月任职至今）

景谷县　袁洪波（傣族）

镇沅县　周若涛（哈尼族）

江城县　白乔发（傣族）（任职至 2013 年 1 月）

徐江艳（纳西族）（2013 年 2 月任职至今）

孟连县　岩　席（佤族）（2013 年 2 月任职至今）

澜沧县　张志荣（拉祜族）

西盟县　叶　林（女，佤族）

## 普洱市各级政协委员和组织数

（截至2013年底）

<table>
<tr><th colspan="2">项目<br>州（市）县</th><th colspan="2">委员数</th><th>组织数</th></tr>
<tr><td colspan="2">普洱市</td><td colspan="2">277</td><td>1</td></tr>
<tr><td rowspan="10">各县区市</td><td>思茅区</td><td>171</td><td rowspan="10">1730</td><td rowspan="10">10</td></tr>
<tr><td>宁洱县</td><td>165</td></tr>
<tr><td>墨江县</td><td>201</td></tr>
<tr><td>景东县</td><td>175</td></tr>
<tr><td>景谷县</td><td>185</td></tr>
<tr><td>镇沅县</td><td>169</td></tr>
<tr><td>江城县</td><td>147</td></tr>
<tr><td>澜沧县</td><td>226</td></tr>
<tr><td>孟连县</td><td>158</td></tr>
<tr><td>西盟县</td><td>133</td></tr>
<tr><td colspan="2">合　计</td><td colspan="2">2007</td><td>11</td></tr>
</table>

（编写：张兆华　审稿：张培锋）

政协临沧市委员会

郭惠云 主席

【全体委员会议】

**二届五次会议** 1月12～15日在临翔区召开。大会应到委员348名，实到325名。市政协主席李建昌主持会议，副主席杨仕俊、曾廷菊、龚国富、杨鹏飞、丁华云，秘书长吴杰出席会议。市委书记杨洪波、市委副书记、市人民政府市长锁者飞、市委副书记张泽军、市人大常委会主任查映伟、市政法委书记刀文彩等党政领导应邀出席会议。会议听取和审议《政协临沧市第二届委员会常务委员会工作报告》、《政协临沧市第二届委员会常务委员会关于二届四次会议以来提案工作情况报告》；与会委员列席临沧市第二届人民代表大会第七次会议，听取并协商讨论了《政府工作报告》及其他有关报告；分别举行了政府工作报告、“两院”工作报告协商会；表彰了10件优秀提案和9个提案办理先进集体。会议同意李建昌同志因年龄原因辞去市政协主席职务的请求，选举郭惠云同志担任政协临沧市第二届委员会主席。二届五次会议期间收到提案106件，经提案委员会审查立案87件，交由36个政府职能部门和4个党委部门办理落实。

【常务会员会会议】

**第19次会议** 1月14日在临翔区召开，应到会常委53人，实到47人。市政协主席李建昌主持会议。会议票决了二届五次会议立案提案；审议了《政协临沧市第二届委员会第五次会议关于政协临沧市第二届委员会常务委员会工作报告的决议》（草案）、审议《政协临沧市第二届委员会第五次会议关于二届四次会议以来提案工作情况报告的决议》（草案）、《政协临沧市第二届委员会第五次会议提案审查情况报告》（草案）、《政协临沧市第二届委员会第五次会议决议》（草案）；听取了有关人事事项及选举办法讨论情况的汇报；审议《临沧市二届政协主席候选人名单》（草案）、《选举办法》（草案）、《总监票人、监票人名单》（草案）。市政协副主席杨仕俊、曾廷菊、陈新、龚国富、杨鹏飞，秘书长吴杰及全体常委出席会议。市政协副秘书长、各委室主任（负责人）、副主任，调研员列席会议。

**第20次会议** 4月25日在临翔区召开，应到会常委53人，实到45人。市政协主席郭惠云出席会议并讲话，副主席杨仕俊、曾廷菊、陈新、龚国富、杨鹏飞、丁华云，秘书长吴杰出席会议。席郭惠云、陈新分别主持会议。会议传达学习全国政协十二届一次会议和省政协十一届一次会议及省政协十一届一次、二次常委会议精神；审议通过《全市农村医疗卫生现状的调研报告》。非市政协常委的各县（区）政协主席，非市政协常委的市政协机关处级（含非领导）干部，市政协参加单位主要负责人列席会议。

**第21次会议** 7月30日在临翔区召开，应到会常委53人，实到46人。市政协主席郭惠云，副主席陈新分别主持会议，郭惠云在会上讲话。市委常委、市人民政府常务副市长李华松应邀出席会议，市政协副主席杨仕俊、曾廷菊、陈新、杨鹏飞，秘书长吴杰出席会议。会议传达学习省政协十一届三次常委会议精神；听取市人民政府2013年上半年全市经济运行情况通报；审议通过了《关于上半年全市经济运行情况的协商报告》、《关于对全市招商引资工作情况的视察报告》。非市政协常委的各县（区）政协主席，非市政协常委的市政办机关处级（含非领导）干部，市政协参加单位主要负责人列席会议。

**第22次会议** 8月29日在临翔区召开，应到会常委53人，实到45人。市政协主席郭惠云主持会议并讲话，副主席杨仕俊、曾廷菊、陈新、杨鹏飞，秘书长吴杰出席会议。会议传达学习了市委书记李小平调研市政协工作时的重要讲话和市委常委会议精神；审议通过《关于全市高原特色农业发展情况的视察报告》、《关于耿马（孟定）边境经济合作区建设推进情况的视察报告》、《关于民主评议市工商行政管理局工作的情况报告》；审议通过有关人事事项。非市政协常委的县（区）政协主席，市政协参加单位领导，非市政协常委的市政协机关处级（含非领导）干部列席会议。

**第23次会议** 12月19日在临翔区召开，应到会常委53人，实到46人。市政协主席郭惠云出席会议并讲话，副主席陈新、龚国富、杨鹏飞、丁华云，秘书长吴杰出席会议。会议审议通过《政协临沧市第二届委员会常务委员会工作报告》（草案）、《政协临沧市第二届委员会常务委员会提案工作情况的报告》（草案）和有关人事事项；传达学习党的十八届三中全会精神；审议各专门委员会五年来的工作情况和2014年工作建议。非市政协常委的县（区）政协主席，市政协参加单位领导，非市政协常委的市政协机关处级（含非领导）干部列席会议。

**【专门委员会工作】**

**提案委员会** 一、夯实工作基础，努力提高提案工作水平。认真开展提案征集工作。坚持市、县（区）政协提案委联动审查提案材料制度从源头上把好提案质量关。严格审查提案，及时交办提案。二、加大督办力度，提高办理实效。认真落实提案办理公示制度；认真落实提案督办制度；注重办理实效，强化提案办理过程中提案委员与承办单位的互动交流。

三、积极参与调研视察。牵头组织部分市政协委员对全市招商引资工作、耿马（孟定）边境经济合作区建设推进情况进行视察，并形成视察报告。

**经济委员会** 一、围绕中心，扎实履职。精心组织筹备二届五次会议联组协商会。牵头开展对2013年上半年经济运行情况的调研并形成调研报告。牵头开展民主评议市工商行政管理局工作。先后深入临翔、云县、镇康、沧源等县（区）部分企业、农村合作社和相关部门开展评议调研工作，形成评议工作报告并报市委。开展对临翔区锗资源整合情况的视察形成视察报告并报市委。二、深入开展“四群”教育活动。多次深入挂钩联系点开展“四群”教育活动和“四群”随机督导调研活动。协助领导协调资金帮助挂钩村修建进村硬板路3.2公里；支持当地群众种植各类果树1461棵（投资2万余元）；协助镇、村争取上级资金物资近50多万元。三、组织全市政协经济委工作座谈会。会上，将五年来市政协经济委调研、视察、民主评议、考察等方面成果汇编成资料供领导参阅。

**人口资源环境委员会** 一、狠抓学习，进一步提高政治素养。（一）根据工作特点和要求，深入学习业务知识。（二）认真参加云南干部在线学习。（三）积极参加以为民务实清廉为主要内容的党的群众路线教育实践活动。二、主要工作。（一）积极参与做好市政协二届五次会议的筹备、会务服务工作。（二）组织好人口资源环境委员会委员学习工作。（三）牵头完成全市水利基础设施建设运行情况调研并形成调研报告。（四）认真抓好提案督办落实工作。人口资源环境委员会涉及督办提案7件，通过提案面商会的方式提案已全部办复。（五）积极参加联谊活动。参加川滇黔赣冀五省二十市州政协第三十四次联系议会。（六）积极参与产业挂钩联系工作。深入云县栗树乡检查指导咖啡产业种植发展工作。（七）配合提案委员会做好招商引资调研工作。（八）配合经济委做好全市2013上半年经济运行情况调研及民主评议临沧市工商行政管理局工作。

**教科文卫体委员会** 一、紧扣中心，抓实调研，促进成果转化。组织完成全市农村医疗卫生现状的专题调研，形成调研报告报送市委。市人民政府根据调研报告的相关建议，研究制定下发了《临沧市人民政府关于加强卫生人才队伍建设的意见》。二、关注民生，广泛联系，助推教育卫生事业。（一）组织开展卫生下乡活动。与临沧市人民医院联合组织开展卫生下乡活动，深入临翔区博尚镇进行巡回医疗义诊、送医、送药和健康宣传教育活动。（二）积极争取和监督实施扶贫项目。督促完成凤庆县勐佑镇中和小学教学楼建设的实施工作。为凤庆县洛党镇鹿鸣完小师生食堂建设争取到云南省扶贫基金会捐赠资金10万元。三、强化监督，创新提案督办方式。负责督办的10件提案全部办复。（一）重点提案重点办理。要求承办单位在召开面商会之前，围绕提案内容组织调研。（二）强化面商督办环节。协助承办单位组织召开提案面商会，加强承办单位与委员的沟通和联系。

**社会和法制委员会** 一、抓实以为民务实清廉为主要内容的党的群众路线教育实践活动。为挂钩乡镇洛党镇联系协调资金20万元补助小水窖建设。二、围绕中心，扎实开展调研视察工作。（一）联合三胞和外事委共同完成对全市高原特色农业发展情况的专题视察，形成视察报告并报市委、市人民政府，得到了市委领导的肯定。（二）在全市检察院系统就全市检察机关对实施新《刑事诉讼法》的工作情况进行调研，并草拟调研报告。三、开展社会法制协商监督，推进临沧社会法制建设。（一）在临沧市政协二届五次全会上，组织委员对“两院”工作报进行联组协商，并将委员的协商发言材料汇编成册。（二）按照临沧市综治委相关要求，拟定《市政协社会和法制委2013年预防青少年犯罪工作计划》，并开展相关工作；对市政协机关贯彻《云南省预防未成年人犯罪条例》情况进行自检自查，并形成报告送临综治预青组办公室。

**民族和宗教委员会** 一、立足实际，认真履职。（一）以调研视察为抓手，为临沧经济发展建言献策。完成对全市和谐寺观教堂创建活动的视察，形成视察报告并报市委。配合提案委完成耿马（孟定）边境经济合作区建设推进情况的专题视察。参与完成了《政协临沧市委员会关于对耿马（孟定）边境经济合作区建设推进情况的视察报告》，《关于到缅甸掸邦第二特区考察的情况报告》。（二）以民主监督为依托，抓好督查工作。参与重点项目督查工作。随同陈新副主席深入沧源东丁水库调研和督导，促成1600万元项目贷款的落实。深入基层调研和指导工作。在陈新副主席的率领下，深入沧源自治县进行调研和督查，对如何保持宗教和边疆民族地区的和谐稳定提出了思路和对策。（三）召工作开座谈会。深入研讨政协民族宗教工作，认真总结过去五年工作经验，谋划今后五年的工作思路。（四）认真开展以为民务实清廉为主要内容的党的群众路线教育实践活动随机调研督导工作。（五）做好《政协临沧市民族和宗教工作资料汇编（2009－2013）》的编辑和印刷工作。

**三胞和外事委员会** 一、围绕中心，提高履职实效。对高原特色农业发展情况进行视察并形成视察报告报送市委。对全市侨台资源情况进行调研，并形成视察报告报送市委。按时按质完成二届五次会议以来提案督办工作，督办的10件提案全部办理完毕。

**文史委员会** 一、参加市政协二届五次会议的筹备工作。二、参加全市农村医疗卫生现状的调研工作。并形成调研报告报送市委。三、抓好政协委员提案督办工作。负责督办的13件提案全部办复。四、做好文史委资料征集、编辑、出版工作。完成文史资料《临沧旅游文化专辑》征集、编辑、出版工作；组织《滇缅铁路史料专辑》编撰组成员对滇缅铁路遗址展览馆方案进行修改；为云南大百科全书撰写临沧政协工作资料。

【重要活动】

**召开提案交办会** 3月19日，市政协在临翔区召开市政协二届五次会议提案交办会。把市政协二届五次会议以来收到并立案的87件提案交由36个政府职能部门和4个党委部门办理。市政府副市长刘颖、市政协副主席陈新出席会议并讲话。市委、市政府相关负责人以及40个承办单位相关负责人参加会议。

**倪慧芳到临沧开展专题调研** 5月8~11日，省政协副主席倪慧芳率领省政协社会和法制委员会部分委员组成的专题调研组，对临沧市扶贫工作情况进行调研。省政协常委、市政协主席郭惠云，市政协副主席杨鹏飞，市人民检察院检察长杨永华，市政协秘书长吴杰等陪同。

**陈清华到临沧考察** 5月11日，全国政协常委、原江西省政协副主席陈清华一行到临沧市考察，市政协副主席陈新陪同。

**白立忱到临沧视察** 5月19~21日，十一届全国政协副主席白立忱深入临沧市视察。市委书记李小平，市委副书记张泽军，市政协主席郭惠云，省政协副秘书长杨志诚，市委常委、市委秘书长姚刚，市政府秘书长徐亚谦，市政协秘书长吴杰等陪同。

**王承才到临沧调研** 6月15日，省政协副主席王承才到临沧市调研。市委书记李小平，市人民政府副市长赵子杰、市政协副主席杨仕俊陪同。

**李小平到市政协机关调研** 8月26日，临沧市委书记李小平到市政协机关调研，看望慰问机关干部，并与市政协领导班子成员和委（室）负责人座谈，了解政协工作情况，听取市政协对进一步推进临沧经济社会发展的意见和建议。市政协主席郭惠云主持调研座谈会并汇报了市政协工作情况。

**和占钧到临沧调研** 11月18~20日，省政协原副主席和占钧率领部分专家、企业家就临沧市贯彻落实《云南省人民政府关于加快石产业发展的意见》情况进行调研。市政协副主席杨仕俊陪同调研。

**举行迎新春茶话会** 12月31日，市政协举行迎新春茶话会，市委书记李小平出席并讲话，市委副书记、市长锁飞，市委副书记张泽军，市人大常委会主任查映伟等出席话会。市政协主席郭惠云主持茶话会。临沧市市党政军领导和各族各界人士200余人出席茶话会。

【重要文件】

**常务委员会工作报告**（2013年1月12日）（摘要）报告分为两个部分：

一、2012年主要工作。（一）紧扣发展大局，积极建言出力。按照服务发展主动融入、推动发展发挥作用、参与发展贡献力量的履职理念，常委会牢牢把握市委对政协工作的新要求，紧紧围绕市委、市政府的决策部署和全市工作大局认真履行职能，积极建言出力。全力支持边合区建设。常委会两次组织委员，深入耿马（孟定）边境经济合作区调研和视察，就全力推动境内外大通道建设，全面建立合作会商机制，全力争取国家和省委、省政府政策支持，努力实现通关便利化等方面提出建议。按照市委的安排，组团赴缅甸，对合作建设缅北农业综合开发示范区进行实地考察，通过与缅北地方政府官员深入交流沟通，达成一批项目合作意向；与滚弄、腊戌等地侨领侨商进行深入座谈，邀请缅甸侨领和商会、企业负责人，对我市边合区建设、城市建设、招商引资、边境贸易、文化教育等方面进行综合考察，对接了一批投资项目，取得较好成效。组团赴泰国、印度尼西亚、马来西亚进行考察，与三国工商界、商会和侨领侨商广泛交流，宣传我市资源和沿边开放优势、为宣传临沧、推介临沧、扩大临沧的知名度做出努力，发挥作用。助推发展积极建言。二届四次全会期间，组织了两场界别联组协商会，就实现全市经济社会又好又快发展建言献策，市委、市政府领导亲临会议听取委员意见。20 位委员就加快耿马（孟定）边合区建设、农业产业转型发展、工业提质增效、软环境软实力建设、确保农民持续增收、实现司法公正建设和谐社会等方面协商建言。邀请市政府领导向市政协常委会通报上半年经济运行情况，常委们对全市上半年经济社会发展成效给予充分肯定，就全面完成“三个一百三项考核”目标任务，进一步加快农业产业结构调整步伐、努力提升产业集中度，进一步做大做强工业项目，高度重视规模以上工业企业的生产经营和落地企业的竣工达产，进一步加强经济运行分析和统计工作等方面提出建议。推进重点工作落实开展民主监督。常委会把推进市委、市政府重大决策部署的贯彻落实作为民主监督的重要内容，在继续对市国土资源局、市质量技术监督局、市住房和城乡建设局 2011 年评议整改措施落实情况进行跟踪督查的基础上，对全市招商引资工作、农村旧村旧房改造推进情况开展了民主评议。通过现场听、访、查、看和问卷调查，委员们对全市招商引资和农村旧房改造工作取得的显著成效和宝贵经验给予充分肯定，就进一步加大项目前期工作力度，进一步加强招商引资项目的论证及招商策划，进一步推进项目落地竣工及达产，进一步落实农村旧村旧房改造规划，进一步发挥群众的主体作用，进一步做大做优特色产业等方面提出建议，提高了民主监督的实效性。全力抓好提案工作。常委会提出“抓提案就是抓发展、抓和谐、抓民生”的提案工作理念，围绕“巩固办复率、提高面商率、提升落实率、实现满意率”的目标要求，修订完善了《政协临沧市委员会提案工作条例》，使提案工作不断向科学化、制度化、规范化、程序化迈进。在市委、市政府的高度重视下，通过提案承办单位的精心办理，二届四次会议以来立案及并案的 88 件提案，提案面商率达 90%，落实率达 68%，满意率达 95% 以上。广大群众长期盼望解决的一些困难问题得到了扎实有效解决。为农业转型发展贡献力量。组织委员深入全市山区、半山区、热区等不同区域进行实地调研，从责任落实、机制保障、龙头带动、品牌提升、督查工作等方面提出建议。在咖啡种植的关键时期，挂钩领导深入咖啡种植挂钩点，与基层干部群众共同分析困难和问题，研究全面完成年度种植计划的具体措施，为挂钩乡镇当年任务全面完成发挥作用。对重要工作组织督查。组织督查组深入八县（区）、市直有关部门和全部规模以上企业，对完成招商引资实际到位资金200亿元、全部工业增加值完成100亿元，完成工业固定资产投资100亿元目标任务的落实情况进行重点督查。与县（区）、部门和企业的领导共同总结经验，分析困难，商讨措施，提出建议，全力助推全市招商引资、工业固定资产投资、全部工业增加值和规模以上工业增加值目标任务的完成。围绕全市保障性住房建设任务和管理分配办法的制定，组织督查组深入八县（区）对全市2011年保障性住房建设推进情况进行重点督查，现场了解进度、总结成效和经验、分析存在的困难和问题，提出意见建议，全力助推全市保障性住房建设扎实推进。认真抓好政协领导负责联系的7个重点项目，责任领导深入负责联系的项目，现场调研，现场分析工程进度，力所能及帮助解决困难和问题，为挂钩项目推进尽责出力。抓实“四群”教育挂钩工作。根据市委关于“四群”工作的总体部署的要求，主席会议提出了“挂实两联”（挂实联系村、联系户，听民情、识民意，解民忧）、“促进两基”（促进基层组织建设，促进农村基础设施改善）、“助推两增”（助推经济增长、群众增收）、“提升两效”（提升产业效益，提升联系效果）开展“四群”教育的工作要求，深入挂钩村开展调查研究，召开民情恳谈会。机关干部进农家、访民情，收集社情民意200多条，积极为挂钩村争取项目和资金，实施了人畜饮水工程、畜牧养殖、群众活动场地、小水窖建设、硬板路建设等项目16个。为改善民生尽其所能。组织委员对市委、市政府扶持俐侎人三年发展帮扶规划实施情况进行实地调研，针对存在的困难和问题，提出建议。市民族宗教工作领导小组按照市委主要领导的要求，专题进行研究，作出了集中力量落实帮扶规划，积极筹措扶持资金3000万元，当年建设安居房1000户，加快俐侎人脱贫致富步伐的意见。积极争取项目和资金，帮助凤庆县勐佑镇中和村中心校解决教学楼建盖缺口资金，为镇康、永德三所中心校解决课桌椅1000套。两名市政协领导负责沧源自治县两个村270户农户危旧房改造工程，责任领导多次深入两个责任村，现场发动群众、现场研究改造方案和工作措施，千方百计筹措资金，尽力帮助群众解决建房和公共基础设施建设的困难问题，确保工程按计划推进。（二）充分发挥优势，为促进发展凝聚力量重视发挥各族各界作用。常委会始终注重党和国家民族宗教政策的贯彻落实，注意发挥民族宗教界委员的作用，坚持办好每年一度的各族各界迎新春茶话会，坚持走访慰问民族宗教上层人士、三胞眷属及非公经济界人士，坚持加强与社会各族各界和新经济组织的联系与交往，激发各族各界人士支持跨越发展，建设美好家园的积极性和主动性。注重加强与市政协参加单位、民主党派、工商联、人民团体、无党派人士的沟通和联系，支持他们围绕全市改革发展稳定大局建言出力，努力为和谐发展聚集力量。积极开展联络联谊活动。加强与省、州、市政协的联系交往，积极配合省政协到我市的各项调研活动，为省政协全面了解临沧的发展提供支持和帮助。周到接待省内西双版纳、文山、玉溪、保山、德宏、怒江、迪庆、普洱等州市政协领导到我市进行的考察活动。汇报联系工作进一步加强。市政协党组和主席会议加强向市委请示汇报，自觉接受市委的领导，及时准确领会市委对政协工作的新要求，坚决贯彻落实市委的决议、决定。邀请市政府领导通报情况，准确把握市委、市政府的工作重点和重要部署，进一步提高履职的针对性和实效性。组织召开了全市政协主席研讨会，努力探索做好新形势下人民政协工作的新思路、新方法、新举措，深入研讨人民政协“想事、干事、成事”的履职方法和工作机制。积极争取省政协指导和支持，与省、县（区）政协开展联合调研和视察，进一步密切省、市、县（区）政协工作联系。（三）不断夯实履职基础，自身建设有所加强。常委会始终坚持把强化学习，加强思想建设摆在各项工作的首位，按照市委建设学习型党组织的要求，组织开展主题鲜明、内容丰富、形式多样的学习培训和主题实践活动，为有效履职提供了基础保障。抓学习，激发内动力。我们高度重视学习的针对性和实效性，组织广大政协委员和机关干部深入学习中国特色社会主义理论体系和社会主义核心价值体系，学习党的十八大、省委九届三次、四次全会，市委三届三次、四次全会和市委政协工作会议精神。深入贯彻落实市委《关于进一步支持人民政协履行职能发挥作用的意见》，不断深化常委会和广大委员对人民政协地位、作用的认识，政治协商、民主监督、参政议政制度不断规范和完善，政协委员和干部队伍建设不断得到加强和改善，广大政协委员、政协组织和政协工作者做好政协工作的信心进一步增强。抓主体，增强责任感。按照学习、调研、视察相结合的形式，在12个委员活动组中开展以“有位必有为”为主题的委员培训，支持委员发挥“一岗双责”的主体作用，带头贯彻市委政府决定，带头完成市委政府交办的工作任务，带头遵守各项制度，带头立足本职建功立业，在推动发展上有新作为，在促进和谐上有新贡献，进一步增强和提高广大委员的责任意识、履职能力。抓作风，增强执行力。常委会始终把贯彻落实市委对政协工作新要求与解决实际问题相结合，以抓作风为基础，抓服务为根本，抓落实为重点；坚持市政协常委出席会议通报、常委个人年终向常委会述职、常委会任命人员年终向常委会述职制度，常委个人和常委会任命人员的责任意识、履职意识、履职成效明显提升。充分发挥政协文史资料存史、资政、团结、育人作用。征集、出版了文史资料《临沧旅游文化专辑》。改进新闻宣传组织方式，加大媒体联系合作力度，加强宣传信息平台建设，全年在省、市媒体刊（播）发新闻稿件616篇、图片75幅、理论研究文章43篇。二、2013年主要工作建议。（一）加强理论学习，努力把握正确的政治方向。（二）积极融入大局，努力提升履职成效。（三）强化团结民主意识，努力为跨越发展营造和谐氛围。（四）强化责任意识，努力提升工作效率。（五）强化自身建设，始终保持良好的精神状态。

**二届五次会议决议**（2013年1月15日市政协二届五次会议通过） 政协临沧市第二届委员会第五次会议，于2013年1月12~15日在临沧举行。会议听取和审议了《政协临沧市第二届委员会常务委员会工作报告》、《政协临沧市第二届委员会常务委员会关于二届四次会议以来提案工作情况的报告》。与会委员列席了临沧市第二届人民代表大会第七次会议，听取并协商讨论了《政府工作报告》及其他有关报告。会议期间，中共临沧市委和市人民政府领导同志听取了大会发言，参加了联组协商会议，与政协委员充分交换意见，共商发展大计。全体委员以饱满的热情，高度负责的精神，认真履行职责，围绕我市全面发展的目标任务和重点工作，着重就工业强市，发展县域经济、民营经济、园区经济，发展特色农业，加快边合区建设，加强生态文明建设，促进司法公正等重大问题，进行了广泛讨论，提出了事关发展、事关民生、事关边疆和谐稳定的意见和建议。会议在中共临沧市委的领导下，经过与会同志的共同努力，圆满完成了各项议程。是一次围绕中心、共谋发展，凝心聚力、建言献策，民主求实、团结鼓劲的大会。会议审议通过了李建昌主席代表政协临沧市第二届委员会常务委员会所作的工作报告和陈新副主席代表政协临沧市第二届委员会常务委员会所作的提案工作情况报告。会议认为，2012年是我市经济社会发展亮点凸显、成效显著、令人鼓舞的一年，也是市政协认真履职、尽力作为的一年。一年来，在中共临沧市委的坚强领导下，市政协常委会团结和带领广大政协委员高举中国特色社会主义伟大旗帜，坚持以邓小平理论、“三个代表”重要思想、科学发展观为指导，深入学习贯彻党的十八大，省委九届三次、四次全会，市委三届三次、四次全会精神，全面贯彻落实中共临沧市委《关于进一步支持人民政协履行职能发挥作用的意见》，按照市委总体要求，紧紧围绕全市工作大局，认真履行政治协商、民主监督、参政议政职能，为全市经济社会科学发展和谐发展跨越发展作出了积极的努力。会议同意李建昌同志因年龄原因辞去市政协主席职务的请求，选举郭惠云同志担任政协临沧市第二届委员会主席。会议认为，李建昌同志在担任市政协主席期间，团结带领广大政协委员，坚决贯彻落实中央、省委、市委的决策部署，讲大局、参大政、谋大事，致力临沧发展、倾心关注民生，为实现全市经济社会的发展做了大量卓有成效的工作。会议对李建昌同志为我市的改革发展稳定和人民政协事业作出的重要贡献表示感谢。会议赞同锁飞市长代表市人民政府所作的《政府工作报告》，赞同《临沧市中级人民法院工作报告》、《临沧市人民检察院工作报告》和其他报告。会议认为，2012 年，在中共临沧市委的坚强领导下，临沧市人民政府坚持以邓小平理论、“三个代表”重要思想、科学发展观为统领，团结和带领全市各族人民，积极应对复杂多变的宏观形势，主动抢抓机遇，努力推动临沧转型发展、跨越发展，全市呈现出综合实力大幅提升、发展潜力和后劲不断增强、城乡面貌显著变化、社会建设全面发展的良好格局。报告回顾成绩实事求是，分析经验深刻全面，指出不足客观深入，对 2013 年工作的安排部署，思路清晰、目标可及、重点突出、任务明确、措施有力，具有很强的前瞻性、指导性和可操作性，符合党的十八大、中央经济工作会议精神，符合省委、市委的决策部署，符合临沧实际，报告鼓舞人心、催人奋进，充分体现了市人民政府致力推进全市经济社会又好又快发展的坚强决心，体现了对人民群众高度负责的精神。只要按照工作部署狠抓落实，临沧的经济社会发展一定能够实现新的跨越。会议指出，2012 年 12 月召开的中共临沧市委三届四次全会，是我市深入学习贯彻党的十八大精神，为全力实施“十二五”规划，全面建成小康社会奠定坚实基础的形势下召开的一次具有重要意义的会议。会议坚信，只要全市各族干部群众按照市委三届四次全会指引的方向，以全面实施“652”小康工程为抓手，加快转变经济发展方式，提高经济增长质量和效益，以加快推进沿边开放和开展为民务实清廉为主要内容的党的群众路线教育实践活动两个先行先试为动力，2013 年全市经济建设和社会事业必将全面推进，为全面建成小康社会打下坚实基础，临沧的明天一定更加美好。会议强调，2013 年，是全面深入贯彻落实党的十八大精神的开局之年，全面做好今年的工作意义重大。全市各级政协组织要深入学习和全面贯彻党的十八大、省委九届四次全会和市委三届四次全会精神，按照市委“稳中加快、好中做大”的工作总要求，以奋发有为的精神状态，扎实高效的工作作风，认真履行职能。要加强理论学习，努力把握正确的政治方向；要积极融入大局，努力提升履职成效；要强化团结民主意识，努力为跨越发展营造和谐氛围；要强化责任意识，努力提升工作效率，为履行职能、服务委员、推动工作提供有力保障。会议号召，全市各级政协组织、政协各参加单位和广大政协委员，要更加紧密地团结在以习近平同志为总书记的中共中央周围，在中共临沧市委的坚强领导下，同心同德，奋发有为，不断谱写我市人民政协事业新篇章，为全市经济社会科学发展和谐发展跨越发展，全面建成小康社会作出新的更大的贡献。

**郭惠云主席在市政协二届五次会议闭幕会上的讲话**（2013 年 1 月 15 日）（摘要） 政协临沧市第二届委员会第五次会议是一次团结民主、求真务实、开拓奋进的大会。这次大会接受了李建昌同志的请求，同意他辞去市政协主席的职务。李建昌同志政治立场坚定，大局意识强，领导经验丰富，组织协调能力强，为人坦诚热情，作风深入扎实。他担任市政协主席以来，在市委的正确领导下，团结带领二届市政协领导班子和全体委员，服务科学发展取得了新成效，推动团结民主取得了新进展，人民政协事业得到了新发展，留下了许多宝贵经验，开创了政协工作新局面，为实现临沧经济社会又好又快发展作出了积极贡献。他高风亮节的精神境界和求真务实的工作作风，值得我们敬佩和学习，他的工作思路和经验，值得我们传承和借鉴。在此我提议，让我们以热烈的掌声，向李建昌同志表示衷心的感谢和崇高的敬意！刚才，会议选举我担任市政协主席这一重要职务，我衷心感谢委员的信任和组织的重托。政协工作对我来说是一个新的工作领域，面对新岗位、新任务的要求，我深感责任重大、使命光荣。但我有信心和决心，在市委的坚强领导下，与各位副主席、常委、委员一道，在历届市政协领导打下的良好基础上，开拓创新，积极进取，不辜负委员的期望、组织的重托。各位委员、同志们，今年是深入学习贯彻党的十八大精神的开局之年，做好今年的政协工作意义重大。市委三届四次全会按照科学发展观的要求，从临沧实际出发，作出了全面实施“652小康工程”和加快推进沿边开放的两个重大决定，描绘了开放富裕文明幸福美丽新临沧的宏伟蓝图。实现这一宏伟蓝图，人民政协肩负重大职责。各位委员要结合政协团结民主两大主题和政治协商、民主监督、参政议政的职能要求，认真学习贯彻党的十八大精神、省委九届四次全会、市委三届四次全会精神，主动融入发展大潮，为实现宏伟蓝图作出应有的贡献。一要维护核心，坚持党的领导。党的领导是政协工作的生命线。要认真贯彻执行《中共临沧市委关于进一步支持人民政协履行职能发挥作用的意见》，在中共临沧市委的坚强领导下，发挥政协具有广泛代表性、政治包容性、党派合作性、民主协商性的优势，把全市各族各界群众的思想和行动统一到市委的决策部署上来，把力量和智慧凝聚到实现市委确定的各项目标任务上来，更加自觉地服从和服务于市委的工作大局，进一步坚持和完善重大事项、重要问题、重点工作的请示报告制度，始终做到同党委、政府方向一致、目标一致、工作一致。二要围绕中心，推动科学发展。要切实把推动发展作为政协履职的第一要务。紧紧围绕党委、政府的中心工作，找准推动科学发展的着力点，紧扣加快全面实施“652小康工程”、推进沿边开放和“三个一百三项考核”等重点工作，充分发挥政协人才荟萃、智力密集、影响广泛的优势，按照党政所需、群众所盼、政协所能的原则，强化致力发展、关注民生、促进和谐的参政议政理念，紧贴中心、紧贴基层、紧贴实际，助推发展。三要凝聚人心，促进社会和谐。要切实做好促进全市各民主党派、工商联、人民团体以及社会各界人士的大团结、大联合工作，进一步丰富政协全委会、常委会、主席会、议政会和政情交流会等协商形式。要牢固树立“人民政协为人民”的工作理念。充分发挥上通下达、联系广泛的优势，密切关注民生，积极反映社情民意、协调关系、增进团结、建言献策。要调动一切积极因素，凝聚各方力量，以共同理想感召各界群众，以宏伟目标激励各界群众，以民生改善凝聚各界群众，营造团结一心、社会和谐、众志成城、共谋发展的氛围。四要开拓创新，提升履职水平。要积极适应新形势、新任务的要求，解放思想、实事求是、与时俱进，努力在提升参政议政实效，完善协商民主机制，加大合作共事深度，发挥专委会基础作用、政协委员主体作用和界别纽带作用等方面探索新途径、取得新成效，确保我市政协工作始终体现时代性、把握规律性、富于创造性，始终充满蓬勃生机和旺盛活力。要加强政协机关建设，深入开展以为民务实清廉为主要内容的党的群众路线教育实践活动，在改进工作作风，增强工作活力，提高工作质量上取得新成效。我们每一位委员要珍视荣誉，牢记使命，在全面建成小康社会这个大舞台上充分释放自己的智慧和才华，实现自身价值。

**【组织概况】**

**市政协主席选举名单**

（2013 年 1 月 15 日市政协二届五次会议通过）

郭惠云　任临沧市政协主席

**【机构概况】**

临沧市政协机构设置为 2 室 8 委，即：办公室（内设综合科、秘书科、行政科、老干人事科）、研究室，提案委员会、经济委员会、人口资源环境委员会、教科文卫体委员会、社会和法制委员会、民族和宗教委员会、三胞和外事委员会、文史委员会（各专委会均设综合科）。

**【临沧市、县（区）政协领导名单】**

**临沧市**

**主　席**

郭惠云

**副主席**

杨仕俊　　曾廷菊（女，兼）
陈新（佤族）　　龚国富（白族）
杨鹏飞（白族）　　丁华云

**秘书长**

吴　杰

**县（区）政协主席**

临翔区　李文勇
云　县　罗　原
凤庆县　字清华
永德县　欧再国
镇康县　徐淑娟
耿马县　王　军
沧源县　李繁荣
双江县　王　强

## 临沧市各级政协委员和组织数

（截至 2013 年底）

| 州(市)县 \ 项目 | | 委员数 | | 组织数 |
|---|---|---|---|---|
| 临沧市 | | 348 | | 1 |
| 各县区市 | 临翔区 | 205 | 1422 | 8 |
| | 云　县 | 195 | | |
| | 凤庆县 | 205 | | |
| | 永德县 | 174 | | |
| | 镇康县 | 149 | | |
| | 耿马县 | 191 | | |
| | 沧源县 | 158 | | |
| | 双江县 | 145 | | |
| 合　计 | | 1770 | | 9 |

（编写：宇力　审稿：李 彪）

政协楚雄彝族自治州委员会

王玉玺 副主席

【全体委员会议】

**九届二次会议** 2月21～25日在楚雄召开。应出席委员346名，实到342名。州政协主席李兴顺，副主席杨应旭、张启俊、何根源、李怡、蒲涌、杨玉泉，秘书长李光彪出席。州委书记张太原，州委副书记、州长李红民出席会议。李兴顺、杨应旭、张启俊、何根源、李怡、蒲涌、杨玉泉分别主持会议。会议听取、审议并通过了州政协主席李兴顺代表政协楚雄州第九届委员会常务委员会所作的工作报告和副主席杨应旭代表政协楚雄州第九届委员会所作的提案工作报告。与会人员列席楚雄彝族自治州第十一届人民代表大会第三次会议开幕大会，听取、协商并赞同楚雄政府《政府工作报告》及其他有关报告。会议期间，举行了大会发言，召开《政府工作报告》和“两院”工作报告协商会。与会委员踊跃建言献策，党政军有关领导分别深入大会讨论组听取意见建议。

**九届三次会议** 4月27日在楚雄召开。应出席委员346名，实到322名。州政协主席李兴顺，副主席张启俊、何根源、李怡、蒲涌、杨玉泉担任大会执行主席。李兴顺、张启俊分别主持会议。会议的主要任务：学习贯彻全国“两会”精神；补选政协楚雄州第九届委员会1名副主席和1名常务委员。按照《政协章程》规定，会议选举王玉玺为政协楚雄州第九届委员会副主席，陈明贵为政协楚雄州第九届委员会常务委员。

【常务委员会会议】

**第5次会议** 1月31日在楚雄召开。应到会常委60人，实到58人。州政协主席李兴顺，副主席杨应旭、张启俊、何根源、李怡、蒲涌、杨玉泉，秘书长李光彪出席会议。会议分别由州政协主席李兴顺和副主席杨应旭主持。州人民政府副州长王定梁到会作《政府工作报告》（征求意见稿）的说明；会议协商通过了九届二次会议召开的时间、地点、议程（草案）、日程（草案）、特邀列席人员名单及其相关事项，协商通过了人事任免。住楚省政协委员、州级相关部门领导、各县（市）政协主席、州政协机关副科级以上干部60余人列席会议。

**第6次会议** 4月19日在楚雄召开。应到会常委60人，实到54人。州政协主席李兴顺，副主席张启俊、何根源、李怡、蒲涌、杨玉泉，秘书长李光彪出席会议。会议的主要议题是传达学习省政协十一届二次常委会议精神；协商通过召开政协楚雄州第九届委员会第三次会议的相关问题；协商通过人事任免；协商通过授权主席会议协商决定州政协九届六次常委会议未尽事宜的决定。李兴顺主持会议并作总结讲话。驻楚省政协委员、各县（市）政协主席、各专委兼职副主任、州政协机关副科以上干部60余人列席会议。

**第7次会议** 6月3日在楚雄召开。应到会常委61人，实到55人。州政协主席李兴顺，副主席何根源、李怡、蒲涌、杨玉泉、王玉玺，秘书长李光彪出席会议。会议分别由州政协主席李兴顺和副主席何根源主持。会议的主要议题是，协商讨论我州商贸流通业和中医药事业发展情况，通过相关人事事项。住楚省政协委员、州级各相关部门负责人、各县（市）政协主席、各专委兼职副主任、州政协机关副科以上干部60余人列席会议。

**第8次会议** 8月15日在楚雄召开。应到会常委61人，实到52人。州政协主席李兴顺主持会议，副主席张启俊、何根源、李怡、蒲涌、杨玉泉、王玉玺，秘书长李光彪出席会议。会议的主要议题是专题协商讨论楚雄州扶贫开发和特色民居建设工作；听取州交通运输局、州国资委分别报告楚南公路规划建设和我州国有资产监督管理情况。住楚省政协委员、州级相关部门领导、州政协机关副科级以上干部、10县市政协主席约70人列席会议。

**【专门委员会工作】**

**提案委员会** 一、强化措施，提高提案质量。通过提案等方式引导委员知情明政，抓好集体提案，把好提案审查立案关，提早征集提案，保证提案质量有较大提高。二、加强督办，增强提案办理落实力度。提案委员会与州委、政府办联合督办，全程监控，保证每件提案的办理落实；检查督促《条例》贯彻落实，促进全州政协提案工作上新台阶。三、加强服务，扩大社会影响。组织召开三次提案委员会工作会议；信息建设不断加强，建立提案工作网络信息化平台，设立提案在线栏目，实现了提案提交、办理、反馈等电子化管理；加强与省州新闻谋体联系沟通，加大提案工作的宣传报道。四、加强扶贫联系点的工作。对武定县狮山镇新村村委会开展扶贫，积极争取项目资金，共争取14个项目，投入资金260多万元。

**经济委员会** 一、搞好调研，为彝州发展献计出力。围绕党委政府的中心工作，组织委员和州级相关部门，对楚雄州参与滇中产业集聚区（新区）建设、全州商贸流通业发展情况开展专题调研，提出相关对策建议，为州委、政府提供有价值的决策参考。二、开展活动，发挥委员的主体作用。认真组织委员开展各项活动，组织12位委员撰写大会发言材料，其中6位作大会发言，不少意见建议被采纳。三、组织视察，为委员履职搭建平台。年内积极组织经济界委员对楚（雄）广（通）高速公路建设情况等州重点产业和重点建设项目，州国资委履职情况和国有资产监督管理情况进行视察，为委员建言献策提供条件。四、尽职尽责，认真完成其他任务。参加省政协组织的云南省企业家论坛征文活动，论文获三等奖；积极参加扶贫联系和招商引资工作，完成1000万招商引资任务。

**社会法制委员会** 一、关注基层，民生论坛促发展。组织“围绕保障和改善民生建言献策”为主题的民生论坛，征集稿件50多篇，精选46篇作为论坛交流。民生论坛引起党委、政府高度重视，获得社会好评。二、民主监督有成效。组织州政协民主监督工作组对州环保局开展民主监督，工作组先后深入4县市、8户企业，召开各类座谈会7次，发出民主监督测评表690份，征求到意见建议55条，形成意见建议。州环保局对反馈意见高度重视，认真研究整改措施并加以落实。三、精心选题，深入调研献良策。牵头组织部分委员，对全州农转城工作开展专题调研，深入大姚、永仁、元谋、楚雄有关乡镇、社区视察调研，提出四个方面的意见建议促进和推动农转城工作的有效开展。四、加强交流，专委会工作显活力。组织“关注楚烟企业，建言彝州发展”和“关注民生，助推就业”两次委员活动；承办全省政协社会和法制委员会工作座谈会，参加川滇黔赣冀五省二十州市政协联系会议，加强与省内外的学习交流和州级对口部门的交流。积极做好招商引资和扶贫联系工作，完成500万元的招商引资任务，协助完成了投资738万元的松平书库建设。

**教科文卫文史资料委员会** 一、加强学习，切实加强专员会自身建设。抓学习、强基础，重培训，强素质。先后三次邀请专家学者对委员开展业务培训。二、深入调研，积极建言献策。开展“中医药事业发展情况”、“农村家庭教育、学前教育等问题”、对永仁县阿朵所村委会扶贫点寻找脱贫致富、彝族刺绣传统文化的保护与发展等深入调研。三、积极编辑《楚雄楹联集萃》。自2013年3月开始，编篡出版文史资料第29辑《楚雄楹联集萃》，已征集文字楹联4000余幅，图片楹联300余幅，筛选出文字楹联1200余幅，图片楹联20余幅，即将出版发行。四、围绕中心，服务大局。积极参与招商引资工作，完成当年招商引资500万元的任务；深入楚雄市、开发区管委会、观音山水厂、二水厂、团山水库、青山湖、灵秀湖等地，重点督查“优化城市集中式的饮水供水体系，保障饮水安全”提案；做好扶贫联系工作；协助完成全省教科文卫委工作会议和州政协九届二、三次全会的筹备和服务工作。

**民族宗教联络委员会** 一、开展调研，积极建言献策。对特色民居的保护、开发、建设和扶贫开发开展专题视察调研，并编辑出版了《楚雄州古镇名村》。二、组织委员开展活动，搭建建言献策平台。组织委员开展了三次活动，学习传达党的群众路线教育有关文件；与市政协民宗委开展活动，深入民营企业视察调研。三、广泛交流，促进专委会工作的发展。参加乌蒙山片区扶贫开发会议、省政协民宗委和港澳台侨外事委工作会议，组织省外学习、考察交流，加强与州属13个部门的联系，增进了省内外交流联系；开展对我州苗族发展问题的专题研究，并撰写《跨越发展——楚雄州苗族经济社会发展调查》一。四、圆满完成政协领导和办公室交办的各项工作任务。参与了州政协九届三次、四次会议的筹备工作。积极参与招商引资和州政协重点提案的督办工作。参与了《楚雄民间楹联》一书的编辑出版工作。

**【重要活动】**

**新春茶话会** 1月30日，州政协、州委统战部举行楚雄城区各族各界人士新春茶话会。州委书记张太原出席会议并致辞。州委副书记、州长李红民通报2012年全州经济社会发展情况。州政协、州委统战部副处级以上领导、州级党政军领导、各族各界代表120余人参加座谈会。

**优秀提案表彰会** 2月21日，九届二次会议期间，举行优秀提案表彰会，表彰九届一次会议以来的以民建楚雄州委提出的《关于对我州加快发展实体经济几点建议的提案》为代表的35件优秀提案。州政协副主席杨应旭主持会议并发表了《建睿智之言 献务实之策》的讲话。

**党员领导干部专题民主生活会** 2月26日，州政协召开党员领导干部专题民主生活会，主题是：认真贯彻落实十八届中央政治局关于改进作风密切联系群众的八项规定、省级领导改进工作作风密切联系群众的实施办法和省委常委党内政治生活八项规定以及州级领导改进工作作风密切联系群众的实施办法、中共楚雄州委常委党内政治生活十项要求等规定。州政协主席李兴顺，副主席杨应旭、张启俊、何根源、李怡、蒲涌、杨玉泉，秘书长李光彪及机关副处以上干部参加会议。

**“委员活动日”活动** 6月5日，州政协举办“委员活动日”活动。住楚雄城区省、州政协委员，州政协机关副科级以上干部120余人参加活动。州委党校领导应邀作学习党的十八大报告中关于健全社会主义协商民主制度的专题讲座。州政协主席李兴顺主持活动并作总结讲话，副主席张启俊、何根源、李怡、蒲涌、杨玉泉、王玉玺，秘书长李光彪出席。

**中秋座谈会** 9月17日，州政协、州委统战部举办楚雄城区各族各界代表中秋座谈会，会议主题是庆佳节、叙友谊，谋发展。州委书记张太原发表讲话；州人民政府副州长赵祖莹通报我州1～8月经济运行情况及其下步安排；出席会议的13位代表从不同的角度为我州经济社会发展踊跃建言献策。州委常委、州委统战部部长杨静主持会议。来自各族各界的40位代表，州委、州人大、州政府相关领导140余人出席会议。

**政协工作座谈会** 9月24日，州政协召开全州政协工作座谈会。会议主题是研讨交流发挥人民政协社会主义协商民主重要渠道作用的经验和体会。州政协党组书记、副主席张启俊主持会议。州委副书记邱江作了题为《坚持党的领导 推进协商民主》的讲话。州政协主席李兴顺讲话。州政协研究室主任、常委陈明贵，10县（市）政协主席对健全社会主义协商民主制度发言。州人民政府副州长赵祖莹，州政协副主席、原副主席秘书长，机关副科级以上干部，10县（市）分管副主席、各委室主任100余人参加座谈会。

**全州政协系统第五届机关职工运动会** 9月25～28日，楚雄州政协系统第五届机关职工运动会由楚雄州政协主办，楚雄市政协承办。运动会举办的竞赛项目有：男子篮球、女子三人篮球、乒乓球、中国象棋和双扣比赛。州政协主席、副主席、原副主席、秘书长，楚雄市分管问题工作的副市长，各代表队运动员，州政协、市政协全体干部职工200余人参加运动会。

**全省政协教科文卫体委员会主任联席会** 4月9日，全省政协教科文卫体委员会主任联席会议在楚雄召开。云南省政协副主席罗黎辉，教科文卫体委员会主任严建，副主任伊继东、李庆生、李明、彭兵、马林奎、骆小所、梅妍、王云月、汪旭以及全省15个州市分管教科文卫体委员会工作的副主席、教科文卫体委员会主任，楚雄州政协主席李兴顺、副主席何根源，教科文卫体文史资料委员会、办公室、各专委会主任，10县（市）教科文卫委员会主任109人出席会议。会上，中共楚雄州委领导致欢迎词。省政协教科文卫体委员会主任严建报告工作。省政协副主席罗黎辉作了总结讲话。

**全省政协社会法制委员会工作座谈会** 10月16日，全省政协社会法制委员会工作座谈会在楚雄召开。云南省政协副主席倪慧芳，社会和法制委员会主任董志红，省政协副秘书长杨志诚，社会和法制委员会副主任周发洪、齐晓勇、李瑾以及全省16个地市分管社会和法制委员会工作的副主席、社法委主任，楚雄州政协社法委、办公室，10县（市）社法委主任110人出席会议。会上，州委副书记邱江致欢迎词，董志红通报省政协社法委工作情况。倪慧芳对如何做好来年社法委工作谈了五点意见：一、提高对专委会在政协工作中重要性的认识；二、充分发挥政协委员的主体作用；三、加强对专委会工作的探索和创新；四、加强自身建设、提高专委会的工作能力和质量。

**学习十八届三中全会精神** 中国共产党十八届三中全会召开后，楚雄州政协掀起学习热潮，11月18日，州政协机关召开专题学习会议，州政协主席、副主席、秘书长和机关全体同志出席会议。州政协主席李兴顺作专题发言。11月19日，州政协召开民主党派、工商联界别委员学习三中全会精神，州政协主席李兴顺，州委常委、州委统战部部长杨静，州人大常委会副主任、州工商联主席吴丽华，8位民主党派和工商联界别的政协委员从不同角度谈了学习的认识、体会和见解。州政协副主席张启俊、何根源、李怡、蒲涌、杨玉泉，秘书长李光彪出席座谈会。从11月底至12月，州政协利用每个星期一上午集中学习的时间，副主席、各委室主任、副主任，机关科级以上干部30余人逐个作了书面交流发言。

【重要文件】

**常务委员会工作报告**（2013 年 2 月 22 日）（摘要）报告共分两部分：

一、承前启后，新一届政协工作开局良好。围绕中心，协商议政有新实效。州政协九届一次会议，就我州经济发展、民生改善、社会和谐、政府和两院建设、政协工作等重大问题开展协商讨论，提出 17 个方面 126 条建设性意见建议，得到州委、州政府高度重视。年内召开 4 次常委会议，专题协商了培育农业龙头企业推进农业产业化、招商引资工作、文化旅游产业发展、民族团结示范区建设、新能源新材料产业发展问题，各专委会积极开展与有关部门的对口协商，提出了一批有价值的建议，许多意见被州委、州政府和有关部门采纳。广泛征求意见，修订了《楚雄州政协提案工作条例》。由州政协领导牵头对“加大边远山区基础设施建设力度”等 7 件重点提案办理情况进行督查，在州政协常委会上对州工信委等 5 个部门办理提案工作情况进行民主评议，有力推动了提案办理落实。全年立案并办理提案 420 件，已经解决 279 件，当年落实率达 66.4%。承办了滇中经济区四州市政协合作机制第四次会议，对加强合作和滇中一体化发展产生积极影响。

服务大局，视察调研有新成果。把调查研究作为履行职能的重要抓手，精选课题，认真准备，先后对我州发展高原特色农业、加快工业园区建设等 8 个重点课题开展调研，对我州 7 项重点水源工程建设情况进行视察，形成一批有情况、有分析、有对策的调研视察报告，许多意见建议得到州委、州政府重视和采纳。去年底，州政协组织 10 个调研组，分别对我州六大重点产业发展、重点项目建设、社会事业发展、政法维稳工作、县域经济发展情况进行调研，形成 10 个专题调研报告和 1 个综合调研报告，为州委、州政府研究部署 2013 年工作提供了重要参考。同时配合省政协完成了滇中经济区、桥头堡建设等 6 项视察调研工作。

真抓实干，推动发展有新作为。围绕州委、州政府部署要求和考核目标，发挥政协优势，主动牵线搭桥，积极开展招商引资工作，全年引进项目 13 个，总投资 16 亿元，实际到位资金 3.5 亿元，超额完成了州委、州政府下达的 1.4 亿元招商引资任务。州政协领导积极参与所联系的重点产业、重大项目、重点企业的组织领导工作深入实际为企业，为人民大众排忧解难办实事，获得群众好评。

履职为民，关注民生有新举措。以“创新社会管理，促进彝州和谐”为主题，举办“民生论坛”，向政协委员、政协参加单位征集发言稿 40 多篇，内容涵盖教育、医疗、住房、就业、社会保障、社区管理、征地拆迁、民族团结、综治维稳等民生热点问题。组织参与省政协以“推进跨越发展，建设幸福新云南”为主题的“民生论坛”，以“树品牌、兴产业、促跨越”为主题的“企业家论坛”，报送稿件 42 篇，分别获优秀组织奖和一、二、三等奖。通过论坛建言献策，发挥了社情民意促进实际问题解决的“短、平、快”功能。

凝心聚力，团结和谐有新气象。注重发挥各民主党派、工商联、人民团体和无党派人士在政协中的作用，营造和衷共济、合作共事、共谋发展共建和谐的良好氛围。注重团结新的社会组织和社会阶层人士，引导他们爱国敬业、诚信守法、致力发展、回报社会。认真贯彻党和国家的民族、宗教政策法规，发挥少数民族和宗教界代表在促进民族团结、宗教和谐中积极作用。如期承办了全国11个省区33个州市政协参加的红军长征沿线政协工作座谈会第九次会议。参加全国部分中心城市政协主席特邀恳谈会、川滇黔冀五省二十州市政协联系会、云南省八自治州政协联系会议和省政协有关会议。召开全州政协工作座谈会、各委室对口工作座谈会，加强对县市政协的指导帮助。接待省外政协16批考察团到楚雄考察，组织州政协机关干部职工外出考察学习和招商。通过联系交流，拓宽了思路，争取了支持，活跃了工作。

以史为鉴，文史工作有新成绩。坚持历史与现实相结合，发挥政协文史资料“存史、资政、团结、育人“的社会功能。争取省政协支持资金20万元，州财政补助资金25万元，重新整理州政协成立以来征编的28辑文史资料，出版《楚雄州文史资料合集》共八卷、720万字、1000套，集史料性、系统性、可读性为一体，获省政协首届优秀文史资料图书一等奖。编写出版《楚雄州古镇名村揽胜》共22万字、1000册，为保护文化遗产，开发文化旅游提供了参考。

强基固本，自身建设有新风貌。根据中央和省、州党委的要求，及时对全州政协系统学习贯彻中共十八大精神作出部署，通过州政协党组理论学习中心组、常委会、主席会、专委会、委员活动日、机关学习日等多种形式，掀起了学习贯彻十八大精神的热潮。切实加强新一届州政协领导班子和常委会的建设，认真贯彻民主集中制，领导班子凝聚力不断增强，常委会履职水平不断提高。切实加强州政协各委室建设，调整充实委室领导及工作人员，明确新一届专委会组成人员，基础作用明显增强。机关作风明显转变，服务质量不断提高，年内再次被命名为“省级文明单位”。《楚雄政协》、《政协信息》、《社情民意》办刊质量有较大提高，营造了良好的舆论氛围。

二、下步工作建议。（一）团结奋进，扎实做好新一年政协工作：高举旗帜，深入贯彻落实十八大精神；积极探索，努力推进协商民主制度建设；突出重点，全力助推经济持续健康发展；聚焦难点，努力增加人民群众福祉；关注热点，协力建设美丽楚雄和谐彝州。（二）务实创新，全面推进“四型”政协建设：坚持以学为先，强化理论武装；坚持求真务实，切实传变作风；坚持与时俱进，推进工作创新；坚持团结民主，加强联谊交流。

**九届二次会议决议**（2013年3月25日）　中国人民政治协商会议楚雄彝族自治州第九届委员会第二次会议，于

2013 年 2 月 21 ~25 日在楚雄举行。

会议听取并审议了《中国人民政治协商会议楚雄彝族自治州第九届委员会常务委员会工作报告》、《中国人民政治协商会议楚雄彝族自治州第九届委员会常务委员会天工作报告》；列席楚雄彝族自治州第十一届人民代表大会第三次会议，听取并协商讨论了《政府工作报告》及其他有关报告。全体委员以高度负责的精神，围绕全面建成小康社会奋斗目标，就我州科学发展、和谐发展、跨越发展的重大问题，认真履行职责，积极建言献策，提出了许多有价值的意见和建议。会议简朴热烈、富有成效，是一次民主求实、凝心聚力的大会。

会议审议通过了李兴顺代表政协楚雄州第九届委员会常务委员会所作的工作报告，审议通过了杨应旭代表政协楚雄州第九届委员会常务委员会所作的提案工作报告。会议认为，2012 年，在中共楚雄州委领导下，九届州政协常委会坚持团结民主主题，围绕富民强州目标，立足新起点，力求新作为，承前启后，务实开拓，认真履行政治协商、民主监督、参政议政职能，协商建言有新实效，视察调研有新成果，推动发展有新作为，关注民生有新举措，团结和谐有新气象，文史工作有新成绩，自身建设有新风貌，实现了新一届政协的良好开局。

会议赞同李红民代表州人民政府所作的《政府工作报告》，赞同《楚雄彝族自治州 2012 年国民经济和社会发展计划执行情况与 2013 年国民经济和社会发展计划草案的报告》，赞同《楚雄彝族自治州 2012 年地方财政预算执行情况和 2013 年地方财政预算草案的报告》，赞同《楚雄彝族自治州中级人民法院工作报告》和《楚雄彝族自治州人民检察院工作报告》。

会议认为，过去一年，在省委、省政府和州委的正确领导下，州人民政府深入贯彻落实科学发展观，按照州委八届二次全会的部署和州十一届人大一次会议确定的目标任务，着力推进产业发展、基础设施、开放合作、城乡统筹、富民惠民、文明和谐六大工程，全州经济持续向好，民生不断改善，社会和谐稳定，全面完成州十一届人大一次会议确定的各项目标任务。《政府工作报告》提出的 2013 年经济社会发展目标任务鼓舞人心，工作部署重点突出，具体措施切实可行，符合科学发展观要求，符合中共中央和省委精神，切合我州实际，顺应民生期待，关键是真抓实干，狠抓落实。

会议指出，2013 年是我州继续全面实施“十二五”规划，实现全面建成小康社会的关键之年。州政协常委会高举旗帜，深入贯彻落实中共十八大精神；振奋精神，积极推进协商民主制度建设进程；突出重点，全力助推经济持续健康发展；聚焦难点，努力增加人民群众福祉。要坚持以学为先，强化理论武装；坚持求真务实，切实转变作风；坚持与时俱进，推进工作创新；坚持团结民主，加强交流联谊。要汇各方之智、聚发展之力、树务实之风、立和谐之气，进一步继承传统、把握规律，以改革创新精神推动政协工作取得新突破，不断开创政协工作新局面。

会议号召，全州各级政协组织、政协各参加单位、全体政协委员，要更加紧密地团结起来，在中共楚雄州委的领导下，胸怀全局、致力发展，凝心聚力、奋发有为，为加快推进富民强州进程、全面建成小康社会而努力奋斗！

**李兴顺主席在九届二次会议闭幕会上的讲话**（2013年2月25日）（摘要）

中国人民政治协商会议楚雄彝族自治州第九届委员会第二次会议，已经圆满完成各项议程。会议期间，全体委员和与会同志以饱满的政治热情和高度负责的精神，认真协商讨论了“一府两院”和州政协常委会的工作报告及其他报告，围绕彝州经济、政治、文化、社会、生态建设中的重大问题建言献策，提出了许多很好的意见和建议。大会突出了团结和民主两大主题，营造了和谐务实的议政氛围，体现了凝心聚力的良好局面，展示了全体委员的精神风貌。中共楚雄州委、州人民政府领导及有关部门负责同志到会听取意见、参加讨论，充分体现了对政协工作的高度重视和大力支持，是全体委员深受鼓舞。

中共十八大指明了前进方向，描绘了宏伟蓝图，彝州的发展又迈上了新的征程。新目标鼓舞人心，新形势催人奋进。我们要把十八大、中央经济工作会议、省委九届四次全会、州委八届三次全会及我省“两会”精神转化为做好政协工作的实际行动，更加坚定地走中国特色社会主义道路，更加全面贯彻落实科学发展观，更加自觉地与中共楚雄州委同心同德、同向同行，更加有力地围绕中心、服务大局、履行职能。按照中共中央“八项规定”、习近平总书记重要批示精神和省委、州委的有关要求，转变作风重实干、抓落实，凝心聚力促跨越、奔小康。

要大力弘扬刻苦学习之风。把加强学习作为增长知识、提高本领、提高素质的根本前提，树立终身学习的理念，坚持与时俱进、勤学好问、学以致用、学用结合。进一步强化理论武装，优化知识结构，积极知情明政，吃透州情民情，开阔视野、开放胸襟、创新思维、拓展思路；进一步涵养才气、催生灵气、彰显朝气、树立正气、筑牢底气；进一步洞明世事、练达人情，锤炼品格、提高修养，培养履行职能的真本事和硬功夫。

要大力弘扬调查研究之风。把调查研究作为建言献策的基础、履行职能的方法、联系群众的手段，在调研选题上求”精”，注重全局性、超前性、针对性；在调研问题上求“深”，深入基层一线，深入了解情况，深入分析思考，深入研究对策；在调研方法上求“实”，脚踏实地察实情，开门见山讲实话、围绕难题出实招；在调研成果上求“新”，想别人之未想、言别人之未言，努力提出建设性、可行性、新颖性的意见建议。

要大力弘扬求真务实之风。把政协工作的立足点、着力点、切入点放到说实话、办实事、求真效上来，坚持虚功实做、虚实实抓，做到求建言献策之真，务科学发展之实，尊重客观规律，立足楚雄实际，珍惜并用好自己的话语权，敢于并善于提出真知灼见；求履职为民之真，务促进民生之实，把服务大局与服务群众更好地结合起来，积极为彝州人民解难题谋福祉，使“人民”与“政协”息息相关，紧紧相连。

要大力弘扬团结民主之风。把团结的精神、民主的作风、和谐的理念贯穿政协工作全过程，积极营造海纳百川、兼收并蓄、求同存异、体谅包容的工作环境，努力形成精诚合作、和衷共济、心齐气顺、活跃有序的干事氛围，切实健全敢于直言、善于谏言、知无不言、言无不尽的协商议事机制，着力构建更加和谐的政党关系、民族关系、宗教关系、阶层关系、海内外同胞关系，使政协真正成为团结和谐、充满活力的大家庭。

要大力弘扬清廉节俭之风。把清正廉洁、勤俭节约作为修身立德、为人处世的重要规范，牢记自身角色，筑牢道德防线，坚守法纪底线，严以律己，洁身自好，自觉在转变工作作风、厉行勤俭节约、反对铺张浪费等方面积极行动、作出表率，从自己做起，从现在抓起、从细节改起。努力成为一个无愧于时代、无愧于社会的人。

**李兴顺主席在州政协九届三次会议闭幕会上的讲话**（2013 年 4 月 27 日）（摘要） 中国人民政治协商会议楚雄彝族自治州第九届委员会第三次会议，在中共楚雄州委的领导下，已圆满完成各项议程。会上补选王玉玺同志为州政协副主席，补选陈明贵同志为州政协常委会委员。会议突出了团结和民主两大主题，体现了良好的会风会纪，展示了全体委员的政治品质和精神风貌。

在今天上午的开幕会上，中共楚雄州委书记张太原同志作了重要讲话，充分肯定了州政协换届以来的工作，从彝州经济社会发展全局高度对政协工作提出了新的要求。张书记的讲话立意深远、情真意切、鼓舞人心，体现了州委对政协工作的高度重视和殷切希望，对我们做好下步工作具有重要的指导意义。我们要结合实际，深刻领会、认真贯彻、抓好落实。

中共十八大吹响了全面建成小康社会的号角。习近平总书记提出并阐述了实现中华民族伟大复兴的“中国梦”，就是要实现国家富强、民族振兴、人民幸福。人民政协作为大团结、大联合的组织，发扬社会主义民主的重要形式，推进社会主义协商民主的重要渠道，是全面建成小康社会的重要力量。助力实现“中国梦”，是时代赋予各级政协组织的光荣使命，也是我们每一个“政协人”不可推卸的神圣职责。

助力实现“中国梦”，我们要坚持中国道路，弘扬中国精神，凝聚中国力量。坚定不移地走中国特色社会主义道路，传承发展以爱国主义为核心的民族精神和以改革创新为核心的时代精神，突出政协广泛的代表性和巨大的包容性，把全州人民的梦想和行动、智慧和力量汇聚到实现“中国梦”上来，努力增进各族各界大团结，促进各方面关系协调和谐，最大限度地聚合一切正能量，调动一切积极因素，为实现富民强州目标和全面建成小康社会增添动力、形成合力。

助力实现“中国梦”，我们要认真汲取经验，准确把握规律，推进履职创新。学习运用好全国政协总结的“六个必须”的宝贵经验，进一步增强做好政协工作、推进政协事业发展的责任感和使命感，志存高远，胸怀全局，始终坚持中国工厂党的领导，坚定正确的政治方向；高举爱国主义、社会主义旗帜，筑牢共同的思想政治基础；突出团结和民主两大主题，坚持维护核心，服务中心，凝聚人心，致力推动发展、促进和谐、改善民生，在继承传统中开拓创新，在探索实践中奋发有为。

助力实现“中国梦”，我们要推进协商民主，拓宽协商渠道，健全协商制度。充分发挥政协的协商民主重要渠道作用，进一步推进政协协商民主制度化、规范化、程序化建设，全面推进总体协商、专题协商、对口协商、界别协商、提案办理协商，在协商中坚持求同存异、体谅包容，推动平等对话、达成共识，认真听取各方面的意见和建议、诉求和愿望，提倡热烈而非对立的讨论，鼓励善意而非极端的批评，促进公民有序的政治参与，推动党政科学民主决策和民主政治建设进程。

助力实现“中国梦”，我们要服务“三个发展”，坚持求真务实，狠抓工作落实。“与大地贴得更近，看天空才会更远。”要把个人的梦想、各族各界的梦想与“中国梦”统一起来，贴近基层“接地气”，贴近现实察实情，贴近群众听民声，根据科学发展、和谐发展、跨越发展的总要求，围绕州委八届三次全会及我州“两会”提出的目标任务，脚踏实地履行政协职能。年内重点开展七项专题调研、五项专题协商、两项民主监督、两次视察督查、两次委员活动，举办一次“民生论坛”，出版一本文史资料，参加省政协“企业家论坛”和“民生论坛”，配合省政协完成两项调研任务。重点关注滇中产业新区建设、我州基础设施和文化旅游产业重点项目建设、商贸流通、中医药发展、扶贫开发特色民居建设、“农转城”、建设美丽楚雄等问题，积极参与招商引资，为全州经济社会持续健康发展汇聚更多的正能量。

助力实现“中国梦”，我们要加强自身建设，提高履职能力。年内要围绕推进“四型”政协建设，构建团结民主的大家庭、委员履职的大舞台，进一步加强州政协常委会、专委会、委员队伍和机关建设，加强各委室的对口联系和交流。

**【组织概况】**

**副主席补选名单**

（2013 年 4 月 27 日州政协九届三次会议通过）

王玉玺　任楚雄州政协副主席

**不再担任副主席名单**

（2013 年 4 月 19 日州政协九届六次常委会议通过）

杨应旭　不再担任楚雄州政协副主席职务

**常务委员增选名单**

（2013 年 4 月 27 日州政协九届三次会议通过）

陈明贵

**委员增补名单**

(2013 年 1 月 31 日州政协九届五次常委会议通过)

吴永祥　　李雪峰
肖　志　　马跃云
邬家华　　李晓云
张俊国　　何文明
王若舟　　李郁光
金　鸿　　赖有常
李　昆

(2013 年 4 月 19 日州政协九届六次常委会议通过)

王玉玺

**免去委员名单**

(2013 年 1 月 31 日州政协九届五次常委会议通过)

段　云　　温连勇
李红芸　　杨洪昌
黄茂林

(2013 年 4 月 19 日州政协九届六次常委会议通过)

王　斌　　汤永平
李景元　　张自忠
吕　忠　　翁云龙

**委员自然减员名单**

申建林　2013 年 12 月去世

**不再担任办公室副主任名单**

(2013 年 6 月 3 日州政协九届七次常委会议通过)

邬光明　免去楚雄州政协办公室副主任职务

**【机构概况】**

州政协九届委员会设办公室、研究室、提案委员会、经济委员会、社会法制委员会、教科文卫文史资料委员会、民族宗教联络委员会“两室五委”7 个正处级内设机构。办公室下设秘书科、组织人事科、委员联系科、老干部管理科、行政科、车队 6 个科室。研究室设综合科，五个专委会分别设置办公室。

**【楚雄州、县（市）政协领导人名单】**

**楚雄州**

**主　席**

李兴顺

**副主席**

杨应旭（任职至 2013 年 4 月）
张启俊　　何根源
李　怡（女）　　蒲　涌
杨玉泉（女，纳西）
王玉玺（4 月底补选）

**秘书长**

李光彪

**县（市）政协主席**

楚雄市　　吴永祥
双柏县　　李雪峰
牟定县　　徐惠兴
南华县　　肖　志
姚安县　　华　成
大姚县　　马跃云
永仁县　　殷家林（彝族）
元谋县　　兰　松
武定县　　李思恒
禄丰县　　邬家华

## 楚雄彝族州各级政协委员和组织数

（截至2013年底）

<table>
<tr><th colspan="2">项目<br>州(市)县</th><th colspan="2">委员数</th><th>组织数</th></tr>
<tr><td colspan="2">楚雄彝族州</td><td colspan="2">348</td><td>1</td></tr>
<tr><td rowspan="10">各县区市</td><td>楚雄市</td><td>239</td><td rowspan="10">1784</td><td rowspan="10">10</td></tr>
<tr><td>双柏县</td><td>157</td></tr>
<tr><td>牟定县</td><td>161</td></tr>
<tr><td>南华县</td><td>173</td></tr>
<tr><td>姚安县</td><td>169</td></tr>
<tr><td>大姚县</td><td>184</td></tr>
<tr><td>永仁县</td><td>147</td></tr>
<tr><td>元谋县</td><td>164</td></tr>
<tr><td>武定县</td><td>179</td></tr>
<tr><td>禄丰县</td><td>211</td></tr>
<tr><td colspan="2">合计</td><td colspan="2">2132</td><td>11</td></tr>
</table>

（编写：白建文　审稿：李光彪）

政协红河哈尼族彝族
自治州委员会

李保文 主席

张卫东 副主席

邓小礼 副主席

马周古 副主席

丁润森 副主席

普菊红 副主席

李相如 副主席

刘光亮 秘书长

【全体委员会议】

**十一届一次会议** 2月20～26日在蒙自举行。应出席委员430名，实到411名。大会主席团常务主席李保文、张卫东、邓小礼、马周古、丁润森、普菊红、李相如出席会议。张卫东主持开幕会，李保文作《政协红河州第十届委员会常务委员会工作报告》；普菊红作《政协红河州第十届委员会常务委员会关于十届五次会议以来提案工作情况的报告》。会议选举产生了政协红河州第十一届委员会主席、副主席、秘书长和常务委员。会议通过了《政协红河州第十一届委员会第一次会议决议》、《政协红河州第十届委员会常务委员会工作报告的决议》、《政协红河州第十届委员会常务委员会提案工作情况报告的决议》、《关于第十一届一次会议提案审查情况的报告》。州委书记杨洪波、州长杨福生、州人大常委会主任普绍忠等领导出席开幕会和闭幕会。闭幕会由副主席张卫东主持，主席李保文作闭幕讲话。

【常务委员会会议】

**第1次会议** 2月26日在蒙自举行。应到会常委85人，实到会85人。州政协主席李保文主持会议。会议听取了州政协秘书长刘光亮作关于政协红河州第十一届委员会常务委员会工作机构设置情况的说明，州委相关负责人作关于政协红河州第十一届委员会人事安排的说明。会议审议通过政协红河州第十一届委员会常务委员会关于机构设置的决定，通过了人事任职事项。州政协副主席张卫东、邓小礼、马周古、丁润森、普菊红、李相如，秘书长刘光亮出席会议。

**第2次会议** 5月23日在蒙自召开。应到会常委85人，实到72人。州政协主席李保文、副主席张卫东分别主持会议。李保文在会上讲话。会议传达学习全国“两会”精神，审议通过了《政协红河州委员会提案工作条例》《红河州水资源综合利用与保护的调研报告》《红河州农村义务教育学生营养改善计划实施情况视察报告》《红河州拉祜族片区综合扶贫开发情况视察报告》。州政协副主席邓小礼、马周古、普菊红、李相如，秘书长刘光亮出席会议。

**第3次会议** 8月6～7日在蒙自召开。应到会常委85人，实到77人。会议分别由州政协主席李保文、副主席张卫东主持。李保文在会议结束时作了讲话。会议学习中共红河州委七届六次全体（扩大）会议精神，听取副州长李成武关于全州经济社会发展情况的通报，审议通过了《红河州特色农产品加工业调研报告》、《长桥海、大屯海、三角海水污染治理情况调研报告》、《红河州社会组织发展与管理情况调研报告》。州政协副主席邓小礼、马周古、丁润森、普菊红、李相如，秘书长刘光亮出席会议。

**第4次会议** 10月24～25日在蒙自召开。应到会常委85人，实到72人。会议分别由州政协主席李保文、副主席张卫东主持。李保文在会上讲话。会议审议通过《提升红河州高中教育教学质量的调研报告》、《红河州职业教育园区建设视察报告》、《红河州驾驶员培训管理情况视察报告》、《红河州历史名人故居保护与利用情况调研报告》、《红河州伊斯兰教现状调研报告》以及相关人事事项，调整了部分十一届州政协委员，并围绕“美丽家园”建设进行了大会发言。州政协副主席邓小礼、马周古、丁润森、普菊红、李相如，秘书长刘光亮出席会议。

**第5次会议** 12月19～20日在蒙自召开。应到会常委85人，实到会79人。会议分别由州政协主席李保文、副主席张卫东主持。李保文在会上讲话。会议学习中共十八届三中全会精神，审议通过了关于召开州政协十一届二次会议的相关事宜、十一届州政协常委会工作报告、十一届州政协常委会关于十一届一次会议以来提案工作情况的报告、州政协增设委员联络委员会的决定，以及州政协2014年工作要点等相关草案。州政协副主席邓小礼、马周古、丁润森、李相如，秘书长刘光亮出席会议。

**【专门委员会工作】**

**提案委员会** 一是州政协十一届一次会议以来，共收到提案292件，经审查立案交办282件。截止2013年10月31日，立案交办的282件提案全部办理完毕；二是开展十件重点督办提案工作；三是组织开展提案办理情况的视察；四是在州政协十一届一次全会上提交了《关于加快发展我州休闲旅游产业的建议》《关于重视抢救我州珍贵文化遗产的建议》、《关于打造屏边县苗族文化特色旅游的建议》等3件集体提案和5件委员提案、1份大会发言材料；五是印发《政协红河州十一届一次会议提案目录》，编印《政协提案工作基础知识》读本，编辑出版《政协红河州十届五次会议提案及复文选编》一书，对11个委员培训班进行提案知识专题讲座；六是修订完善红河州政协《提案工作条例》；七是召开了2013年州政协提案工作座谈会；八是推荐36件优秀提案进行表彰；九是启动提案工作信息化建设，实现网上提案信息化处理。

**经济委员会** 一是认真调研视察。完成州政协常委会关于我州特色农产品加工业情况的调研，协助省政协完成“云南旅游产业转型升级”调研。二是积极建言献策。在州政协十一届一次会议上提出了《关于加大我州畜牧产业发展的建议》、《关于加快红河州有色金属产业发展的建议》、《关于加大红河州生物产业发展的建议》3件提案，其中，集体提案《关于加大我州畜牧产业发展的建议》被确定为全州10件重点提案之一。协助相关部门完成《关于加大我州畜牧产业发展的建议》、《关于在全州统防统治果实蝇保护石榴等农特产业发展的建议》、《关于加大红河州生物产业发展的建议》等重点提案面商督办工作。三是开展政治协商。参加州农业局《特色农产品加工业发展情况》和州财政局《2013年州本级财政预算调整执行情况》的协商。四是关注民生，反映社情民意。把了解民生民情和反映社情民意作为重要工作来抓，撰写《关于加大红河州生物产业发展的建议》、《推动红河旅游发展新跨越，培育红河成为云南旅游爆发点》、《关于加大我州畜牧产业发展的建议》等社情民意。

**人口资源环境委员会** 一是开展专题视察调研和协商。开展石屏异龙湖水污染防治工作、红河州“长桥海、大屯海、三角海”水污染治理情况和红河州“再生水”综合利用情况的三个专题视察调研，开展五里冲水库饮用水源地安全管理工作和“三海”水污染综合防治工作两个专题协商，配合参加中共红河州委安排的我州水资源情况调查的课题调研，为我州可持续发展建言献策。二是发扬团结协作精神，做好机关工作。做好州政协十一届一次全会简报编辑工作，协助分管副主席督办重点提案，协助省政协人资环委“养老服务业发展情况提案组”到建水、个旧、开远开展视察活动。

**教科文卫体委员会** 一是组织开展关于提升红河州高中教育教学质量、红河州职业教育园区建设情况、红河州农村义务教育学生营养改善计划实施情况的调研视察，提出的意见建议被采纳吸收到州委、州人民政府制定出台的《关于印发红河州教育事业振兴金秋计划（2014～2019）》《关于进一步深化教育体制改革的意见》中。二是协助省政协做好在红河州的调研视察。协助开展了“在‘桥头堡’战略背景下的人才培养问题”调研、文化旅游业发展情况调研、哈尼梯田保护与开发利用情况专题调研、县级公立医院综合改革试点工作进展情况的重点视察。三是为基层做好事办实事。积极联系协调爱心人士及基金会援建红河州教育、卫生项目 40 个，捐助项目资金港币 799 万元、人民币 270.3 万元。到贫困山区开展爱心助学活动，协调捐助贫困学生 827 人，派发贫困学生助学金人民币 25.13 万元。协调捐赠学校图书室项目 11 个，捐助图书价值人民币 133000 元。协调捐赠学生学习用品及其他物资价值人民币 10 万余元。

**社会法制委员会** 一是强化自身建设，夯实履职尽责基础。召开全州政协社法委工作座谈会和委员座谈会，制定出台社法委公文处理制度。二是强化职能作用，促进社会和谐稳定。调研视察方面，开展全州社会组织发展与管理情况、驾驶员培训管理情况、公安交通管理情况、质量技术监督情况、民政救济扶助情况等调研视察。反映社情民意方面，提交《关于加强和创新住房保障管理工作的几点建议》、《关于安置帮扶刑释解教人员的建议》、《关于积极应对红河州人口老龄化的建议》、《加强精神病人社会管理的建议》、《关于在我州建立“在办理未成年人刑事案件中推行合适成年人到场制度”的建议》等提案和《建设“美丽家园”要注重加强平安创建》、《突出重点积极作为 履职尽责促进发展》等大会发言材料；以“惠民生、办实事、促脱贫”为主题，共征集到 24 篇优秀论文，其中 7 篇被省政协选编入“云南扶贫恳谈会”材料。在协商监督方面，参与《云南省水土保持条例》和深化平安红河建设等意见征询活动。三是强化通联协作，推动工作协调发展。加强与政协委员及有关方面的沟通联系，组织本委委员和州属第五委员活动组开展活动。

**民族宗教委员会、港澳台侨外事委员会** 一是开展调研视察。组织委员对红河州拉祜族片区综合扶贫开发情况视察，对红河州伊斯兰教现状进行调研。二是组织委员提交提案10件，撰写社情民意信息3篇。三是加强与相关界别委员及知名人士的联系。联络感情，增进友谊，扩大交往，倾听他们的意见、建议。四是协助分管领导视察提案办理情况，督办重点提案《关于打造红河州民族特色城市名片的建议》。协助全国政协外事委到红河州调研周边公共外交工作，协助省政协民宗委到红河州调研民族团结示范区建设情况。五是组织州属第六委员活动组活动，召开全州政协系统民族宗教、港澳台侨外事委工作座谈会。

**文史委员会** 一是开展“红河州历史名人故居保护与利用的调研”和专题协商。对红河州历史名人故居保护与利用情况进行专题调研。二是编辑出版文史图书《云南开蒙垦殖局与云南蚕业新村公司史实》。三是举办第十届州政协工作回顾展。全面展现州政协的工作实绩、履职成果和委员风采。四是成立州政协特聘艺术家委员会。通过建立创作基地和举办个旧、开远分会书画摄影展，为推动民族文化强州建设贡献力量。参加“省政协书画摄影作品展览”，取得二、三等奖4件、入选展出16件和优秀组织奖的佳绩。五是办好机关刊物加强政协宣传，全年编辑出版《红河政协》1至6期，刊稿298篇、80万字，发行6640册。六是通过大会发言和提案建言献策。征集大会发言材料60份，编印48份、10万字。撰写州政协全会和常委会发言材料2份，提出集体提案2份、委员提案4份。

**【重要活动】**

**杨崇汇到红河州考察** 4月22～23日，全国政协港澳台侨委主任杨崇汇到红河州弥勒市、金平县考察，云南省政协港澳台侨外事委主任雷耀民、红河州政协主席李保文陪同考察。杨崇汇对金平县教育事业、园区和口岸建设、特色产业培植给予了充分肯定，对弥勒市旅游产业发展提出了希望。

**全省八自治州政协第25次横向联系会议** 4月10～11日，云南省八自治州政协第25次横向联系会议在蒙自召开，会议围绕“加强新时期政协机关文化建设”主题展开讨论交流。省政协党组副书记、常务副主席白成亮应邀出席并讲话，州委书记杨洪波到会致辞，红河州政协主席李保文主持会议。

**全州13县市政协横向联系会** 5月15～16日，全州13县市政协第25次横向联系会议在绿春县召开，州政协主席李保文出席会议并讲话，州政协副主席张卫东、邓小礼、马周古、普菊红、李相如，秘书长刘光亮，全州13县市政协主席、副主席和办公室主任，州政协各委室主任、副主任，州发展生物产业办公室的相关负责人出席会议。

**全国政协外事委到红河州调研周边公共外交工作** 6月22～23日，以中央对外联络部副部长艾平为组长的全国政协外事委调研组一行，到我州就周边公共外交工作进行专题调研。州委常委、州政府副州长冯海洋出席座谈会并汇报工作，州政协副主席普菊红陪同调研。

**委员培训班** 6月25～26日，州政协在蒙自举办委员培训班。州政协主席李保文出席开班仪式并作辅导，州委副书记刘琪琳应邀作"美丽家园"建设专题辅导。培训班分别就政协基本知识、统战、提案、社情民意信息、委员履职知识等进行了专题辅导。州政协副主席邓小礼作培训总结。州政协副主席邓小礼、丁润森、普菊红，秘书长刘光亮以及210多名委员参加培训。

**特聘艺术家委员会成立** 6月20日，州政协特聘艺术家大会在蒙自召开。州政协主席李保文出席会议并讲话，州政协副主席邓小礼、丁润森、普菊红、李相如和秘书长刘光亮出席会议，州委宣传部、州文体局、州文联的领导应邀出席会议，来自全州55名州政协特聘艺术家参加会议。

**中秋茶话会** 9月12日下午，州政协2013年中秋茶话会在蒙自举行。州委书记杨洪波代表中共红河州委、州人大常委会、州政府、州政协向全州各民主党派、各人民团体、无党派人士、少数民族和宗教界人士、离退休老同志、红河籍侨胞台胞、驻州部队、武警官兵致以诚挚的问候和节日的祝福，并向与会人员通报了州委、州政府今年以来的各项工作。州政协主席李保文在茶话会上致辞，与会人员欢聚一堂，共叙友情、共贺佳节、共话发展。张卫东副主席主持茶话会。

**上海市政协考察团到泸西考察** 9月13～14日，以农工党中央副主席、上海市政协副主席蔡威为团长的上海市政协考察团到泸西县考察卫生援建项目，省政协原副主席陈勋儒，州人大常委会副主任刘竹芬，州政协副主席邓小礼陪同考察。

**全国政协经济委副主任褚平到弥勒调研** 10月24日，全国政协经济委员会副主任褚平率调研组到弥勒市调研旅游产业发展情况，省政协常务副主席白成亮陪同调研。

**全州政协主席联席会议** 12月3日，全州政协主席联席会议在建水县召开。会议总结2013年政协工作，并就2014年的工作思路和工作重点、新形势下如何更好地做好政协工作作了深入交流和认真探讨。州政协主席李保文主持会议并就2014年工作提出要求。州政协副主席张卫东、马周古、普菊红、李相如，秘书长刘光亮，13县市政协主席出席会议。

**【重要文件】**

**常务委员会工作报告**（2013年2月21日）（摘要）报告分两部分：

一、十届州政协工作回顾。政协红河州第十届委员会任期的五年，是我州经济社会发展取得显著成绩的五年，也是政协工作创新发展的五年。在中共红河州委的领导下，州政协常委会以邓小平理论和“三个代表”重要思想为指导，坚持用科学发展观统领政协工作，高举爱国主义、社会主义伟大旗帜，牢牢把握团结民主两大主题，动员和组织各民主党派、工商联、人民团体、各族各界人士和广大政协委员，认真履行政治协商、民主监督、参政议政职能，为推进全州经济平稳较快发展、社会和谐稳定作出了积极贡献。

（一）围绕中心，助推发展取得新成效。常委会始终把推动发展作为履行职能的第一要务，立足全局议大事，自觉融入发展、参与发展、服务发展，为推动全州各项事业发展贡献力量。紧扣重大决策部署协商议政。积极争取和配合全国政协、省政协到我州开展桥头堡建设调研活动，为推动桥头堡建设上升为国家战略献计出力。通过驻州全国政协委员、省政协委员，从不同层面和角度积极反映红河综合保税区、中越跨境经济合作区和国际大通道建设，为我州一批重大项目纳入国家规划发挥了积极作用。认真组织年度政府工作报告和其他相关报告的协商，就“十二五”规划编制和实施、推动经济发展方式转变、产业培植、基础设施建设、环境保护、财税金融等重大问题进行协商讨论，提出意见、建议 772 条，得到了州委、州政府的重视和采纳。围绕应对国际金融危机、有色金属产业跨越发展、边境贸易、缩小南北差距、统筹城乡发展、建设山地城镇、工业园区建设等问题建言，对推动全州经济发展产生了积极影响。其中，关于加快中小企业发展、加快工程进度锁定二级公路债务、加快红河谷绿色经济走廊建设等方面的意见和建议已转化为党政决策。紧扣重大项目实施献计出力。面对国家扩大内需增加投资的机遇，主动参与全州重大项目建设，协助有关部门做好项目规划、环评、用地、信贷等方面的工作。充分发挥联系广泛的优势，协助开展重大水利水电项目立项、审批的相关工作，积极主动到国家水利部、国家环保部、珠江水利委员会、电力规划总院和省级有关部门协调水利水电项目，促成大庄河、阿白冲、阿扎河、杨柳河水库等项目开工建设；参与马堵山、大黑公、新街电站及藤条江、小黑江等流域的水电开发工作，协助完成了丫多河、路俄、马鞍山、铜厂、太平水库等中小型水利项目建议书，争取项目前期工作经费 2761 万元。围绕山区综合开发、做大做强生物产业等主题，召开了 4 次全州县市政协横向联系会，研究和探讨加快区域经济发展的思路和办法。参与州委州政府重大决策部署督查、新农村建设、非公经济发展、卫生体制改革等工作，协助解决工作中的困难和问题。紧扣民族文化建设建言献策。充分发挥驻州全国政协委员、省政协委员的作用，通过提案积极反映滇越铁路保护利用、哈尼梯田申报世界文化遗产等问题，引起全国政协和省政协的高度重视，全国政协主席贾庆林和副主席陈奎元、白立忱、李金华、罗富和先后率国家部委领导及专家到我州进行专题视察调研，有力推动了我州重点文化建设项目的实施。组织委员和专家对建水紫陶产业、个旧锡工艺、蒙自饮食文化、非物质文化遗产、基层群众文化服务体系建设等开展调研视察并提出意见、建议，得到了州委、州政府的肯定，为推动民族文化强州建设发挥了重要作用。紧扣抗旱减灾主动作为。在连续三年的特大旱灾面前主动作为，多次召开约谈会、主席办公会、常委会，就用水调度、应急水源建设、农业生产、粮食储备等工作进行协商。州政协班子成员多次率领政协委员、各党派团体和有关部门负责人，对库塘蓄水、抗旱减灾、水源工程建设、水利改革发展、个开蒙水资源配置等工作进行调研视察，提出70多条意见、建议，为州委州政府制定出台加快水利改革发展相关政策提供了重要参考。（二）关注民生，履职为民展现新作为。常委会坚持把实现和维护广大人民群众的根本利益作为工作的出发点和落脚点，了解民情、体察民意、反映民愿、广聚民智，努力协助党委、政府推进以改善民生为重点的社会建设。围绕重大民生问题出谋划策。组织委员就城市建设和养老服务、环境污染治理、食品安全监管等关系群众切身利益的问题提出提案，促进了相关问题的解决。针对“上学难”、“看病难”、“住房难”等重大民生问题，开展城乡居民最低生活保障、中小学校点布局调整、残疾人权益保障、新型农村合作医疗、保障性住房建设与管理、失地农民生存发展等调研视察，形成报告或建议案，促进了惠民工程的落实。其中，关于城镇污水处理厂和垃圾处理设施建设运行的建议，得到了州政府的采纳。关于加大城市居民最低生活保障的建议，为解决城镇困难群众生活问题提供了重要参考。关于中小学校点撤并的建议，得到了州委、州政府的高度重视，并转化为具体工作措施。关于失地农民生存发展的建议，为州政府制定出台《红河州被征地农民基本养老保险实施意见》和《红河州失地农民养老保障基金筹集办法》提供了翔实依据。围绕解危济困办实事。面对汶川、盈江地震及我州发生的冰冻、干旱等重大自然灾害，及时倡议政协各参加单位和政协委员积极捐款捐物，帮助受灾群众渡过难关。五年来，全州各级政协机关干部、政协委员和民主党派、工商联、人民团体、社会各族各界人士捐款捐物共计8700余万元。动员和组织广大政协委员投身扶贫济困和公益事业，为改善办学条件、救助困难儿童、修建乡村道路和人畜饮水工程贡献力量，争取贷免扶补和相关项目资金9500余万元。帮助中小微企业协调融资5亿元，实施光彩事业项目126个，解决就业11万人次。组织实施“爱德项目”，争取香港慈恩基金会、桂贤教育扶贫专项基金等慈善机构和爱心人士在我州援建卫生院（室）、学校，开展助医助教。引导台商投资产业建设，组织开展民营企业感恩行、侨界社会服务边疆行、光彩事业边疆行、红丝带健康包“百校进千企”等活动，共引进资金7900余万元，展现了政协组织心系社会、解危济困的良好形象。围绕社情民意畅通诉求渠道。连续五年参加全省政协“民生论坛”，推荐论文183篇，就完善社会保障体系建设、加强和创新社会管理、促进社会公平、推动经济社会跨越发展等 30 多个议题提出意见、建议。举办了以促进就业为主题的民生论坛，征集论文 72 篇，很多意见建议得到相关部门采纳，转化为落实就业政策、增加就业岗位、提高就业率的措施。围绕不同时期的热点问题，广泛收集和反映各党派团体、各界委员的意见、建议，共编报《社情民意》115 期 121 条，被省政协采用 83 条，省州领导批示转交办理 21 条，为推动热点难点问题的解决，促进社会和谐稳定发挥了积极作用。（三）汇聚力量，共建和谐取得新进展。常委会坚持团结民主两大主题，充分发挥政协联系面广、包容性强的优势，不断巩固大团结、大联合的爱国统一战线，加强友好交流与合作，调动一切积极因素助推和谐社会建设。促进各族各界团结合作。举办庆祝人民政协成立 60 周年、建党 90 周年、纪念辛亥革命 100 周年等活动，通过展示我州经济社会建设的辉煌成就，回顾政协与自治州风雨同舟、荣辱与共的光辉历程，更加坚定不移地走中国特色社会主义道路。举办中秋茶话会、政协委员座谈会，邀请各族各界人士，共商红河大计、共谋红河发展。加强同各民主党派、人民团体和无党派人士的合作，共同开展调研视察和听取重要情况通报，共同为全州各项事业发展献计出力。促进社会和谐进步。运用专委会联系界别、政协委员联系群众的渠道，努力做好协调关系、化解矛盾、理顺情绪的工作。多次组织政协委员深入水库移民搬迁现场，协助处理库区移民群众反映的问题。针对部分中小企业反映工伤保险费缴纳过高、部分行业收费不合理等问题，约请相关部门协调处理。主动加强与少数民族和宗教界人士的联系，参加少数民族重大节日和宗教庆典活动，组织宗教界和少数民族界委员到先进发达地区学习考察。关注世居少数民族发展、民族团结示范村建设、和谐宗教活动场所创建，帮助协调解决有关问题，促进民族团结、宗教和顺，为我州社会和谐进步作出了努力。促进社会公平正义。多次专题听取州内重大事件处理工作情况通报，对法院、检察院、公安和司法等部门执法情况进行视察，就道路交通安全监管、社区矫正、刑释解教人员安置帮教、人口与计划生育“黄牌警告”制度执行等情况进行调研，促进了执法程序的规范和有关工作的落实。其中，关于重视基层社会治安综合治理的建议，得到了省委省政府领导的批示，推动了综治工作的落实。五年来，共推荐政协委员 680 余人次参加相关政策制定征求意见会、听证会，旁听法院案件审理，参与督导县乡换届、公务员和事业单位考录工作，在促进政风、行风、作风转变中发挥了积极作用。促进交流合作。积极拓展对外交流，不断推动与海外华人华侨社团在经济、科技、文化等领域的合作。组织州政协委员 20 余批 300 多人次到先进地区学习、培训和考察，与 60 多个州市政协开展友好往来，提高了红河州在省内外的知名度和影响力。主动与省政协及其专委会沟通联系，争取工作指导和支持。密切与县市政协的工作联系，加强工作指导，帮助解决一些实际困难。五年来，共协调和投入资金2100多万元，为基层政协改善基础设施和办公条件。（四）发挥优势，特色工作得到新提升。常委会注重发挥政协优势，体现工作特色，在推进重点工作的同时，扎实做好政协提案、文史和政协文化建设工作，履行职能的实效进一步增强。提案工作成效显著。加强和改进提案工作，建立重点提案办理情况向社会公示制度和优秀提案评选表彰制度，每年确定10件重点提案由州级领导领衔督办，开展提案办理集中视察，推动提案续办续复工作，增强提案办理实效。五年来，共立案交办提案1429件，办复率为100%，满意率为98.8%，一大批有情况、有分析、有建议的提案，促成了相关政策的出台和问题的解决。如：关于加快建设红河综合保税区和跨境经济合作区的提案，引起了省委省政府及国家发改委、商务部、海关总署的高度重视，明确表态支持我州建立国家综合保税区；关于实施异龙湖复归珠江水系工程污染综合防治规划给予项目资金支持的提案，得到了州委、州政府的重视，追加了复归珠江水系出流河道建设资金2900万元，并每年安排500万元专项资金用于水污染综合防治。文史工作成果丰硕。先后征集出版《红河州政协志》《风采神韵·红河十大文化品牌》《人民日报中的红河》《云南开蒙垦殖局与云南蚕业新村公司史实》等文史图书。在省政协首届优秀文史图书评选表彰会上，《红河文史丛书》荣获一等奖，《人民日报中的红河》和《风采神韵·红河十大文化品牌》获得优秀奖。组织推荐38万字的哈尼族史料，入选全国政协和省政协编纂的《中国少数民族文史资料书系·云南特有民族百年实录》。筹建州政协陈列室，举办了文史成果展，收集和展出全州出版的148种文史书籍，充分发挥了文史资料存史、资政、团结、育人的作用。政协文化彰显特色。积极培育“团结、和谐、协商、包容”的政协文化理念，推动政协文化实践。不断丰富文化建设载体，组织纪念人民政协成立60周年征文及书画摄影展，编排了《我为政协增荣光》《政协委员之歌》等文艺节目。组织干部职工积极参加各项文体活动，率先在全州政协系统推广网球、太极拳、第九套广播体操。倡导“参与、和谐、健康、快乐”的运动会主旨，创作了运动会会歌，制作了运动会会旗，举办了5届全州政协系统职工运动会，展示了政协干部职工团结进取、健康向上的精神风貌。（五）强基固本，自身建设呈现新活力。常委会主动适应新形势、新任务，切实加强自身建设，激发内在动力，为履行职能、开展工作提供有效保障。强化思想建设。以理论中心组学习、常委会议专题学习、委员培训和在线学习等形式，积极组织和推动政协各参加单位、政协委员，认真学习中国特色社会主义理论、中共十七大和十八大精神、政协理论和统一战线知识，切实把广大政协委员、各族各界人士的思想行动统一到中央和省州党委的决策部署上来，不断增进对中国特色社会主义的政治认同和思想认同。扎实推进《中共红河州委关于进一步支持人民政协履行职能发挥作用的意见》的贯彻落实，深入开展解放思想大讨论、学习实践科学发展观、创先争优、“四群”教育等活动，凝心聚力促发展的思想共识更加牢固。强化制度创新。修订完善《政协全体会议工作规则》《常委会工作规则》和《专门委员会通则》，推进政协工作制度化、规范化、程序化。召开专委会工作会议，探索专委会工作的新思路和新途径，强化专委会的基础性作用。创新政治协商方式，规范政治协商程序，政治协商的渠道更加畅通、成效更加明显。不断探索委员管理与服务的新方法，制定《委员履职考核办法》，开展委员履职登记，实行委员履职通报，增强委员的责任意识，发挥委员的主体作用。坚持与全国政协、省政协、县市政协联合开展调研视察，形成上下联动、优势互补的调研视察新格局。强化机关管理。明确机关内设机构和工作人员职责，加大干部培养、选拔、交流和挂职锻炼力度，强化工作督查，提升办文办会水平，机关工作更加规范，效率明显提高。强化服务意识，主动为委员参政议政创造条件，营造“和人、和心、和智、和事、和行、和力”的良好氛围。加强政协宣传工作，编辑《红河政协》30 期 300 万字，收集和编报《红河政协信息》559 期 3000 余条，多条信息被上级相关媒体采用。对“红河州政协网”进行改版升级，多层次、多角度宣传各级政协组织和广大政协委员的履职成果，全面展示委员风采，扩大社会影响。

二、五年工作经验。第一，坚持中国共产党的领导是做好政协工作的根本保证。第二，坚持主动服务大局是做好政协工作的基本要求。第三，坚持开拓创新是做好政协工作的不竭动力。第四，坚持上下联动是做好政协工作的有效途径。第五，坚持强化自身建设是做好政协工作的重要保障。

三、对十一届政协工作的建议。（一）深入学习贯彻中共十八大精神，着力巩固团结奋进的思想政治基础。（二）围绕转变经济发展方式，着力促进经济平稳较快发展。（三）把握团结民主两大主题，着力推进和谐社会建设。（四）更加关注人民福祉，着力促进民生改善。（五）不断加强自身建设，着力提高政协工作科学化水平。

**十一届一次会议决议**（2013 年 2 月 26 日） 中国人民政治协商会议红河哈尼族彝族自治州第十一届委员会第一次会议，于 2013 年 2 月 21 ~ 26 日在蒙自举行。会议听取和审议了《中国人民政治协商会议红河哈尼族彝族自治州第十届委员会常务委员会工作报告》、《中国人民政治协商会议红河哈尼族彝族自治州第十届委员会常务委员会关于提案工作情况的报告》，听取并协商讨论了《政府工作报告》及其他有关报告，选举产生了政协红河州第十一届委员会主席、副主席、秘书长和常务委员。会议顺利完成了各项议程和任务，取得了圆满成功，是一次民主、求实、团结、鼓劲的大会，是一次统一思想、增进共识、凝聚力量、继往开来的大会。

会议同意李保文代表政协红河州第十届委员会常务委员会所作的工作报告，同意普菊红代表政协红河州第十届委员会常务委员会所作的提案工作情况的报告。会议认为，政协红河州第十届委员会任期的五年，是我州人民政协事业与时俱进、开拓创新、不断发展进步的五年。政协红河州第十届委员会在中共红河州委的领导下，坚持以邓小平理论和“三个代表”重要思想为指导，全面贯彻落实科学发展观，高举爱国主义、社会主义伟大旗帜，牢牢把握团结民主两大主题，动员和组织各民主党派、工商联、人民团体、各族各界人士和广大政协委员，认真履行政治协商、民主监督、参政议政职能，为推进全州经济平稳较快发展、社会和谐稳定作出了积极贡献，人民政协事业展现出蓬勃生机和旺盛活力。

会议赞同杨福生代表州人民政府所作的政府工作报告，赞同州中级人民法院工作报告、州人民检察院工作报告以及其他有关报告。会议认为，过去五年，面对复杂多变的国际国内形势和各类重大自然灾害，州人民政府团结带领全州各族人民，认真贯彻落实州委的决策部署，以科学发展为主题，以加快转变经济发展方式为主线，励精图治，攻坚克难，聚精会神搞建设，一心一意谋发展，全州呈现综合实力明显提升、发展环境明显改善、人民生活稳步提升、民族团结和谐进步的良好局面，在全面建成小康社会征途上迈出了坚实步伐。政府工作报告对过去五年全州经济社会发展情况总结实事求是，对存在问题的分析客观实在。提出的今后五年工作目标和任务，体现了中共红河州委第七次党代会精神，措施切实可行，对实现红河发展新跨越具有重要的指导意义。

会议指出，深入学习贯彻中共十八大精神，是当前和今后一个时期人民政协的首要政治任务。全州各级政协要采取多种形式，组织政协委员和参加政协的各党派团体认真学习，深入理解中共十八大的基本内容和精神实质，准确把握坚持和发展中国特色社会主义这条主线，深刻领会科学发展观的历史地位和指导意义，深刻领会全面建成小康社会的奋斗目标，不断深化对中国特色社会主义发展道路、理论体系和政治制度的认识，进一步增强道路自信、理论自信和制度自信，切实用中共十八大精神武装头脑、指导实践、推动工作。

会议强调，新一届州政协要高举中国特色社会主义伟大旗帜，坚持以邓小平理论、“三个代表”重要思想、科学发展观为指导，紧紧围绕中共红河州委第七次党代会确定的目标任务，牢牢把握团结民主两大主题，团结带领全州各级政协组织和广大政协委员围绕中心、服务大局，把推动科学发展和谐发展跨越发展作为履行职能的主要任务，把改善民生、促进社会和谐稳定作为义不容辞的责任，把提高政协工作程序化、规范化、制度化水平作为自身建设的目标，不断提高政治协商、民主监督、参政议政的实效，在建设更具活力、更加宜居的自治州，加快全面建成红河小康社会进程中发挥更大作用。

会议号召，全州各级政协组织、政协各参加单位和广大政协委员，要紧密团结在以习近平同志为总书记的中共中央周围，在中共红河州委的坚强领导下，振奋精神，凝心聚力，开拓进取，扎实工作，为共同推动红河科学发展和谐发展跨越发展作出新的更大贡献！

**李保文主席在州政协十一届一次会议闭幕会上的讲话**（2013年2月26日）（摘要） 中国人民政治协商会议红河哈尼族彝族自治州第十一届委员会第一次会议，已经圆满完成各项议程，今天就要闭幕了。大家以饱满的政治热情、高度的责任感和强烈的使命感，围绕进一步推进人民政协事业，促进全州科学发展、和谐发展、跨越发展和全面建成小康社会，充分发扬民主、广泛协商议政、积极建言献策，发表了很多有思想、有分量的意见，提出了不少有见地、有价值的建议，展现了大家致力发展、关注民生的责任担当和时代风采。会议期间，州委、州人大常委会、州政府领导及有关部门的负责同志出席开幕会和闭幕会，参加界别小组讨论，听取大会发言，开展重大事项协商，与委员坦诚交换看法，共商改革开放大计，共谋跨越发展良策，充分体现了对协商民主的高度重视和对政协工作的大力支持。这次会议，选举产生了政协红河州第十一届委员会主席、副主席、秘书长和常务委员。在此，我代表新当选的十一届州政协常委会全体组成人员向大家表示衷心的感谢。我们深感责任重大、使命光荣，一定不辜负组织的信任和委员的重托，在中共红河州委的正确领导下，在州人大常委会、州政府、社会各界的支持下，团结和带领全体政协委员和政协各参加单位，继续坚持和发扬人民政协的优良传统，认真履行政协章程所赋予的各项职能，真诚合作共事，共同团结奋斗，扎实有效工作，不断把我州人民政协事业推向前进。

一要更加坚定政治方向。始终把坚定正确的政治方向作为政协工作的首要原则，坚持中国共产党领导的多党合作和政治协商制度，自觉维护中共中央和省州党委的权威，使党委的重大决策部署成为参加人民政协的各党派、各团体和各界人士的广泛共识和自觉行动，使我州的人民政协事业始终沿着中国共产党指引的方向发展和前进。

二要更加主动服务大局。充分发挥政协民主协商、平等议事的政治优势，精英荟萃、智力密集的人才优势，位置超脱、视野开阔的监督优势，团结各界、联系广泛的组织优势，紧紧抓住经济社会发展需要、党和政府关注、人民群众关心的热点难点问题，从全局高度进行研究，从实践角度提出建议，为奋力推进我州实现新跨越多建睿智之言、多献务实之策，切实在服务大局上有所作为、有所建树、有所突破。

三要更加注重履职为民。把推动民生问题的解决作为和谐共建的关键点、建言献策的切入点、为民履职的着力点，多提促进民生之策，多献保障民生之计，多建改善民生之言，多做关切民生之事。始终坚持勤接地气、知情于民，融入群众、询政于民，深入实际、谋策于民，围绕群众最关心、最直接、最现实的利益问题，开展民主协商，进行民主监督，推动改善民生各项政策措施落到实处，切实做到民有所呼、必有所应，民有所忧、必有所虑，民有所求、必有所为。

四要更加突出和谐共建。牢牢把握团结民主的工作主题，切实把增进团结、促进联合贯穿到履行职能的各方面、全过程。全力协助党委、政府做好协调关系、化解矛盾的工作，努力增进发展共识、减少改革阻力，更加关注社会公平正义，积极促进改革发展成果更多更公平地惠及各族各界群众，进一步激发人民群众推动发展、构建和谐的热情和干劲，为全面建成小康社会提振精气神、聚合正能量。

五要更加强化自身建设。要着力打造“学习型政协”，不断提高履职能力；着力打造“责任型政协”，珍惜荣誉，担当责任，恪尽职守，为民履职；着力打造“效能型政协”，坚持把零碎经验系统化、成功做法制度化、宏观内容具体化、软性规定刚性化，确保各项工作有章可循、有序推进、创新发展；着力打造“服务型政协”，改进作风，规范服务，努力构建风清、气正、亲和的政协机关，不断营造民主、宽松、和谐的工作氛围。

**建议案**

《政协红河州委员会关于加强农村义务教育学生营养改善计划工作的建议案》（2013 年 5 月 23 日州政协十一届二次常委会议审议通过）

**重要制度**

中共红河州委办公室红河州人民政府办公室关于印发《关于进一步加强人民政协提案办理工作的意见》的通知（红办发〔2013〕49 号）、关于转发《中国人民政治协商会议红河哈尼族彝族自治州委员会提案工作条例》的通知（红办发〔2013〕50 号）

**【组织概况】**

**主　席**

李保文

**副主席**

张卫东（哈尼族）　邓小礼（苗族）
马周古（回族）　丁润森
普菊红（女，彝族）　李相如

**秘书长**

刘光亮

**常务委员名单**（共 77 名，按姓氏笔画为序）

丁永云　马　平（回族）
马　勇　马自英（女，苗族）
马宇鹏（回族）　马丽希（女，回族）
马利古（回族）　马柱宽（回族）
马崇云（苗族）　王丽萍（女）
王君兰（女）　王泽荣（彝族）
王树额（哈尼族）　韦海军（壮族）
左一萍（女）　卢　荣（布依族）
卢艳芬（女，回族）　白　茵（女）
白波纽（哈尼族）　许　敏（女,哈尼族）
农　晋（哈尼族）　严　萍（女，回族）
李　云（彝族）　李　健
李万明（哈尼族）　李文友（彝族）
李向云（彝族）　李国才（彝族）
李宗泽（壮族）　李晓云（彝族）

李堂兴（彝族） 杨　华（女，彝族）
杨　杰（回族） 杨龙遇（女）
何　军（女，彝族） 佟金兰（女，彝族）
余　勇 张　玲（女）
张　俊（回族） 张　晋
张　凌 张　嫦（女）
张江玲（女,哈尼族） 张如方（女,哈尼族）
张红元（哈尼族） 陈　刚（哈尼族）
陈　雄 陈晓军
陈秩永（高山族） 纳　猛（回族）
林奉田 尚明珠
罗　旭 罗凤珍（女,拉祜族）
罗惠芸（女） 周碧奋（女，傣族）
宗　萍（女） 官朝甲
赵建伟 胡连平（女）
钟　灵 段锦良
饶　坤 施毅英（女）
袁运剑 顾鹤林
高劲松（瑶族） 郭建新（哈尼族）
龚宁华（女） 银　康
董宗伟 蒋文革
蒋庭寿 喻兰琮（女）
释无曼（彝族） 普炳生（彝族）
满丽萍（女，彝族）

**委员名单**（共430名，按姓氏笔画为序）

**中国共产党**（30名）

马　勋 马　勇
邓小礼 邓永东
王树额 韦海军
白波纽 刘光亮
华聚臣 李万明
李文友 李保文
李相如 李堂兴
杨　杰 张卫东
张雕选 何正国
罗　萍 尚明珠
官朝甲 钟　灵
赵建伟 查卫洪
段锦良 高劲松
袁运剑 普炳生
蒋文革 董建辉

**民革**（5名）

马宇鹏 白　茵
刘　伟 向　宁
张文华

**民盟**（6名）

马　平 许　敏
李任之 李　俊
周　宏 唐　彬

**民建**（5名）

王仕铭 尹久发
张　晋 罗　旭
薛志伟

**民进**（4名）

马立颖 邓智珍
杨龙遇 罗惠芸

**农工党**（4名）

向爱武（女） 纳猛（回族）
严萍（女，回族） 项世武

**致公党**（4名）

左一萍 李　伟
张海忠 普永忠

**九三学社**（5名）

张　玲 肖智洲
袁绍华 顾鹤林

梁　辉

**无党派人士**（9名）

王　全　　王泽荣
李国才　　李晓云
张　凌　　杨自权
杨亚虎　　陈　雄
罗云海

**共青团**（5名）

王　英　　王　娜
李　丽　　杨璐嫣
程镱锐

**工会**（5名）

王晓洁　　刘　猛
杨永琼　　胡建伟
普菊红

**妇联**（8名）

王美秀　　许红英
杨卫佳　　杨春锡
范　淑　　萍郭燕
徐秀琼　　盘绍芬

**青联**（7名）

丁永云　　甘　娟
冯云春　　李华梅
张文凌　　吴春花
戴　锐

**工商联**（20名）

丁润森　　马丽希
马胜光　　王　洪
邓爱玲　　向丽珍
李批龙　　李静华
张迎春　　张　泳
张家云　　杨　成
沈问金　　庞国强
姜　芳　　郭富昆
桂发忠　　钱　琳
曾永红　　蔡国伟

**科协**（7名）

卢艳芬　　刘少春
李正有　　李　琰
佘　强　　张质力
彭　鹊

**文学艺术新闻界**（25名）

马成林　　马　喜
孔莲波　　王丽萍
卢　荣　　孙振华
刘巧萍　　刘　敏
刘雯琦　　阮梅涛
张如方　　杨卫文
杨艳梅　　何　军
何劲松　　余发勤
罗　刚　　周　民
哥　布　　郭淑珍
秦晓绍　　程　敬
喻兰琼　　赖庆国
满丽萍

**科学技术界**（35名）

丁　旭　　王乃慎
王华林　　王丽萍
方乔洪　　尹敬东
孔令英　　孙　雨
许红岗　　刘贵阳
李士德　　李健琳
李新龙　　李模林
李　蔚　　张进良
张红玲　　张祖宏
张像瑞　　张　嫦

杨文宝 杨　睿
何跃林 苏国强
吴超雄 宗　萍
周建宏 和立全
查应洪 陶世秋
郭建新 崔建明
曾志刚 黎　雨
瞿志华

**经济界**（51名）

丁代强 马柱宽
马智喜 王文斌
王丽芳 王君兰
王国青 王　勇
王洪奎 王家兴
尹瑞雪 毛兴昌
石木林 乐江云
伍云峰 邬　留
邹永院 孙卫钢
李文锐 李高星
汪立新 汪祖禹
张太明 陈建林
陈忠贵 吴连樟
吴志坤 杨建发
林奉田 罗富朝
金敏康 和智君
胡士东 胡连平
姜溯飞 赵红彬
高迎伟 高　玮
高娅萍 高　程
顾仁华 黄正洪
黄峰林 银　康
商德忠 蒋庭寿
梁　兵 谢宏明
鲍绍扩 赛黎明
潭昆渝

**农林界**（20名）

马伟荣 马鸿伟
王　军 王增明
古明峰 白成发
龙云川 龙云霞
卢品志 朱志坚
李　云 李云峰
李　健 杨永吉
杨金猛 陈　松
周永康 柏荣生
赵　亚 彭生伟

**教育界**（19名）

马子凡 马秀玲
马　坤 王永刚
方绍斌 刘　浩
农　晋 李　红
李晓强 李然里
张月梅 张　俊
张啸林 杨映忠
周　俊 周翠芬
倪　军 侯　涛
郭建纲

**体育界**（3名）

张立彪 杨　华
饶　坤

**医药卫生界**（19名）

马美珍 王伟灿
朱兰然 朱正忠
李　卫 李庆华
李　超 李翠华
陈晓军 何永春

杨振宇 佟金兰
赵为兵 钱　芳
袁乔英 徐红芬
崔　军 彭志钢
薛　云

**少数民族**（47名）

刀文新 马自英
王永发 王晓玲
邓国顺 白玉文
白　灵 白阿沙
白婧萱 伍朝荣
冉红梅 龙宪忠
刘红云 李　丹
李向云 李有福
李　伟 李刚努
李宗泽 李建荣
李继祥 李跃生
李　强 李　婷
陈　刚 陈盛荣
张弘妮 张江玲
张建洪 杨晓飞
杨榆泉 严章流
何玉才 罗云华
罗凤珍 罗明国
金　书 赵金县
姜　跃 敖天银
陶伟荣 盘成艳
曹　金 普文发
普继科 普琼芬
董高峰

**侨联**（7名）

王　华 张红元
周碧奋 姜玉梅
钱丽波 郭志荣
黄钰华

**宗教界**（21名）

马从社 马利古
马周古 马崇云
马嘉林 王二君
王启曙 孙少铃
张龙贵 杨成志
陈兴玉 何跃祥
纳奎兴 罗小明
洪丽珍 释无曼
释有缘 释法鑫
释明空 释持忠
董宗伟

**特别邀请人士**（59名）

万国旺 万敏芝
马红云 王文生
邓　强 车义元
叶　华 白雪峰
刘汉书 冯林春
刘松华 刘俭武
刘春梅 刘　翔
全为民 孙汝疆
毕晓红 向从科
宋　文 李卫红
李云昀 李迎春
李　灿 李保和
李　满 张少庭
张亚生 张丽琼
张红锋 张杰群
张恒昌 张鹏程
杨　华 杨　洋
杨国荣 杨建伟

陈秩永　　陈　镇
余　勇　　宗继伟
胡　伟　　胡　波
胡慧卓　　段光明
胥　应　　姜　洁
钟海荣　　施辉达
施毅英　　莫　文
黄美萍　　黄彦翔
龚宁华　　舒　曼
普燕红　　童　伟
谢　娱　　蔡云飞
戴曙光

**增补委员名单**

（2013 年 10 月 25 日州政协十一届四次常委会议审议通过）

毕云川　　向　雄
覃恩源　　姚兴旺
冯文彬　　王　萍
武志兵　　刘　艳
吕娅莎

**不再担任委员名单**

（2013 年 10 月 25 日州政协十一届四次常委会议审议通过）

邓爱玲　　孙　雨
孙卫纲　　黎　雨
何跃林　　杨金猛
吴春花　　李批龙
盘成艳　　马　勋
李建荣　　李卫红

**副秘书长、办公室、专门委员会主任、副主任任免名单**

（2013 年 1 月 15 日州政协十届二十六次常委会议通过）

杨国荣　任红河州政协副秘书长

王　芳　任红河州政协办公室副主任

吴绍福　免去红河州政协提案委员会主任职务

普　利　免去红河州政协人口资源环境委员会副主任职务

（2013 年 2 月 26 日州政协十一届一次常委会议通过）

余　勇　任政协红河州委员会副秘书长、办公室主任

杨国荣　任政协红河州委员会副秘书长

王　芳　任政协红河州委员会办公室副主任

钟　灵　任政协红河州委员会研究室主任

赵　云　任政协红河州委员会研究室副主任

杨　华　任政协红河州委员会提案委员会主任

李国才　任政协红河州委员会提案委员会副主任（兼职）

蔡云飞　任政协红河州委员会提案委员会副主任（兼职）

林奉田　任政协红河州委员会经济委员会主任

高加鸿　任政协红河州委员会经济委员会副主任

伍云峰　任政协红河州委员会经济委员会副主任（兼职）

陈　雄　任政协红河州委员会经济委员会副主任（兼职）

银　康　任政协红河州委员会经济委

员会副主任（兼职）

马　平　任政协红河州委员会人口资源环境委员会主任

许红岗　任政协红河州委员会人口资源环境委员会副主任（兼职）

李翠华　任政协红河州委员会人口资源环境委员会副主任（兼职）

王泽荣　任政协红河州委员会人口资源环境委员会副主任（兼职）

佟金兰　任政协红河州委员会教科文卫体委员会主任

张保宏　任政协红河州委员会教科文卫体委员会副主任

张啸林　任政协红河州委员会教科文卫体委员会副主任（兼职）

杨　华　任政协红河州委员会教科文卫体委员会副主任（兼职）

钱　芳　任政协红河州委员会教科文卫体委员会副主任（兼职）

王　全　任政协红河州委员会教科文卫体委员会副主任（兼职）

施毅英　任政协红河州委员会社会法制委员会主任

刘松华　任政协红河州委员会社会法制委员会副主任兼）

杨　洋　任政协红河州委员会社会法制委员会副主任（兼职）

杨春锡　任政协红河州委员会社会法制委员会副主任（兼职）

张红元　任政协红河州委员会民族宗教委、港澳台侨外事委员会主任

吴学梅　任政协红河州委员会民族宗教委、港澳台侨外事委员会副主任

孙少铃　任政协红河州委员会民族宗教委员会副主任（兼职）

邓智珍　任政协红河州委员会民族宗教委员会副主任（兼职）

黄钰华　任政协红河州委员会港澳台侨外事委员会副主任（兼职）

杨亚虎　任政协红河州委员会港澳台侨外事委员会副主任（兼职）

卢　荣　任政协红河州委员会文史委员会主任

田学春　任政协红河州委员会文史委员会副主任

余发勤　任政协红河州委员会文史委员会副主任（兼职）

杨卫文　任政协红河州委员会文史委员会副主任（兼职）

（2013 年 10 月 25 日州政协十一届四次常委会议通过）

吕娅莎　任政协红河州委员会经济委员会主任

林奉田　不再担任政协红河州委员会经济委员会主任职务

**【机构概况】**

政协红河州第十一届委员会设办公室、研究室、提案委员会、经济委员会、人口资源环境委员会、教科文卫体委员会、社会法制委员会、民族宗教委员会和港澳台侨外事委员会（合署办公）、文史委员会、委员联络委员会、机关党委 11 个处级单位。办公室下设秘书科、人事科、行政科、老干部工作室、委员联络科 5 个科室，各专门委员会下设办公室。

**【红河州各县（市）政协主席】**

个旧市　李文友
开远市　蒋文革
蒙自县　李堂兴
建水县　赵建伟
石屏县　普炳生
弥勒县　马　勇
泸西县　段锦良
红河县　高劲松
元阳县　李万明
绿春县　王树额
屏边县　尚明珠
河口县　韦海军
金平县　官朝甲

**红河哈尼族彝族自治州各级政协委员和组织数**

（截至2013年底）

| 州（市）县 \ 项目 | | 委员数 | | 组织数 |
|---|---|---|---|---|
| 红河哈尼族彝族自治州 | | 427 | | 1 |
| 各县区市 | 蒙自市 | 203 | 2373 | 13 |
| | 个旧市 | 205 | | |
| | 开远市 | 215 | | |
| | 建水县 | 230 | | |
| | 石屏县 | 169 | | |
| | 弥勒县 | 220 | | |
| | 泸西县 | 189 | | |
| | 红河县 | 171 | | |
| | 元阳县 | 199 | | |
| | 绿春县 | 150 | | |
| | 屏边县 | 149 | | |
| | 河口县 | 95 | | |
| | 金平县 | 178 | | |
| 合　计 | | 2800 | | 14 |

（编写：钟灵　审稿：刘光亮）

政协文山壮族苗族
自治州委员会

【全体委员会议】

**十一届二次会议** 2月18～21日在文山举行。应到会委员358名，实到338名。会议听取并审议通过政协文山州第十一届委员会主席王云凌所作的《政协文山州第十一届委员会常务委员会工作报告》和副主席熊朝康所作的《政协文山州第十一届委员会常务委员会关于一次会议以来提案工作情况的报告》；与会委员列席文山州第十三届人民代表大会第三次会议第一次全体会议，听取和协商讨论《文山壮族苗族自治州人民政府工作报告》及其他报告。会议期间，召开4场界别联组会，就全州经济、政治、文化、社会和生态文明建设中的重大问题及人民群众普遍关注的热点问题议政建言；召开常委会，听取各组酝酿讨论会议决议（草案）情况和本次大会提案征集情况报告。会议审议通过了《中国人民政治协商会议文山壮族苗族自治州第十一届委员会第二次会议决议》（草案）。州政协副主席陈晓华主持开幕会，主席王云凌主持闭幕会并讲话。州委书记纳杰，州委副书记、州长黄文武，州政协副主席卢京、朱丽舒、李康、王占明、熊朝康，秘书长何代文出席会议。

【常务委员会会议】

**第4次会议** 1月29日在文山举行。应到会常委58名，实到48名。会议分别由州政协主席王云凌、副主席陈晓华主持，副主席卢京、朱丽舒、李康、王占明、熊朝康，秘书长何代文出席会议。会议听取州人民政府关于州政协十一届一次会议以来提案办理情况通报、州委宣讲团宣讲党的十八大精神；讨论并审议通过政协文山州第十一届委员会常务委员会工作报告和十一届一次会议以提案工作情况报告（草案）；审议通过关于召开政协文山州第十一届委员会第二次会议的决定，会议议程、日程，秘书长、副秘书长、特邀列席人员名单，常委会工作报告报告人建议名单、提案工作情况报告报告人建议名单、筹备工作未尽事宜授权主席会议决定的决议（草案）；审议通过有关人事事项。州政协主席王云凌在会议结束时讲话。

**第5次会议** 4月27日在文山举行。应到会常委58名，实到46名。会议分别由州政协主席王云凌、副主席陈晓华主持，副主席卢京、朱丽舒、王占明、熊朝康，秘书长何代文出席会议。会议听取全国政协常委、州政协副主席卢京传达全国政协十二届一次会议精神；听取州政协副主席熊朝康作《政协文山州第十一届委员会第二次会议提案审查情况报告》；听取州公安消防支队负责人作《文山州消防工作情况通报》；审议通过有关人事事项。州政协主席王云凌在会议结束时讲话。

**第6次会议** 7月19日在文山举行。应到会常委58名，实到43名。会议分别由州政协主席王云凌、副主席陈晓华主持，副主席卢京、朱丽舒、李康、王占明、熊朝康出席会议。会议听取州委常委、州人民政府副州长胡荣通报全州

2013年上半年经济运行情况；听取州委农办负责人通报文山州新农村建设情况；审议通过中共文山州政协党组《关于何知平等二位同志任职的建议》。州政协主席王云凌在会议结束时讲话。

**第7次会议** 9月27日在文山举行。应到会常委58名，实到46名。会议分别由州政协主席王云凌、副主席陈晓华主持，副主席卢京、朱丽舒、李康、王占明、熊朝康出席会议。会议听取州人民政府副州长、州公安局局长李俊彪同志通报全州打击“两抢一盗”犯罪工作情况；听取州政协提案法制委员会负责人作关于修订《中国人民政治协商会议文山壮族苗族自治州委员会提案工作条例》的情况说明；审议通过《中国人民政治协商会议文山壮族苗族自治州委员会提案工作条例》。州政协主席王云凌在会议结束时讲话。

**第8次会议** 12月27日在文山举行。应到会常委58名，实到45名。会议分别由州政协主席王云凌、副主席陈晓华主持，副主席卢京、朱丽舒、李康、王占明、熊朝康出席会议。会议听取州人民政府副州长杨林兴通报州政协十一届二次会议以来提案办理情况；讨论并审议通过《政协文山州第十一届委员会常务委员会工作报告》（草案）和《政协文山州第十一届委员会常务委员会关于二次会议以来提案工作情况的报告》（草案）；审议通过关于召开政协文山州第十一届委员会第三次会议的决议，以及会议的议程、日程、秘书长、副秘书长、特邀列席人员名单、常委会工作报告报告人建议名单、提案工作情况报告报告人建议名单、筹备工作未尽事宜授权主席会议决定的决议（草案）；审议通过了中共文山州政协党组《关于辞去袁自明等3位同志政协文山州第十一届委员会委员职务的建议》和《关于增补田景华等23位同志为政协文山州第十一届委员会委员的建议》，听取州委统战部相关负责人作关于增补委员工作情况说明；审议通过中共文山州政协党组《关于张建波同志任职的建议》。州政协主席王云凌在会议结束时作了讲话。

**【专门委员会工作】**

**提案法制委员会** 对州政协《提案工作条例》进行修订，研究制定了《文山州政协重点提案遴选与督办办法》和《文山州政协提案办理工作考评办法》。组织评选州政协十一届一至二次会议优秀提案60件、先进承办单位23个、先进提案服务工作者50名，在州政协十一届三次会议上进行表彰。组织政法小组委员对州法院、检察院工作报告进行协商讨论，并反馈。对“全州打击和防范‘两抢一盗’犯罪工作情况”进行调研，调研报告被州委主要领导批示，州公安局认真研究，在全州范围组织开展打击和防范“两抢一盗”犯罪百日大会战。参与全州“六五”普法中期检查考评，对州地税局、环保局、教育局、财政局、农业局、水务局和麻栗坡县进行检查考评。组织征集论文5篇参加省政协举办的“云南扶贫恳谈会”。多次深入重点项目、民营企业、“四群”教育联系点和扶贫点开展调研和帮扶工作。

**经济委员会** 组织委员和相关部门开展调研视察，形成《关于对文山州通用机械制造有限责任公司生产经营情况的视察报告》、《关于对文山州农作物种子监管工作情况的视察报告》等视察报告，针对突出问题形成《文山州农业综合执法机构不健全的问题应起高度重视》的社情民意反映和《关于将文山州县（市）种子管理工作经费纳入同级财政预算安排的建议》的提案。结合督办《关于解决中小微企业贷款难的建议》重点提案，形成《文山州中小微企业融资情况的调研报告》。形成《关于文山州政策性农业保险执行情况的视察报告》。联合州政协办、州工商联，为工商联会员企业及部分非公企业代表举办相关企业知识培训。多次深入“三个三十”重点项目、重点民营企业开展调研和督查，深入“四群”、扶贫联系点开展帮扶和联系群众，以及4件重点提案的办理。提出《关于在城南、城北两片区增设办税服务厅的建议》和《关于加强对三七种植风险提示的建议》等十多件提案。组织财税金融、工业交通界别政协委员小组活动。组织11位政协委员，在州政协十一届二次会议界别联组会上进行大会（书面）交流发言。组织材料参加省政协主办，省政协经济委和省旅游发展委承办的“打造云南旅游升级版”论坛。

**人口资源环境委员会** 组织委员调查视察，形成《关于对暮底河水库上游水源治理工作情况的视察报告》、《关于对全州油茶产业发展情况的视察报告》和《关于对我州木材产业整合的建议》政协专报。撰写《关于恢复人口较为集中的边远山区教学点的建议》、《关于加强暮底河水库周边森林保护的建议》等提案，参与重点提案督办，通过反映社情民意对森林保护、饮水安全、环境治理等进行呼吁。安排一批骨干委员在州政协十一届二次会议界别联组会上进行专题发言。开展了“深入学习十八大精神，进一步推进政协专委会工作”为主题的委员小组活动。加强与省政协人资环委的联系沟通，配合其在我州开展的《水运物流情况》、《生态产业发展情况》、《石漠化治理与扶贫攻坚情况》等调研视察。深入扶贫挂钩点、“四群”联系点开展扶贫和联系群众工作。

**科教文卫体委员会** 组织视察组对文山州麻风病防治工作情况进行专题视察，形成视察报告，为推进麻风病防治工作提供决策参考。组织部分政协委员和相关人员，对我州民办教育工作进行调研，提出工作建议，为稳步推进民办教育提供参考意见。参与做好州政协十一届二次会议界别联组会的组织筹备、会务服务、会议记录、新闻宣传和考勤记录工作。抓好分管领导督办的五件重点提案的督办工作，面商办理2件，沟通办理3件。抽派人员参加新农村建设工作。组织科教文卫口教育体育、医药卫生2个委员小组开展活动。陪同省外政协来文考察城市建设、工业园区和民族文化工作。深入“四群”教育联系点、扶贫挂钩联系点开展扶贫和联系群众工作。

**民族宗教外事委员会** 积极参与州“一府两院”和计划、财政报告协商讨论，对《关于创建全国边疆民族团结进步模范自治州的意见》、《文山州非物质文化遗产保护条例》等10个征求意见稿进行协商讨论修改，提出意见建议60余条。引导委员提交提案13件，协助分管领导督办重点提案4件，撰写社情民意6期。组织政协委员，对文山州城市民族工作和外事工作情况进行调研，形成调研报告一份、视察报告一份。与经济委联合开展文山州政策性农业保险执行情况视察。对平远镇回族群众生产生活情况进行调研，形成《关于加大对平远镇回族群众扶持力度的建议》政协专报。组织民族宗教、归侨三胞及亲属2个委员小组，对我州穆斯林聚居区经堂教育开展情况、华侨农场改革和发展情况进行视察，提出工作意见建议。协助全国政协外事委到我州对“周边公共外交工作情况”视察，配合省政协民宗委到我州对“宗教活动场所管理情况”视察。参与做好州政协十一届二次全会界别联组会的筹备服务工作。多次深入扶贫挂钩点、“四群”教育联系点、“三个三十”重点项目和民营企业调研指导。

**委员联络委员会** 配合州委党校对文山城区州属十一届新任政协委员进行统战政协理论知识培训。下发通知，就州政协22个委员小组开展活动，提出活动内容、时间形式及具体要求。组织本委联系的2个委员小组深入文山市星海经贸有限责任公司参观考察和文山市追栗街“东方红电站大峡谷观光旅游项目”实地调研。对我州新农村建设工作情况进行调研，对我州居家养老服务体系建设情况进行视察。综合整理主席班子成员调研我州关于扶贫资金整合使用的建议。为加强委员的联系和管理，起草《关于进一步加强住县（市）州政协委员履职服务使其充分发挥作用的意见》。参与督办重点提案，联系重点项目、民营企业、挂钩扶贫和“四群”教育联系群众等相关工作。起草委员增补工作方案，协助州委统战部办理委员的辞职和增补工作，做好省、州政协委员的服务和联络工作，推荐州政协委员担任州属有关部门陪审员、检察员、监督员。

**文史资料委员会** 深入8县（市）政协对文史资料工作进行调研，到昆明市、楚雄州、红河州政协学习借鉴文史资料工作经验，制定出台《文山州政协文史资料工作实施方案》。推进文史资料工作规范化、制度化，制定《文山州政协文史资料稿酬及编审校对费用支付标准》，规范执行著作权法，制定了《授权委托书》。与宣传、党史、地方志、旅游、档案、报社、图书等部门联系与协作，开门办文史。年内重点开展《文山州文史资料》16辑、《人民日报中的文山壮族苗族自治州》、《对越自卫还击暨防御作战》资料的征集工作和《文山壮族苗族自治州文史资料集》（合集）整理编辑出版工作。完成州政协2013年度文件资料汇编工作。组织文山市政协委员小组查看盘龙河城区治理工作、城南片区保障性住房建设、登高片区三七产业园区建设、布都水库建设等情况，积极做好社情民意反映。深入“三个三十”重点项目建设点、民营企业、挂钩扶贫点和“四群”教育联系点调研。

【重要活动】

**协商讨论政府、计划、财政工作报告** 1月17日，州政协组织各界别部分委员及相关人士对文山壮族苗族自治州《政府工作报告》（征求意见稿）、《文山壮族苗族自治州2012年国民经济和社会发展计划执行情况与2013年国民经济和社会发展计划草案的报告》及《文山壮族苗族自治州2012地方财政预算执行情况和2013年地方财政预算草案的报告》（书面）进行协商讨论。协商讨论会由州政协主席王云凌主持。与会人员提出意见建议50余条。州委常委、州政府常务副州长徐爱民率州政府办、州政府研究室、州发改委、州财政局等部门负责人，到会听取意见。

**2013新春茶话会** 2月4日在文山举行。州委书记纳杰，州委副书记、州政府州长黄文武，州政协副主席陈晓华、卢京、朱丽舒、李康、王占明、熊朝康，州委、州人大、州政府和州政协领导，部分省住文单位领导，州级各民主党派、工商联领导，无党派人士、专家及技术人才、归侨侨眷、企业界人士、民族宗教界人士及文学艺术界人士代表，共120余人出席会议。会议由州政协主席王云凌主持，州委书记纳杰讲话。

**协商讨论《文山州新型冶金化工基地建设规划》等5个规划** 6月19日，州政协召开《文山州新型冶金化工基地建设规划》等5个规划协商讨论会，州政协主席王云凌主持会议，州人民政府副州长李国沛率州政府办、州工信委等部门负责人到会听取意见建议，提出意见建议15条。

**文山州政协第六次提案工作座谈会** 9月24日在文山举行。州政协主席王云凌，州政协副主席李康、熊朝康出席会议。州委常委、秘书长李洁，州政府副州长马志山应邀出席会议。州政府、州政协相关部门负责人共70余人出席会议。

**文山州政协文史资料工作会** 10月25日在文山举行。州政协机关全体人员，各县（市）政协分管文史工作的副主席和文史委专（兼）职工作人员，州委宣传部、州党史研究室、州地方志办公室、文山日报社、州工商联、州民盟、州图书馆负责人，共60余出席会议。州政协主席王云凌出席会议并讲话，副主席王占明作文史资料基本知识讲授。

**全州政协新闻宣传工作会议** 11月8日在文山举行。会议传达省政协新闻宣传暨《云南政协报》发行工作会议精神，总结全州政协新闻宣传工作经验，部署2014年度政协新闻宣传工作，安排2014年度《人民政协报》、《中国政协》杂志和《云南政协报》征订工作。州政协副主席陈晓华出席会议并讲话，州政协副秘书长，各委室主任、副主任，各参加单位分管新闻宣传工作的领导，共70余人出席会议。

**协商讨论政府、计划、财政工作报告** 12月26日，州政协组织部分委员及相关人士对文山壮族苗族自治州《政府工作报告》(征求意见稿)、《文山壮族苗族自治州2013年国民经济和社会发展计划执行情况与2014年国民经济和社会发展计划草案的报告》及《文山壮族苗族自治州2013地方财政预算执行情况和2014年地方财政预算草案的报告》(书面)进行协商讨论，提出意见建议36条。协商讨论会由州政协主席王云凌主持，州委常委、州人民政府常务副州长张秀兰率州政府办、州发改委、州财政局等部门负责人，到会听取意见建议。

**【重要文件】**

**常务委员会工作报告**（2014年2月9日）(摘要) 报告分为两个部分：

一、2013年工作回顾。一年来，在中共文山州委的领导下，常委会坚持围绕中心服务大局，认真履行政治协商、民主监督、参政议政职能，努力服务全州经济建设、政治建设、文化建设、社会建设以及生态文明建设，为不断开创文山经济社会跨越发展新局面，努力建设美丽、幸福文山作出了新贡献。(一)紧扣中心工作，服务科学发展。常委会始终把促进文山科学发展作为政协履职的着力点，紧扣州委中心工作参政议政，努力为助推全州科学发展和谐发展跨越发展建言献策。议政建言谋发展。州政协十一届二次会议期间，委员们协商讨论了“一府两院”工作报告和计划、财政报告，针对“三农”工作、产业发展、基础设施建设、重大项目推进、城镇化建设、民生改善、社会管理创新、生态文明建设、体制机制创新、政府自身建设、法院、检察院工作等提出协商反馈意见159条；围绕加快基础设施建设、经济社会发展、优势特色产业培育、生态保护、民生保障等重点问题积极议政建言，共提交提案239件；组织了界别联组会议，有72位委员就矿业循环经济、扶持中小微企业发展、发展肉牛产业、石漠化治理、城镇化发展问题、物业管理、扩大政策性农业保险、房屋维修基金管理、职业病防治、学校文化建设、加强涉农资金监管、民政事业发展、加大对边境乡镇沿线村寨建设投入、发挥民主党派作用、重视宗教文化在和谐社会建设中的作用等进行发言，提出建议325条。常委会议分别听取了公安消防工作、经济运行、新农村建设等情况通报，提出协商反馈意见42条。召开主席办公会议对州人民政府提交的《文山州新型冶金化工基地建设规划》及铝、铁合金、钨、铟4个子规划进行协商讨论，提出要强化规划的行政约束力，充分利用港口、铁路运输优势规划布局产业基地，重视对我州优势矿产品锌、锡、锑、电解锰的市场分析，并积极向省争取将红土镍产业集中到文山州发展等建议。调研视察促发展。积极围绕文山实现与全国、全省同步建成小康社会的奋斗目标和州委提出的“两个翻两番以上、一个增两倍以上”战略部署，重点把促进“三农”发展作为调研视察的切入点，选择了扶贫开发工作、农作物种子监管、新农村建设、政策性农业保险等开展调研视察，向州委、州政府提交调研视察报告14份。这些调研视察选题针对性较强，得到了州委、州政府领导同志的重视，要求有关职能部门对提出的意见建议认真研究，并将落实情况向政协反馈。在对全州扶贫开发工作进行专题调研的基础上，向州委、州政府提交“关于扶贫资金整合使用的建议”，提出以县（市）为扶贫资金整合的平台，以乡镇统一制定综合扶贫开发规划项目为整合的载体，明确整合主体，形成整合机制，做好统一规划，科学安排项目，建立绩效考核和资金监管机制等整合保障措施。州委领导批示有关部门要结合大三农规划工作，提出我州具体实施意见。在组织对全州政策性农业保险执行情况进行视察后，向州委、州政府报告了全州开展政策性农业保险以来的基本情况、存在的主要困难和问题，提出了建立健全保险保障服务体系，根据财力情况适时适度扩大承保规模和增加承保险种，争取上级部门制定完善更加符合基层实际的政策措施等工作建议。州委主要领导对报告作出批示，州政府及时召集有关部门进行专题研究，出台文件，采纳了州政协的建议。齐心协力助发展。根据州委、州政府的安排，州政协主席班子成员多次深入挂钩联系的“三个三十”重点项目和重点民营企业调研，听取反映，掌握情况，提出建议，帮助协调解决困难和问题。抽派两位副主席参加州委、州政府督查组，负责西畴、麻栗坡、广南、富宁县和州属有关项目责任单位，对全州“三个三十”重点项目进行每个季度一次的定期督查，及时向州委、州政府反馈督查中发现的问题和建议。积极牵线，促成广东省政府驻滇办事处主任率领驻云南的湛江商会、茂名商会、广东商会的会长、副会长组成的广东省企业家考察团，到丘北县城区、工业园区、普者黑火车站商贸物流园区、普者黑景区以及砚山物流园区等进行考察，选项投资。主席班子成员、各专委室领导深入各自挂钩的“四群”教育联系点和扶贫点，接地气、察民情、访民意，力所能及地为基层群众办实事、解难事，积极为挂钩点修建道路、改造危房、完善设施、培育产业、项目规划等做好沟通协调，争取项目资金投入，努力帮助贫困村打牢发展基础，增强发展后劲。继续发挥政协联系面广的优势，通过与香港慈善组织联系，2013年为西畴县皮肤病防治站业务楼建设募集到30万元爱心捐助。（二）坚持履职为民，促进社会和谐。常委会坚持把保障和改善民生作为履职的重要内容，发挥好政协组织汇聚民智、凝聚民心、反映民意的作用，尽力协助党委政府做好惠民生、谋民利、解民忧的工作。持续关注民生改善。高度重视文山城饮水安全问题，从2011年以来，连续3年组织委员对文山市暮底河水库上游水源污染治理情况进行跟踪视察，提出建议，受到州市党委、政府的高度关注。州委主要领导对2013年提交的视察报告批示，要求在现有成绩的基础上，采取更有力的措施确保水库水质卫生安全。在各级相关部门的重视关注下，治污工程项目措施得到较好落实。持续关注老龄化问题和老龄事业发展，组织了全州居家养老服务体系建设情况的视察，提出从“提高认识、加强领导；搞好宣传、营造氛围；超前谋划、重视规划；整合资源、形成合力；争取支持、搞好示范；政府引导、市场推动”6个方面加快推进全州养老服务事业的发展。专题组织对砚山县平远镇回族群众生产生活情况的调研，以《政协专报》向州委、州政府报送《关于加大对平远镇回族群众扶持力度的建议》，引起了有关部门的重视。积极建言社会建设。针对社情民意反映文山城区“两抢一盗”犯罪频发情况，组织了《文山州打击“两抢一盗”情况调研》，提出了提高科技防控能力，加强辅警力量建设，规范小区物业管理，加强政法部门配合协作，加强对特殊行业、场所阵地控制，封堵盗抢犯罪销赃渠道，增强公民自防意识等工作建议。州委书记和副书记分别做出重要批示，要求州公安局认真研究，提出具体的整改办法，对“两抢一盗”犯罪形成严打高压态势。州公安局根据州委领导批示进行研究，决定集中警力在全州范围内组织开展打击“两抢一盗”犯罪百日会战。2013年9月，州公安局专门向政协常委会通报了打击“两抢一盗”犯罪专项工作情况取得的阶段性成果，受到委员们的充分肯定和高度评价。围绕促进对外开放和经济社会发展，组织了我州外事工作情况视察，就对越交往与合作不够，边境管理难度大，外事机构不健全等问题提出相应建议，并以社情民意反映报送了“我州边境地区外事界务员、边防大队联防队员、部队情况报知员、武装部信息员‘四员’待遇较低，影响了队伍的稳定”。建议得到了州委、州政府的充分肯定和重视。促进社会和谐稳定。为充分发挥界别委员的广泛代表性和参与性作用，精心组织各界别委员小组开展活动，深入到州职教园区、文山日报社、文山广播电视台、郑保骨伤科医院、平远、稼依华侨管理区等单位及部分重点项目建设工地、重点企业进行视察，对有关单位和企业反映的情况和问题，积极通过《政协专报》和《文山社情民意反映》向州委、州政府专题报告。其中，《切实解决州职教园区安全管理工作有关问题的建议》、《应加强对盘龙体育场的管理》、《关于解决文山日报社迁建困难及印刷厂退休老职工待遇问题的建议》、《关于帮助文山铝业解决生产面临困难的建议》等报告得到州委、州政府领导同志的重视和采纳，明确批示相关部门抓好反映问题的落实。通过州委宣传部领导与文山市协调，落实了文山日报社迁建土地规划调整问题。州政府常务会议对文山铝业生产面临的困难进行研究，提出了解决意见。（三）把握两大主题，推进协商民主。常委会始终把团结民主两大主题贯穿政协履职工作全过程，努力营造协商议政环境，积极探索协商民主内容，充分发挥了协调关系、化解矛盾、增进共识、服务大局的作用。着力提高提案办理协商实效。进一步完善提案工作制度，推进提案工作制度化、规范化、程序化和信息化建设。组织召开第六次提案工作座谈会，修订了《政协文山州委员会提案工作条例》并经中共文山州委批转执行，制定了《文山州政协重点提案遴选与督办办法》、《文山州政协提案办理工作考评办法》。进一步完善提案承办单位、提案者和督办者三方办理协商机制。从十一届二次会议以来审查立案的239件提案中，遴选35件重点提案由主席班子成员领衔督办，通过提案办理过程中先调研视察、与提案委员沟通交流、召开三方参加的面商座谈会等形式，突出了调研视察、面商座谈、成果转化三个环节，实现提案办理工作的充分协商，使提案办理成为扩大共识、促进工作落实的过程，收到较好的提案办理实效。在结合督办《关于解决小微企业贷款难的建议》重点提案时，我们联合州工商联开展调研，深入有关县（市）生产企业、担保公司、小贷公司座谈，向州委、州政府提出改善小微企业融资环境，加大信贷支持力度，创新担保抵押方式，大力发展中小金融机构，拓宽小微企业融资渠道，提升企业自身融资能力等工作建议。在督办《关于加大对全州油茶种植基地后续抚育管理投入的建议》重点提案时，先组织委员对油茶种植基地进行视察，根据掌握的产业发展情况，提出基地建设速度应服从质量的要求，要重视油茶种植后续管理工作，并对油茶管护、造林、投入扶持、苗圃建设、老林改造、产业推进等方面提出了工作建议。努力搭建协商议政平台。以推动经济发展，构建和谐社会为目标，注重发挥各党派、界别、委员、专门委员会和政协机关“五位一体”的整体优势作用，尽力为委员履行职责搭建有效平台、创造良好条件。通过邀请相关界别委员参与提案办理、调研视察、专题协商、大会发言等活动，使委员能够充分履行职责，切实发挥委员“智囊”和“谋士”的作用。与民盟文山州委联合开展关于实施农村义务教育学生营养改善计划工作情况的调研，形成报告上报后，州委书记批示州教育局对报告所提问题和建议进行研究。组织经济界委员对文山通用机械制造有限公司生产经营情况进行视察后，为理顺公司一次改制不彻底遗留的股权分散、产权制度不完善等问题，提出了明确扶持政策、支持公司深化改革、落实州政府批复、支持公司技改搬迁、重点帮扶、推动企业发展等建议。州政府分管领导两次到州政协听取意见，并召集有关部门进行了专题研究，安排布置有关部门抓落实，推进了通用机械有限公司深化改革。积极营造团结民主氛围。充分发挥少数民族和宗教界委员的作用，通过他们深入民族宗教地区宣传党的政策，为增进民族团结，维护社会稳定服务。开展了城市民族工作情况调研，围绕促进团结民主，维护和谐稳定，履行职能，发挥作用，建言献策。切实加强与委员的工作联系，主席班子经常联系约谈或走访委员，重视听取企业界委员的情况反映，积极深入到丘北富亿木业公司、文山铝业公司、云南天冶化工公司氯碱项目、云荷纸业、云南七丹药业公司等调研，帮助企业分析问题、协调关系、化解矛盾，提出工作建议。充分利用政协组织的会议活动，向各界别委员宣传党的路线方针政策，帮助委员知情明政，引导、调动委员认真履职。充分运用政协新闻信息宣传平台，把政协委员立足岗位履职为民的先进事迹向社会广泛宣传，弘扬主旋律、传递正能量。与云南政协报社联办《文山政协》专栏，全州各级政协组织积极在云南政协报、文山日报、文山政务网等媒体发表新闻稿件245篇，在文山广播电视台播报新闻稿67件，编发《文山政协信息》139期153条、《重要提案摘报》5期。为保存使用好文史资料，将原已出版的《文山州文史资料》1~15辑重新整理，合订出版《文山壮族苗族自治州文史资料辑》。积极参加省政协组织的民生论坛、企业家论坛、书画摄影作品展、横向交流会等活动，在对外交往中广交朋友、宣传文山，推介文山。（四）加强自身建设，提高工作水平。常委会始终坚持以开拓创新精神推动工作实践，按照以科学理论为指导、以科学制度作保障、以科学方法来推进的要求，努力提高工作的科学化水平。加强理论学习。坚持把深入学习领会中共十八大和习近平总书记系列重要讲话精神，全面贯彻落实中央、省委、州委的重大决策部署，作为履行职能、发挥作用的重要前提和基础。突出学习主题，重点对坚定中国特色社会主义的道路、理论、制度“三个自信”和充分发挥人民政协作为协商民主的重要渠道和实践平台，通过常委会议、主席办公会议、专委会议、委员小组活动等形式组织学习、交流、研讨。积极参加全省州市县政协主席培训班；积极参与省政协关于“充分发挥人民政协作为协商民主重要渠道作用”课题调研；积极选派政协工作者40人次分别参加中央党校、北京大学、清华大学、浙江大学、省委党校、云南农村干部学院等培训；积极组织参加云南省领导干部时代前沿知识讲座、“壮乡苗岭大讲堂”专题讲座、领导干部在线学习。注重专题培训，针对州、县（市）两级政协分别于2012年、2013年换届，对两级政协委员分别进行集中培训，州政协主席班子成员带头为委员作专题讲座，为提高委员履职水平打下了良好的基础。针对调研视察中部分非公经济界别委员的建议，及时邀请广东省珠海市国睿税务师事务所和云南省发改委产业协调处有关专家作了“提高税收遵从度，合法经营降低税务风险”和“企业投资项目审批程序及资金申请的条件”专题培训，为企业健康发展做好服务。完善工作机制。为进一步加强政协工作，经州委批准，州政协恢复了文史资料工作委员会和成立研究室，新配置两位副秘书长，根据换届后委员变动情况，新增补第十一届州政协委员23名。以提高工作效率，规范工作程序，调动工作积极性为目的，先后制定出台了《政协文山州委员会机关2013年工作目标绩效考核责任书（试行）》、《政协文山州委员会机关车辆管理办法》、《文山州政协机关岗位职权业务流程、风险防控目录及措施》等规章制度。首次对州政协机关工作目标进行绩效考核，各委室分别与分管领导签订工作目标绩效考核责任书，确保每个岗位职责明、能办事、受监督，以科学的制度和措施，促进机关作风转变、效能提升、环境改善，有效促进政协各项工作的顺利开展。转变机关作风。认真贯彻落实中央“八项规定”和省、州实施方案，制定了“文山州政协关于贯彻落实中央八项规定的实施细则”，常委会组成人员和机关处级领导干部带头改进工作作风，带头深入基层调研，带头密切联系群众，带头解决实际问题。把开展“四群”教育实践活动与做好群众工作、与解决“四风”问题、与开展基层组织建设年、“转变作风抓落实、改善环境促发展”等活动有机结合起来，通过电话、短信、电子信箱等媒介加强与委员的联系，畅通委员和群众监督渠道，通过例会、提案办理、委员活动日、界别活动、反映社情民意等形式，接受基层群众、服务对象反映问题和意见，收集意见建议53条，进一步密切与委员和各界群众的联系，真正做到用心想事、用心谋事、用心干事、用心成事，以实际行动带头贯彻执行八项规定。提高服务质量。本着热情、周到、简朴、有效的原则，认真服务好委员、服务好基层、服务好群众，尽力做好全国政协、省内外各级政协来文考察接待工作，热情接待好基层政协和委员，增强各级政协组织之间的互动交流。建设完成了州政协机关协同办公平台，推行无纸化办公，有效提高机关办文速度，节约行政开支。认真做好群众来信来访接待工作，接待来访90批216人次，收到来信15件，编发《信访工作动态》4期。积极推荐政协委员担任特约监督员、行风评议员、特邀监察员、人民陪审员等，参加有关检查、考评、听证、陪审、行风评议等各类评议监督活动，对促进部门工作、优化发展环境和维护社会稳定发挥了积极作用。

二、2014年工作意见。（一）深入学习贯彻中共十八届三中全会精神，凝聚改革共识。（二）紧扣全州改革发展重点建言献策，提高履职实效。（三）推动民生改善，促进社会和谐。（四）结合开展群众路线教育实践活动，切实加强政协自身建设。

**十一届二次会议决议**（2014年2月11日）　中国人民政治协商会议文山壮族苗族自治州第十一届委员会第三次会议，于2014年2月8～11日在文山召开。

会议听取并审议了政协文山州第十一届委员会主席王云凌代表常务委员会所作的工作报告和副主席熊朝康代表常务委员会所作的提案工作情况报告。常委会报告对2014年政协工作进行了全面安排，委员们列席了州第十三届人民代表大会第四次会议第一次全体会议，听取州人民政府州长黄文武所作的政府工作报告，协商讨论了“一府两院”工作报告和计划、财政报告。

会议赞同州政协常务委员会工作报告和提案工作情况报告。认为过去的一年，在中共文山州委的领导、文山州人民政府的大力支持和社会各方面的积极配合下，州政协常务委员会深入贯彻落实科学发展观，突出团结和民主两大主题，紧紧围绕全州工作中心，认真履行政治协商、民主监督、参政议政职能，充分发挥协调关系、汇聚力量、建言献策、服务大局的作用，努力服务全州经济建设、政治建设、文化建设、社会建设和生态文明建设，为不断开创文山经济社会跨越发展新局面，努力建设美丽、幸福文山作出了新贡献。

会议赞同“一府两院”工作报告和计划、财政报告。认为过去的一年，在中共文山州委的领导下，文山州人民政府团结和带领全州各族人民，积极应对各种不利因素影响，坚持从实际出发，全面加强经济、政治、文化、社会和生态文明建设，全州经济持续健康发展，改善民生力度明显加大，改革开放扎实推进，社会管理得到加强，经济社会发展取得了新的成就。政府工作报告对2014年工作的部署，重点突出，目标明确，措施具体，体现了全州各族人民的根本利益和共同愿望。会议坚信，经过全州上下的共同努力，一定能够如期完成今年的各项目标任务。

会议期间，委员们通过小组讨论、界别联组会及提案等形式，就全州经济、政治、文化、社会和生态文明建设中的重大问题及人民群众普遍关注的热点问题积极议政建言。

会议强调，党的十八届三中全会为我们描绘了改革发展的宏伟蓝图，全州各级政协组织、政协参加单位和政协委员，要深入贯彻学习党的十八届三中全会精神，全面把握、突出重点，着力领会精神实质，掌握核心要义，增强学习针对性，把学习党的十八届三中全会和习近平总书记系列重要讲话精神与思考文山改革发展紧密结合起来，切实把思想和行动统一到中共中央和中共云南省委、中共文山州委的要求上来，把智慧和力量凝聚到实现中共文山州委八届五次全体会议的决策部署上来。要坚持围绕中心、服务大局，积极为全州科学发展、和谐发展、跨越发展履职尽责；要坚持关注民生、服务民生，积极为促进社会和谐稳定贡献力量；要坚持创新发展，努力提高政协工作科学化水平，不断开创政协工作新局面。

会议号召，全州各级政协组织、政协参加单位和政协委员，要紧密团结在以习近平同志为总书记的党中央周围，在中共文山州委的坚强领导下，高举中国特色社会主义伟大旗帜，坚持以邓小平理论、“三个代表”重要思想和科学发展观为指导，进一步解放思想，坚定信心，凝聚力量，扎实履职，为实现文山与全国全省同步建成小康社会而努力奋斗！

**王云凌主席在州政协十一届二次会议闭幕会上的讲话**（2014年2月11日）（摘要） 政协文山州第十一届委员会第三次会议，已圆满完成各项议程，今天就要闭幕了。在本次会议上，各位委员审议了政协文山州第十一届委员会常务委员会工作报告和关于二次会议以来提案工作情况报告，列席了州第十三届人大第四次会议第一次全体会议，协商讨论了“一府两院”工作报告和计划、财政报告，召开了界别联组会，表彰了优秀提案、先进承办单位和先进提案服务工作者，审议通过了大会的有关决议。州委、州政府高度重视这次会议，纳杰书记、黄文武州长等州委、州政府领导同志参加界别联组讨论，听取大会发言，和委员们一起共商推动全面深化改革、实现经济社会发展大计。会议期间，各位委员以高度的政治责任感和饱满的履职热情，认真协商议政，对“一府两院”、计划、财政工作报告和政协常委会工作报告、提案工作情况报告积极建言献策，提出了许多很好的意见建议，反映了与会同志进一步做好政协工作的愿望和要求，展示了致力发展、履职为民的时代风采和昂扬向上、奋发有为的精神风貌。这次会议始终充满着民主和谐、团结鼓劲、求真务实的气氛，是一次统一思想行动、凝聚改革共识的大会，更是一次明确方向、坚定信心、催人奋进的大会。

过去的2013年，州政协在州委的坚强领导和州政府的大力支持下，通过广大政协委员的共同努力，围绕中心，参政议政，建言献策，服务发展，各项工作取得了可喜的成绩。2014年是文山发展进程中极为关键的一年，政协组织责任重大，大有可为。广大政协委员和各级政协组织要认真贯彻落实好本次大会的部署和要求，强化服务大局的责任意识，树立敢于担当的思想观念，切实统一思想行动，在凝聚改革共识上下功夫、在汇集改革力量上多出力、在推动科学发展上作贡献。

一、领会精神实质，汇集改革力量。党的十八届三中全会作出了全面深化改革的总部署，标志着我国改革开放事业进入了一个重要的转折点和关键时期，省两会、州委八届五次全会对十八届三中全会精神的贯彻落实相继作出了安排部署。全州政协组织、广大政协委员要把学习贯彻十八届三中全会精神作为当前和今后一个时期的首要政治任务抓好抓实，重点学习、深刻领会和准确把握全面深化改革的重要意义，坚决把各族各界人士的思想和行动统一到全会精神上来，把各方面的智慧和力量凝聚到实现全会确定的目标任务上来，切实增强为全面深化改革履职的责任感和使命感。改革的蓝图已经绘就，号角已经吹响，广大政协委员要充分发挥政协委员联系各族各界群众的桥梁和纽带作用，全面调动人民群众推进改革的积极性、主动性和创造性，真诚倾听群众呼声、真实回应群众诉求、真情顺应群众期盼，把最广大人民群众的智慧和力量凝聚到改革上来，与各族各界群众一道把深化改革推向前进，进而推动经济社会持续健康发展。同时，更要积极立足本职岗位，投身全面深化改革实践，勇当“战士”，不当“绅士”，在服从和服务于全面深化改革中争做“排头兵”。

二、推进协商民主，提升履职水平。协商民主是我国社会主义民主政治的特有形式和独特优势，是党的群众路线在政治领域的重要体现。推进协商民主，有利于完善人民有序政治参与、密切党同人民群众的血肉联系、促进决策科学化民主化。十八届三中全会决定把推进协商民主广泛多层制度化发展作为政治体制改革的重要内容，强调在党的领导下，以经济社会发展重大问题和涉及群众切身利益的实际问题为内容，在全社会开展广泛协商，坚持协商于决策之前和决策实施之中。构建程序合理、环节完整的协商民主体系，发挥统一战线在协商民主中的重要作用，发挥人民政协作为协商民主重要渠道作用，完善人民政协制度体系，规范协商内容、协商程序，拓展协商民主形式，更加活跃有序地组织专题协商、对口协商、界别协商、提案办理协商，增加协商密度，提高协商成效。全州各级政协组织要积极配合党委政府建立健全协商民主制度的同时，不断加强政协自身建设，积极改进委员管理方式，自觉围绕我州全面深化改革的重要领域和关键环节深入开展调查研究，注重了解各界别群众对改革的期盼要求、意见建议，积极开展协商民主的探索和实践，为全面建成小康社会，实现文山科学发展和谐发展跨越发展贡献力量。

三、改进工作作风，加强自身建设。党的群众路线第二批教育实践活动就要开始，全州各级政协组织和政协各参加单位，要把“照镜子、正衣冠、洗洗澡、治治病”的总体要求、“为民务实清廉”的主题贯穿活动始末，积极引导党员干部深入思考在政协工作中如何更好地坚持群众路线、维护群众利益，形成坚决贯彻执行群众路线、推动政协工作的思想共识，提高运用党的群众观发现问题、思考问题、解决问题的能力。在多渠道听取各方面意见建议的基础上，聚焦“八项”规定，整治“四风”问题，不折不扣地开展好党的群众路线教育实践活动，切实改进政协组织的思想作风、工作作风和组织建设，进一步增强政协履职为民的能力和成效。各位政协委员，特别是非中共党员的委员，要热情关注党的群众路线教育实践活动，积极支持州政协开展的有关工作，帮助州政协查找分析问题、制定整改措施、督促规定制度的贯彻执行，并对州政协如何开展好教育实践活动提出意见、建议。此外，也希望各位委员能够进一步增强群众意识，始终把人民群众摆在心中的最高位置，牢固树立履职为民的思想，坚持从群众中来、到群众中去，在联系群众中把握方向，在依靠群众中凝聚力量，在学习群众中增加智慧，在反映民意中聚集民心，在服务群众中实现政协委员的价值。

四、弘扬优良传统，丰富履职实践。1949 年 9 月 21 日，中国人民政治协商会议第一届全体会议在北平召开，通过了具有临时宪法性质的《共同纲领》，选举产生了中央人民政府，宣告了中华人民共和国的成立。从此，中国进入了一个崭新的时代。65 年来，人民政协与共和国一起成长，一起壮大。实践证明，人民政协事业已深深地植根于中国的土壤，融汇于实现中华民族伟大复兴的宏伟事业中。65 年来，人民政协工作发生了翻天覆地的变化，在新的历史条件下，人民政协的工作对象增加了、工作领域拓宽了、工作任务更重了，履行职能的要求更高了，政协组织在推动地方经济社会发展和民主政治建设中越来越发挥着不可替代的重要作用。我们要以纪念人民政协成立65周年为契机，深入研究，积极探索，努力把握新形势下人民政协工作的规律和特点，着力推进人民政协的理论创新和工作创新。全州各级政协组织和广大政协委员要以邓小平理论、“三个代表”重要思想和科学发展观为指导，牢牢把握团结和民主两大主题，坚持和完善中国共产党领导的多党合作和政治协商制度，发扬人民政协的光荣传统，自觉服从和服务于党和国家的工作大局，始终坚持围绕中心、服务大局的工作原则，紧紧围绕州委、州政府的决策部署和中心任务，把实现和维护好最广大人民的根本利益作为人民政协工作的出发点和落脚点，坚持把推动科学发展、促进社会和谐作为人民政协履行职能的第一要务，以科学务实的态度切实履行政治协商、民主监督、参政议政职能，多建睿智之言，多谋务实之策，多行惠民之举。始终保持与时俱进、奋发有为的精神状态，努力为改革、发展、稳定化解阻力、形成合力、增添动力，协助党委政府解决好人民群众最关心、最直接、最现实的利益问题，使人民政协事业真正体现时代性、把握规律性、富于创造性。

各位委员、同志们，做好新时期的人民政协工作，任务光荣，责任重大。让我们更加紧密地团结在以习近平为总书记的党中央周围，在中共文山州委的领导下，高举中国特色社会主义伟大旗帜，铭记崇高历史使命和光荣职责，进一步统一思想、坚定信心，凝聚智慧、汇聚力量，开拓进取、奋发有为，为促进文山经济社会科学发展和谐发展跨越发展，开创我州政协工作的新局面而团结奋斗！

**建议案**

《关于扶贫资金整合使用的建议》（2013年3月15日州政协十一届九次主席办公会通过）

**重要制度**

《中国人民政治协商会议文山壮族苗族自治州委员会提案工作条例》（2013年9月27日州政协十一届七次常委会通过）

《政协文山州委员会文史资料工作实施方案（试行）》（2013年7月5日州政协十一届十一次主席办公会通过）

《文山州政协重点提案遴选与督办办法》（2013年10月22日州政协十一届十四次主席办公会通过）

《文山州政协提案办理工作考评办法》（2013年10月22日州政协十一届十四次主席办公会通过）

**【组织概况】**

**委员增补名单**

（2013年12月27日州政协十一届八次常委会议通过）

田景华　　廖云华
熊朝文　　罗　湖
张建波　　郝红杰
熊廷韦　　赵廷跃
韦思亮　　马兴龙
马超杰　　郑云川
陈　福　　刘光权
蒋　勰　　钟　强

李　军　　皮　勇
熊朝忠　　谢鸿飞
王利兵　　向　文
王　聪

**委员辞职名单**

（2013年12月27日州政协十一届八次常委会议通过）

袁自明　代高鹏　张胜利

**副秘书长，专门委员会主任、副主任任免名单**

（2013年1月19日州政协十一届四次常委会议通过）

苏继群　任州政协副秘书长、办公室主任

古　蒙　任州政协副秘书长、兼任委员联络委员会副主任；

文官红　任州政协提案法制委员会主任

李红梅　任州政协提案法制委员会副主任

蔡兴贵　兼任州政协提案法制委员会副主任

陈树林　兼任州政协提案法制委员会副主任

曹　红　兼任州政协提案法制委员会副主任

祝正松　任州政协经济委员会副主任；

严炳荣　兼任州政协经济委员会副主任

苏建斌　兼任州政协经济委员会副主任

盘贵才　兼任州政协经济委员会副主任

何锦涛　任州政协人口资源环境委员会副主任

吴盛华　兼任州政协人口资源环境委员会副主任

杨福丽　兼任州政协人口资源环境委员会副主任

谢荣兵　兼任州政协人口资源环境委员会副主任

陆仕兴　兼任州政协科教文卫体委员会副主任

陈国光　兼任州政协科教文卫体委员会副主任

吴树文　兼任州政协科教文卫体委员会副主任

张金海　任州政协民族宗教外事委员会主任

赛　玉　任州政协民族宗教外事委员会副主任

马应聪　兼任州政协民族宗教外事委员会副主任

韦恩祥　兼任州政协民族宗教外事委员会副主任

孙绍忠　任州政协委员联络委员会主任

田云肖　任州政协委员联络委员会副主任

场海华　任州政协委员联络委员会副主任

沈丽娟　兼任州政协委员联络委员会副主任

杨云芬　兼任州政协委员联络委员会副主任

**副秘书长，专委会、研究室、办公室主任、副主任任免名单**

（2013 年 4 月 27 日州政协十一届五次常委会通过）

唐文福　任州政协副秘书长，免去州政协办公室副主任职务

张建波　任州政协研究室主任，免去州政协办公室副主任职务

周世洪　任州政协经济委员会主任

李红梅　任州政协科教文卫体委员会副主任，免去州政协提案法制委员会副主任职务

江　梅　任州政协文史资料委员会副主任

侬延光　免去州政协办公室副主任职务

**专委会、办公室主任、副主任任命名单**

（2013 年 7 月 19 日州政协十一届六次常委会议通过）

何知平　任州政协文史资料委员会主任

陆　娟　任州政协办公室副主任。

**副秘书长任命名单**（2013 年 12 月 27 日州政协十一届八次常委会通过）

张建波　任州政协副秘书长

**【机构概况】**

2013 年，文山州政协共设七委两室，即：提案法制委员会、经济委员会、人口资源环境委员会、科教文卫体委员会、民族宗教外事委员会、委员联络委员会、文史资料委员会、办公室（内设秘书科、人事教育科、行财科、老干科、信访科、智力支边办、车队）、研究室。

**【文山州、县（市）政协领导人名单】**

**文山州**

**主　席**

王云凌

**副主席**

陈晓华（女）　卢　京（壮）

朱丽舒（女）　李　康

王占明　熊朝康（苗）

**秘书长**

何代文（壮）

**县（市）政协主席**

文山市　柏应明

砚山县　陈太红

西畴县　王　俊

麻栗坡县　项廷超

马关县　熊廷韦

丘北县　赵廷跃

广南县　赵世翔

富宁县　韦思亮

## 文山壮族苗族自治州各级政协委员和组织数

（截至2013年底）

| 州(市)县 \ 项目 | | 委员数 | | 组织数 |
|---|---|---|---|---|
| 文山壮族苗族自治州 | | 378 | | 1 |
| 各县区市 | 文山市 | 227 | 1697 | 8 |
| | 砚山县 | 210 | | |
| | 西畴县 | 171 | | |
| | 麻栗坡县 | 175 | | |
| | 马关县 | 192 | | |
| | 丘北县 | 231 | | |
| | 广南县 | 288 | | |
| | 富宁县 | 203 | | |
| 合计 | | 2075 | | 9 |

（撰稿：冯剑　审稿：张建波）

政协西双版纳傣族
自治州委员会

【全体委员会议】

**十一届二次会议** 3月23～27日在景洪召开。会议应到委员274名，实到255名。州政协主席胡志寿主持会议，副主席依甩、祜巴龙庄勐、李永义、玉香伦、权继能、江建成，秘书长岩罕滇出席会议。州委书记陈玉侯，代理州长罗红江，州委副书记孙青友，州人大常委会主任杨建明，州委常委、州人大、州政府和西双版纳军分区领导、州中级人民法院院长、州人民检察院检察长和部分离退休老领导应邀参加会议。会议听取并审议了胡志寿同志代表政协西双版纳傣族自治州第十一届委员会常务委员会所作的工作报告和权继能同志代表政协西双版纳傣族自治州第十一届委员会常务委员会所作的提案工作情况报告，出席会议的委员列席了西双版纳傣族自治州第十二届人民代表大会第二次会议，听取并协商讨论了《政府工作报告》、“两院”工作报告和其他报告，审议通过了大会各项决议。会议期间共收到提案112件，经审查立案106件。胡志寿主席致闭幕词。

【常务委员会会议】

**第5次会议** 2月20日在景洪召开。会议应到常委45名，实到40名。州政协主席胡志寿，副主席依甩、李永义、玉香伦、权继能、江建成，秘书长岩罕滇出席会议。州人民政府副州长吕永和，州政府办公室、州委宣传部、州财政局、州文化和体育新闻出版局、州旅游局、景洪市政府、勐海县政府、勐腊县政府负责人和机关副处以上领导干部列席了会议。胡志寿主席主持会议。会议协商确定了州十一届政协二次会议有关事宜，协商讨论了州十一届政协常委会工作报告（草案）和州政协十一届一次会议以来提案工作情况报告（草案），确定报告人，听取并协商讨论了州人民政府关于州政协十一届一次会议以来委员提案办理情况的通报和州人民政府关于西双版纳州“民族文化名州”建设情况的通报。

**第6次会议** 2013年4月27日在景洪召开。会议应到常委45名，实到34名。州政协主席胡志寿，副主席依甩、李永义、玉香伦、权继能、江建成，秘书长岩罕滇出席会议。机关副处以上领导干部列席了会议。胡志寿主席主持会议。会议审议通过了《政协西双版纳傣族自治州委员会2013年重点工作安排意见》。

**第7次会议** 7月16日在景洪召开。会议应到常委45名，实到33名。州政协主席胡志寿，副主席依甩、玉香伦、权继能、江建成，秘书长岩罕滇出席会议。州委常委、常务副州长陈启忠，州委组织部、州委政法委、州中级人民法院、州人民检察院、州禁毒委、州政府办公室、州发改委、州教育局、州公安局、州司法局、州国土资源局、州环保局、州农业局、州林业局、州水利局、州商务局、州卫生局、州自然保护区管理局、纳板河流域国家级自然保护区管理局、团州委、州妇联负责人和机关副处以上领导干部列席了会议。胡志寿主席主持会议。会议听取并协商讨论了州人民政府关于全州2013

年上半年经济运行情况的通报、州人民政府关于全州生态文明建设情况的通报和州禁毒委关于全州禁毒工作情况的通报。会议听取并协商讨论了州政协调研组关于全州生态文明建设情况的调研报告和州政协视察组关于全州禁毒工作情况的视察报告。

**第8次会议** 11月5日在景洪召开。会议应到常委45名，实到41名。州政协主席胡志寿，副主席依甩、祜巴龙庄勐、李永义、玉香伦、权继能、江建成，秘书长岩罕滇出席会议。州委常委、州人民政府副州长杨沙，州委组织部、州政府办公室、州发改委、州工信委、州人力资源和社会保障局、州国土资源局、州住建局、州水利局、州交通运输局负责人和机关副处以上领导干部列席了会议。胡志寿主席主持会议。会议听取并协商讨论了州人民政府关于重大项目建设情况的通报和州交通运输局工作情况的汇报。会议听取并协商讨论了州政协视察组关于全州重大项目建设情况的视察报告和州政协民主评议调查组关于对州交通运输局工作情况的调查报告。对州交通运输局工作进行了民主评议。

**【专门委员会工作】**

**提案法制委员会** 认真学习中共十八大、十八届三中全会和习近平总书记一系列重要讲话精神，积极参加“四群”教育活动。认真做好提案征集工作，编辑出版《政协西双版纳州第十一届委员会二次会议提案精选》。完成了十一届二次会议以来的提案和法制工作任务，跟踪督办10件重点提案。办好《西双版纳政协》杂志和州政协网站，加强提案网络系统建设，实现纸质提案和网络提案双轨办理。对《西双版纳州政协提案工作条例》进行全面修订。组织部分常委和法制委委员对全州禁毒工作进行重点视察，形成《州政协关于全州禁毒工作情况的调研报告》。协助配合全国政协调研组完成“全国政协重点提案办理情况”专题调研、视察工作。参加州政协组织的对西双版纳州生态文明建设的调研和全州重大项目建设的视察；参加驻州全国、省、州“三级”政协委员联合视察全州旅游景区、景点建设工作；参加州政协组织的对州交通运输局工作情况的民主评议工作；参加州政协组织的对州监察局、州法院、州检察院、州公安局等单位部门的视察、座谈。

**民族宗教联络委员会** 认真学习中共十八大、十八届三中全会和习近平总书记一系列重要讲话精神，积极参加“四群”教育活动。组织部分委员和州政协文史资料委员会对全州佛学分院建设情况和生态蔬菜种植专业合作社及生态土鸡养殖专业合作社建设情况进行调研。会同州政协科教文卫体委员会对全州“农村义务教育学生营养改善计划实施情况”进行调研。协助配合省政协调研组完成“民族团结进步、边疆繁荣稳定示范区”建设推进情况的调研、视察工作。参加州政协组织的对西双版纳州生态文明建设的调研和对全州禁毒工作的视察及全州重大项目建设的视察；参加驻州全国、省、州“三级”政协委员联合视察全州旅游景区、景点建设工作；参加州政协组织的对州交通运输局工作情况的民主评议工作；参加州政协组织的对州监察局、州法院、州检察院、州公安局等单位部门的视察、座谈。

**经济委员会** 认真学习中共十八大、十八届三中全会和习近平总书记一系列重要讲话精神，积极参加“四群”教育活动。会同州政协人口资源环境委员会完成了对全州生态文明建设情况的专题调研。组织州政协经济委员会部分委员对全州重大项目建设进行视察工作，形成《州政协关于全州重大项目建设情况的调研报告》。参加对《关于在易武—勐伴之间建立州级自然保护区的建议》、《关于加强景洪城公共交通线路建设》和《怎样让我州生态文明建设与城市发展建设和谐推进》3件重点提案的跟踪督办。参与组织州发改委、土地、建设、环保、林业、水利、招商、教育等政府相关部门主抓的州委州政府重点工程项目。参加州政协组织的对全州禁毒工作的视察；参加驻州全国、省、州“三级”政协委员联合视察全州旅游景区、景点建设的工作；参加州政协组织的对州交通运输局工作情况的民主评议工作；参加州政协组织的对州监察局、州法院、州检察院、州公安局等单位部门的视察、座谈。

**科教文卫体委员会** 认真学习中共十八大、十八届三中全会和习近平总书记一系列重要讲话精神，紧紧围绕州委提出的奋斗目标，主动谋事、积极干事、努力成事，积极参加“四群”教育活动。组织部分委员和州政协民族宗教联络委员会对全州“农村义务教育学生营养改善计划实施情况”进行调研，形成《州政协关于全州农村义务教育学生营养改善计划实施情况的调研报告》。组织州政协科教文卫体委员会委员对“全州民族语广播影视事业发展现状”进行调研。协助、配合全国政协和省政协调研组完成“民营医院发展情况”、“少数民族戏曲艺术传承与发展情况”、“桥头堡战略背景下的人才培养问题”等专题调研、视察工作。对《关于强化营业性演艺市场工作，推动旅游文化产业发展的建议》和《对科学合理实施好〈农村义务教育学生营养改善计划〉的建议》等2件重点提案进行了跟踪督办。参加“省政协教科文卫体委员会联席会议”、“全省八自治州政协联席会议”和“我的中国梦——云南省政协系统书画摄影作品展览”等一系列活动。参加州政协组织的对全州生态文明建设情况的调研和对全州禁毒工作的视察及全州重大项目建设的视察；参加驻州全国、省、州“三级”政协委员联合视察全州旅游景区、景点建设的工作；参加州政协组织的对州交通运输局工作情况的民主评议工作；参加了州政协组织的对州监察局、州法院、州检察院、州公安局等单位部门的视察、座谈。

**人口资源环境委员会** 认真学习中共十八大、十八届三中全会和习近平总书记一系列重要讲话精神，紧紧围绕人口资源环境工作，认真履行职责，积极参加

“四群”教育活动。组织部分常委和州政协经济委员会对全州生态文明建设情况进行了专题调研，形成了《关于加快推进全州生态文明建设的调研报告》。协助省政协调研组对“关于绿色生态产业发展情况”进行调研。对《关于规范景洪城区烧烤摊位的建议》和《沿江垃圾影响旅游城市形象》等2件重点提案进行了跟踪督办。参加了州政协组织的对全州禁毒工作的视察和全州重大项目建设的视察；参加了驻州全国、省、州“三级”政协委员联合视察全州旅游景区、景点建设的工作；参加了州政协组织的对州交通运输局工作情况的民主评议工作；参加了州政协组织的对州监察局、州法院、州检察院、州公安局等单位部门的视察、座谈。

**文史资料委员会** 认真学习中共十八大、十八届三中全会和习近平总书记一系列重要讲话精神，积极参加“四群”教育活动。编辑出版《我和西双版纳》第二辑——“在人民政协舞台上”一书。会同州政协民族宗教联络委员会完成了对全州佛学分院建设情况和生态蔬菜种植专业合作社及生态土鸡养殖专业合作社建设情况进行专题调研。参加州政协组织的对全州生态文明建设情况的调研和对全州禁毒工作的视察及全州重大项目建设的视察；参加了驻州全国、省、州“三级”政协委员对全州旅游景区、景点建设情况的联合视察；参加了州政协组织的对州交通运输局工作情况的民主评议工作；参加了州政协组织的对州监察局、州法院、州检察院、州公安局等单位部门的视察、座谈。

**【重要活动】**

**全州生态文明建设和保护工作调研** 2013年4月8～11日由州政协胡志寿主席为组长，玉香伦、江建成副主席为副组长，部分州政协委员和有关部门负责人组成的调研组，于对全州生态文明建设和保护工作进行了调研。调研组采取实地查看、听取情况汇报和走访座谈等方式，到县市进行了为期4天的调研并形成《关于加快推进西双版纳州生态文明建设情况的调研报告》。

**白成亮到版纳州调研** 2013年4月22～24日，省政协常务副主席白成亮率调研组到西双版纳调研旅游产业发展情况。西双版纳州政协主席胡志寿，州政府副州长吕永和，州政协副主席权继能及相关部门负责人陪同调研。调研组先后深入勐海县“茶马古道”、万达西双版纳国际度假区和西双版纳避寒山庄皇冠假日度假酒店进行实地调研。并与西双版纳州政府及相关职能部门进行了座谈。

**曾华到版纳州调研** 2013年5月11～13日，省政协副主席、九三学社云南省主委曾华率队到版纳州进行“加快我省绿色生态产业发展”专题调研。西双版纳州政协主席胡志寿，州委常委、常务副州长陈启中，州政协副主席玉香伦及相关部门负责人陪同调研。调研组先后深入勐海县光明食品集团云南石斛生物科技有限公司、大益茶厂和西双版纳曼迈胶厂进行实地调研。听取了州人民政府关于发展绿色生态产业基本情况的汇报。

**马开贤到版纳州调研** 2013年5月21～22日，省政协副主席马开贤带领由省政协民族和宗教委员会、在昆部分省政协委员、专家组成调研组，到版纳州就民族团结进步边疆繁荣稳定示范区建设推进情况进行调研。西双版纳州政协副主席依甩及相关部门负责人陪同调研。调研组先后深入景洪市基诺乡、勐海县打洛镇、勐海县布朗山乡实地调研民族示范村。听取了州人民政府关于全州民族团结进步边疆繁荣稳定示范区建设推进情况的汇报和景洪市基诺乡人民政府、勐海县布朗山乡人民政府关于民族团结进步边疆繁荣稳定示范区建设情况的汇报。

**周国富到版纳州调研** 2013年5月27～29日，全国政协文史和学习委员会副主任、中国国际茶文化研究会会长周国富率中国国际茶文化考察团一行，到版纳州就茶文化发展情况进行考察。西双版纳州政协副主席依甩及相关部门负责人陪同考察。考察组先后深入勐海县班章、贺开古茶园，勐腊县易武乡茶马古道及马大姐茶叶公司实地考察。

**全州禁毒工作视察** 2013年6月19～21日，以州政协主席胡志寿为组长，副主席依甩、李永义、玉香伦、权继能、江建成为副组长，部分常委、委员和有关部门负责人组成的视察组，对全州禁毒工作进行了为期3天的重点视察。视察组先后视察了勐海县公安边防查缉点、勐海县戒毒关爱中心、勐海县勐遮镇曼根村、勐腊县勐仑镇中学、景洪市孔雀湖社区、嘎洒镇曼达村、州强制戒毒所、州看守所等8个点，并与村、乡镇、县市及州禁毒委座谈5次，形成《关于全州禁毒工作情况的视察报告》。

**孙淦到版纳州调研** 2013年7月2～4日，以全国政协常委、提案委员会主任、中央直属机关工委原副书记孙淦为组长的全国政协提案委员会调研组一行，在全国政协民宗委副主任、省政协原主席王学仁，省政协副主席喻顶成等的陪同下，就全国政协重点提案《把西双版纳建设成为美丽中国生态示范区》到版纳州调研。西双版纳州委书记陈玉侯、州政协主席胡志寿、州委常委、州政府常务副州长陈启中、州委常委、秘书长杨涛、州政协副主席权继能及有关部门负责人陪同调研。调研组一行先后深入西双版纳热带雨林国家公园望天树景区和中科院西双版纳热带植物园，对西双纳生态保护和发展情况进行实地调研。

**黄洁夫到版纳州调研** 2013年10月12～14日，全国政协常委、教科文卫体委会副主任黄洁夫带领全国政协调研组到版纳州就“民营医院发展中的问题与对策”进行专题调研。省政协教科文卫体委员会副李庆生、西双版纳州政府副州长李江虹、州政协副主席李永义及相关部门负责人陪同调研。调研组一行先后深入西双版纳步高中医医院和西双版纳心脑血管康复医院，查看医院的硬件设备，询问和了解医院运行现状和面临的问题。听取了州人民政府关于民营医院发展中的问题与对策的情况汇报。

**全州重大项目建设视察** 2013年10月23～24日，由州政协副主席依甩、李永义、玉香伦、权继能、江建成，部分州政协委员和有关部门负责人组成的3个调研组，对全州重大项目建设进行重点视察。视察组先后视察了勐海生态旅游体育公园、景洪市绕城公路北环段、勐腊县7.5万吨/年橡胶综合开发、万达国际旅游度假区、西双版纳避寒皇冠假日酒店、磨憨口岸国际物流园等18个重点项目，形成《关于全州重大项目建设情况的视察报告》。

**卢展工到版纳州考察** 2013年10月29～30日，全国政协副主席卢展工率全国政协京昆室考察团一行到版纳州就“云南省少数民族戏曲艺术文化传承与发展”进行专题考察。省政协常务副主席白成学亮，西双版纳州政协主席胡志寿、副主席李永义及州有关部门责任人陪同考察。

**“四群”教育活动** 按照州委的统一部署，扎实开展“四群”教育活动，今年来，共联系群众740人/次，召开民情恳谈会30次，收集意见建议112条，为群众协调项目11个和部分项目资金，为营造安定和谐的社会环境发挥了积极的作用。

**民主评议工作** 8月20日召开民主评议州交通运输局工作动员大会，并组织部分委员分成三个调查组，分赴两县一市对州交通运输局工作情况进行走访、调查。11月5日在十一届政协常委会第8次会议上对州环保局工作进行了民主评议，有针对性地提出整改意见，促进部门工作。

**翁占·丰沙瓦到版纳州进行友好交流访问** 2013年11月11～14日，经中央批准，应云南省政协邀请，以老挝建国阵线中央副主席翁占·丰沙瓦副主席为团长的老挝建国阵线民族事务代表团一行，到西双版纳、普洱等地进行友好交流访问，省政协副主席曾华，省政协港澳台侨和外事委员会主任雷耀民，西双版纳州政协副主席依甩及相关部门负责人陪同接待。访问团一行先后到中科院西双版纳热带植物园、傣族园、勐泐大佛寺、万达西双版纳国际度假区和告庄西双景进行考察。

**驻州“三级”政协委员开展联合视察** 11月27～29日组织驻州全国、省、州“三级”政协委员于对全州旅游景区景点建设情况开展联合视察。通过视察，委员们知情出力，提出了具有参考价值的对策建议，切实发挥视察监督的作用，积极为全州经济社会又好又快发展建言献策。

**州政协系统理论工作研讨会** 11月20～22日，全州政协系统学习宣传贯彻十八大精神暨第十一届理论工作研讨会在景洪召开。会议以“进一步加快推进西双版纳生态文明建设，努力把西双版纳建设成为全国生态文明先进示范区和美丽云南的典范”为主题，开展了学习交流和研讨。

**【重要文件】**

**常务委员会工作报告**（2013年3月24日）（摘要）报告分为两个部分：

一、2012 年工作回顾。2012 年是州十一届政协的开局之年。一年来，在中共西双版纳州委的坚强领导下，州政协常委会高举中国特色社会主义伟大旗帜，坚持以邓小平理论、“三个代表”重要思想和科学发展观为指导，认真学习中共十七大和十八大精神，紧紧围绕州委、州政府中心工作，牢牢把握团结和民主两大主题，坚持“继承创新、锐意进取、真抓实干”，团结带领州政协参加单位、广大政协委员和各族各界人士，认真履行政治协商、民主监督、参政议政职能，为促进全州经济社会科学发展和谐发展跨越发展作出了积极贡献。

（一）抓好领导班子和委员的学习，履职能力不断提高

常委会把理论武装作为做好政协工作的基础和保障，摆在重要位置。在坚持党组学习制度，班子成员带头学习作表率的同时，认真组织州政协常委、委员及机关干部职工深入学习党的十八大、全国和省人大、政协“两会”精神及省第九次党代会和州第七次党代会精神，学习《中共中央关于加强人民政协工作的意见》和统战、政协理论知识。州十一届政协委员产生后，及时举办了新委员培训班，对政协委员履职所必须具备的基础知识和基本技能进行培训学习。中国共产党第十八次全国代表大会召开后，及时组织政协机关干部职工收看会议实况报道，召开党组会、主席会、党支部大会和全州政协系统学习宣传贯彻党的十八大精神专题会议，认真学习领会党的十八大精神，交流心得体会。通过学习，把广大政协委员和政协机关干部职工的思想认识统一到党的十八大精神上来，为认真履行职责、积极建言献策奠定了坚实基础。

（二）围绕第一要务，为促进全州经济社会发展献计献策

常委会坚持以科学发展观为指导，紧紧围绕促进全州经济社会科学发展和谐发展跨越发展这个第一要务，认真议政建言。

一是按照州政协十一届一次会议确定的主题，围绕国民经济与社会发展计划和“一府两院”工作报告等开展协商讨论，组织委员通过小组讨论、与党政领导面对面协商、提出提案和反映社情民意等形式，积极为建设富裕民主文明和谐西双版纳建言献策。

二是围绕关系全州经济社会发展的全局性问题和民生问题，认真组织委员开展调研、视察。先后对全州热区特色农业发展、景洪城区新饮水源工程、移民安置工作、关累镇灾后重建工作、勐腊县民营经济发展、景讷乡农业合作社建设和人畜饮水工程建设、勐腊边境经济合作区和中老“磨憨—磨丁”跨境经济合作区建设、民族文化名州建设等工作进行调研，形成了 3 份具有较高质量的调研报告，为党委、政府决策提供了依据和参考。组织驻州的全国、省、州“三级”政协委员，对全州水利工程建设情况进行联合视察。协助、配合全国政协和省政协完成了少数民族优秀传统文化保护和文化产业发展、加快西部沿边开发开放、生态环境保护、澜

沧江水运物流业建设与发展情况、家政服务业发展情况、县乡文化建设工作和云南基础教育阶段贯彻实施国家及省教育规划纲要基本情况等专题调研、视察工作，提出了建设性的意见和建议，许多意见、建议被采纳。

三是加大民主监督力度，认真履行民主监督职能。州政协常委会对州环保局工作进行了民主评议。通过评议，在充分肯定成绩的同时，也指出了存在的问题，有针对性地提出了整改意见，促进了州环保局工作。组织委员到州纪委、州法院、州检察院、州公安局视察，听取工作情况通报，对全州纪检监察工作、审判工作、检察工作、公安工作进行监督，增强了民主监督实效。

（三）发挥政协优势，为建设富裕民主文明和谐西双版纳贡献力量

常委会紧紧把握团结和民主两大主题，广泛凝聚民主党派、工商联、人民团体、各族各界人士的力量，努力协助党委、政府营造安定团结、政通人和的发展环境。

一是注重发挥民主党派、工商联和无党派人士在政协工作中的重要作用，注意听取民主党派、工商联负责人和无党派人士的意见、建议，认真办理民主党派、工商联的提案，积极推荐政协委员中的民主党派和无党派人士担任特邀监督员，努力营造民主和谐、合作共事的政治氛围。

二是努力做好团结各界、凝聚人心的工作。认真贯彻党的民族政策和宗教工作方针，始终注重走访慰问宗教界人士和少数民族人士，密切与民主党派、工商联、无党派人士、归侨侨眷、宗教人士、非公有制经济人士的联系与交往，了解和反映他们的意愿和呼声，积极在统一战线内部营造团结和谐的民主氛围，为增进民族团结和宗教与社会主义社会相适应、促进经济发展、维护社会稳定作贡献。举办了州政协第七届“李拂一教育特别奖”活动，表彰奖励了19位优秀教师和7名优秀少数民族学生。关心重视老干工作，积极为老干部安度晚年、发挥余热做好服务。

三是坚持以人为本，积极维护广大群众特别是困难群体、低收入群众的利益，为民呼，解民忧。按照州委的统一部署，州政协积极开展“四联户”和大接访大走访等活动，班子成员先后深入到勐养镇、关累镇、景讷乡、西定乡、普文镇、大渡岗乡、格朗和乡等乡镇进行走访，积极参与千名干部大走访和“走边关”活动，机关干部到扶贫点开展帮贫结对活动，发放民情联系卡。通过以上活动，进村入户，深入了解民情，帮扶解困，为乡村发展出主意、想办法、办实事。一年来，共走访群众322名，召开民情恳谈会38次，收集意见建议275条，为群众协调项目27个和部分项目资金，为营造安定和谐的社会环境发挥了积极的作用。

（四）重视经常性工作，履行职能更加富有成效

常委会坚持统筹兼顾，求真务实，积极探索，不断创新，促使政协的经常性工作不断上新台阶、上新水平。

一是切实加强提案办理工作。坚持把

提案作为全局性的重要工作，狠抓提案征集、办理、跟踪、反馈和落实等关键环节，不断创新提案办理方式，并以政协领导牵头督办重点提案、部分提案与承办单位现场办理和分层次办理为形式，使提案工作的整体质量和社会影响不断提高。全年共收到提案148件，立案141件，目前已全部办复。《关于加大微小企业政策扶持力度》《关于加快“民族文化名州”建设的建议》等12件重点提案由主席、副主席领衔督办，并与有关部门进行了面商，促进了提案的办理落实，发挥了提案在促进经济社会建设中的作用。

二是充分利用视察、调研、办理群众来信来访等工作，广泛收集社情民意，将更多具有前瞻性、警示性的问题以及群众生活中的热点、难点问题，及时向有关领导和部门反映。全年共接复来信来访31件次，整理报送社情民意22份，为党委、政府体察民情、了解民意、集中民智提供了重要信息。

三是认真做好文史资料工作。突出和发挥文史资料“存史、资政、育人、团结”的社会功能，结合建州60周年庆祝活动，编辑出版了《我和西双版纳》。本集以作者亲闻、亲历、亲见为视角，用自序的手法，集中反映西双版纳傣族自治州建州60年来翻天覆地的巨大变化，为自治州献上了一份厚礼，受到了州内外读者的一致好评，充分发挥了“团结人、影响人、教育人”的作用。

四是积极推进政协的对外交往和联络联谊工作。一年来，接待了5位全国政协副主席，以及各地政协来西双版纳参观考察团153批1564人次。结合年初确定的“中老跨境合作区建设”调研课题，组织委员到瑞丽口岸、孟定口岸考察学习口岸开放开发工作经验。

五是加强政协宣传工作。办好《西双版纳政协》刊物和西双版纳政协网站，增强宣传工作的计划性、系统性和时效性。认真做好《人民政协报》《云南政协报》的宣传发行工作，积极为全州政协委员订阅政协报。在省、州媒体发表新闻稿件180余篇，充分反映了全州政协履行职能情况，增强了全社会对政协工作的认识，扩大了政协的社会影响力。

（五）适应形势发展要求，自身建设得到全面加强

常委会按照《中共中央关于加强人民政协工作的意见》提出的政协自身建设的特有内涵，以思想建设为核心，以组织建设为基础，以制度建设为保障，着力加强自身建设。

一是坚持把加强界别建设、突出界别优势、发挥界别作用作为一项重要工作来抓。在召开政协全体会议、常委会议以及组织调研视察等活动中，突出界别的群体参政作用。在反映社情民意中，注重反映不同界别和特殊群体的意见、建议。结合专委会具有界别特点的优势，加强专委会力量，使界别作用得到进一步发挥。

二是注重发挥委员的主体作用。通过各种座谈会、通报会等，为委员知情出力提供服务。尊重和维护委员的各项权利，努力营造民主和谐的参政议政环境，鼓励

委员说真话、讲实情、进诤言。建立和完善专委会联系委员制度，定期或不定期开展专委活动，密切与委员的联系。邀请委员参加在当地进行的视察调研，扩大委员参加活动的覆盖面。组织开展“政协委员活动日”活动，进一步加强了政协组织与政协委员的经常性联系，为政协委员反映社情民意及相互学习交流创造了良好的条件。

三是进一步加强机关制度建设和作风建设。始终坚持用马克思主义中国化的最新理论武装头脑、指导实践、推动工作，坚持解放思想、实事求是、与时俱进和理论联系实际的学风，坚持民主集中制原则，坚持党风廉政建设的有关规定，形成了作风民主、团结干事的良好氛围。认真抓好机关各项工作制度的完善和执行，不断推进政协工作的规范化建设。加强对县市政协的指导与联系，相互沟通，促进交流，共同推动全州政协工作不断开创新局面。

各位委员，2012 年常委会工作取得的成绩，是在中共西双版纳州委的正确领导下，在州人民政府和社会各方面的大力支持下取得的，也是广大政协委员和政协参加单位共同努力的结果。在此，我代表政协西双版纳州第十一届委员会常务委员会向关心支持政协工作的各位领导和同志们、朋友们表示崇高的敬意和衷心的感谢！

回顾过去一年的工作，我们也清醒地看到，按照新形势的要求，对照政协章程的规定和广大委员、社会各界的期望，工作中还存在一些不足，主要有：人民政协理论学习还有待进一步加强；履行职能的水平还有待进一步提高；政协组织建设和工作机制还有待进一步完善，等等。这些问题和不足，需要我们在今后的工作中认真研究并切实加以改进。

二、2013 年工作任务。（一）深入学习贯彻党的十八大精神，进一步明确政协工作的目标和重点。（二）牢牢把握稳中求进总基调，全力服务科学发展和谐发展跨越发展。（三）充分发挥协商民主重要渠道，努力在推进民主政治建设中有所作为。（四）高度关注保障和改善民生，努力为人民过上更好生活履职尽责。（五）突出团结和民主两大主题，积极为社会和谐稳定凝聚力量。（六）进一步加强自身建设，不断提高履职能力和工作水平。

**十一届二次会议决议**（2013 年 3 月 27 日） 中国人民政治协商会议西双版纳傣族自治州第十一届委员会第二次会议，于 2013 年 3 月 24 ~ 27 日在景洪举行。会议听取并审议了胡志寿同志代表政协西双版纳傣族自治州第十一届委员会常务委员会所作的工作报告和权继能同志代表政协西双版纳傣族自治州第十一届委员会常务委员会所作的关于提案工作情况的报告，列席了西双版纳傣族自治州第十二届人民代表大会第三次会议，听取并协商讨论了《政府工作报告》及其他报告。会议期间，委员们以高度的政治责任感和使命感，围绕全州经济社会科学发展和谐发展跨越发展的目标任务和重大问题积极协商议政，提出了许多重要意见和建议。

会议简朴热烈、富有成效，是一次民主求实、继往开来、团结奋进的大会。

会议认为，政协西双版纳傣族自治州第十一届委员会常务委员会高举中国特色社会主义伟大旗帜，牢牢把握团结民主两大主题，坚持用科学发展观统领政协工作，认真贯彻落实州委决策部署，广泛团结动员参加人民政协的各党派团体、各族各界人士，紧紧围绕全州工作大局，切实履行政治协商、民主监督、参政议政职能，充分发挥协调关系、汇聚力量、建言献策、服务大局的重要作用，为推动全州经济社会发展，建设富裕民主文明和谐美丽西双版纳作出了重要贡献，人民政协事业展现出蓬勃生机和旺盛活力。

会议赞同罗红江代州长所作的《政府工作报告》，充分肯定过去一年全州在经济发展和社会事业等方面取得的成就。会议指出，过去的一年，面对复杂多变的国际国内形势和州内各类自然灾害，州人民政府团结带领全州各族人民，认真执行中共中央、国务院和中共云南省委、省人民政府的一系列方针政策，深入贯彻落实中共西双版纳州委的决策部署，牢固树立科学发展理念，积极实施加快发展新举措，坚定信心稳增长，团结拼搏冲千亿，促进全州各项事业全面进步，巩固了经济较快发展、社会和谐稳定、民生持续改善的良好局面，在全面建成小康社会征途上迈出了坚实步伐。《政府工作报告》对过去一年的工作总结客观实在，对存在问题的分析实事求是，提出的2013年发展目标和举措符合中共云南省委要求和我州实际。

会议要求，全州各级政协组织、广大政协委员要深入学习、全面贯彻落实中共十八大精神，准确把握坚持和发展中国特色社会主义这条主线，深刻领会科学发展观的历史地位和指导意义，深刻领会全面建成小康社会的奋斗目标，深刻领会中国特色社会主义经济建设、政治建设、文化建设、社会建设、生态文明建设五位一体的总体布局，不断深化对中国特色社会主义发展道路、理论体系和政治制度的认识，进一步增强道路自信、理论自信和制度自信，切实用十八大精神武装头脑、指导实践、推动工作。

会议强调，今年是全面贯彻中共十八大精神的第一年，是为全面建成小康社会奠定坚实基础的重要一年。我们必须认清形势、明确任务，坚定加快发展的信心不动摇，咬定科学发展和谐发展跨越发展的目标不放松。州政协要紧紧围绕“翻两番、增三倍、促跨越、奔小康”的工作要求，以科学发展为主题，以加快转变经济发展方式为主线，紧紧抓住桥头堡建设战略机遇，积极推进协商民主制度建设，进一步规范政治协商程序，不断加大民主监督力度，努力提高参政议政实效，在服务全州“两大目标”“四大重点”“八大举措”中把人民政协事业不断推向前进。

会议号召，全州各级政协组织、政协各参加单位和广大政协委员，要紧密地团结在以习近平同志为总书记的党中央周围，在中共西双版纳州委的坚强领导下，解放思想、开拓创新、凝心聚力、扎实工作，不断谱写人民政协事业发展新篇章，为推动全州经济社会实现科学发展和谐发展跨越发展作出新的更大贡献！

**胡志寿主席在州政协十一届一次会议闭幕会上的讲话**（摘要） 中国人民政治协商会议西双版纳傣族自治州第十一届委员会第二次会议，在州委的领导下，在各有关方面的支持配合下，经过大家的共同努力下，已经圆满完成了各项议程，今天就要闭幕了。在这次会议上，全体委员和与会同志以饱满的政治热情和高度的责任感，认真履行职责，围绕推进全州经济社会各项事业科学发展、和谐发展、跨越发展，全面建成小康社会，积极建言献策，提出了许多很好的意见和建议。这次大会始终充满着团结、民主、和谐、务实的气氛。会议期间，州委、州人大、州政府领导应邀参加了开、闭幕式。州委、州政府领导及有关部门的负责同志到会听取发言、参加讨论，充分体现了州委、州政府对政协工作的高度重视，体现了州直各部门对政协工作的大力支持。

各位委员、同志们，中共十八大描绘了全面建成小康社会、加快推进社会主义现代化、夺取中国特色社会主义新胜利的宏伟蓝图。我们伟大的祖国正从新的历史起点出发，迈上更加壮丽的征程。州政协的各参加单位和广大政协委员要把学习贯彻中共十八大精神作为当前和今后一个时期的首要政治任务，系统掌握基本内容，准确把握精神实质，切实把发挥政协优势的着力点、履行职能的切入点，聚集到促进落实十八大部署的各项战略目标上来，自觉把十八大精神转化为推动发展、服务群众、凝聚人心、促进和谐的实际行动。要紧紧抓住坚持和发展中国特色社会主义这条主线，深刻领会中国特色社会主义是中国人民长期实践取得的根本成就、是当代中国发展进步的根本方向这一重要论断，进一步坚定对中国特色社会主义的道路自信、理论自信和制度自信，无论遇到什么复杂局面，无论经历什么风浪考验，都要牢牢把握正确的前进方向，始终高举中国特色社会主义的旗帜不动摇，始终坚持中国共产党的领导不动摇，始终用中国特色社会主义理论巩固各界群众团结合作的共同思想政治基础不偏离，坚定不移地为中国特色社会主义更加广阔的发展前景而努力奋斗。

2013年，是全面学习贯彻落实党的十八大精神的开局之年，是实施“十二五”规划承前启后的关键一年，也是为全面建成小康社会奠定坚实基础的重要一年。我们要以邓小平理论、“三个代表”重要思想、科学发展观为指导，牢牢把握团结和民主两大主题，紧紧围绕中心、服务大局，全面履行各项职能，坚持在继承中创新、在创新中前进，不断增添工作活力，切实把政治协商、民主监督、参政议政的着力点，放在影响科学发展和谐发展跨越发展深层次矛盾的分析上，放在事关全面建成小康社会的综合性、全局性、前瞻性问题的思考上，放在解决人民群众最关心、最直接、最现实问题的探索上，积极有为协商议政，尽心尽力建功立业，努力在发挥优势中突出政协特色、彰显政协价值。

一要充分发挥政协作为协商民主重要渠道的独特优势，积极反映群众意愿、增进社会共识。我们要按照建设中国特色社会主义民主政治的要求，不断丰富协商形式，深入拓展协商内容，抓紧健全协商制度，着力提升协商质量，积极扩大协商的包容性，既集中多数人的普遍愿望，又反映少数人的合理主张，最大限度地包容和吸纳各种意见，切实引导参与协商的各方面树立大局观念，理性地表达诉求，负责任地提出建议，努力在发扬民主过程中更好地保障人民当家作主。

二要充分发挥政协人才荟萃、智力密集的重要优势，切实为推动经济社会发展提供有效的智力支持。我们要强化大局意识，紧扣州委、州政府的中心工作，紧扣改革发展的具体实践履行职责，充分发挥政协委员实践经验丰富、学有专长的优势，针对加快转变经济发展方式、全面深化改革开放、继续保持经济平稳较快增长、尽快缩小与全国、全省的发展差距所面临的一些宏观的、重大的、深层次的问题，多形式、多领域地开展专题调研和视察，着力在分析突出矛盾和问题上花力气、出成果，力求提出系统的解决方案和务实有用的推进措施，努力为州委决策提供民意支撑和民智参考。

三要充分发挥政协是大团结大联合组织的政治优势，进一步凝聚全面建成小康社会的强大合力。我们要牢牢把握团结、民主两大主题，切实把增进团结、促进联合贯穿到履行职能的各方面、全过程，不断扩大政协工作的团结面和包容性，积极争取人心，广泛凝聚力量，促进各方面的团结合作，维护社会和谐稳定。要围绕群众关心的民生问题，积极议政建言，努力促进民生政策的落实、民生工程的推进、民生问题的解决，千方百计帮助群众排忧解难，最大限度地增加和谐因素。要全力协助党委、政府做好协调关系、化解矛盾的工作，增进发展共识、减少改革阻力，更加关注社会公平正义，积极促进改革发展成果更多更公平地惠及各族各界群众，进一步激发人民群众推动发展、构建和谐的热情和干劲，努力为全面建成小康社会提振精气神、聚合正能量。

**【组织概况】**

**副秘书长任命名单**

（2013 年 7 月 16 日州政协十一届七次常委会议通过）

刀文胜（傣族） 任州政协副秘书长

罗　彬 任州政协副秘书长

**研究室主任任命名单**

（2013 年 7 月 16 日州政协十一届七次常委会议通过）

王云照 任州政协研究室主任

**【机构概况】**

第十一届委员会设办公室、研究室、提案法制委员会、文史资料委员会、经济委员会、民族宗教联络委员会、人口资源环境委员会、教科文卫体委员会 8 个内设机构。办公室下设秘书科、行政科、人事老干科、委员联络科4个科级单位。

**【西双版纳州、各县（市）政协领导人名单】**

**西双版纳州**

**主席**

胡志寿（拉祜族）

**副主席**

依　甩（女，傣族）

祜巴龙庄勐（傣族）

李永义（哈尼族）

玉香伦（女，傣族）

权继能（瑶族）

江建成

**秘书长**

岩罕滇（傣族）

**县（市）政协主席**

景洪市　张　淳（任职至2013年10月）

景洪市　段　春（2013年10月任职至今）

勐海县　王建国

勐腊县　段开德

**西双版纳傣族自治州各级政协委员和组织数**

（截至2013年底）

<table>
<tr><th colspan="2">项目<br>州（市）县</th><th colspan="2">委员数</th><th>组织数</th></tr>
<tr><td colspan="2">西双版纳傣族自治州</td><td colspan="2">274</td><td>1</td></tr>
<tr><td rowspan="3">各县区市</td><td>景洪市</td><td>199</td><td rowspan="3">545</td><td rowspan="3">3</td></tr>
<tr><td>勐海县</td><td>183</td></tr>
<tr><td>勐腊县</td><td>164</td></tr>
<tr><td colspan="2">合　计</td><td colspan="2">819</td><td>4</td></tr>
</table>

（编写：李宏　审稿：岩罕滇）

政协大理白族自治州委员会

杨 健 主席

毕熊光 副主席

陆 璐 副主席

杨泽恒 副主席

杨志东 副主席

张 松 副主席

杨丽君 副主席

杨 耀 秘书长

【全体委员会议】

**十二届一次会议** 2月21～25日在大理市举行。应到委员371名，实到367名。会议分别由杨健、毕熊光主持。州政协主席袁爱光，副主席张树藩、孙珍玲、孙明、寇铸勋，秘书长欧阳任，十二届一次会议常务主席杨健、毕熊光、陆璐、杨泽恒、杨志东、张松、杨丽君出席会议。会议听取并审议通过袁爱光作的常委会工作报告和孙珍玲作的提案工作情况报告。与会委员列席州十三届人大一次会议，听取并协商讨论了州长何华所作《政府工作报告》，协商讨论"两院"报告及其他报告。选举产生了政协大理州第十二届委员主席、副主席、秘书长和常务委员。审议通过了州政协十二届一次会议决议、常委会工作报告决议、提案工作情况报告决议。会议收到提案500件，经审查立案500件。云南省政府副省长、中共大理州委书记尹建业，中共大理州委副书记、州长何华，州人大常委会主任字国顺等领导出席会议。会议期间，尹建业到界别联组会听取各界别委员的意见和建议，何华听取委员协商讨论《政府工作报告》的意见和建议，"两院"领导班子成员听取委员协商讨论"两院"报告意见和建议。

【常务委员会会议】

**第1次会议** 2月25日在大理市举行。应到会常委75人，实到71人。会议由州政协主席杨健主持。副主席毕熊光、陆璐、杨泽恒、杨志东、张松、杨丽君，秘书长杨耀出席会议。会议听取杨耀关于政协大理州第十二届委员会工作机构设置的说明；听取州委组织部相关负责人关于政协大理州第十二届委员会副秘书长和各专委室主任、副主任名单的说明；审议通过政协大理州第十二届委员会关于工作机构设置的决定；审议通过政协大理州第十二届委员会副秘书长和各专委会、办公厅、研究室主任、副主任名单。州政协主席杨健讲话。不是州政协常委的各县市政协主席、州政协机关副处以上领导干部列席会议。

**第2次会议** 4月18日在大理市举行。会议应到会常委75人，实到62人。会议分别由州政协主席杨健和副主席毕熊光主持。副主席陆璐、杨泽恒、杨志东、张松、杨丽君，秘书长杨耀出席会议。州政府副州长段玠到会指导。会议审议通过政协大理州第十二届委员会2013年重点工作安排意见；审议通过政协大理州第十二届委员会常务委员会工作规则。省委党校副校长王国忠应邀就"学习与进步"进行专题讲座。中共大理州委书记梁志敏、州政协主席杨健分别讲话。

**第3次会议** 7月10～11日在大理市举行。应到会常委75人，实到68人。会议分别由州政协主席杨健和副主席毕熊光主持。副主席陆璐、杨泽恒、张松、杨丽君，秘书长杨耀出席会议。州委常委、州政府常务副州长王以同志到会指导。会议听取和协商了州人民政府关于全州2013年上半年经济运行情况，4位常委在大会上协商发言；审议通过《政协大理州第十二届委员会委员管理办法（试行)》；会议通过张晓辞去大理州政协十二届委员的职务的申请；中国人民政协理论研究会常务副会长李昌鉴应邀就“关于健全社会主义协商民主制度的若干问题”进行了专题讲座。州政协主席杨 健讲话。

**第4次会议** 10月9～10日在大理市举行。会议应到会常委75人，实到65人。会议由州政协主席杨健主持。副主席毕熊光、杨泽恒、杨志东、张松、杨丽君，秘书长杨耀出席会议。州委常委、州委统战部部长许云川，州人民政府副州长段介到会指导。会议听取州住房和城乡建设局负责同志所作的《关于州住房和城乡建设局2012年以来的工作情况报告》，7位常委在大会上协商发言，对州住房和城乡建设局的工作进行了分组评议和大会民主测评，通过了州政协常委会对大理州住房和城乡建设局工作的评议意见；省住房和城乡建设厅总规划师、刘学博士就“城乡规划编制与管理”进行了专题讲授。州政协主席杨健作了重要讲话。

**【专门委员会工作】**

**提案委员会** 一、抓好学习。认真学习党的路线、方针、政策和中办、国办《进一步加强提案办理工作的意见》和中共云南省委办公厅、省政府办公厅转发《政协云南省委员会提案工作条例的通知》及提案业务知识，不断提升工作水平。二、努力做好提案工作。2013年共收到提案502件，立案502件，所有立案的提案均办复。对2012年度20件优秀提案和22个提案办理先进单位进行了表彰。对2013年提案进行归档整理。认真做好表彰2013年提案承办先进单位、优秀提案、提案办理先进个人的各项筹备工作。三、加强提案宣传。组织民主党派相关委员，与大理电视台新闻部合作，开展“委员走基层”专题采访报道活动。四、搞好交流。召开全州政协提案工作研讨会，参加“云南省政协二十二次提案工作座谈会”，交流提案工作经验。五、创刊大理政协《社情民意》。收集、编辑政协委员反映社情民意信息10期，报送大理州委、州政府。六、对“进一步提升政协提案工作科学化水平的意见”进行专题调研。

**经济委员会** 一、加强学习。认真学习党的十八大和十八届三中全会精神，结合工作加强对政治、经济、文化、社会、生态建设知识的学习，不断增强履行职能的本领。二、开展调研视察。组织部分州政协委员对加快苍山旅游资源适度开发课题和对全州工业园区重点项目推进情况分别进行了调研视察。三、加强联系。加强与对口部门联系，参加听证、行风评议等工作；主动与县市政协对口专委会联系，开展相应调研视察等工作。四、搞好交流。牵线搭桥促成日本阿蒂克公司到洱宝公司进行梅子商务考察活动；参加全省政协经济委员会在曲靖市召开的联系会，学习交流政协经济委员会工作。五、重点提案督办。对关于推动我州旅游产业发展的建议、关于优先发展大理市公共交通的提案进行重点督查。

**人口资源环境委员会** 一、加强学习。切实加强理论学习，注重理论业务学习与实际工作的结合，深入钻研业务知识，提高专委会履职能力。二、精心组织调研视察。组成调研组对对全州城镇化建设情况开展调研。组织部分州、市政协委员对洱海流域生态文明建设“2333”行动计划推进情况进行视察。三、强化协作。配合主席会议，对扎实推进全州移民搬迁安置情况进行调研协商。以国家级生态文明先行示范区的争取为契机，联系全国政协人口资源环境委员会，将大理州生态文明建设情况列入其调研课题。认真做好其他重点建设项目督查等工作。四、开展“洱海保护月”活动。认真调研，制定工作计划，深入开展州政协机关挂钩联系刘官厂村的“洱海保护月”活动。

**教科文卫体委员会** 一、加强学习。认真学习宣传贯彻落实党的十八大和十八届三中全会精神，不断提高履职水平。二、开展调研视察。组织部分委员和相关部门领导对全州乡镇卫生院和村卫生室标准化建设情况进行专题调研，对农村义务教育营养改善计划进行协商前调研，为主席会议专题协商农村义务教育营养改善计划做好各项准备工作。对全州体育场馆建设使用情况进行视察。三、加强联系沟通。积极参加教育、科技、文化、卫生、体育、广电等对口联系部门的重要活动。配合全国政协副主席卢展工到大理州考察少数民族曲艺戏曲艺术传承和发展工作，配合省政协教科文卫体委员会到大理开展“我省在桥头堡战略背景下的人才培养问题”的重点调研。五、重点提案督办。对关于教育资源均衡分配的建议、关于进一步改善我州医疗执业环境，切实保障从业人员合法权益的建议进行重点督查。

**社会和法制委员会** 一、加强学习。认真组织委员学习贯彻党的十八大、十八届三中全会精神和大理州委七届三次全委会精神，加强对国家宪法和各项法律、法规的学习，不断提高委员履职水平。二、精心组织开展调研视察。组织部分委员和相关部门领导对全州养老工作和养老养生产业发展情况进行专题调研，对全州城乡居民低保实施情况进行视察，做好大理州新型农村社会养老保险和城镇居民社会养老保险试点工作专题协商的会前调研和相关准备工作。三、认真开展社会管理创新研讨。在全州开展社会管理创新征文活动，共征集论文98篇。

**民族宗教和联络委员会** 一、加强学习。认真学习党的十八大、十八届三中全会精神，学习统一战线和人民政协的新思路、新要求，学习《宗教事务条例》等民族宗教政策。二、开展专题调研视察。组成由部分州政协常委和相关部门领导参加的调研组，对大理州人口较少民族贫困地区扶持情况进行专题调研，对全州重点宗教活动场所保护修缮情况进行视察。三、加强联系交流。召开全州对口联系部门工作会议，组织民族和宗教委员会委员到海东考察山地新城开发建设工作，组织开展委员小组活动。参加全省政协民族和宗教、港澳台侨外联工作座谈会。四、参加民族宗教节日、庆典活动。积极参加各民族、宗教团体的新年团拜、春节联欢、圣诞、开斋、康巴文联、方丈升座等活动。五、重点提案督办。对关于给予安排州级专项配套资金，提高农村特困户危房改造补助标准的提案、关于定期向市民免费开放体育场馆的建议进行重点督查。

**文史和学习委员会** 一、认真组织学习。召开文史和学习委员会全体委员会议，认真学习贯彻中共十八大、十八届三中全会精神，传达学习中共大理州委七届四次全会精神；组织本委专职干部认真学习《政协全国委员会关于加强文史资料工作的意见》。二、抓好文史资料工作。召开全州政协文史资料工作座谈会，征集、编审、出版《大理州近现代人物选编》，编印《建言献策汇编》（第一集）、《建言献策》（第一集），撰写省州年鉴和州政协工作大事记。三、抓好政协文化建设工作。筹备并成立大理州政协书画室，聘请书画家60多位，并组织开展相关活动。四、搞好交流。召开全州文史工作座谈会，参加川滇黔赣冀五省二十州市第33次联系会议，参加全省八州政协文史工作联系会议，进行工作交流。五、做好参加云南省政协系统书画摄影展评选的组织工作，获优秀组织奖。六、搞好相关服务。做好州政协联系祥云县鹿鸣乡桑木箐村的挂钩扶贫工作，参加州重点建设项目督查工作，对《加强大理州农村应急广播网建设的提案》、《加强在城市建设中保护与发展地方文化特色的提案》进行重点督办。

【重要活动】

**王承才到大理州调研** 4月15日，云南省政协副主席王承才在州政协副主席杨丽君的陪同下深入云龙县漕涧镇仁山村、阿昌绿源农业开发有限公司、新胜村调研云南民族团结进步边疆繁荣稳定示范区建设和扶贫搬迁整乡推进工作。

**马开贤到大理调研** 4月21~22日，云南省政协副主席马开贤在州政协主席杨健、副主席张松陪同下，深入大理市喜洲镇调研推进民族团结进步边疆繁荣稳定示范区建设工作，听取基层干部的意见和建议。马开贤充分肯定了大理州取得的成绩，并希望大理州要进一步突出特色，认真总结经验，在今后工作中，把示范区建设与经济社会发展相结合，与城镇化建设相结合，与脱贫致富相结合，与生态文明建设相结合，进一步加强领导、加大投入、落实责任，全力抓好示范区建设。

**“四群”教育工作和挂钩扶贫** 为认真开展好2013年的“四群”教育工作，州政协机召开了“四群”教育工作动员部署会议，成立“四群”教育工作领导组，机关47名干部与挂钩扶贫点祥云县鹿鸣乡桑木箐村的188户困难群众实行结对联户帮扶。共协调资金158万元，帮助桑木箐村建设抽水站一座、村庄道路硬化2000米、建设完善村学校学生餐厅、篮球场、村幼儿园。帮助村组推广科学技术，解决群众生产生活中的一些困难和问题。

**重点提案督办面商会** 8月8日大理州政协召开2013年重点督办提案面商会。

对农工党大理州委提交的《关于积极稳妥推进大理州城镇化步伐的建议》，张朝举委员提交的《加强大理州农村应急广播网建设》，民革大理州委提交的《关于定期向市民免费开放体育场馆的建议》等3件重点提案进行集中面商。提案办理单位通报了提案办理情况，并就面商满意度进行民主测评。州政协主席杨健讲话。州政府副州长洪云龙到会指导。

**大理州政协书画室成立** 8月20日，大理州政协书画室成立仪式在大理举行。中共大理州委书记梁志敏讲话，州政协主席杨健主持成立仪式。州委、州政府、州人大、州政协主要领导，相关部门负责人及市政协机关干部职工参加成立仪式。全国政协委员、中国曲艺家协会名誉主席、全国著名评书表演艺术家、中国文联副主席刘兰芳同志讲话。

**大理州政协“十一”书画作品展览** 9月26日，大理州政协在州图书馆举行“我的中国梦——大理州政协‘十一’书画作品展览”。州政协秘书长杨耀主持开展仪式，州政协副主席陆璐致辞。州政协主席杨健，州委常委、宣传部长张剑萍，州人大副主任孙珍玲、寇铸勋，州政协副主席毕熊光、出席，州级有关单位、州政协特聘书画家、参展书画作品作者、州政协机关干部职工共160多人参加开展仪式，共97幅作品参展。

**卢展工到大理考察** 10月20～31日，全国政协副主席卢展工率全国政协考察团在省政协副主席白成亮，大理州委书记梁志敏、副书记李雄，州政协主席杨健，州委秘书长罗进忠，州人民政府副州长陈川，州政协副主席陆璐、杨泽恒、张松、杨丽君，州政协秘书长杨耀陪同下，深入大理州考察少数民族曲艺戏曲艺术传承和发展工作。

**罗黎辉到民进大理州委检查指导工作** 10月30日，云南省政协副主席罗黎辉到民进大理州委检查指导工作，召开民进部分骨干会员座谈会，州政协副主席、民进大理州委主委陆璐主持会议。

**委员培训** 11月8～9日，大理州政协十二届委员会在州委党校对新任职的州政协委员、不是新任委员的县市政协主席、州政协机关干部职工、联络工作人员进行培训。州政协主席杨健作开学典礼动员讲话；省政协秘书长车志敏就“人民政协性质、地位和作用，政协工作、协商民主”作专题辅导；西南大学经济管理学院副院长、教授、博士生导师谢家智讲授了《西南地区金融生态探究》。

**学习贯彻中共十八届三中全会精神** 11月18日，大理州政协机关全体干部70多人集体学习中国共产党第十八届中央委员会第三次全体会议精神。会议由州政协主席杨健主持，原文学习党的十八届三中全会公报；学习了中共云南省委关于党的十八届三中全会精神传达提纲。

**新年茶话会** 12月31日，州政协2014年新年茶话会在大理举行。中共大理州委书记梁志敏出席会议并讲话，州委副书记、州长何华，州委副书记李雄，州人大常委会主任袁爱光出席茶话会。州政协主席杨健主持茶话会。大理州党委、人大、政府、政协四班子领导，大理军分区领导和各族各界代表出席茶话会。

【重要文件】

**常务委员会工作报告**（2013 年 2 月 21 日）（摘要）报告分两个部分：

一、过去五年工作的回顾。

（一）围绕中心，服务大局，议政建言富有成效

始终把促进发展作为履职的第一要务，紧紧围绕州委、州人民政府的中心工作，积极议政建言，努力为推动全州经济社会发展献计出力。

积极推进政治协商。根据人民政协的职能，本届州政协共召开 5 次全会、20 次常委会议、67 次主席会议，围绕全州经济社会发展的重大问题，认真开展政治协商，积极建言献策。一是精心组织全委会议广泛协商。在政协大理州第十一届委员会先后召开的 5 次全会期间，通过界别联组会议、州人民政府工作报告协商会议、州中级人民法院和州人民检察院工作报告协商会议以及分组协商讨论等形式，对州人民政府工作报告、《大理白族自治州国民经济和社会发展第十二个五年规划纲要》（草案）、州中级人民法院和州人民检察院工作报告进行认真协商，提出的许多意见建议得到采纳。二是认真开展常委会议重点协商。每年分别在 7 月份和年底召开常委会议对当年全州上半年经济运行情况和《政府工作报告》（协商稿）进行认真协商，提出意见建议，州人民政府认真研究采纳。三是扎实开展主席会议专题协商。积极创新政治协商形式，主席会议先后对就业和再就业、水利基础设施建设、构建滇西医疗服务中心、出生缺陷预防、发挥侨界在对外开放中的积极作用等 12 个专题进行协商，提出了许多有针对性的意见建议，得到了州委、州人民政府领导和有关职能部门的高度重视，促进了相关工作的开展。同时，各专委会结合自身的特点和优势，通过各种形式开展与相关部门的对口协商，积极为部门工作建言献策。

扎实开展视察调研。坚持深入实际，调查研究，建睿智之言，献务实之策。一是精心组织专题视察。先后对洱海西岸田园风光保护、推行新型农村合作医疗制度、保障性住房建设、学前教育、平安创建、海东山地城市开发建设、重点工业园区建设、旅游二次创业重大项目建设等 22 个专题进行视察，州委、州人民政府主要领导对视察报告提出的建议高度重视，作出重要批示，要求认真研究落实。二是深入开展专题调研。精心选择了加大洱海保护力度、增加投资保增长、加快滇西中心城市建设、社会管理创新试点工作、加快我州人口较少民族贫困地区经济社会发展、巍宝山文化旅游资源开发利用等 37 个专题进行深入调研，州委、州人民政府主要领导对调研报告给予充分肯定，很多建议得到采纳，发挥了建言献策的重要作用。三是全力抓好专项调研。根据州委、州人民政府主要领导的安排，由州政协主要领导任组长，州级分管联系领导和相关部门领导参加，组成调研组或顾

问组，先后对环洱海沿岸保护和开发及下关城区改造提升、海东开发规划建设、推动大理省级经济开发区和省级旅游度假区发展、加快工业经济发展、加快水利改革发展、海西保护利用、加强洱海保护与促进流域协调发展、加快海东山地城市开发建设等10项重点工作进行了专项调研，提出了具体的意见建议。州委、州人民政府高度重视，先后8次召开州委常委（扩大）会议和2次专题会议听取汇报，研究决策，下发了8个州委、州人民政府文件和1个专题会议纪要，并召开专门会议进行部署，有力地推动了全州相关重点工作的开展。

切实抓好提案工作。充分发挥提案的重要作用，积极反映社情民意，主动献计献策。政协大理州第十一届委员会第一次全会以来共收到提案1788件，经审查立案1773件，比上届增加512件。在州委、州人民政府的高度重视和有关部门的大力支持下，通过提案者、承办单位的共同努力，所有提案已全部办复，其中，共遴选出70件重点提案进行重点督办和面商，共表彰优秀提案100件。提案的数量、质量明显提高，办理工作更加规范有效，提案中的很多意见建议得到采纳，许多群众关心的实际问题通过提案办理得到解决。

全面做好挂钩工作。扎实做好州政协领导和州政协机关挂钩联系的新农村建设、烤烟生产、扶贫工作、洱海保护、水利建设、移民安置、重大项目建设等全州重点工作，为推动发展作出了贡献。

（二）关注民生，服务群众，民主监督不断拓展

围绕事关全州改革发展稳定大局、事关人民群众切身利益的热点难点问题，不断探索创新民主监督的方式和渠道，关注民生，反映民意，努力为建设美丽幸福新大理作贡献。

始终重视关注民生。坚持把关注和改善民生作为履行职能的重要工作来抓，在提案、视察、调研、专题协商等工作中，坚持深入实际、深入基层、深入群众，真诚倾听群众呼声，真实反映群众愿望，积极建言献策。重视发挥政协优势，广泛动员州政协各参加单位、州政协委员和各族各界人士，协助党委、政府解决人民群众最关心的就业、教育、医疗、社会保障、扶贫开发、环境保护等现实问题，为改善民生、服务群众发挥了积极作用。

认真开展民主评议。坚持推进民主监督与促进部门工作、推动事业发展有机结合，州政协常委会先后对州国土资源局、州质量技术监督局、州公安局、州旅游局、州民政局、州食品药品监督管理局的工作进行了民主评议。在广泛调研、充分听取意见的基础上，常委会议充分肯定被评议部门的成绩，实事求是地指出存在的困难问题，提出了有针对性和可操作性的意见建议，促进了部门工作的开展。

不断拓展监督渠道。在协商议政工作中，通过讨论发言、视察调研、提案等途径，就相关工作提出意见建议。积极支持州政协委员列席州人民政府常务会议、建设项目规划审查会议、参与国家机关及事业单位新录用人员招考监督、担任特约监

督员、人民陪审员、人民监督员等工作，民主监督不断加强。

（三）发挥优势，凝聚力量，促进和谐成效明显

牢牢把握团结和民主两大主题，充分发挥政协组织的优势，努力做好凝聚人心、汇聚力量、协调关系、化解矛盾的工作，为构建和谐大理作出了积极贡献。

始终坚持团结合作。切实加强与州级各民主党派、工商联、人民团体和无党派人士的团结合作，努力为其参政议政搭建平台、创造条件。每年都召开新年茶话会和州级各民主党派、工商联负责人座谈会，通报相关工作情况，认真听取意见建议。重大视察调研、重要工作、重大活动等，都主动邀请州级各民主党派负责人和各族各界代表人士参加，充分调动各方面的积极性，努力促进全州各民族共同团结奋斗、共同繁荣发展。

合力促进社会和谐。充分发挥政协联系广泛的优势和州政协各参加单位的特殊作用，齐心协力促进和谐大理建设。切实做好社情民意信息工作，认真接待群众来信来访，促进了一些群众反映问题的解决。主动加强与少数民族、宗教界委员的联系，通过走访、慰问、调研和参加民族节日及宗教团体相关活动，宣传贯彻党和国家的民族政策、宗教政策及有关的法律法规，帮助协调解决实际困难和问题，充分调动少数民族、宗教界人士的积极性和主动性，为促进民族团结、宗教和顺、社会和谐稳定发挥了应有作用。

充分发挥自身优势。围绕促进祖国统一、服务全州发展，充分发挥政协内引外联、牵线搭桥的作用，认真做好港澳台同胞和海外华侨华人到我州观光考察、兴办实业、捐资助学、扶贫赈灾等方面的协调服务工作，加强与海外侨胞、归侨侨眷的联谊和交流，凝聚各方面的智慧和力量，为促进我州发展作出了贡献。

（四）重视宣传，扩大交往，交流协作活力增强

高度重视文史资料和政协宣传工作，积极扩大对外交流协作，努力为加快全州发展积极建言、扩大宣传和争取支持，推动和活跃了政协工作。

认真做好文史工作。充分发挥政协文史资料“存史、资政、团结、育人”的重要作用，有计划、有重点地加强文史资料的征集、编辑、出版工作，五年来，编辑出版了8辑共170万字的《大理文史资料选编》丛书和共39万字的大理州文史资料《洱海保护》专辑、《大理旅游》专辑，《大理文史资料选编》丛书和《洱海保护》专辑分别荣获云南政协首届优秀文史图书一等奖和三等奖。编印了政协大理州第十一届委员会全会文件汇编5辑，政协大理州第十一届委员会建言献策汇编和各县市政协建言献策选编各5辑，《大理政协》专刊20期。进一步强化政协宣传工作，通过省州新闻媒体和政协信息、专刊等，积极宣传报道州政协参政议政重大活动和重要工作开展情况，推动了工作开展。

积极争取上级支持。认真配合做好全国政协、省政协到大理的视察调研工作，

积极汇报我州经济社会发展情况，努力争取上级对我州各项工作的关心支持。协助省政协在大理召开了全省政协外联工作座谈会、全省政协经济委员会第三次工作会议，配合省政协认真做好在大理开展的水污染防治、水资源情况调查、农业科技成果转化应用、城市民族工作、依法行政、城镇上山等20个专题的视察调研工作。

务实开展交流协作。不断加强与全国各地政协的联系与协作，成功承办了川滇黔赣冀五省二十地市州政协联系会议、云南省八自治州政协联系会议和云南省八自治州政协文史工作联系会议。适时组织相关人员赴外地学习考察和参加政协工作联系会议，就做好政协工作进行学习交流，开阔了思路，促进了工作。

加强县市工作指导。重视加强对县市政协的工作指导，认真听取县市政协的意见建议，努力帮助县市政协解决存在的困难问题，多渠道进行工作交流，共同开展视察调研，全州县市政协工作有声有色，全面发展，整体水平进一步提升。

（五）重视学习，完善机制，自身建设不断加强

围绕提升履职能力、提高参政议政水平，不断强化学习、完善机制、转变作风，在加强自身建设方面取得了新进步。

高度重视抓好学习。坚持把学习作为重要任务，通过参加专题讲座、集中学习、自我学习、在线学习和委员活动月等学习活动，认真学习中共十七大、十八大精神，学习省第九次党代会、州第七次党代会和省委、州委政协工作会议精神，学习经济、政治、文化、法律、科技和政协业务知识。创新学习方式，重视学用结合，把理论学习与提升思想境界、提高工作能力、推动工作开展结合起来，增强了学习的针对性和实效性。

充分发挥整体作用。不断拓展州级各民主党派、工商联、人民团体发挥作用的新渠道、新领域，充分发挥其在参政议政中的重要作用。认真探索发挥界别作用的方法和途径，支持各界别根据自己的特点和优势开展活动。重视发挥委员主体作用，积极支持政协委员通过撰写提案、参加视察调研、反映社情民意、开展委组活动等多种形式，建言献策，参政议政。注重增强州政协各专委会工作活力，进一步发挥专委会在政协工作中的基础性作用。召开了全州政协工作表彰会，对全州政协工作先进单位、优秀政协委员和先进政协工作者进行了表彰。

切实加强机关建设。高度重视抓好州政协机关自身建设，结合开展学习实践科学发展观、“创先争优”、学习型党组织建设、“四群”教育等活动，切实加强机关思想、组织、作风、制度建设和党风廉政建设。不断创新政协工作机制，大力推进政协履行职能的制度化、规范化和程序化建设，州政协机关的各项制度不断健全完善，州政协机关干部职工的全局意识、责任意识、服务意识进一步增强，服务能力和服务水平进一步提高。

回顾五年来的工作，主要有以下六点体会。

（一）必须坚持中国共产党的领导，

始终保持政协工作正确的政治方向。（二）必须坚持围绕中心服务大局，始终把促进发展作为履职的第一要务。（三）必须坚持关注和服务民生，始终把维护人民群众的根本利益作为履职的出发点和落脚点。（四）必须坚持团结和民主两大主题，始终把促进社会和谐稳定作为义不容辞的重要使命。（五）必须坚持深入开展调查研究，始终把强化调研作为提高参政议政实效的重要前提和基础。（六）必须坚持加强自身建设，始终重视提升政协工作整体水平。

二、对下届政协工作的建议。（一）认真学习贯彻中共十八大精神，推动政协工作创新发展。（二）坚持发展第一要务，为推动跨越发展献计出力。（三）高度重视关注民生，为建设美丽幸福新大理多作贡献。（四）牢牢把握两大主题，为促进社会和谐凝心聚力。（五）切实加强自身建设，为履行职能职责打好基础。

**十二届一次会议决议**（2013 年 2 月 25 日） 中国人民政治协商会议大理白族自治州第十二届委员会第一次会议，于 2013 年 2 月 21 ~ 25 日在下关举行。会议听取和审议了《中国人民政治协商会议大理白族自治州第十一届委员会常务委员会工作报告》、《中国人民政治协商会议大理白族自治州第十一届委员会常务委员会关于五年来提案工作情况的报告》。与会委员列席了大理白族自治州第十三届人民代表大会第一次会议，听取并协商讨论了《政府工作报告》，协商讨论了《大理白族自治州中级人民法院工作报告》、《大理白族自治州人民检察院工作报告》及其他有关报告。会议选举产生了政协大理州第十二届委员会主席、副主席、秘书长和常务委员。

会议期间，中共大理州委和州人民政府领导出席了界别联组会议、政府工作报告协商讨论会议和“两院”工作报告协商讨论会议，与各民主党派、工商联、无党派人士、各有关人民团体和各族各界代表人士协商交流，共商全州发展大计。全体委员以饱满的政治热情和强烈的责任感，认真履行职责，围绕促进全州科学发展和谐发展跨越发展，广泛协商讨论，积极建言献策，提出了许多很好的意见建议。会议开得富有成效，是一次民主求实、团结鼓劲的大会。

会议赞同何华州长代表州人民政府所作的《政府工作报告》，赞同州中级人民法院工作报告、州人民检察院工作报告及其他有关报告。会议批准袁爱光同志代表政协大理白族自治州第十一届委员会常务委员会所作的工作报告和孙珍玲同志代表政协大理白族自治州第十一届委员会常务委员会所作的提案工作情况报告。

会议认为，过去的五年，在中共大理州委的领导下，政协大理白族自治州第十一届委员会常务委员会高举中国特色社会主义伟大旗帜，坚持以邓小平理论和“三个代表”重要思想为指导，深入贯彻落实科学发展观，紧紧围绕中共大理州委、州人民政府的中心工作，牢牢把握团结和民主两大主题，认真履行政治协商、民主监督、参政议政职能，齐心协力谋发展，凝心聚力促和谐，为全州经济社会又好又快发展和社会和谐稳作出了重要的贡献。

会议指出，今后五年，是我州贯彻落实中共十八大精神，奋力推进跨越发展、加快建设美丽幸福新大理、与全国全省同步全面建成小康社会的关键时期。做好今后五年的工作，全面完成各项目标任务，使命光荣、意义重大。在中共大理州委的领导下，在州人民政府和各方面的支持下，全州政协组织、政协各参加单位和广大政协委员要深入学习贯彻中共十八精神，中共云南省第九次代表大会、省委九届四次全委会精神，围绕中共大理州第七次代表大会确定的目标任务，按照中共大理州委七届四次全委会的部署和要求，开拓创新勤奋工作，推动政协工作创新发展，坚持发展第一要务，为推进跨越发展献计出力，高度重视关注民生，为建设美丽幸福新大理多作贡献，牢牢把握两大主题，为促进社会和谐凝心聚力，切实加强自身建设，为履行职责打好基础。

会议号召，全州政协组织、政协各参加单位和广大政协委员，要紧密团结在以习近平同志为总书记的中共中央周围，在中共大理州委的领导下，同心同德，开拓进取，为全州科学发展和谐发展跨越发展，建设美丽幸福新大理作出新的更大的贡献。

**杨健主席在州政协十二届一次会议闭幕会上的讲话**（2013 年 2 月 25 日）（摘要） 中国人民政治协商会议大理白族自治州第十二届委员会第一次会议，在中共云南省委换届指导组和省纪委、省委组织部换届风气督导组的精心指导下，在中共大理州委的正确领导下，经过全体委员和与会同志的共同努力，已经圆满完成了各项议程，今天就要闭幕了。

会议期间，委员们认真审议通过了十一届州政协常委会工作报告、提案工作报告和有关决议，听取并协商讨论了政府工作报告和其他报告，选举产生了新一届州政协领导班子。委员们以饱满的政治热情、高度的责任感和强烈的使命感，围绕我州经济、政治、文化、社会、生态文明建设和人民群众普遍关心的重大问题，以及如何进一步加强人民政协工作，畅所欲言、建言献策，提出了许多宝贵的意见和建议。州委、州人大、州政府领导及有关部门的负责同志到会听取发言、参加讨论，充分体现了州委、州政府对政协工作的高度重视。这次会议既热烈俭朴，又富有成效，是一次民主求实、团结鼓劲、凝心聚力的大会，是一次承前启后、继往开来、催人奋进的大会。

今天上午，全体会议选举产生了十二届州政协主席、副主席、秘书长和常务委员。我们深感使命光荣、责任重大，一定会倍加珍惜组织对我们的信任，倍加珍惜全体委员的期望，继续坚持和发扬人民政协的优良传统，团结合作，求真务实，开拓创新，在中共大理州委的领导和州人民政府的支持下，紧紧依靠全体委员，充分发挥集体智慧，把新一届政协工作做好。

过去五年，十一届州政协认真贯彻中共中央和省州党委关于政协工作的指示和要求，牢牢把握团结和民主两大主题，围绕中心、服务大局，切实履行政治协商、民主监督、参政议政职能，为促进全州经济又好又快发展和社会和谐稳定作出了积极的贡献。十一届州政协主席袁爱光同志，带领政协常委一班人为我州人民政协事业倾注了大量心血和汗水，为全州政协工作做出了重要贡献。由于年龄或其他工作需要等原因，部分十一届州政协常委和委员没有参加新一届州政协工作。希望这些同志继续关心、支持人民政协事业的发展，共同为坚持和完善中国共产党领导的多党合作和政治协商制度而不懈努力。

各位委员、同志们！十二届州政协任期的五年，是加快建设美丽幸福新大理、全面建成小康社会的关键时期。面对新形势新任务，我们要以邓小平理论、“三个代表”重要思想、科学发展观为指导，深入贯彻落实中共十八大精神，继承和发扬历届州政协的优良传统，履行好政协章程所赋予的各项职能；认真贯彻落实好这次大会精神，充分发挥政协作为协商民主重要渠道的独特优势，充分发挥政协人才荟萃、智力密集的重要优势，充分发挥政协是大团结大联合组织的政治优势；更好地协调关系、汇聚力量、建言献策、服务大局，为推动我州政协事业在新起点上实现新发展作出应有贡献。

要始终高举旗帜，着力增进政治共识。中国特色社会主义是全党全国各族人民团结奋斗的旗帜，也是参加政协的各党派团体、各界人士的最大政治共识。我们要充分认识政协是建立在政治共识基础上的政治组织，把坚持和发展中国特色社会主义作为学习贯彻中共十八大精神的聚焦点、着力点、落脚点，按照“健全社会主义协商民主制度”的部署和要求，坚持和完善中国共产党领导的多党合作和政治协商制度，推进协商民主广泛、多层、制度化发展，加强委员学习培训，推进政协理论研究，进一步夯实参加政协的各党派团体、各界人士的共同思想政治基础，巩固和发展我州安定团结、政通人和的政治局面。

要坚持围绕中心，着力服务科学发展。政协事业是中国特色社会主义事业的重要组成部分。我们要把促进科学发展作为履行职能的第一要务，以科学发展为主题，以加快转变经济发展方式为主线，以提高经济增长质量和效益为中心，坚持稳中求进的总基调，紧紧围绕州委、州政府的中心工作，积极有为协商议政，尽心尽力建功立业，努力在发挥优势中突出政协特色、彰显政协价值。

要调动积极因素，着力服务跨越发展。大理曾经跨越，大理可以跨越，大理应该跨越。政协工作要紧紧围绕州委、州政府确定的“从2010~2020年‘翻两翻以上、增三倍、促跨越、奔小康’”的奋斗目标，对涉及全州经济社会发展具有综合性、全局性、前瞻性的重大课题开展专题调研和协商议政，团结一切可以团结的力量，调动一切可以调动的积极因素，齐心协力推动全州跨越发展。

要全力协调关系，着力服务和谐发展。促进社会和谐稳定，是广大人民群众根本利益所在，也是政协重大职责所系。

我们要充分认识政协是党委政府联系群众、团结各族各界的重要桥梁和纽带，坚持把发扬民主、增进团结、协调关系、化解矛盾作为履行职能的重要着力点，协助党委政府做好理顺情绪、排忧解难、凝聚人心的工作，促进政党关系、民族关系、宗教关系、阶层关系、海内外同胞关系的和谐，努力为大理与全国全省同步全面建成小康社会提振精气神、聚合正能量。

要坚持以人为本，着力助推幸福大理建设。人民向往的美好幸福生活是我们共同的奋斗目标，政协履行职能、发挥作用为的是人民群众的根本利益。我们要结合“深入开展以为民务实清廉为主要内容的党的群众路线教育实践活动”，把履行职能的实践与最广大人民群众的根本利益紧密联系起来，紧紧抓住人民群众最关心、最直接、最现实的利益问题，开展调查研究，倾听群众呼声、反映群众意愿，多建顺民意遂民愿的真言、多办得民心暖民心的实事，为幸福大理建设作出人民政协应有的贡献。

要突出生态和文化建设，着力助推美丽大理建设。生态和文化是大理的美丽之源，是大理跨越发展的核心竞争力。中共十八大报告以美丽中国作为生态文明建设的宏伟目标，把生态文明建设放在了突出地位。我们要紧紧围绕环境保护、“森林大理”建设、洱海保护治理等为重点的生态文明建设，以及建设民族文化强州、促进文化与旅游深度融合等重要工作开展调研视察，为把大理打造成为美丽中国的一张靓丽名片而献计出力。

要加强自身建设，着力提高政协工作科学化水平。党对人民政协赋予重任，广大人民群众对人民政协寄予厚望。提高政协工作科学化水平是政协自身建设的目标，也是政协履行职能的必然要求。我们要切实加强自身建设，按照政协章程，完善常委会工作规则，建立健全各民主党派州委、州工商联和无党派人士在政协履行职能的工作机制，积极探索开展界别活动的新方法新途径，充分发挥委员作用，加强专委室工作。政协委员来自各个界别，代表各个方面的群众，是人民政协履行职能的主体。我们每一个政协委员都要倍加珍惜自身的荣誉，积极承担应尽的义务，满腔热情地投入政协工作。州政协机关从领导到职工，要切实增强服务意识，深入基层，服务委员，服务群众，要认真贯彻落实中共中央和省、州党委关于改进工作作风、密切联系群众的有关规定，深入推进“学习型、节约型”机关建设，不断提高政协服务科学发展和谐发展跨越发展的能力和水平。

**【组织概况】**

**主　席**

杨　健（白族）

**副主席**

毕熊光（彝族）　　陆　璐
杨泽恒（白族）　　杨志东（白族）
张　松（白族）　　杨丽君（女）

**秘书长**

杨耀（白族）

**常务委员名单**（共75名，按姓氏笔

画为序）

马克伟（回族） 王健丽（女）
韦继杰（壮族） 尹晓玲（女）
邓建伟 左岐宏（彝族）
石宏麟 代罗新（彝族）
圣　光 吉　玲（女）
毕才伟（彝族） 刘　刚
刘昌祥（苗族） 宇绍军（彝族）
李　公（白族） 李永忠
李郁华 李春映（女，白族）
李耀红（女，白族） 杨　龙
杨　磊（女，白族） 杨　燕（女，彝族）
杨光焰（女） 杨自尚（白族）
杨庆春（白族） 杨君祥（白族）
杨建军（白族） 杨春玉（女，白族）
杨赵义（彝族） 杨益琨（女，白族）
杨朝艳（女） 杨锦春
杨增铭（白族） 何云长
沙　敏（女，回族） 宋万钧
张　继（白族） 张其富（白族）
张金勇（回族） 张洪英（女）
张德鹏（彝族） 陈国琛
陈智军 罗宗康
周国珍（女） 周明华
郑昆芳（女，白族） 孟　璟（女）
柏建军（白族） 赵　明（白族）
赵中柱（白族） 柳　英（女）
段利华 施建锋（白族）
徐润莲（女） 高　康
陶志斌（苗族） 曹劲鹄
商　祥 彭宇兴
韩小红（女） 覃晓玲（女，白族）
雷家彬（女） 潘纯燕（女，白族）
薛一萍（女） 薛伟民
戴祖为（白族）

**委员名单**（共296名，按姓氏笔画为序）

**中国共产党**（52名）

马克伟（回族） 文慧君（女）
王　耀 王健丽（女）
代罗新（彝族） 左岐宏（彝族）
申　晋 宇绍军（彝族）
毕熊光（彝族） 张　松（白族）
张　继（白族） 张国雄
张树藩（白族） 张德鹏（彝族）
李　典（彝族） 李永光
李　勇（白族） 李国侯（白族）
李郁华 李树平（彝族）
李树林（白族） 杨　俐（女，白族）
杨　勋（回族） 杨　健（白族）
杨　耀（白族） 杨光焰（女）
杨庆春（白族） 杨丽君（女）
杨志东（白族） 杨学辉（白族）
杨宗元 杨建军（白族）
杨绍雄（白族） 杨树荣（白族）
杨赵义（白族） 杨锦春
杨毅平（白族） 苏育新（白族）
陈智军 和　泉（白族）
欧阳任 赵新光（白族）
徐力进 常华敏（彝族）
曹劲鹄 梅吉红
黄希里 彭　彬
彭云龙 舒　平
董利斌（傈僳族） 薛伟明

**民革**（3名）

车惠菊（女） 杨　振（回族）

段利华

**民盟**（7名）

尹　江　　王玉兴（白族）
朱任坚（女，白族）　李文赋
杨泽恒（白族）　陆　云（女）
周国珍（女）

**民建**（3名）

宋万钧　　杨绍艳（女）
杨锐铣（白族）

**民进**（5名）

石宏麟　　张惠香（女）
杨云飞（白族）　陆　璐
陈　华（女，白族）

**农工党**（4名）

杨　振（白族）　杨瑞东（白族）
周明华　　施照云（女，白族）

**致公党**（3名）

张洪英（女）　罗金洪（彝族）
章光柱

**九三学社**（4名）

白　丽（女）　李　庆
杨增铭（白族）　沈惠芬（女）

**无党派人士**（10名）

方雪艳（女，白族）　李　伟（白族）
李晓康（白族）　杨贵全（白族）
杨慧娟（女，白族）　柏建军
段子祥（白族）　高　康
韩小红（女）　雷家彬（女）

**共青团**（4名）

吉　玲（女）　肖春磊
苏文君（女）　周　敏

**工会**（4名）

李春盛（白族）　杨朝艳（女，彝族）
邹子全　　赵成明

**妇联**（6名）

何美红（女，彝族）　罗丽萍（女，白族）
杨丽红（女）　杨春玉（女，白族）
袁黎娟（女，回族）　董雪辉（女）

**青联**（4名）

尹艳平（女，白族）　李红梅（女，白族）
杨学洪　　孟　璟（女）

**工商联**（32名）

王丽平（女，白族）　王寿昌（彝族）
王建军（白族）　邓保家（白族）
邓裕川　　刘军民
朱建良　　许江山
何学喜　　何鹏川（白族）
张玉良　　张亚辉
张建才　　李永忠
杜志宏　　杨发祥
杨自尚（白族）　杨旻佺
杨金林　　杨富才（白族）
苏永德　　陈从文
罗　斌　　胡兴华
茶文荣（彝族）　赵中柱（白族）
唐　军　　徐润莲（女）
彭宇兴　　董盛贵（白族）
鲁国盛（彝族）　赫振伟（彝族）

**科学技术协会**（7名）

王中华（白族）　张广云（女，白族）
张玉民　　段剑生（白族）
钱体泽　　彭继强
覃晓玲（女，白族）

**归国华侨联合会**（11名）

丁金福　　寸四平（白族）
马元夫（回族）　左栋宇

田果果（回族） 朱江苇（回族）
李文荣 沈丽华（女）
周文伟 罗宗康
项光海

**文化艺术界**（14名）

寸伟六（白族） 马艳霞（女，回族）
尹振龙（白族） 王学军（彝族）
张炳芝（女，白族） 李九英（女，白族）
李树祥（白族） 杨政翠（女，彝族）
杨益琨（女，白族） 杨跃乐（白族）
杨嘉田（白族） 周婵媛（女，彝族）
周美润 谭利强

**科学技术界**（18名）

万绍武 刘　刚
刘艳梅（女） 何桥越（白族）
李　华（白族） 李彦宏
李福秀（女） 杨智勇（白族）
欧阳作富 范洵涛
茶应清（彝族） 赵　明（白族）
赵美焕（女，白族） 赵德安（女，白族）
黄俊成 董继荣（白族）
韩　勤（女，白族） 管成全

**社会科学界**（8名）

王育梅（女，白族） 王超英（女，回族）
张锡禄（白族） 李　公（白族）
李星秀（女，白族） 苏建东（白族）
杨丽萍（女,纳西族） 杨周伟

**经济界**（30名）

马建国 王世明（白族）
王继琴（女，白族） 刘应发
成云滔 何福堂（白族）
张丽池（女，白族） 李　佐（白族）
李耀红（女，白族） 杨　龙
杨汝荣 杨君祥（白族）
杨欣平（白族） 杨惠明（女，白族）
杨德斌 谷其先（傈僳族）
陈文学 单进园（女，白族）
和银霞（女,纳西族） 郑昆芳（女，白族）
施　黄（白族） 施建锋（白族）
段建新 赵江清（白族）
赵健昌（白族） 饶富旭
徐迎春（彝族） 秦峻霄（白族）
熊应辉 潘纯燕（女，白族）

**农业界**（25名）

尹正权（白族） 尹何春（白族）
任耀疆 孙绍军（彝族）
张翠芬（女，彝族） 李　秀（女，彝族）
李立钧（白族） 李仲梅（女）
李庆红（女，白族） 李瑞昌（白族）
杨　虎 杨少波
杨荣福（白族） 杨莲花（女、彝族）
杨琼臻（白族） 沈国亮（彝族）
陈国琛 段建伟（白族）
赵　凯（白族） 赵学东（白族）
赵家明（白族） 席海雄
袁　蓉（女，回族） 普建明（彝族）
廉子佩（女、彝族）

**教育界**（20名）

丁惠琼（女） 叶智洪（女）
宇述忠（白族） 朱灿忠
张金禄（白族） 张春骅（白族）
张继霖 李春映（女，白族）
杨　燕（女，彝族） 杨呈葆
杨荣华（白族） 周　仙（女，白族）
施　冰（女，白族） 赵映琼（女，白族）
唐晓霞（女，白族） 唐朝秀（女）

席　明（女）　高琦华（白族）
董汉中（白族）　鲁建宏（彝族）

**体育界**（3名）

尹晓玲（女）　吉向英（女，彝族）
李素梅（女，白族）

**新闻出版界**（5名）

张　丽（女，白族）　张朝举
李世奇（白族）　杨　磊（女，白族）
赵毅明（白族）

**医药卫生界**（20名）

冯瑞珍（女，傈僳族）　艾　嵩（白族）
华志贞（女）　何云长
张昱程（白族）　李　泽
李志明（白族）　杨琳瑛（女，白族）
沙　敏（女，回族）　芮雪梅（女）
陈泽林　周志伟
经明珍（女）　罗正开（彝族）
段　炽（白族）　胡　清（女）
赵光敏（白族）　赵惠珠（女，白族）
徐家忠　钱华彦（女）

**台胞台属**（10名）

王文畅（女，彝族）　王丽琼（女）
李　滔　杨　普（白族）
杨遐龄（女，白族）　林思红（女）
欧阳恕　唐黛丽（女，白族）
商　祥　薛一萍（女）

**少数民族**（14名）

马丽美（女，回族）　何桂花（女，藏族）
张其富（白族）　李小四（女，傣族）
李美珍（女，拉祜族）　杨丛英（女，白族）
杨吉顺（女，壮族）　杨朝胜（彝族）
和月娟（女，纳西族）　林月琴（女，阿昌族）
罗树梅（女，傈僳族）　陶清香（女，苗族）
曾桂华（女，布朗族）　戴祖为（白族）

**宗教界**（16名）

马　帅（回族）　马月恒（回族）
马绍经（回族）　马春波（回族）
马睿华（回族）　邓建伟
圣　光　刘昌祥（苗族）
张运华（白族）　张金勇（回族）
杨泽雄（回族）　杨新江（白族）
陶志斌（苗族）　释宏信
释常应（女）　释惟圣（壮族）

**社会福利和社会保障**（8名）

代立恒（白族）　孙玉明（白族）
师尚琨　李茂生（白族）
林家卫　柳　英（女）
段燕华（女，白族）　赵光星（白族）

**特别邀请人士**（21名）

马正龙（白族）　文召和
木杏云（女，回族）　韦继杰（壮族）
早合兴（白族）　毕才伟（彝族）
冷跃冰　张　晓
张理政（白族）　李小妹（女，白族）
李灿娥（女，白族）　杨丽珍（女，白族）
杨煜华（白族）　杨保诚
汪丽娟（女）　陈　新
段志宏（白族）　赵有生
资云海（傣族）　曹建康
盛喜春

**专门委员会主任、副主任任命名单**

（2013年2月25日州政协十二届一次常委会议通过）

张德鹏　任提案委员会主任
薛　枚　任提案委员会副主任
张　继　任经济委员会主任

熊添祥　任经济委员会副主任

陈智军　任人口资源环境委员会主任

左岐宏　任教科文卫体委员会主任

季　钧　任教科文卫体委员会主副主任

杨光焰　任社会和法制委员会主任

李福禧　任社会和法制委员会副主任

王健丽　任民族宗教和联络委员会主任

赵光铖　任民族宗教和联络委员会副主任

杨庆春　任文史和学习委员会主任

李进东　任文史和学习委员会副主任

**研究室主任、副主任任命名单**

（2013 年 2 月 25 日州政协十二届一次常委会议通过）

杨锦春　任研究室主任

马　诚　任研究室副主任

**办公室主任、副主任任命名单**

（2013 年 2 月 25 日州政协十二届一次常委会议通过）

杨赵义　任办公室主任

许东凯　任办公室副主任

李联鹏　任办公室副主任

**【机构概况】**

2013 年第十二届州政协工作机构设置两室七委，即办公室（下设综合科、秘书科、行政接待科、人事老干信访科、老干科、委员联络科、信息科、车队）、研究室（下设综合科），提案委员会、经济委员会、人口资源环境委员会、教科文卫体委员会、社会和法制委员会、民族宗教和联络委员会、文史和学习委员会，每个专委会下设综合科。

**【大理州各县（市）政协主席】**

大理市　薛伟民

漾濞县　代罗新（彝族）

祥云县　杨学辉（白族）

宾川县　文慧君（女）

弥渡县　舒　平

南涧县　黄希里

巍山县　马克伟（回族）

永平县　字绍军（彝族）

云龙县　张国雄

洱源县　李国候（白族）

剑川县　杨绍雄（白族）

鹤庆县　王　耀

## 大理白族自治州各级政协委员和组织数

（截至2013年底）

<table>
<tr><th colspan="2">项　目<br>州(市)县</th><th colspan="2">委员数</th><th>组织数</th></tr>
<tr><td colspan="2">大理白族自治州</td><td colspan="2">371</td><td>1</td></tr>
<tr><td rowspan="12">各县区市</td><td>大理市</td><td>269</td><td rowspan="12">2175</td><td rowspan="12">12</td></tr>
<tr><td>漾濞彝族自治县</td><td>146</td></tr>
<tr><td>祥云县</td><td>213</td></tr>
<tr><td>宾川县</td><td>192</td></tr>
<tr><td>弥渡县</td><td>184</td></tr>
<tr><td>南涧彝族自治县</td><td>129</td></tr>
<tr><td>巍山彝族回族自治县</td><td>185</td></tr>
<tr><td>永平县</td><td>161</td></tr>
<tr><td>云龙县</td><td>167</td></tr>
<tr><td>洱源县</td><td>191</td></tr>
<tr><td>剑川县</td><td>159</td></tr>
<tr><td>鹤庆县</td><td></td></tr>
<tr><td colspan="2">合　计</td><td colspan="2">2546</td><td>13</td></tr>
</table>

（编写：艾连钦　审稿：陆璐）

政协德宏傣族景颇族
自治州委员会

杨跃国 主席

毛勒端 副主席

杨丽云 副主席

肖占先 副主席

管国照 副主席

刘新光 副主席

朱 旗 副主席

杨 洪 秘书长

【全体委员会议】

**十一届一次会议** 1月31日至2月4日在芒市举行。应到会委员283名，实到会委员280名。会议执行主席为杨跃国、毛勒端、杨丽云、肖占先、管国照、刘新光、朱旗。省委换届指导组组长李雄，德宏州党政领导李磊、龚敬政、余麻约，州政协第十届主席孟必光等应邀参加会议。开幕大会由州政协副主席杨丽云主持。会议听取并审议第十届委员会常务委员会工作报告；听取并审议第十届委员会常务委员关于五年提案工作情况的报告。出席会议的委员列席了德宏傣族景颇族自治州第十四届人民代表大会第一次会议，听取并协商讨论了政府工作报告、州人民法院工作报告、州人民检察院工作报告和其他报告。会议期间，州委、州政府和州直有关部门领导到会，听取委员对《政府工作报告》和“两院”工作报告协商讨论的意见建议。会议收到提案149件，提案委员会审查立案139件。会议选举杨跃国为州政协第十一届委员会主席，毛勒端、杨丽云、肖占先、管国照、刘新光、朱旗为副主席，杨洪为秘书长，刀小周等55人为常务委员。会议审议通过了十一届一次会议《决议》。州政协主席杨跃国致闭幕词。

【常务委员会会议】

**第1次会议** 4月26日在芒市举行。应到会常委55名，实到44名。州政协主席杨跃国主持会议，副主席毛勒端、杨丽云、肖占先、管国照、朱旗，秘书长杨洪出席会议。会议传达学习全国政协第十二届一次会议精神；审议通过州政协第十一届委员会常务委员会关于工作机构设置的决定；审议通过《政协德宏州委员会2013年重点工作安排意见》；通过有关人事任免事项。

**第2次会议** 8月6日在芒市举行。应到会常委55名，实到47名。州政协主席杨跃国主持会议，副主席毛勒端、杨丽云、肖占先、管国照、朱旗，秘书长杨洪出席会议。会议听取德宏州人民政府上半年经济运行情况通报；听取并审议全州教育、社会保障、农垦工作调研情况报告；听取州教育局、州人社局、州农垦局工作情况汇报并进行工作评议。

**第3次会议** 10月15日在芒市举行。应到会常委55名，实到45名。州政协主席杨跃国主持会议，副主席毛勒端、杨丽云、肖占先、管国照、朱旗，秘书长杨洪出席会议。会议审议全州“民族团结进步、边疆繁荣稳定示范区”建设调研情况报告、全州招商引资工作调研报告、全州山区经济社会发展调研报告、全州环保工作视察报告并对州招商局、州民宗局进行了工作评议。

**第4次会议** 12月26日在芒市举行。应到会常委55名，实到49名。州政协主席杨跃国主持会议，副主席毛勒端、杨丽云、肖占先、管国照、朱旗，秘书长杨洪出席会议。会议听取德宏州人民政府2013年经济运行情况通报；审议政协德宏州第十一届委员会常务委员会2013年度工作报告（草案）；审议德宏州第十一届委员会常务委员会2013年度提案工作报告（草案）；审议政协德宏州第十一届委员会第二次会议有关文件。

【专门委员会工作】

**提案委员会** 一是采取组织调研视察、发送提案选题参考目录、举办培训班、召开座谈会等多种形引导委员撰写提案。二是开展提案办理视察督查，对7个承办单位65件提案的办理情况进行视察，并对办理工作提出意见建议。三是突出重点提案办理，确定7件重点提案由州政协领导领衔督办，并进行提、办双方“双向评议”。四是加大宣传力度，增强提案工作的社会影响力。五是加强对外联系，提高工作水平，配合省政协提案委到德宏州就陆路建设重点提案进行调研；参加省政协第22次提案工作座谈会暨研讨会和提案工作培训班；召开全州政协第六次提案工作座谈会暨研讨会；五是开展调研活动，组织调研组到各县市政协开展提案工作调研，组织委员对全州招商引资工作情况进行调研。

**经济委员会** 一是组织全州山区经济社会发展情况调研，形成《德宏州山区经济社会事业发展情况调研报告》，州政府根据调研报告出台《德宏州关于加快全州山区经济社会发展工作的实施意见》。二是积极参与组织全国、省、州政协委员对全州重大项目建设情况的视察活动。三是关注民生，继续做好农村路灯照明“村村亮”工程建设工作。

**人口资源环境委员会** 一是围绕生态文明建设，为提高德宏州美丽指数献务实之策。组织委员对全州环保工作情况进行视察，形成《全州环保工作视察报告》。配合省政协完成全省绿色生态建设德宏部分的调研。二是围绕产业发展，为德宏州重大项目建设出有用之力。组织委员对芒市、瑞丽市和陇川县重大工程项目建设情况进行视察，并形成相关视察报告。三是围绕中心工作，为德宏州山区经济社会发展献睿智之言。积极参与全州山区经济社会发展调研，形成报告并得到社会普遍关注。

**社会和法制委员会** 一是加强政治理论和业务知识学习，举办社法工作业务培训会，进一步提高委员履职能力和水平。二是召开全州政协社会和法制工作座谈会。三是认真履职，开展调研视察活动，形成《全州禁毒防艾工作明察暗访情况报告》；三是加强民主监督，组织对州人社局民主评议工作，积极参加州法院、州检察院审判案件，参与公检法行风评议，参加公务员考录的巡视和监督工作。

四是关注农村人畜饮水安全，提交《关于加强农村人畜饮水安全问题的建议》集体提案。五是做好来信来访工作，全年共接待来信来访16人次。

**民族宗教侨务委员会** 一是组织开展对全州宗教教职人员队伍建设情况的视察，形成《全州宗教教职人员队伍建设情况视察报告》。二是组织开展对“民族团结进步边疆繁荣稳定示范区”建设情况的调研，并形成报告。三是充分发挥委室职能和委员作用推进工作取得成效，主动加强与州委统战部、州民宗局、州侨联侨办、州外办等对口部门的沟通联系，抓好部门联系工作制度落实，委员会提出的农村垃圾处理场提案得到有关单位的高度重视，争取专项资金30万元。四是组织对州民宗局的工作评议。

**教科文卫体委员会** 一是组织对全州教育工作进行调研，完成《德宏州教育工作情况调研报告》，并根据常委会审议意见形成《关于加快德宏州教育发展的建议案》。二是参与在广西进行的对“委员联系村庄、联系企业”的考察，完成考察报告。三是配合省政协完成在瑞丽、德宏师专进行的“实施桥头堡战略背景下人才培养问题”的调研。四是积极组织开展专委会委员活动，共开展培训一次、视察座谈六次。五是编辑出版《政协德宏州第十届委员会教科文卫体委员会资料汇编》。

**文史资料委员会** 一是组织委员及有关部门负责人对全州农垦改革情况进行调研，形成调研报告。二是组织对全州文物保护单位管理与利用情况进行视察，形成视察报告。三是配合省政协“云南民航与经济社会发展及未来发展研究”调研组在德宏的专题调研工作。四是开展委员培训工作，就新形势下如何当好文史委委员、如何开展文史工作进行专题辅导。五是开展对外交流活动，配合黑龙江省哈尔滨市社会科学院、政协文史委课题组完成到德宏考察抗日战争遗址、纪念馆并收集有关资料的工作；配合广州市政协学习和文史资料委员会考察组完成到德宏开展的考察任务。

**【重要活动】**

**十届政协好新闻表彰会** 1月30日，为鼓励广大新闻工作者和有关单位在人民政协新闻宣传工作方面再创佳绩，州政协召开大会对十届政协好新闻奖获得者及新闻宣传工作先进个人等进行表彰。

**省政协“绿色生态产业发展”专题调研组到德宏调研** 5月26～30日，云南省政协人口资源环境委员会“绿色生态产业发展”专题调研组到德宏调研。州政协副主席朱旗，州政协人口资源环境委员会及州直相关部门领导陪同调研。

**省政协重点提案调研组到德宏州调研** 6月14～17日，省政协提案委员会“加快云南陆路建设”重点提案联合调研组到德宏调研。州政协主席杨跃国，州委常委、常务副州长柳五三，州政协副主席肖占先，州政协秘书长杨洪，州政协提案委及州直有关部门领导陪同调研。

**省政协调研组到德宏对“人才培养”进行重点调研** 6月16～19日，省政协组织部分教育界政协委员和专家学者组成调研组，到德宏就“我省在‘桥头堡’战略背景下的人才培养问题”进行调研。州政协副主席朱旗，州政协教科文卫体委及州直有关部门领导陪同调研。

**中秋茶话会** 9月17日，州政协举行芒市地区各族各界代表人士中秋茶话会，德宏州党政军领导，州级离退休老领导，在芒市的全国、省、州政协委员，州直各部委办局负责人，中央、省驻芒市企事业单位负责人，驻德宏中国人民解放军和武警部队首长，以及芒市地区各族各界代表共400余人出席茶话会。州政协主席杨跃国在茶话会上致辞。

**【重要文件】**

**常务委员会工作报告**（2013年1月31日）（摘要）报告分为两个部分：

一、十届州政协工作回顾

过去的五年，是我州团结一心、真抓实干，克服各种制约经济增长的不利影响，全州呈现出经济发展、社会进步、文化繁荣、民族团结、边疆安宁及生态文明建设全面加强的可喜局面的五年，也是我州人民政协事业向前推进发展的五年。在中共德宏州委的领导下，州政协十届常委会坚持以邓小平理论、“三个代表”重要思想为指导，用科学发展观统领政协工作，深入学习贯彻中共十七大、十八大精神，认真贯彻落实中共云南省委第八次、第九次党代会和中共德宏州委第五次、第六次党代会精神，围绕团结和民主两大主题，切实履行政治协商、民主监督、参政议政职能，积极推进社会主义协商民主制度建设，为促进德宏经济社会和人民政协事业科学发展、和谐发展、跨越发展作出了积极贡献。

（一）围绕中心，在促进经济社会发展中发挥作用

州政协常委会抓住国家深入实施西部大开发、中国面向西南开放桥头堡和瑞丽国家重点开发开放试验区建设重大历史机遇，紧扣州委、州政府的重大决策部署和工作中心，在促进全州经济社会发展中发挥作用。

积极协商议政，为促进经济社会发展建言。在本届州政协的6次全会上，委员们认真听取并协商讨论州人民政府工作报告及其他报告，通过召开政府工作报告和“两院”工作报告协商会及委员大会发言等形式，围绕全州经济社会发展和民生问题，提出了300余条针对性、操作性较强的意见建议。

发挥自身优势，为编制和实施“十二五”规划献计。先后召开州政协离退休领导干部座谈会、委员座谈会、主席会和常委会，围绕《中共德宏州委关于制定国民经济和社会发展第十二个五年规划的建议》，开展协商讨论，提出了意见建议50余条。

深入调查研究，为促进产业发展献策。先后就全州电力产业、柠檬产业、林产业、烟草产业、美食产业、高原特色农业、木材加工业、珠宝玉石产业、文化产业和澳洲坚果发展情况进行了10次专题调研，形成调研报告10份，课题研究报告1份、建议案6份。如加快我州柠檬产业发展的建议案得到州委州政府的高度重视，促成了《中共德宏州委德宏州人民政府关于加快柠檬产业发展的意见》的出台。

抓住历史机遇，为桥头堡黄金口岸和试验区建设出力。积极配合全国、省政协和国家、省有关部门到德宏进行国际大通道和桥头堡建设调研视察活动。参加省政协举办的“各界共议大战略，全省共建

桥头堡”恳谈会，我州选送的文章多篇获奖，州政协荣获优秀组织奖。举办“全州同议建设桥头堡黄金口岸”恳谈会和“德宏发展与民生论坛”，通过100余篇论文进行建言献策，为丰富德宏桥头堡黄金口岸建设提供了参考。围绕桥头堡建设，赴缅甸考察，提出了要进一步增进与缅甸交流合作的建议。开展了瑞丽姐告边境贸易区“境内关外”10年运行情况专题调研，提出了7条意见建议。对瑞丽国家重点开发开放试验区建设中重大工程建设情况进行了视察，提出5条意见建议。

（二）以人为本，在保障和改善民生中有所作为

州政协常委会紧紧围绕各族群众最关心的民生问题，充分发挥全体委员、政协各参加单位、各县市政协的作用，在促进民生改善中做了大量的工作，取得了明显的成绩。

增强大局意识，为抗震救灾和恢复重建献计出力。盈江、瑞丽“8·20”、“8·21”、“12·26”、“3·10”地震及全州性旱灾相继发生后，州政协领导及时赶赴灾区查看灾情，慰问受灾群众和委员，参与做好灾区稳定和向上争取支持工作，积极组织发动委员、机关干部向地震灾区捐款、捐物。

搞好调研视察，为改善民生出谋划策。为保障和改善民生，先后开展了9次专项视察，为党委政府出台有关政策提供了参考。开展老龄工作发展情况调研，提出的相关建议和意见得到州委高度重视，促成州委、州政府颁发了《关于进一步加强新时期老年人工作的意见》，编制了《德宏州老龄事业发展“十二五”规划》。

努力创造条件，为基层群众做好事办实事。州政协领导多次深入机关挂钩点及联系的7个乡镇调查研究，为挂钩点梁河帮别村协调资金100多万元，修建了金新桥；为基层协调争取资金200多万元，为群众做好事、办实事30余件。2009年以来，州政协牵头协调有关部门和县（市）政协积极争取资金，先试点后推广，实施了农村路灯照明“村村亮”工程，截止2012年已投资800多万元，300多个村寨实现了“村村亮”，使群众享受到了电力开发成果。

（三）突出主题，在促进边疆和谐稳定中彰显魅力

州政协常委会充分发挥爱国统一战线组织的优势，突出团结和民主两大主题，始终把发扬民主、加强团结、维护稳定、构建和谐作为重要任务，体现在履职中，为增进民族团结，维护边疆稳定，促进社会和谐作贡献。

一是通过开展民族工作，反映各族各界群众的愿望和要求，化解矛盾，增进团结；二是通过开展多种形式的调研视察，支持并参加各民族节庆活动，维护群众利益；三是通过举办各族各界中秋茶话会、“民族团结月”座谈会、工商界人士春节慰问座谈会、改革开放30年座谈会、纪念辛亥革命100周年系列活动，春节走访慰问民族上层人士遗孀、离退休老干部，增进感情、凝聚人心；四是充分发挥委员特别是民族和宗教界委员的作用，广泛深

入地宣传党和国家有关民族和宗教工作的方针政策，团结爱国爱教人士和信教群众，为德宏发展作贡献。

（四）求真务实，在实施民主监督中履职尽责

人民政协的民主监督，是中国特色社会主义监督体系的重要组成部分。州政协常委会密切关注德宏经济社会发展中出现的问题，坚持把民主监督寓于政治协商和参政议政全过程，使监督更具实效。

一是通过召开常委会和主席会，听取州政府、司法机关和政府职能部门工作情况报告并进行民主评议来实施民主监督。五年来，共召开常委会22次、主席会49次，分别听取州政府经济社会发展情况通报10次，听取38个部门的工作情况报告并进行评议，提出改进工作的意见建议，相关部门及时制定整改措施，推动了部门工作的开展，创新了民主监督的形式。二是通过选派委员参加全州执法、维稳等专项检查考核，担任干部公选、公务员及事业人员招录笔试面试巡视员、监督员和司法机关、信访、工商等部门的人民陪审员、人民监督员、特约检察员、特约监督员和行风评议员等来实施民主监督，进一步拓宽了民主监督的领域和渠道。三是通过调研视察和重点提案的催办督办来实施民主监督，促进相关成果转化。

（五）与时俱进，在加强自身建设中提升水平

州政协常委会始终注重全面加强委员和政协机关干部两支队伍建设和制度建设，不断提升自身履职的能力和水平。

注重抓好委员的学习培训工作。先后举办委员专题培训班3期，邀请省内外知名教授和从事政协工作等方面的专家学者，向委员讲授相关理论和知识，参训委员700多人次，有效地提高了委员的履职能力和水平。

注重发挥委员和专委会作用。通过为委员订阅报刊、落实待遇，召开联席会议，开展调研视察、监督评议和外出考察学习等活动，调动了委员和专委会履职的积极性和主动性，使委员的主体作用和专委会的基础作用得到了进一步发挥。

注重加强政协机关干部队伍建设。通过开展学习实践科学发展观、党风廉政建设、向杨善洲同志学习、创先争优、“四群”教育等活动，选派机关干部60多人次参加全国政协、省政协和有关大专院校及省、州党校举办的各种学习培训，使政协机关作风不断改善，服务水平不断提升。

注重抓好制度建设。主动争取党委的领导和支持，协助州委召开了州委政协工作会议，促成了《中共德宏州委关于支持人民政协履行职能发挥作用的意见》的出台。进一步修订、完善了主席会、常委会、专委会工作制度，以及机关学习、会议、财务、车辆管理等规章制度，使政协工作逐步走上制度化、规范化和程序化的轨道。

（六）统筹兼顾，在经常性工作中展示特色

州政协常委会注重把握人民政协工作的科学定位，努力使政协经常性工作特色

更鲜明，成效更突出。

努力提高提案工作水平。充分发挥提案在政协履职中的重要作用，按照“围绕中心、服务大局、提高质量、讲求实效”的提案工作方针，坚持把提高提案质量和办理效果作为提案工作的核心，完善工作制度，创新办理方式，使提案工作成效不断凸显。五年来，共收到委员提案680件，立案653件，办复率和满意率分别达到100%和98%，提案在促进全州经济社会发展中发挥了重要作用。

切实畅通反映社情民意渠道。通过推选社情民意信息员和充分运用界别反映社情民意等方式，向党委、政府反映各族各界群众的呼声和诉求230多条，在协助党委政府协调关系、化解矛盾、维护稳定、改善民生中作出了积极努力。

积极做好文史资料工作。先后出版了5辑文史资料，其中《人民政协成立60周年纪念文集》和《梁河剿匪纪实》，在2012年云南政协首届优秀文史图书表彰会上分别荣获三等奖和优秀奖。

不断加强政协新闻宣传和理论研究工作。切实办好《政协信息》、创办了德宏政协网站和《德宏政协》，发布500余条信息、发行《德宏政协》期刊4期，刊载了100余篇理论研究和实践文章；近期在全州各新闻媒体上进行十届州政协工作宣传系列活动，多渠道、全方位宣传我州各级政协组织履职的成果。

认真做好联谊接待工作。五年来，州政协常委会共接待来自全国各地的考察团组374批4785人次，为宣传德宏、扩大影响、招商引资起到了积极的作用。

二、对新一届州政协工作的建议

（一）以贯彻落实中共十八大精神为动力，不断开创政协工作的新局面；（二）以促进美丽德宏建设为中心，努力实现履职的新作为；（三）以完善协商民主制度为重要内容，稳步推进政治建设的新局面；（四）以保障和改善民生为重点，努力构建和谐社会的新格局；（五）以提高政协工作科学化为目标，努力推进自身建设水平上新台阶。

**十一届一次会议决议**（2013年2月4日）　中国人民政治协商会议德宏傣族景颇族自治州第十一届委员会第一次会议，于2013年1月31日至2月4日在芒市举行。会议听取和审议了《政协常委会工作报告》、《政协常委会关于五年提案工作情况的报告》，听取并协商讨论了《政府工作报告》及其他报告。会议全面总结了政协德宏州第十届委员会的工作，提出了政协德宏州第十一届委员会的工作目标和任务。会议选举产生了政协德宏州第十一届委员会主席、副主席、秘书长和常务委员。会议隆重热烈，简朴务实，富有成效，是一次团结民主、开拓奋进，求实创新、继往开来的大会。

会议审议通过了孟必光主席代表政协德宏州第十届委员会常务委员会所作的工作报告和王兴明副主席代表政协德宏州第十届委员会常务委员会所作的关于提案工作情况的报告。会议认为，政协德宏州第十届委员会任期的五年，是我州人民政协事业不断发展进步的五年。十届州政协在中共德宏州委的领导下，以邓小平理论、“三个代表”重要思想和科学发展观为指导，深入贯彻落实中共十七大、十八大和州第五次、第六次党代会精神，认真贯彻落实《中共中央关于加强人民政协工作的意见》和《中共德宏州委关于支持人民政协履行职能发挥作用的意见》，围绕中心，在促进经济社会发展中发挥作用；以人为本，在保障和改善民生中有所作为；突出主题，在促进边疆和谐稳定中彰显魅力；求真务实，在实施民主监督中履职尽责；与时俱进，在加强自身建设中提升水平；统筹兼顾，在经常性工作中展示特色，为促进德宏经济社会和人民政协事业科学发展、和谐发展、跨越发展作出了积极贡献。《常委会工作报告》对过去五年工作的总结客观全面，概括的经验对推进我州政协工作的新发展具有重要意义，提出的工作建议符合全州经济社会发展和政协工作的实际，对十一届州政协的工作具有较强的指导性。

会议赞同龚敬政州长代表州人民政府所作的《政府工作报告》，赞同德宏州人民法院和德宏州人民检察院的工作报告。会议认为，过去五年，是我国改革开放和全面建设小康社会取得重大成效的五年，是我州进一步保持经济持续健康发展、民族团结进步、边疆繁荣稳定良好局面的五年。五年来，在中共德宏州委领导下，州人民政府紧紧依靠全州各族人民，抢抓机遇、强化措施、攻坚克难、狠抓落实，圆满完成了任期内的各项工作，取得了可喜的成绩。《政府工作报告》体现了中共十八大、州第六次党代会和中共德宏州委六届三次全会精神，实事求是地总结了第十三届州人民政府的工作，客观分析了当前面临的困难和挑战，科学提出了今后五年及 2013 年的工作目标和任务，既鼓舞人心、催人奋进，又符合实际、切实可行，对我州与全省全国同步全面建成小康社会具有重要的指导意义。

会议强调，深入学习、全面贯彻中共十八大精神，是当前和今后一个时期人民政协的首要政治任务。全州各级政协组织要采取多种形式，认真组织广大政协委员、参加单位和各族各界人士认真学习贯彻中共十八大精神，切实用十八大精神武装头脑、指导实践、推动工作，不断把学习贯彻十八大精神引向深入，努力使学习贯彻十八大精神的过程，成为用科学发展观进一步统领政协工作的过程，成为人民政协为全面建成小康社会履行职能、发挥作用的过程，成为人民政协实现好、维护好、发展好最广大人民根本利益的过程，成为人民政协不断加强自身建设的过程。

会议要求，全州各级政协组织要认真贯彻中共十八大和中共中央、省、州党委对人民政协工作的新要求，完善协商民主制度和工作机制，推进协商民主广泛、多层、制度化发展。坚持和完善中国共产党领导的多党合作和政治协商制度，着眼德宏州情，充分发挥人民政协作为协商民主重要渠道作用，围绕团结和民主两大主题，推进政治协商、民主监督、参政议政制度建设，更好协调关系、汇聚力量、建言献策、服务大局。以贯彻落实中共十八大精神为动力，不断开创政协工作新局面；以促进美丽德宏建设为要务，不断作出新贡献；以完善协商民主制度为重点，不断推进民主政治建设；以保障和改善民生为己任，不断发挥积极作用；以提高政协科学化水平为目标，不断加强自身建设。

会议号召，全州各级政协组织、政协各参加单位和全体政协委员，要紧密团结在以习近平同志为总书记的中共中央周围，高举中国特色社会主义伟大旗帜，深入贯彻落实科学发展观，在中共德宏州委领导下，发挥优势、凝聚力量，建言献策、服务大局，为推进桥头堡黄金口岸、瑞丽国家重点开发开放试验区建设和人民政协事业的新发展，为建设美丽德宏和与全省全国同步全面建成小康社会作出新的更大的贡献！

**杨跃国主席在州政协十一届一次会议闭幕会上的讲话**（2013 年 2 月 4 日）（摘要） 这次会议是在德宏全面建设小康社会新征程、全力推进桥头堡黄金口岸和瑞丽重点开发开放试验区建设的关键时刻召开的一次重要会议。全体委员和与会同志以饱满的政治热情和高度的责任感，听取和审议了州政协常委会《工作报告》、《五年提案工作情况的报告》、听取并协商讨论了《政府工作报告》及其他报告，选举产生了政协德宏州新一届领导班子，审议并通过了各项决议。会议始终洋溢着团结民主、求真务实的蓬勃气息，是一次凝聚人心、汇集力量、共谋发展的大会，是一次团结奋进、鼓舞士气、激扬斗志的大会，对于深入贯彻落实党的十八大精神，团结全州各族人民，凝聚社会各界智慧和力量，推动我州科学发展、和谐发展、跨越发展必将产生重要作用。

过去的五年，是德宏基础设施建设取得新突破、产业培育展现新亮点、改革开放呈现新局面、社会各项事业取得新进展、综合经济实力跃上新台阶的五年。十届州政协班子在五年任期期间，牢牢把握团结和民主两大主题，认真履行政治协商、民主监督和参政议政职能，在围绕中心、凝聚人心、服务大局、关注民生，加强政协自身建设等方面做了大量卓有成效的工作，取得了显著成绩，为新一届政协工作打下了坚实的基础。根据本人申请和省委州委批复，孟必光主席和部分副主席、常委、委员不再担任十一届州政协的领导和委员。他们政治品质好，统领能力强，领导经验丰富，学识渊博、勤奋敬业，为全州经济社会发展和人民政协事业倾注了大量心血和汗水。借此机会，我提议，让我们以热烈的掌声，向他们表示衷心的感谢！同时，向为德宏发展、为政协事业发展作出积极贡献的历届政协领导班子和全体委员致以崇高的敬意！

这次会议在充分酝酿和民主协商的基础上，选举产生了政协德宏州第十一届委员会主席、副主席、秘书长和常务委员。在此，我谨代表十一届州政协常委会全体组成人员，对组织和全体委员的信任与支持表示衷心感谢！此时此刻我们深感责任重大，使命光荣，我们一定不辜负全州人民和全体委员的重托和期望。刚刚闭幕的州委六届三次全会，准确把握发展大势，明确了我州今年和今后一段时期全州工作的总体要求、目标任务和工作重点，吹响了解放思想、大干快上，建设美丽德宏的号角。站在新的起点上，全体政协委员要勇于担当、不辱使命，接过“接力棒”，奋力向前跑，为德宏全面建成小康社会贡献更大力量。我们要始终坚持中国共产党的领导，保持人民政协事业发展的正确方向。党的领导是人民政协的根本原则，是人民政协存在和发展的根本前提，是政协履职尽责、发挥作用的根本保证，不论任何时候、任何情况、任何条件，都要坚决贯彻党的路线、方针、政策，确保政协始终同党委思想上同心同德、目标上同心同向、行动上同心同行，始终沿着正确的政治方向前进。全州各级政协要自觉接受党委领导，坚持重大工作主动报告，重要事项及时反映，重大活动主动请示，广泛开展与党政部门对口联系，加强上下对接、横向交流，进一步形成党委重视、政府支持、政协主动、各方配合、社会关注的政协工作新格局。我们要始终坚持围绕中心、服务大局，把政协工作放到全州工作大局中谋划和推进。政协工作是全州工作的重要组成部分。政协围绕中心、服务大局的主要目标在于推动科学发展、促进社会和谐，基本方式在于协商议政、献计出力，独特优势在于人才荟萃、智力密集、社会联系广泛、政治渠道畅通。我们必须牢牢把握主题主线，紧紧围绕与全省全国同步全面建成小康社会的总目标，以桥头堡黄金口岸和瑞丽重点开发开放试验区建设为总抓手，以建设美丽德宏为总要求，切实把政治协商、民主监督、参政议政的切入点、着力点和突破点，放在推改革扩开放、夯基础强产业、兴文化促团结、优生态惠民生上，放在增强全州发展活力、发展动力、发展凝聚力和永续发展能力上，放在大干快上、到2020年实现“增四倍、翻两番、增两倍、奔小康”的目标之上，自觉围绕党委、政府决策部署谋划工作，紧扣改革发展稳定推动工作，真正做到党委、政府的工作推进到哪里，政协的工作就跟进到哪里，力量就汇聚到哪里，努力在全面建成小康社会中干成事。我们要始终坚持社会主义民主政治的时代要求，充分发挥协商民主的重要作用。协商民主是我国社会主义民主政治发展的重要形式，是政协的主要职能。全州各级政协组织要牢牢把握团结与民主两大主题，着力探索实践协商的平台和载体，建立健全全体会议广泛协商、常委会议集中协商、主席会议重点协商、专门会议专题协商、专委会对口协商的工作体制机制；要着力拓展协商民主的广度和深度，政协各参加单位和广大政协委员在经常深入基层了解社情民意，吸收社会各界人士积极参与、踊跃参加、大胆协商，最广泛地反映各方面的意见建议；要着力增强协商民主的实效性、针对性和可操作性，使重大问题既能协商于党委政府决策之前，也能协商于决策执行过程之中。要通过坚持好、完善好、发展好协商民主，进一步提升政协参政议政的能力和水平，为全州经济社会跨越式发展添砖加瓦。我们要始终坚持以人为本，真正做到人民政协为人民。民生连着民心，民心凝聚民力。全州各级政协组织要充分发挥联系面广、包容度大、代表性强的特点，牢固树立以人为本、履职为民的理念，把重大民生问题作为政治协商的重点议题，把热点难点问题作为民主监督的重要内容，把改善和保障民生作为参政议政的重要领域，紧紧围绕教育、就业、社会保障、扶贫济困、医疗卫生、社会治安、环境保护等涉及群众切身利益的问题，开展民主监督，进行调研视察，积极议政建言，促使问题得到实际有效的解决。要体察群众疾苦，倾听群众呼声，反映群众意愿，协助党委、政府开展好政策宣传、解疑释惑、理顺情绪工作，充分发挥上情下达、下情上察“连心桥”、“直通车”的作用，真正成为党和政府联系各族各界群众的桥梁和纽带。

党对政协赋予重任，各族群众对政协寄予厚望，在承前启后、继往开来的征途中，我们必须以改革创新精神，进一步加强政协自身建设。要切实加强思想政治建设。坚持用党的十八大精神武装头脑、指导实践、推动工作，自觉把中央、省委和州委对政协工作的要求，转化为谋划政协工作的正确思路，转化为分析和解决问题的实际能力，转化为提高建言献策水平的过硬本领，进一步提高各级政协领导班子谋全局、抓大事、议大事的能力，努力建设“学习型、服务型、创新型、和谐型”的政协机关。要切实加强制度建设。进一步规范政协组织和政协委员履行职能的内容和形式，建立健全政协会议、调研视察、提案办理、专委会活动、联系委员等履行职能的机制，完善履行职能的程序，扎实推进政协工作制度化、规范化、科学化和程序化。要切实加强作风建设。认真贯彻落实中央关于改进工作作风、密切联系群众八项规定和省委十项规定，进一步转变工作作风，下决心改进会风文风，坚决克服形式主义、官僚主义，以优良作风凝聚人心，推动各项工作大落实、快落实。要切实加强队伍建设。以政协委员和政协机关干部两支队伍建设为重点，不断增强政协委员和政协机关干部职工的政治意识、大局意识、责任意识、服务意识和统战意识，努力造就一支政治坚定、作风优良、学识丰富、业务熟练的高素质政协干部队伍，进一步提升政协组织和广大政协委员的履职能力，真正做到协商有计、监督有力、参政有方。当前，县市政协班子换届工作已顺利完成，希望各级政协班子既要善于“瞻前”、也要注意“顾后”，既不搞“一个师公一道法”、也不刻意搞“新官上任三把火”，要多多“添柴”、而不胡乱“起灶”，一任接着一任、一年接着一年，持续推动各项事业发展。

各位委员、同志们！新形势、新任务对政协工作提出了新的更高要求，也为广大政协委员提供了更加广阔的舞台。让我们紧密团结在以习近平同志为总书记的党中央周围，在州委的坚强领导下，解放思想、抢抓机遇，同心同德、群策群力，为谱写德宏各族人民美好生活新篇章而努力奋斗！

【组织概况】

**主　席**

杨跃国

**副主席**

毛勒端（景颇族）　杨丽云（女,傈僳族）
肖占先　管国照（傣族）
刘新光　朱　旗

**秘书长**

杨　洪

**常务委员名单**（共47名，按姓氏笔画为序）

刀小周（傣族）　刀承祎（傣族）
王圣春　牛秋燕（女）
尹以稳　尹宁华
尹朝红（女）　孔润琴（女,景颇族）
艾　徐（女,德昂族）叶金国
召系利（傣族）　向明亮（傣族）
全洪涛　刘金华（女）
许贵荣（傣族）　孙　媛（女,阿昌族）
李茂文　杨　杏（女）
杨　林　杨　辉
杨荣凡　杨常锁
何　方　何　庆（女,景颇族）
何朝阳（壮族）　何腊拥（景颇族）
张庆玲（女,傈僳族）陈川云
陈绍昌　邵伟宏（女）
欧家同　卓君佳（女,景颇族）
帕安胜（傣族）　金　华
周晓东　赵福所
胡永强　钟焱芳
段生平（傈僳族）　侯　华（女，傣族）
饶文云　姜青山（回族）
郭桂兰（女）　龚玲政（女，傣族）
密秉兴（傈僳族）　董保柱
焦玉明（傣族）

**委员名单**（共281人，按姓氏笔画为序）

**中国共产党**（11名）

刀承祎（傣族）　方安品（女，傣族）
向明亮（傣族）　刘从香（女）
杨加芳（女，白族）杨静芳（女，傣族）
李木变（女,景颇族）何庆国（景颇族）
何春嵘（景颇族）　张维平
侯　胜

**无党派人士**（5名）

艾　徐（女,德昂族）刘国强
张玉芳（女,景颇族）张庆玲（女,傈僳族）
帕安仁（傣族）

**共青团**（6名）

刀　敏（女,景颇族）张立芳（女）
郑文静（女）　线　丹（女,德昂族）
侯　华（女，傣族）麻　路（女,景颇族）

**工会**（6名）

杨翰全　邵　斌
邵晓应（傣族）　金华忠（景颇族）
栋　二（傈僳族）　郭桂兰（女）

**妇联**（6名）

孔润琴（女,景颇族）孙姗姗（女,景颇族）
何木兰（女,景颇族）卓君佳（女,景颇族）
钟云华（女）　番绍琰（女）

**工商联**（6名）

孙任宗　何朝阳（壮族）
何腊拥（景颇族）　饶文云
曹发成（傈僳族）　廖晓腊（女，傣族）

**科学技术协会**（4名）

杨　林　李二洼保（傣族）

沈　坤　赵治海（白族）
**归国华侨联合会**（6名）
尹朝红（女）　许升湘
吴世全（女，傣族）　郑振泉
龚家民（傣族）　景　慧（女，傣族）
**文化艺术界**（9名）
冯国志（傣族）　司北海（女,景颇族）
何秀芳（女,景颇族）　周湛禄（女）
赵家荣（德昂族）　翁草途（女,景颇族）
黄全限　谢云静（女，傣族）
焦玉明（傣族）
**科学技术界**（12名）
刀小周（傣族）　汤守锟
杨天积　杜文军
李志坚　李建军
吴昆益（傈僳族）　何　琳（女）
张保厚（傣族）　张尊伟
欧家同　徐树良
**社会科学界**（2名）
田启云（女,土家族）林念兰
**经济界**（34名）
马占炜　王加勇
王素勤（女）　邓军国
叶金国　宇江波
祁美春（女,景颇族）杨德龙
李自恒　李富忠
肖志梅（女）　沙　锐（女,景颇族）
张行英（女，傣族）邵伟宏（女）
林　栋　帕安胜（傣族）
尚朝贤　郑永明（彝族）
周　颖　周晓东
金　华　孟岩勇（傣族）
孟春晓　胡　涛
胡永强　段明辉（彝族）
钟焱芳　姚宏科
钱应刚　高雁华（女，白族）
龚玲政（女，傣族）谢金龙（傣族）
阙永芳（阿昌族）　熊仁丽（女，傣族）
**农业界**（22名）
刀智超（景颇族）　马云清
王立岗　牛秋燕（女）
尹跃邦（傣族）　刘　军
杨　丽（女）　杨　琰（女）
李　娜（女,傈僳族）李见学
张明明（女，白族）张哲铭（傣族）
陈正远　范　飞（傣族）
罗　锋（哈尼族）　罗宏建
项安品（女，傣族）赵兴忠（阿昌族）
哏玉响宝（女，傣族）段生萍（女，傣族）
董保柱　谭国文（景颇族）
**教育界**（16名）
刀保萍（女，傣族）刀岩相软（傣族）
马　毅（回族）　王　静（女）
王梓璇（女，傣族）车　杰（回族）
亢宏伟（傣族）　左金明（景颇族）
冯怀先（傣族）　刘金华（女）
张仁东（女,景颇族）张益伟
岳小焕（女，傣族）孟　齐（女，傣族）
焦艳芬（女，傣族）穆　宏（傣族）
**体育界**（4名）
李祖爱　李维春（德昂族）
张　志（白族）　康永武
**新闻出版界**（8名）
李永斌　闵建岚（女,景颇族）
尚丽霞（女,景颇族）岳雪秋（女,景颇族）
线小卖（女，傣族）赵晓燕（女,阿昌族）

思　青（女，傣族） 梁　暾（傣族）

**医药卫生界**（13 名）

刀麻南（女,景颇族） 王　英（女）
孔连芳（女,景颇族） 杨　杏（女）
苏　林 张蕾红（女）
和宏莲（女,纳西族） 袁鉠粒（女）
朗　玉（女，傣族） 唐晓萍（女，傣族）
舒　丹（女,傈僳族） 赖明会（女,阿昌族）
魏有曙

**少数民族界**（21 名）

方保合（傣族） 石春亮（景颇族）
石麻龙（景颇族） 帅罕罗（傣族）
佐　咩（女，傣族） 李玉春（女,德昂族）
何　斌（女,景颇族） 宝海龙（景颇族）
栋明辉（傈僳族） 项岩吞（傣族）
赵兴良（德昂族） 保孔龙（景颇族）
姜青山（回族） 徐岩买德（傣族）
排大森（景颇族） 排有明（景颇族）
排晓瑛（女,景颇族） 银开云（阿昌族）
梁德斌（阿昌族） 赖　虹（女,德昂族）
窦文芬（女,傈僳族）

**宗教界**（16 名）

了　凡 马子生（回族）
孔陇这（景颇族） 召系利（傣族）
召旺勉（傣族） 召巴地亚（傣族）
召问地达（傣族） 李发元
排早南（景颇族） 排昆弄（景颇族）
密秉兴（傈僳族） 麻日堵（景颇族）
释云慈（女） 释传灯（女）
释圆明（女） 释演瓒

**新社会阶层**（7 名）

占　沙（傣族） 杨　辉
杨成纲 何成勇
李　杰 余　锐（女）
濮金华

**特别邀请人士**（69 名）

马　俊（景颇族） 王　晓（白族）
王万里 王文康
王圣春 王兴明
王晓斌 毛勒端（景颇族）
方川龙（傣族） 孔军星（女）
邓俊华（女） 尹以稳
尹宁华 尹自正
全洪涛 朱　旗
刘　萍（女） 刘新光
许贵荣（傣族） 祁勒干（景颇族）
孙　媛（女,阿昌族） 杨　洪
杨丽云（女,傈僳族） 杨荣凡
杨恩宏 杨海生
杨跃国 杨常锁
杜枝武 李　玲（女，傣族）
李永海（景颇族） 李红梅（女）
李茂文 李穆仙（女,景颇族）
肖占先 谷平道
何　方 何　庆（女,景颇族）
何光禄 张　炼
张云波（彝族） 张全清
张俊华 张桂兰（女，傣族）
陈川云 陈绍昌
金　梅（女） 孟必光（傣族）
孟成宁（傣族） 赵立新（白族）
赵福所 段生平（傈僳族）
郗育铎（傣族） 徐丽华（女，白族）
秦国苍 郭　山
朗玉相哏（女，傣族） 黄发正
黄丽辉（女,景颇族） 崔　俊（傣族）

麻　勇（回族）　梁晓丹（女，阿昌族）
嵇　鹏　舒玉留
谢桂仙（女，傣族）　曾　红（女）
曾　志（女）　管国照（傣族）
缪　繁

**办公室、研究室、专门委员会主任、副主任任免名单**

（2013 年 4 月 26 日州政协十一届一次常委会议通过）

何　方　任副秘书长、办公室主任，免去其研究室主任职务

赵福所　任副秘书长、研究室主任，免去其经济人口资源环境委员会主任职务

王金华　任副秘书长、办公室副主任

杨朝恩　任副秘书长、办公室副主任

尹以稳　任提案委员会主任，免去其副秘书长、办公室主任职务

岳秀英　任提案委员会副主任

陈川云　任经济委员会主任，免去其教科文卫体委员会主任职务

蔺富有　任经济委员会副主任

包莉海　任人口资源环境委员会主任，免去其副秘书长职务

思院章　任人口资源环境委员会副主任

何　庆　任教科文卫体委员会主任，免去其提案委员会主任职务

邓有恒　任教科文卫体委员会副主任

王圣春　任社会和法制委员会主任

焦小帕　任社会和法制委员会副主任，免去其民族宗教侨务委员会副主任职务

许贵荣　任民族宗教侨务委员会主任

李永兴　任民族宗教侨务委员会副主任，免去其文史资料委员会副主任职务

杨常锁　任文史资料委员会主任

张红俊　任文史资料委员会副主任

宋光明　免去经济人口资源环境委员会副主任职务

**【机构概况】**

2013 年是德宏州政协第十一届委员会任期的第一年，第十一届委员会设办公室、研究室、提案委员会、经济委员会、人口资源环境委员会、教科文卫体委员会、社会和法制委员会、民族宗教侨务委员会、文史资料委员会。其中办公室下设秘书科、人事老干科、信息委员联络科。

**【德宏州各县（市）政协主席】**

芒　市　李茂文
瑞丽市　尹宁华
陇川县　陈绍昌
盈江县　杨荣凡
梁河县　段生平（傈僳族）

## 德宏傣族景颇族自治州各级政协委员和组织数

（截止2013年底）

<table>
<tr><th colspan="2">项　目<br>州（市）县</th><th colspan="2">委员数</th><th>组织数</th></tr>
<tr><td colspan="2">德宏傣族景颇族自治州</td><td colspan="2">283</td><td>1</td></tr>
<tr><td rowspan="5">各县区市</td><td>芒　市</td><td>244</td><td rowspan="5">974</td><td rowspan="5">5</td></tr>
<tr><td>瑞丽市</td><td>181</td></tr>
<tr><td>陇川县</td><td>179</td></tr>
<tr><td>盈江县</td><td>213</td></tr>
<tr><td>梁河县</td><td>157</td></tr>
<tr><td colspan="2">合　计</td><td colspan="2">1257</td><td>6</td></tr>
</table>

（编写：闫自贤　审稿：杨洪）

政协怒江傈僳族
自治州委员会

**【全体委员会议】**

**十届二次会议** 2月22～25日在六库举行，会议应到委员265名，实到263名。州政协主席陈建平，副主席朱发德、熊光藩、木志英、李友祥、丁秀花，秘书长和相全出席会议。开幕会和闭幕会分别由熊光藩和陈建平主持。怒江州委书记段跃庆，州委副书记、州长李四明，州人大主任刘泉，州委副书记商小云参加会议。会议听取和审议陈建平同志所作的《政协怒江傈僳族自治州第十届委员会常务委员会工作报告》；听取和审议朱文勇同志所作的《政协怒江傈僳族自治州第十届委员会常务委员会关于十届一次会议以来提案工作情况的报告》；听取并协商讨论《政府工作报告》及其他报告；听取了《关于政协十届二次会议提案审查情况的报告》；审议通过本次会议决议。

**【常务委员会会议】**

**第5次会议** 1月29日在六库举行。会议应到常委35人，实到33人。不是常委的各县政协主席、州政协处级领导列席会议。会议由怒江州政协主席陈建平主持，副主席朱文勇、朱发德、熊光藩、木志英、李友祥、丁秀花，秘书长和相全参加会议。会议审议通过《关于召开政协怒江州第十届委员会第二次会议的决定》、《政协怒江州第十届委员会常务委员会工作报告》、《政协怒江州第十届委员会常务委员会关于十届一次会议以来提案工作情况报告》、《政协怒江州第十届委员会常务委员会工作报告》报告人建议名单、《政协怒江州第十届委员会常务委员会关于十届一次会议以来提案工作情况报告》报告人建议名单，审议通过州政协十届二次会议议程、日程，筹备工作机构、大会秘书长建议名单、副秘书长建议名单、各次大会执行主席及主持人建议名单、大会列席人员范围建议、主席台就座人员范围建议、分组讨论及召集人建议名单、《关于授权主席会议审定政协怒江州第十届委员会常务委员会第五次会议未尽事宜的决定》。会议通过有关人事事项，传达学习省政协第十一届委员会第一次会议精神。

**第6次会议** 2月24日在六库举行。会议应到常委35人，实到31人。会议由州政协主席副朱文勇主持，州政协主席陈建平，副主席朱发德、熊光藩、木志英、李友祥、丁秀花，秘书长和相全出席会议。州政协机关不是常委的处以上领导、各县政协主席列席会议。会议协商讨论《补选政协怒江州第十届委员会常务委员候选人名单》（草案），审议政协怒江州第十届委员会第二次会议选举办法（草案）。

**第7次会议** 2月25日在六库举行。会议应到常委35人，实到33人。会议由州政协主席陈建平主持，副主席朱文勇、朱发德、熊光藩、木志英、李友祥、丁秀花，秘书长和相全出席会议。州政协机关不是常委的处以上领导、各县政协主席列席会议。会议审议通过《补选政协怒江州第十届委员会常务委员正式候选人名单》、《第十届委员会第二次会议选举办法》、《大会总监票人、监票人建议名单》、《第十届委员会第二次会议关于常务委员会工作报告的决议》、《第十届委员会第二次会议提案委员会关于政协十届二次会议提案审查情况的报告》、《十届二次会议决议》、《2013年工作要点》。

**第8次会议** 5月28日在六库举行。会议应到常委39人，实到31人。会议由州政协主席陈建平主持，副主席朱发德、熊光藩、木志英、李友祥、丁秀花，秘书长和相全出席会议。州政协机关不是常委的处以上领导、州政协各专门委员会兼职副主任以及部分基层委员，州水务局、州卫生局、州财政局、州发改委、州环保局、州民政局和州医保中心的负责人列席会议。会议听取怒江州人民政府关于贡山县人民政府驻地迁移意见的通报，听取《泸水县瓦姑水库建设视察情况》通报，审议通过《关于全州农村医疗制度工作情况的调研报告》。

**第9次会议** 9月13日在六库举行。会议应到常委39人，实到32人。会议由州政协副主席熊光藩主持，州政协主席陈建平，副主席朱发德、木志英、李友祥、丁秀花，秘书长和相全出席会议。州委常委、怒江州人民政府副州长李文辉应邀出席会议。州政协不是常委的副秘书长、处以上领导、各专门委员会兼职副主任以及相关部门负责人列席会议。会议听取州人民政府《2013年1－8月全州经济运行情况的通报》；审议通过《关于六库城区饮用水资源界定保护和供水情况的视察报告》；审议《关于全州四百万亩林果基地建设情况的调研报告》；通过了有关人事事项。

**第10次会议** 12月26日在六库举行。会议应到常委39人，实到31人。会议由州政协主席陈建平主持，副主席朱发德、熊光藩、木志英、李友祥、丁秀花，秘书长和相全出席会议。怒江州人民政府有关领导应邀出席会议，州政协不是常委的副秘书长、处以上领导、各专门委员会兼职副主任以及各县政协秘书长，相关部门负责人列席会议。会议听取州人民政府《关于政协怒江州第十届委员会常务委员会关于十届二次会议以来提案办理情况的报告》；听取《关于独龙江乡整乡推进独龙族整族帮扶工作情况的视察报告》；审议《关于我州边民回流情况的调研报告》；审议通过政协怒江州委员会十届三次会议的有关事项；通过了有关人事事项。

**【专门委员会工作】**

**提案委员会** 一是实行领导包案制度，提高提案办理工作运作层次。各位副主席领办重点提案，各委室积极配合跟踪办理。2013年主席会议确定13件重点提案，政协主席，副主席直接参与。承办单位高度重视，使这些提案得到了认真办理，取得了较好的社会效果。二是加强联系，形成合力。从提案征集、审查、交办、督查等方面，坚持与州委办公室、政府办公室加强协调和联系，互通情况，共同研究，一起督查。2013年对重点督办的提案，邀请部分州、县政协委员，提案者与州政府办组成联合督查组，在分管副主席的带领下，先后赴泸水县鲁掌高黎贡山养猪场，州农业局、林业局、州发改委、州工信委等单位分别对《关于开展怒江特有物种资源普查和开展保护工作》、《关于加大对农产品企业的扶持力度》、《关于稳定特价方面的建议》和《关于加大资金智力支持力度，推动民营经济加快发展》《加大流通环节扶持力度，确保食品安全，平抑本地肉价》等重点提案办理情况进行跟踪督查，促进了重点提案的办理落实，增强了重点提案的办理实效。

**教科文卫体委员会** 一是注重交流学习。加强与省政协教科文卫体委员会的联系，争取上级政协更多的支持和帮助。加强与兄弟州市政协对口专委会的联系与交流，不断改进专委会工作。二是加强调研视察工作。积极组织委员开展视察、调研、委员活动活动。4 月 22 ~ 27 日，组织调研怒江州新型农村合作医疗工作发展现状，分析工作中存在的困难和问题，为进一步完善制度、规范运行和推动新农合工作的健康发展提供科学的决策依据。8 月 29 日，组织州政协委员开展活动，畅谈履职经验，分析怒江州在教育、科技、文化、卫生、体育方面取得在成绩，面临的困难和以后的目标，探讨工作方法。12 月 2 日，参加福贡县政协组织驻福贡县州政协委员活动，委员们了解云黄连的种植情况和亚坪的旅游业，并提出了意见建议。

**文史资料委员会** 2013 年的文史资料征编工作取得新的进展，完成 2 个专辑、3 部资料、2 项编纂篇目的任务。一是编辑出版了怒江文史资料第 38 辑《摆时·爬坡调》。全书 12 万字、傈汉文字对照，2013 年 10 月出版；二是编辑出版了怒江文史资料第 39 辑、人物类文史资料《木玉璋—中国傈僳族语言文字学家》，全书 30 多万字，120 多幅照片，2013 年 10 月出版。三是围绕州政协重大会议、活动，编印《十届二次会议联组发言材料》和《十届二次全会文件汇编》；四是协同州政协法制与环境资源工作委员会举办首届“生态文明建设与美丽怒江”论坛活动，编印《生态文明建设与美丽怒江优秀文章》文集。五是完成省政协百科全书“政协怒江州委员会”条目及“政协组织史资料”的编纂。

**经济委员会** 一是认真组织开展全州百万亩林果基地建设实施情况调研，形成建议案报送州政府。二是精心组织提案督办工作，4 月 26 日督办由郑文信委员的提出《关于加大对农业产业化发展的扶持力度》的提案，5 月 3 日督办由杨红中委员《关于稳定全州物价方面的建设》的提案，较好地发挥了政协提案的作用，提高了提案办理实效，增强了委员的履职信心，推动了提案工作。三是围绕加快流通产业发展主题，召开座谈会，座谈会以听取情况介绍，委员建言献计方式进行。四是根据省政协云南省企业家论坛关于“打造云南旅游产业升级版”恳谈会征稿的要求，结合怒江实际，组织撰写《从“德贡公路”看怒江峡谷旅游开发以及滇西北民族文化、生态旅游经济圈》为题的征稿论文，全面反映了怒江旅游产业发展的实际，荣获恳谈会论坛论文三等奖。

**民族和宗教委员会** 一是组织部份住怒江全国、省、州政协委员，就“独龙江整乡推进独龙族整族帮扶工作情况”进行视察。实地视察新农村建设情况，走访模范人物高德荣同志，慰问边防派出所干部战士，看望老党员、贫困户；二是重点督办“关于解决广大群众汽车、摩托车检车难的问题”、“关于开展怒江特有物种资源普查和开发保护工作”两个提案。三是开展“四群”联系点帮扶工作。年内三次深入群众积极帮助群众出主意想办法，多方协调资金，修通5公里村级水泥路，修建公共侧所，修善球场和群众活动中心，指导群众成立了村级白山药种植专业合作社。

**法制与环境委员会** 一是树立有为才有位的理念，把参加活动、参加会议、参与工作作为专委会重要工作内容之一，抓住省政协一年一次的民生论坛机遇，精心组织，认真准备，准时供稿；二是成功举办首届“生态文明建设与美丽怒江”论坛，共收到稿件112篇，精选10篇大会交流，拓宽了委员协商和各界人士建言献策的渠道，提高了履职实效。三是利用政协动态，州委、州政府的重要刊物，刊登调研报告和文章，扩大政协影面，推动工作成果的转化。四是深入泸水县三河村督办《关于加强农村环境卫生工作的提案》；以召开面商座谈会的方式督办《关于尽快规范全州四县生猪屠宰场建设的提案》，通过实地面商督办，得到了提案者和承办单位好评，提升了提案的实效，增强了委员履职信心。五是积极支持州法院开展“阳光司法”庭审观摩活动，年内组织次参观旁听，使委员了解司法审判程序，掌握情况，密切联系，激发了委员履职热情。

**【重要活动】**

**童志云到州政协视察** 2月27日，中共怒江州委书记童志云到怒江州政协看望走访干部，并对州政协机关的工作提出了具体要求。他希望怒江州政协更好地发挥政协人才荟萃、联系广泛的优势：一是加强调研和视察；二是加大对全州经济社会发展中重大问题的参与力度，多参与重大政策的调研、重大项目的监督；三是更好地发挥社会各界人士的作用；四是进一步加强与上级政协机关和各级政协组织以及工商联的联系；五是加大对国外的交流力度。

**王承才到怒江调研民族团结进步边疆繁荣稳定示范区建设工作** 4月15～20日，省政协副主席王承才率领省政协民族和宗教委员会部分委员、专家组到怒江调研云南民族团结进步边疆繁荣稳定示范区建设工作。调研组指出，要加快民族团结进步边疆繁荣稳定示范区建设步伐，结合怒江实际积极探索民族工作有效途径，巩固和发展民族团结良好局面，促进民族地区经济社会发展，确保与全国同步实现全面建成小康社会的宏伟目标。

**陈建平视察瓦姑水库建设工程** 5月

16日，州政协主席陈建平带领副主席朱发德、木志英、李友祥、丁秀花，秘书长和相全，州政协各专委会主任，州水务局、州发改委、州财政局、州环保局等部门领导，以及部分州政协委员到泸水县视察瓦姑水库建设情况。

**2013首届“生态文明建设与美丽怒江”论坛** 9月13日，由怒江州政协主办的2013首届“生态文明建设与美丽怒江”论坛在六库举行，怒江州政协主席班子成员，州政协常务委员，中共怒江州委常委、副州长李文辉，怒江州人大常委会副主任茶超欧，州直机关相关部门负责人出席论坛会。州政协副主席丁秀花主持论坛会。论坛面向州政协委员、州县农业、林业、环保、公检法司征集论文112篇，经评审，评出一等奖3篇，二等奖5篇，三等奖8篇，优秀奖20篇，组织奖5个。怒江州主席主席陈建平致辞。

**云南省八州政协文史资料工作第七次联系会议** 10月31日至11月1日在六库圆满召开云南省八州政协文史资料工作第七次联系会议。省政协及文史委领导、全省16个州市的政协及文史委领导共90多人出席会议。省政协罗黎辉副主席出席会议并作重要讲话，州委书记童志云出席会议并讲话，州政府州长李四明、州人大主任刘泉、州政协主席陈建平等州级领导出席了会议。

**学习高德荣同志先进事迹活动** 11月28日，怒江州政协召开全体职工大会，传达学习十八届三中全会精神，深入学习高德荣同志先进事迹。陈建平在会上主席传达学习了十八届三中全会精神，传达了中共怒江州委《关于开展向高德荣同志学习的通知》，并号召州政协机关全体职工要认真学习高德荣同志爱党、爱国、爱家乡，全心全意为人民服务的先进事迹，从点滴做起，从我做起，为推进全州经济社会发展做出应有的贡献。

**【重要文件】**

**常务委员会工作报告**（2013年2月22日）（摘要）报告分为两部分：

一、2012年工作回顾。2012年是十届州政协委员会开局之年，也是我州在压力中求突破、在困境中找出路，攻坚克难，奋力推进，经济社会取得较大成就之年。州政协常委会以邓小平理论、“三个代表”重要思想和科学发展观为指导，深入学习贯彻中共十七大、十八大精神，认真贯彻落实州第七次党代会的决策部署，牢牢把握团结和民主两大主题，切实履行政治协商、民主监督、参政议政职能，为我州经济社会平稳较快发展和社会和谐稳定，推进怒江“二次跨越”进程作出了积极贡献。

（一）加强思想理论建设，着力巩固团结合作的思想政治基础。一年来，常委会始终坚持把思想理论建设放在政协工作的首要位置，切实用中国特色社会主义理论武装头脑、指导实践，坚持党的领导，团结各界，增进共识，凝聚智慧，共谋发展。重视思想理论武装，更加坚定政协工作正确方向。开展了主题鲜明、内容丰富、形式多样的学习活动，切实把握政协工作面临的新形势新任务新要求，进一步明确了工作定位和努力方向。紧密结合政协工作实际，认真开展座谈会、讨论会等多种形式学习贯彻党的十八大和省委、州委重要精神和重要部署，组织州政协党组、主席班子、常委班子和广大委员认真学习中共十七大、十八大精神，召开全州政协常委会议和理论中心组研读会，深入学习贯彻省州党代会和政协工作会议精神，总结交流全州各级政协履职成果和实践经验，推动政协工作不断创新发展。深入理解中央提出的一系列新思想、新观点、新论断，把握中国特色社会主义事业的发展战略和目标任务，进一步深化对世情、国情、省情、州情的认识，凝聚发展共识，提升履职标杆，改进工作作风，努力把解放思想的成果转化为服务科学发展跨越发展的工作举措和实际行动，确保了政协工作政治方向。准确把握新形势，更加明确党对政协工作的新要求。深入学习贯彻《中共中央关于加强人民政协工作的意见》、省委、州委《关于支持人民政协履行职能发挥作用的意见》和州委人大政协工作会议精神，准确把握新形势对政协工作的新任务、新要求。认真组织学习中央领导在庆祝人民政协成立60周年大会上的重要讲话精神和贾庆林主席在云南调研时的讲话精神，进一步深化对新时期政协工作特点和规律的认识，不断提高运用科学发展观分析和解决实际问题的能力。围绕贯彻落实州委重大决策部署、关系怒江发展重大问题，采取多种形式，进行学习研讨，更加明确了政协履行职能的着力点和开展工作的重点。

（二）服务全州工作大局，尽力助推经济社会全面发展

服从大局，政治协商不断深入。州政协常委会不断完善政治协商内容，不断改进协商方式，对涉及全州经济社会发展、党政关心、人民关注的重大问题，采取了全会广泛协商、常委会重点协商、主席会专题协商、专委会对口协商、界别联合协商等不同方式，全方位、多层次进行充分协商。为了使政治协商更加深入，更富成效，在政协全体会议期间，全体政协委员听取了州人民政府工作报告、国民经济和社会发展计划、财政预决算报告和“两院”工作报告，以小组讨论的方式，围绕全州经济社会发展全局问题进行了全面协商。各专委会结合各自特点，发挥优势，确定协商重点，运用调研、视察、提案办理、委员活动等形式，积极与党委、政府对口部门就热点难点问题进行专门协商。常委会和主席会议在认真组织委员调研、视察的基础上，对州委、州政府的重大决策部署及事关改革、发展、稳定的重点、难点问题进行专题协商，有力地促进了全州经济社会健康有序发展。一年来，共召开4次常委会、8次主席会议、听取并协商了2012上半年全州经济发展情况，举行了规范中小旅店网络经营服务行为、兰坪工业园区、工业反哺农业等重点提案面商会12次，并就泸水工业园区生产、全州工业发展情况、德贡公路建设情况、矿产资源开发、“三农”服务、边境跨国婚姻状况等开展了视察调研。常委会着眼

经济社会长远发展，立足重大问题的解决，提出了事关我州发展的许多意见建议。如在兰坪召开工业反哺农业重点提案督办面商会，是立足兰坪实际，积极开展工业反哺农业试点工作的探索。同时，州委、州政府十分重视政协工作，把政治协商纳入决策程序，认真研究和落实政协的意见建议，充分体现了协商民主的广泛性和重要性，促进了重大决策的科学化、民主化。

拓宽渠道，民主监督力度不断加大。一年来，常委会结合政协工作实际，树立“人民政协为人民”的理念，努力拓宽民主监督渠道，发挥政协监督职能，把广大人民群众的根本利益作为工作的出发点和落脚点，选择了一些涉及党和国家有关方针、政策的贯彻落实以及经济发展、群众切身利益问题，开展视察、调研，形成的视察调研成果，以书面报告或建议案的形式向州委、州政府提出意见建议。针对那些人民群众反映较为强烈，影响全州经济社会发展和谐稳定的问题，主席班子邀请州委、州政府领导参与督办。各专委会组织政府有关部门就六库“赶街”难、对六库地区农产品价格、农村旱地除草剂使用安全、农村道路安全、六库新城区功能完善、农村低保等热点难点问题以组织委员视察等方式开展民主监督，取得了良好的效果。同时，充分发挥政协监督员的作用，主动收集民声民意，及时反映人民群众的愿望和诉求，积极参与听证、执法监督、对政府部门开展行风评议，使政协民主监督渠道进一步拓宽，民主监督效果不断凸显。

立足发展，参政议政成效不断显现。一年来，常委会紧扣加快发展怒江、建设美丽怒江这条主线，充分发挥政协专委会和政协委员的作用，开展了专题调研、专项视察、广泛收集社情民意，努力做到参政议政上水平，建言献策出效果。一年来，组织视察、调研 14 次，形成建议案 8 件，提出意见建议 123 条。

——突出发展要务，深入开展视察调研。常委会选择了全州经济社会发展和人民群众普遍关心的问题，深入开展调查研究，积极建言献策，努力促进调研成果转化。先后组织政协委员开展了贡山“德贡公路”建设、全州矿产资源与管理情况、农业气象服务和农村气象灾害防御体系建设、基督教现状、全州工商联发展情况、农村道路安全等进行视察，视察情况以书面形式报送州委、州政府决策参考。突出维护边疆稳定，对边境跨国婚姻情况进行专题调研，提出了具体的意见建议，并起草了《关于我州边境跨国婚姻管理办法》，州政府已付诸实施；突出“桥头堡”建设，对我州边境外事侨务工作的调研；突出民族地区协调发展，对我州少数民族育龄人群性别结构现状的调研；突出重大产业发展，对全州工业发展、全州电网建设和中小水电发展、特色生态农业产业发展等进行了调研，提出了“转方式，调结构”的基本思路、工作重点和保障措施方面的建议，形成了一批有深度、有价值的建议案，为州委、州政府制定相关决策提供了重要依据。《关于怒江特色生态农业发展情况调研报告》得到了省政协的充分肯定，也为我州特色农业产业发展规划编制，加快特色生态农业产业发展提供参考依据，取得了很好的议政效果。

——关注民生民意，提案办理富有成效。常委会把反映社情民意作为履行职能的一项重要途径，通过例会、座谈会、来信来访、政协网站、调研视察、走进基层、走进群众，多领域、多层次地积极收集来自政协委员、各人民团体、各族各界人士、基层群众的愿望和诉求。一年来，共收到社情民意92条，内容涉及我州经济、社会发展、群众生产生活的方方面面，提出了许多有价值的意见建议；共收到上访信9件，主要反映个别部门班子建设、项目工程建设、群众生产生活问题，常委会如实向州委、州政府反映社情民意的同时，积极化解矛盾，协调各方关系，畅通诉求渠道，促进社会和谐，积极帮助基层群众解决实际困难。利用省政协每次常委会议、各州市横向联系会和省政协举办的民生论坛、企业家论坛恳谈会等多个会议或活动载体，精心组织，认真准备，积极参与，共选送稿件20余篇，较全面地反映了关系怒江各族人民生产生活的许多民生问题，其中由州政协法制与环境资源委撰写的题为“统筹边疆地区发展，建设幸福和谐的新云南”的稿件，荣获论文一等奖，这是我州首次在民生论坛方面荣获该奖项；由州政协经济委撰写的题为《抓特色，树品牌，带动产业发展》的论文，荣获全省企业家恳谈会论文三等奖。常委会坚持把抓好提案工作作为促进发展、改善民生、社会和谐的切入点，认真抓好提案征集、审查和督办工作。一是认真贯彻落实省委下发的《政协云南省委员会提案工作条例》，进一步规范了提案办理工作程序；二是加强委员培训，提高提案质量。在州政协十届一次会议上对委员进行了全面系统的培训，政协委员更加明确了提案的基本要求，提案内容更加广泛、更加实际，提案质量明显提升；三是加强同州委办、州人大办、州政府办沟通联系，联合召开了提案交办会，明确责任单位，认真落实提案交办。加强重点督办，讲求提案办理实效。不断加大提案督办力度，对于确定督办案件，采取组织委员视察督办、主席班子重点督办、专委会专题督办等方式，有效地推动了委员意见建议的落实。同时，各级各部门抱着对委员负责，对人民负责的态度，把提案办理工作纳入工作议事日程，认真研究，座谈面商，回复结果。政协十届一次会议以来，共收到提案156件，审查立案149件，办结回复率100%。有的提案州委、州政府主要领导亲自批示落实，许多提案建议得到政府及各部门的采纳，提案办理质量不断提高，人民满意率不断提升，社会效应和社会影响不断扩大。

（三）营造团结民主氛围，协力维护社会和谐稳定

一年来，常委会努力实践“亲民协政、为民履职”的工作定位，充分发挥政协包容性强、联系广泛的优势，密切与各方面的联系沟通，团结汇聚各方面力

量，为怒江的发展凝聚人心、团结力量、协调关系、化解矛盾。一是增进政协各参加单位的团结合作。主席班子在调研视察中，充分发挥委员的主体作用，注重与各人民团体的联合协作，为他们知情、参政创造条件；鼓励和支持工商联和人民团体在政协会议上发表意见、提出建议，为他们建言议政畅通渠道、提供平台。注重吸纳新的社会阶层代表人士参加政协活动，扩大团结面，增强包容性。如对六库地区民营企业进行视察时，为了解民营企业家目前面临的困难及加快民营经济发展有关政策措施的落实情况，提出了强化发展民营企业的中肯建议，受到民营企业家和政协委员的好评。二是重视与上级政协的联系协作。积极协调配合好全国政协、省政协及其相关专委会在我州的视察、调研，积极反映怒江情况和意愿，争取上级对怒江的支持。借全国政协民宗委在怒江调研之际，着重反映了关于怒江水电开发、国家给予怒江生态补偿特殊政策、怒江干部待遇偏低等问题，全国政协调研组向中央、国务院作了专题报告；省政协文史委就民族文化保护与促进旅游产业升级的调研，为怒江旅游发展提出了很好的建议。三是积极参与和同级州（市）政协的联系协作，加强对外合作。积极参加各州（市）政协主席、秘书长、专委会主任联系会议和联谊会，交流了新形势下加强政协工作的经验，加强了与省内州（市）政协之间的联系交流合作。年内，州政协协调联系了国际专业服务机构（MSI），13名来自香港、加拿大、澳大利亚等国的医疗专家在怒江州人民医院的协助下，为泸水、兰坪18名患有肢体残疾、唇腭裂的贫困青少年和儿童免费实施了矫治手术。四是加强州县政协系统的交流联络。主席班子注重加强对各县政协工作的联系和指导，积极向上级反映问题，帮助各县政协解决了一些具体困难；年初在兰坪县举办了全州政协系统秘书长和办公室主任联系会议，促进了州县政协工作交流和年度工作合作；举办了迎新茶话会和中秋茶话会、界别委员座谈会等联谊活动，与全州社会各族各界人士共商国是，增进友谊，促进团结。

（四）加强机关自身建设，努力提升协商议政水平

常委会着眼于人民政协事业的长远发展，按照“创新、务实、高效”的工作要求，全面加强自身建设，进一步提升政协工作的科学化水平。

努力搭建学习平台。以理论学习中心组为主体，组织委员深入学习贯彻中国特色社会主义理论体系，坚持用马克思主义中国化最新成果武装头脑，切实增强履行职能的使命感和责任感。借助常委会议、主席会议、秘书长会议、专委会等平台，以开展学习实践科学发展观、转作风优环境、创建学习型党组织、创先争优等主题活动为抓手，搭建政协学习实践的平台，不断夯实开展政协工作的理论基础。

积极开展“四群”教育工作。按照州委的部署，州政协领导对“四群”教育工作高度重视，主席班子带领机关干部职工先后16次分别到营盘、石登、河西、

普拉底、丙中洛、上帕等“四群”联系点开展“四群”工作，深入到乡镇、村寨和农户，听真话、察实情，全面了解县情、乡情、民情，了解群众的所思、所想、所盼，帮助基层和群众找出路、谋发展。一年来，共撰写7篇调研报告，共结对联系户67户，召开民情恳谈会共9次，并对118户农户进行了走访慰问，尽力帮助他们解决实际困难，协调解决乡（镇）村基础设施建设、农业产业发展、教育文化事业等建设项目12项，项目投资资金3500万元。同时，还积极联系了中国国际项目民间促进会资助了22名来自贡山县普拉底乡的农村学生。州政协机关“四群”教育工作扎实深入，干部受到了教育，群众得到了实惠。

充分发挥界别独特优势。积极支持和鼓励在政协全会、专题协商会上以界别名义充分发表意见，提出建议，发挥界别在提案、调研视察、反映社情民意信息中的作用。探索开展委员向界别述职等界别活动的新方法新途径，把界别活动与经常性履职工作有机结合起来，调动各界别参政议政的主动性和积极性。

不断强化委员主体作用。为全面了解委员的学习、思想、工作、生活情况，进一步加强政协委员队伍建设。年内，对全州政协委员情况进行了一次全面调研，提出了进一步加强政协委员队伍建设和委员主体作用发挥方面的意见，同时，也为县级政协换届打下了良好的基础，制定完善了《委员履行职责管理办法》，为发挥委员主体作用提供制度保障。经常组织委员参加视察调研活动，调动委员参政议政自觉性和积极性，不断强化委员的主体作用。

大力激发各专委会活力。重视发挥专委会在政协工作中的基础性作用，明确工作职责，完善工作制度，增强专委会工作活力。各专委会围绕常委会工作部署，充分发挥自身特点和专长，认真开展专题调研视察活动，努力使其成为政协重点课题调研、专题民主监督、经常性议政建言、为民办实事的重要力量。加强文史资集工作，征编了《爬坡调》等三部文史资料，出版了怒江文史资料专辑第37期《闪光的迹》，共40多万字。

进一步提升机关服务水平。深入推进“创先争优”主题实践活动，不断加强机关思想作风建设。在不断总结经验的基础上，坚持并完善了《政协常务委员会工作规则》、《机关工作管理制度》、《政协怒江州委员会办公室机关工作程序规范运作制度》、《机关公文处理办法》等规章制度，有效推动了政协工作的制度化、规范化、程序化建设。不断加强信息工作，切实做好政协工作的宣传力度，拓展了政协网站功能，全面反映全州政协系统的工作动态和精神状态，扩大了政协的社会影响，为履职营造了良好的氛围。重视政协机关文化建设，开展全州政协系统首届乒乓球、卡拉OK比赛等文体活动，进一步增强政协系统的生机和活力。政协机关的服务水平得到了提升，为政协有效履行职能提供了服务保障，推动了政协事业的新发展。

二、2013年工作要点。一是坚持党的领导，把学习贯彻十八大精神引向深入；二是紧扣中心主线，进一步推动怒江“二次跨越”进程；三是加强协商民主，进一步推进怒江科学发展；四是高度关注民生，进一步促进社会管理创新；五是注重生态保护，进一步推动生态怒江建设；六是努力协调关系，进一步实现各族各界的大团结；七是突出改进作风，进一步加强政协机关自身建设。

**十届二次会议决议**（2013年2月25日州政协十届二次会议通过） 中国人民政治协商会议怒江傈僳族自治州第十届委员会第二次会议，于2013年2月22～25日在六库举行。会议听取和审议了《中国人民政治协商会议怒江傈僳族自治州第十届委员会常务委员会工作报告》、《中国人民政治协商会议怒江傈僳族自治州第十届委员会常务委员会关于十届一次会议以来提案工作情况的报告》，听取并协商讨论了《政府工作报告》及其它有关报告。会议全面回顾了政协怒江州第十届委员会第一次会议以来的工作，提出了2013年的总体工作思路，安排部署了2013年的工作重点。会议举行了政协界别联组协商会，有九位委员代表各界别在联组协商会上进行了发言，州委、州政府、州政协、州法院、州检察院主要领导到会听取了界别委员代表的发言，增补选举产生了和大波等六位同志为政协怒江州第十届委员会常务委员。会议简朴热烈、富有成效，是一次民主求实、团结奋进的大会。

会议赞同李四明同志代表州人民政府所作的《政府工作报告》；赞同《国民经济和社会发展计划报告》和《地方财政预算执行情况报告》；赞同怒江州中级人民法院工作报告、怒江州人民检察院工作报告。会议批准陈建平同志代表政协怒江州第十届委员会常务委员会所作的工作报告，批准朱文勇同志代表政协怒江州第十届委员会常务委员会所作的提案工作情况的报告。

会议认为，过去的一年，面对世界经济低迷和国内经济放缓带来的不利影响，州人民政府团结带领全州各族人民，认真执行党中央、国务院和省委、省政府的一系列方针政策，深入贯彻落实州委的决策部署，牢固树立科学发展理念，以转变经济发展方式为主线，按照“稳中求进、好中求快、变中求新”的总体要求，积极实施加快发展新举措，确保了经济持续健康发展和社会和谐稳定。《政府工作报告》对过去一年我州经济社会发展情况总结客观实在，对存在问题的分析实事求是，提出今年的发展目标和举措符合中央、省委要求和我州实际。全州各族干部群众团结一致、埋头苦干，就一定能如期完成好今年的各项发展目标任务。

会议认为，政协怒江州第十届委员会及其常务委员会高举中国特色社会主义伟大旗帜，牢牢把握团结民主两大主题，认真贯彻落实州委决策部署，广泛动员政协各参加单位和全体委员，紧紧围绕全州工作大局，切实履行政治协商、民主监督、参政议政职能，充分发挥协调关系、汇聚力量、建言献策、服务大局的重要作用，为推动我州经济平稳较快发展和社会和谐稳定作出了积极贡献。

会议要求，深入贯彻中共十八大精神，是当前及今后一段时间的首要任务，政协各参加单位和全体委员要把中共十八大精神不断引向深入，准确把握坚持和发展中国特色社会主义这条主线，深刻领会全面建成小康社会的奋斗目标，深刻领会中国特色社会主义经济建设、政治建设、文化建设、社会建设、生态文明建设五位一体的总体布局，把中共十八大精神转化为推动怒江“二次”跨越与全国全省同步建成小康社会的强大动力，按照“两项增六倍，一项翻两番，奋力促跨越，同步奔小康”的要求，增进共识，汇聚力量，促进怒江跨越发展。

会议强调，今年是全面深入贯彻落实十八大精神的开局之年，是实施“十二五”规划承上启下的关键一年，也是全面建成小康社会奠定坚实基础的重要一年。我州发展面临不少困难和挑战，但也具备许多加快发展的有利条件和机遇，必须认清形势、明确任务，坚定加快发展的信心不动摇，紧扣跨越发展的目标不放松。紧紧围绕“三基地、一品牌”战略目标，以科学发展为主题，以转变经济发展方式为主线，以提高经济增长质量和效益为中心，坚持稳中求快的总基调，充分发挥三大职能作用，着力服务发展大局，着力提高建言质量，着力突出民生改善，着力促进社会和谐，着力加强自身建设。积极推进协商民主制度建设，进一步规范政治协商程序，不断加大民主监督力度，努力提高参政议政实效，在服务怒江科学发展、和谐发展、跨越发展，加快推进怒江“二次跨越”进程中把人民政协事业不断推向前进。

会议号召，全州各级政协组织、政协各参加单位和广大政协委员，要紧密地团结在以习近平同志为总书记的党中央周围，在中共怒江州委的领导下，凝心聚力，扎实工作，以开阔的视野，富有成效的工作，为推动我州经济社会实现新跨越作出新的贡献。

**陈建平主席在州政协十届一次会议闭幕会上的讲话**（2013 年 2 月 25 日）（摘要） 一是深入学习贯彻十八大精神，在政治思想上要有新进步。要把学习贯彻十八大精神作为当前及今后一段时间的首要政治任务，要充分发挥人民政协作为协商民主重要渠道作用，不断完善各种协商形式，推进协商民主广泛、多层、制度化发展。我们要进一步解放思想，振奋精神，坚定信心，增强贯彻落实科学发展观的自觉性和坚定性，为实现我州全面建成小康社会凝心聚力、献计出力。二是团结动员各方力量，在推进跨越发展上要有新贡献。要注重视察调研成果的转化，努力把智慧和力量凝聚到实现州委七届三次全会确定的各项目标任务上来，使人民政协在推动科学发展上有新的作为，在促进社会和谐上有新的成效，在推进社会主义民主政治建设上有新的进步，在创新政协工作方式方法上有新的举措，共同为怒江经济又好又快发展作出更大贡献。三是充分发挥政协优势，牢牢把握团结民主两大主题，进一步密切同各人民团体和各族各界人士的联系，推动民族宗教政策落实。不断巩固和发展我州民主团结、生动活泼、安定和谐的政治局面；充分发挥人民政协在推进社会主义协商民主中的重要渠道作用，全面加强政协组织自身建设，充分发挥各民主党派和无党派人士的作用，切实搞好合作共事；进一步加强政协机关建设，努力提升政协干部队伍素质，不断完善工作制度和运行程序，为保障政协工作顺利开展夯实基础。

**【组织概况】**

**副主席自然减员名单**

朱文勇（2013年8月去世）

**常务委员自然减员名单**

朱文勇（2013年8月去世）

**常务委员增补名单**

（2013年2月25日州政协十届七次常委会议通过）

和大波　　司忠诚

李双玉（女）　　茶　冲

封志诚　　刘正华

**委员增补名单**

（2013年2月25日州政协十届七次常委会议通过）

和大波　　司忠诚

李双玉（女）　　茶　冲

封志诚　　刘正华

龙　虎

**不再担任委员名单**

（2013年2月25日州政协十届七次常委会议通过）

朱文勇（去世）　　邓志刚（去世）

刘　钦（调离）　　李润花（女）（调离）

**【机构概况】**

怒江州政协机关现设有处级机构7个，即办公室、提案委员会、经济委员会、教科文卫体委员会、法制与资源环境委员会、民族和宗教委员会、文史资料委员会、政协研究室。办公室下设5个科级机构，即：综合科、行政科、信访老干科、信息科、委员联络科。

**【怒江州、各县政协领导名单】**

**怒江州**

**主　席**

陈建平（白族）

**副主席**

朱发德　　熊光藩

木志英（女）　　李友祥

丁秀花（女）

**秘书长**

和相全

**县政协主席**

泸水县　　茶　冲

兰坪县　　李双玉（女）

福贡县　　封至诚

贡山县　　刘正华

## 怒江傈僳族自治州各级政协委员和组织数

（截至 2013 年底）

<table>
<tr><th colspan="2">项目<br>州(市)县</th><th colspan="2">委员数</th><th>组织数</th></tr>
<tr><td colspan="2">怒江傈僳族自治州</td><td colspan="2">263</td><td>1</td></tr>
<tr><td rowspan="4">各县区市</td><td>泸水县</td><td>137</td><td rowspan="4">528</td><td rowspan="4">4</td></tr>
<tr><td>兰坪县</td><td>163</td></tr>
<tr><td>福贡县</td><td>118</td></tr>
<tr><td>贡山县</td><td>110</td></tr>
<tr><td colspan="2">合　计</td><td colspan="2">791</td><td>5</td></tr>
</table>

（编写：高艳飞　审稿：和相全）

政协迪庆藏族自治州委员会

【全体委员会议】

**十一届二次会议** 3月27～30日在香格里拉县城举行。应出席委员226名，实到181名。大会执行主席杜永春、杨文祥、王永成、肖托丁、布主、扎西顿珠、和丽萍、阿青、和根合、彭跃辉出席会议。开幕大会由杜永春主持，州委书记张登亮，副书记黄政红、杨铭书等在主席台就座。会议听取并审议通过杜永春代表政协迪庆州第十一届委员会常务委员会所作工作报告和杨文祥代表政协迪庆州第十一届委员会常务委员会所作提案工作报告；列席州十二届人大三次会议，听取并协商讨论州政府工作报告及其它报告；审议通过州政协十一届二次会议决议。大会共收到提案74件，经审查立案72件。州政协主席杜永春在闭幕会上讲话。

【常务委员会会议】

**第4次会议** 3月18日在香格里拉县城召开，应到会常委32人，实到28人。州政协主席杜永春主持会议，副主席杨文祥、王永成、肖托丁、扎西顿珠、和丽萍，秘书长彭跃辉出席。会议听取州委办、州政府办关于办理十一届一次会议提案情况的汇报，研究召开十一届二次会议的有关事宜，协商讨论州政府工作报告，通过有关人事事项。

**第5次会议** 8月8日在香格里拉县城召开，应到会常委32人，实到27人。州政协主席杜永春主持会议，副主席杨文祥、王永成、肖托丁、扎西顿珠、和丽萍，秘书长彭跃辉出席。州委常委、州政府常务副州长张志军，州委办、州委组织部、州委统战部、州政府办、州工信委等相关单位领导参加会议。会议听取州政府上半年经济运行情况通报；传达学习省政协第三次常委会议精神；组织大会发言；通过有关人事事项。

【专门委员会工作】

**提案法制委员会** 一是认真落实中共迪庆州委办、州政府办《关于进一步加强人民政协提案办理工作的实施意见》。进一步规范和完善提案工作机制，巩固和创新工作方法，有效提高了提案工作质量。二是加大提案督办力度。2013年，州政协共收到提案74件，立案72件，办复率为100%，委员满意率94.4%，基本满意率5.6%。三是不断增强提案工作宣传力度。将提案承办单位、协办单位、办理反馈征询意见及提案办理情况通过《迪庆日报》向社会公示，让提案办理工作接受社会监督，增强了提案工作的开放度和社会参与度。

**经济委员会** 一是开展加快新型工业化发展专题调研。于2013年5月23日至6月1日，对全州新型工业化发展情况进行了专题调研。二是积极推动重点项目建设。就德钦县阿墩子古城基础设施建设、茂顶河至曲宗桥三级公路、古水电站进场公路等三个重点项目建设情况进行督。全面了解三个重点项目的进展情况、存在问题和困难，并报告州委。三是积极撰写提案。2013年经济委共提交三份提案，其中关于加快农产品流通体系建设的提案被主席会议确定为重点督办提案。

**教科文卫体与人资环委员会** 一是坚持用科学理论武装头脑，认真学习贯彻党的十八大和十八届三中全会精神，学习人民政协理论，参加全州举办的政协委员培训班。二是配合省政协教科文卫体委员会就迪庆州义务教育阶段藏文教材纳入全额免费开展调研活动。三是于5月23日至6月3日，对全州农村卫生工作情况进行调研。四是加强与对口联系单位联系，多渠道、多方面了解“生态立州”情况。

**民族宗教委员会** 一是组织省州县三级政协委员和州移民局、三县移民局及有关单位参加的调研组，对我州水利水电工程建设、移民搬迁安置工作情况进行专题调研。二是参加由州政协常委会组织的香格里拉城市规划管理建设情况视察活动。三是 协助分管领导督办重点提案，及时部署，安排具体人员抓落实。四是加强与省政协和相关对口部门的协作与联系。积极参加省政协民宗委、港澳台侨和外事委召开的工作座谈会，撰写座谈会交流材料并交流发言。五是进一步加强与本界别委员的联系、沟通，坚决反对和遏制“藏独”分裂势力，推动我州经济社会发展，民族团结进步，宗教和顺，社会和谐稳定。

**文史资料委员会** 一是在分管领导带领下，到昆明、丽江、大理、怒江等州市约稿，并在迪庆州政务网、香格里拉网、《迪庆日报》、《迪庆政协》等媒体报刊刊登征集文史资料的启事。通过多方努力，于10月份完成了《迪庆文史资料》第九辑的编印、出版工作。二是认真组织文史资料委员会委员联系会议，加强了与委员的沟通交流，提高了委员的履职热情和工作能力。

**【重要活动】**

**2013年迎春茶话会** 1月8日，在香格里拉召开各族各界人士迎春茶话会，部分省州政协委员、各族各界人士代表和州级各部门负责人共四百余人参加。中共迪庆州委书记张登亮出席并作重要讲话。

**“千名干部下乡助推建设美丽乡村”活动** 3~4月，共抽调5位副主席、2名处级干部、1名科级干部和2名工作人员赴基层宣传贯彻党的十八大精神，为广大民众谋利益促发展，助推建设美丽乡村。

**调研工作** 5月23日至6月3日，由州政协副主席肖托丁、扎西顿珠、和丽萍带队，州政协提案委、经济委、民宗委、教科文卫体委与人资环委和办公室，对全州移民安置工作情况、新型工业化发展情况、乡村卫生服务工作情况和农村垃圾污染及处理情况进行集中调研。

**“海峡两岸生态文明建设与民族发展学术研讨会”** 8月4~6日，迪庆州政协充分发挥对外联谊的职能，与中国社会科学院、云南民族大学合作，成功举办“海峡两岸生态文明建设与民族发展学术研讨会”，进一步加强海峡两岸的学术交流，增进两岸学者之间的友谊。

**十一届政协委员第二期培训班** 11月9~13日，组织45名委员赴上海闵行区开展第二期培训，切实加强政治理论特别是统战政协理论学习，着力提高广大委员的政治素质，开阔委员眼界，增长委员知识，加强与内地发达地区的交往、交流、交融，引导广大委员坚定发展中国特色社会主义的道路自信、理论自信、制度自信。

**传达学习十八届三中全会精神大会** 11月20日上午，州政协召开传达学习十八届三中全会精神大会。州政协主席杜永春主持会议并讲话。州政协副主席肖托丁、扎西顿珠、和丽萍，秘书长彭跃辉出席会议。州政协机关全体干部职工参加会议。

**【重要文件】**

**常务委员会工作报告**（2013年3月27日）（摘要） 报告分两个部分：

一、2012年工作回顾。（一）加强学习，营造氛围，着力打好思想基础。着力拓宽学习渠道，全年共组织了42次机关干部职工集体学习活动，举办了十一届州政协委员第一期培训班，对党的路线方针政策和中共迪庆州委、州人民政府的重要工作部署进行了深入细致的学习。着力夯实工作基础，常委会把贯彻落实好《中共迪庆州委关于支持人民政协履行职能发挥作用的意见》作为一项重要政治任务，规范协商程序，强化民主监督，健全和完善参政议政工作机制，进一步形成了州委重视、政府支持、政协主动的良好工作局面。着力营造工作氛围，顺利完成了换届选举工作，取得了“组织满意、委员满意、群众满意”的工作成效。（二）围绕核心，服务中心，积极有效履行职能。协商议政规范有序，认真组织委员开展深入扎实、富有成效的调研、视察、提案办理等履职活动，提出协商意见建议100多条，为州委、州政府决策提供了参考依据。民主监督注重实效，通过组织委员视察、提案办理、社情民意信息等途径和方式，就群众关心的热点、难点问题，开展了多形式、多层次的民主监督。一年来，共收到以提案形式的意见建议78件，经审查立案78件，立案率为100%。参政议政彰显特色，认真组织召开常委会、主席会议、专题协商会等有关会议，就事关广大人民群众切身利益的热点、难点问题进行了充分协商，提出的部分意见建议在州政府有关政策措施、发展规划和部门工作中得到体现。（三）关注民情，反映民意，努力促进民生改善。专题调研高度关注民生问题，常委会根据委员提案，组织相关委员对全州教育综合改革小学集中办学工作情况进行了调研，从加强教职工队伍建设，加大争取资金力度，加强管理，切实解决安全问题等六个方面提出了具有前瞻性和可操作性的意见建议。社情民意积极反映民生问题，下发了《关于征集社情民意信息的通知》，一批涉及城市管理、交通安全、有线电视入网等方面的热点问题得到了及时反映，促进了一些关系群众切身利益问题的解决。帮扶济困着力改善民生问题，州政协领导先后多次深入维西县攀天阁乡新华村，州政协机关副科以上领导干部与新华村52户困难群众建立了结对帮，年内为扶贫点捐资捐物累计

10多万元，得到了有关方面和农民群众的好评。（四）协调关系，加强联谊，全力构建和谐社会。维护稳定不松懈，在民宗委专题开展贯彻落实《迪庆藏族自治州民族团结进步条例》情况调研工作的基础上，常委会组织10多名相关部门的委员对全州维护社会稳定工作情况开展重点视察，历时一个多月，形成了《对全州维护稳定工作情况的视察报告》。2012年11月14日，《云南政协报》在头版头条以《协奏雪域高原和谐乐章》为题，全面报道了迪庆州政协献计助力全州民族团结、社会稳定工作，得到了省政协领导的高度肯定。加强联谊增合力，常委会十分注重加强与省内外州市政协之间的联系和交流，通过考察学习、接待来访、联络联谊等形式，加强了相互之间的联系、交流与合作，开阔了视野，促进了工作，增进了友谊。创新思路抓宣传，在《人民政协报》、《云南日报》、《云南政协报》等报刊发表稿件50多篇，进一步加大了迪庆政协工作的宣传力度。举办了以"宣传香格里拉，保护香格里拉环境，实现生态立州战略目标"为主题"艺术家走进香格里拉"书画笔会活动，进一步扩大了香格里拉的知名度和影响力。积极搜集整理十届迪庆州政协履职资料，编印出版了《政协迪庆藏族自治州十届委员会资料》。（五）建章立制，固本强基，不断加强自身建设。坚持党的领导，强化班子建设。自觉坚持接受州委的领导，坚持重大问题及时向州委请示汇报，切实维护州委的领导核心地位，做到了始终与州委、州政府目标上同向、工作上合拍、行动上一致。加强委员管理，发挥主体作用。出台了《政协迪庆藏族自治州委员会关于加强政协委员联系工作的通知》，对委员列席常委会议和专委会议、主席班子成员联系走访常委及委员、驻县州级委员联系走访等作出了明确的规定。推进"三化"建设，增强服务能力。对《州政协机关考勤管理制度》、《迪庆州政协接待管理办法》、《州政协机关车辆管理办法》、《州政协机关财务管理制度》等机关内部管理制度进行了修订和完善，加强机关考勤和机关作风的改进，严格控制接待、车辆、办公费用开支，认真做好委员服务工作，积极为委员履职创造条件，赢得了委员的赞誉。

二、2013年的主要工作任务。（一）加强理论学习，巩固思想基础。（二）围绕中心工作，促进跨越发展。（三）坚持以人为本，保障改善民生。（四）发挥独特优势，维护社会稳定。（五）加强自身建设，提升履职能力。

**十一届二次会议决议**（2013年3月30日）中国人民政治协商会议迪庆藏族自治州第十一届委员会第二次会议，于2013年3月27～30日在香格里拉举行。

会议听取并赞同黄政红州长所作的政府工作报告，赞同迪庆州中级人民法院工作报告、迪庆州人民检察院工作报告以及其他报告。会议审议批准杜永春同志代表政协迪庆藏族自治州第十一届委员会常务委员会所作的工作报告，审议批准杨文祥同志代表政协迪庆藏族自治州第十一届委员会常务委员会所作的提案工作情况的报告。会议圆满完成了各项任务。

会议认为，2012 年是我州奋力实现“十二五”规划的关键一年，也是州政协十一届委员会围绕核心、服务中心、凝聚人心，实现良好开局的一年。新一届州政协常委会在中共迪庆州委的坚强领导下，高举中国特色社会主义伟大旗帜，以邓小平理论和“三个代表”重要思想为指导，深入贯彻落实科学发展观，紧紧围绕州委确定的“建设全国藏区跨越发展和长治久安示范区”战略目标，按照“委员尽职、各界认可、州委满意、省内有地位、全国藏区有影响”的工作要求，团结动员全州广大政协委员、工商联、各人民团体和各族各界人士，发挥优势履行职能，各项工作迈出了新的步伐，为推动全州经济社会发展和民生改善做出了积极贡献。委员们对此给予高度评价。

会议指出，中国共产党第十八次全国代表大会，描绘了全面建成小康社会、加快推进社会主义现代化的宏伟蓝图，为党和国家事业进一步发展指明了方向。全州各级政协要把深入学习贯彻中共十八大精神作为当前和今后一个时期首要政治任务，全面准确地学习领会十八大的精神，引导参加人民政协的各人民团体和各族各界人士不断增强中国特色社会主义的道路自信、理论自信、制度自信。要认真学习贯彻十八大关于统一战线和人民政协的新论述新要求，不断提高履行职能的成效和水平，充分发挥人民政协作为协商民主重要渠道的作用。

会议强调，2013 年是我州深入学习贯彻中共十八大精神的关键之年，我们要坚持以中共十八大精神为指针，坚持以邓小平理论、“三个代表”重要思想和科学发展观为指导，按照州委的部署，认真履行政治协商、民主监督、参政议政职能，以学习引领方向，以履职贡献力量，以团结促进和谐，以创新提高质量，充分发挥协调关系、汇聚力量、建言献策、服务大局的重要作用，为把迪庆建设成为全国藏区跨越发展和长治久安示范区做出新的贡献。

会议号召，全州各级政协组织、政协各参加单位和广大政协委员要紧密地团结在以习近平同志为总书记的党中央周围，在中共迪庆州委的坚强领导下，深入学习贯彻中共十八大精神，同心同德、拼搏进取，认真履职、扎实工作，为开创我州经济社会跨越发展新局面、进一步推进人民政协事业做出新的更大的贡献！

**杜永春主席在州政协十一届二次会议闭幕会上的讲话**（2013 年 3 月 30 日）（摘要）这次会议是在全州各族人民深入学习贯彻中共十八大精神、认真落实州委七届四次全会提出的各项目标任务的新形势下召开的。会议期间，全体委员以饱满的政治热情和高度的社会责任感，围绕《政府工作报告》和其他报告，围绕社会热点、难点问题，提出了许多有价值的意见和建议，展示了政协委员致力发展、关注民生、促进和谐、维护稳定的时代风采。中共十八大确定了全面建成小康社会和全面深化改革开放的目标，对新的历史条件下推进中国特色社会主义事业作出了全面部署。州委七届四次全会提出了“紧紧围绕示范区建设目标，以科学发展为主题，以加快转变经济发展方式为主线，以提高经济增长质量和效益为中心，着力扩大投资，着力壮大产业实力，着力深化改革开放，着力保障和改善民生”的各项决策部署。本次全体会议提出了今年的工作思路，明确了各项工作目标。接下来最重要的，就是按照“委员尽职、各界认可、州委满意、省内有特点、全国藏区有影响”的工作要求，务实干事，尽责履职。必须增强履职共识，全体委员务必坚决消除政协工作可有可无的“无为”意识和“旁观”思想，不当名义上的“挂牌委员”；务必牢固树立“有为才有位”的理念，围绕核心、服务中心、凝聚人心，真真正正地把自身价值的提升与人民政协事业的发展融为一体。必须抓准履职重点，围绕“四州战略”和“四个家园”建设任务，围绕改善民生等重要工程，围绕促进社会和谐稳定等重要事项，积极调查研究，反映社情民意，为党委、政府科学决策提供尽可能多的有用之言和务实之策。必须拓展履职思路。要创新方式，抓好调查研究这一基础性工作，注重提升调研质量。要大胆创新提案督办方式，使提案中的真知灼见转化为党政工作的有效措施。必须提高履职本领。要继承和发扬人民政协重视学习的优良传统，深入学习中国特色社会主义理论、统一战线和人民政协理论，特别是深入学习贯彻中共十八大精神。

**【组织概况】**

**常务委员辞职名单**

（2013 年 8 月 8 日州政协十一届五次常委会议通过）

孙志泽　余耀海

**委员增补名单**

（2013 年 3 月 18 日州政协十一届四次常委会议通过）

王国华　格桑邓珠

**办公室副主任任命名单**

（2013 年 8 月 8 日州政协十一届五次常委会议通过）

孙文华　任办公室副主任

**不再担任专门委员会主任名单**

（2013 年 8 月 8 日州政协十一届五次常委会议通过）

孙志泽　不再担任教科文卫体与人资环委员会主任职务

**【机构概况】**

迪庆州政协机关设有办公室、提案法制委员会、经济委员会、教科文卫体与人资环委员会、民族宗教委员会、文史资料委员会 6 个正处级单位。办公室下设秘书科、行政科、老干科和综合科 4 个科级部门。各专门委员会未设置办公室。

**【迪庆州、各县政协领导人名单】**

**迪庆州**

**主　席**

杜永春（藏族）

**副主席**

杨文祥（纳西族）　王永成（藏族）

肖托丁（藏族）　布　主（藏族）

扎西顿珠（藏族）　和丽萍（女，纳西族）

**秘书长**

彭跃辉（藏族）

**县政协主席**

香格里拉县　汪国忠

维西傈僳族自治县　朱孟光

德钦县　余荣华

## 迪庆藏族自治州各级政协委员和组织数

（截至2013年底）

<table>
<tr><th colspan="2">项　目<br>州(市)县</th><th colspan="2">委员数</th><th>组织数</th></tr>
<tr><td colspan="2">迪庆藏族自治州</td><td colspan="2">226</td><td>1</td></tr>
<tr><td rowspan="3">各县区市</td><td>香格里拉县</td><td>177</td><td rowspan="3">403</td><td rowspan="3">3</td></tr>
<tr><td>维西县</td><td>145</td></tr>
<tr><td>德钦县</td><td>81</td></tr>
<tr><td colspan="2">合　计</td><td colspan="2">629</td><td>4</td></tr>
</table>

（编写：李志荣　审稿：和根合）

附：

# 全省州市政协组织和委员数统计表

（截至2013年底）

| 州市 | 州市级 | | 县（区、市）级 | | 合计 | |
|---|---|---|---|---|---|---|
| | 组织数 | 委员数 | 组织数 | 委员数 | 组织数 | 委员数 |
| 昆明市 | 1 | 474 | 14 | 3047 | 15 | 3521 |
| 昭通市 | 1 | 401 | 11 | 2001 | 12 | 2402 |
| 曲靖市 | 1 | 452 | 9 | 2306 | 10 | 2758 |
| 玉溪市 | 1 | 315 | 9 | 1490 | 10 | 1805 |
| 保山市 | 1 | 318 | 5 | 1130 | 6 | 1448 |
| 楚雄州 | 1 | 348 | 10 | 1784 | 11 | 2132 |
| 红河州 | 1 | 427 | 13 | 2373 | 14 | 2800 |
| 文山州 | 1 | 378 | 8 | 1697 | 9 | 2075 |
| 普洱市 | 1 | 277 | 10 | 1730 | 11 | 2007 |
| 西双版纳州 | 1 | 274 | 3 | 545 | 4 | 819 |
| 大理州 | 1 | 371 | 12 | 2175 | 13 | 2546 |
| 德宏州 | 1 | 283 | 5 | 974 | 6 | 1257 |
| 丽江市 | 1 | 282 | 5 | 896 | 6 | 1178 |
| 怒江州 | 1 | 263 | 4 | 528 | 5 | 791 |
| 迪庆州 | 1 | 226 | 3 | 403 | 4 | 629 |
| 临沧市 | 1 | 348 | 8 | 1422 | 9 | 1770 |
| 合计 | 16 | 5437 | 129 | 24501 | 145 | 29938 |